卞孝萱 唐文权 编

辛亥人物碑传集

Xinhai Renwu Beizhuanji

凤凰出版社

图书在版编目（CIP）数据

辛亥人物碑传集 / 卞孝萱，唐文权编著. -- 南京 :
凤凰出版社，2011.9
ISBN 978-7-5506-0840-5

Ⅰ. ①辛… Ⅱ. ①卞… ②唐… Ⅲ. ①辛亥革命－历
史人物－列传－中国 Ⅳ. ①K827=52

中国版本图书馆CIP数据核字(2011)第189677号

书　　名　辛亥人物碑传集
编　　著　卞孝萱　唐文权
责任编辑　卞　岐　李艳丽
出版发行　凤凰出版传媒集团
　　　　　凤凰出版传媒股份有限公司
　　　　　凤凰出版社(原江苏古籍出版社)
　　　　　发行部电话025-83223462
集团地址　南京市湖南路1号A楼，邮编：210009
集团网址　http://www.ppm.cn
出版社地址　南京市中央路165号，邮编：210009
经　　销　凤凰出版传媒股份有限公司
照　　排　江苏凤凰制版有限公司
印　　刷　江苏凤凰通达印刷有限公司
　　　　　南京市六合区冶山镇，邮编：211523
开　　本　718×1005毫米　1/16
印　　张　46.25
字　　数　666千字
版　　次　2011年9月第1版　2011年9月第1次印刷
标准书号　ISBN 978-7-5506-0840-5
定　　价　160.00元
（本书凡印装错误可向承印厂调换，电话：025-57572508）

人物碑传资料500多件。这500多件资料，并不是父亲多年所搜访资料的全部。这两本碑传集，既要不与此前的“碑传集”重复，又要在字数上符合出版社的要求，因此在编纂过程中不得已舍弃了不少资料。另一方面，《辛亥人物碑传集》、《民国人物碑传集》二书出版以后，近代人物的碑传资料也有不少新发现。鉴于上述原因，父亲曾计划将两书增补重编。当此计划开始着手进行、并与出版社协商联系之时，父亲于2009年9月突发心脏病逝世，故而该项工作停止。

因卞、唐两位先生均已逝世，原来的增补重编计划不得不放弃。此次新版，基本保持原貌，仅做了一些必要的修订。修订工作主要在以下方面：一、原书在资料标题上，正文中用的是资料原题，而在目录中用的是编者所拟的简题。这样处理，不符合目前出版物的规范要求。因此，新版时采取目录、正文一律用资料原题的方法处理，使目录与正文对应。二、新版增加了“所收人物人名索引”和“作者人名索引”。由于历史人物除了本名以外，还有字、号等等，在括号内加以注明，检索更加方便。三、原稿中1949年以后的纪年统一使用公元纪年。四、对原书中出现的一些疏误，加以改正。

卞岐 2011年2月于南京

新版说明

2011年是辛亥革命100周年纪念，值此时机，《辛亥人物碑传集》、《民国人物碑传集》二书得以新版，在此衷心感谢凤凰出版社姜小青社长的大力支持，感谢凤凰出版社的大力支持！

光阴荏苒，岁月如梭。《辛亥人物碑传集》初次出版是在1991年，其时正逢辛亥革命80周年。后来，《民国人物碑传集》也于1995年正式出版了。《辛亥人物碑传集》、《民国人物碑传集》二书收录的近代人物碑传资料，大都来自我父亲卞孝萱先生数十年的搜访。这些资料，有的是碑拓，有的是印刷品，有的是手抄件。特别是手抄件，因为这些资料的原件，虽在搜访中见到却无法求得，只有自己动手抄写，由此可见搜访的辛苦。因教学、科研方向转为古代文史，为使该资料发挥作用，父亲于1989年将所搜访资料全部无偿赠送华中师范大学历史研究所。华中师范大学历史研究所是实力很强的科研单位，以中华民国史研究为主，在章开沅先生的主持领导下，人才辈出，硕果累累。章先生极有远见地看到这些碑传资料的价值，认为应该加以整理出版，并委派该所唐文权先生协助父亲做整理工作。资料的整理、出版过程，一波三折，遇到很多困难，但经卞、唐二人辛苦努力，《辛亥人物碑传集》终于在1991年出版。不久之后，唐文权先生于1993年11月因病逝世。1995年出版的《民国人物碑传集》，其后期的整理、出版等工作，主要由我父亲完成。遗憾的是，唐文权先生没有能见到第二本碑传集。

《辛亥人物碑传集》、《民国人物碑传集》两本碑传集，汇集收录近代

序 言

章开沅

《辛亥碑传集》与《民国碑传集》即将刊行问世，这对于我们研究中国近代史与民国史的同行来说，是一个很好的消息。

关于碑传集的源流及其史料价值，我的老师陈恭禄先生早已有所论述。他指出：碑传集的编辑，始于宋代杜大珪所辑《名臣碑传琬琰集》。至清代益为发达，先后成为三集。初有钱仪吉所编《碑传集》，共164卷，自清初至嘉庆年间，约200年，收入清宗室、文武官员、学者、文人、方伎1680余人，又妇女300余人。缪荃孙所辑《续碑传集》，共86卷，为道光、咸丰、同治、光绪四朝人物传记，收入1111人，作者凡259名。清末人物生存者，未有碑传，民国以后死者，子孙本于传统习惯，请文人作传，当有搜聚之必要。闵尔昌遂编《碑传集补》60卷，又卷末1卷，以清末人物为主，并补前集所遗漏者，共800余人。钱书规模大体仿自杜大珪。缪荃孙收聚碑传，历时30年(1881—1910)始成。闵尔昌拾遗搜补，亦近10年。缪是有名学者，交游甚广，向人征求碑传，亦有靳而不予者。个人限于见闻，搜集资料，实非易事。碑传作于文人，乃应传主子孙之请求，隐恶扬善，是事理的当然。我们只能作为一种参考资料，或视为工具书，在这基础上，阅读原始史料，加以补充和修正，才能去伪存真，达到历史科学水平。(参见陈恭禄著《中国近代史资料概述》)

陈先生1949年以后处境一直不佳，复厄于“文革”，去世较早，所以没有提及汪兆镛所编《碑传集三编》。汪氏殁后，稿存于家，1978年始由香港大东图书公司据稿本影印出版。1987 年上海书店又将钱、缪、闵、汪四家合并影印为《清代碑传全集》。汪书凡 50 卷，收录 500 余人，自称："本正、续两家宗旨，编为三编，网罗放失，期于光宣以来数十年政治之迁流，人才学术之隆替，可以考镜。往昔名流为钱、缪所遗者，亦补辑一二。"当然，汪氏以个人努力，受条件限制，也未能网罗无遗，遗珠散金，缺失仍多。因此，卞孝萱先生遂发一宏愿，继钱、缪、闵、汪之后，将辛亥、民国期间碑传续作辑补，以期较为完备。

卞公学术造诣甚高，又出于扬州望族，所以交游甚广，有搜聚征求碑传的方便。他勤于采集手稿、拓片、哀启、行状，并广泛辑录海峡两岸书刊中有关碑传资料，数十年如一日，惨淡经营，殊非易事。我与卞公神交近 40 年，正式结交亦近 30 年。两年以前，承他厚爱，倾其所有珍藏多年之辛亥时期碑传资料，全部赠送给华中师范大学历史研究所，作为永远的纪念。随后，他又与敝所唐文权先生合作，抉剔爬梳，筛汰精选，并作必要之增补，编成《辛亥碑传集》，60 万字左右，收录人物 250 余，编为 15 卷。1—6 卷为革命人物，举凡革命领袖、先进先烈及捍卫共和之志士，均系于此；7—11 卷为民国人物，举凡政府元首、内阁部院、军人、议员，均系于此；12—14 卷为清廷人物，举凡殉节或复辟之臣，或不仕民国之督抚、翰詹、司道、提镇等文武臣吏，均系于此；15 卷收录游移于君主、共和政治间之人物。卞公又辑成《民国碑传集》，是为姐妹编，亦有数十万字，收录人物 300 左右，按政治、军事、工商实业、教育、文化、艺术、学术、宗教、慈善等项分卷。

以上人物碑传材料，凡已见于《碑传集补》与《碑传集三编》者，或坊间已有广泛流传者，两书均不收录。对于一主多传者，编者择其善者用之。如王国维传甚多，独取陈寅恪所作。陈氏从中西文化冲突角度论王氏之自尽，别有卓见，为罗振玉等之作所不及。两书所收，清廷人物如铁良、恩铭、陈宝琛、温肃、升允、陈夔龙、张彪等，北洋人物如冯国璋、吴佩孚、孙宝琦、徐树铮、倪嗣冲、张作霖、杜锡珪、王永江、钱能训等有关资料，均为未曾广泛行世者。工商实业界人士如叶揆初、张謇等，书画名家如顾麟士、毓厚、唐驼、陈衡恪、吴昌硕等，文化教育界人士如马其昶、黄人、沈曾植、叶德辉、曹元弼、王先谦、黄节等人有关资料，也弥足珍贵。

碑传资料颇多谀墓之作，前人早已指出其局限，但梁任公《中国历史研究法》所作指摘则略有偏颇。至少，较好的碑传所记生卒年月较为可靠，因过去重风水及殡葬时间，死者生卒年月日乃至时辰均属测算“数据”。犹忆家继祖母入葬前，三舅公悽怆地告诉祖父：“舍妹其实比你年纪大，出嫁时媒人瞒了两岁，为了不害章家后人，神主、墓碑还是以改正为好。”由此可以想见往昔家人对死者生卒年、月、日、时之重视，决不次于1949年以来对于干部履历的反复审查。此外，碑主之籍贯、家世、简历等记载，一般也是比较可靠的。所以，碑传集仍不失为治史者用的工具书。加以所收人物比较广泛，在碑传中往往可以找到一般史书未曾记载的史事。如果进一步考察探讨碑传的文体、内容、作者、形制、礼仪、风俗等方面，则将可以发展成为具有自己特色的碑传学。因此，对于碑传资料之搜集、整理与研究，亦应给以相当重视。

由于时代风尚的演变，加以战乱连绵不绝，民国中期以后，具有一定知名度的人物死后，树碑立传、刻石铭墓者越来越少。而日渐流行的讣告、悼词等，与传统的哀启、行状或事略之类亦有所区别。从史料学的角度来说，这两部书的出版，是钱、缪、闵、汪之后的一大继作，亦未尝不可以视之为碑传结集的余韵绝响。对于编辑者的劳绩与出版者的识见，我们都应该给以肯定与感谢。

我来美国以后，每到中小城市旅行，常爱于清晨薄暮到公共墓园或教堂墓地散步，避闹市繁嚣之困扰，享林园花草之幽趣。人或以为我渐入颓唐，其实是专业癖好使然。周览墓群，摩挲碑铭，尽管文字比中国碑传简略，但众多家族的盛衰荣辱，亦能从一个个侧面反映了城市的发展变迁。美国历史虽短，但爱护历史文物已成社会风气，虽颓冢残碑，犹能妥予保存。回想国内一些“左”派人士，往往以“树碑立传”为问罪兴师之由，以毁墓捣碑为革命壮举之荣，历史文物、史料损失之严重，堪称空前浩劫。近些年来，商品经济有所发展，一些城乡又出现“薄养厚葬”现象。葬礼之繁琐铺张，品位之庸俗低下，往往使人难以想象。尝见某家为老妇人出殡，鞭炮震天，纸钱遍地，乐队高奏《红高粱》流行插曲“妹妹你大胆地往前走呀”的歌声回肠荡气，而送葬者神情木然，旁观者兴味盎然。悲夫！我们要现代化，要的是有文化(包括珍惜历史文化遗产)的现代化。于此更可见两本《碑传集》此时此际编辑出版的可贵。

是为序。

辛未春于群芳斗艳之普林斯顿蟠音堂

编辑说明

唐文权

一、本集选辑以与辛亥革命有多种关系之人物为基本范围，传主的主要活动均在清末民初时期者。

二、本集收录碑传250余件，分为十五卷。一至六卷为革命人物，举凡革命领袖及缔造民国、献身共和之先烈先进均系于此；七至十一卷为民初政治军事人物，举凡政府元首、内阁部院、地方行政、议员、军人等均系于此；十二至十四卷为清廷人物，举凡殉节或复辟之臣、不仕于民国之宗室、部院、督抚、司道、翰詹等文武臣吏均系于此；十五卷泛收其他人物（如游移于共和与君主政制间之人物等）。

三、各卷排列均按姓氏笔划为序。

四、本集选辑以碑、铭、表、诔、行状、行述等为主，间以部分杂传。

五、本集资料辑自七十余种书刊，以及大量手稿、拓片和单行石印、铅印原件。

六、凡一主多传者，酌择其一，注重于借名人之文，传名人之事。

七、凡已为闵尔昌《碑传集补》和汪兆镛《碑传集三编》等所辑录者，本集不再选用。

八、本集标题分繁简两种。正文部分，用名称较繁之原题以存本貌；目录部分，用编者所拟之简题，以清眉目。目录及书眉所署之传主，一律用本名。

九、本集各篇均注明作者及资料来源，以便读者检阅。

十、原件中所有繁体字和异体字，一律改为通行之简体字。某些人名、地名及有特殊涵义者，不在此例。

十一、各篇文字均由编者标点、分段和校勘。作者原注，用（　）标明；误植之错字别字，下加〔　〕，脱字下加〈　〉，并将正字、脱字注于〔　〕、〈　〉之中；衍字用【　】标出；缺字或原件漶漫不清者，用□标出。

目　录

辛亥人物碑传集卷二

辛亥人物碑传集卷三

辛亥人物碑传集卷四

辛亥人物碑传集卷六

辛亥人物碑传集卷七

辛亥人物碑传集卷八

辛亥人物碑传集卷十

辛亥人物碑传集卷十一

辛亥人物碑传集卷十二

辛亥人物碑传集卷十三

辛亥人物碑传集卷十四

辛亥人物碑传集卷十五

辛亥人物碑传集

卷　一

孙逸仙先生传略

蔡元培

在外国搜集材料颇难，仅据所见所闻之荦荦大者记之，俟他日补正。

先生名文，逸仙其字也，又号中山。民国纪元前四十七年，生于广东省之香山县。年十三，在私塾肄业，闻人说洪秀全轶事，为之感动，即立志革命。其后赴夏威夷（Honolulu），进耶稣教会学校。寻归广东，入博济医学校，识同学郑士民、士良。士良夙入会党，闻先生谈革命，甚悦服，愿于起事时率会党候指挥。是为先生运动革命之始，亦即与会党关系之始。

翌年，先生转学于香港医学校，常往来香港、澳门间，鼓吹革命，毕业后，行医于澳门及广州。图实行革命，与同志陆皓东游京、津，经武汉，观察形势。民元前十三年，清政府与日本开战，先生以为有机可乘，赴夏威夷，设兴中会。旋归国，往来广州、香港间，布置攻取广州之计画。翌年七月，事泄，同志多被捕，先生脱险，赴日本，复往夏威夷，往美洲，推广兴中会，美洲华侨多立有洪门会馆。洪门会者，倡自明末清初，本以反清复明为宗旨，而以互助为联合法。积久，则满意于互助之益，而革命宗旨，几不复在记忆中。先生与同志多方提醒，而会众始觉悟，愿受先生指挥。

先生由美至英，为清使龚照屿诱入使馆而拘留之，赖香港医学校旧教习康德黎之营救而得脱。

先生留欧洲二年，考察各国政治风俗，始悟富强之国，人民尚多痛苦。从前于排斥异族政府外，虽已决定采用共和制，而于最新之社会主义，尚未暇顾及。至是始感其必要，乃于民族、民权两主义外，复采取民生主义，而三民主义之计画始定。

复赴日本，遣同志陈少白回香港，发行《中国报》，鼓吹革命，是为中国革命党机关报之始。遣史坚如入长江联络会党。而郑士良则在香港设会党招待所。于是长江各省及广东、广西、福建之会党，均并合于兴中会矣。

会清廷信用义和团，与列强开衅。先生以为机不可失，乃遣郑士良率会党攻惠州，史坚如入广州与之响应。士良叠克数城，以援绝失败，而坚如谋炸两广总督署，以事泄见戕。然国内有志者受刺激渐深刻，以言论反对清政府，或在各省起事者渐多。事败，苟不被戕害或拘留，则大率亡命至日本，间亦至欧、美，仍努力传播革命主义，信从者日众。先生知事机渐熟，于是游历各国，揭橥所抱之三民主义以号召之，而组织革命同盟会。开第一会于拔鲁塞尔，加盟者三十余人。开第二会于柏林，加盟者二十余人。开第三会于巴黎，加盟者十余人。开第四会于日本之东京，加盟者数百人，自甘肃而外，十七省之士皆与焉。于是定中华民国之名称，公布于党员，使传布主义于本省。不期年而加盟者逾万人，各省亦先后成支部焉。于是在东京发行《民报》，是为革命党机关杂志之始。

民元前五年，革命同盟会会员刘道一、宁调元、胡英等在萍乡、醴陆〔陵〕间起事，为清军所破。清政府与日本政府交涉，排斥先生，先生乃往安南。自河内遣同志攻潮州、黄冈，不利。攻惠州，攻钦州、廉州，均不利。先生又亲率同志袭取镇南关，图攻龙州，又不利，退回安南。清政府与法政府交涉，排斥先生，先生乃往新加坡。遣黄兴等攻钦、廉，遣黄明堂等攻河口，又不利，先生乃往美洲筹款。同志有运动广州新军举事者，事泄，又不利。先生亟自美洲赴日本，被侦悉，不准居留，乃赴槟榔屿。

民前一年三月，会中知名之士，均潜入广州，于二十九日奋攻总督署，卒不胜，仅一二人得脱，而被戕者七十二人，所谓七十二烈士者也，义声震于全国。

当是时，先生三十年间所传播之革命思想，已弥漫各省，凡新式军队亦多表同情，重以广州一役之激刺，则热度陡增。及八月间武昌起义，各省次第响应，而清室遂以颠覆。先生所提倡之民族主义，于是实现。且以先生于鼓吹民族主义时，同时标举民权，而早定中华民国之名称，故革命功成，人人不复作汉族立君之梦想，而群凑于民国之一鹄。各省代表之会于南京者，遂选举先生为中华民国临时总统焉。

先生自美洲归，则于阳历一月一日就职，即废除阴历，而以是年为民国元年，建设临时政府。及清帝退位，先生即辞临时总统之职，而袁世凯继之。

先生尝预定革命方略，曰：规律革命进行之时期为三：第一军政时期，第二训政时期，第三宪政时期。

第一为破坏时期，拟在此时期内，施行军法，以革命军担任打破满清之专制，扫除官吏之腐败，改革风俗之恶习，解脱奴婢之不平，洗净鸦片之流毒，破灭风水之迷信，废去厘卡之障碍等事。

第二为过渡时期，拟在此时期内，施行约法，建设地方自治，促进民权发达。以一县为自治单位，县之下，再分为乡村区域，而统于县，每县于敌兵驱除，战事停止之日，立颁布约法，以之规定人民之权利义务，与革命政府之统治权，以三年为限。三年期满，则由人民选举其县官。或于三年之内，该县自治局已能将其县之积弊扫除，如上所述者，及能得过半人民能了解三民主义，而归顺民国者，能将人口清查，户籍厘定，警察、卫生、教育、道路各事，照约法所定之低限程度而充分顾就者，亦可立行自选其县官，而成完全之自治团体。革命政府之对于此自治团体，只能照约法所规定而行其训政之权。俟全国平定之后六年，各县之已达完全自治者，皆得选举代表一人，组织国民大会，以制定五权宪法。以五院制为中央政府：一曰行政院，二曰立法院，三曰司法院，四曰考试院，五曰监察院。宪法制定之后，由各县人民投票选举总统以组织行政院；选举代议士以组织立法院。其余三院之院长，由总统得立法院之同意而委任之，但不对总统、立法院负责，而五院皆对于国民大会负责。各院人员失职，由监察院向国民大会弹劾之，而监察院人员失职，则国民大会自行弹劾而罢黜之。国民大会职权，专司宪法之修改，及制裁公仆之失职。国民大会及五院职员，与夫全国大小官吏，其资格皆由考试院定之。此五权宪法也。宪法制定，总统、议员举出后，革命政府当归政于民选之总统，而训政时期，于以告终。

第三为建设完成时期，拟在此时期施行宪政。此时一县之自治团体，当实行直接民权。人民对于本县之政治，当有普通选举之权，创制之权，复决之权，罢官之权。而对于一国政治，除选举权之外，其余之同等权，则付托于国民大会之代表以行之。此宪政时期，即建设告竣之时，而革命收功之日。

此革命方略之大要也。曾于民元前一年广州之役节要宣布之。

其后革命实现，受各方面之牵制，卒未能建设革命政府，先生不能不取“藏器待时”之态度，以待机会。一方面徇袁世凯之请，任全国铁路督办；一方面允会员宋教仁之情，吸收政见较为接近之小党，改组革命同盟会，而名为国民党，先生被举为国民党总理。是时，国民党在议会中，占大多数，教仁欲利用之，以制裁世凯。世凯暗杀教仁，国民咸抱不平。先生以为此一机会也，乃主张起师讨世凯，其后义师屡败，而议院中国民党员悉被世凯违法而斥逐。于是先生赴日本。又选国民党中急进派，组织中华革命党。四年，世凯谋复帝制，先生遣党员赴各省，起师讨世凯。世凯死，国民党议员复职，先生回上海。

六年，段祺瑞政府解散议院，先生以为此又一机会也，赴广东组织军政府，被举为大元帅。七年，军政府改组，被举为总裁。八年，辞职。十年，被举为军政府大总统。十一年，部下一部分军队哗变，先生赴上海。十二年，党军恢复广州，先生又赴广东，组织大元帅府，被举为大元帅。

先生以己之政见，在军阀中最不肯了解者为曹锟、吴佩孚一派，故不能不先认曹、吴一派为惟一之敌党。而其他如段祺瑞、张作霖辈，虽了解之程度亦不甚高，而同有嫉视曹、吴之意见，则对于攻击曹、吴之举，正不妨与之合作也。是以有联段、联张之主张。

先生又以国内各小党中，与民生主义较为接近者，惟共产党，而共产党员又有一部分同时为国民党党员，故有改组国民党而收入共产党之举。

先生又以国际上列强与中国所订之种种不平等条约，最为民生主义进行之障碍，而首先声明取消者为俄国，不能不认俄国为惟一之友。

而且俄国故领袖列宁所创立之苏维埃制度及各种施行程序，与先生所主张训政时期之设施，极相类似，而列宁个人坚强之意志，牺牲之精神，又适与先生相等，故先生尤引列宁为惟一之友。

凡此等经历，皆特有一部分之理由，而先生平日所抱之政见，超然如故，固并不受其牵制也。

先生一生之精力及时间，虽大半消费于革命运动之中，然有暇则读书，自奉颇简素，而有钱则用以购书，故于新时代科学家之理论，类皆能去其糟粕而撷其精英，更以己意融会之，以证成其特有之主义。读所著《建国方略》、《三民主义》、《孙文学说》及其他讲演集，可以知其概略。

自十二年间，曹锟以贿得总统，吴佩孚更凭藉中央政府权力，实行其武力统一之计画。最近因冯玉祥之反戈，与段祺瑞、张作霖之协力，而曹、吴失败，祺瑞被推为执政。先生应祺瑞之请，取道日本而至北京。洞见祺瑞一派无建设革命政府之能力，不得已而思其次，力主国民会议，而段派又不能用，必先举行其所谓善后会议，以敷衍实力派，先生乃宣告本党党员表示不合作之意见。先生与他党联合之程度，大率如是。其与共产党及苏俄，亦非一切苟同，可推而知矣。

先生夙有肝疾，到北京，疾转剧，历经名医手，均无效，竟于本年三月十一日去世，年六十有一。遗嘱国民。全国无智愚，无新旧，罔不痛悼！北京及各省以至流寓他国之华人，举行追悼会者，不可胜数。各国报纸，属左党者，固推服无异词，即属右党者，虽于其政见，或不无微词，而要皆公认为中国最有关系之人物。其生也荣，其死也哀，中国自有历史以来，未之有也。

先生初娶陈夫人，有一子二女。子科，在美国研究市政，曾任广州市政厅长。长女适戴恩赛，次未嫁而殇。先生于民元三年与陈夫人离婚，续娶宋夫人庆龄。遗嘱处置家事曰："余因尽瘁国事，不治家产。其所遗书籍、衣物、住宅等，一切均付余妻宋庆龄，以为纪念。余之儿女已长成，能自立，望各自爱，以继余志。此嘱。"乌呼！一生尽瘁国事，可以矜式国人矣。

据《蔡元培全集》第五卷

宋教仁传

夏敬观

宋教仁，字遁初，湖南桃源县人。幼孤，穷苦励学，肄业湖北文普通学堂，感国弱政敝，慨然兴革新中国之志。与黄兴、刘揆一、陈天华辈，创华兴会于湘，谋五路揭竿起，教仁任常德路。复与胡瑛假设科学补习所，号召同志，潜谋声援。事败，走日本，入宏文学校，升早稻田大学。教仁为学，精研法政经济舆地形势，文笔犀利，剖解乱萌，检校利弊，言出动人。初创《廿世纪支那》杂志，后改《民报》，最后与于右任主上海《民立报》，海内外读者肸蚃，同盟会论坛健将也。又历掌同盟庶务编制，扩充潜势，遍布要区，赞画多功。黄兴钦州之役，教仁即以为非南北并举不为功，乃偕白逾桓、吴昆及日人末永节赴东三省，立辽东支部，谋联马贼，据奉天，招兵碱厂，机事不密，告挫。其后黄兴河口之役，及赵声广州先后二役，又皆失败，同志死者尤夥。于是鉴于既往，重定策略，教仁谓：发难宜中，不宜偏僻。战期宜短，不宜延长。战区宜小，不宜扩大。又建三策，取决于众：上策为中央革命，联络北方军队，以东三省为后援，一举占北京，号令全国，如葡土已事。中策就沿江各省，同时并举，先立政府，然后北伐。下策就瓯脱地，密布党与，进据边要，徐图进取，其地则东三省或滇、粤。佥谓上策运动稍难，下策行之已败，且足引起干涉，酿成分裂之祸，决用中策。教仁复就地势，有所建议。是时分布机关，运动新军，多已成熟。会四川争路衅起，武昌新军起义，湘、蜀及沿江各省，同时响应，皆用其中策之效。惟武汉既举，不据武胜关，以断北军，违教仁之说，致汉阳不守，袁世凯得行其操纵权术，攘功猎位，复有后来十余年军阀割据之乱，为可惜也。教仁任同盟会编制时，曾试拟宪法草案，及是手定鄂州临时约法，通电各省，推举代表，组织临时政府。时代表分鄂、沪两地集会，沪会决采统一制，立责任内阁，鄂会不谓然，别定临时政府组织大纲，沪会亦不谓然，且以推举总统意见不一，多集矢于教仁。南京政府成立，黄兴拒任总理，拟令教仁代，教仁以组织大纲不设总理却之，请提大纲修正，而大会否决，更加国务员同意权条文，及提教仁为内务总长，大会亦不同意。南北和议告成，教仁以法制院院长，偕汪兆铭、蔡元培等为奉迎世凯专使。唐绍仪组阁，教仁任农林总长。未几，偕绍仪下野，遂专意主持党务，联合五政党，改组为国民党，教仁被举为理事。赵秉钧组阁，教仁曾调和党意，助其成立。民国二年，教仁方归里省母，国会党员以世凯所为阴行专制，秉钧承旨画诺而已，促教仁出。教仁政见大旨，主单一国制，设责任内阁，总理由众议院推举，国务员由总理选任，不须国会同意，犹前在临时政府时所建议也。省行政长官由民选制，进于委任制，省为自治团体，有列举立法权。所至演说，为有识者所赞同。盖一本昔时所拟宪法草案，于民治政体有深刻研究也。教仁往日本，著书曰《间岛问题》，世凯得之，据以交涉，曾召之归，将畀以外交官，不应，则电驻使，以二千金酬之，教仁受以振恤留东困乏诸友。又曾任农林总长，以是因缘，尚以世凯为可与共图治安者，而未审所提政见为世凯所深忌也。世凯佯促之赴京，不料三月二十日夜，至沪宁车站，将登车，竟遭狙击。越日殂，年三十二。凶犯应桂馨、武士英就捕，又获洪述祖、赵秉钧往来密电文件，杀教仁者，主名斯得矣，而教仁弥留时，犹属电世凯望其完成宪法，亦所谓机鉴先识，未能充其志者矣。教仁兄教信，以弟倡革命，清吏收系，前死狱中。

据《国史馆馆刊》第一卷第三号

祭胡汉民文

林　森

维中华民国二十五年十月二十五日，国民政府主席林森，特派立法院院长孙科代表致祭于中央执行委员会常务委员会主席、国民政府委员、前立法院院长胡公之灵曰：

呜呼！星沉鹑尾，云暗羊城。民失导师，国丧元勋。公之降生，扶舆间气。超轶绝尘，英资和世。股肱先觉，启牖群伦。诚通气类，笔走风霆。崎岖岭海，外攘内绥。党治设施，肇试一隅。北征建议，式奠新都。经纬万端，郅治权舆。元公制礼，酂侯立法。品好赅明，示民途辙。公之干略，旋乾转坤。公之志行，摩霄荡云。公之神观，贞金碎玉。公之勋望，大山乔岳。躬历重瀛，目营四海。国难撄心，积忧成痗。苍生瞶瞶，霖雨是傒。何予一旦，神还尾箕。陟除英灵，护持华胄。勋业文章，山河并寿。佳城永奠，郁郁葱葱。千秋万岁，悲仰何灵。尚飨。

据《前国民政府主席林公子超遗集》正编

陶焕卿先生行述

魏　兰

先生姓陶，讳成章，字焕卿，浙江绍兴县（旧属绍兴府会稽县）人。始祖讳幸五，徙居绍兴，世居会稽陶家堰。曾祖讳圣传，曾祖妣吴氏。祖讳功化，祖妣陈氏，生祖妣章氏。父讳正，母陈氏。先生自幼聪颖，六岁入义学，读书过目成诵，博通经史。年十五，为塾师。庚子义和团之乱，先生即欲刺杀西太后，亲赴奉天，并游历蒙古东西盟，察看地势，以为进行之计。辛丑，又至北京，不得要领而回。道经徐州，旅费缺乏，步行七昼夜，几至饿毙。

壬寅，赴日本，入清华学校，继入成城学校。时留学生监督汪大燮，知先生系革命实行家，畏先生学陆军，多方阻难之。适清吏陶大均、那桐、载振等往大阪，观博览会，游历东京。大燮与陶大均密商，诈称予以兵柄，先生急于进取，遂拟归国。与大燮约曰："章之归也，系向学校请假，并非退学。"汪唯唯。及抵北京，大钧畀以他事，先生不就，拂袖而出。至天津，遇某君，假十余金，始得南下。迨至东京，而汪大燮早已使成城学校除其学籍矣。先生大愤，屡至大燮处理论，大燮畏避之。后以无可如何而返。

其时在日诸志士组织义勇队，推汤尔和、钮铁〔惕〕生为代表，谒袁世凯，欲以拒俄为名，假其兵力，图谋革命。事不成，疑先生从中破坏，命龚铨（原名国元，字薇生）与先生同居，侦察先生之所为。及闻先生议论，始知先生之苦衷，于是陶、龚称为莫逆。先生得龚君之介绍，遂联络嘉属诸志士。是年，柳州事起，先生拟往扶助之。未几，事旋败，先牛乃止其行。癸卯冬十二月，魏兰拟归浙江运动，陈蔚介绍先生同往，遂与魏兰由东京而至上海，与蔡元培熟商进取之法。及抵杭州，寓杭州《白话报》馆，时已腊月二十八矣。兰谓先生曰："杭、绍相隔一水，先生何不归里一游？"先生曰："情字难却，一见父母妻子，即不能出矣。"其热心国事，有如此者。次日，得孙翼中之介绍，先生偕魏兰见濮振声于仁和狱中。甲辰正月初四日复往，振声为先生出介绍函数通，名片数十纸，以为联络秘密会之助。由是先生改名陶起东，偕魏兰买舟，先至桐庐之招山埠客董魏兰存家。兰由水道经兰溪、龙游而至云和，先至由岸道步行至分水、建德，经松阳而至云和。魏兰创先志学堂，请先生为教习。有张生者，闻先生系历史专家，取九朝纪事本末翻阅数日，特来诘问先生，先生皆对答如流，且引他书以证其事。又有张某者，问日本系何年开国？先生则对以周惠王十七年，由是乃大信服。先生以掌教为名，寄居学校。兰则奔走于括、瓯两郡。兰之堂侄魏毓祥，亦驰往松阳、青田、温州诸处联结会党。

夏四月，先生因陈大齐事，驰赴温州，乘海舶而至上海。未几，偕龚宝铨而至杭州，在杭州《白话报》馆月余，著《中国民族权力消长史》，函托陈蔚向各志士假金而印之。时魏兰又由处州联结丁锳、吴应龙等，复偕丁锳至缙云，联结李造钟，运动吕逢樵、吕嘉益等。至永康，运动沈荣卿。至金华，运动张恭等。如武义之周华昌、台州之王锡彤、处州之王金宝等，本与荣卿相联合，由是各府之党会联为一气矣。秋八月，兰与毓祥由晋云经永康、金华，至嘉兴，与敖嘉熊接洽。先生在上海与蔡元培等密谋，定于十月初十日万寿节，黄兴在湘、鄂两省同时并举，以闽、浙两省为后援。议定，先生遂乘轮而至温州。盖不知兰等之由陆路而出也。及兰等抵上海，见蔡元培，始知彼此相左之。兰以函达，先生乃由温返申，偕魏兰、魏毓祥至嘉兴，与龚宝铨、范拱薇、敖嘉熊接洽，再由嘉兴经杭州，买舟而至金华，并带《猛回头》、《新山歌》等数千册，暗中分送。时张恭组织戏班，在义乌、金华间往来演唱。先生与魏兰、魏毓祥遂至班内，与张恭接洽，对外人则诈称堪舆家，为卜吉穴而至。戏班所至之地，咸随往之。既而魏毓祥至处州，魏兰至永康，复偕沈荣卿至张恭班内，事甚秘密。至十月初十日，先生等始与言明湘、鄂之事，于是沈荣卿、张恭等乃命其部下预备一切。过数日，湘、鄂杳无动静。先生遂由义乌经诸暨而至杭城，阅上海各报，始知湖南事败，湖北、福建因按兵不动，先生仍由杭城而至义乌，往返四日，每日步行一百一十里之多，其不辞劳瘁，有如此者。自是，魏兰则归处州筹划经费，先生则由义乌至永康，又由永康至东阳之玉山尖，与大开和尚等接洽，复由台州而至上海。昔大禹治水，三过其门而不入，是岁先生盖四至杭州而不归云。

是冬，先生又与皖、宁各志士在上海组织一秘密会，名曰光复，以蔡元培为会长。十二月，先生约兰赴日本，与诸志士筹商。兰因变卖田产，偕毓祥等腊杪始至上海，而先生则先期而行。乙巳正月，始晤于东京，并与黄兴、蒋智由、陈威、陈毅、秋瑾、彭金门各志士商议办法。先生因中国人迷信最深，乃约陈大齐在东京学习催眠术，以为立会联络之信用，并著有《催眠术精义》一书。夏间归国，设讲习所于上海。既而兰亦言旋。时敖嘉熊力图扩张势力，欲借温、台人之团体，以起义师，在嘉兴创设温台处会馆，招冯豹、陈乃新为干事。先生荐兰为总理。兰与毓祥复引丁镤、魏毓蕃、赵卓、吕逢樵、许绍南等为执事员。先生偕龚宝铨、徐锡麟至绍兴，创办大通师范学堂。因温州人之冲突，会馆不能成立。先生乃引吕逢樵、赵卓等，先后而至绍兴。后荐兰为东湖学堂总教习，兰以母病电招归去，不果行。先生与锡麟等密商，招集金、处、绍各府会党人，为大通学堂学生，设体操专修科，朝夕训练。时有富人许仲清捐金前后五万版，从先生计，欲以术倾清政府，乃入资为官，锡麟得道员，先生得知府，陈志军、陈得谷、龚宝铨得同知。遂备文与锡麟等诣日本，求入联队，以体格不合见摒。图入振武学校，及陆军经理学校，皆不成。

丙午夏，魏兰赴爪哇。先生联络闽、皖各同志，自称五省大都督，分浙东、浙西、江南、江北、江左、江右、皖南、皖北、上闽、下闽为十军。与苏子谷等至杭，被浙抚侦知，几被捕获。又偕敖嘉熊、龚宝铨赴芜湖筹商办法。冬十二月，魏兰介绍张伟文与先生联络。丁未夏，徐锡麟及秋瑾案发，周华昌失败，端方通电饬拿先生等。由是革命党之名大著。

秋，先生与樊光联络印度、安南、缅甸诸志士，在日本东京设立东亚亡国同盟会，以章太炎为会长。冬，在清风亭，偕张继等演说，提倡社会主义。又与浙东金、衢、严、处诸志士密商进取。

戊申春，作函介绍王文庆入浙，至各府联络。并改名何志善，偕张伟文赴青岛，与商起予、臧耀熙、吕建候、刘冠三等组织震旦公学，仿照大通学堂办法，功课专尚武备。不意为鲁抚侦知，先生与张、商诸人先后返申。嗣赴日本，后偕张恭带炸弹回国。适陈其美、庄新如亦在上海，遂与共商进行方法。张伟文先回浙东，咨会各处会党。秋八月，先生得范拱薇之助，改名唐继高，又名开泰，赴南洋群岛筹划经济。适张云雷赴爪哇望引，船中相遇，相见恨晚。抵新加坡，先生寓于《中兴报》馆。时《中兴报》与《南洋总汇报》因宗旨不合，互相攻击，先生因痛言中国不得不革命之理由，作为论说数篇，改名巽言，登之《中兴报》，《总汇报》记者亦为心折，叹赏不敢与辩。先生欲游历南洋各岛，与华侨相商经济问题，请孙文作函介绍，孙文不许。时《中兴报》执事员陈威涛不以为然，尽将孙文内容告之先生。先生知孙文难与共事，遂决计独自经营，并将浙江各同志革命始末，作为一编，名曰《浙案纪略》。十月，赴缅甸之仰光，为《光华日报》主编。与庄银安、傅春帆等相联络，并将《浙案纪略》陆续登之《光华日报》。以故南洋群岛无人不知先生，而孙文妒忌先生之心，亦由是益切。

冬十二月，先生由仰光至槟榔屿，偕陈威涛游历英、荷各属。时王致同在望引学堂，教授生徒，专以革命为宗旨，被清吏王广圻、汪凤翔自苹洲探悉，迫令学董辞退。张云雷因介绍致同与先生同游各岛。未几，致同赴日本，返温州。先生在英、荷各属运动，孙文、胡汉民皆作函阻止之。先生至网甲岛之槟港，孙文诬指先生为保皇党，运动人暗杀先生，幸赖李燮和（改名柱中）力为剖白，始免于难。时李燮和等在网甲为学堂教员，亦屡忿孙文之以诈术待人，遂联络江、浙、湘、楚、闽、广、蜀七省在南洋办事人，罗列孙文罪状十二条、善后办法九条，并将孙文往来信札，交先生手，托其带至日本东京同盟会总会，不欲戴孙文为会长。燮和恐先生遭暗杀，并托人护送至新加坡。孙文随命汪精卫尾随先生而至东京，与同盟会书记黄兴联络，黄兴偏袒孙文，不肯发布，并作书覆李燮和等，为孙文辩护，洋洋千余言。善后办法中，有言兴复《民报》之举，精卫遂作《民报》续刻之。由是章太炎作《伪民报检举状》，痛斥孙文借革命为新骗术。当其时，陈威涛客爪哇魏兰处，将《孙文罪状》用药水印刷百余纸，邮寄中外各报馆登之。孙文大怒，命各机关报，攻击先生与章太炎、陈威涛不遗余力。先生因作《布告同志书》一册，直言孙文种种之非，并略述自己生平所经历，此己酉年事也。

时刘光汉、汪公权充满清侦探，张恭被禁于南京。张伟文在温州运动，为统领梅占魁所获。既而阙麟书先后被执下狱。先生遂注意南洋，引志士沈钧业、鄺景曾、王文庆、陈陶怡等先后至爪哇。先生素主中央革命，与女士孙晓云密谋，欲在北京开设妓院，以美人诱满清贵族，席间下毒，以为一网打尽之计。

庚戌岁，复兴光复会于东京，公举章太炎为正会长，先生为副会长，李燮和、沈钧业、魏兰为行总部。先生与章太炎等又在东京组织《教育今语杂志》，以为通信机关。又将《浙案纪略》分为三卷：上卷纪事本末，并补述刘光汉内叛诸事，凡四章；中卷列传，凡七篇；下卷附录，凡二集，一曰党人文告，二曰清吏案牍；外纪《教会源流考》一篇。统计六万余言。稿既竟，即付印局，将刊行，以公布于世，嗣因诸同事以本案牵涉未来事迹过多，恐致机密漏泄，于吾党进取前途，甚有妨碍，因将原稿取回，仅印中卷列传及《教会源流考》一篇。

陈威涛作书联络管慎修、杨俊明、钟芝溪等，钟芝溪复联络何剑非等。在新加坡，以何剑非为招待员。在爪哇，以谏地里魏兰、也班许绍南为机关所。南洋志士，如陈吉宾、何根性、曾赞卿、梁玉田、邹天彩、何德南、蓝亦凡、蔡公哲、胡子春、刘维东、徐柏如、李弼公、陈芸生、陈百鹏等，先生皆联为一气。时李燮和、沈钧业、王文庆等，在网甲组织教育会，举槟港华侨温庆武为会长，沈钧业为视学员，借此为联络入会之机关。网甲岛华侨，对于李燮和、沈钧业之信用极深，故其佩服章太炎与先生之心尤切。爪哇岛之华侨开化最迟，故入同盟会者甚少。杨俊明在泗水联络华侨，创办书报社，以管慎修为坐办，鼓吹革命，一日千丈。又得张云雷、魏兰、鄺景曾、许绍南、丁镖等之运动，思想日益发达。冬十一月，沈钧业由黄肃方、田桐、张云雷三人之介绍，来泗水《汉文新报》主笔政，人心益动。义侠之士，日夕过从。

辛亥三月，先生重来爪哇泗水，闻者益为之喜。时张云雷、沈钧业二人均在泗水。先生与二人联络志士蒋开沅、蒋以芳、蒋报和及书报社社员王少文等。广州之役，李燮和、王文庆电招先生归香港，事后先生偕燮和、文庆赴沪，晤女士尹锐志、尹维峻姐妹于秘密机关，会商再举。未几，先生赴日养疴。夏六月，锐志姐妹以电招先生。六月杪，先生与锐志、维峻姐妹在上海法租界平济利路良善里组织锐进学社，发刊《锐进学报》，以为内部交通之所。并在杨树浦及法界赖格纳路两处，设有秘密机关。又〈闰〉六月初一日，在嵩山路沈宅开会，陈其美出手枪欲击先生。过数日，先生又与陶文波等再往南洋，赴各岛组织光复分会。

秋八月，武昌起义，尹锐志、尹维峻、李燮和、王文庆在锐进学社商议响应。以先生为名，派人运动各界，攻制造局，救陈其美，上海因而光复。王文庆、尹维峻往杭运动，并偕屈映光、周文介、周佩璜、张伯岐等赴杭，约朱瑞、吕公望、童保瑄、庄新如等志士数十人，商谋光复浙省。尹锐志等并派人游说程德全，江苏亦即光复。潘谋先、方於笥、鄢景曾等，亦在嘉兴运动军界反正。先生恐经费不足，遍电南洋各埠光复会，筹集巨款，接济军需。镇江之章梓、申江之李燮和诸人起义之费，多系爪哇、泗水光复会筹寄之款。其取上海、杭州、松江等处诸死士，上海嵩山路炸弹炸死之杨哲商、炸伤之王常素、平智础，及与试枪毙命之沈克刚，均与〔为〕先生生平最信任之友。非先生十数年来奔走东南，苦心经营，安能至此哉！至南洋筹集诸款，汇至申江，接济徐固卿、陈其美、李燮和三君者不鲜。去年东南各省义旗一举，四方响应，两三月即有半壁河山，此时先生虽非建有赫赫之伟业，推其原因，皆先生前数年运动筹划影响所及也。

迨先生等抵沪时，杭城已经光复，督浙者暂推汤寿潜。及先生抵杭，即由革命党人举先生为总参谋。先生以张勋负固，金陵未下，不敢稍安，又奔走各处，联络同志，助浙军攻取南京，设筹饷局于上海，竭精尽虑，寝食未安，而旧病加剧。及江南恢复，革命党中之败类，皆有争功夸能、帝制自为之心。先生恐北虏未破，不能自安，强病而起，与朱瑞、吕公望、屈映光诸友人谋北伐之举，以尽吾浙人之义务。时孙文勾通《民立报》，谓孙文携有美金巨款及兵舰若干艘回华。孙党并有兵舰之照相，在南洋群岛发卖，骗取总统，在南京组织临时政府。先生因南洋筹款事，致书孙文，旋得其覆书，略谓先生与彼反对，当筹如何对待。当其时，上海谣传已有陈其美欲刺先生之说，先生不以为真。王文庆在南京致书先生，谓得确实消息，先生在沪不利，先生始避之于客利旅馆。因应接甚繁，不能不出，乃又移之国民联合会。同人以人来太杂，乃又移之江西路光复会机关所。次日，又移之汇中旅馆。适同盟会会员在该处公宴孙文，先生在饭厅遇王金发、褚辅成。先生病本未愈，次日，因移入法租界金神父路广慈医院。当其时，汤寿潜调交通总长，浙人将举先生督浙，先生力辞未就。十一月二十四日，沪军标统蒋介石，晤张伟文、曹锡爵，言与先生本无意见，欲来与其言明，庶免误会。伟文约以下午四时来光复会机关所一谈。及晤，介石与先生言论融洽异常。谈毕，介石询先生住址，先生随书一条实告之。是夜八时许，蔡先谌与张不华谈，不华辞去，先谌欲偕往，不华不可。十时许，有人持书至广慈医院与先生，询以信之所由来，则言杭州快信，由蒋介石转交。信内系临时协会具名。次日下午，张伟文至，先生示以信，伟文疑之。盖浙江仅有临时议会，并无临时协会之名故也。二十五日夜间二时许，有刺客二人，撬门而入，守门者觉，询以何为？则云来看陶先生。旋登楼，入先生卧室，呼曰："陶先生！"出手枪击之，子弹从左颊入，斜穿脑部，而先生遂不明不白而死矣。

先生生于丁丑年十二月二十二日酉时（即伪光绪三年），卒于辛亥年十一月二十六日丑时（即中华民国元年正月十四号），年仅三十有五。殓之日，同志莫不痛哭，闻者皆为不平。盖因先生奔走国事十有二年，自壬寅迄辛亥，十年之中，弃父母妻子于不顾，仅于乙巳岁，在绍兴办大通学堂时，回家省亲一次，居不终日，即返校中。而且生平无丝毫嗜好，往来运动，均系步行。待人则信义交孚，处己则破衣敝屣。道德如是之高，爱国如是之诚，当此民国成立，竟被二三小人主谋暗害，夫岂中华民国之福哉！先生灵柩暂停绍兴会馆，既而浙都督蒋尊簋派专车迎先生柩，归葬西湖凤林寺前。民政司褚辅成以先生功不可没，取先生事略呈都督，交省议会，议决设立专祠，抚恤家属。上海、杭州各省悯先生之死，皆开会追悼。先生之名，诚千古矣。中华民国元年八月二十六号。云和魏兰拭泪谨述。

是篇祇述陶先生大略，遗漏尚多。然据事直书，无一字不真，无一事不实，文字之优劣不计，一切忌讳，均无所避。明知此言一出，小人之攻我，手枪之击我，炸弹之掷我，在所不免。然我既为陶公之友，知之最详，知而不言，恐天下后世无人知革命党之真相，是非淆乱矣。故信笔而书，宁为董孤〔狐〕之直，牺牲性命，亦所不辞。知我罪我，听诸当世。至于南洋群岛同志之姓名事略，以及沪、杭光复之志士，实因限于篇幅，未能尽书，阅者谅之。魏兰识又。

据《陶成章集》附录

勋一位前陆军部总长黄君墓志铭

章炳麟

草昧之世，乡党良骏可依也。故汉祖起丰、沛，光武起宛，明之兴自濠、泗间，其时将相有成名者，皆其族姻故人。此如缘阶登高，非其劲捷，所藉便也。至如项王、孙伯符辈，身出将种，宾从亦多矣。而戏下无元功，独以奇材侔侠先人，所过无敌，斯为卓耳。世又愈变，海陆大通，豪杰之士，或往来佻达不常，不依土着而成光复之绩者，有善化黄君。

君讳兴，字克强。初以诸生肄业两湖书院，虽善文艺，而自有大度，非政书方略弗道。直清政衰，言改革者蜂起，君独默然，阴求士人有兵事志略者，亦下交山泽宗帅，欲与计事。久之无所得，游学日本，为师范生。是时，清已丧师，窜西安归矣。而露西亚争东三省益亟，乃纠同学为义勇队，阴习兵法。君独善技击，发铳，随手左右无不穿者，诸生益归君。岁余，复归湖南，得宗帅马福益所将万余人，为画策自湘潭袭长沙。谋泄，君自长沙间关走上海。与清泰兴知县龙璋、同县章士钊、长沙杨毓麟，谋再起，不果。闻香山孙公在日本，复从之游。孙公所部多海滨豪雄，已尝袭番禺，攻惠州，兵解，益与日本诸游学生交。而山阴蔡元培以文儒教于上海，丹徒赵声在军有威信，皆阴部署革命事。君乃与孙公计，集海内外诸志士，为中国同盟会。游学生先后署名者二千余人，内设五部于国中，而以日本东京为枢。始孙公善经画，与学士剑客游，皆乐易，得其欢心，然不能获军吏。至是，东游诸士官皆来会。君尤善抚循，士官人人乐为用，海内始盛称同盟会，以著名籍为荣矣。

君既任改革，复以孙公南抵马来半岛，内走暹、越，南与侨居商人谋军储。商人故多知孙公，闻君言益奋，故馈饷得无乏。凡与同志破黑冈，攻钦州，拔镇南关，下河口，累战皆捷。然兵少，旋悉弃去，往来飘忽，清大吏甚苦之。清宣统初，袁世凯废，张之洞、孙家鼐相继死，所任皆宗室儿童，佻易受赇，朝政日汙，吏民皆发愤欲覆清廷。时君所结士官，已稍归国得兵符，或至统制，然散处未有以合也。君以偏方小捷，不足制清廷死命，而军吏猝不可和会，乃思出奇计震动之。与赵声谋，欲集同志奇材百余人，径袭广州，杀清总督张鸣岐，因据会城，号召郡县。谋稍露，侯官人林时塽促君突进，君自香港率百余人度海，持拳铳，直诣总督府，逾短垣，至斋中，索鸣岐不得。门外爆弹以百数，坏前闼，欲逼堂皇，卫兵出格斗。我师败，君亦伤堕指，复前至辕门，以积尸中褫卫兵军衣被以走。时死者七十二人，余稍稍散归。返至香港，君愤甚，欲自刭，同志止之，然自是清吏褫气，闻同盟会名，辄股栗，吴、楚间志士，益发舒矣。

后五月，武昌兵起，清起袁世凯，以锐师攻夏口。君自香港归，至上海，以银十万版授同志陈其美等，令图下江。而身自诣武昌，到三日，夏口陷。都督黎公，授君总司令，令守汉阳。当是时，武昌兵少，士气熸，自君至，人心始振。会湖南遣军来援，学童裨贩皆赴师。君每战辄以身冲锋，有不前，即跪稽颡导之。由是士卒感奋，人自为战。既以汉阳蔽遮大江，下江、两广、西南诸部，皆相次反正。清大将冯国璋，奔命击汉阳。汉阳士素不部勒，国璋所将皆选兵，多机关铳，势不敌，月余遂陷。初武昌诸枭将，本同盟会支别也，而名号徽识颇异，皆自谓国勋。君至，陵诸将出其上，诸将不胜忿，特以事亟相推耳。及败，黎公独保任君，讽就江苏乞援，遂行。会苏浙联军攻拔江宁，北廷大慑，与武昌罢兵，南北之势始成矣。

民国元年冬一月，临时大总统孙公就职南京，以君为陆军总长。君素知袁世凯畔换，壹意北伐，然与武昌相失，不能得形势，士论亦汲汲欲仆清廷，与世凯讲解。师次徐州，清亡，南京政府亦解，以君留守。南京制兵及仓猝募选者几十二万，世凯知饷不给，故扼之。数月，留守府亦解。南北既一，政人皆争言文治。同盟会议员在都者，以农林总长宋教仁为魁。教仁睹袁氏兵盛，不可与争锋，欲因议会多算以桡之。世凯亦欲树威，使民党厌伏。八月，杀张振武于京师。振武者，武昌首义人也。既死，民党皆震慄。君自上海北谒世凯，归至夏口，见武昌诸将，流涕言：“兄弟寻衅，使独夫得志，自今宜相容忍。”皆啮指愿寻盟，为谗人所尼，盟不就。

明年当大选，海内皆属意黎公，教仁亲诣督府道诚款，既得诺矣。三月，世凯使贼杀教仁于上海。是时孙公知世凯欲兴帝制，说君合东南诸部，速举兵。君欲推法吏治教仁狱，不成，乃以兵继之。议久不决，世凯得阴为备。其要人参谋次长陈宧，谋间黎、黄。君部曲傈狡者为所动，欲袭武昌劫黎公，黎公亦怒，疏君。冯国璋乃使其婿江南师长陈之骥来。七月，君至江守，都督程德全以江苏独立，江西、湖南、安徽、广东、福建、四川皆应。时世凯已贷四国金二千五百万版，资粮有余，则阴赂东南将校为中诇，而君不知，以为殊无往来也。德全既独立，悟之骥诈，先遁。冯国璋至浦口，江宁溃，诸部先后陷，君走日本。自以失机，不欲问世事。孙公怒，责让君甚厉。君惭愤，遂赴美洲。其后世凯僭号，西南诸部倡义讨之，事仅得解，而君亡命已三年矣。君自去国，痛中土日乱，辄发愤欧血，咽喉为嘶。袁氏既败，君归自美洲，同志迓于黄埔，君墨墨似不能言。居数月，国人议选副总统，同盟会旧人，或为冯国璋游说，议会风靡。君怃然知徒众不豹，复欧血至斗所。民国五年十月三十一日，殁于上海邸中。

君性刚果，而对人媞顺如女子。始以布衣抟合伦党，任天下重，光复之业，自君始力行。用兵不尚诡道，常挺身独进，为士卒先，故能因败为胜，克龛大敌。遭袁氏猜贼，计或失中，借枢于寇，而西南杖义者，其半犹同盟会士也。处势异古，故与项王、孙伯符殊业。其在民国，功比孙、黎矣。君殁时，年四十五。六年四月，以国葬礼襄事于长沙岳麓山。铭曰：

南纪维衡，上摩玄苍。厥生巨灵，恢禹之疆。发迹自楚，命畴大荒。行师龙变，阖开不常。广宣汉威，莫我抗行。十叶之虏，若炊而僵。国难未艾，神奸猘狂。元功中圮，何天之盲？中兴虩虩，宠赂犹章。瓶怒喷血，瘼此献萌。死为鬼雄，以承炎黄。

据《太炎文录初编·文录补编》

余杭章先生墓志铭

汪　东

先生讳炳麟，字枚叔，一曰太炎，浙江余杭人也。王考讳某，考讳某，奕世载德，实有令闻。先生秉心强固，聪智绝人，粤在幼年，已开宏业。外祖朱氏，尝授以《春秋》大义，谓夷夏之辨，严于君臣，服膺片言，以至没齿。是盖岳因部娄，增其九成，河出昆仑，原于一勺。稍长，从德清俞君问业，横经在席，砥砺时须，敛袖而听，锋芒不见。厥后旁搜远绍，著书满家，而师法所自，称引勿替。康成绝学，尚游马氏之门；叔重无双，不废贾君之说。强立不反，斯之谓欤。

有清末叶，政益陵迟。先生怀一夫不获之志，申九世复仇之议，欲求殷献，共举义旗。爰历闽疆，暂栖穷岛，所谋弗遂，铩羽西还。既遭党锢，有明夷之厄，乃日读《瑜珈师地论》及因明、唯识诸论，宅心玄宗，都空意必。民国二年，再被幽系，又口授微言，命弟子吴承仕录之。居幽赞易，以明忧患之情；在陈绝粮，县述四科之教。希踪曩哲，一揆同归。初至江户，识故临时大总统孙公，倾盖论交，即关大计。于是作《相宅》一篇，豫策革命后建都所宜。其言略谓，谋本部则武昌，谋藩服则西安，谋大洲则伊黎。洞烛几先，规杌宏远，运天下如掌上，罗形胜于匈中。势格不行，祸亦随见。昔成周既宅，乃为雒邑之营；秦祚先亡，始定关中之策。以今方古，抑又过之。

逮乎武汉兴师，金陵让国，袁氏袭亡清之旧制，忘孙公之乐推，跋扈临民，骫骳弃法，先生直言毋挠，谗口是撄。未几，出为东三省筹边使，盖远之也。识非用我之诚，犹冀期月之效，是以明令朝颁，轻车夕发。

度雄关而揽辔，指险渎以徂征，涉历山川，图摹形势，将欲收乐浪于版图，规玄菟为郡县。岂知建议，悉被稽留，挂冠即行，拂衣高蹈。用是强藩割据，倭寇冯陵，沿至于今，终成巨患。假使郑用烛武，汉听贾生，则北门之筦，何至潜移，七国之兵，还当自戢。噬脐奚及，流涕空悲，言念老成，倜乎远矣。邦家多故，戎马频烦。民国五年七月，孙公以大元帅兴护法之师，开府广州，用先生为秘书长，传檄而定巴蜀，赋诗以劳将率。时唐继尧督军滇南，犹怀观望，先生躬往说之。瞻望碧鸡之岭，瘴气潜开；裴徊黑水之祠，凶波不作。唐感其诚，请受节度为副元帅，同寅协衷，斯为功首。其后军府改制，解组言旋，虽反初衣，犹闻国是，谠言时发，不可胜书。

顷者卜筑吴地，躬启讲舍，婞欲教诲后生，振导聋俗，莘莘学子，从者如归。子夏居卫，西河于以响学；仲尼反鲁，雅颂繇是得职。岂直通波飞阁，悦此清嘉，良田美竹，娱斯伏腊而已。不幸寝疾，以民国二十五年六月十四日卒，春秋六十九。弟子心丧，薄海咨悼。国家追念元耆，荣以国葬，礼也。夫立德者不必有功，勤事者未皇绩学，兼备三者，繄惟先生。故能识综九流，勋媲微管。金声玉振，终始之为成；霆气流形，不言而成化。可谓出乎其类，拔乎其萃者也。配汤夫人。有子二：曰导，曰奇。始遭疾困，未安家室，先置篷某氏，生女子子三：长适龚，前卒。次适关。次适朱。一门之内，孝弟怡怡，嗣子居丧尽哀，继志善述。某年月日，奉丧返杭州，葬中台山之麓。念封树之将具，嗟德音之不忘，询谋佥同，刻此贞石。其辞曰：

> 于皇先生，抱道守贞。居常虑变，在险能亨。建夷既摧，复我疆理。嘉谟屡陈，以规九有。知几其神，言必有诠。鳣鲵肆虐，尧封沦陷。一佐军府，遂返田园。功陋齐管，节慕鲁连。博综丘坟，思弘六艺。雄文迁笔，盖其余事。天不慭遗，微言圮绝。凤鸟无征，楹奠空设。萧萧归椟，桓桓墓门。千秋万代，楷树常存。

据《制言》第三十一期

蔡元培传

夏敬观

蔡元培，字鹤卿，号孑民，浙江绍兴县人。幼从叔父铭恩学为诗古文辞，气体奇崛。性喜治经学小学。又师事同县王懋修，服膺宋明理学。母病，刲臂和药以进。母丧，必欲守居庐之训，服除未葬，兄为订婚，痛哭拒之。年十七，补诸生。既冠，居同县徐氏藏楼，为校所刊书，因博览群籍，学益进。清光绪乙丑、庚寅，联捷成进士。阅二年，殿试二甲。甲午，授编修。居馆职数年，耻奔走津要，惟务学殖。

朝鲜之役，日胜我败，志士愤懑，鉴于明治维新之效，竞言变法，元培至是亦涉猎繙译西籍，与友设东文学社，习和文。元培与梁启超为己丑同年生，于六君子中，尤默契谭嗣同学识，当其用事时，避趋炎势，不往结交，及政变，元培深致惋惜，叹其寡助致败。谓欲革新排旧，必先培养人才，睹清廷政治窳败，无可挽救，遂弃职南归，绝意仕进，从事教育，其思想革命自此始。

自戊戌至丁未，历任绍兴中西学堂监督，代理上海澄衷学堂总理，南洋公学特班教授，与同志组织中国教育会，推任会长，创设爱国女校、爱国学社，自兼教员，所至提倡民权女权，与物竞争存进化之旨，张园演说会，及《苏报》，皆与爱国学社相联系，其时昌言革命，几为国内唯一机构。东京同盟会成立，元培以杨笃生、何海樵介，入会。且入笃生所组暗杀团，筹制炸弹，与弟元康助其一切秘密经营。是时，清廷拘捕会党益亟，海内各方举义辄败。元培以事阻意倦，遂坚游学之念。会绍兴学务公所延为总理，就任未久，清廷议派编检出国留学，乃请留欧，不遂，继笃生为译学馆教授。久之，始以朋辈相助，私费赴德，入来比锡大学。

辛亥革命，南京临时政府成立，归为教育总长。南北和议成，派赴北京迎袁世凯，旋入唐绍仪内阁，仍为教育总长。未几，以袁世凯专擅，违组阁本意，商之其他同盟会阁员，随绍仪辞职。自是赴德，赴法，在外数年，至五年始归，任北京大学校长。

元培为旧学时，治学偏于故训大义，治史偏于儒林、文苑、艺文志，及其他关于文化风俗之纪载。及游学德国，所学于哲学、文学、文明史、人类学外，尤注重实验心理学及美学。曾进实验心理学研究所，试验各官能感觉之迟速，视后遗象发音颤动状比较表等。入文明史研究所，研究比较文明史。译有包而生《伦理学原理》，编有《中国修身教科书》、《中国伦理学史》。谓孟子所距之杨朱，即庄周为我即全己之义，《庄子》书中说此义者甚多，至《列子·杨朱篇》，乃魏晋间颓废心理之产物，非必周季人所作。又于清儒中揭黄梨洲、戴东原、俞理初说，以为合于民权女权。黄、戴二氏，前人已所注意，俞氏说则元培始拈出。

时主教育者，或倡军国主义，或倡实利主义，元培意以为二者固救时之要，不可不以公民道德为中坚，使有一种哲学之世界观与人生观，而涵养此等观念，不可不注重美育。美育者，元培在德受极深印象而欲尽力以提倡者。元培所谓公民道德，以法国革命时所揭著之自由平等友爱为纲，而以古义证之，曰："自由者，富贵不能淫，贫贱不能移，威武不能屈是也，古者盖谓之义。平等者，己所不欲，勿施于人是也，古者盖谓之恕。友爱者，己欲立而立人，己欲达而达人是也，古者盖谓之仁。"其昔年又尝以《公羊春秋》三世义说进化论，又尝说三纲五伦，曰："纲者，目之对，三纲为治事言之也，国有君主，则君纲而臣目，家有户主，则夫、父纲而妇、子目，此以统一事权，与彼此互相待遇之道无关也。互相待遇之道，则有五伦。故君仁臣忠，非谓臣当忠而君可以不仁也。父慈子孝，非谓子当孝而父可以不慈也。夫义妇顺，非谓妇当顺而夫可以不义也。晏子曰：'君为社稷死，则死之。'孔子曰：'小杖则受，大杖则走。'若如俗说，君要臣死，不得不死，父要子死，不得不死，不特不合于五伦，亦不合于三纲也。"其先后所说，题目不同而已，道则未尝相背也。

在法国编有《哲学大纲》，多采取德国哲学家之言，惟于宗教思想一节，谓真正宗教，不过信仰心所信仰之对象，随哲学进化改变，亦即因各人哲学观念之程度而不同，是谓信仰自由。凡现在有仪式有信条之宗教，终必淘汰。或有以宗教仪式信条，可涵养德性者。元培曰："此不过自欺欺人耳！若涵养德性，则莫如美育，盖人类之恶，率起于自私自利，美术有超越性，置一身利害于度外，又有普遍性，独乐乐，不如与人乐乐，与寡乐乐，不如与众乐乐是也。"故常持以美术代宗教说。又尝欲编欧洲美学丛述，成《康德美术学》一卷。欲编欧洲美术小史，成《赖斐尔》一卷。又深信徐时栋所云《石头记》中十二金钗皆明珠食客之说，为考检证据，作《索隐》，盖于美术文，以为文言语体，皆有价值，新者方之如西洋之建筑、雕刻、图画，随科学哲学而进化，旧者注重于音调配置，字句排比，方之如音乐、舞蹈、图案、彩绘。故其在大学时，新旧学人，兼容并取，无所歧视。

任教育总长，为时虽暂，增设社会教育司，改大学八科为七，以经学并入文科，谓《易》、《论语》、《孟子》，已入哲学门，《诗》、《尔雅》，已入文学门，《尚书》、《三礼》、《大戴礼记》、《春秋三传》，已入史学门，无庸别为一科。又大学重研究学理，宜特注意文、理两科，设法、商等科，而不设文科，设医、工、农等科，而不设理科，皆不得为大学。其任大学校长，推广进德会，以挽奔竞游荡之习。延积学教授，提倡研究学问之兴会。助成体育、音乐、书画法研究诸会，以供正当消遣。助成消费公社、学生银行、校役夜班、平民讲演团及《新潮》等杂志，以发扬学生自动精神，培养其服务社会习惯。当时学制未备，困于经费，扩大不易，元培议以文、理科为本科大学，其医、工、农、法、商，仿德国高等学校之制，为分科大学，实因时制宜，补救一时之策，其后虽未用本科分科之名，遇艰困情势，大率准依此制。元培又以文科之文学、史学，均与科学有关，而哲学全以自然科学为基础，乃文科生因与理科隔绝，直视自然科学为无用，遂不免流于空疏，理科各学均与哲学有关，自然哲学尤为自然科学之归宿，以与文科隔绝，遂视哲学为无用，而陷于机械式之世界观。又有几种哲学，竟不能以文、理分者。如地理学包有地质、社会等学理。人类学包有生物、心理、社会等学理。心理学素隶于哲学，而应用物理生理之仪器及方法。进化学为现代哲学之中枢，而以地质学、生物学为根底。彼此交错处甚多，乃提议沟通文、理，合为一科。又以年级制，使锐进者无可见长，而留级者每因数种课程不及格，须全部复习，乃改采美国学校单级制。元培又以大学为囊括大典、包罗众象之学府，无论何种学派，苟其持之有故，言之成理，皆容纳之，听其自由发展。盖其自研学术，亦犹是也。

九年，赴欧、美考察教育。在法，法国教育部授以荣誉学位。在美，纽约大学授以哲学博士荣誉学位，过檀香山，出席太平洋教育会议。十一年，以罗文干被逮，表示与教育部长彭允彝不合而去。自是又留比、法等国数年。十三年，赴荷兰、瑞典，出席民族学会。十四年，赴德，入汉堡大学，研究民族学。十五年归，参加江浙皖联合会，兼任浙江科学院筹备主任、浙江政治分会委员。国民政府成立，参加中央政治会议，任中央监察委员、国民政府委员、教育行政委员会常务委员、大学院院长、中央研究院院长。十七年，大学院改教育部，元培辞部长不就，并辞各兼职，专任中央研究院院长。日寇内侵，迁居香港九龙。二十九年卒，年七十四。

当张园演说会时，合革命排满为一谈，其甚者持杀尽胡人之见解，元培曾于《苏报》揭释仇满一文，谓满汉血统，久已混合，其语言文字，亦已为汉语汉文所淘汰，所可为满人标识者，惟其世爵及坐食之特权耳！苟其自觉放弃，岂必尽杀之乎？其言平恕，足为后士矜式云。

据《国史馆馆刊》第一卷第三号

大总统黎公碑

章炳麟

公讳元洪，字宋卿，湖北黄陂人也。考讳朝相，清世以游击隶北洋练军。公习业水师，勤学为诸生冠。役于海军七年。光绪二十年，清与日本战威海，公以广甲管轮自广州赴之，船脆不任战，遂陷。长官乘小艇逸，公愤甚，赴海，水及颏者数矣，卒泅邸大连岸，同行十二人，存四耳。署两江总督事张之洞闻公材，召修江宁、江阴炮台，皆坚精中法程。之洞还督湖广，公从，与德意志人某教练湖北新军。三赴日本考察军务，归充湖北护军马队长、前锋统带，擢第二镇镇统，兼本镇协统。寻以饷诎罢镇，以二十一混成协统领兼管马炮工辎各队，假陆军协都统衔，并提调兵工钢药两厂，监督武中学堂，会办陆军特别学堂，统楚字兵船六，湖字雷艇四。凡两主大操，指麾中度，声藉甚。治军严仁，不滥费军需一钱，有余即以逮士卒。故所部军装整振，绝于他军。平居卧起皆准军号，不妄先后。夜必宿军中，虽遇岁时不移。教士剀至，唯恐不尽其才，尤敬士大夫，一方归心焉。

瑞澂督湖广，公被劾，事久未下。瑞澂忌益甚，檄所部四出以披之。时革命已有萌芽，而湖北军故多怀匡复者，期以宣统三年秋操起兵。未及期，瑞澂以事捕杀彭、刘、杨三士，复按所获名册分道往兵营逮捕，人人自危。八月十九夕，武昌革命军起，瑞澂与镇统张彪挺身走，乃推公为中华民国军政府鄂军大都督。初，自黄花冈之难，中国同盟会衰矣。其在江汉，共进会最盛。次有日知、文学诸会，各有名字与其所交关军士，力均不能相听下，谋帅无适任者，以公善拊御，皆属意公。且曰："谘议局议长汤化龙才，请以民政长辅公。”议定三月矣，阴为文告署检，称大都督黎，未以告也。兵起，有数卒突入公门，公错愕，手刃之。无几，又数人至，促公赴军械局，请受都督印。公见化龙在，知士大夫有谋，宣言无略财，无妄杀，如是则可，皆踊跃称听命。促公诣谘议局就选。其日溃兵返，市门启，时瑞澂亡已逾日矣。瑞澂始谓小寇蜂起易定，故走江上兵舰待其变，闻公出，乃去。

军府初立，纲纪未具，将校入谒，语人人异端，不合，或抵掌捶书案，然皆以公厚重知兵，无敢轻动摇者。故军政虽纷，纪律未尝乱，南方诸革命军尝更起迭仆，及是竟以集事，由公镇之也。明日，美利坚领事入谒，问邦交，公言："自今日始，邦交由民国主之。自今日以往，约如故。"而先所拟文告，其草稿为俄罗斯领事所得，译其辞，以为有大体。会我师败清陆军大臣荫昌之师于滠口，走之，由是被仞为交战团体，去倡义八日耳。鄂府储金多，富兵杖，滨江诸省欲有事者，即赋予之无所吝。至十月，南方十一省与山西、陕西，次第反正，皆遣使来，推公为中央大都督、陆海军大元帅。俄汉阳陷，守将黄兴走，会下游亦拔江宁，清内阁总理袁世凯使蔡廷干来，战中止。使唐绍仪来议和，公任伍廷芳为代表，令开议上海。时香山孙公自海外归，议者以武昌危孑，宜置政府江宁，即推孙公为临时大总统，公副之。十一月，改宣统三年为中华民国元年，始颁太阳历也。

二月，清帝逊位，临时参议院复举袁公为大总统，公副如故。北都定，以公领参谋总长，授大勋位。当是时，南北瓦合，虽选袁公，非其意。袁公亦介北洋军威，重以南士蕤果，不肯亲。公弥缝其间，卒不效。先是湖北有一镇一混成协，及倡义，稍增至八师，公痛裁之，存其三，及军民分治，制皆自公创之。自义师起，督府苛礼尽去，公尤任自然。尝夏日入谒，公短衣持径尺蒲葵扇，与客语半刻所。侍者进荞麦屑，公手分牛乳，与客尽之。易简如此，海内乡风矣，然诛钼骠悍亦几千数，军人被裁者，颇群聚江湖为乱，率多借黄兴名号。公雅不信，而将佐颇以为疑，交以渐疏。明年春，袁公使贼杀故农林总长宋教仁于上海，狱不具，南北凶凶。袁公令师长李纯下夏口受公调遣，实不用其命。其夏，江西、安徽、湖南、广东四都督罢，皆起兵抗袁氏，以兴为主。未一月，败。公素善湖南都督谭延闿，及湘上主起兵者谭人凤，又武昌倡义人也，为解说令罢兵，故延闿等得免于难。独蒋翊武不肯听，入广西，捕得，斩之。时议者多病公持两端，公以为大总统非犯叛乱，不得与校，卒未尝自明也。

其秋，袁公被选为正式大总统，公副如故。时孙、黄已亡命，袁公视天下无与己伉者，独惮公得南方心，以兵胁之入京师，馆于瀛台。公阳与和叶，而内深自为计。袁公改《临时约法》，以参政院代国会，属公长之，亦不拒也。四年，帝制议起，始辞参谋、参政二长，袁氏又以武义亲王爵公，公拒其册，却其禄。五年一月，当朝正，胁者数辈至，公誓曰："辛亥倡义，踣军民无算，非为一人求官禄也。诸君如相迫，即立触柱死矣。"袁氏乃不敢逼。会云南、广西起兵讨帝制，师逾岭，江上游皆起。六月，袁世凯卒，依法以公继任，始复约法，还袁氏所夺将吏官勋，录旧功也。

时公久失兵，而北洋军势未衰，嫚侮跆藉，无所不至。而国务总理段祺瑞当袁氏称制时独弗顺，功亦高，其秘书长徐树铮缘傅约法，谓凡事当听国务院裁决，总统徒画诺耳。每拟令，直入府要公署名。公任丁世峄为府秘书长，与相枝柱，事稍解，未平也。六年，欧洲联军与德意志战已三岁，求中国参战，公始可之，后闻国务院将因是举债日本，亟已其事。两院议皆如公旨。树铮怒，雇恶少年聚击议员，公闻，立罢祺瑞，以伍廷芳代之。令下数日，九省督军皆反，连兵请解散国会。于是两广巡阅使陆荣廷新以讨帝制有功，难将作，公问计荣廷。荣廷者，无知人鉴，称长江巡阅使张勋能已之。难作，问财政总长李经羲。经羲对如荣廷。时勋与北洋将领开徐州会议，有阴规复辟计，勋故漏其事府秘书以示诚。公召勋，勋请解散国会，登经羲为总理，竟因是败。勋以兵二千入都，与陆军总长江朝宗结。朝宗以清遗臣梁鼎芬入谒，鼎芬请归政清废帝。公厉声诃之。鼎芬退，复说守卫司令萧安国毋用公命。安国者，鼎芬门人也。七月，勋以清废帝复辟，经羲降，公密令复祺瑞职，令讨贼。未几，祺瑞起兵击勋，走之，遣使迎公，公谢焉，乃以副总统冯国璋摄，始就参战事，但开和籴，许庸赁，不出师也。

初，九省督军反，公使海军总长程璧光南下纠义旅。至是，西南护法军起，璧光数请公南行，道梗，不得前。自是南北交兵，绵四五岁。国璋去，北方又拥徐世昌主之。至十一年夏，直隶关东相持急，长江上游总司令孙传芳腾书请公复位，北洋将领皆响应，旧议员赴天津和之，世昌走。炳麟以书邸公曰："将帅过骄，难为其上，公于段阁，有前鉴矣。必欲复位，请南都武昌，无滞宛平中。"公卒强起，以废督军要疆吏。疆吏阳应之，独废安徽，佗未动。公入都，即下直隶关东停战令，复召集旧议员，促制宪法。十二年，改选期薄，直鲁豫巡阅使曹锟疑议员附公，已不得代，则以金购致议员，且遣兵迫公府，水火尽断。公与农商总长李根源谋，令代国务总理。因出道天津，浮海至上海，欲即上海置政府，为浙江督军卢永祥所持。是时南北有力者，独关东张作霖以停战令德公，而云南唐继尧雅知大义，然皆远莫能助。乃去，东之日本别府，数月归天津。自是绝口不道国政，日步马郊外，示习劳也。明年，作霖入关，锟废。十七年夏六月，蒋中正以兵攻作霖。时公病已亟，南军薄天津，公薨。诘旦，北畿皆改树青天白日旗矣。公薨时，年六十五。公丰肉舒行身短，望之如千金翁。而自有纯德，不由勉中。爱国悬至，不诛于强大，度越并时数公远甚。

始在海军，已习水战。及统陆军十余岁，日讲方略，于行军用兵尤精，山川厄塞，言之若成诵。绝甘分少，与士均劳逸，士无不乐为用者。会倡义诸师旅长，皆自排长兵曹起，或杂山泽耆师，跅弛志满，教令不下行。汉阳败后，公始综百务。未期月，燕吴交捽，日相椎杵，终掩于袁氏。再陟极位，卫士无一人为其素练者。故公于民国为首出，而亦因是不得行其学。使公得位乘权十年，边患必不作，陆海军亦日知方矣。世之推公，徒以其资望，或乃利以纾祸，不为材用发舒地。虽就大名，抱利器无所措，与委裘奚异？悲夫！公不念旧怨，张彪在清时，数椓公，及公贵，彪来谒，公好遇之。湖南人胡瑛以谋革命系汉阳狱，兵起得释，欲撼公，他有所立，后瑛附帝制，当捕诛，公以其被胁，卒不问也。季雨霖以督队官隶张彪，入日知会，发觉，榜掠两股尽溃。公力请之，彪不许，又属日本人任教练者请之，乃许，阴资遣赴四川。比倡义归，公令宣抚荆州驻防，任尤亲。后雨霖背公，欲劫焉，事发，逃走，公虽怒，亦不深诛云。性廉，初倡义时，约自都督至录事皆月取银二十版。事定，将吏皆增奉，身取二十版如故。再起莅政，虽常奉不入，减公府经费三分之二。崇文门税关及烟酒署旧供公府银月六万版，尽却之。尤恶举外债，以为病国。所至节财用，慎赐予。然持承平法过严，绌于拨乱，亦公所短也。自民国兴十余年，正僭迭起，大氐出介胄或幕府士，世谓与共和政体应者莫如公。其后北洋军坏散，颇自悔曩日困公，卒无及云。夫人同县吴氏，初适公，家贫甚，及公贵，起居未尝异。公再起，夫人数谏公毋行，及遇变，亦无戚容，可谓有德操侔于天地者矣，后公一岁殁。丈夫子二：绍基、绍业。女子子二：绍芬适某，绍芳适某。妾危氏。公薨后五年，绍基等奉柩归葬武昌某山。吴夫人祔。炳麟数尝侍公，识言行，其事或隐，即遍询故参佐，故以实录刻石，不敢诬。铭曰：

于铄黎公，胙承殷周。弱冠方毅，从军习流。楼船否臧，踊身大湫。万灵翼卫，浮行得洲。总师汉上，戎士不偷。胡运方斩，轩辕下求。天棓夕陨，宣光园陬。乃起树翱，胜清遏刘。大功不莸，袁承其休。客实憎主，白刃在头。王章綖绶，不我能绪。否之后喜，乃膺大球。中立天衢，何党何仇？灵囊广橐，靡物不投。伏蛊未荡，曰相其矛。胡王眈眈，狙我内忧。公命苍兕，南总楫舟。三光乍隔，分曹干掫。再莅法宫，去来如浮。虹见龙藏，别风高飂。岳岳之鹤，为主杀躯。胡斯谆德，植冠而猴。公之在位，视以赘游。公之下世，蓟辽为丘。焞焞北军，亦允无鸠。孰令夸咤，召是悔尤。盘石在兹，下诏万秋。

据《太炎文录续编卷五之上》

辛亥人物碑传集

卷　二

国立广西大学校长马君武先生碑铭

居　正

中华民国二十九年秋八月丙子，国立广西大学校长马君武先生，以疾卒于桂林良丰校舍。朝野震悼，而莘莘学子尤哀恸如丧考妣。盖其敷属于抗战建国者至巨，而教泽之感人者深也。同月十日，国民政府明令褒扬，葬之以礼。哲嗣保之、卫之昆仲，属为碑文，以彰先德。余与先生交，凡三十余年，尝结邻于宝山之扬行乡，兹述其立身行道之荦荦大者。昔苏子瞻状韩昌黎曰"文起八代之衰，而道济天下之溺。忠犯人主之怒，而勇夺三军之帅"，余谓先生亦足当之矣。

先生讳和，字君武，广西桂林人。系出湖北蒲圻马氏世家。祖若父，仕于桂。母诸氏太夫人诞先生时，感有异兆，盖已聪令夙成。先生少孤，依母教，学于陈氏怡楼，岿然露头角。初应童子试，格于籍，被屏，遂不屑屑于举业。从龙泽厚、况仕任、龙应中诸先进问学，以是识新旧之涂辙。默察我国文化不振，非精研西学，不足以致中国于富强。乃习英文、算术于广西体用学堂，习法文于广东丕崇学院，学益进。至新加坡，见康有为、徐勤等谋国是，慨然有大志，返桂举义。事败，奉母莅沪，入震旦学院，法文造诣益深。初译《法兰西革命史》，其革命思想殆如朝曦东升。

壬寅，浮海抵日本，与章炳麟诸名宿创立"支那亡国二百四十年纪念会"，纵横留学生界。闻国父孙先生名，往谒之，披沥所见，深蒙器许。退而语人曰："康梁者，过去之人物也。孙公，则未来之人物也。"而其时同盟会尚未萌芽，先生独追随国父，游扬翊赞。迨同盟会成立，受命草章程，任秘书长，及广西主盟、《民报》主笔。辛亥武汉首义，先生代表广西，率先赴会于武汉，与各省代表起草临时政府组织大纲。闻国父归国。诣朝东下，力主依大纲，选国父为大总统。著文报端，唤起舆论，使沮尼之意也消，党议遂决。民五，国会复活，先生以参议员出席，政府提议对德宣战，本党反对，先生在议场中大声疾呼，或有挠之者，则以杖击之。虽犯议场之怒，而气不少馁。生平去恶，如农夫之务去草，尝一怒而恶人敛迹。秉刚守正，不附不阿，其忠勇有如此者。

民国元年，先生任实业部次长。时深知农业国家之不足恃，即主张建设工业，以树国本。故对于振兴工业之计划，荜路开疆，规模宏远。自后任全国铁路总公司秘书，广东兵工厂、无烟药厂厂长，交通部部长，大总统府秘书长，广西省长，司法总长。抗战军兴，任国防参议、国民参政。凡出一言，建一业，举一事，用一人，在在综核名实，期有利于国，有益于民。己饥己溺之怀，无时不于困心衡虑中流出。先生之道，可谓纯矣。

然先生毕生用力之结晶处，则以学问为济世之本，而潜心研求。民国前六年，毕业于日本京都帝国大学。中更事变，以广西公费派赴德国柏林工业大学肄业，得工程师学位。民国初年，复至德国从事研究，授工学博士。尔时留学生获工学博士学位者，先生实为第一人焉。以是先后出其所学，尽瘁于教育文化事业。方日本文部省取缔中国留学生事起，先生领导一部学生回国，创办中国公学。嗣长上海大夏大学、北京工业大学、吴淞中国公学。最后在梧州创立广西大学。一木一石，一瓦一椽，一几一席，悉心擘划，手胼足胝，虽在疾中，未尝少息。又尝兼任梧州硫酸厂厂长，改良出品，视德人为佳。人皆笑先生，不但为工程师、工学博士、大学校长，直是一杂碎工头、劳动苦力。先生亦笑而颔之。暇则笔不停挥，每日译著以三千字为率。其要者，译有达尔文《人类原始》及《物种原始》、斯宾塞尔《社会学原始》、密尔《自由论》、卢梭《民约论》、阮荪《化学原理》及《有机化学》、何塞克《矿物学》、郎约斯丁《机械学》、托尔斯泰《心狱》。著有《动物学》、《植物学》、《地质学》、《一个苦学生自述》及诗文集等书。尤著力于自然科学，其针对时事之言论，往往一纸出，而传诵殆遍。先生之文，振聋发聩，顽廉懦立，所谓立于百世之上，百世之下闻者莫不兴起也。总裁称之为“文化先进”，盖有由矣。

先生性廉介，居官不妄用公帑一文，俸薪所得，则节约储蓄，以从事于生产。故其兴农场、办工厂，皆刻苦自厉。先生无兄弟姊妹，仰事俯畜，胥赖一人。诸太夫人弃养，附棺附身，必诚必敬，而不循世俗之繁缛，至孝可风。德配周夫人。生子二：长保之，次卫之，继志述事，克世其家。先生享年甫六十。弥留之前五日，保之昆仲及同学拟为之寿，先生诫之。迨疾大渐，遗言不及私，勖子以坚忍抗战，复兴中国，发扬学术，爱护西大。循是言以观，虽古仁人之用心，何以异哉。呜呼！先生虽死，其精神直亘日月而长存，与山河而永寿矣。爰为之铭曰：

兰生荆棘，不败其芳。剑没丰城，不挫其刚。先生精灵若元气，虽栖贞于石室，终不能闷潜德之流光。汉江浩浩，桂岭苍苍。缅想遗风，山高水长。

中华民国二十九年十二月。

据中国第二历史档案馆藏稿本

邓上将荫南先生墓表

胡汉民

公讳松盛，字荫南，一字有相，广东开平县人。早岁从事革命，为清廷侦急，诡其名曰三，以齿亦长于同群，故群而称之曰三伯。公考讳善昆，贫居业农，而课子辄以远大。公性刚毅，有奇志。壮游于檀岛。营糖业于茂宜山，容纳华工数千人，得赢利。甲午，中东战记〔起〕，感祖国之危亡，慨然有澄清之志。会先总理抵檀倡革命，心折之，订生死交，而愿倾家以助。兴中会创立，公任副主席。乙未，随先总理返国，设干部于香港乾亨行，而公为主席。出巨资购械运省，图袭广州，事败，陆皓东身殉，而公奋斗之志弗少衰。戊戌，约日人宫崎寅藏设东亚同文会于广州实庆新街，以联络清军。与陈少白、李纪堂设《中国报》于香港，以鼓吹革命。庚子，郑士良起惠州，公任后方接济，同时任总司令，谋响应于广州，令分道埋药轰要署。总督署事，以史君坚如任，史君行述中，当别有详录。壬亥除夕，复与李纪堂、洪全福、梁务光等，乘元旦文武官行礼于万寿宫，统聚而歼之，亦遭告密，不得发，以是亡匿，萃党人谋再举，前后诸役，公均有所助，遂毁其家，其热忱足钦仰为此。

辛亥，武昌起义，公首举于广东新安，民国改元，任新安民军总监督，旋任开平民团总长。八年，奉命编义军讨逆。九年，粤军返旆，复编义勇队响应，大局定，任石龙厘厂总办、总统府谘议、内政部农务局长，多所建白。十年，以民选任开平县县长，政声卓著，盗风敛戢。十一年六月十六日，陈炯明背叛，先总理蒙难于军舰，饷尽援绝，公独以万金接济，并举兵开平，以为声援。寻赴沪，谒先总理，奉命回澳，相机讨逆。

十二年，广东江防司令部会议事变，公愤郁致疾。是年二月五日，卒于澳门。溯生于清道光丙午八月初四日，得年七十有八。弥留之际，惟谆谆以努力革命勖其后人，未尝一语及私。呜呼！如公者，诚何间言。

先总理为之诔曰："爱国以命，爱党以诚。家不遑顾，老而弥贞。"数语足尽公之生平，而公之足以不朽于世，与夫吾党模范而无愧焉者，亦数语足概而毋赘辞。以崇德报功之意，追赠上将，葬以国礼。其夫人谭氏暨陈氏、韦氏以贤淑称。子植卿、启详、信真。女月棠、月梅、月霞、月祝。孙景垣。能善继述。民国十三年十月六日，葬公于广州东郊七宝冈。余与公共事有年，知之深，而敬之笃，爰综其生平事略行谊，为文泐之于石，昭兹来许，俾登斯墓者，知所景仰焉。

据《胡汉民先生文集》第二册

晓柳何君墓志铭

胡汉民

君讳天炯，字晓柳，姓何氏，兴宁县人。少奇气，习拳术，好读书。满清末叶，感怆国事，抛举业东渡，览山川风俗，与其贤士大夫游，其志益宏远，慨然以救国自任，虽家无担石，弗顾也。会先总理孙公在日之东京，倡国民革命，组设中国革命同盟会，君奋起从之，任本部会计，旋被选为广东同盟会会长。自是君历涉南洋，联合侨众，宣传筹款甚力。

民国纪元前一年春，广州三月二十九日之役，君致力其间，不以艰苦懈，勇迈之质，若天授者然。及秋，武昌起义，君赴汉阳，赞黄元帅克强戎幕。寻革命政府成立于南京，先总统孙公委以驻日代表，能称其职。迨袁逆叛国称帝，及复辟诸役，君与朱执信诸烈士，在粤起兵靖难，后凡数载其毅然不移之操，有足多者。十一年夏，陈逆作乱，粤局鼎沸，君太息痛恨，遁迹邱园，为终焉之计，其淡泊宁静如是。粤难肃清后，衔命赴日，积劳成疾。十四年，孙公薨逝，感叹痛哭。悲不自胜，病益加剧，遂以不起。呜呼！卒时春秋四十有九，葬于兴宁某山之原。子三：长昌龄，次皇龄、奇龄，皆能力学自强，浑然端厚，其乡人咸谓贤士有后，哲嗣当克振家声云。革命纪念会嘱汉民为志其墓，并缀以铭。铭曰：

奕奕义烈，允为国光。攘除奸凶，朝夕是皇。交邻有道，声闻扶桑。国难孔殷，言念贞良。遽尔长逝，终焉永伤。

据《胡汉民先生文集》第二册

赠大将军邹君墓表

章炳麟

君讳容，字蔚丹，四川巴人。父某，行商陇、蜀间。君少慧，年十二，诵九经、《史记》、《汉书》皆上口，父以科甲期之，君弗欲，时喜雕刻。父怒，辄榜笞至流血，然愈爱重。君从成都吕翼文学，与人言，指天画地，非尧、舜，薄周、孔，无所避。翼文惧，摈之。父令就日本学，时年十七矣。与同学钮永建规设中国协会，未就。学二岁，陆军学生监督姚甲有奸私事，君偕张继等五人排闼入其邸中，榜颊数十，持剪刀断其辫发。张继者，故尝与善化秦力山发议排君主立宪者也。事觉，归潜上海，与章炳麟见于爱国学社。是时，社生多习英吉利语，君调之，曰："诸君堪为贾人耳。"社生皆怒，欲殴之。广州大贾冯乙，故尝入英吉利籍，方设国民议政厅于上海，招君。君诘乙曰："若英吉利人。此国民者，中国民邪？英吉利国民邪？"乙惭，事中寝。

君既明习国史，学于翼文，复通晓经训《说文》部居，疾异族如仇雠，乃草《革命军》以摈清。自念语过浅露，就炳麟求修饰。炳麟曰："感恒民当如是。"序而刻之。炳麟亦自有《驳康有为书》，与君书同意。时又有《苏报》社者，以论议相应和，则长沙章士钊所为也。君与士钊、继皆年少，独炳麟差长，相得欢甚，约为昆交弟，要以光复汉族事。会清遣江苏候补道俞明震来检察革命党，君及炳麟皆就逮，系上海租界狱。两人日会聚说经，亦时时讲佛典。炳麟授以《因明入正理论》，曰："学此可以解三年之忧矣。"时清政府自贬，与布衣讼，南洋大臣遣法律官担文来廷辩，两造争汉虏曲直于上海知县前，闻者震诧。吏卒不能决，上其事外务部，外务部亦惭。明年，与外国公使杂定之，两人者皆罚作，而清尊严亦转替。

君以少年为狱囚，狱卒数侵之，心不能平，又啖麦麸饭不饱，益愤激。内热，数有遗下。明年正月，疾发，体温温不大热，但欲寐，又懊恼烦冤不得卧，夜半独语骂人，比旦皆不省。炳麟知其病少阴也，念得中工进黄连阿胶鸡子黄汤，病日已矣，则告狱卒长，请自为持脉疏汤药，弗许。请召日本医，弗许。病四十日，二月二十九日夜半，卒于狱中，年二十一岁矣。诘朝日加巳，炳麟往抚其尸，目不瞑。初狱之竟也，处炳麟三年囚，君二年囚。至是，君程未满才七十日，遽死，内外皆疑有佗故，于是上海义士刘三收其骨葬之华泾，树以碣，未封也。

君既卒，所著《革命军》因大行，凡摹印二十有余反，远道不能致者，或以白金十两购之，置笼中，杂衣履糍饼以入，清关邮不能禁，卒赖其言为光复道原。逾六年，武昌兵起。民国元年，临时政府赠大将军。四川军府以礼招其魂归，大总统孙公亲拜遣焉。刘三者，性方絜，寡交游，业为君营葬，未尝自伐，故君诸友不能知葬所。十一年冬，炳麟始求得之。十三年春四月，与士钊、继等二十余人祭于华泾，腾冲李根源议曰："勋如邹君，而墓无石刻，后世何观焉？"与祭者皆起立。炳麟亡命日本时，已尝为君传。及是，稍增损其辞，以表于墓。

据《太炎文录续编卷五之中》

张同伯先生传

陈去病

先生讳恭，字伯谦，浙东金华人也。少小卓荦，聪颖绝伦。年十二，冠童子试。十八，膺乡荐，里党惊羡，君弗屑也。父棪，杜门教授，著录甚众。见君英发，辄以规律相绳。母蔡，有曹大家风，爱君尤笃。故君虽负殊志，而常不得伸。

当是时，明亡二百六十年矣。奴虏枋政，四夷交侵，神明之胄，方群聚以谋光复，而图共和，浸淫遍乎陬澨。故君亦毅然崛起，以提倡革命为职志。会父母丧，君益无所顾虑，乃日与其乡之魁杰交。创立积谷会、千人会等，以厚集徒党，而君名大著。初，浙东自东阳、苍水诸公，以孤军抵拒清兵于吴山越水间，屡起屡仆，阅时最久，厥后殒丧，其残卒多奔逃山谷，负嵎自固，若大岚山等，不可胜数。良者服田力穑，长为农夫，以没于世，否则群聚为盗，以豪横一方。夫固积风成俗矣，而民族观念，迄未稍衰。君少读史，多大略，又生长是乡，习闻往事，以为革命非空言可成，而欲实行革命，又非得山寨诸英以为己助不可。乃益倾财，招致优伶牧圉，为戏剧六博，俾游行远近村落间，阳事报赛，而阴与诸豪杰相结。之多演宋、明亡国故事，以隐寓复仇之旨。由是其人皆大感激，不期而归者数千人。

时徐伯荪先生锡龄〔麟〕方创大通学校于绍兴，以秋瑾为之主。君闻之，即来访，因得识吕东升、竺绍康、王逸、姚志强诸贤。明年丁未，并约沈荣卿、周和畅、吴麟荃等来订盟，遂共组织浙东光复军。悉编制其众为八军，曰“光复汉族，大振国权”，又推举得二十八人为之统帅，各以金约指为识别。于是徐君为光复军军长，秋君为协领，而君为分统焉。五月，偕荣卿、和畅回金华，部署待发。忽皖中事败，株连及越，徐、秋殉国，而君名在党籍，尤为虏所忌，遂大发卒，逻君綦严，君因孑身走处州山中，匿一老儒家。旋易佣装，衣黑衣，变土语，乘米船至台州，复航海至上海，就报馆主笔。久之，稍稍为人所知，君亦变姓名，走日本，取万物平等之义，曰万平，号同伯，故世称君为同伯先生，终其身弗改，盖以此云。君之在日本也，主《民报》及《天讨》笔政，隐其名曰卷重，示卷土重来意也（又曰卷施，谓其心终不死也）。又与彼国志士幸德秋水、平山周交，悉以胸臆相吐露，平山大韪之。因录其语为一书，即今所传《中国秘密史》者是也。

明年初夏，归上海，欲与陶成章诣南洋群岛。月余，陶不果来，因北游青、齐，意遂渡秦皇岛，踰辽东塞外，以与彼中志士相结，而赀斧中罄，竟不果行。七月，复来归，欲先返越，以收旧部。会清帝后薨，朝野纷扰。君喜谓时机至矣，遂悉约熊成基、陈其美、褚辅成等，拟图大举。众未毕集，而熊君谋泄，君并为端方所捕，逮系金陵，事竟弗成。于是君益无聊，病困几死者半年。己酉六月，移上元县狱，遇之稍宽，得浏览书史，君因稍稍以吟咏自遣。又叙述浙东戏剧源流，成书十余帙，名曰《剧史》。间译日本人界利彦森近运平所著《社会主义纲要》若干卷。若是者四阅岁，而广州革命军兴，诸烈士死难者又数十百人。耗闻，君大恸，呕血绝粒者又数日。及武昌倡义，东南光复，虏廷始开党禁，释君出于狱，然精气已销耗尽矣。时江、浙粗定，民情惶惑，及得君归，始各释然。于是君乃召集旧部，冀为北伐之举，而共和告成，南北统一。君遂应同人所请，诣杭组织政党，旋即被举为同盟会浙支部长，兼都督府参议，并创设《平民日报》，以发挥民生主义，识者韪焉。

余自戊申夏月，始因姚君志强识君节概，为之钦迟。及是冬，由粤返沪，君始来会，握手倾倒，俱憾相见之晚。乃是夕君即被逮而去，余为怵然。至去年冬，余在越中，适闻君至，急往邀之，君来而余又他出，未之见也。至今春，始得相聚于武林，日以气谊文字相砥礎，方谓生平知己，舍君莫属矣。呜呼！孰意君竟淹忽而逝耶，悲夫悲夫！余以八月别君赴湘，君亦以是月归里（值里人追祭光复诸先烈，君亲撰文致奠，又抠衣登坛，陈述往事，勖励来兹，词极悲愤，至于失音。闻者感绝，而君亦自此病矣），病一月而逝，时民国元年十月五日也。距生于光绪三年正月五日，存年三十有六。无子，以妻兄之子方志玙嗣为后。生平著述，自狱中诸稿外，均散失不尽存。

陈去病曰：余昔传伯荪，恒自苦其弗尽。及今春入越，得秋案全卷，及秋君所书军制、军规，始服其布置之周，任事之勇，以为自革命以来，其预备固未有若斯之完美也。而君又数语余以轶事，以故亡命时所衣黑衣示余，故余得悉君梗概如此。君又拟建张东阳祠于西湖，纳光复旧部于同盟会中，刊布《剧史》及改良戏剧，顾均未议行而殁。呜呼！亦可唏矣。

据《国学丛刊》第一卷第四期（参《中国国民党史稿》）

故国史馆馆长沧县张公墓志铭

汪　东

公讳继，字溥泉。其先居山东莱阳，明永乐中徙今河北沧县，遂世为沧县人。当清兵入关，蹂躏畿辅，张氏奋起与抗，死者尤众，故家国之愤，累世不忘。公少英伟，尝侍化成公疑〔肄〕业保定莲池书院，往来经高阳荒郊，过孙承宗祠堂，悉其遗事，慨然若有所怀。既而东游日本，研习政治，读卢梭《民约论》好之，于是始昌言革命。先后集同志创立励志青年兴亚诸会，一时豪俊，咸与缔交。国父孙公尤器重之，时公年甫冠也。自后返上海，入北京，赴长沙，所至皆有策画，事虽不成，而风声被天下。复数年，孙公在江户设同盟会，刊行《民报》，以公为发行人。先是，保皇党徒有《新民丛报》倡君主立宪之说。《民报》辞辟之，既诎，乃组政闻社，大会徒众于锦辉馆，示欲与同盟抗。公厕众中，其魁梁启超方登台，公奋起大呼，跃而上。贵筑平刚后之，击启超堕台下，众皆散走。自是保皇党之势瓦解。公又周历寰区，辨词云涌，为党疏附，其功最先。

及民国既建，退不自伐。故终其身未尝一日握枢极润膏腴，而翌赞孙公终始无间。更历险阻，靡役不从，盖有伊挚任重之心，兼明武侯澹泊之志。方诸前哲，犹难其人。平生治学，合王阳明、颜习斋而一，知之即行，不腾口说，初契无政府主义，尝隐居森林中，敝衣露胫，躬执苦役。久而悟其不切世用，幡然改图。护法之役，孙公居广州，苏联使马林来谒，公为先容。

二十六年，倭难作。公方任国民政府委员，兼党史史料编纂委员会主任，督所属运开国史料迁置陪都，文献足征，实赖斯举。嗣屡受密命，往还川陇间，犒劳诸军，激扬民气，居中则靖恭献替，退无漏言。二十九年，置国史馆筹备委员会，被任为主任委员，及还都开馆，即任国史馆馆长。公以国史名例，始于华夏，系民族文化之盛衰者尤巨，方欲屏绝他务，专宏斯业，而中枢倚重，未遽如请。昕夕劳瘁，当食不遑，公夙有肝胆疾，至是猝发，医甫及门，而病已革矣，遂以民国三十六年十二月十有五日夜分，卒于南京，春秋六十六。

公贞廉自守，殁无遗产。赴闻之日，薄海嗟悼。娶崔夫人震华，英爽有为，与公相辅。生子二：雄，早殇，琨，亦前卒。女子子二：长瑛，适黄一美，次琳，适黄定。明年五月，将葬北平香山之原，崔夫人以状请铭。东始识公在《民报》社，晚复共事，每有谘询，辄一日数过。而东未尝造公之门，公不以为倨也。生无所稗毫末，志幽之责，复何敢辞。惟公勋在竹帛，不可殚书，乃谨按状述其梗概，而系之以铭曰：

风土淳厚，是生豪英。公之含气，吐纳幽并。少明春秋，攘除客帝。中更险难，毋挠毋避。任事惟勇，功成不居。布衣蔬食，粤忘其劬。众皆唯诺，而公谔谔。譬彼鹰鹯，贪残是搏。既好尽言，亦乐闻过。轩眉相质，从善则和。道不可屈，志不必申。昔有遗直，今见斯人。鲁史不修，尼山乃作。知我罪我，惟在笔削。以古为鉴，治乱所资。曲江涑水，谓公参之。天不慭遗，哲人徂谢。岂曰私恸，畏兹长夜。

据《吴县汪旭初先生遗集》三

陈蜕庵先生传

柳弃疾

先生姓陈氏，讳范原，名彝范，字叔柔，或作叔畴，又字忆云，号梦坡，别称梦逋，一号瑶天，晚乃自更名曰蜕，号蜕庵，亦称蜕僧，又别署退僧、蜕存云。先世籍湖南衡山，嗣迁江苏阳湖，故又为阳湖人。先生生而负异禀，弱冠通诗古文词，尤究心经世之学，慨然以揽辔澄清自任。既累试不第，遂纳粟为令，谒选都中，复就试，得己丑乙科，仍弃去，入江西为铅山县知县。久之，自投劾归，创《苏报》上海，昌言革命。

会山阴蔡元培、阳湖吴敬恒、巴县邹容、余姚〔杭〕章炳麟诸子，方建中国教育会，日夜图光复，得先生振宗风，则大喜，时时为文张之。当是时，《苏报》名震天下，虏廷惊骇，视之若一敌国，遂命大吏案治，于是元培、敬恒出亡，容、炳麟就逮，先生亦航海去日本，顾家室已毁，贫困几无以自给，继漫游香港，无所遇而归，复来上海，为侦骑所陷，系狱年余，既得脱，走依阳湖汪文溥于湖南醴陵。文溥者，先生女弟德辉婿，始共建《苏报》，至是乃为醴陵县令，喜结纳时士。丙午，萍醴之难，保全善类甚众，顾卒以是失职去，留长沙观变。先生则往来醴陵、长沙间，从醴人史良、傅尃、刘泽湘辈游，尝趣泽湘诸人为文生祭之。一日渡渌江，访红拂墓，潸然谓同游者曰："吾死葬此矣。"醴人宁调元以革命锢长沙狱三年，先生时时携酒就狱中赋诗痛饮，出而与傅尃言调元，未尝不流涕也。

先生虽穷居憔悴乎，然心实未能忘天下事，识新军协统定兴刘玉堂贤，谓此勇士，缓急可用，使与文溥图湘，会文溥以事就逮，先生与史良辗转营救。已而光复军起，先生欲使文溥说湘都督焦大鹏共玉堂率兵援鄂，议未定而大鹏被难，不果。鄂事急，玉堂以步兵驰赴，一日夜，战死，汉阳遂陷。先生闻耗，为诗文哭之恸，谓文溥曰："令早用吾策，君与刘偕，先十日赴援，刘或不死，汉阳不失也。"论者以为知言，盖先生之抱负匡济有如此。既与文溥共参湘桂援鄂联军事，以司令沈秉堃无远志，并去之上海。

时南都新建，昔之亡人逋客，方济济庆弹冠，而先生布袍幅巾，萧然物外，绝口不道前事。于是蔡元培、吴敬恒先后为言诸政府，请以《苏报》狱，付稽勋，且议优恤，久之，不获报，语寖闻于先生，亟使文溥谢敬恒，谓"正谊明道，非以计功利，吾侪自靖自献，宁容贪天为己力，幸告吴先生，弗以我为念"。闻者皆扼腕叹息不置，以为贤者不负天下，而天下负贤者，非建国之祥。顾当事者卒弗悟也。

先生客上海经岁，为南社及国学商兑会祭酒，任《太平洋报》笔政。继走燕市，主《民主报》，未几，仍南归。中华民国二年五月十六日，卒于沪西寓庐，年五十有四。配袁夫人，字幼蓠。继配庄夫人，字芙笙。并先卒。继聘某氏，未娶而《苏报》狱起，遂别嫁去。妾二人，随先生东渡，初使入女校求学，继并遣嫁之，谓还其自由，所以崇人道也。子二：长巇，《苏报》难作前出走，遂不返。次岐，代先生就逮，出狱后，早卒。遗腹得一孙，生三年亦殇，独嫠媳钟氏存。女二：长撷芬，十年前，创《女学报》，名闻海内外，适重庆杨俊，并留学美洲，毕业后，返国；次信芳，毕业日本女学校，受基督教洗礼，今居上海。

先生为人，暗澹沈默，恂恂如老师宿儒，即而与之语，一引其绪，辄玄妙入微，否或微笑而已。闲居耐苦思，尝谓"一寻常俗语，皆有至理"。其学穿穴经史百家，旁通内典，兼及重译诸籍，而尤长于诗，诗故隽上，益以身世萧瑟，玄想孤迈，论者谓穷而后工，几几与杜陵方驾。所著有《养雪轩初稿》、《烟波吟舫诗存》、《寄舫偶存》、《息庵诗》、《庚庚集》、《东归行卷》、《沧波听雨集》、《梦楼续雨集》、《九疑云笈题襟集》、《卷帘集》、《残宵梵诵》、《夜梵集》、《闲吟香草诗》、《为谁存稿》、《蜕僧余稿》诸目，存佚参半。殁后，汪文溥为斠定付梓，计得七卷，附以《瓣心词残稿》一卷，颜曰《蜕翁诗词刊存》，今行于世。而醴陵诸子收拾丛残，嗣有所获，将谋续刊焉。述学论事之文，精至缜密，前无古人，亦由文溥网罗得数十首，刊成文集一卷。余绪为小说，尤绝优美，惜散佚不尽存。

柳弃疾曰：十年前震陈先生名，以为祥麟威凤，泰山北斗，不世出之豪杰，其容貌议论，必有魁梧奇伟，慷慨激昂，足以排风霆而走海岳者。嗣读其诗，深微幽渺，辄心疑以为弗类。民国纪元之岁，始得谒先生于沪上，退而益爽然若自失，将毋史迁所谓留侯貌似妇人好女子，不称其功业者耶？抑上德不德，至名无名，仲尼所致叹于犹龙者耶？然后知先生非犹夫世之所谓豪杰者比，盖直进而为有道之士矣。先生之殁也，汪文溥述事略綦详，傅尃且为之别录，而昆山余天遂、泾县胡怀琛又各有所纪述，先生之道德行谊，与夫事功学术，亦既灿然大备于世矣。顾汪子拳拳独以一传相属，不佞若弃疾，抑又乌足辱先生，排比所闻，聊塞汪子之请，庶与诸家并行，非敢自附定论也。

据《国学丛刊》第一卷第四期

陈家鼎传略

居正等

陈家鼎，字汉元，湖南宁乡人。其先世业农，祖玉华公、父悔叟公，始弃耕而儒。悔叟公尤恣情文史，不求闻达，慷慨有奇节，以诗礼教于乡。

汉元少英敏，有大志。年十五，补博士弟子员。未几，复考入湖北武普通学堂，旋以官费东渡日本留学，遍交志士。清光绪三十一年乙巳，先总理孙公在东京改组兴中会为中国同盟会，汉元首先加入，以文字宣传排满，乃与章炳麟、胡汉民等创设《民报》，下笔万言，发人深省。已而汉元复创《汉帜》及《洞庭波》两杂志，鼓吹倒满及创共和、建民国之精义，署名汉援，思为汉族助也。其文词犀利，足以振聋启聩，而民气为之大振。黄克强赠有"文章学问过吾党"之句，以志其劳焉。

逾年丙午，同盟会创设长江一带机关，汉元受总理命，返国筹划驻沪之机关，初设于虹口三元里，继设于法租界八仙桥之鼎吉里，门外榜曰夏寓。驻武昌，则会同新军中将官及乃弟陈家鼐与蔡济民、刘家运、朱子龙等设于高升巷之圣公会内。驻长沙者，则设于北正街之湘利乾织布公司内。汉元皆与其役，并驻其中，为同志通消息之大本营。旋至长沙，与武汉同志联合响应起事，未及会而党祸作，禹之谟、宁调元两同志被逮就义，汉元逾垣入西人某牧师家，仅以身免。然清廷下诏索之急，汉元微服间道，由牧师护送至沪，而沪吏悬赏缉汉元，不得已，乃重返东京。而清吏仍日遣缇骑伺其家，悔叟公几罹不测，邑绅以百口保之，乃得免。

及戊申夏，汉元复奉总理命，邀同志自日本神户潜渡海至山东青岛，谋于北方造成革命势力，进行倒满计划。不幸又为清吏侦知，汉元与二三同志亡命走山谷中，昼夜潜行，不能得食，仅啖花生数枚，而气不少馁。旋三返东京，追随总理，多所赞襄。

辛亥返国，复偕总理由南京赴鄂，始得返湘省亲。频年亡命于外，未得归侍其亲，尝引为罪。民国肇造，汉元乃欲隐居事亲，不乐仕进，以同志交推，民众属望，被选为临时参议院议员，弹劾权贵，当道侧目。明年癸丑，任满。正式国会开幕，复被选为众议院议员，主持正义，大公无私。袁世凯忌之，暗遣使以巨金致汉元，嘱勿为民党用。汉元盛气呵之曰："吾头可断，义不帝秦。"遂璧其金，与两院中本党同志组癸丑同志会，合力抗袁，由汉元领袖之，益为袁所嫉。

及袁杀宋教仁，赣军举义，国会被摧，党狱复起，汉元重奔海外。虽从政数年，以廉俭自处，至是萧然无长物。袁氏又遣人密伺其家，一如清廷未覆时，悔叟公赍志以殁。乙卯，袁将僭帝号，湘垣益不能居。汉元性素孝，苦念其亲，乃冒险潜自东归，迎母邓太夫人移居上海租界中。汉元乃日为上海《民意》、《民信》两日报撰文倒袁，一如昔年之倒清。

丙辰，袁败，国会重开，汉元再入众议院，兼任宪法起草委员，多所尽力。未及期年，而督军团之祸作，两院复被非法解散，汉元乃南走广州，与同人开非常会议，选先总理孙公为大元帅，主持军政府，以与北洋军阀相对抗。及军政府改组案起，两院同人推汉元与焦易堂为代表，向各方接洽，案久不决。时值岁暮，汉元思归省其母，同人坚留在粤，斡旋危局。总理尤不放行，并谓之曰："国会同人，赖君联络，君行，其如大局何?"汉元迫于大义，乃留粤。七年春，以邓太夫人病，驰沪省亲。太夫人病愈，汉元复赴粤，参与六月十二日国会正式开幕礼。未几，邓太夫人病转剧，汉元又返沪侍汤药。时总理适以事之沪，往视邓太夫人疾，盖深知汉元纯孝成性，思有以慰之也。是年十月，邓太夫人卒，汉元哀毁骨立，痛不欲生，而家无担石之储，赖总理赠金治丧，并为书铭旌焉。已而复随总理赴粤，赞襄密勿。八年十一月，非常国会同人，因广东督军莫荣新不发经费，多离粤，唯汉元驻广州，依总理未行。十年一月，国会同人又集于广州，重开两院联合会。四月，议决中华民国国民政府组织大纲，选总理为大总统，实为今日国民政府之始基。而汉元于其间主持裁酌，所助实多。

十一年四月，总理誓师北伐，时陈炯明忽叛，炮击观音山。陈部骁将洪兆麟，汉元乡人也，时方奉炯明命，以兵围总统府。汉元闻讯，只身入洪营，责以大义，洪氏感愧，乃令兵士缓进。汉元乃得从容入告总理，遂由某同志护之登中山舰。是役也，总理安然脱险，盖汉元实有助力也。既而总理郁居广州，欲得志于中原，乃北上，然卒赍恨殁于旧都。汉元痛惋累日，乃北走幽燕，南游江汉，终莫能奋其志。

十六年四月，阎百川氏加入国民革命军，进击奉、鲁军阀。汉元喜甚，遂与其故人商起予氏共议大计，复返旧都，联络同志，为北方革命军内应。时张作霖已僭号大元帅，日以诛锄异己为事，其爪牙侦悉汉元与革命军通声气，乃遣人尾其行动。既为汉元所觉，乃闭户读书，力自韬晦，独居深念，忧愤益甚。十七年一月八日，即丁卯十二月十六日，竟以脑充血症卒于旧都，享年五十有二。

秉性刚直，与人落落难合，而大节凛然，人不敢干以非义。当其困穷时，集《史晨碑》字以见志，并寄其友人云："自从建国出门行，为罪为功百未成。公等应为香案吏，政余犹比玉堂卿。一樽兴到歌还饮，万物春来息又生。为报昔年诸共事，长安虽朔不称臣。"其风骨可想见矣。而其识量高远，生平独钦慕总理孙公之为人，三十年如一日。尝赠以诗云"吾子独为先觉凤，众生原是可怜虫"及"除却江东孙讨虏，目无余子是群雄"之句，识者推为至论。

汉元少好学，壮岁奔走革命，二十余年虽转徙流离，未尝废读。四走嵎夷，特肄业东京早稻田大学，获法学士位，其勤敏可知。又喜为诗，尝与其同游之章炳麟、刘光汉、黄侃等，效汉、魏人诗体，尤非近人所能及，近体则出入少陵、玉溪、东坡诸家，气势纵横，擅绝一时。论文主周、秦诸子及两汉，议论雄放，无与抗敌。其妹将为其刻专集行世。尤喜提倡风雅，有过前贤。癸丑上巳，集旧京名贤，修禊于宣南法源寺，赋诗赏花，到者千人，觞咏竟日，为数百年来未有之盛举。事后乃典衣以付寺僧，其脱略豪放类如此。又尝于丙寅上巳，觞客于武昌之黄鹤楼，文酒之乐，盛极千古。尝谓叔季之世，风雅道衰，必欲力挽颓风，为大雅扶轮之举，须从本人起，其抱负如此。

昆仲四人，汉元居长。其仲弟家鼒，字寿元。乙巳入同盟会，亦为民党老同志。丙午，毕业湖北陆军学堂，充新军教练官，从事革命，不遗余力。辛亥起义，历任师、旅长职。讨袁之役，亡命日本，就学早稻田大学政治经济科，及东京法政学校毕业，被选为中华革命党湘支部长。七年，为大元帅府中将参军。十一年，为大本营劳工宣传委员。十六年，任国民革命军总司令部参议，及畿南军第五师师长。十七年，被选为上海市党部宣传委员。十八年，被选为第三次全国代表大会代表等职。为人英毅诚笃，大有乃兄之风。三弟家声，季弟家鼐，均早卒。有妹二人：长家英，字定元，适万安肖炳章；幼家庆，字秀元，适汉川徐澄宇。习于家风，均娴诗礼。定元著有《纫湘阁诗集》，秀元著有《碧湘阁诗文集》行世，一时有班昭、谢道韫之誉。汉元生前，最喜课其两妹诗书，尝有“眉山苏女江东谢，都作吾家姊妹行”之句，盖纪实也。

夫人李氏。无子。女一，日生，亦工词翰，适湘乡许昌威。其友人谭延闿、胡汉民、戴传贤、于右任、阎锡山、商震、张继、吴敬恒、周震麟、褚民谊、田桐、谢持、覃振，以其半生奔走，效命党国，乃不获见大勋之集，引为深痛，因于十八年四月，开会追悼于旧京法源寺。是年五月，卜葬于北平西山之四王府。此其生平之大略也。居正、焦易堂。

据《革命人物志》第五集

陈先生墓表

马叙伦

先生姓陈氏，讳黻宸，字介石，浙江瑞安县人也。瑞安在宋时，有魁人曰叶适、陈傅良，以性理、文章、经制之学，与湘胡氏、闽朱氏相颉颃，学者宗之，谓是“永嘉之学”。清道、咸间，县人孙衣言、锵鸣昆弟，号能继承其风，然衣言昆弟仕宦京师，又多接乾、嘉遗献，稍稍倾侧于故训、名物之业。衣言子诒让，遂以朴学为晚近大师。先生幼秉庭闻，别无师绪。少与平阳宋衡、乐清陈虬密相切磋。衡为锵鸣女夫，又师俞樾，其学则近王符、仲长统、徐干。虬则与苏轼、陈亮为近。先生于学，虽无所不窥，然亦宿于性理、文章、经制。治性理，宗陆九渊、王守仁，以为人致不为私欲所蔽之心，自应万事而曲当，苟求于外，则支离而无归。言文章，称司马迁，以为能枕写真实，自出机杼。经制，则自治史始，谓不通史学，则于民生习俗之故，世运迁移之迹，不能推原而究末，所设施为无当。衡箸《六斋卑议》，虬箸《治平通议》，皆举列当世之故，欲有所兴替。而先生独勤于教人，初主平阳、乐清、永嘉诸书院，学者既附缘矣。会先生与虬以会试至京师，与诸忧国之士，昌言变法自强。康有为欲为保国会，浙江汪康年、蔡元培，及先生与虬意皆不然，谋归兴保浙会，抵上海，因主速成学堂。自是历主杭州之养正书塾、京师大学堂、两广师范学堂、两广方言学堂，终于北京大学教授。先生教人，诲之不倦，尝设耑启发，及学者有所悟，则申之以问难，而终沛然尽其所怀，满学者之意而止。故从先生学者，各以其资，有所成就，学者以是厌伏。初，章炳麟昌言排满革命，浙江巡抚某将逮炳麟，黄绍箕、孙诒让、宋衡及先生知之，促炳麟亡之日本。而先生之主养正书塾也，以教授历史，即陈夷夏文野之义，于五胡、金、元之迹，反复而不厌。又以孟轲、邓牧、黄宗羲之说，敷引于讲席之间。于是杭之学者，莫不盛张排满革命，而谈民治风浸被于全浙。及诸暨赵某延主上海《新世界学报》，先生与其弟子数人橐笔其间，益有发皇。先生既成进士，新令当入京师大学堂之进士馆肄业，管学大臣张百熙以先生宿儒，当矜异，独聘为教习。先生之教人，一如杭州时，遂为提调袁某所摭，祸且不可测，管学大臣荣庆持不发，而张百熙亦不然某，因得解。然大学堂为四方群才所萃，英俊之士闻先生之说，莫不兴起，至有投笔买剑，欲效荆轲、曹沫之所为者，辄夜就先生决去，先生每资助之。武汉事兴，先生方长浙江谘议局，号召士商设民团，遂被推为副理。先生谋藉民团发难省垣，以应武汉。会巡抚者略闻其事，遂迟不致照会，复靳械不予。俄而，浙军亦起。先生惇性过人，孝友于家，周恤里党，信洽远近。在杭州，一岁之暮，将归省亲，有青田县二农人佣于杭之郊者，来谒先生，率出银五十圆，乞为持归。先生曰："汝辈素不识我，不怕我用去耶?"二人曰："吾乡人皆言先生可信，故来托耳!"竟置银而去。建国六年，先生见督军会于徐州，知藩镇之祸皆作，忧愤现于辞色。及夏假归，卒遭弟丧，以恸致疾，遂卒于家，年五十九。先生学行，详于其孤所述行状。叙伦从先生久，谨次其大者，及诸孤之所不及知者，揭于先生神道之原，以示后世。

据《陈介石先生年谱》下册

秦力山传

章炳麟

秦力山初名鼎彝，字力三，故江苏吴人。父文丙，客食湖南，遂寄籍为长沙人。力山少慧，为文数千言立就。尝师浏阳谭嗣同，入南学会。未弱冠，补县学生。督学徐仁铸奇其才，遣游学日本。八国联军陷京师之岁，唐才常谋起兵汉上，力山与同学林圭、蔡中浩、毕永年归赴之。被推安徽后军统领，将缉私水师巡防诸营，据大通盐局，与芜湖防军相持七昼夜，兵败走免。督部营务处陶森甲独保持之，得返日本。而才常与圭等皆死武昌。力山日欧血数升，虽病，志未尝挫。才常者，本与梁启超合谋，启超时在日本横滨，军兴馈饷皆关其手。力山亡命贫困，求假贷，不与，力山亦以才常起兵用勤王号，名义不顺，欲力振刷之，遂与启超绝。

自作《少年日报》，道汉族自主义。时香山孙公方客横滨，中外多识其名者，而游学生疑孙公骁桀难近，不与通。力山独先往谒之，会余亦至。孙公十日率一至东京，陈义斩斩，相与语，欢甚，知其非才常辈人也。诸生闻孙公无佗犷状，亦渐与亲，种族大义始震播横舍间。余与力山起中夏亡国二百四十二年纪念会，和者虽不广，亦不怪也。沧州张溥时年二十，游学与力山同舍，力山独伟视溥，为余言状，余因得与溥交，溥即今张继云。自是力山或在日本，或微行入皖南，谋再举。数年，孙公与黄兴等集中国同盟会于东京，以力山主安徽事。力山至安庆，与巡抚卫队营管带孙道毅结，谋自安庆下薄江宁，据形便为根本。事泄，亡奔香港，复以言撄主者怒。西去，与胡汉民之仰光，而腾越张成清自密只那来会，为序其《缅甸亡国史》。力山既遭名捕，不得返中国，业避地仰光，乃客干崖土司刁安仁所。时往来野人山，短衣负铳，为其民道汉族光复事，冀藉边裔为窟宅，因以倡义。安仁故夷种，亦本离中国自立，力山数诮之，然终知其不为己用，时作乐府道悲愤，往往若自嘲者。久之，果为安仁所害。

及武昌倡义，云南应之，而力山不逮见矣。安仁集诸土司，揭旗称兴夷灭汉，师长李根源自腾越遣使莅问，安仁窘，诣南都自归。云南发其叛迹及杀力山状，乃锢之陆军狱。数月，传至京师，病死。根源已定干崖，求力山尸不得，为立祠腾越，与云南死难者并祀焉。无子，以弟钧彝之子修竹为嗣。赞曰：

孙公之在东国，羽翮未具，力山独先与游。自尔群士辐凑，岁逾百人。同盟会之立，斯实为维首焉。及谋举江宁不成，窜迹蛮左，不忘奋飞，岂谓藉是可以定大业哉，亦致命遂志而已。抱奇无施，卒遭阴贼，悲夫！

据《太炎文录续编》卷四

龚未生事略

章炳麟

未生名宝铨，嘉兴人也。未冠，直义和团之变，即有光复志。游学日本，以争俄约，与黄克强、钮惕生、杨笃生、陶焕卿、汤尔和相集为军国民教育会，与上海言光复者相应和。顷之，与焕卿偕归，得交山阴徐伯荪，谋光复事。伯荪谓在野无措手地，必稍得政权乃可。由是集资援例各得一官，其后伯荪果诛恩铭。而未生与焕卿终不仕，相从行浙东诸县，日蹑草履行八九十里，所至交其豪俊。数濒危难，亦有天幸，得免于祸。时同县敖梦姜亦善结客，相与支柱为光复会，其后渐并为同盟会。

清光绪三十二年，未生教于芜湖中学。会江西萍乡事起，诸称革命党者皆被嫌。明年，杨作霖谋诛端方，被逮，事益急，乃与焕卿复走日本。时南洋群岛诸侨人谋置小学，请于同盟会。于是李柱中、沈复生、陈陶怡先往，而焕卿继之。荷兰属地侨人甚信焕卿，焕卿亦以同志不能如前日精纯，乃纠合光复会旧人与侨人有志者，推余主会，以焕卿为副，外事以属李柱中。焕卿时往来南洋日本间，性急，颇与同盟会人不和，未生常调护之。明年，东京《民报》馆被封。日本颇伺察中国党人，清政府所遣侦探东来者甚众。未生惧事泄，乃悉取浙江一部党籍焚之，故浙人无被祸者。自是优游讲诵，与世事相远矣。

宣统三年春，喻培伦、林广尘等聚击张鸣岐于广州，不胜。清吏始疑视南洋，柱中等争内渡，笃生在欧洲闻变，发愤赴水死。其秋，武昌倡义，焕卿自南洋还，赴浙江，浙江已独立，任焕卿为参议，郁郁不得志。未生归，病甚。焕卿屡与王逸辈牴牾，欲自练兵上海，为忌者所刺。时同盟、光复二会嫌隙滋甚，而趋势者多归同盟会，一日署名者至二三千人，同盟会旧人，亦为其所陵轹。未生益无意世事，以浙江图书馆副理自给。自民国以来，常充图书馆长，遂终其身。民国五年夏，浙江拒袁氏帝制，逐将军朱瑞，未生与谋焉。事定，充都督府外交顾问，复被选为参议会议员，又选为副议长。十年春，应浙江省长聘，为自治筹备处评议员，其夏，省议会又选为省宪法会议议员，未生以为不急，故未尝有所建议云。

未生少年慷慨，顾不甚循礼法。晚既失意，听同县范古农谈内典，始深自悔，与友人言，至于泣下。由是茹蔬奉佛，持杀戒甚严。图书馆旧有翻印日本弘教书院藏经，未生复遣人诣日本购置续藏及佗佛典甚众。读经论，能解大义，时就同县沈子培、会稽马亦浮请益，二子颇许之。故晚岁颇修谨，所谓德慧术智存乎疢疾者欤！十一年某月，以时疾殁，年四十。初娶余女𡛷，继娶同县褚氏。无子，以弟之子某为后。

据《太炎文录续编》卷四

景公讳耀月事略

居正等

先生讳耀月，字太昭，山西省芮城县人。生于民国纪元前二十九年。少家寒，亲事垄亩。性好学，农隙恒借书手录，朗诵彻夜。怀大志，尝有"胸藏块垒谁能见，襟有风云众岂知"之句。年十八，入县学。后二年，举于乡。受书于阎敬铭先生，极蒙识许，誉为大器天成。是时，清廷迫于民意，预备立宪，诏各省遴选优异，外遣游学，被派赴日，肄业于日本早稻田大学校，攻法政。结识国父及胡衍鸿、宋遁初诸公，参加同盟会，戮力革命。

时同盟会初创，同志尚少。先生奔走呼吁，吸收俊杰，历次集议，多被推为主席。盖以意气轩昂，才华卓越，为人所慕。并创办《晋乘》、《夏声》等杂志，鼓吹革命。更与于公右任等发起晋豫秦陇学会，主张团结力量，协力革命。卒业返国，在沪与于公办《民呼》、《民吁》各报，以犀利之笔锋，竭力激发革命排满思想，揭露日本侵华阴谋。时才名已噪，与耆老景梅九先生，有"山西二景"之称。所办各报，并为民国前报纸销行最广者。未几，报为清廷抄封，严令通缉，乃复东渡。值日政府应清廷之请，缉捕亦严，不得已又化装间道赴东北，策动义军，联络志士，思出兵辽沈，直捣幽燕。惟以清廷严禁汉人留居东北，故少成效。旋又渡海至南洋各地，奔走革命。时安南初亡，其世族阮氏方领导复国运动，与之取得联络，决定安南先助中国革命，再由中国解放安南，故对中国革命多予方便。

未几，武汉首义，全国响应，先生亦即返国。革命同志及各省代表集议南京，成立组织中华民国会议，以山西省代表资格，被举为议长，擘画组织临时政府，厘定开国大计，日不暇给，每夕假椅上就眠者逾月。时南中义军纠集京沪，份子既杂，团结未坚，而满军南向集中，危机四伏，急驰喻各军，晓以大义，事得转危为安。而先生连日倥偬马上，髀股糜烂，血肉淋漓，污沾衣袴，不顾也。迨总理自欧返国，当选为中华民国第一任大总统。先生手草临时大总统就职宣言，并参议中华民国临时约法，被任教育次长，代理总长，兼任南京法政大学校校长。佐理政教，殚志竭智。

南北议和，国父辞大总统职。以北方党务尚无基础，将命先生北上，任山西省督军，并请黄克强由湖北以二千武装护送，因袁氏坚决反对，未果。袁氏继任大总统，政府北迁，乃聘先生为大总统府高等顾问。其后袁氏图谋帝制，组织筹安会，发起护帝签名运动，先生不肯签署，袁氏复私以巨金，亦严拒之。时目睹政治危机日深，乃联络同志成立政友会，用以反抗帝制，挽救危局。卒被袁氏解散。迨袁氏叛国称帝，遭监视者逾月。其后张勋复辟，更潜赴晋、豫各地，组织靖国讨逆义军，被推任总司令。嗣以军阀乱政，国事蜩螗，目睹萧墙，心存拯世救人，绝意政治活动，历任国会议员，四出奔走，呼吁和平，推难解纷，为民请命，时人皆以鲁仲连视之。

北伐成功，全国底定，本其致力学术之志，执教于北中各大学校，专心著述，为国育才，及门弟子遍于南北。时与蕲春黄季刚先生合称"北景南黄"，谓先生以气行，黄以辞胜云。

九一八变作，心忧危亡，食不下咽，每论时事，即潸然泪下。及郑逆孝胥出任伪满总理，移书痛斥之。日人思藉人心浮嚣之际，分化我国，嗾使华北五省独立，饵诱吴子玉先生出山，局势险恶。先生面说吴氏，勉以大义，动以私情，吴氏终能不出，日人阴谋亦成画饼。二十六年秋，抗战军兴，山右沦陷，家产尽毁于炮火，夫人郑氏及幼孙相继殉难。先生数欲内迁报国，以遭监视未果。敌伪欲镇服人心，图引先生自重，力请出长伪华北政教及山西省政，复窥先生艰困，进巨金为寿，皆严词却之。敌伪怒，逮其两子，羁北平宪兵队中，刑笞交加，欲撼先生之志，但终不为少动，竟日闭门读书而已。倭之学者，时时踵门求教，阳为遵礼，阴实监视之，而先生心地磊落，直言无隐，反为感服。

先生既困处陷区，乃合其他学人耆老，立大夏学会，以忠义相号召，领导敌后工作，备极艰险，贡献亦大。吴子玉将军之能临危不屈，得先生之力为多。与陪都旧好居觉生、于右任、孔庸之、朱骝先诸公时通电讯，商略学会事宜，尝谓诸公为国宣劳，我为民族守节，纵不能为文文山，亦当为傅青主。其心迹可见。然以忧劳，时时卧病，终于三十三年四月二十八日殁于北平寓次，享年六十有三。遗著甚富，即将付梓行世。配郑氏。子五人：匡、玄、柔、炎、最。居正、孔祥熙。

据《革命人物志》第十集

谢良牧先生墓铭

居 正

君谢氏，讳良牧，字叔野，广东梅县松口堡人。少游学日本，愤满清失政，与湖南黄君克强等，联络各省志士，阴图改革。适孙公中山自欧至日，组中国同盟会本部于东京，推孙公为总理，君为会计部长，赴南洋各岛，筹设分部，成革命军供给之基础。

返国，进行革命事，竖义旗于广东饶平之黄冈。庚戌，广州新军之役挫后，江苏赵君伯先走英属庇能，拟趋缅甸，入云南，君以地险人疏，且内地事非无可为，力阻其行，筹十万金谋再举，遂有辛亥三月二十九日攻督署之事。武汉起义，君晌知水师提督李准有悔祸意，辟众意，招致加盟。而广东光复，不血刃焉。

民国成立，君被选参议院议员。时袁氏势盛。君烛其奸，首弹劾之。民国六年，北平督军团谋乱，君与海军总长程璧光谋护法，率舰奉孙公南下，开元帅府于广州。奉孙公命，奔走燕、赵间，粤军回粤，因无后顾忧。民国十年，国会以非常会议，举孙公为大总统，将出兵北伐，而陈炯明叛变。孙公出驻永丰舰，时势危迫，左右有劝其暂避凶锋者，君独持不可，即在舰上就中路讨贼军总司令职，号召讨逆。陈氏去粤，国民党改组，君被任为中央临时执行委员。未几孙公殁于北平，君亦优游沪、粤间，不与闻时事矣。

计自同盟会成立以来，凡革命之措施，君皆居中任责，坚苦卓绝，口不言功，身亦不及禄。民国二十年六月，疾卒广州医院，年四十有八，葬黄花冈之原。越数月，君弟适群将茔修治完整，因伐石纪其事。君元配李，生女怀琛，适番禺周氏。继配徐，生子康基。铭曰：

志遂矣，心瘁矣，功成不居，吁嗟兮，今之介之推。

据《中国国民党史稿》第四篇

前长江巡阅使谭君墓志铭

章炳麟

君讳人凤，自号石屏，湖南新化人也。少病喘，病作，即梦游天际，失足跌地，已乃大汗，病有瘳，如是者数矣。稍长能文，不屑意生产。尝以事赴讼，为吏所侮，发愤欲摧折之。值义和团乱，清主跳西安，言光复者始起。君闻之曰："钼去非类，斯吾志也。"

始设福田村学，渐就县治设小学，招学子俊悍者教之，欲以集事。后知其道迂，改与会党耆帅游，数作小册散之，自宝庆达辰、沅、常德，和者甚众。隆回耆帅刘纲领以数百人来属，皆伉健，有精采，君分遣赴永、郴、桂阳，北及衡山，皆乐听命。自是会党言光复者，辩于湖南矣。始善化黄兴居会城，谋光复，未尝识君，所部多学子，及是，渐与君并力，势浸寻及江西，其随营学兵皆附焉。已又率两部入广西，亦随营学，广西故多洪杨旧部，闻有言种族革命者，皆距跃乐为用，故岭左右耆帅秀民多宗君。尝沿江下上海，到旅舍，失箧中银币二千版，方搏髀詈骂。须臾，窃者自归，其德信及人如此。后任新化驻省中学堂监督，适宝庆部众起麻塘不利，吏名捕甚亟，皆奔就君舍。事泄，乃东渡日本避之。

时黄兴先在，君因是入同盟会，识香山孙公，同盟会得君以为重。部众复起浏阳、醴陵间，亦不利。君风操骨骾，好任侠，不甚喜海外学人，尤厌清淡，与孙、黄好尚异，独重桃源宋教仁，以为隽才。自同盟会起，声气甚盛。清廷惧，要日本政府禁勒，孙、黄相次走交趾。其后拔镇南关，袭河口，君皆奔赴。欲与规画，不能得要领，往来极南岛陆间。凡二岁，无所就，返至日本。

孙武自湖北、焦达峰自湖南、张百祥自四川皆来会，闻孙公设南部同盟会，专力广东，经略不远，皆不悦。以君楚士，欲与规长江上游，君与兴力解之，卒不应。归相延设共进会，与孙公分。其后君与教仁亦分，设中部同盟会云。会丹徒赵声以标统处广州。赵声者，军中言光复有显名者也。君潜往为计事，事觉，声亡抵香港。居一岁所，与兴谋集敢死士发难广州，以新军防营应之。事即成，兴率一军入广西，声率一军入江西，以湖南属君。议既定，君潜入长沙，部署稍就，复赴香港，兴遽起袭两广督部，败走。诸兴、声所为，广东人胡汉民及弟衍鸾辄挠之，以至于败。声发病死，君始识广东人不足与，北归到夏口，遇焦达峰，及子二式，中部同盟会始成。

初，武、达峰及胡瑛，蒋翊武第八镇所隶蔡济民、吴醒汉等，皆有部曲，聚于武昌，不相摄。君年长，能断大事。修髯精骍，行止有威重，声亢阆如急弦，诸豪杰皆严惮君。君辩走诸部调之，得相应。复下说九江、江宁诸军，令奉约束，于是有武昌倡义之事。事起，孙、黄在海外，皆出不意。君方以病卧上海，亟抵武昌。达峰亦定长沙，君亲往湖南镇抚。湖南将吏有异言。达峰死，君愤甚，遽返武昌。是时黄兴来守汉阳，汉阳陷。兴与都督黎公谋东行，且移军械九江。君诘兴曰："公不留武昌待援，将何之？"兴谬曰："仆赴广东，以机关铳来御寇耳。"君曰："广东水陆军，李准、龙济光主之。安得机关铳与公？无已，则往上海，谋速取江宁为根本，军械当以其半授我。"兴曰："持械安往？"君曰："持以守岳州。"兴笑曰："人皆向外走，公独向内走耶？"君怒骂兴曰："洪杨之役，武昌尝三陷三复，非湖南谁为援者？今江宁、成都皆未下，湖北失，不守岳州，湖南相继失，两广、云贵亦不支，九江尚足恃乎？公往广东，且为虏矣。"兴卒去，黎公亦趣葛店，以君为武昌防御使兼北面招讨使，当是时，微君武昌几殆。事稍定，黎公返，君亦以议和代表东下矣。

民国元年，任川粤汉铁路督办，已又任长江巡阅使，予陆军上将衔。明年，宋教仁被杀，江苏、安徽、江西、广东、湖南皆起兵讨袁氏，旋悉败退，君里居，吏踪迹至君家，君已去。初，清安徽巡抚朱家宝，云南人也，武昌兵起，下江清吏皆慑伏，独家宝拒命。云南系其家属，君驰书释之，故家宝德君。及是，家宝为言于袁世凯，令吏士缓追君，君得逸去，复走日本，时孙公、黄兴及诸失兵都督皆在，孙公厚怒兴独自矜伐，置中华革命党以摈异己，同亡者皆大恨。兴走美洲，君数谏孙公，无所向背，故孙公不甚恶君。世凯败，得归。六年，张勋以故清主复辟，君闻不胜愤，上气几死。而孙公就广州建军政府，君以人材乏寡，方镇又素骄，事不易就，亦不与其议。

寄居上海，督诸孙读书，时应人亟，亦他往，率不过二三月归。九年四月卒于正寝，年六十一。子男四：长德甲。次即二式，二式以七年死难安化。次德揖。次德遗，君殁一月生。孙五人。君素刚，民党独君最长老，在武昌功尤高。自黎公及兴、教仁名位已显，君面数其过，皆唫默不敢校。晚节诸义故多废死，移枢西南，莫有知君功者，君愤世亦益甚，时或谓君过，然以君刚果成就，而世莫用其策，捐忘旧勋，以兵多寡为雌雄，君之发愤，宜有不能已者，抚循将校，不如黄兴，然信于人民过之。若夫见利思义，见危授命，久要不忘平生之言者，唯君一人而已矣。

君始尝斥余狂，余亦以君泰戆，其后更相下。复辟之变，余自广东走滇、蜀间，遗弱妇稚子，屏处上海，知友或不相闻，君时时来问燥湿。既归，宅舍相去财百步，常相过道公私事。语尤顾挚，虽稚子亦知君可亲也。君未殁时，余适病黄疸，数入视，叹曰："君不当先我死，我平生事，君职当叙次之。"余曰："以年，君宜先，精力吾不逮君远甚。然今病黄，未死也。"未七日，君病遽作，又十日，而君殁矣。君死，吾惧不得久长，亟承君志而志其墓，以交深，故言不文。铭曰：

江汉之兴，郁何垒垒！收拾遗烬，非德孰绥？大哉元功，赫若云雷。既缮以贞，无有曲隈。恺易字人，又如柔韦。体备坤乾，龙德而摧。黄河有涸，昆仑或隤。众雌无雄，直道其衰。

据《太炎文录续编》卷五之下

辛亥人物碑传集

卷　三

醴陵革命人物马福益纪要

刘约真

马福益，醴陵西乡瓦子坪人。魁梧有胆略，以侠义著，闽、赣、湘、鄂四省洪江会共推为领袖。时黄兴谋利用内地秘密会党覆满。黄部有与洪江会通者，因说福益与黄面会，福益许之。浏阳普迹，向以农历八月十五集各省商贩，互市牛、马，即订以是日会于普迹。黄与刘揆一等伪为贾者往。福益与其属已先至，将币致敬，欢若平生。遂开会讨论进行方法，议决以翌年十月初十慈禧万寿节，在长沙发难。湖南各县，与闽、鄂、赣同时响应。黄部自海外运械弹济之。未几，谋泄，清大吏密令捕福益，于萍乡江口获之，反缚过醴，神色自若，以光绪三十一年三月就义于省城浏阳门外。其属誓复仇，益倾向革命党，继续图大举。

据《湖南文献汇编》第一辑

史坚如烈士纪念碑文

胡汉民

史于秦、汉之际，纪聂政、荆轲事甚壮，然后儒讥之，以谓五步流血，廑为知己者死，非所语于杀身成仁者之烈也。宋施全击秦桧不中，被获，桧自诘之，全曰："天下人皆恨虏，而汝与虏通，故为天下人杀汝。"凛然有民族之大义存焉。满人入关，宰制诸夏二百余年，强敌桀之汉族，沦为舆隶，于是有史坚如、吴孟侠、徐锡麟、温生才、陈敬岳相继殉义死，而坚如实为之倡。坚如讳久纬，其先籍溧阳，数世转徙，遂为番禺人。祖父以儒称。坚如独好侠，性聪敏，文字艺能皆殊众。日痛国事，东渡入兴中会，与今大元帅孙公密筹大计而归。庚子，郑弼臣起师惠州，九月五日，坚如埋药轰广东巡抚署应之，事泄，十八日遇捕，不屈死，时年二十二。地道修曲数十丈，坚如兄弟以深夜自操作，药将发已，偕辟出城，坚如独毅然反视，罗者日急，犹不肯去。于戏！其志行固前史所未闻，其勇亦过于荆、聂之伦远矣。清社既屋，共和告成，粤人无或忘史坚如者。民国元年，已建坚如祠坟于东郊，复以第一公园为抚署故扯〔址〕，游观士女有感遗事，或昧其处，奚锲石永念，用卒告诸阐烈之彦云。中华民国十三年十二月二十八日。

据《胡汉民先生文集》第二册

刘道一碑文

汪　东

君讳道一，字炳生，一字锄非，湖南衡山人也。象刚健以立德，受元精以吐耀，少说礼乐，暇习驰射。盖当贾生英妙之年，殆庶子长不羁之行。故缔交千人，不出齐鲁之伦；栖栖庶方，独亲燕赵之士。粤有东胡群丑，盗我利器，历祀二百，为恶盈稔，苛政如虎。嗟党祸之日构，浚民以生，忍元元之殿屎，此仁人所以流涕，志士为之慷慨也。唯君奋袖而起，乘时发迹，与马福益、兄揆一等谋，插羽以檄邻郊，挥戈以薄上郡。向使登介一呼，而勇夫鳞萃，并兵一向，则坚城草偃。鼓钲殷天地，楼船掩江湖。累累辫发，积为鲸鲵，芒芒禹甸，靡有兽迹。固万民之所举重，抑亦君之所惬心者哉。不图天未悔祸，事有弗然，同声之应已希，燃萁之火斯烈。楚歌四起，遂覆重瞳之业；铜马成群，几丧真人之旆。君谓再举可图，爰以一箭矢志。会追骑不日将及，君微服宵行，卒济东海，履虎尾而占不咥，假鸡鸣而越重关。

既入日本东京正则英语学校，肄习专科。博闻强识，匪慕仲尼之多能；月故日新，曰嘉文子之好学。然则勾践舐胆，曾未忘仇，陶侃运甓，因以励志。尝语人大丈夫不当流亡终身，忳愤之思，溢于言表。呜呼！高丘反袂，宁比类于菀童；异土兴悲，用托风于桃偶。昔人有言，虽危起居，竟信其志，君之谓矣。又其兄在亡命，欲归无由，父病风痹，久之辄发。旷废药饵，则辜罔极之恩；同赴川途，惧婴不测之患。君乃揽袪而止，伯氏促装而旋先庐，固望天鉴其衷，不虞鬼瞰其室。抵家二日，郡中大吏命游击熊道寿系君，下按察司狱。身虽顿于幽执，心久宁于聚灰。

连环无端，洞明祸福，达人知命，齐观生死。每欸张裕毁镜之愚，犹深先主搏髀之叹。官治刑具，鞫讯其事。君以有生七尺，受之乎父母；自昔三木，不加诸士夫。抗声曰："头可断，求不辱而已。"对刀笔吏而辞气侃侃，遭威武而节概弥坚。抉目无以隐其厉，截指不足夸其烈。若夫仰天呼愬，抢地叫号，方兹轨躅，祗增惭秽耳。终论罪当死，岁维丙午，十一月二十日，毕命于浏阳门之外，年二十有二。

视死如归，白首遂以符谶；援琴顾日，广陵于焉绝响。是日也，二离失曜，万象罢俙，迩无不哀，远无不迭。知君者道其平生，性成孝友，容貌温厉。肝胆照于胡越，意志超乎方外。仰之若高山，量之如千顷。横流若决，喜见君子，零雪不凋，乃知松柏。呜呼！慕九原之德，微斯人其谁归；俟黄河之清，或应运而兴起。凡我同志，佥谋所以扇余风，播芳烈。于是敛以重棺，封之尺土，刻玄石以为旌，显令问于不朽。铭曰：

泺泺沅湘，流波不歇。人以地灵，才为世出。君挺英姿，威仪秀发。翩然骑麟，下除纠结。折榱倾栋，伊川披发。狐犬猖狂，盗我日月。援戈而麾，伊谁陈力。昊天不吊，哲人是伐。平原口舌，苌弘暴血。业虽不就，遗规宏达。钦兹德音，华岳比隆。孝义勿匮，浇讹化融。凛凛颠越，钻龟允凶。战胜则肥，肺腑洞通。烨烨其文，桓桓其武。唯琨启先，君以缵后。懿欤国士，名孰能双。称力如虎，象体犹龙。亭毒庶类，几济厥庸。如何永递，丧元灰躬。建碑墓畔，禾黎芃芃。毋升之山，毋沉之江。企维遐迹，邈矣清风。铭音锵楚，与哀无终。

据《吴县汪旭初先生遗集》三

孙烈士竹丹后传

柳弃疾

孙君竹丹之死，余既为文以传之矣。踪迹疏阔，见闻狭隘，未暇详也。民国纪元之二年春二月，余游天平、邓尉诸山，留滞金昌间，陈陶怡自海上邮书相招，谓"毗陵钱兆湘字孟雄者，竹丹故人也，愿有以语吾子"。因驰赴之，则相与道竹丹平生行谊甚备，而于谗人诬构之迹，及所以辞而辟之者尤详且尽，余庸是据以撰是篇云。

君讳元一，名铭，字竹丹，别号同仁子。先世居江苏之上元，有以医名于时者，嗣迁皖之寿州，遂为寿州人。君年十九，与薛哲同学江南陆师学堂，已隐然以革命自任。既东渡，入振武学校，学业倾其曹，所志益坚。岁乙巳，中国同盟会始成立于日本，君参预枢密，任皖分会会长，奔走党务事，无夷险，胥猛勇精进，靡有难色。明年丙午，与孙毓筠等归国，谋起义江南，事泄，毓筠被捕入狱，君复走日本，图再举。时党人声气日广，而诚信未孚，意见歧出，恒有以细故相齮龁者。君太息曰："昔人以才难为患，今乃反是，人华、拿而家管、乐，将如筑室道谋何。"因尽力调护其间，使渐就融洽焉。复慨数载以来，义旗屡起屡蹶，多以军实不足，为之大梗。爰与钱兆湘诸人谋，多所规画。

值己酉春，熊成基至自长春，闻君说，甚激赏之，因与同居澄吉馆。熊之来也，避清人耳目，踪迹甚秘，君为更姓名龙潜，字曰望云。复与石德纯、萧翼鲲辈，醵金助其资斧，熊庸是得安居日本。日本参谋部有所谓军事计画秘密书者，颇于辽沈间战局有关，君以苦心弋获之，思因熊以售于俄人，得重资，供党用。是年秋，熊挟书返国，介俄之侨商，以干其外部，议值百万，将有成言矣，猝为奸人臧冠三所卖，死之。初，熊之败于皖也，辗转走长春，与臧冠三识。臧故马贼渠率，年六十矣，貌任侠而中实阴贼嗜利，熊既赴日本，臧函招之，至，则复主其家。居数日，颇悉臧隐，弃之，走哈尔滨。时党人程家柽辈邀君赴北京，阴有所图。获资五千金。同志时功玖、张昉、石德纯、梁荫卿咸悉其事。而熊自哈电京，招君商售书事，君携三千金，就熊于哈，谓熊曰："闻此间有党人商起予辈谋购地开垦，当以此资助之。"熊以为然。君留哈尔滨十余日，复返北京。臧闻君之携资就熊也，妄谓熊已获巨帑，函索万金为寿。熊驰书力白其诬，臧弗信，复以函来，谓苟弗获金，誓密告清吏。熊得书未报，而祸作矣。臧既陷熊，复牵连及君，谓方潜伏辇下，谋不轨。熊虑君居虎口，将弗免，则故谬其供词，指君为清政府委员，尽讳其往来同谋之迹，以冀脱君于难。顾清吏锡良已电告北京，下令名捕，赖程家柽诇知其事，密告得脱。遂偕梁荫卿走天津日租界，中道金尽，石德纯助之，始复归日本。钱兆湘、杨宝泰迓于东京车站，见其形神俱瘁，衣服尽敝，呜呼！可谓狼狈矣。

君既抵日，遂杜门不出，日读《周易》自娱，间治译事，以供旅资。暇则与王坚、何天炯、宋教仁、钱兆湘三四同志相往来而已。顾皖人有惎君者，日夜与其党徒造作訾言，谓君为清人作侦吏，熊氏之狱，君实祸首。曾参杀人，不疑盗金，飞短流长，骎成市虎。会赵声自南洋来，日与君相见，微闻其语，举以告君，且曰"盗憎主人，民恶其上，此伯宗之所以死也。子好以直言贾祸，故人以恶名相诬，恐行且有甘心于子者，子其慎之"。君坦白无城府，置弗顾也。已而赵、宋、何、王、钱诸子，相继返国，惎君者无所顾忌，奸谋益炽，遂诱君至东京市外，与对弈，而使人持铁哑铃伺其旁，伪为观局也者，俟弈者呼曰"杀"，则应声举哑铃击君脑，双目并出，立死，复支解其尸，藏之箧中，假归国名，携登海舶，夜半沉大海，以灭迹云。时辛亥夏六月，君年二十有九。老父七旬，以思子得疾，竟不起。妇某氏。子、女各一。

柳弃疾曰：兰以芳自摧，膏以明自煎，君负英挺之才，而居污浊之世，龙性难驯，鸾翮易铩，宜其死也。顾既杀其身，复污其名，夫己氏之用心，亦太酷矣。钱兆湘谓余：岁己酉秋，党人孙武被举为湖北都督，自日本归国，谋兴义师，而行李困乏，则君实助之。又今所用陆军军旗，曩时号为铁血旗者，出武手定，与其他起兵方略，皆就正于君。其归也，悉在行箧。故武与人言，恒曰："使竹丹而诚侦吏也者，胡弗使清人要我于途，以博上赏，而独卖熊成基哉，有以知其必不然矣。"呜呼！孰谓世无清议也。

柳弃疾又曰：兆湘既以后传属余，复使为讼冤之文，布诸天下。自宋教仁以下若而人，皆与兆湘有同心者也。余迫于他事，弃置笔砚，卒卒数月，始竟厥愿。而教仁则复殒身钼麑之手矣。人之云亡，邦国殄瘁。黄台之瓜，一摘再摘，能无抱蔓之惧。又宁独如曹子桓所谓徐、陈、应、刘一时俱逝者，为可悲恸哉，呜呼！伤已。

据《国学丛刊》第一卷第四期

李烈士文楷事略

寄　尘

烈士讳文楷，字国芬，广东清远人也。髫龄授经，粗通典籍。壮随季父经商粤垣。为人豪迈不羁，尤喜结纳，而酷嗜施耐庵《水浒》。或诘之，则以慕草泽英雄卓立故。后家道中落，故操印刷业。

已酉，就役《星洲晨报》。庚戌冬，党人谋大举。烈士闻之，抚髀笑曰："吾致志祖国之时机至矣。"遂束装，偕罗君坤北旋。临行，同人设饯，筵于酒楼，为烈士壮行色。酒酣，烈士起与同人握手话别，慨然曰："此为吾与诸君最后之相见乎。"泪随声下，闻者黯然。既又曰："今者，祖国风云，日急一日，君等皆汉族男儿，幸勿自弃乎。"斯时，举坐韪之。盖烈士之心，早置七尺躯于枪烟弹雨中者久矣。

明年，广州变起，烈士与清军巷战，卒中弹死。行年二十有五云。

寄尘曰：某君书云：王鹤明、杜君、李文楷，事事勤慎，不辞苦瘁，仓猝战死，可惜可哀。公论自在，余复何言。唯忆烈士行时约俟余于香江，而余羁于事未返。故人已先我埋骨黄花岗上，在天之灵，尚其恕余失约之愆也。

据槟榔屿《光华日报》1911 年 6 月 10 日

李烈士雁南事略

雷铁崖

烈士讳群，字雁南，姓李氏，粤之开平人。幼失怙，伶仃孤苦，鞠于寡母。长尤窭。为人沈毅寡言，而实蕴跅弛不羁气概。既窘于养母赀，乃遂逐马武、王常之初迹，触清文网者数，常得自脱，而名益噪，逮益亟，因逸香港。清吏嫌弗得烈士，则火其室，母、妻胥流离失所，逾年卒遇。

先是，兴中会倡义广州，虽败衄，然民族潮流澎湃香港。烈士栖迟其间，顿悟汉、满畛域，欲拯种族沉沦，顾喧嚣者伙，而机关部莫克悉，烈士终以孤行其意之匪计也，迹三合会而虱身焉。三合会者，明遗民创，以逐清复明为旨。顾浸久，稍有庞杂者悖港宪，烈士遂挈母、妻南渡。寓槟榔，介薛南君就正孙逸仙君。既闻进行方略，志益坚锐。顾经济梗塞，乃偕张某君之缅，有所摒挡，卒弗得，于是烈士叹曰："毛羽未丰，奚以高蜚。仆仆风尘，希得有鲁肃者指囷，举大事犹夸父追日咸池耳。"则读货殖书蕲自植。越数载，廑足给。时于持筹握算余，鸠故人作燕市悲歌。见者怪之，烈士自若也。

庚戌冬，诸同志麇聚香港。烈士闻之，则大喜，携妻、女北旋。盖烈士居缅，母既亡矣。辛亥三月晦，偕义军入广。攻虏督署，中弹被获。虏吏吴晋、黄士龙询颠末，烈士慷慨直陈平生宗旨，因叹曰："恨吾身被二创，不复能杀虏。虽然，自今以往，中国二十年必再亡国，百年必亡种，虽生何益，曷不速杀我。"吴、黄反驳，烈士曰："此尔辈甘为满奴之言，讵足挠吾辈心。"于是延颈饮刃，烈士遂死。

铁崖曰：余闻之薛南君曰："烈士北旋时，索同摄影。嘱曰：'以此慰故人他日屋梁月落之思。'"是烈士决死早定，欲救众生而爱其自身不可得也。佛氏曰："我不入地狱，谁入地狱。"烈士其佛之化身欤。

据槟榔屿《光华日报》1911年5月29日

杨烈士卓林传

傅熊湘

杨卓林，字卓林，一名恢，又字公仆，醴陵人也。魁梧有勇力，以侠闻乡里间，鬻贩自给。里有争斗，辄往助，所折无不服。然奉亲孝，事师尽礼。尝夜借邻烛读兵书，及诸战争禅史，辄拍案狂叫曰："大丈夫生不封万户侯，即赴锋镝死耳。安能郁郁与乡里小儿作生活哉！"遂投张春发军为目兵。庚子之役，随春发防御京、津，与联军接，奋勇当先，手刃倭卒数人，连发数十弹，故军虽败，而余军赖以不覆。统军莫之知，而卓林亦竟不自言也。

自联军战后，津沽为墟。卓林愤满酋无状，民气不振，卒以兆兹祸也。乃遍走诸省，求江湖豪侠能为用者。于时海内会党，若山东之马贼，长江之盐枭，江西之洪江，广东之哥老，皆连其首要。既而察时机未至，会党不足与有为，思可以助举大事者，莫如陆军，乃赴江宁，入将备学校。时周馥督两江，德意志人要求以金陵狮子山为租借地，馥将许之，都人士集会议反抗，卒怵刑威，莫敢言。卓林则首倡杀馥，听者舌挢，莫能下。自是常以手枪自随，事稍为馥所闻，将致之死。宁乡陶森甲，故将备学校提调，密告卓林，谓当留以俟用，徒死无益，幸勉学。乃资使东渡日本，而狮子山租借之议亦遂罢。

卓林既至日本，入铁道学校。每困乏，则赖森甲及湘人杜云秋资之。时孙文、黄兴方创中国同盟会，卓林力为襄助，所介绍入会者，不下千数百人。取缔留学生事起，举国激昂。卓林益思有所为，乃居横滨，制炸弹，刻苦逾恒时。时益阳姚洪业为归国代表；道横滨，与卓林别，相对唏嘘泣下，各以死相勖。明年，洪业以公学事，蹈黄浦江死。卓林旋亦内渡。会萍醴举义，卓林居沪上，方日夜筹运军械，然其时兵仓卒集，事且败，乃大呼曰："吾得死所矣。"

扬州某镇者，故会党丛集地，卓林密结其渠魁，欲谋响应，先刺杀江督端方以举事。部署既定，挟炸弹及其友二人以行。事为湘人刘复权、萧子翼所闻，中途遣告端方，遂并二人就逮。端方以卓林大侠，又党中魁桀，委重员长沙朱恩黻鞫其狱。恩黻反报，谓"卓林罪涉疑似，不可杀，必欲强我诬杀者，宁免职不肯为也"。狱用是久持不决，而警监何黻章欲要首功，力言卓林有罪，并及同逮者二人。端方乃故遣恩黻之沪，亲鞫卓林，兼讯二人。卓林知祸已迫，二人且不免，乃一以自任。且骂且起。前掀案，案折，谓"事与彼二人者无涉。我志不遂，死耳。天下岂有畏死杨卓林耶！速杀我，毋及无辜"。遂以丁未二月七日死东市，而二人卒得脱。时清光绪三十三年也。

卓林既死，人无敢视者，萍乡叶钧独收葬之金陵。中华民国元年二月，临时大总统孙文既正位，令以金陵玄武湖端方私第建烈士祠，祀卓林及郑先声、杨守仁、吴樾、熊成基、陈天华五人，且恤其家。其明月，陆军部长黄兴，复遣部员护其遗榇归湘，改葬之岳麓。无娶，以兄子继其后。

论曰：烈士盖天性纯笃人也。方死之前四十日，别余海上，托书寄其母，且重嘱余抚慰之。于时母死已久，人未之告也。又尝为余演战术，于西史战事历述不遗。顾君恒不喜弄文翰，惟言居金陵时，有老僧尝教之读，以是益知种族大义，轻生死。至今思之，犹彷佛其雄姿英发，道吾得死所时也。

据抄件

吴樾传

李宗邺

桐城人士，多能文章。然自方以智、方尔止、钱澄之、孙麻山辈，揭橥种族大义，抱节不屈，流风余烈，降至清季，革命志士有焉，而以汪熔、吴樾、施从云为尤者。汪熔殉难于庚子汉口之役，施从云就义于滦州独立，而吴樾则捐生于北平车站，即所谓炸出洋五大臣之壮举是也。

烈士名樾，字孟侠，桐城人。生于前清光绪四年戊寅。兄弟五，烈士居四。性和平，貌俊美。八岁丧母，赖二兄抚育。数年兄亡，其父遂弃官为贾，奔走风尘，得资以教养诸子。烈士少读私塾，天资敏慧。年十三，应童子试，屡不售，遂弃八股业，日诵古文辞，尤好读史，间为诗歌，以示抱负焉。

光绪二十六年庚子，烈士年二十三，自念亲老家贫，里处终无所事，乃飘然赴沪，初欲入方言馆，以其偏重外国语，又激于是年七月八国联军陷北京之愤，遂不果入。次年辛丑，始至北平，访其族人吴汝纶。时清帝后出亡预返跸，汝纶乃荐往保定办差，未半载而事蒇，复赋闲。翌年壬寅，即光绪二十八年，保定高等学堂因京畿学堂之旧以立，烈士考取肄业，至是见闻有异，思想顿开，毅然以革命党自任矣。

烈士之在高等学堂也，凡四年，学业日进，志向益坚，然居恒不苟言笑，择交最慎，非相知以心，往往终日相对无一语，其沈著任重如此。独与湖南陈天华、江苏赵伯先、山东张榕，偶然一见，即披肝沥胆，许为生死交，殆义侠之气，出自天性。闻巴县邹容遇害于上海狱中，急驰书与章炳麟，戒其慎防，其实烈士与章初不相识也。时江南人士游宦保定者甚众，烈士则创两江小学，自任义务教师，以教其子弟。又办《直隶白话报》，自任笔政，以启迪民智。然皆以课余行之，其服务人群之热诚，尤为难能而可贵。

至烈士之决意牺牲，盖亦蓄之有素，初非一时慷慨成仁之可比也，于其所著《暗杀时代》之自序中，言之綦详。约谓：初慕科名，继羡官幕，至读《革命军》一书，始识国家兴亡之义，及阅《清议报》，而又惑于康、梁立宪之说，迨读《警钟报》、《自由血》、《孙逸仙》、《新广东》、《新湖南》、《警世钟》、《黄帝魂》、《攘书》、《中国秘史》等书，思想一变，主义随之。知清室之为异族，姑勿论其行专制，行立宪，均须掊而覆之。有标榜立宪，冀延清廷残喘以害国者，胥为四万万同胞之公敌，于是而有杀铁良之计划，使立宪不成，而民族革命之必得早日成功也。

光绪三十一年乙巳，烈士行将毕业，恐误所图，乃避往东三省，兼访盟友张榕而就计焉。张榕者，辽东大侠也，字荫华。原山东人，寄盟抚顺。善骑射，精剑术。弱冠，入京师大学。甲辰，日俄战起，返辽谋独立，附者数万人。烈士抵辽，值榕事败，遂挽而同至保定。

烈士之谋暗杀也，盖已三次。甲辰冬，铁良南下，刮民脂膏，谋杀于途未果，王汉追之顺德府不及，遂自戕。乙巳春，清廷派铁良、那桐、徐世昌视察保定高等学堂，烈士典质衣物购手枪，届时铁良未至。是年夏，烈士准备已就，计与张榕溷入宫禁，以图大举。乃返桐城，料理身后。行时，其夫人有送别诗三章，激越怆楚。迨车站耗至，夫人亦痛以殉。过芜湖，偶与赵声晤于长街科学社楼上。是处也，倪映典、郑赞丞、章行严、陈独秀、宋玉琳、柏文蔚等，常假以会议之秘密机关也。烈士为道炸弹不易得，赵声乃以韩衍之介，投北洋军械所为卫兵，得炸弹三枚，予烈士二。未久，赵声为袁世凯识破，拘之，韩衍伪造袁之手谕释之，遂以来皖。赵声行时，有赠烈士诗四章，悲壮苍凉，大有"风萧易水"之声，故烈士旋即覆书曰："及至临别之际，执手无言，面面相视者久之，此时某乃逆想将来之幻境，异日提大军北上，而为某兴问罪之师者，必吾子也。故明知此别为永诀之期，而不为之悲伤流涕矣。今日某为其易，君为其难，某之念念固在君，君请勿以某为念。盖易者不过顷刻之苦，此日尚可尽乐于余生，而难者艰险为备，责任为钜，一日不达其目的，即一日不得辞其难。”由此而知吾党志士，捐生于建国途中者，其磊落惨厉为何如耶。

迨烈士抵北平，寓桐城会馆，居者以为来考分科大学，殊不知挟有四千余年民族思想之使命而来也。会清廷假名立宪，派镇国公载泽、户部侍郎戴鸿慈、兵部侍郎徐世昌、湖南巡抚端方、商部右丞绍英，赴各国考察宪法，藉以缓和革命空气，计至毒也。烈士乃与张榕计，改图铁良之谋以炸载泽等。乃于民国纪元前七年八月二十六日，乘五大臣自正阳门车站登车时，烈士伪饰仆从，提衣包欲登花车，为卫兵所阻，适因接驳车辆，车身猛退，而所携之炸弹，撞针受震，未及抛掷，轰然一声，血花铁片，飞溅人丛，烈士已肠穿肢断，面目模糊，尽其党人最后之义务矣。惜乎，所谓清之五大臣者，受伤而未死。张榕同志又为杨以德侦探捕获下狱。当时均不明烈士为谁，及桐城会馆役者往观，惊曰：“此非吴老爷乎。”于是烈士英名，立震天下。

烈士殉国时，年二十八岁。遗骸葬安庆大观亭右冈，即总理丹书“浩气长存”之烈士墓是也。所为诗文，当遭清吏销毁，而后来收录于革命文库之《血花集》者，仅得十四篇，如是而已。

据《安徽政治学院月刊》创刊号

烈士陈星台小传

宋教仁

烈士名天华，字星台，湖南新化县人。性敦笃，善属文。少时即以光复祖国为志，不事家人生产作业，虽箪瓢屡空，处之怡然，日惟著述以鼓吹民族主义。近年革命风潮簸荡一时者，皆烈士提倡之也。年三十一，尚未娶，或劝之娶，烈士泫然曰："匈奴未灭，何以为家！"每读中西史志，于兴亡盛衰之感，则涕泗横流，其爱国之忱，发于天性如此。

岁癸卯，留学日本。时值俄据东三省，瓜分之祸日迫，朝野皆束手无计。烈士大痛，啮指血成书数十幅，备陈灭亡之惨，邮寄内地各学〈堂〉，闻者莫不悲愤。

去年秋，湘中志士谋起义湖南，联络粤、鄂，以共倾政府。烈士闻之，即星夜附轮归长沙，筹划布置，昼夜不辍。不幸未发即败，清政府飞檄逮捕。烈士间道走江西，至上海，与诸志士合谋再举。适万福华之狱起，逮捕益急，不得已，复游日本。盖自是憔悴忧伤，泪痕萦萦然不绝于目矣。今年春发意见书，思单身赴北京有所运动，为同学所阻止。十一月，日本文部〈省〉颁发关于留学生规则，烈士益见中国之将邻于亡，革命之不可一日缓，作《绝命书》累万言，遂自投日本大森海以殉。呜呼！使天而不亡我汉族也，则烈士之死，贤其生也，使天而即亡我汉族也，则我四万万人其去烈士之死之年几何哉？呜呼痛已！烈士所著书，其已都成集者《猛回头》、《警世钟》、《最近政见之评决》、《国民必读》、《最后之方针》、《中国革命史论》，皆风行于世。其散见于他书者，尚俟厘订。烈士死时年三十一，乙巳年十二〔一〕月十二日也。

据《宋教仁集》上册

陈敬岳传

失　名

陈敬岳，字接祥，广东嘉应州人也。幼求学，不事章句，尤鄙科举业。尝以“在止于至善”请益于师，师为所窘。事亲孝，妻丧，躬亲井臼以承欢，夜仍读书不倦，尝操作田间，以书卷相随，人至比之朱买臣。既而叹曰：“大丈夫志在四方，安能株守一隅，偪促如辕下驹耶。”

年三十七岁，遂作海外游，遍历南洋各岛，设帐授徒，日以救国为诸生训。尝曰：“汉贼不除，满清不覆，满清不覆，中国不强。”一时认为良言。嗣入同盟会。民国纪元前一年三月二十九日，党人举义广州，攻清两广总督署失败。清水师提督李准为害最烈，敬岳发愿杀之，以除革命障碍。筹资返国，其长子同在南洋，亦不告而去。时陈炯明正组织暗杀机关，见敬岳大喜，与筹一切。初以李准尝至韬美医院，询问其参议吴锡永伤势，乃伪病入韬美医院以伺。讵吴锡永伤愈，而李准不再至。及李准赴顺德清乡，则伪为乞丐沿途乞食图之，追踪十余日，志不得达。

后回粤，侦知李准常自水师公所至行署，因决于路炸之。助之者，有马育航、施正甫、李少华等。时林冠慈亦谋炸李准，知之，遂通力合作。城以外敬岳任之，城以内冠慈任之。闰六月十九日午后，侦得李准由水师公所进城，敬岳持吕宋烟箱所储之炸弹而出，李准乘轿已过，追之，至大南门，冠慈已于双门底怡兴制衣店，掷弹炸伤李矣。原约一方炸发，他方即退，以为另图。敬岳乘人纷乱而行，至育贤坊，岗警因其剪发西装，手持吕宋烟箱甚重，向前盘诘，正欲将箱掷之，而巡警纷至，为所捕焉。叠讯皆直认不讳，并述其图李经过，神色一如恒也。讯后监于狱，直至九月十七日为清吏李世桂杀害。距广州光复特二日耳，伤哉！赞曰：

敬岳气宇轩爽，外温文而内沉实。曾与陈振权女同志，在香港鸭蛋街助其装炸药，虽非易水送行，已感壮士一去不复还之痛。卒成仁就义，缔造民国。其子仲虞，肄业广东大学。去岁，出其家录，请编传。余以后死之责，不能辞也。乃执笔记此，亦使后世有所景仰焉。

据《革命先烈先进传》

同狱中之斩决者

宁调元

十二月二十七日，晨光初透，同狱中有二人提同正法者，一欧阳兰山，一张福全，皆浏阳籍。萍浏革命之役，欧阳充正提调官，事败在逃，逻者得之，解臬署，受审判，遂直供无讳。年约四十左右。被杀之前数日，伊亦自分不免于祸，纵酒高歌，日以为常，视反颜事仇者，异矣。当出监门时，尚从衣袋中检龙洋三元，托府司狱监禁曹顺，汇至家中，谓家有老母云。张福全者，与欧阳居处伊迩，家世以糟坊为业。萍浏事起，伊充先锋官，地方之被其蹂躏者甚多。未几，为巡防营所得，许以立功赎罪，伊遂专充眼线，反噬同侪，本有幸生之望，乃户邻联名叠禀，胪举劣迹，遂再下狱，与欧阳同死。呜乎！死一也，而泰山鸿毛，大有别异，君子可不固其所守哉！

据《太一遗书·南幽杂俎》卷一

林冠慈烈士传

李熙斌

林冠慈烈士，原名冠戎，广东归善（现改惠阳）梅湖乡人也。少力田，事母至孝。一日，见吏役下乡，横暴无理，愤甚，思手刃之。盖其天性嫉恶，自幼即然。稍长，至广州，在教会之福音船，习驾驶，因信基督教。

时革命之说日盛，渐沃闻民族主义，好之，遂加入同盟会，益自策励，以光复为志。民国前二年庚戌元月，新军在广州起义失败，革命既受挫折，三月，汪精卫、黄复生等谋炸清摄政王载沣于北京，不遂，又被逮，党人大愤。于是刘师复、谢英伯、朱述堂、陈自觉、高剑父、程克、陈炯明、李熙斌，在香港组织支那暗杀团，谋继汪、黄之后，设机关于般含道，旋迁摩士忌街。更物色同志，闻烈士笃信主义，遂招致之。团例新加入之团员，最少须经一月以上之视察，方得为正式团员。烈士居团中数月，众察其意诚，稍语以团之宗旨，烈士激昂慷慨，恨知之晚。

辛亥三月二十九日，革命军起义于广州，不克，同志殉难者甚众。党人益痛恨张鸣岐、李准残杀同志，阻挠革命。初，团内决定北上谋炸载沣，至是决议先执行张、李死刑，乃派熙斌、述堂、剑父，先行入粤筹备。时清吏督练公所参议吴锡永，于三月二十九之役后，因检视所拾获之炸弹，弹爆发伤足，留医于长堤中法韬美医院。院中医生张清潭，学生施正甫、李少华，皆热心同志，熙斌以居此侦察筹划俱便，乃伪病投院留医，即于病室为集合总机关。述堂、熙斌先后运入炸药弹壳数次，炸药悉储张清潭同志室内，苦弹壳笨重难运，不足者托同志何报鸿在广州铸造。布置就绪，乃报告总团，作最后决定。烈士自请为执行员，义烈奋发，团员无不动容。将行，同志问有何遗嘱，烈士慷慨言曰："我以身许国，所系念者，惟老母耳。有长兄在，想能侍奉尽职。但我死后，请勿使老母知之，以伤其心。"因易名冠慈，盖其所署入团之盟书为林冠戎也，其纯孝诚挚，闻者感动。

遂于闰六月初旬，入广州，而陈敬岳，及潘赋西、刘镜源，均经同志介绍，愿任执行员。嗣是烈士与敬岳、赋西、镜源，每出分四路，以守候张、李之行踪。闰六月十五日，适张鸣岐出，烈士要之永清门（拆城时门已毁去，即现在之汉民路）外仓前街，遥望见张之仪仗，急趋就之。至，则张之肩舆，已过十数丈，烈士追之不及。十七日，复出要击李准，因相差分许钟，不及投弹。烈士归语人曰："机会尽多，所恐者投掷不准确，使民贼漏网耳。"其临事之审慎从容不迫若此。十九日午，侦悉李准将出，知其必经双门底（现改汉民路），烈士于是藏两弹于茶箩中，伪为卖物，俟于道旁。李至，烈士持弹掷击，适落李之舆前，舆毁，舆夫断足，李仆地，随从死伤十余人。烈士复取第二弹掷之，而卫队之枪已乱发，烈士当场就义，年仅二十有九。方李准之伤重也，断其胁骨二枚，昏死不能语，不死者幸耳。敬岳烈士亦自大南门蹑李准之后而来，闻李已被刺，转入横街，为巡警所获，后亦遇害。数日后，同志于某影相店，购得烈士就义后遗像，一目闭，口合，无丝毫苦状。倚一木柱，辫发缠于柱上，其右目之上有血痕一条，流至颊下，弹盖于此穿入脑中，致命伤也。此影殆为拾殓时所摄，可想见其从容就义之状。团中同志，乃取烈士生前最近之摄影，制为铜版，师复更为作传，刊印散发（此像与传，熙斌于民国元年七月烈士就义一周年纪念，复刊载同盟会杂志第二期）。

光复后，当日仵工来报烈士葬处，启棺验之，肉已尽化，烈士就义时所穿之云纱衣服，依然宛在。近胫骨处，有枪弹一枚。炯明、师复、熙斌、述堂、自觉、剑父、湘田、倚神、岸父、赋西，为之迁葬于红花岗，即今之墓地也。廿六、七、四，追记于岭南大学。

据《革命先烈先进传》

林烈士觉民事略

失 名

林烈士觉民，字意洞，自号天外生，福建福州闽县人。幼出继，季父某，名士也，以诗著。君生有至性，事亲至孝，警慧夙成，读书一览不忘，少能文，辞藻超逸，援笔成篇，卓荦有大节，临事勇决，义不顾身，识量清远，才略过人。美仪状，眉宇英特，意致潇洒，目灼烁如流星，简易不尚华丽，服饰朴陋，而雄姿焕发，气象俨然。好游山水，幽踪胜迹，历访无遗。素旷达，不计金钱之数，不问方物之值，竟日廓落，未尝有戚容。喜与童稚相嬉戏，乘机训导，怡然若不胜乐。又滑稽善诙谐，如遇知音，则雅谑间作，涉口成趣，一座倾倒。是以同辈聚谈，无君不欢。

十五，入福州全闽高等学堂，声誉大著。殉国之志，长而益坚。十九岁，以父命成婚。逾年，举一子，明慧神敏，酷肖其父。夫人亦贤，伉俪之笃，世罕其比。故君生平不二色，尝谓人曰："吾妻性情好尚，与余绝同，天真烂漫，奇女子也。"近著《原爱》，论男女爱情之真理，载于某杂志，见者莫不钦慕其风采。二十岁，以优等卒业。翌年，以自费渡东，旋补官费。学日语一年，然后入庆应大学文科，专攻哲学。好读露西亚文豪托尔斯泰书，兼娴英、德两国文，治周、秦诸子学尤精。孜孜力学，夙夜不懈。值国事日急，噩电纷驰，友朋聚首，相向涕零。君独慷慨言曰："国危如此，男儿死耳，奈何效新亭对泣耶。吾辈自命壮士，当仗剑而起，解决根本问题，则累卵之危，庶可挽救。嗟呼，血气男子宁忍坐视第二次亡国之惨状哉。"众闻其言，咸起敬而谢之。君与愈心齐名，人称"林陈"。在东与南散、无我同借一庐，情若兄弟，并其名号为"三林"。

人称南散为大林，君为中林，无我（系君之族弟）为小林，盖以齿序之也。

今春，广尘事黄、赵出，谓事大有可为。众议以广尘赴港主粤事，君回闽谋响应。于是二君最先行，同舟赴港，意欲在港当事诸人会商后回闽，方便于举措，冀无牴牾。于是，愈心、子明（即方声洞）、希吾（即陈可钧，一字少若，钧或误作钦）诸人，皆相继离东。时靖庵尚在闽度岁，众乃留柬招之，君既抵港，黄兴极契重之，谓无论事之前后，运筹帷幄，不可无君。乃挟资旋闽。君募同志，在闽滞十日，复返港。由是元栋（姓刘）等多人，始克陆续而至。故此次闽人视他省独多，觉民之运动也。

三月廿五晚，君偕广尘、希吾、郁庄（即冯敬）等，先后入省者。廿六晚，君复以事返港。时靖庵已到，二十七日君导靖庵等入省。舟次，君谓诸人曰："此举若败，死者既多，必能感动同胞，彼等皆畏首畏尾，不能断绝家庭情爱耳。今试以吾论，家非有龙钟老父、庶母、幼弟、少妇、稚儿者耶，顾肯从容就死，心之抽割，肠之寸断，虽木石亦当为我坠泪，况人耶？吾辈死而使同胞能谅者，我辈虽死，犹生矣，宁有憾哉。"既抵省，以廿八日当尚有多人自福州来，须君导之入省，故君复于廿七晚赴港。至廿九早，乃偕子明、愈心、铸三（即陈更新）、元栋等，率全部乡人入省，与广尘诸人会于城内。午后四时许，同赴轰攻督署，君挥弹当先，直入署内，巷战既久，飞矢洞腰，翻然身仆于地，纵身一呼，忍痛跃起，复杀多人，又被数创，鲜血暴注，遍体淋漓，力竭始见擒。四月十一日报载获一剪发西装之美少年，盖即君也。

在水提署内，先由委员问供。报载君语带闽腔，传供不甚了了，此传闻之误也。君素娴国语，毫不乡腔，盖君见委员多粤人，恐其不能全解语意，故操英语问各位懂否。人以君闽产，疑其不能操国语，乃用英语，此又臆测之误也。君初坐地问供，随即开去镣扣命坐。李提给以笔墨，君信笔一挥，立尽二纸，洋洋数千言，大有文不加点之势。书至激烈处，解衣磅礴，以手捶胸，若不复忍者。竟一纸，李提特奉张督阅看，再及第二张，临毕稍停顿，状似将呕，恐污地未遽吐（君早受文明教育，性嗜洁，此为君平日之习惯），李亲持痰盂近前，始吐。某吏给以茶烟，俱起鞠躬为礼。从容视死，有如此者。书罢，又在堂上演说。说至时局悲观，捶胸顿足。力劝各吏献身为国，革除专制。以建共和，能使将来国家安强，人民乂安，则吾虽死犹生矣。

呜呼！君问供欲呕时，能使提督亲捧吐壶以进，岂非千载奇闻耶。又能使诸审官人人心服，殷殷倾听，欷歔欲涕，则君词气之激昂，景象之奇壮可知矣。系数日，不食无眠，体无完肤，备受凌辱，而貌益庄。被害之日，面不改色，俯仰自如，大笑曰："吾今日登仙矣。"引颈就戮，年二十五耳。观者窃相语曰："个儿郎颜如玉，腹如铁，奇男子也。"莫不为之陨涕。

据槟榔屿《光华日报》1911 年 8 月 7、8 日

罗烈士仲霍事略

雷铁崖

烈士讳仲霍，号节军，广东惠州人。为人聪秀英毅，幼而岐嶷。弱冠为郡诸生，然鄙帖括，娴习而弗求工。惠滨海隅，欧风东渐，颛蒙日启，种族畛域日益宣昭，烈士顿悟公仇，欲张挞伐。适孙逸仙树义于惠，烈士有所奔走，然终至败衄。虏吏固不知，烈士亦不懈。然以虏权所及，主义难敷，乃南渡英、荷诸属岛，聚华侨子弟而提撕焉。积久，学校争延。烈士本诚恳以发挥民族〈大义〉，青年学子靡不感动。顾烈士以时艰孔亟，而义师屡蹶，欲以暗杀摅愤懑，因习炸弹于星海。既成，谋北旋。学校生徒，各埠商家，咸谏阻，竟弗听。抵香港，适同志入广州起义，烈士偕往。事败，为虏吏所执。将就刑，而烈士犹于南海县署演说革命宗旨，激昂慷慨，视死如归，虏吏卒亦为之动容。烈士死，年三十，老母、寡妻尚未闻。

铁崖曰：烈士北旋时，曾来相访。聆其言论，心焉敬之，顾犹以为言行逮者鲜。既而偕杜鹃游海滨别墅，饮醪之余，自言“此行实省老母，顾能再南渡否，不可知”。余闻之，嘉烈士之孝，而知烈士之必能实行其志矣。嗟乎！世岂有忘亲事敌之人，而能舍生取义者哉。

据槟榔屿《光华日报》1911 年 5 月 24 日

赵伯先传

柳诒徵

君讳声，字伯先，丹徒之大港人也。宋燕王德昭五世孙子褫为南外居宗室，靖康末，渡江，居京口。建炎己酉，迁居大港，是为大港之始祖。传二十四世，至蓉曾，字镜芙，清诸生，举岁贡。讲学于圌山之麓，从游数百人，发名成业者甚众。有子三人，长声，次念伯，次光。君生而有大志，龙行虎步，瞻视非常，既负奇慧，复擅神力，疾恶如仇。大港固有虏吏，一日捕市人置狱，其母泣请于君父。父逡巡未应，而君已入狱破械挟囚出矣，时年甫十四。一市皆惊，吏亦无如何也。少负神童之目，九龄应试，邑令欲畀以冠军，君顾弗肯循绳墨，作字大小错出，纵横溢尺幅，乃已。

年十九，入邑庠，亲友来贺，君笑曰："丈夫当为国宣力，区区一秀才何足言。"时山阴俞明震以儒吏长江南陆师学堂，号得士，遇英年能文者尤厚。君尝僦居南京僧寺，寺近陆师学堂，偶代某生作文，为俞研诘得实，则亟延致入校。君一志军学，值欧风东渐，心醉于民族民权主义，愤国势积弱，以为专制之毒且倾吾族，非改革不可。尝为同学言："我辈今日痛瘁求学，岂为官禄富厚来耶？乃预备他日手拯神州，出之茫茫巨浸中，使复见青天白日耳。"闻者多感动。既卒业，渡黄河，东游日本，考询军政，尽交留日之少年抱革命思想者。已而曰："革命贵实行耳，居日本何为？"遂回国。思启牖乡里，创阅书报社，设小学堂，组体育会，造就才俊颇众。未几，应两江师范教员之聘，内结同校教员学生，外结徒党。癸卯秋，假借俄事，为会于北极阁，演说革命，南京学生咸集，为当事者所忌，欲缉拘，置之死地。坐是不安于校，走长沙，为实业学堂监督。江楚有志之士争慕向之，革命思想更磅礴一新。

久之，复辞实业学堂监督职，游于津、保间，入禁城，出榆关，悲歌无侣。君好作诗，爱古歌行，兴酣命笔，俄顷而就，不假修饰。在都，遇皖人吴樾，善之，以诗贻樾云："淮南自古多英杰，山水于今尚有灵。想见尘襟一潇洒，晚风吹雨太行青。双擎白眼看天下，偶遇知音一放歌。杯酒发挥豪气尽，笑声如带哭声多。一腔热血千行泪，慷慨淋漓为我言。大好头颅拼一掷，太空追攫国民魂。临行握手莫咨嗟，小别千年一刹那。再见却知何处是，茫茫血海怒翻花。"樾得诗，反覆诵读，每至泪下。覆书曰："某为其易，君为其难。"遂以弹掷五大臣，死于车站。君得耗，大恸曰："天乎！丧吾良友。"自是谋实行益急。

适保定陆军举秋操，以为机可图，投某镇充队官，谋反正，无效。数月，南归，语人曰："自学陆军以来，经此一操，始确有心得，知学校所学，不实习不可尽恃也。"江南创建新军，任督练公所参谋官，赴北洋，调查军政，旋教练江南新军。时道员郭人漳好与革命党往来，党人亦欲倚之以图大事。郭有桂林行，乃辞教练官，偕郭入广西，任管带官，日与士兵演说民族主义。其论洪秀全事，人尤乐听。谓洪既得南都，不乘机席卷，直捣幽燕，乃安坐以待清师，致反客为主，情势全失，广西士无不闻风兴起。大吏防范严，年余，志不得逞。适本省拟行征兵制，遂辞广西，返南京。南洋初征兵，异论纷起，阻力百出，应征者颇少。君奔走故乡，苦口剖晰，晓以大义，应者乃踊跃，士夫亦多投袂而起。以功管带三十三标第二营，旋升标统。

自满洲盗中国，二百数十年，屡以文字兴大狱，士无敢言种族者，民益懵然忘仇事虏，寇洪王，帝爱新，勿悟也。孙逸仙起惠州，响应未众。逾岁，而《苏报》倡道于沪渎，昌言夷夏之防。邹容诸子，相继著书立说，民族风潮，始一日遍东南数行省。君自肄业陆师时，已隐然自任匡复之重矣。既掌兵柄，意气益发舒，尝率部下，谒明孝陵，猝询于众曰："若曹亦识此为大明太祖高皇帝陵寝乎？"众有知，有不知，则杂然应。君慷慨大言："高皇逐胡元，奠汉族，功业无与伦比，至圣安而复亡于虏，闽、浙陷，滇、黔忽诸，吾曹亡国民其何以报前皇？"众皆失声痛哭，复杂然和曰:“唯主将令是从。”君喜,抚循之益力,语骎闻于江督。江督满人端方忌甚。先是,三十三标步兵,习闻湘乡曾氏扑灭太平不道,因火后湖神庙,毁曾遗像。端方将假是以兴大狱,有“三十三标皆革命党,可用炮轰之”之言。统制徐绍桢隐右之,以免职寝事。端方,杀人之枭也,其来两江,同志疑惧甚,欲猝起发难,谋未定,而端先发,急进者乃起事于萍乡。端方初议遣防营往,卒遣徐绍桢,徐力荐君勇毅能赴敌,欲以三十三标仍属君,端疑,不之许。徐以君为行营中军官,君欣然就道,密遣人报萍乡。是役,熊成基、倪映典皆行偕。徐军既遣,端复疑悔,密遣心腹伺其军。君至萍乡,则革命军与江西军战不利,已解散,无可为。萍乡事平,徐军北回,端方猜之甚,防益严。

君内不自安,乃赴广东,任督练公所筹运科提调,旋统带第二标新兵,粤督张人骏雅重君。时郭人漳为防军统领,势张甚。廉州土人刘恩裕以抗税起兵,志士有从之者,人骏檄君率步兵一营、炮兵一队剿之。君密遣人与恩裕计事,而约人漳为应。人漳阳诺,而告密于人骏。君审事坏,而恩裕亦下材,不足言大事,乃驰告同志,使散去,单骑讽恩裕他窜,恩裕卒不省,击之。君挥兵进,而刘党亦分道离散,廉事遂定。君设宴廉之南门外海角亭,招诸将校痛饮。酒酣,即席赋诗,有“八百健儿齐踊跃,自惭不是岳家军”之句。盖君以所志弗就,徒为虏驰驱,不能无怏怏也。君既班师旋广州,而人漳日谮于人骏。端方自江南密电戒张,谓君才堪大用,顾志弗可测,毋养虎肘腋,致自贻患。人骏惑焉,遽削君兵权,使为陆军小学监督。未一月,复降督练公所提调。君知无望,弃职以归,南中惊传革命首领赵声至。端方通令镇江文武协捕,宁垣同志驰急足报其家,促速避。君乃以夜半走浙之西湖。翌日,宁密探至,偕丹徒县捕役巡防营兵围君宅,搜索不得。自是君家为捕役、密探骚扰者两月。端方调直隶去,逮捕之声稍解,始潜归,杜门谢客。

后走香港,谋大举。香港密迩两粤,又为虏政令所弗及,亡命之士多麇聚于是。君来,咸大欢忭。君以粤新军多已旧部,且与虏吏不相中,谋藉其力以覆广州。一旦度岭而北,中原可图也。因属其事于皖人倪映典,而己为之谋主。初,熊成基举义于皖,不成,同志倪秉章亦被密缉。君在粤,荐倪为炮营排长,易名映典以避捕。炮队为武勯军改编,多皖北、河南健儿。倪部勒之，胡毅、朱执信、姚雨平、何克夫诸同志为助，一时各营下级官长，多加入中国革命同盟会，期于庚戌元日起事。顾事终弗集。新军因小故暴动，映典手持大红日光旗，驰马指挥，旋中炮死。虏吏知谋出于君，悬五万金购其元。侦骑四出，卒无所获，威名愈振。扬州熊成基者，君治兵江南时之步卒也。清西后母子死，成基骤起兵于安庆，事败，走海外，谋刺载涛于哈尔滨，机泄死之。君素未以国士期熊，闻耗，叹息曰："昔在金陵，贤豪辐辏。若熊者，殊碌碌不足道。孺子今日乃能先我成名也。"

映典殉粤，君往顺德谋再起，卒会党志趣不同，省中之名捕急，变姓名为孙玉孙，逃香港。躬耕沙港乡，盖从者数十人。君朝锄，夕执笔，自食其力，并以食同人，旷然若有遗世之思也。初，中国革命同盟会设总部于日本东京，置南方支部于香港。庚戌，新军之役失败后，军队之加盟者愈众。清廷日侦伺党人，思得而甘心。列国眈眈相环伺，其机无可缓。

时中山先生至南洋庇能埠，筹有巨赀。君乃偕黄兴至庇能，与中山商决大举之策。策定，回香港，设总机关部。同志举君为内部总长，中山为外部总长，议以广东为发难地，分东西两军，乘势北伐。西军经广西，入湖南，会师武汉，黄兴主之。东军贯江西，出湖口，直下江南，则君为帅。将以纪元四千六百九年辛亥夏四月，潜师袭广州。于是，吴、楚、闽、粤、滇、桂、洛、蜀、皖、赣、越十一国〔省〕之士，相继来会。论者咸谓中兴有日矣。

会粤人温生才新自南洋归，狙击将军孚琦，殪之。广州大震，戒严，而虏之诇人，有厕身吾党者，复漏师事。两广总督张鸣岐、水师提督李准，益拥兵自卫，且下令大索。党人知谋泄，有议解散为后图者。黄兴持不可，谓网罗已布，散无所之，战亦亡，不战亦亡。不如先发，事纵弗成，犹足以谢天下，而激后起也。辛亥三月十日，开发难会议于总机关部，列席者数十人，议决十路进攻。黄兴率南洋及闽省同志百人，攻总督署。赵声率苏、皖同志百人，攻水师行台。徐维扬、莫纪彭率北江同志百人，攻督练公所。陈炯明、胡毅率民军及东江同志百余人，防截旗满界，及占领归德、大北两城楼。黄侠毅、梁起率东莞同志百人，攻警察署广中协署，兼守大南门。姚雨平率所部百人，占领飞来庙，攻小北门，延新军入。李文甫率五十人，攻旗界石马槽军械局。张六村率五十人，占龙王庙。洪承点率五十人，破西槐二巷炮营。罗仲霍率五十人，破电信局。其总司令为赵声，副之者黄兴。持满将发矣。十一省之士，大抵不习广方言，又多归自东京，服态殊异，为逻者所得。三月二十八日，奉黄兴令，暂退返港，君大惊，拟自入粤规画。夜接兴电，谓事尚可为，促军速进，则又大喜。明日，全部以早晚轮渡，分赴战地。君取晚轮，晦日晨，始达广州，而事已前败。石经武、宋玉琳、林七妹等百余人，先后死之，独兴等数人得脱，间道归香港。死者多党中隽杰，后收葬于黄花冈，世所传黄花冈之役者也。

君以大志未遂，丧我多英，悲痛几绝。回港，感愤成疾，扶病赴顺德，谋再举。不就，擎枪自裁，阻未遂。乃奄奄经澳门，归港寓而大病。往往纵酒狂歌大呼，继之以哭。四月八日，腹痛不可止。医者断为盲肠炎，非割不治。十七日，割之，血黑色，肠有腐者，类有人毒之。疑莫能明也。君初病，神志犹清，既施割治，翌晨，咯黑血，遂昏愦，时狂呼曰："黄帝来诏。"或曰："岳武穆来晤。"十九日午后，勉侍疾者甚切至，并吟"出师未捷身先死，常使英雄泪满襟"句，泪随声下，复张目曰："吾负死难诸友矣，君等其为死者雪耻。"言讫，目闭，而泪出不已。自是不复能言。翌日下午一时，卒于雅利氏医院，时辛亥四月二十日也。年三十有二。初葬于香港茄菲公园附近山巅，碑曰"天香阁主人之墓"。民国元年，君弟念伯继绍君志，领镇江军，积功授少将，迎遗骨，归葬于镇江之竹林寺。

君为人颀硕逾恒，目光炯炯，英武之气，见者慑伏。尚孝友，与人交，重然诺。尝为友人书联，出句用"汲古得修绠"，友曰："偶句其'荡胸生层云'乎？"君曰："吾不作头巾语。"乃大书"交情脱宝刀"五字，书法奇崛，下钤一私印，则"天水王孙"也。时作小说，尤饶奇气。饮酒可数斗许，醉后有力如虎。其在粤返吴也，僚友为置祖筵，既醉，则漫骂其座人，伸足蹴垣，深入者数寸，力拔之出，血涔涔不顾。

程德全曰：以一匹夫，持民族民权主义，日与专制之政府相激战，其败也固宜。然坚绝之性，英飒之姿，屡仆屡振，不达所蕲的不止。迨身死，中外之士，识与不识，闻之皆为流涕，尤足以振荡天下之人心，继此接踵而兴，以发扬神州之光荣者，何莫非君之英声义气，有以扇被之耶？由此观之，君之事败身殒，食其惠者，实在后人，即谓君之功成，无不可也。

据《国史馆馆刊》创刊号

秋瑾传

陶成章

秋瑾，字璇卿，别号竞雄，又称鉴湖女侠。浙江会稽人（家居绍兴府城南门，属会稽县界），隶籍山阴。幼随其父宦于闽，旋复随父入湘。年十八，嫁湘人王廷钧。廷钧入资为部郎，需次京师，瑾与之俱，生有子女。旋与廷钧定约，分家产，瑾得万金，即以之经商，所托非人，尽耗其资。又与廷钧不睦，同乡戚属陶大钧（会稽人）、陈静斋（山阴人）等为之和解，不得，乃尽以其所有首饰，托大钧妾获意为变卖，集资东渡日本留学。值宁河王照以戊戌案自首，系刑部狱，瑾闻之，出所集得留学费送入狱，以济其急，并嘱使者勿以其名告之。逮照出狱，始悉其事。瑾之天性义侠常如此。

瑾东渡之时，为甲辰三月。既到东京，即入中国留学生会馆日语讲习会学习日语，因与某某等十人相结为秘密会，以反抗清廷，恢复中原为宗旨。瑾既与陈静斋有戚谊，故到东京后即与其子相识。是时，敖嘉熊、魏兰、陶成章、龚味荪等在浙东西秘密运动有年。甲辰冬，成章以事东渡，成章与陈氏子为同学，瑾因之以识成章。日语讲习会终，瑾将还里省亲，因叩成章所运动事，成章尽以其所历告之。瑾乃索为介绍，成章以其为女子，不便，然亦难竟拒之，遂为介绍同人机关二处，一函致上海光复会会长蔡元培，一函致绍兴徐锡麟。瑾既返沪，即谒元培于爱国女学校，旋往南京，欲运动资本家辛某之子汉无效，乃复归沪，由沪旋绍，见锡麟于热诚小学校，锡麟即绍介瑾入光复会，是为乙巳六月间事。

瑾之归也，本为筹学费计，既抵家，求给于母，母固深爱其女，然家徒拥虚名，实不中资，为勉筹数百金付之。瑾既得金，又至沪，会成章亦归上海，遂偕瑾见处州办事丁镂、吕熊祥等，瑾出绍兴同志公函，促成章归。已复东渡，罹疾数月，愈后入青山实践女学校。会锡麟、成章等在绍兴运动有得，皆先后来日本，锡麟携其妻王氏即名振汉者同来，瑾为之招拂一切。是时，取缔规则风潮起于学界，学生咸倡归国之议，瑾亦主张之，因结敢死队，瑾又为其指挥，纷扰者匝月。湖南陈天华蹈海死，瑾亦从此逝矣。

瑾之再归也，成章复为绍介于敖嘉熊，得转荐浔溪女学校教员，与女学生感情不洽，辞去。屡至上海。上海有中国公学者，本系取缔规则归国学生所倡设，瑾于此校助力甚多，由是瑾之信义，著于遐迩。会稽陈伯平为大通学校学生，尝偕锡麟游日本，因与瑾识，志愿暗杀，瑾因荐为中国公学教员，居中联络。会锡麟需次安庆，赖其姻俞廉三力，甚得巡抚恩铭信任，为陆军学校会办，实与伯平、瑾遥为应援。初，平阳陈华偕其兄蔚留学东京，因识味荪。乙巳之岁，董鸿祎（字恂士，浙江杭州人）自爪哇函请秀水王嘉榘、仁和汤调鼎前往爪哇理学务，调鼎却不往，味荪因荐华，华得与嘉榘同赴爪哇。丙午夏，嘉榘、华先后返国，瑾之识华也亦由味荪绍介之。华劝瑾赴爪哇兴女学，瑾许之，以告成章、味荪，成章、味荪力止之勿行，乃止。瑾又倡一女报于上海，既又与伯平等租屋虹口祥庆里，制炸药，忽爆发，伯平伤目，瑾伤手，是为丙午八月间事。是岁冬，萍乡革命军起，光复会会员集议上海，欲起兵为援，瑾与议焉。瑾以浙事自任，乃还绍兴，入居大通学校。大通学校为金、处、绍三府诸会党人荟萃之所。瑾既入居大通，与诸党人约，俟湘人举事后，即出为应援。谋既定，乃亲走内地，由诸暨道义乌至金华。至金华府城之日，为十二月十九日，寓于金阿狗家。未几，归绍兴。上海同议党人杨卓林（湖南人）等殉义于南京，胡□等被系于湖北，宁□□等见拘于湖南，接应之举，顿成瓦解。瑾闻益愤，乃始谋独力举事矣。

丁未正月，大通学校因办事乏人，公举瑾为督办。开学之日，郡守及山、会两邑令皆莅堂致颂词，郡守贵福并赠瑾对联一，联曰："竞争世界，雄冠地球。"瑾于是益得畅所欲为。正、二月间，瑾屡往来杭、沪，运动军学两界，其方法不外藉会党之声气，以鼓舞军学界，复以军学界之名义，歆动会党，而以大通学校为其中枢。三月间，瑾又亲历金、处诸邑两次。既归大通，乃改约束，颁号令，分光复会职员为十六级，以七绝诗一首为表记。诗曰："黄祸源溯浙江潮，为我中原汉族豪。不使满胡留片甲，轩辕依旧是天骄。"凡从黄字起，讫于使字，皆有表记。例如："黄"字为首领，首领五人，即以推锡麟等。"祸"字为协领，无定员，瑾自居协领。"源"字为分统，以洪门首领任之。"溯"字为参谋，以洪门红旗等任之。"浙"字以下为部长、副部长等职，各职员均以金指环为记，指环中文字即以己职衔之代名词嵌入之，或以 ABC 等英文字母代之。其势力所及，上达处州之缙云，亘金华全府，而下及于绍兴之嵊县，金华府之金华、兰溪、武义、永康、浦江五县，实为其中心。是月之末，风潮起于缙云、武义、永康之间，大通学校职员缙云赵卓复至武义一带运动，即公举本城绅士刘耀勋督办党军。

四月初，瑾复编制各洪门部下为八军，用"光复汉族，大振国权"八字为八军记号，因与诸同事定议，先由金华起义，处州应之，俟杭城清兵出攻金、处，即以绍兴义军渡江以袭杭城，军学界为内应。若攻杭城不拔，则返军绍兴，入金华，道处州，出江南，以通安庆。既谋而行，定期以五月二十六日，未几易为六月初十日，金华诸处仍为二十六日之期。五月初，绍兴党人裘文高遽召台州义军由东阳至嵊县，扎营西乡，树革命军旗帜。二十一日，武义党案发。二十三、四日，金华党案又发。当风潮急时，瑾使伯平赴安庆告锡麟，锡麟知事急，乃于五月二十六日乘机杀恩铭，清廷震骇，大索党人，于是大通学校遂陷于四面楚歌之中。郡守贵福于二十七日进省面禀巡抚张曾敭，曾敭以问巨绅汤□□，□□素恶瑾，力怂惑之，曾敭之意始决，乃遣贵福先返绍兴。五月晦，瑾始知安庆事，坐泣于室。六月朔，诸生相议早日举事，先杀贵福，占领绍城，而后再图其余。瑾必欲待六月十日，遣学生二十余人往杭城分头埋伏，以为内应。六月三日晨，杭城武备学校学生以密书至，言清兵已发，速为定谋抵制。众学生之集议于堂，卒无成议，因之散去者复有数十人。初四日午前九时，王金发自嵊县来，与瑾商酌十日举事之约。午膳毕，从容而去。未几即有党军侦探队归报瑾，言清兵已来，瑾使再探，回报往东浦，瑾信为然。已而清兵进城，众学生又集议，咸劝瑾出奔，瑾不答，学生本去者又数人。清兵既至学堂前，不敢遽进。先时学生之留者尚有十余人，于是有出后门而游泳以逸者，亦有出前门持军械以拒敌者，出清兵不意，为学生击死者数人，伤者数人，学生死者二人。瑾居内舍，为清兵所执，同时被执者六人：曰程毅，曰徐颂扬，曰钱应仁，曰吕植松，曰王植槐，曰蒋继云。

贵福使山阴令李宗岳讯瑾，瑾无一语。翌晨殉义于绍兴轩亭口。友人收其遗骸，葬之西湖，清吏恶之，将平之数，恐激民变，乃阴嘱其兄桐出名，迁柩以还绍兴。己酉冬，其子自湖南来，迁瑾柩归湖南，盖将与其夫廷钧合葬也。瑾死时年三十一。

程毅字翘仙，河南修武人。文生。为河南高等学校学生。寻至上海入中国公学。秋瑾聘为大通学校教员，任之甚专，每事必与商榷，然一切情形未悉，不能有所布展。既见执，清吏刑讯，备极惨酷，毅性强毅，坚不供实，清吏无奈之何。己酉夏，卒于狱，尸出，鳞伤遍体，见者酸鼻，多有泪下至不能含云。

赞曰：秋瑾席诸党人已成之业，发挥其手腕，改弦而更张之，未及三月，而难作，竟以身殉。《记》曰："谋人之邦国，败则死之。"秋瑾有焉。程毅以羁旅之身，倏遭厄难，受严刑之讯，体无完肤，词不连人，卒毙狱中，其志可壮，其情亦可悯矣。诗曰："我心匪石，不可转也；我心匪席，不可卷也。"程毅有焉。

据《浙案纪略》中卷《列传》

中华民国饶大将军国梁纪念碑

失　名

辛亥三月，革命军起义广州，死事葬黄花冈者，七十有二人。蜀籍者三，饶君与内江喻培伦、广安秦炳。民国兴，褒功祠祀。越三十年，倭寇内侵，移都重庆，中国国民党中央执行委员会第八次大会，追维蜀才建国之绩，广征事状，议各立碑故里。

按状：饶君讳国梁，字作霖，一字绍峰，大足县云路乡人。幼岐嶷，敏于为学，通经史，能文章。后乃弃去，毕业陆军速成学堂，充六十五标见习官。念国势积弱，非改革无自振拔，以川军同志少，乃之滇投军，不见用。旋走沈阳，不又遇。道出上海，一任中国公学舍监，郁郁不自得。于香港识黄兴，加盟，隶党籍，复还滇。辛亥春，党人决议纠合敢死士五百人，推兴主谋，共图广州，驰书招君。既至香港，令同陈汝环等六人先行。三月二十九日发难，攻清两广督署，君挈二十余人，当莲塘街，遮遏防军，歼敌多。敌群进，且战且走，至大北门，迷失道，误入敌营中，伤臂，创甚，遂被执。受讯时，慷慨求速死，鞫吏矜叹，君曰："吾辈不死，国民不生。牛马奴隶，生何荣焉，求仁得仁，死何憾焉。"乃索纸笔，书名籍里，述颠末，洋洋数千言。清官吏皆感动慑服，革命大义因以益播于众。君以四月二日遇害，年二十四。更百五十日，武昌继起，南北响应，竟以亡虏。

今国家遘罹寇患，苦战逾六年。先烈精诚，长在天壤，民族之兴，实所瞻式。为文镵石，昭示千秋。

据《革命先烈先进传》

倪映典传

李宗邺

烈士名映典，字炳章，合肥县北乡人。家世业儒，祖若父均以学行著乡里。烈士天性笃孝，沈毅寡言，然英迈之气，充溢眉宇。幼随其兄映书学，读郑所南《心史》、法美革命史，民族思想，因以大启。年十九（光绪二十八年壬寅），入安徽练兵学校。已而入金陵南洋陆师学堂炮兵科，兼习马术。毕业后，充炮标队官，与标统赵声、管带柏文蔚尤称莫逆。是时，江南陆军初成镇，革命志士云集，然未有组织。适同盟会本部派赴长江主盟之吴旸谷至宁，烈士与旸谷素心交，遂联合同志，集会鸡鸣寺，密组机关，进行革命，是为本党主义深入长江，建立革命武力之基础。

光绪三十二年，刘道一、蔡绍南、萧克昌等，举义萍乡醴陵，清廷集四省兵力扑之。烈士以时机可乘，请于江督端方，愿率军赴赣效力。端方首肯，既而疑之，派员监军。至中途，萍醴革命军败，刘道一等死之。会皖皆练新组混成协，乏马炮专才，标统顾忠琛、冷遹等，均革命同志，且素重烈士，请于皖抚冯煦，咨端方调烈士来皖。端方延不应，而烈士以皖乃桑梓地，且青年革命军人多可用，遂径自请假归。

光绪三十三年丁未，烈士至皖，任马营管带，整饬步伍，壁垒一新。日与熊成基、范传甲、薛子祥、方楚囚等，密商革命进行，原计是年除夕举义，派范传甲驰宁告诸军，届期响应。声势播动，渐为清吏侦知，乃撤烈士职。至是知不可遽发，乃嘱后事于熊成基、范传甲，遂走粤以图。烈士去皖时，尚由芜湖返合肥，密晤吴旸谷，约曰："俟我起义于两广，君举江淮之众以应。”不料一别千古，先后殉国难，而熊、范两君亦能于次年举义，党人之信，有如日月。

烈士抵粤，赵声已先在，初任新军标统，以端方密电戒张人骏，毋养虎肘腋，调为陆军小学监督，复降为督练公所提调。彼时方与胡汉民、朱执信、姚两〔雨〕平谋联络新军起事，及见烈士至，倍喜得臂助，遂遍介粤中豪杰于天宁里机关部。烈士建议革命起义，不可专恃会党，今宜采取入虎穴得虎子之法，取得新军，始可成事。遂更名倪培之，充新军见习，继改炮兵排长。尝于讲堂上大书“汉亡二百六十余年”数字，士兵皆色变颔首，烈士乃大喜，以为人心不死，革命必可成功。

宣统元年己酉，黄兴、赵声与烈士等，运动新军，渐次成熟，下级军官如龚维新、洪承点尤激昂。原计庚戌元旦起义，公推烈士为总司令，以邓子瑜任东江，黄兴任西江，赵声任北江，烈士自控广州，提挈全局。部署既定，讵有士兵某之同盟会证，为队官发觉，由协统报之粤督袁树勋，遂密缴新军之子弹。此时各营士兵，因受革命思想鼓荡，俱怒不可遏。至十二月三十日，新军以鸣鞭炮与警察冲突，捕去二人，于是各营鼓噪，演成大故。烈士赴燕塘劳军，甫至营门，号兵大呼曰：“总司令至。”即鸣号迎接，于是一、二、三标各营士兵，不谋而同，持械突出，站队请令焉。时有炮兵管带齐汝汉大骇出视，詈曰：“汝欲造反耶？”烈士晓以大义，不听，毙之。协统张哲培方约各军官议镇压，烈士突入，大呼“降者免死”，哲培逾窗逃，余皆跪请饶，乘间遁去。

烈士于正月初二日，亲率各营，宣布起义，分军三路：一由广九路扑大南门。一由北校场进攻小北门。而自统中路，由东校场直捣大东门。清督袁树勋，急调水师李准，防营吴宗禹，暨满洲旗兵，合共万余人，运炮登城守御。烈士军至牛王庙，先遇吴宗禹，击败之，继遇李准大队，战益烈。李准遣卫队管带童长标，至军前请援师，烈士扬鞭诘之曰：“若非某某介绍入吾党者耶，今义师起，何不响应。”章无辞窜去。适清兵别有一队，从杨箕村进至黄冈，追其后。烈士乃跃马当先，猛厉前冲，至横枝冈，中弹堕马，遂及于难，年二十七岁。同战死者，有王占魁烈士。

是役也，我军仅千余人，四处援军未至，仓卒发难，清军几十倍于我，血战两日夜，伤亡惨重，至初三日，主将阵亡，而我军犹能纠合残余，一击清军于沙河，再击于瘦狗岭，三击于白云山、石碑、东圃一带，直至弹尽力竭而后已，谓非有主义信仰者能之乎！是以次年而有黄花冈之役。

据《革命先烈先进传》

绍兴革命烈士（徐锡麟、王金发）小史

何敬煌

清之季世，革命风云，弥漫全国，有志之士，先仆后继，崛起于珠江、扬子江流域者，不可胜数。绍兴为少康庶子之封地，勾践称霸之旧都，一成复夏，廿年沼吴之余烈，犹流遗天壤间不息，因运而起，有若徐先生锡麟者，一击而鼓革命之气，破满庭之胆，事虽不成，要其矢志不渝，碎身不顾，其先后事实，有足述者。绍兴多革命志士，而以先生为巨擘，余亲炙先生者三年，其行事知之较稔，今撮其大要，辑为小史，余则就所知附于后，以备修志之参考。时隔三十余年，仅凭记忆，不无舛漏，尚待他日补正之。

徐先生锡麟，字伯荪。为人短小瘦削，长颈方口，目短视甚。视之，一文弱书生也。然性骜，父督过严，尝曰："是儿当粉骨碎身耳。"少入县庠，治经，明算术、天文。清光绪二十八年，郡绅何寿章创设绍兴府学堂，聘先生授经算，见学生习体操而好之，尝杂学生队中同习，能作器械操，若素习者然。翌年，游日本，购各式手枪归，归而拆枪机磋子弹以为戏，见者异之。辛丑和约成，俄兵占奉天，不肯撤，先生则大愤，绘俄人首，日以气枪射之。时科举未停，癸卯应浙江乡试，第二场五策中问及制造枪炮，先生用几何三角法，于卷中作图列式，榜发，中副车。已而为府学堂副办（时校长称总办），自任体操课，常作兵式操，为两军对垒状，然先生初未习军事也。在东浦设热诚学堂，亦以体操课自任。每日晨夕往返城乡两校间，虽风雨不止。此时先生已致力革命，尝走历新昌、嵊县、诸暨、东阳、义乌、永康、缙云，访求同志，结识而归，王金发、竺兆康、周华昌辈,皆当时所物色者。又创办大通体操学堂,请于绍兴知府,购领枪枝,习练军事,外袭体操之名,内寓革命之实。又集资派学生留学日本。知府熊起蟠,先生之受知师也,故所请无不遂。而自以未受正式军事教育,乃赴日本,求入其士官学校,同时与陶成章、章炳麟等组光复会。日本士官学校,非官费生不得入,先生被拒,愤而归。其戚许仲卿雄于资,得其助,纳资为道员。引见时,怀手枪而入,得机欲一逞,以环境不宜,未敢发。

引见后,分省安徽。安徽巡抚恩铭,满人也,与前湖南巡抚俞廉三有旧。俞与先生为中表,亲作书为介绍,故得恩铭信任,派会办巡警学堂,赴日本购军械,设军械局,恩铭尝对人曰:"小徐办事真干练。"后遗折中有云:"徐锡麟为前湖南巡抚俞廉三之表侄,故臣信之而不疑。"盖事实也。在皖搜罗志士,联络新军,阴部署大事。光绪三十三年五月,巡警学堂学生毕业,定二十八日举行毕业式,请巡抚主持,而密约新军两标于是日入城。有收支委员顾松者,颇狡猾,平时佯附革命,知有密谋,乃入告恩铭,请勿去,不信,固言之曰:"然则提早二日以观变可耳。"乃令于二十六日举行。先生疑事已泄,然不敢违,违则恐更滋疑,乃毅然行之。是日,自司道以至府县皆先集,已而巡抚至,坐未定,先生即出手枪击之,以短视不能中要害。陈伯平掷炸弹,不发。令顾松闭门,又不闭,一时堂上大乱,众官夺门走,藩司冯煦大呼"徐道员行刺"。从者负恩铭出,先生又自后击之,中腰,然犹未死也。先生预计,盖欲闭门一网尽之,使人不知发难者为谁,已则以道员身分握军政大权,藉此号召以起事也。见事已不济,乃率巡警学生走,走则据军械局,欲发炮,不得,而省防营兵围攻之,遂越屋由邻家走,邻家见屋上有人,大呼,为围攻者所知,遂被执。藩、臬两司会审,冯煦问曰:"恩帅待尔不薄,何为而出此?"曰:"欲为汉族报仇耳。"慷慨陈词,索笔写供状,无少讳。恩铭返署,尤能言曰:"徐锡麟杀我。"越二日,先生就义,年三十五。其友陈伯平、马子畦皆死之。伯平,字墨峰,号光汉子,会稽人。子畦号复汉子,余姚人。皆先生罗致在皖者。先生就义后,其弟伟,甫由日本归探先生时,沿途侦者密布,见剪发西装者必研询,则曰:"我往安庆探兄某耳。"盖犹未知事发也,遂逮至安庆。未几,卢宗岳又自日本至,亦被逮。受刑询，皆以人证不至，未能定谳，拘禁至辛亥光复时始出。伟，字仲荪，山阴诸生，擅算学，性孤介，晚年学佛。宗岳，字吟仙，诸暨人，先生选派留日学生之一，皆约共举事者也。

辛亥十二月，先生遗骸，归葬杭州西湖，陈伯平、马子畦之柩，亦各由其家运葬故里。明年夏，先生之门弟子请准绍兴县令，为先生立祠，以原有廖公祠为徐公祠。廖公者，清洪杨时，为乱民诬以通敌而死者也。祠中龛祀先生，以陈伯平、马子畦配。陈列天球仪一，先生所手制者。供词照片一，先生所亲书者。手枪一，用以刺恩铭者。纱背心一，就义时所著，至今血痕犹斑斑也。两旁二龛，绍兴革命死事者皆附焉。每岁五月二十八日致祭，有祀产供祭祀修缮之用，门弟子辈组织徐社管理之。

王金发，字季高，嵊县人。剽悍有胆力。辛亥，浙江光复有功，遂欲率部赴绍兴，浙江都督汤寿潜难之。会绍人有迎之者，乃许往组织军政分府，亦称都督。未半载，谤议纷起。会省令撤销各地军政分府，金发乃去，心怏怏。二次革命后，袁世凯密侦异己，有中以他事者，逮入浙江狱，卒杀之。

据《浙江省通志馆馆刊》第二卷第一期

龚春台传

眭云章

龚春台，即章年，又自号张章年，湖南人。为人豪侠，重义气。曾在军营中当过兵弁，但对于当时官厅措施很为不满，而有革命大志。于是加入以反清复明为宗旨的会党哥老会，改名龚春台。

民国前八年十月，黄兴、马福益等在长沙谋起义，未成，哥老会首领马福益，被清吏捕杀。但会党中的同志愤愤不平，积极筹划再举。龚春台赴湖南边境的江西萍乡县上栗市，在魏宗铨家中，约集会党首领计议，开设全胜纸笔店为掩护机关。后来又在萍乡县蕉园欧阳满家中，召集邓坤、胡友堂、廖叔保、龙人杰、万木匠、李堂彬、陈仁初、饶有寿，及哥老会头目萧克昌、沈益古、邓延保等百余人，称奉孙中山先生命，组织革命机关，以备听命起义。延道士焚修三天，伪称为友人作冥寿，实则行开山大典，刑牲告天地，誓死同盟，灭满兴汉。公议立六龙山，号洪江会，春台被推为大哥。以忠孝仁义堂为最高机关，下分文案、钱库、总管、训练、执法、交通、武库、巡查为内八堂，各司职务。又设第一、二、三、四、五、六、七、八路码头官，为外八堂，号召同志入会。下则红旗、跑风各职。红旗司下组织，跑风司侦候通讯。另在麻石设活动机关。各路码头分境开堂散票，入会者先由红旗介绍，告码头官许可，再由码头官监视，行入会礼，当饮雄鸡血酒宣誓。誓辞为："誓遵中华民国宗旨，服从大哥命令，同心同德，灭满兴汉，如渝此盟，人神共殛。"这时洪江会在大哥龚春台的领导之下，声势甚壮，上栗市的巨商谢菊生，也入会为会员。后来势力播及江西、湖南两省的边境各县。

民国前六年六月，春台召集各路码头官，在距离上栗市二十里的大岭下子弹坑慧历寺密议，决定余为璜、邓坤在高家台密造火药军械军器，魏宗铨司库，胡友堂、邓廷保联络洪福会首领姜守旦，又命魏宗铨、蔡绍南往上海、香港、广州各地，联合革命机关，并往日本同盟会总部，报告国父孙中山先生，请求接济新式军械，并请示义举日期。总机关部暂设慧历寺。

是年七月间，因入会会员日众，人言庞杂，风声不免传出，清吏也深悉会党将有举事之说，极为注意，严密戒备。

是年八月中秋节，麻石酬神演剧，聚众不下万余人，谣言更多，纷纷的说洪江会即日起事。因此江西萍乡县、湖南浏阳县、醴陵县三县的官绅，愈加惶恐，于是发生搜捕麻石会党之事。八月二十日，三县巡防兵勇会同包围麻石，会党因措手不及，也没有出来抵抗。首领李金奇拟走醴陵白兔潭，被清兵追捕，致溺毙在白兔潭。会党同志愈加愤恨，于九月初九重阳节，在上栗市栗江书院，追悼李金奇。因此清吏更加注意，防范益严，加派军警，缉捕会党头目。会党同人均感难以立足，被捕杀的不少。

春台以局势紧急，邀约主持安源煤矿矿工的会党头目萧克昌，来上栗市总机关商谈举议日期，并许先夺安源矿警枪支，攻占萍乡县城，又请会商洪福会首领姜守旦占领浏阳，会师长沙。不料萧克昌被清吏捕杀，安源会党失去统率人。同时慧历寺也被清军抄封，以致党人迫不及待，于十月十七日晚，召集各路首领，在高家台会商。这时统计各县会友尚有十余万人，大可与清军决胜负，大家主张趁清军尚未集齐的时候，即速发难。众推春台为中华民国革命军南军先锋队都督，遵用中华民国政府名义，檄告天下。春台遂率领部众，向浏阳进发，俾得与浏阳洪〈福〉会姜守旦部会合，向长沙进攻。

时浏阳所驻清兵，不足两营，他们探得党军来攻，一面将南门河堵截，一面进击姜守旦部队。守旦因枪械不足，攻城不下，清援军一至，守旦部众即被击溃。这边春台的党军，抵达浏阳对河南市街，亦以军械不良又不足，不能取胜清军。当天夜里，清军乘黑暗渡河，夹击党军，党军不支，退守半石岭。刚刚上栗市党军的接济来到，势少振。忽然火药中弹起火，党人死伤数十，党军不免惊惶失措。原驻金刚头清巡防兵勇又包围来攻，党军这时已粮尽弹绝，党人邓廷保等二百数十人，壮烈牺牲。实在支持不住，纷纷溃散。春台乘隙出走，拟回到上栗市，而上栗市党人四散，已被清军扼守。萍、浏、醴革命起义，至此遂告完全友败。后春台逃至湖南，不久被清吏捕杀。

此次起事的范围甚广，故党人牺牲者亦众，经调查属实者，在江西被捕杀害者计五十六人，在湖南被捕杀害者计十三人，在江苏被捕杀害者五人。被捕监禁者八十余人。悬赏通缉者有姜守旦等十四人。

据《革命先烈先进传》

喻大将军墓表

杨庶堪

将军四川内江人也。讳培伦，字云纪，姓喻氏。广州就义时，自承为王光明。王光明者，蜀人恒语，子虚乌有之属也。夫自古烈士之殉名尚矣，自聂政后数千百年而有培伦，既糜厥身，不欲以名累其亲，盖非独死烈也，即其意亦泣神鬼也。余观当世志士仁人，未尝不繇为孝子悌弟，而培伦其尤著者也。培伦有弟曰培棣，世所称“大小喻”者也。培伦文柔，而培棣强武，两人者，盖皆以尝从事革命，而共学于日本东京。河口之役，培棣战败，走云南、广西及南洋诸岛间。至于争赴广州，则培伦止之曰：“我去，汝必留，俱死无为，徒绝老亲欢。”于是相抱流涕而去。

培伦故擅暴烈药术，冠于国人。至粤，乃佯为医者，以诸苛剧品自随，穷两日夜，制弹百许。起义时，则偕饶、秦、熊、但分往，身登陴掷之，湛伪兵无算。战方酣，敌弹洞培伦颐，力竭被执，不屈。临刑大呼曰：“头可断，学说不可绝。”遂遇害，时辛亥三月二十九日也。年二十六，无子。培伦为人奇慧，研精药学，辄覃思废食寝。尝密锻为银药，小不谨，一爆几绝。苏时，血浴其躯，然虑谍者奄至，遂亡去。久之，更阐明安平药弹，秘著书，传党中，天下多遵喻氏，而尤自矜熹躬试。汪、黄、陈、但、黎、曹谋刺端方，培伦挟弹从，不成，乃转图伪摄政，匿巨弹所经桥下，事泄发藏，欧、美人莫能尽识，相惊为绝艺，卒以是亡虏。民国既建，褒元功，追赠大将军。越一年，培棣自蜀如粤立石，而杨庶堪为文镵之，以诏天下后世。

据《蜀中先烈备征录》卷二

温生才烈士纪念碑

林直勉

古所谓游侠者，其志行固堪钦重，然只慷慨急人之难，夫奚与于国运。若夫舍生命，除国贼，以促成革命大业，方诸侠者之所为，倜乎远矣。

温烈士生才，籍粤梅县之丙村。少年降身侪隶役，寻习艺于南洋怡保，劳瘁不辞。惟深痛清廷无道，迭召帝国主义者之压迫，曩者总理筹维革命，宣扬主义，有志之士，心焉向往，烈士亦其俦也。民国纪元前一年，吾党再将大举，惟梗于清吏，而粤水师提督李准，尤其著焉者。吾党屡图歼之，彼辄幸免，烈士憾焉。伺隙以期竟厥功者，有日矣。是岁三月十日，飞机演于燕塘，清吏群焉往观，烈士乃怀手枪，俟于东门外茶肆，盖是地群吏进城所必由也。薄暮，驺从至，烈士拔枪前扑，卫卒辟易，即向舆中连击三发，讵毙者非李准，而为清将军孚琦。烈士乃向积厚坊从容去。巡警呼侣迹之，遂就擒。清督张鸣岐鞫之，辄侃侃陈革命大义，初非与鞑虏有私仇，抑非为人所役使。信乎斯，所以异于啧啧流俗之游侠欤。烈士系狱七日，就义于手戮孚琦处。越二旬，而七十二烈士随之喋血殉国。又五阅月，而武昌首义，遐迩风从，民国于焉肇建。昔人于博浪一椎，深致惋叹。惟烈士一举，即成不世之功。呜呼！可以瞑目矣。后死者追维前烈，低徊无已。直勉爰撰文泐石，以诏来世云。中华民国二十二年三月二十九日。林直勉撰文，冯康侯篆额，黄麟书书，梁俊生刻。

据《革命先烈先进传》

熊烈士供词

熊成基

熊成基供：字味根，实年二十三岁，军册年二十六岁。江苏扬州府甘泉县人，寄居安徽芜湖。祖父熊瑞生，曾任安徽繁昌县。父熊存仁，系候选通判。均已早故。母亲胡氏在堂。胞兄熊成模，安徽候补州吏目。胞弟熊成鳌，年尚幼小。我一向在学堂肄业，尚未定婚。先在安徽练军武备学堂，后入南洋炮兵学堂，均先后毕业。由南洋炮兵将校科派陆军第九镇第九标炮兵排长，继调安徽马营队官，由马营调炮营队官。我平日革命宗旨，以推翻政府，改革政治为主要，不尽系满汉种族之见。我平日待士卒甚厚，大众颇为我用，遂阴结在营同志，屡欲乘机起事，俱未得便。

光绪三十四年十月间，因各省军队俱赴太湖秋操，又值国丧，人心皇皇，皖省留防军队仅有数千人。我本意如能攻开省城，据有根本重地，再连夜直赴太湖之秋操演习地，荫昌、端方均属平庸之辈，卫队都不过千余名，断不济事。至秋操之兵，虽有两万，然多系空枪，难以抵御我军。如我得该两镇兵队，直行北上，则必势如破竹。且该两镇兵多系安徽邻省之军队，如一旦为我所有，该邻省亦必在我之掌握中。有此天然一部落之根据地，一面攻取他省，一面宣布独立，又何患目的不达，天下可唾手而得。遂于是月二十六日夜间，乘机暴动，逼胁混成协全军叛变，放火创乱，开炮攻城，皆我一人主谋，并无主使之人。孰料城中内应误事，计画未周，以致失败。

我之宗旨，事成则已，否则牺牲其身，社会上亦不无小受影响也。

况各国革命之历史，皆流血多次，而后成功。我此次失败者，普通社会中人，不知附和也。推其不知附和之原因，盖由自由之血，尚未足耳。譬如草木不得雨露，必不能发达。我们之自由树，不得多血灌溉之，又焉能期其茂盛。我今早死一日，我们之自由树早得一日鲜血。早得血一日，则早茂盛一日，花方早放一日。故我现望速死也。呜呼政府！尔等决不能诛尽我党，亦只有愈死愈多而已。起事之次日，为二十七日，下午四钟败散，带残兵奔向庐州一带而去，被姜桂题马队三百余人追至。我之败兵反击姜军如鸟兽散，殊为可哂。嗣我因无援助，所带残兵，仅有三百余人，已知不能成事，即劝伊等各自逃生。我遂由庐州西北走去，由西北又向正北，由正北再向东北，日行二三十里不等，均循僻道空地逃去，夜则宿古庙或小店，所经地名，日久不复记忆。田中玉带兵追剿，我遇见多次，他们亦不相识。且官兵各存意见，均想邀功，我乃逃脱虎穴。（按：熊烈士供词尚有未尽者，因当时恐连及于人之故。曾忆其到东京后，与兆湘谈及，事败逃至庐州，解散军队毕，本拟自杀，复思大丈夫作事，不可以失败灰心，留此残躯，或可再举，故未果。然身无分文，大地茫茫，投向何所，不觉放声大哭。时有兵士数人，尚未散去，其中一人，姓名不能记忆，云："君不必如此，我家不远，可一行乎。"烈士允之，至其家。兵士惟一老母，旋云："君须路费否？"遂赠烈士洋蚨三枚。烈士又复潜赴安庆，随赴芜湖，至其姑母处。烈士姑母素奉佛教，自建一庵于芜湖市中。烈士到日，天已暮，入拜姑母。其姑大惊云："此地捕令森严，非安乐土。汝须速换服装，方可逃避。"遂与烈士改服僧服，赠其旅费，并告以佛门规矩。烈士一路逃至河南，均系投宿寺庙，故未遇捕云。在东京时，一日偕烈士游市中。烈士购西乡隆盛像一枚，题云："甘为同胞死，君名何可夸。遍流英雄血，灌溉自由花。"）

后由河南至山东烟台，由烟台至大连。今年正月，由大连至日本神户，由神户至东京，住勤学舍。勤学舍者，即我们革命机关本部也。（按：烈士在东，系与孙竹丹烈士同住牛込区市个谷町澄吉馆。其伪言住勤学舍者，因恐诛及孙烈士也。）本年正、二月间，我曾至沈阳、长春一带游历，在沈阳居留一天，住在东洋旅馆。因闻田中玉在奉天，伊曾充安徽督练处总参议，他手中有我的照片，并因沈阳事无可为，故未久留，复到长春，在府署西偏，租赁民屋一间，改易姓名为张建勋，字立斋，河南永城县人。自此我遂以此名字籍贯对人，我的熊成基本名，从未向人道及，未久即行回日。

六月间，党人集议，以党中经济困难，欲谋举办大事，必先筹得巨款，始易为力。东三省介于日、俄两国之间，将来必有战事，大有可乘之机。适有北京派往日本之委员孙铭，号竹丹，在日本时曾与我相识。（伪称孙烈士系委员者，因此时孙君在北京，恐被波及也。）但孙并不知我系何许人，我以别号望云二字告之。（按：熊烈士在东，易姓名曰龙潜，号望云，皆孙君与伊改者。）伊得有日本军事计画秘本，约十余册，据云系为中国政府所觅。（孙君费尽心机，谋得秘本，欲卖去以作本党运动经费，熊言系为政府所觅，盖假词耳。）伊留一份，如以售与俄人，当得重价。我即挺身担任，代为销售。约定售妥，各得其价之半。先四册作为样本，意欲藉此联络俄人，酿成战局，以便从中举事。故于八月间乔装来东，先至长春，住臧冠三家中。臧前开旭东公司，伊子克明，在日本东京耶稣教堂，平日与我之友人相契，所以知冠三其人而投止之。后我因在臧家居住，究属不便，乃嘱其代租房间栖身，并将售书来意告知，嘱其留意代销。又在臧冠三家曾见过徐尚德几次，徐亦绝不知我来历。伊后赴大连去讫，有人说徐曾由大连寄我银元八十枚，实无其事。如不见信，可以赴邮局或钱行调查。缘徐尚德之妻，系日本人，粗通中东文字，其人知识亦非甚高，如其知我底蕴，恐亦早向官府报告矣。

我于八月中，即到哈尔滨，寓在宾如栈，从俄人夹根肄业俄文为名，暗谋交接俄人，销售秘密书册，乘便纠合同志，以图大举。适俄外部大臣来哈，由在哈俄商介绍往见，先交样本二册，议价银一百万。俄人现正调查，尚未定局。不意臧冠三走漏消息，致被拿获。孙竹丹现在北京（孙君在北京，亦系臧冠三指出，烈士知不能瞒，故言之），与我虽在东京认识，并不知我真姓名。缘吾在日本时，颇守静密主意，不肯稍涉嚣张，从未吐露真名，惟伊党中首领黄兴一人，知我底蕴。（烈士在东同志中，惟孙竹丹、石德纯、萧翼鲲及湘四人知之，黄克强尚由萧君介绍，始识烈士。）所有旅行日用，均由东京革命机关本部津贴。（按：当时熊烈士在东一切费用，多系孙烈士所筹，石德纯、萧翼鲲二君亦有补助。至返国旅费,皆由孙烈士所赠。熊烈士言系机关部津贴,盖恐株连党人也。)或疑我之在哈尔滨系图行刺贝勒,亦属误会。总之,我心坚定,百折不回,所短者年纪究竟太轻,尚欠阅历,以致上年安徽之举,事与愿违。然心地光明磊落,所说皆是肺腑之言,倘使因我任意株连,自问不安,亦觉无谓。至此举发我之人董姓,素不认识,不过在长春臧冠三家,见过数次,请讯董姓便知。所供是实,熊成基供。宣统元年十二月日。

据《国学丛刊》第一卷第四期

辛亥人物碑传集

卷　四

王叔鹤先生事略

赵承谦

王叔鹤先生，讳治芗，字秬生，山东黄县人，性友孝，喜排难解纷。甲午，中日之役，盗贼乘机起，村民多迁避。先生筹饷督众，防备甚严，匪徒敛迹，闾里赖以保全。他如倡办阜林会社，以兴林业。发起教育会，以兴学务。设开成学堂，使贫寒子弟就学。其中凡地方公益，无不尽力举办，乡里德之。己酉岁，被举为谘议局议员，与丁佛言、周建龙、张公直、王景尧诸君相友善，声气投也。

辛亥春，以阻止黄邑商会违章贩运铜元事，被诬陷，拘留于审判厅监狱，屡禀乞对质，当道不理。九月，张君承治、黄君治坤，联络各界，谋山东独立，先生方自狱中出，即为画策，注重外交、财政、军事三要件，拟举孙宝琦为都督，贾宾卿副之。缘孙长于外交，且地方官吏，皆孙僚属，恐孙去位，官吏不自安，万一席卷而逃，则财源立竭。贾待兵宽，颇得人心。众韪其议。先是，陆军官兵欲公举张君承治。张曰："予为鲁省谋幸福，非为一身争利权。"固辞，寝其议。张复首倡用先生计，众赞成，遂于九月二十三日宣布。嗣民贼张树元、吴鼎元、王学彦、孙家林、方玉普等，承满清朝意，煽惑军人，起而反对，嗾马良诱捕张君承治，拘留于其寓中。张广建、吴炳湘继至，复与聂宪藩、张善义等联络，以兵迫令孙宝琦取消独立，严索黄君治坤。黄闻信逃脱，拟联南军，以图再举。

先生见事机已去，遂于十月中旬，与张东琛先生归里。然终以黄邑僻在一隅，难成大事，乃与张东琛先生仲子青君约，俟得黄君治坤函，即同赴南军。乃久候无耗，不知黄君已重来，被逮下狱矣。居敷〔数〕日，急进会党至黄邑，同人力邀先生出。先生以其兵力单薄，恐不足与图成，而同人佥谓足恃，又接烟台商会电，称南军已到兵舰三艘，众情踊跃，公推先生为民政长。先生仍推邑令刘君为长，而己副之，设科治事，黄县于是告光复矣。十月杪，急进会军队百余人至城。先生要其驻扎黄山馆镇河寺以固边防，不听，又以城圩各门不得无故昼闭，致碍交通，亦不听。由是先生不得行其志，仅为军队筹供给耳。十一月初，清兵由福山解饷千余金，为军政分府截留。清兵来攻，未至城而退。先生以军队器械不齐，衅端已开，而南军之来，终无消息，遂请军政分府速乞援师。及沪军至，亦驻城中，不肯西进，嗣刘司令基炎以意气撤兵，先生涕泣挽留，卒不允。十二月二十三日，清兵大至，次晨，清兵缒入圩墙，城遂陷，先生匿丁氏园中。二十五日，奸人某引清兵捕之去。清兵司令李森、岳曙云讯之三次，先生折以公理，直认革党，而李、岳则指为土匪。先生曰："我为土匪，却不曾抢掠。尔固官兵也，乃奸掳焚杀，甚于盗贼。"益触李、岳之怒，褫衣绝食者二日夜。二十七日午后，先生被缚出西圩门，行时颜色不变。临刑厉声曰："我为共和死，死得所矣！"遂被戕，断股折肱破脑势，弃尸于野。先生之子豫序，时在烟台，闻耗归里。清兵退，始敢收葬。

先生为人坦白，无城府，慷慨任侠，所交多贤豪。喜奖励寒士，而于恃才傲物者，必盛气折之。著有《山东党狱史》，未就。《游济日记》一卷，诗文集若干卷，待梓。

据《缔造共和名人事略》

平彝文壮烈墓表

李鸿祥

曾子曰："战阵无勇，非孝也。"吴起母死不奔丧，曾子逐之，亦谓其非孝也。聂政曰："老母在，政身未敢以许人。"此政之孝也。今有人，老母在，以身许国，国事急，母丧不及奔，勇于战阵而死，将何以断之？此吾所以俯仰欷歔于文君不置也。

君讳鸿揆，字教三，云南平彝县人。性沉毅，有壮志。童时就傅，即不喜声病对偶诸学。及长，游学省垣，睹国势阽危，列强伺隙，知图存大陆，非武装不能保和平。而清政适敝，慨然有改革之志，遂投身军界，入武备学堂肄业，继入速成步兵专科，毕业后，入伍见习，膺排长。时鸿祥领步兵第七十三标第三营，见君遇事不泄，雅重其为人。每有密计，辄与商之，君亦辄能践行之。辛亥九月九日举义之事，君与其谋焉。前一日，其家以母丧来告，君痛哭请归。鸿祥叹息谓之曰："母子，天亲也。子奔母丧，天性也。谁敢沮者？虽然，如明日之事何？君平居志不在小，缓急请自决之。"君沉思良久，仰而言曰："奔丧大事，举义亦大事。使举义而吾不与其谋，则奔丧急。与其谋，而期尚远，则奔丧亦急。今奔丧非数日不至，而举义在明日，则举义较奔丧尤急。请从其尤急者。幸事之成，而奔丧焉，则两全。不者，舍家殉国，亦壮士也。"遂决不归。明日，君与鸿祥由北门斩关而入，进攻军械局。及五华山枪弹雨至，君贾勇先登，而钟麟同用机关枪射击，君身中数十弹，遂殒。年二十有五。事定，检殓君尸，遍体弹孔如蜂房，亦云惨矣。军府义之，谥曰壮烈，以礼葬于螺峰山之阳。

呜呼！君可谓能行义者。聂政，刺客耳，以身许人，乃借躯以报私仇，母在不为，可也。君以身许国，世未有母在可不谋国者。其义一。吴起不奔丧，在游学之时，非有国事在身，存亡成败非在须臾也，故不奔为不孝。君本以奔丧为请，因权其缓急，先国而后家，非竟不奔者。此其义二。使其不死，国事既成，归而守制，则两无憾也。然君以为国战斗而死，生有勇名，死邀美谥。曾子且当称其孝，即黄泉见母，母有荣光，子亦可以无愧色矣。其义三。呜呼！非君不能行其义，非明于义者，亦不足以知君子，故揭而表诸墓，并以质诸当世之辨义者。云南陆军第一师长古求李鸿祥撰并书。中华民国二年九月立。

据《革命人物志》第三集

白雅雨烈士事略

侠　生

白雅雨烈士之发难滦州也，英风义烈，闻者钦敬。然其横被惨死，实北洋女师范校长吴鼎昌有以倾陷之，事多隐秘，世人固莫之知也。烈士故为女校教师，与鼎昌不相得。武汉兵起，招引同志，出入校中，鼎昌深恶之，时加诮让，烈士佯不省。无何，清军克汉阳，风声所播，舆论一变。鼎昌遂思首烈士，以为己功，秘遣女学生潘，私谒陈夔龙妻许，具告烈士所以为者。夔龙即饬缇骑名捕之，已缮札矣，而江、浙光复之警电适至，犹豫不敢发。烈士亦自危，时时避居法国租地，然死机已由是伏矣。迨滦军举事而败，烈士遁之古冶，与滦州议员二人，同为王怀庆所获。天津诸同志闻之，急乞直绅李矩谒陈夔龙，恳其电致王怀庆，冀释烈士。夔龙诺之。已而滦州议员二人皆得脱，烈士卒不救，盖夔龙已先入鼎昌之言矣。烈士亡后，族人白振民寻访遗骸至古冶，晤怀庆部下，始悉其颠末。归而为烈士之子述之，莫不扼腕奋胆，恨鼎昌之非人类也。然自共和宣布，鼎昌惧事发，乃厚赙之，且为开会追悼，掩面大哭，若不胜其哀痛者，鼎昌之狡黠无耻类此。

据《缔造共和名人事略》

刘君公事略

失　名

刘君公，原名湘，字宗耀，号中文，别号非非子，湖北襄阳人也。性豪爽，轻资财，乐交天下奇士，种族思想发达最早，见清内政日非，外患日迫，遂抱实行革命宗旨。癸卯，东渡入同文书院，藉以联络同志。嗣后刊印《警世钟》、《猛回头》各万份，散布各地，唤醒国人。毕业后，入东斌学校，研究军事学术。是时君之交游多中外之名士，如蜀烈士邹容、余杭章太炎，俱称莫逆。君既得良友，朝夕攻错，又博览群籍，而学问由是益进。乙巳，遇孙君文、黄君兴，遂于日本社会党首领白浪滔天家，组织同盟会，所收会员，皆一时名士。君于东京创设《民报》社，以为鼓吹机关，提倡民族、民权、民生三大主义。至湖南醴陵、江西萍乡起义，君与龚维黄君返鄂，布置一切，准备响应，后以机泄，潜避襄阳。居三月，再至汉口，预立机关，又败露。复游日本，入明治大学校研究法律，静以待时。

丁未三月，又与蜀之张君伯祥等，组织共进会，以为实行机关，宗旨与同盟会略同，惟进行方法则更为实践完备。群举君为总理，诸同志任事务，纲举目张，日见发达。各省志士闻君之名，无不赞襄斯举。庚戌已毕业法科，研究学术，奔走国事，积劳成病，遂得失红之症。返国调养，会中事务，均请陈兆民君代理。行抵汉口，血症日炽，入普爱医院诊治，浃旬资罄而归。抵里后，叠接各省同志密函，均以“恢复事业，无人担任，恶劣政府，究用何法可以推倒”为问。时君病中，答函曰：“吾辈团体，须要坚固，努力为之，即不难推倒”云云。

至辛亥五月，病体稍愈，携银万余金，至武昌，竭力组织机关，运动军界。如武昌昙华岭之同心学社，黄土城之同兴酒楼，雄楚楼之第十号，胭脂山之十四号，小朝街之八十五号及九十二号，汉口兴汉里之三十三号，广昌里之第五号，宝善里之第一号及十四号，歆生路之华客照相馆等处。本拟待十月方行起义，以同伴不慎，泄露隐机，君于八月十七因公渡江，几被捉获。至十八日上午，同志孙君武于宝善里机关误将炸弹爆发，致面部受伤，君亦略被焚及。俄巡捕闻声巡缉，幸善为解说，得以走免，而名册、告示、公文、旗帜各件，已均被抄去。君之胞弟刘同，名耀璋，字登众。君之妻刘一，字淑卿，号征清子。不知事泄，来该处，亦同时被捕。武昌各机关，因搜查细密，亦均败露，而彭、刘、杨三烈士，即于是日被害矣。斯时生死存亡，间不容发，如不举义，则株连者不知凡几。君遂密为布置，通传"同心协力"口号于各营同志，又以"死中求生，挺而走险"之语，大声疾呼，鼓励劝勉，诸同志始因而振刷精神，奋不顾身。至十九日下午七句钟，猛攻清督署，克之。遂以谘议局作都督府。诸同志原议本尽推戴君为都督，并各营代表尽受有君之正式委任。君以黎君元洪在鄂有年，学识优长，声望素著，非赖渠不足以维系军心，遂力让不任，转劝黎公就都督职，君则假汤君化龙之名，隐为筹画布置一切。妻与弟亦于是日救出。

汉阳、汉口以次克复。湘省同志焦君达峰告援，君遂发饷一万，快枪千支，精兵一队，而长沙亦赖以光复。又通电各省，催促响应，一月之间，而东南半壁全属汉疆。是时，军界同志又公推君任中华民国军政府总监察之职。至十月初间，敌兵大集，阳夏相继失守，武昌危在旦夕。诸同志多有胆怯心惊，惟君独能督率军队，竭力防守，始未沦陷。后以南京光复，武昌亦渐坚固，君遂统师北伐，道出襄阳，直抵宛洛，南阳，新郑甫得，而和议告成，遂驻节襄阳，以资镇慑。

壬子三月，汉水上游著名会匪谢洪升聚众于樊镇，肆行抢劫。君遣军队擒斩之，余党悉平，由是匪党敛迹，地方赖以安堵。五月，驻襄混成协统领张国荃叛乱，枪毙副总统所派编制员周君景亚，君相机剿平之。袁大总统以君器识卓越，电勉，又叠电催赴北京，俾展雄才。

君以初志既遂，辞之至再。闻俟襄事布置安顺，即行解职，游历各省，藉观民国进步。于呼！其丰功伟烈既如此，而不居功名又如彼。人徒知满清推倒，共和成立，更相庆，而不知君之经营筹画，心力俱疲，有以铸成之也。

据《缔造共和名人事略》

刘烈士事略

汤志宇

刘君字克强，年二十，蜀简州人也。其先世祖、父代承，为岷江通经子。君秉性英式，年少美丰姿，长于口辨，倜傥不羁，读书酷嗜船山。其父沿旧习，令应童子试。君则泣请，谓不敢伏事韃虏，以辱先人。父韪之。于是专心致志，学术益工。及科举废，入都中实业学校，冀有以振兴实业。越两寒暑，愤官吏腐败，举办不力，难收实效，乃易而入府中学。既又去之，而入陆军小学。时人多诮君之屡易学也，君曰："人贵自求一是，苟非有裨益于国家，虽百易其业，不为病。"故自入陆军小学以后，勤勉大异畴昔，敏慧亦复过人。学术靡不精研，课余则阅中外史，日夜殆无暇晷。同学多器重之。三年毕业，升入陆军第二中学，发奋尤倍，思想更高尚，亟欲实行革命宗旨。交游多志士，与钱君鼎三尤属莫逆。

西安起义，君及鼎三之功最著。督兵守北门，攻满城，皆其力也。鼎三被举为副都督，君参其军，率师防御潼关。甫至渭南，而旗兵结土匪数百来袭。君仓猝遇变，时电线断绝，兵符不能应援。该师悉次县署，即令勒兵堂下，部伍不紊，召匪等诘之曰："汝等欲何为者？"匪寂然不应，又晓以大义。匪势益逼，盖诸匪为旗兵督率，志在必死。进或可生，退即就僇，故移时而逼愈近。不得已，乃开枪迎击，枪身为之尽赤，毙匪甚众。然众寡终不敌，遂覆全军。君及鼎三均被害。君年甫二十。尝喜吟咏，庚戌，题友人小照，填《满江红》一阕，迄今读之，犹英气勃勃云。

述者曰：士之建伟功于时者，匪幸致也，必先抱坚卓之志，郁积之久而一发焉，乃足以迈流俗而垂不朽。刘君死国事，志先定也。年少英果，虽终军请缨，何以尚之。

据《缔造共和名人事略》

烈士刘静庵先生墓碑

张难先

清光绪三十二年冬，湖广总督张之洞，令按察使梁鼎芬会司道七八辈鞫囚。时一囚慷慨言中国危殆，触鼎芬怒，笞之，囚怒詈鼎芬，鼎芬怒，益笞。囚益益詈，鼎芬益益笞。囚自首至踵趾，无寸肤完，濒死者数，稍苏，仍戟手骂不绝，当时号铁汉，即辛亥前吾鄂革命党首领潜江刘静庵先生也。

先生少随父琪读，纵观六经、诸子，并究心闽、洛、姚江，旁逮内典、道藏，罔不学，学俱有心得。稍长，见中原多故，投鄂军，为管带黎元洪司书记，欲假军队作根基，进行改革。有吕大森、胡瑛、朱元成、何季达等，设机关于武昌，名曰科学补习所，以愚官府耳目。先生与宋钝初，先后入所，急谋联合湘省，期于清那拉后寿节举义。亡何，湘事泄，破获机关，得鄂中秘密，湘抚飞章报鄂督按治，时甲辰十月，鼎芬方官武昌知府，承旨封科学补习所而逮捕党人，先生亦被逐于黎氏。旋清廷命铁良南下搜刮财赋，先生闻之怒，密令胡瑛、王汉侦刺之，不中而汉死，先生益愤，复勼合同志图再举。先是，美教堂设有日知会，即教士阅报所也。先生素善其会长胡兰亭，因缘为会中司理，将藉其地为机关，集同志。会例星期演讲，先生每登坛，痛述大局危亡状，以输其革命义意。不数月，军学界大感动，相率入会者达数千人。更设东游预备科，及江汉公学，广事号召。至是，教会之阅报室，遂变为革命党之根据地矣。湖北党务，自科学补习所挠败，经先生呼号，声势复振。孙总理在海外闻讯，大喜，爰派黄冈吴同志昆，与法国同志欧几罗，来鄂视察，以期大举。欢迎时，欧几罗不识有暗探，倡言中国应如何从事革命，语瞬息传遍，当路侧目，时丙午五月也。

及秋，萍醴事起，势甚张，孙总理在日京，谓时不可失，派胡瑛、朱元成、梁钟汉等回鄂，晤静庵，谋响应。适无赖郭尧阶者，以游学识胡瑛，侦悉内情，告密于巡警道冯启钧，导捕先生及胡瑛、朱元成、梁钟汉、李雨霖、李亚东、殷子恒、吴保春、张难先九人，以攫赏金。初，鄂督得谍报，云长江上下游匪首为刘家运，因悬赏万金缉，郭指先生为家运贸之。先生急走黄陂，逻骑追及，执还。对〈簿〉之日，鼎芬、启钧心欲先生自承为家运，并迫供同党。先生名贞一，字静庵，一字敬庵，在军名大雄，故始终违拒，第承已为革命党，不涉谁何。后家运被获，与殷子恒同监，实另一人也。卒罗织成狱，十二月二十六日，已部署行刑矣，忽圣公会教士群起声先生冤于领事公使，为直于外务部，下鄂督，得不死，仍判以永远监禁，竟于辛亥五月瘐毙狱中，年三十七，距起义方三月，呜呼痛矣！

先生之在狱也，学行益进，禁卒囚徒俱感化，愿为弟子者数辈。一日纳一囚，狞狰凶悍，吏卒畏惮，移与居，久之，和易过他囚。先生平居不苟语言，仪止庄肃，宾朋过从，虽最轻佻者亦莫不敛容相对。以国难不娶。殁后，令以弟子应松嗣。去年，湖北省政府政务会议议决，公葬先生于武昌东郊伏虎山之麓。系曰：使公迟数月死，得见专制推翻，吾辈亦有所归矣，噫嘻天耶！聊寿贞石，以为吾党纪。中华民国十八年八月一日，沔阳张难先撰并书，大冶许长清刻石。

据《革命先烈先进传》

先兄梦桃先生行述

阮式一

先兄梦桃先生讳式，原名书麒，苏之淮安人。生而颖悟，读书一见辄晓。十岁能文章，自号跅弛狂民。工书法，自成一格，不拘他人之遗。眉目清秀，见者无不赞为非池中物。性憨直，有情致。凡人有过，当面斥之无少假。而于情愫尤能道其然而行其实。孝亲悌弟，曲中人情。遇不平事，每以局外之身，判其直曲。任事必专，读书必晓。年十五，甲辰之岁，侯官沈君瑜庆观察淮扬，设江北高等学校于清江，招青年子弟肄业其中，先生应征往，每试必冠其侪，校中总教桂林范君希淹推为冠军。时中国承康梁事后，文字之禁尤严，先生卒以文字无讳，诋斥清帝后事退学。于是广究新知，凡当时出版之书，靡不过目，过目即成诵，上自西洋政教之源，与夫风俗习惯之所以然，皆学有所得。于是革命之念日益切进。维时欧化者流，多东学日本，先生心向往焉。然先君以先生年少，不许出国门，先生不忍重违父意，止东游之念，然光复中原之思，固无日不往来胸臆间也。常为式一题书斋门楣作“杀满”二字，又为式一题小象，录《德国男儿歌》以励之，可想见其志矣。

年十八，戊甲之岁，再入宁属师范学校肄业，始识周君实丹。在昔虽各闻名，未尝一觌面，于是一见倾心，相得益彰，白门侪辈，周阮齐称。明年秋，以校中管理员横暴，与周君同时退学。周君转学两江师范，先生以亲老家贫，受皖南宣城模范小学之聘，在事一年有半，亦以行为怪特，与同事不合，愤而辞职。生徒数不逾百，而师生之爱有如家人，加以日受先生说论，多识民族主义。二十一岁，受沪《女报》社聘，任编辑，著有《原婚》一篇，传颂一时，惜稿佚。嗣《女报》因经费不继停刊，先生再归淮安。家居一年，受淮南敬恭学校聘，亦以言论不合辞职，受山阳高等小学校讲席。适南社社友李瑞春创《克复学报》于沪上，慕先生名，亦时以文字相推诿焉。先生不常作文章，舍《女报》及《克复》所载诸篇遗稿仅存，即有所作述，成，辄弃其稿，每曰："文不逭意，何作为？"生平持民族主义甚坚，读明遗老著书，每噫嘘太息。广州义师既败，闻耗扼腕，痛不欲生，每潺湲流涕曰："我汉族其遂长此终古乎！"迨夫武昌树帜，薄海景从，则浮白击节，作石勒语曰："赖有此耳！"以先父丧，未往。

时周君实丹创淮南社，约先生共事，于是共执牛耳，淮上知名之士奉为依归。而清廷伪吏、刁绅、劣族则疾之若仇。盖周君与先生赋性刚直，不能谄媚取容，而先生尤喜面折人过，不少假借，故忌之者尤众也。值清江兵溃，扬镇反正。周君弃学返淮，与先生共谋保障乡里，恢复南都，遂有巡逻部之创，众举周君为长而先生副之。内御群盗，外靖溃兵，淮南人士，翕然推服。清江鼎沸而淮上晏然者，谓非周君及先生之功耶！九月二十四日，与周君以巡逻部部员数十人之力，得耆老之赞助，光复淮安，万众胪呼，独有清世奴姚荣泽避匿不至，先生知其反侧。二十五日正午，诘姚于巡逻部，责以大义，声情激越。姚阳唯诺谢过，阴密谋所以报先生矣！

再明日，九月二十七日下午四时，式一与先生在家宴友毕，家人报杨建廷至。杨建廷者，其时淮安民团督队官也。而吾家四周皆为执械之兵士所围，式一先生与〔式一与先生〕尚未知也。杨至，直入厅房，招先生语曰："实丹约君议事，请即行。"先生从之。甫出门，为人所执，先生问何事，皆不答。兵有执式一者，力脱得免。但见先生于人丛中大呼式一，并告式一曰："入白母，无恐，余无恙。"尚不意彼等竟欲置之死地也。俄而人声鼎沸，佥谓府学内有剖心死者一人，探之，吾亲爱之兄梦桃死矣，呜呼痛哉！吾兄遂从此与余长别，而余从此遂长为无兄之人矣！闻当时巡逻部部员亦有欲为部长复仇者，因人寡势孤，实力不充，安能为螳臂之当车？于是淮安城上，龙旗再飞，迄镇军至，乃已。后更闻人纷言，周君殉难时，虏令令人劈头一刀，周君从容曰："文明世界，请以枪毙。"乃以七丸毕命。而先生就义时，大呼虏吏而骂之，继而曰："兄弟们！要杀就杀，快刀立断，勿延。”于是一刃贯胸，腹裂肠流。年二十三，尚无嗣息也。东浦之后，当以先生被难为最烈矣！吾书至此，吾脑裂，吾心碎，吾欲狂，安得何日把仇人头为饮器乎！问天不语，空怀棠棣之悲；一息尚存，此志不容稍杀。先生不死于安庆、广州，而死于淮安，天也！存弟式一谨述。

据《阮烈士遗集》附录

汉族烈士杨君墓表

聂炳晟

民国纪元之前二年正月十六日，烈士杨君功甫殉义嘉定。君屏山之人，名世尊，一名光五，功甫其字也。先是孙中山先生倡义海外，主张种族革命，为政治前提。君时肄业成都，闻而慕之，约同志喻君鸿宾等十余人，集望江楼，筹商革命进行方法，君被推为实行员。旋辞学返里，变田产值千余金，悉供党用。尝再至泸、渝，三至成都，一至广安诸州，物色英隽，推心接纳，每当更深人静，酒半灯□，与三五英豪，论说时事，至泣下不能已。其效忠祖国，亟欲以宗旨见诸实行，如饥渴之于饮食然。始与佘君英谋起义江安，被满军探悉，不果。继以谢君伟频谋反正叙郡，又失败。

时有劝之就学者，君曰："匈奴未灭，读书何为？古人百折不回，今之人何遽多让。"己酉，复同熊君克武、秦君遂生、廖君宗伦等谋光复屏山，顺流而下，布置甫定，宋家村噩耗传来，而清政府逮捕之命下矣。君书供状，直认不讳。庚戌正月十六日，从容临刑，赋诗见志，郁茂悲壮。今民国统一，政府开局稽勋，君列二等。晟不文，谨将君受难始末书之，以谂来者。中华民国元年十二月十二号，邑人聂炳晟表并书。

据《革命人物志》第六集

云南光复首倡公诔忠毅秋帆杨先生墓表

赵　藩

呜呼！此昆明秋帆杨君葬保山之墓也。君家昆明，曷为而葬保山？则以云南图光复，君实倡之，志事所注，肇几腾永，不幸君事未成，赍志死于此，而同志志君之志，卒收成功，以慰君不瞑之目，其不归葬而葬此，所以识观感，示百世，准之大义而协，质之众心而安，君亦可以含笑于地下矣。余去滇二十余年，恨未识君。辛壬之际，随第二师长印泉李君经画西事，李君数数为余称述君志节才略，而嗟惜不去口。今谒君墓，适会伐石立表，李君则又草君事略，而以摛文见属，虽荒落何敢辞。

按事略：君讳振鸿，字秋帆，一字志复，又变姓名为福升。昆明杨氏，世居东廓外小街。君少不羁，以事见系，乃自励，狱中读书不辍，出遂补县学生，故其学坚忍而不拔，能文有口，尤擅权略。甲辰，游学日本，入陆军振武学校。感民族之今义，理亡国之旧闻，慷慨激发，毅然以光复为职志。又日从孙君文、黄君兴、孙君毓筠、刘君揆一游处，所蓄日宏，而委身国事亦始此。

既卒业，乡人公举回滇，整饬军事。君亦以将始事，宜有以藉手者，乃返国。诡说当事，危切悚动，当事大重之，得请立云南体操学校，著籍者几三百人。董鸿勋、潘炜章、徐进辈，皆出其门。又倡设公学，开演说会，于云南路矿利害，痛切敷陈，往往声与泪下。于是滇人一时咸振董思白奋，而君名益章徇大行，远近来者以一见杨先生为幸，而当道则已稍稍忌之矣。会留东学生连名揭总督丁振铎失地丧权状，逐之去，闻其议发自君，益憾，斥君出为西防军管带，驻腾冲。人或谓君薄不为，而君以为居边戍，志气得发舒，又去省治远，便部署，率门人董鸿勋等从行。董鸿勋者，后入讲武堂，重九之夜据守五华山，被重创者也。君既至腾，寻有盏达土司袭职事，镇道索贿巨万不已，且构难焉，则假君以兵定之，而因以为功，君往抚其众，不用兵而难解，又发其征贿事，镇道畏其言，不敢取，而衔之甚。会君开演说会，陈及大义，辞气尤慷慨，众皆为激昂。事闻镇道，喜且惧，遽上变请逮治，同人觉，劝之行。至九保，过根源，家大人里居，止君，因邂焉。事急，间道走蛮允主刘辅国家，以其力，出八募，达日本。

戊申，河口兵起，君与根源暨赵君伸、吕君志伊集同志开大会于江户以张之，告云南独立于天下，会者近万人，所称云南独立会是也。时河口事已亟，君乃结黄毓英、杜钟琦、何伟伯、何汉、李光鼎、段宽、李全本等，归国助之，中道闻败，乃折入缅，留仰光，与居君正、吕君志伊创《光华报》，于是党人在西徼以外之势始立，而滇西南皆有所据矣。

其年冬，清室死丧相寻，胤嗣再斩，君乃召同志谋大举。于时君经营西事者，阅两年矣。尝变服入诸土司地，说其土人，欲因之以发难，迄不成，独同志稍稍聚耳。然以为时不可失，将以一隅，号召人心，为天下倡。而永昌方有永康改流事，城中不备，亟自干崖出潞江里布戛蒲缥以至马岭寨，收诸寨人，得兵千余人，期于十二月九日夜，会城北演武厅自大北门入。及期，兵会城下者才数百，守吏已得警，戒严不得入，且闻腾中有兵至，众散走，君至，独何伟伯在，相对太息，无如何，复返马岭寨，图再举，君走瘴疠，敝心力，岁月已深，事败发愤，未至寨，疾作。又传言逻者至，同人掖君至蒲缥，夜中大风雨，不能行，同人负之疾趋田陇间，颠顿不得宿，栖止败窑中，至蒲缥主何兴家，呕血斗许，遂卒。

方病革时，何伟伯、杨毓铣、何兴、吴品芳、彭蓂侍。顾曰："我死，滇事惟李君根源、罗君佩金可继，而不忘此日者，宜以吾言求之。"其后，吴品芳、彭蓂入讲武堂，于反正咸有功，奉君志也。君之卒，官吏方求之急，杨毓铣以夜半启先生垅圹而藁葬焉。辛亥九月，全滇起义。彭蓂率师定永昌，发圹求之，骨拊土皆黑，敛时遗银一锭土中，与骨俱黑，观者几千人，皆流涕。于是具棺椁，改殡于郡城。根源时居部中，与现任军政部总长罗君佩金、参谋部总长启君承畯、现任军务部总长沈君汪度、第一旅长李君鸿祥上其事，都督府诔忠毅，予恤金三千元，以礼葬君太保山。彭蓂寻遭变死，以从君葬墓左。君生于甲戌九月二十四日，卒于戊申十二月十一日，年三十有五。配角氏。无子。弟振国、振芳，以振芳之子铣为君嗣。女二：长奇珍，适谢。次感年，待字。君诗文率脱口而出，振笔而书，感时愤世，成即弃去，不留稿，然悲壮之气，激楚之音，掇皮皆真，足以感人，散见于云南杂志及邮亭旅壁者，暇当收拾，而附刊于《续滇诗文略》中。

李君之言如此，繁而不杀，以存其真，以俟治国故、考变革之君子，有所征焉。呜呼！士立身如此，可以劝交友，有终始如君，亦可以风矣。中华民国元年壬子夏四月十七日，剑川赵藩谨表。

据《永昌府文征·列传》

李君儒清事略

正　铭

君讳儒清，号仲生，别字惕吾，贵州兴义人。沈雄有大志，好孙、吴兵法，鄙纵横家言。年十七，入陆军小学，勤敏异常。性孤介，不喜交际。酷嗜新闻纸，每读至国事不可为时，辄慷慨流涕，援剑起击。丁未春，黔中志士开会东山，演说革命宗旨，君即以死自誓，热血如潮，发言惊四座，群以史坚如第二目之。是时，清黔抚庞鸿书侦察党人甚严密，于军界尤注意。陆军小学全体因反对总办刘泽沛之蛮横，罢课两礼拜。庞以革命闻，调各营兵，包围学校，拘首要数人入狱，将斩首示警。事为某军机电驳得免，监督赵均腾以庇护学生撤差。君见庞抚之暴横，摧残志士不遗余力，即愤欲扑杀此獠，为被逮诸同志一昭雪。谋之余，余曰："恐陷全体于危险，且徒杀一老朽聋瞶之巡抚，于满清无损，于吾党前途有碍。"力为止之。然君之豪侠义烈，仇视庞之心，固无一日或忘也。戊申岁，余组织历史研究会于筑垣，意在灌输军队之新智识。君尤迈往直前，发挥革命真谛。不数月，而黔中社会大为激荡，革命思潮之泛溢，有一日千里之势。庚戌元月，入驻鄂陆军第三中学校，与各省志士相往还。蒿目时艰，悲愤扼腕，凄怆动侪辈，而流个人之血，以救多数同胞之心愈切。于是，黄汉光复党遂发生于七省英才会萃之陆军第三中学校。组织一切，君最有力焉。

当川路风云激变，端方过鄂，与瑞澂宴会黄鹤楼。君携炸弹往，瑞澂防范密，不能近，丧气归，几致决裂，当时传言，有陆军中学两生，被端方挫辱逮捕，殆即此事。八月十九夜，义师起，枪声急。君夤夜冒险往探消息，天明归报曰："我军胜矣，瑞澂逃矣，本堂任务在牵制马队，使不致攻击我军后路。今马队既逃者、从者各相半，别无他变，吾辈可迳入城也。"于是全堂同志六百余人，遂整队入城。是夜分队守护谘议局，而谘议局得以安全。分队往击审判厅，而胡瑛等诸志士得以出狱。分队往击消防队，而消防队闻风退却。斯三役也，君皆荷枪相从。

及汉口重危，君编入敢死队。汉阳总司令部成立，君入侦探科，身临敌境，艰苦备尝，危殆者屡屡，而君痛饮黄龙之志不稍懈弛。九月二十六日，我军三面进攻汉口。君偕同学朱奎、姚继贤、陈德骥、龙钟鼎诸君，及南京陆军第四中学堂诸同志，奋勇前进，逼敌机关枪，距离止百余密达，犹勇进不稍却。迨左翼军不战自退，敌人乘间猛击，我军大败。虽有王隆中所领湘军一协，竭力支持，掩护我军退回琴断江渡河。然此时诸军窘急，仓惶争渡，匪独舟中之指可掬，而浮尸满江渚。君独宁静自持，为诸将士之殿。及敌人由新沟潜渡，进占美娘、仙女、扁担诸山，总司令官移住十里铺，委君临时督战指挥官。弹雨枪林，出生入死，君竟甘之如饴。十月初六，十里铺之战，自拂晓至午后二时，炮声隆隆，弹雨霏霏，弹著点纵横数方里。君往来指挥，精神百倍。揆君之志，殆以此时正我革命健儿出现真本领之日也。继而我军失利，粮台就焚，沿山塞岭，皆我败兵。君见势无可为，唏嘘长啸，大声急呼，复只身驰入敌阵，奋勇射击，竟为开花弹所中。而马革裹尸，志愿于是偿矣，享春秋二十有二。其家世不具载。

论曰：《春秋》大义，天地纲常。丈夫气概，英雄事功。若李君者，真无愧矣。当留学黔中，欲杀庞抚，为同志报仇。及来鄂堵，又欲刺端方，为川民请命，卒得战死沙场，以遂男儿之志。英风亮节，耀人耳目。茫茫禹域，曾有几人？呜呼！惕吾！死且不朽矣。惕吾与正铭同学有年，阳夏诸战役，又复携手戎行，共分甘苦，故悉其概略如此。泚笔记之，聊备輶轩之采。若谓阐发幽光，敬以俟海内君子。

据《缔造共和名人事略》

故陆军上将吴兆麟先生行述

吴景明

先父讳兆麟，字畏三。籍隶湖北鄂城，世居葛店。幼颖异，倜傥有大志，居恒以韩、岳自况。喜读孙、吴兵法，学有深得。年十七，考充湖北陆军第八镇工程营随营学堂，入将校讲习所肄业，升充工程营四队队长。次年升哨官及左队队官。是年，考入工程专门学校肄业。清光绪三十二年，毕业后，即考入参谋学堂，名列前茅，提充领班。前后十年，毕业均最优等。当应参校入学考试时，挑选全军将校，录取学员五十余人，先父名列第一。逊清光绪三十二年及三十四年，先后参加河南彰德、安徽太湖秋操，手编彰德、太湖、武昌各秋操纪事暨战术实施参谋旅行兵术等书，当道嘉赏，印发各军，阅者奉为圭臬。

时值甲午、庚子两役之后，深虑时局阽危，遂不以目前利禄为怀，乃加入日知会，任干军〔事〕，于研究科学时，暗结海内外豪杰，及本省同志，密谋革命运动。时先父任工程第八营左队队官，驻防楚望台军械总库。辛亥八月十九日，革命先烈彭楚藩、刘复基、杨宏胜等，被清督瑞澂捕杀，全体同志义愤异常。是夕，由共进会工程八营总代表熊公秉坤，遂决议举义，于六时许，首先鸣枪发难，即率领全体同志，到达楚望台，请先父共商进取大计，乃一致公推先父为临时总指挥，熊公为副总指挥。先父即部署队伍，晓以行军作战，首重纪律，咸乐受命。先父乃一面派人守楚望台，以固根本。一面派人分赴各标营，召集同志，速集楚望台，以厚实力。未几，同志先后麇至，先父复晓以廉洁爱民，保护外侨诸大义，并决定三路进攻督署。维时风高天黑，影响作战，先父乃亲赴前线视察，就督署后侧纵火，并派人分途送信，令炮兵向火光射击，以大无畏之精神，处军警林立之地，出死入生，一夜而逐鄂督，夺会城。黎明，全城汉帜飞扬，首义功成。

遂议组军政府，公推黎公元洪为都督，任先父为都督府参谋总长兼第一旅旅长。会议进行，定国大计，首先出示安民，整饬军纪，电商各省，协奠国基。迨清廷大军南下，阳夏失机，此危急万难之秋，于民国元年二月，由军民全体会议，公推先父继任战时总司令兼大元帅府总参谋长，乃编北伐三军，自兼第一军总司令。所有整军安民及全局计划，先父益以热忱毅力任之，用是人心为之安定，鄂军藉以复振。

逮清宫逊位，和议告成，改编军制，黎督为副总统兼海陆军大元帅，先父任大元帅府参谋总长兼五师师长，持躬勤俭，克己奉公，树民军总师干者之模范。政府笃念元勋，晋升陆军上将，特授勋二位，先后奉颁大绶嘉禾章、文虎章，将军府将军。

惟先父以鼎革愿遂，解甲归田，即致力社会福利事业，维持贫民生计，倡修武昌首义公园，以资纪念。且畀铁血军人之残废者，藉收微资，补助生活。其谋国之忠，虑事之密，固未尝一日或辍也。樊口为梁子湖出口，春夏之交，江水灌入，万顷田畴，概成泽国，人民流离槁饿，盖已百年于兹，以工巨事繁，经十三次之修堵，迄无成功。十一年，四县六属滨湖士绅，请于督、省两署，委先父为樊口堵工总理。首召四县六属堤绅，会商办法，以杜私弊，为挽回从前失败之唯一信条。次则规定工程，次第分筑坝、建闸、修港三步骤，解囊购办材料，督率工人，以全力堵口，风餐露宿，不辞劳瘁。未两月，十二处之湖口，完全堵塞，又设铁闸一座以积水，灾民无不额手称庆。十三年，南北民信、民生两闸及河工市场等工程，次第告竣，其设计精密，营造坚实，费用简省，为全国所罕见。水害除而利兴，一劳永逸，地方永利赖焉。鄂省两署知其贤，又委王唐黄堤工督办，工程尤巨，两堤占全省六十九州县田地之大半，活人无算，增赋尤多，利乡利国甚巨。语曰："有猷，有为，有守。"先父不其然乎。盖道之真以治身，其绪余自足以寿世也。上述先父行谊，谨就不孝所知，举其荦荦大者。余于《首义革命史册》、《日知会纪录》、《湖北堤工水利》等书，均粲然可考也。

先父至性敦笃，廉介自持，尤有难能者。先父兄弟三人，序居次，幼时家道中落，先王父母耕耘纺织，勉备束修，先父就学，仰体亲心，好古敏求，执勤罔懈。事先王父母也，承欢奉养，孺慕之忱，久而弥挚。待伯父与叔父也，雁序和声，鸰原急难，相爱相亲，友恭备至。视侄犹子，教养兼筹，无丝毫之差异。与朋友交，恳款摅诚，不设城府，有过则直言劝诫，如瘝疣之在身，必抉去而后快。御部下有恩，故士乐为之用，平生节约自矢，衣取蔽体，食取充腹，显达时不改常度，而于戚族旧部之贫乏者，必尽力资助，各惬其愿。岁饥，地方办理平粜，辄捐巨资，而心始安。此其徇徇古风，汪汪轨度，非究性命之真元，穷道路之玄奥者，而能若是乎。晚年皈依佛法，茹素诵经，不轻出门，其宁静淡泊如此。古人所谓"隐居遂志，不求闻达"者，正先父此时意境也。不孝景明，毕业回国，供职洛阳第一战区。二十七年，武汉沦陷，道路梗塞，先父一人处邑里间，抗战坚贞，不附敌伪，目睹沦陷之惨，精神痛苦，寇氛既炽，求一通讯报者不可得，以此卧不安席，旧抱咳嗽之疾复剧，竟于三十一年十月十七日，溘然长逝矣。呜呼痛哉！

不孝景明，羁于职守，定省久疏，已乖人子之义，竟未获奉遗言，视殡殓。不孝之罪，擢发难数，抱憾终天，曷其有极。荷蒙国民政府明令褒扬，并予公葬，先父当可无憾。惟罔极之恩，未报万一，此不孝所隐痛在心，不能自已者。传曰："先考无美而称之是诬也，有善而弗知不明也，知而不传不仁也。"兹以先父行谊，有异寻常，特述梗概，既不敢溢美而有所诬，又不敢隐善而没其实，仅茹哀饮憾，挥涕而略陈其状。倘蒙矜鉴，赐之铭诔，垂诸史乘，俾光泉壤，感且不朽。不孝吴景明泣述。

据《革命人物志》第二集

亡弟旸谷事略

吴春涛

亡弟讳春阳，安徽合肥人。性豪迈，作事坚定。年十四，受阳明学于长兄性元。长复涉猎古今史籍，欧、美政论，其宗旨卓然大定。居乡恒郁郁，以为余子碌碌不足数，将漫游大千世界，一意孤行，以达其志。年二十有二，偕高君季堂，创青年学社于申江，昌言民族主义。适清皖抚王之春，媚外人，丧国权，皖士愤甚。旸谷与万君福华等，谋狙击之，不中，万被逮，旸谷逸去。是年冬，东渡留学日本。翌年，孙中山先生至东京，旸谷偕王君兼之、王君元符、高君季堂、程君家柽、家弟旸初等，欢迎之，交甚得。归国后，亟欲行其志，将藉教育入手。甫办学于本邑，为乡里宿旧所不容，遂之皖。

越一年，皖中言论之狱起，当道者捕党人急。旸谷被逮，复遁于寿州，于是知交益广。已而旋里，任教务于城西校。惟时里中学风凋敝，城西特甚。旸谷受任于岌岌之时，苦心筹画，重道德，尊自由，讲武技，比及三年，学风丕变。卒以志不洽众故，辛亥夏，里之强有力者，起而排斥之，乃慷慨欷歔，赋诗四章。其诗曰："三年辛苦凭谁诉，风雨无端忽打来。羞与群魔宣一战，聊为多难惜真才。一片丹心救国殇，醒时涕泪醉时狂。他人不解侬憔悴，犹自纷纷说短长。茫茫此去复何之，誓与群魔远别离。浩荡长空一挥手，云翻雨覆再来时。杜宇啼枝夜未央，声声吞恨月横窗。年来枉费屠龙技，付与东流逝水长。"遂拂衣去。

八月，武昌起义。沪上总机关处遣旸谷赴皖，图光复。至芜湖，与吴君伯岚往省垣，日夜游说。时金君幼辀等，在省已有筹备。然以皖抚朱家宝防范周至，无隙可乘，群以时机未熟，议缓图。旸谷遂赴鄂，鄂都督甚伟视，任以参谋。旸谷统筹大计，拟光复全皖，直趋信阳，截北军后路，与武昌联合夹攻，可操胜算，遂归皖。至皖日，军队震动，势不可待。旸谷与李君伯良、刘君焕文及诸同志，约九月初九夜两点钟起事。先是，城内巡防巡警卫队均允反正，业经派城内各营为主兵，辅之以城外六十一、六十二两标。嗣闻巡防有临时抢掠之说，恐其不能制，乃决以城外为主，而城内为辅。布署既定，事泄，城闭，消息中断。城内各队及六十一标，枪弹悉为朱家宝逼缴。六十二标距城远，未之知也。夜十二时，率队攻城，城内兵赤手空拳，无以应。六十二标子弹尽，遂溃散。旸谷等于枪林弹雨中，幸不死，仓皇出南城，赴鄂乞援，嘱吴君伯岚回芜谋响应。及请浔军至，而朱家宝为谘议局绅所迫，已于十八日宣布独立。皖中闻旸谷来，咸欢呼相迎。时王君元符任都督，欲避位让旸谷。旸谷曰："中华苟寸土属清，吾誓不安居视事。"众遂推为经略。旸谷以皖事如棘，百端待理，奔走商酌，昕夕无少间。十九夜，往谘议局，值卫队解散，马惊失坠，半晌始苏。爰赋一绝云："一身轻似叶，两眼明如雪。此志不可懈，中心常恻恻。"闻者多乐诵之。

既商民复举朱家宝为都督，时芜湖已光复，由吴君伯岚、潘君竟成、饶君贻生、刘君醒吾等组织，推吴君振黄为分府，电延旸谷筹商一切，遂于二十三日去省。次日，在芜闻浔军黄焕章、王则、颜英辈，在省已纵兵焚劫藩库，四出骚扰，愤极，誓问其罪。或止之曰："盗憎主人，勿践其难。"旸谷不听，痛哭后至省，面诉黄、王之罪，不稍宽假，冀以热诚相感，或稍动。乃黄恼羞成怒，拘旸谷。时李君伯良、刘君焕文等，百计营脱，莫能助。是夜，旸谷致义勇队函云："凡我同志，速出城。城内事，虽万死，旸当之。"乃作绝命诗一章，诗曰："来来去去本无因，只觉区区不忍心。拚着头颅酬死友，敢将多难累生灵。"作诗未毕，王则嗾黄卫队，以手枪逆击，凡七弹。呜呼，惨矣！李君伯良潜行重贿，收骸骨，幸勿失。溽〔浔〕军去后，刘焕文引榇旋里。芜湖分府吴君振黄，卢州分府孙君品骖，皆开会追悼，到会者各以数千计。呜呼！吾弟不死矣。

弟赋性孝友，执母之丧逾年，不卒哭，且善体父意，壮年依依，若孺子。与兄弟居，论学若师友，情至则忘形。视侄辈如己子，躬施教诲，劳于诸兄。且敦于友谊，其知心之交，若许君荫午、杨君完真、李君诚庵、胡君伟卿、刘君天民、龚君振洲、黄君梅卿，及其他同志等，相接以诚，有如骨肉。弟初至皖，即患血疾，奔走累月，疾加剧，而弟不顾，濒死者数数，处之夷然。盖于死生利害，一切网罗，大激〔彻〕大悟，抉破久矣。乃不死于狱，不死于疾病，不死于水火，不死于疆埸，而死于盗贼之手。不及睹民国之成立，九原回首，何以为情。弟乏嗣，以长兄子履贞承继，遵父命也。涛为人庸拙，不堪任事。公义私仇，两不可言。文彩不彰，疏于纪录。神明负疚，悔其可追。痛吾弟之赍恨以终也，谨综其生平，以供世览。文之工拙，所不计焉。

据《缔造共和名人事略》

吴禄贞传

钱基博

吴禄贞者，湖北云梦人也。字绶卿。雄杰有大略，自少时学兵法，志趣殊常。年十八，以两湖总督张之洞命，赴日本习为骑将。会清德宗以义和团启衅，八国联军问罪，随太后西走长安。禄贞在日本闻之，奋起，约结死士，潜归国，曰："时哉不可失。"默相天下大势，自以楚产，悉江、汉间情势，谓夏口兵冲要地，襟带江、沔，依阻湖山，左控庐、淝，右连襄、汉，南北二涂，有如绳直。一旦骤有变，则河、洛震惊，南北均阻。又其人剽轻，易发怒，可劫以起事。日夜招致，事败，多死者。禄贞以亲从四五人，走大通，乏食，无所资，则劫大通厘局，得千金，以散亲从。而变易姓名，间行复间行，东渡留学。

既而返国，之洞则以为将弁学堂教习，数慷慨言当世事，之洞置不省，然名字渐起。长沙黄兴谋用湘独立，函要禄贞与计事。禄贞既不得志于鄂，颇思有事于湘，立赴召，为筹画方略。时清廷惩于屡败，而建新军，设练兵处于北京，函电相促。禄贞欲辞，其徒有劝之者，谓"殷之兴，伊挚在夏，周之兴，吕牙在殷。不若乘机进用，揽北方兵柄，伺隙而动，入虎穴而得虎子，斯其时矣"。遂赴召，授练兵处监督，以所志学，教督后进，播布各军。陆军部尚书知禄贞材武，然察其心神，鞅鞅有异意，遇事裁抑，俾不获竟其志。禄贞则以其间周历蒙古、陕、甘，按视边兵，体察形势，而放言高论。陕甘总督升允闻之，大恶，以上于朝，欲中禄贞以危法。禁卫军统制良弼，禄贞好也，营获得免。

既而延吉兵哗饷而噪，日人出兵，以临图们江，清廷震惊，索抚边者。禄贞请行,得旨帮办延吉边务。禄贞驰莅事,则以朝命抚戍兵,而申儆之曰:“无饷而哗,吾不以为汝曹罪。汝曹为国家效命疆场,国家矜念之不暇,何心饥汝曹。顾不得食,主者过,非国家不念汝曹。吾能食汝曹,速安辑,无得违吾命取戾。”骄兵悍将环立,范我驰驱,无敢动者。日帅闻之,为却军三十里。禄贞则造谒,往复论说,卒有以屈日帅,使认延吉为中国领土。督办惭于见诎,而嫉禄贞擅其功。东三省总督徐世昌,惜禄贞才,百方解护,檄调奉天,帮办军务。顾日帅闻禄贞去,复进军迫延吉。督办不羞告警,而禄贞奉命督办延吉边务,锐力振新,边人赖之,时为光绪三十二年。在边三年,百堕俱举,而刊有《延吉边务报告》四册,则其客江阴章阴、章钟祚搜辑禄贞在边之成牍也。

回京,补副都统,派赴德、法观操。返,出为保定第六镇统制,惟良弼实荐之。良弼,字赍臣,满洲人,以禁卫军统制,而参议军咨府,军咨府大臣载涛倚为谋主者也。顾与陆军部尚书荫昌争权不协,而昵于禄贞。禄贞与良弼同留学日本,治陆军,相狎也。顾禄贞俶傥不羁,而良弼则礼法自绳,禄贞好言革命,而良弼必力折之,往往面赤声嘶不下,然意气相投,禄贞亦昵于良弼,以自全。独自以汉人,而良弼非我族类,又素相知,意其得柄,必相倾顾。良弼荐以为第六镇统制,而又不能无虞,跃马相过,谓“吾二人,尔汝如兄弟,如携手练兵,以御外侮,左提右挈,天下事大可为。尊主庇民,何必革命”。禄贞唯唯,既送客,而驰书以告友人无锡廉泉曰:“识时务者为俊杰,以赉臣之英雄,而不识时务,不过不忘己之为满人尔。”然亦不慊于种族革命之说而力斥排满,以谓“种族革命之说大昌,将授满人以间,蒙、回必合满以角汉,兵连祸结,邦分崩离折。满人晏安,久不习兵,而蒙、回则善斗轻生。以汉人倒满,无不胜,以汉人角蒙、回、满,无不败。黄克强生长南方,而来游河朔,不解此也”。良弼与廉泉结为兄弟,呼以大哥。禄贞则因良弼之呼以为呼。意趣不同,而各有陈说。泉则一与之为亡町畦。

而禄贞既莅第六镇统制,殚精训练,期成劲旅,以扞京畿,拔其根株。时党人用新军之谋渐泄,荫昌知禄贞之才也,恐与党人连,或起据肘腋为变，不可制，尼之，郁郁无所施。至今年八月，黄兴以第八镇协统黎元洪起兵武昌。禄贞既见厄于荫昌，不得逞，而自请督师赴鄂，阴思南宋李纲、岳飞佥谓鄂、岳地势建瓴，终为天下要害，思乘势合兵，以湔前败。荫昌知禄贞终不为清廷用，阴沮于载涛曰："禄贞兼资智勇，武烈过人，一时之杰。倘资之兵使去，是傅翼于虎，逸使出柙也。一旦飏去不我用，不可复絷矣。"载涛然其言，不许禄贞请，以荫昌督师，而令将第六镇兵从。禄贞惧荫昌之以法诛，则辞以疾。

既而滦州军联名邀立宪，势甚急，清廷知禄贞得将士心，电往宣慰。往则召将士晓以大计，谓"荫昌倾北京兵，南征武昌，诸君倘偕我倒戈，掩北京不备，可无血刃而定，然后绥靖士民，易置帝政，而传檄东南，释甲寝兵，天下事大定矣，奚以立宪为"。皆欢应曰："诺。"乃电奏安堵，弛北京备，而密部署诸将，以滦州张绍曾所部第二十镇为第一军，奉天蓝天蔚所部为第二军，新民屯卢永祥为第三军，会师丰台，以逼北京。会有与议者驰北京告变，密调滦州火车抵北京，以阻禄贞运兵。而山西太原军变，遥应鄂、岳，载涛遽檄第六镇留守兵攻娘子关。禄贞在滦州闻镇兵动，曰："吾劝诸将袭北京，而所部攻晋，何面目在此与诸将相向乎。"径赴石家庄，叱停战，而身入娘子关，与晋军联和，令出关运取第六镇辎重，以足军火，而电告清廷曰："无遽晋虞，晋军已受抚矣。"奉俞旨，授山西巡抚，促令赴任。其帐下小将马惠田伺禄贞独居，拔手枪击之，仆，割其首，持奔北京，时辛亥秋九月十七日也。偕死者二人，一参谋张世膺，与禄贞室邻，闻枪声走视，为惠田所刃。一副官周维桢，亦赴救禄贞遇害。

禄贞性坦直，不疑人，将兵十载，吏卒深夜谒见，未尝陈兵卫，故及于难。禄贞好为诗，感时抚事，矢口吟唱，如不经意，而清音丽句，触绪纷来，味美于回，往往有在怅惘不甘中者。顾不自检拾，稿多散佚。及其死也，廉泉为搜所存，以付廉夫人吴芝瑛女士写定为《吴烈士遗诗》上、下二卷，而属同县钱基博为传，以冠于篇。

钱基博曰：吾闻之乡人廉泉，廉泉闻之宁河王照，谓以禄贞材武，宜若可以有为，曾忆甲辰在京师，偕禄贞饮酒座。酒酣，禄贞顾座大言曰："若辈犹志庚子秋皖盗劫大通厘局事乎？亦知盗为谁某乎？"声震四座，座客骇愕，无应者。禄贞右手举酒满杯；挥左手自指鼻尖，语曰："不敢欺，我也。"扬杯饮，一吸而空。时良弼、姚锡光在座，相视失色。《易》曰："几事不密，则害成。"此其所以失身而丧元欤？吾知处心积虑以死之者，为已久也，而禄贞意气自豪，曾不稍顾，以蹈于祸，可慨也夫。

据作者手稿

张烈士榕事略

侯　毅

张榕，字荫华，号辽鹤。本古齐历城人，以王父宦于辽，遂寄籍抚顺。幼颖慧绝伦，长而好读，淹贯中外，博洽教乘。善骑射，精剑术，有古侠风。未弱冠，即著名缙绅间。二十二岁，入北京大学。日俄战时，弃学回辽，毁家募兵，谋倡满洲独立，附者数万人。旋事泄，逸去，与吴樾共事。值清廷出洋考察政治，大臣首途，谋炸之。事败，榕毁樾所遗物，易姓名为余木强，卒为清侦者探得，发所有缄件，获保卫章程及照会布书，与他证件，皆樾墨迹，知为榕，拟死之。先是，清侦探杨以德，为津埠无赖子，得榕居处，于更阑时潜入缚之。榕曰："吾大丈夫也，勿以鼠窃狗偷为。"挺身赴之。有山东道黄某，素器榕，欲以身家保之，未果。有某国公使亦重其才，欲出干涉，以意达榕。榕曰："康、梁窜逸，卖籍偷生，国人羞之，殷鉴在迩。吾尚践其迹耶?"卒不允。

后为清慈禧后所闻，悯其幼，乃处永禁于津沽。居狱中四年，吏卒囚徒，交相感戴。有教师张芝庭者，遇榕甚厚，日常与论宗教与人生之关系，益亲爱如手足。自是榕遂蕴为宗教之人物。未几，张芝庭以痨瘵卒，榕大悲恸，为文万余言挽之，并为之传。暇时于狱中莳花木，蓬勃有生气，盖榕素善于培植也。后与狱吏王喜璋善，王感其侠义，谋偕脱之。榕初以为不可，王曰："此非如康、梁藉势外人以求生也，愿君三思。"商数晨夕，乃允，遂与璋偕亡，买轮东渡。及清吏觉察，已邈不知去向矣。方未去时，榕题诗壁上，有"一声霹雳田龙起，震灭人天诸不平"之句。

留东未久，扶桑名士即器重之。时有某武士，与榕较剑，为榕击败，名益大噪。未几，归大连，谋恢复，得同志甚众。武汉事起，乃于辽阳组织急进党，举为魁，旧部多来归者。有绿林红胡、乡团、巡防陆军约三万数千众。同时有王小堂者，拟暴动。榕力阻之，事乃寝。自后榕益扩张党力，四出联络。闻滦城兵败，乃集议谋进行。榕犹欲稍待，奈主急者众，见不可强，乃步庭击剑，持短入长，纵横中节，复口吟武士曲，慷慨激昂，剑影眩目，歌声悦耳，举座鼓掌，咸为奋感。翌日，悉柳大年、张涵初被拘耗，心殊悒悒。会有来告袁世凯欲交为心腹者，榕未应，顾益郁郁。民国纪元元年正月二十三日，遽为人枪毙。闻其事者，识与弗识，咸为愤慨不平云。

据《缔造共和名人事略》

周烈士就义始末

周人菊

周烈士实丹者，民国之伟人，吾淮之硕士也。年十三，读美利坚独立史、法兰西革命纪，甚愤专制政体之惨无人道，而扬州十日、嘉定三屠，尤深印于脑不能去，于是种族之见遂深。居恒郁郁，尝思奋子房一击之威，复齐襄九世之仇，只以未逢其会，难建奇勋，酒阑灯灺，辄涕下不可止，盖烈士革命之志久而弥坚矣。

去年八月，我师起武昌，烈士尚肄业于南京两江师范。消息传来，狂喜逾望，爰赋《消息诗》一章及"王师所过如时雨，帝子归来唱大风"断句。旬日间，东南各省相继响应，独金陵为虏将张勋、铁良，张人骏所据，铁瓮石头城，固未可旦夕下，烈士忧之。会城中各校学生组合七百余人谋光复，约期九月十七日举事。烈士谓余曰："此举生死未可卜，然能为光复死，足偿十数年革命之志，亦复何憾！第汝宜早归，不可同陷危城。"此九月十二日事。明日，同社柳亚子、朱少屏驰书招烈士赴沪，当即驰去。十六日，烈士由镇江驰书与余，云："吾决意归淮，汝速返，践前约。"时余在南京，烈士已抵淮矣。

先是，十五日清河兵溃，秩序大乱。山阳距清河仅三十里，无一兵一卒，举城惶恐，朝不保夕，啼泣叫号之声，昼夜不绝。会烈士自南归，众心稍定。同学丁曾藩、曹堂等，咸就烈士讯消息并保淮方策。烈士以此数子无深思毅力，仅泛说各省近事，而保淮之策独与阮烈士梦桃计之。然祸在眉睫，不遑远图，仅召集城中各校学生八、九十人，名学生队，举烈士为队长，阮烈士副之。是时，清河兵乱，虏令姚荣泽、典史周域郊、参将杨建廷拟举城叛，响应叛兵，城中劣绅亦持两端无定旨。烈士与阮烈士遂游说警察及乡勇使之反正者累日。山阳素不开通，群惊疑烈士之所筹划，遂以革命党呼之。同时，城中劣绅亦有团练局之设，招市上无赖充乡勇，虽荷戈执锄，勇逾常昔，实则寇至先去，甚且倒戈相向。且经烈士之训导数日，其聪颖者颇具光复之心。劣绅等知不足恃，遂延学生队入局，改名巡逻部，即改队长为部长。于是守城之责，巡逻部肩之。烈士既任守陴责后，与阮烈士暨巡逻部员栉风沐雨，荷枪持械，巡缉数日夜不辍。以故乱兵虽近在咫尺，而淮城独能完肤，功盖长淮，有口者皆能言之。此十六日至二十一日事。

二十二日，清河乱兵溃，参议蒋雁行被举为江北都督，檄虏令使反正，并邀山阳绅士赴署议事。当即举定烈士及顾震福、丁乃嘉、潘际炎、于述祖等五人肩舆以去。是时山阳令姚荣泽、典史周域郊、参将杨建廷反对甚力，然以巡逻部戒备严密，未敢噪动。而城中周烈士杀官劫绅之谣，则如蜂以起，即姚荣泽等所布散者也。烈士自清河归，定期二十四日开光复会。是日，假旧漕署为会场，城中到者数千人，而虏令姚荣泽独避匿未到。首由烈士演说光复理由。继阮烈士演说，谓虏令既不到会，即为反对光复之行为，并痛诋淮劣绅之无状，声情激越，足寒贼胆。然以是益触众忌而杀机伏焉。

二十五日，江北都督派兵一队到淮弹压（即烈士前日所面请），烈士出城尽欢迎招待之责。上午，姚荣泽率卫队三四十人持械到局，阮烈士遂面责其昨日何以不到会场之故，并严诘其漕银数目及存在地点。姚无以对，唯唯以去。归，即与周域郊、杨建廷议谋杀两烈士，然未得地方绅士之同意，亦未敢仓猝行事。适是时烈士杀官劫绅之谣大盛，诸劣绅惧，赴县署议息谣去烈士方法，正迎合姚、周、杨诸人之意，而谋杀之局遂定。是夕，烈士归，阮烈士述其诘问姚贼言词，并谓姚贼此去必怀不测，当先有以抵制之。一面草檄饬其紧守监狱，一面与巡逻部员议武力解决之法。二十六日午前，复命余与张冰同往谒蒋雁行都督，请军政分府印。余与张冰遂冒雨去，呜呼痛哉！此即与烈士永诀之时也。

二十七日上午，劣绅何钵山邀烈士午餐，食竟出，道经府学宫前，见手有持姚荣泽片者，云邀烈士赴学宫议事。是时，学宫内外兵警林立，烈士胸怀坦白，欣然以往。至则典史周域邠先在，手持快枪即向烈士迎击，烈士问故，而第二丸已至，中要害倒地，复发五丸，遂毙。呜呼痛哉！天崩地坼，日月为晦，群阴构谗，祸至此极，大可悲矣！烈士成仁后，姚、周、杨三贼复缇骑四出，急捕阮烈士至，刳腹剖胸，肝肠俱出，其死也较烈士尤惨，更可恫矣！

是夕，余与张冰返淮，闻两烈士恶耗，悲痛交至，拟复命尸下，而搜者已至，遂与张冰同越东城以遁，非敢爱此残躯，将以为复仇计也。逃至界首，即发书与同社柳子安如、朱子少屏等。而柳、朱两子已早阅报得悉。适同社陈英士督沪，乃共上书请复仇，英士许之，并力任其难。先是，姚荣泽杀烈士后，自知罪大，潜逃南通县，借张謇庑下为逋逃薮。檄至南通，令謇交姚，謇力庇抗。沪督遂上书临时大总统孙文，文电南通，复不得要领。沪督益愤，遂为长电至通，中云"如仍庇抗，则义旗所指，首在南通"及"如果诬姚，愿甘伏法"云云。謇惧，始解姚于苏督程德全，转解上海。今年四月，公开审判于上海市政厅，判决姚以谋杀定死刑，其同谋之周域邠、杨建廷、顾震福、秦保愚、于述祖、潘际炎、丁乃嘉、何子久、何钵山等均各得罪有差。不意姚贼运动力大，陪审员竟许电总统求免死，不旬日间，袁总统免死之命令遂下，定为终身禁锢之罪。呜呼！鲸吞漏网，烈士之目不瞑矣。

余与烈士幼同里闬，长同学校，交最久而知烈士最切。光复山阳时，余任巡逻部庶务之职，目睹烈士筹划捍御之劳，及罗〔罹〕冤之惨。因述之于此，附于烈士遗集后，俾读烈士遗集者，知烈士之奇功奇冤焉。中华民国元年十月二十五日，周人菊泣述。

据《无尽庵遗集》附录

陶璞卿事略

骚心

骚心氏曰：革命死者，炳烈千古。其为之传者，海内文豪，正多其人。而余文不捷，亦不俟余一一书其事，以表扬之也。独是有尽瘁于革命事业，而遭不名誉之惨死，社会不知其事，浸且屏之于汉奸满奴之伦，此余所为恫心，而恐历久事湮，无缘存真是非于天壤，乃择是类之人，思有以为之传。然有余所未及闻见者，亦不克尽执笔。以余所知而有陶参谋璞卿，因即本于宾南所述，参以余所亲历者，作陶璞卿传。

宾南者，璞卿之胞兄也。性豪爽而诚朴，抱革命思想久，而不露于面。其弟璞卿，名骏保，少即从之学，而宾南乃授以船山史论。璞卿读而感之，慨然与兄同道，相与誓以有成。璞卿年十九，奋然欲投身军伍，将藉力于军队，而一展夙愿。宾南深然之，因使其肄业于江南武备学堂。骚心氏曰：宾南之谋，诚深且远也。志于军队，使其弟子历几何时，而收功即于是。璞卿于校时，即友郑为成，交甚笃，而志益固。

学有成，乃从事闽、粤间，与方声涛、方声洞等游，交莫逆。方声洞诸子者，黄花冈鬼雄之一也。其任福建武备学堂教育时，阴以大义励诸生，诸生咸觉动，而后得有闻于革命史者，则林松亭辈。骚心氏曰：璞卿在闽，曾有词二首，文字悲楚，种族之感，溢于行间。宾南久以此书示余，余欲入之谭丛中，用补于此。其《书怀》云："如此江山，乃如此东西分裂。可怜我穷途奔走，伤心裾绝。岁月蹉跎人老大，梦魂飞绕天南北。正胡笳满地不堪闻，西风急。杀不尽中原贼，夺不返秦廷璧。敢闭门种菜，闲斋运甓。荆棘铜驼千古恨，关山铁马英雄血。叹何年痛饮人黄龙，心头热。”其题《长江怀古》之半阕云：“长江天堑，古今何补，任胡骑飞渡。后庭玉树已阑珊，但茴香无数。南朝名士喁喁语，弱不禁风雨。中流击楫倩何人，父老空凄楚。”此词均为松亭所写出。松亭，光复镇江有功东南，其得璞卿之教欤。

乙巳，璞卿乃返江南，而举办征兵之事起。先是，孙逸仙以三合会举义于广州，事败。黄克强欲以哥老会举义于湘，又不成。孙、黄计阻，乃与陶逊谋，谓革命事业，非从陆军入手不足有为，思所以运动军队者，乃假征兵名义，举办第九镇征兵。而兹议之成，宾南与璞卿协尽心力，游说于前清制府周玉山及统制徐固卿之前，周、徐始为动，而革命种子自是乃播入军队矣。当第九镇之征兵也，全镇皆瑰奇明敏之士。宾南奔走道路，其力为多。而赵伯先、柏烈武、顾荩臣、郑为成等，皆得统率一军，以行其志，盖得于璞卿左右之功。使斯时谣诼不兴，则厚养其力，克复江南，指顾间事。乃端方督两江，疑忌益甚。赵声、林凉成均相率退职，九镇顿失所恃。璞卿以信于上峰，得不去。自是遂厚结端方，与其心腹舒清阿屈志相从，潜为解释。然是时璞卿统宪兵兼佐警察，人且以为璞〈卿〉忘初志，贪富贵矣。骚心氏曰：革命收功，所以甚易者，盖缘于征兵之议。征兵举行天下，而江南开其先。赵声为九镇之英，乃死于黄花之役，然军士爱之未尝忘也。此亦见中山始谋之精远矣。

未几何时，天运兴汉，武昌城头，革命旗举。九月，光复镇江，而以林松亭为之都督。松亭乃迎璞卿于沪上，为之参谋。初，璞卿因观操永平，留天津，以疾归。值镇郡光复，松亭乃遣人迎之沪。璞卿扶疾起曰：“松亭有志，不可无助。吾安能以疾自废，而不乘时努力报国乎？且镇江，吾桑梓也，东南所重，吾安可长此碌碌，不自奋发以没世？”乃行，而任镇江都督府之参谋长。或屈之，璞卿不为意。当是时，宾南密输军火于第九镇，冀一举克江宁，戡定东南，为武汉声援。未及期，九镇仓卒举事，乃败，东走镇江。镇都督府乃举柏烈武为统制，以容纳之。旋组织联军，将进攻江宁，而第九镇统制徐固卿，以资望被举为联军总司令。松亭惫怨，隐存独立之志。徐、林间至是乃有隙，且有倡取消联军司令者。璞卿以与固卿久共事，得兼任联军参谋，遂与范、柏等居间调解，嫌渐释。继有联军司令部误杀镇军间谍事，众哗噪。璞卿无计，遣足报告宾南。宾南与沈虹齐议，发长电劝告镇军诸将，其争乃寝。骚心氏曰：张勋负固金陵，东南大局未定，使统将不和，自相仇视，则大功立陨。林、徐未致决裂，亦幸也哉。璞卿以一身处嫌疑间，颇不自安，欲解职，不能自决，乃商于宾南。宾南力慰之，勉以力图大事，并嘱其不惜牺牲生命，牺牲名誉。璞卿意始决，力赴前敌，激励将士。天保城之役，遂奏全捷，而于十月十二日，与浙、沪两军光复江宁。璞卿随林松亭率军，先自太平门入。

松亭既入宁，驻兵旧督署，自建号为临时宁军都督。先是，璞卿时以让德说松亭，松亭感动，允江宁光复后，取消镇军都督号，相约率兵北伐，并以此意告宾南，宣之于报章。及至尧化门军次，璞卿念江宁初克，必赖才德以资镇守，遂私计欲迎程督雪楼任其责，与参谋顾莨臣及鄂将胡培德谋，俱表同意。乃联合各界，公推程公，求江苏之统一。当是时，武汉为敌兵所逼，正危急，于是又议举松亭为总司令，率军援鄂，以固起义之根本。议定，松亭亦允诺，遂分道进行。宾南乃与范鸿仙迎苏都督于丹阳，迨江宁克，而程公适返沪。江宁无人，松亭为权宜计，自建都督，并冠以"临时"二字。当是时，外间莫明其由，咸骇怪，于是反对者群起。而十三日，余乃偕宾南走宁，与范（鸿仙）、虞（洽卿）诸君说松亭，请如约。斯时璞卿亦在坐，俱晓言大义。松亭慨然自白无他意，愿共践宿诺。璞卿乃出纸笔，为草电文，宣布取消宁军都督，并镇军都督职亦辞焉。骚心氏曰：吾亲见璞卿当时决然之度，而后知璞卿关怀大局，不避丛怨，此乃其志也。是日城内颇不靖，将致暴动。宣布取消电一出，立获弭止，知此电之效大矣。

余以松亭虽告取消，而雪楼尚未莅事，乃复偕宾南、洽卿返沪，迎雪楼。雪楼以十六日至宁，与固卿俱寓江苏谘议局。宋教仁与郑芳荪等，往来谘议局，与旧都督间求融洽。事不果定，人心益惶惑，各军戒严如临战。璞卿乃毅然于松亭处，取宁军都督印，偕胡培德赍送于程公寓所，明知将以是召祸，然为救现状故，弗敢顾也。松亭既解职，守军心始安。当是时，浦口已报捷，援鄂之举，将另委黎天才。于是欲改举松亭为临淮司令之议又起。松亭意在裕饷，璞卿乃为之请于苏都督程雪楼，俾镇军得遂北伐之志，藉免林、徐之相争，以遏将来之隐祸。时苏都督以疾赴沪就诊，不遇。二十一日，璞卿随至沪，得晤宾南于联军兵站，为宾南道此行之旨，并谓身处徐、林间，时犯嫌疑，幸稍和解，得不致决裂，贻祸大局，于愿已偿，不求人知。北伐定策，拟分三路进取：一路取道临淮向颍州，击河南，以断敌军之粮道，松亭率镇军领之。一路取道清江向江淮，以击山东，而牵制敌师，固卿率浙、粤等军领之。一军用水师取道南海，出烟台，夹击山东，并趋北都，英士以沪、闽两军领之。三军并出，复派黎军、赣军出黄州，与鄂军成犄角之势。留苏军守金陵，固后路之根本。计画若是，宾南深然之，乃令其质此说于宋教仁，以其熟于形势也。宋君亦赞其所筹之伟远，果按之而行，毋虑敌兵。

璞卿乃益自慰，遂亲谒黄元帅克强，指陈谋略。二十三日，在克强处，得晤沪都督陈英士，亦以为言。英士似表同意，并约下昼会商于都督府。璞卿以为英士将有成其谋，乃如约。初不知祸机即伏于会英士于克强处时也。璞卿既仓卒为致命，世人惊疑，沪都督乃言其罪于众，冀解群惑。然未历多月，南北统一，宾南以弟冤，为书质问于英士。英士无所答，而世遂稍稍知璞卿。

骚心氏曰：宾南天性至笃，以弟未尽所志而遭惨死，哀之痛，将求昭雪。余闻之，君子报国，不求令名。璞卿苦心孤诣，其功不显。知璞卿第求所以报国，虽杀身无恨也。今共和建立，璞卿赍志以没，九京有知，亦将含笑，与伯先相告慰矣。岂念念于私仇，而必图一报哉。夫公理自在天壤，虽屈于一时，亦必彰于后世。璞卿及身而心迹白，吾复何悲其不幸。宾南其惟厚抚遗孤，使之成人，而有以继乃父报国之志乎！

据《缔造共和名人事略》

武昌首义殉难彭刘杨三烈士列传

张镜影

彭楚藩，原名泽藩，字青云，鄂之武昌人。好读书，寝馈诗文，尤致力经史。性和易，方正自持，莫敢干以非义。少读黄梨洲、王船山遗书，明严夷夏之义，更涉猎中译日籍，慕西乡隆盛为人。时清廷外交内政丧权病民，蹶然思起革命，投身混成协炮队一营左队，师事刘敬安，介为日知会员。日知会者，美教士阅报所也。敬安善其会长胡兰亭，因充司理，藉以贯输革命思想于会员。纪元前六年丙午秋，萍醴事起，敬安谋响应，奸人郭尧偕〔阶〕告密，诬敬安为长江上游会党首领刘家运，被捕，死之。故当时误以刘家运即刘敬安，即国父自传亦以敬安为家运也。自敬安死，楚藩学于宪兵学校。卒业，任宪兵。时国事益非，楚藩革命之念愈激切，与刘尧澂创文学社，集同志谋举义，将发，与刘尧澂同时被捕，事载尧澂传。鞫时，楚藩立而不跪，唯索纸疾书供，其词曰："自鞑虏入关，扬州十日，嘉定三屠，文字兴狱，蓄发罹罪。贪官败军，残民以逞。近则亲贵用事，卖官鬻爵，失地丧权，持宁赠友邦，勿与家奴之旨，断送我炎黄子孙于万劫不复之地。我炎黄子孙，不忍我民族之沦胥，伸革命救国之大义，驱尔满奴，复我华夏，建立民国，平均地权。尔非冥顽不灵，亦当从而反正，同享民主共和之幸福。予当在革命军前，为尔等请命，既全蝼蚁之命，犹不失开国勋臣。尔等不从，将来悔之晚矣。余从事革命，身命早置度外，死固不畏也，请速予死。"瑞澂、铁良相顾失色。有顷，钦良问曰："若何许人也?"三问，答曰："我宪兵也。"曰："既为宪兵，必知法律，得大清一份饷，应爱护大清，乃竟谋叛，当何罪乎?"曰：

"藉作运动军队之进身阶耳。所谓饷者，皆我四万万同胞之膏血也，何得谓为满奴之饷？今为若捕，罪由若定，我无词焉！"曰："尔有同党若干？军火藏于何地？能直切供出，当宥尔罪。"曰："举凡军政学工商各界，除满奴外，皆同党也，不可以数计，炸弹枪械，人皆有之。乃公死则死耳，何能乞怜于若？"铁良为之语塞。顷之，瑞澂问曰："汝家抬出之柩，何人丧也？"曰："余妻也。""病几日？"曰："暴病。"曰："请医未？"曰："医未请而死。"曰："葬何处？"不答。铁良曰："然则棺材者，非尔妻也，必军火无疑。"曰："若知之，何哓哓为？"再问之，噤不响。瑞澂喝曰："缚之去！"楚藩死，尸直立不仆，刑者懔畏，以为神焉。

刘尧澂，名复基，湖南常德人。性刚毅，目光炯炯，声如洪钟，喜纵酒狂歌。年十九，读黄梨洲《原君篇》，慨然曰："专制不锄，民无得而幸福焉！"与同里胡祖舜友善，胡与何来保为中表亲。何来保者，曾于湘西谋响应唐才常起事汉口，未成而被捕死者也。以是得窥何所藏《扬州十日记》、《嘉定屠城记》，而种族革命之志益坚，遂自号武陵哭生。旋肄业县立小学。适俄肆虐东三省，与胡祖舜上书湘抚赵尔巽，请组学生义勇队北上，赵不报。纪元前八年秋，黄兴谋起义长沙，宋教仁将以湘西响应，尧澂假筹书局募股金，以为兵用资。事泄，宋教仁走日本，常德知府朱其懿索尧澂急，乃与祖舜变服易名匿僻乡。翌年，东渡日本，入同盟会。值取缔私费留学生，覃振约之与祖舜、梅景鸣、杨熙绩等潜回长沙，组革命机关，与陈天华、禹之谟、姚宏业密议岳麓山。湘护抚庞鸿书捕之，以无佐证释。纪元前三年，入湖北新军，创文学社为运动新军机关。辛亥八月十八夜，孙武制炸弹于汉口俄租界，不慎爆炸，伤面，启后门，以巾掩头，入日人所设同仁医院。迨俄警至，拘人不得，悉取所藏文告簿书以去，报武昌巡警道，汉口各机关于是被破坏者数处。武昌闭门大索，新军人人自危，声气又不能通，遂各自为谋。无何，杨宏胜被捕于文学社，彭楚藩出宪兵营，晤尧澂及蒋翊武，谋急发，翊武力持暂避，尧澂拔手枪向之，曰："前举若为临时总司令，今若临难苟免，畏死贪生，先饮若弹，使若无生可贪也。"楚藩止之，将整纸下令，缇骑至，尧澂挺身出，饷以弹，未炸，被执。蒋翊武越墙走，为后门逻者得。彭楚藩跳墙伤头，故不免。楚藩服宪兵服，咸注意之，故翊武乘间逃。鄂总督瑞澂亲鞫，尧澂骂之，以严刑，不吐一词，与楚藩、宏胜同就义于督署外。

杨宏胜，湖北襄阳人。设酒肆于湖北陆军第八镇营门外。性任侠，广交游。幼读《水浒传》，慕朱贵之为人，故所结纳皆江湖志士。与刘尧澂、彭楚藩相友善，因识居正、孙武、刘公、胡瑛、刘敬安等，得闻革命之义，颇醉心焉，排满之志尤急切。党人多会于此，炸弹枪械，藏于其家。闻汉口机关破，急趋文学社，商发动，甫至社，为逻者捕。铁良讯之，不吐一词，惟太息曰："天乎！天乎！何不佑汉若此，殆虏运尚未绝耶?"铁良命卒鞭之，笑曰："余死而不惧，韦鞭何足辞?"挺身受之，伤遍体无完肤，神色自若，惟视座上瑞澂、铁良曰："死而有知，当为厉鬼，扑杀满奴，不遗一种。"临刑，大呼曰："孙中山及未死同志万岁！万岁！"闻者坠泪。赞曰：

荆湘之间，渊亭岳峙。山川劲气，钟毓俊贤。革命大业，有开必先。常山断舌，侍中绝弦。浩然旁薄，泣鬼惊天。成仁取义，汉帜澈悬。蛇山雷轰，英灵鼓焉。

据《革命先烈先进传》

先兄焦公达峰事略

焦达悌

先兄讳达峰，字鞠森，号大鹏。生有异姿，器宇渊闳，气沉雄，性温霭。幼时就读家塾，略成诵，即不再读，端坐一隅，默不发声。师问之，具以大意对，琐琐章句，虽百问，弗一答也。尝集群儿，作军阵戏，攻防战斗，序列俨然，皆隐符兵法，识者奇之。年十六，入县城高等小学。时风气初开，邑世子弟入学者，相率以谭、唐二烈士为戒，独先兄非之。喟然曰："满清入主中国，历二百余年，德泽未闻，淫威久著，丧权辱国，版图日蹙，亡在旦夕，曾不自省，反杀戮我同胞，残害我先烈，此仇不共戴天耶。"由是革命思潮，起伏胸臆，少年热血，时为民族沸腾矣。

翌年春，入长沙高等学堂游学预备科，与先烈禹之谟、宁仙霞，喜鼓吹革命，相得甚欢。禹被捕，宁寻亦下狱。先兄知不免，避之日本。入东京铁道学校，旋入同盟会，又集结同志组共进会，与内地会党，遥相呼应，于是声势稍壮。丙午秋，姜守旦等萍浏之役，即先兄所策动。又拟集同志袭击清巡抚端方未成，仍渡日，改入大森体育学校。大森体育学校者，党人所设之军事训练机关也。先兄于其中习得各种军事学识暨制造炸弹诸术，而对于射击，习之尤精。

时党人谋分道起义，命先兄主持湘事，于是遄返内地。首在鄂省设立两湖革命联合会，又与武昌军界联络一气，设立秘密机关于汉口日清公司。次乃变姓名入湘，在湘设立枢部，派先烈杨任等，赴湘西南北分途布置，已则居省，日与党人筹划。一面运动新军及巡防营官兵，皆得其欢心。又赴萍乡、醴陵一带，编制党众，约得千余人。于是湘事布署，始告完成。既而广州事起，湖南旋亦发生铁道风潮，先兄驰驱湘、鄂，屡欲乘机发难，均格于事势未果，然自是而后，运动益急。清廷虽防范严，亦无如之何。及辛亥八月，武昌举义，先兄以时机愈迫，万难稍缓，乃激励党众，誓以生死。于九月初一晨，与故副都督陈作新，分率新军，直趋抚辕。清巡抚余诚格闻警潜逃，略诛抗命者数人，大局遂定。计是役之起，前后仅历一昼夜，而秩序整然，未乱发一枪，妄杀一人，湘上革命旗帜，居然得继武昌而飘扬，皆事前先兄与诸同志措施有方，规划得宜，有以致之也。

旋先兄被举为都督，甫就职，即发兵援鄂，并拟亲率大军北伐，出师有日，不幸为反动分子所害，临终犹戒诸乱徒勿扰民，湘父老至今哀之。

按先兄为人，厚重强毅，慷慨有奇节，革命精神，殆出天授。与人交恂恂然而意气甚豪。时家尚小康，每从先严得资，辙〔辄〕以散诸侪辈，己虽衣破履穿，日食不继，泰然自若。尝淹留鄂中，资用正绝，至奔走数百里措金，以济同人，其艰苦卓绝如此。殁时，年仅二十有六。无子，先严命以仲兄达人子为子，呜呼！传已。其余革命事实，详载诸传记中，兹不具陈。胞弟焦达悌谨述。

据《革命先烈先进传》

辛亥人物碑传集

卷　五

王昌墓表

刘震寰

王昌，广东香山县人。少颖异，好任侠。长随父侨域多利，每痛祖国时政窳败，辄欲得当以报国。及袁氏称帝，天下鼎沸。尤悲愤不自胜。时众议院议长汤化龙，实为之谋主，昌尝耳其事，惜未得间以惩之。后袁氏覆亡，汤犹不悛。七年五月，复承伪庭旨，渡美，商举外债，以增兵祸，党国人及侨众之深识者，纷驰书泥其行不得。九月某日，汤事载〔蒇〕，取道域多利归国，昌侦之审，挟手枪迟于途，弹发，汤应声仆，不死，宛转呼援，昌更前扼其首，弹再发，乃绝。昌翔视既竟，曰："吾事毕矣，宁能颒首受鞫，为异族刀笔吏辱。"遂引枪自决。侨众闻耗环集，皆相顾骇愕，而壮其烈。死时年甫三十有三。

呜呼！共和肇造，袁氏以枭雄柄政，初未尝无所顾忌，自若汤者三数辈，逢恶诡随，国事乃不堪问。而论者犹有原其迹而曲为之说者，藉非昌一击，则伪乱相承，正义宁可复睹。然观其雍容五步，奋厉无前，志决身歼，一瞑不视，古之义侠，何以加焉。大元帅孙公，怆念忠烈，遣使归骨广州，党葬于黄花岗左。革命纪念会举烈士事略以告，震寰因表其墓，以风天下后世。

据《革命人物志》第一集

仇亮传

张相文

仇亮，字蕴存，湖南湘阴人。少读书，入邑庠。以高材生选送日本宏文学院，习师范。旋改振武学校，习陆军，遂以士官毕业。岁庚戌，回国，考授副军校，补编辑员。辛亥，派赴山西，充教练公所筹备科科长。初，亮在湘时，已与黄兴、宋教仁同立华兴会。及游日本，复善杨毓麟、陈天华。天华字新台，新化人。少孤贫，从其乡邹代钧治地理学。既游日本，时著小说书报以告国人。会取缔规则事起，以愤投大森海死。毓麟字笃生，长沙人。博学能文章。尝为《新湖南》一书，累数万言，于满政府之绝望，革命之不可以已，反覆推衍，览者皆为之动容。后从蒯光典游欧、美，遂留学英伦。闻黄花冈之役败，发愤投利物浦海死。此二人，皆亮之同志。当游日本时，尝合力创《游译编》，鼓吹革命说甚力。暨同盟会成，亮遂被推为湖南支部长，盖其蓄谋改革，固已久矣。

辛亥军兴，亮因游说晋军，谋响应。已复潜会吴禄贞于石家庄，议定燕、晋联合，共迫北京。禄贞旋被刺，曹锟率第三镇兵攻晋，亮急移禄贞所遗枪弹于娘子关，以济晋军。轻骑出谒曹锟，冀缓师。既知事不济，遂南去。南京政府成，以亮任军衡局长。元年秋，晋陆军少将。然亮愤袁氏专横，特创《民主报》，时著论攻讦之，官僚皆侧目焉。是时适黄兴组织垦殖协会，谋移民实边，亮因集合同人，为设支部于各省，并立垦殖银行以济之。又创长沙银矿两公司，欲以实业富国。事未及行，而宋案起。亮大愤，急走南京，力助黄兴讨袁。既败而走伏大连。潜入京，谋狙击世凯，被逮枪毙，年三十七。子一：第强。

据《南园丛稿》卷八《南园文存》

宁烈士太一传

柳弃疾

宁调元，字仙霞，号太一，湖南醴陵人。性鲠直，疾恶如仇，能饮酒，工为诗文。早岁入同盟会，从事革命。丙午秋，创《洞庭波》杂志，继更名《汉帜》，日以民族民权之义，申儆国人，世传萍醴之役，实胚胎于是云。义师既败绩，牵连就逮，以无左证，得弗死，锢长沙狱中三年，刻意治学问，暇则酌酒赋诗，歌声琅琅出金石，若忘其为囚人也者。既得释，北走燕京，主《帝国日报》，大言壮论，弹射虏政，无所忌讳。辛亥秋，将东之日本，行抵沪上，武昌兵起，乃奔走湘、鄂间，累襄黎元洪、谭延闿戎幕。元年春，民社成立于上海，创《民声日报》，以君总其事。

未旬日，奉大母讳，奔丧旋里。及再来，而局势一变。初，民社者，武汉起义诸豪所倡导，拥黎元洪为党魁。《民声》则其机关报。主张建都武昌，颇与同盟〈会〉及南京政府相龃龉，顾其拥护共和，保障民国诸荦荦大端，未尝稍殊焉。君既归湘，宵人用事，继君者汪文溥、杨德麟，咸被摈斥，而民社亦竟合并为共和党。君至则大恚，宣言脱党，不复预《民声》事。顾《民声》议论益披猖，君夜饮被酒，直入报社，思拳殴其人，以泄义愤。会不遇，乃已。鄂有妄人某，阴贼奸诈，不得志于同盟会，辄遨游伟人巨子间，飞短流长，播弄是非，以为快。君从广坐中面折之，妄人者恨君刺骨。盖其恃才负气，不能与物为推移如此。顾识者谓君祸坐此矣。

已而，湘人推君任三佛铁路总办，遂单车入粤。路事固为弊薮，君以辣手厉行之。神奸巨蠹，一朝倾其巢穴，则环而腾谤，君一意孤行，弗顾也。治事之暇,乃与粤之名士寓公相唱和,寄情水山间。舟车四出,遍游石门、昌华、白云诸胜,赋诗言志,有终焉之语。

会桃源被难,海内俶扰。君辞职,走沪上,电湘督谭延闿,说以自立。北廷为之震骇,密令名捕。君顾泰然不稍怯,迳偕熊越山入鄂,将有所图。事泄,被逮于汉口之德租界。槛送武昌狱,久稽未决。而讨袁军起江西,汪文溥驰书说黎元洪反正,首以释君为请。元洪不能用。金陵既陷,大事瓦解,君遂与熊越山同时遇害。君死未数日,元洪亦纳土归燕京。段祺瑞出督鄂军,刬起义门以示意,盖刘复基、彭楚藩、杨宏胜三义士之遗烈尽矣。

柳弃疾曰:十年以来,虏恶滔天,斩志士如刈草菅,君独不死,顾殒身共和之年,宁非命耶!君最恶保皇党人,尝饮沪江之春申楼,洪醉出门,遇途人辄瞋目怒叱曰:"若非梁启超耶?"手革囊击之,且行且骂且搏人。众知其醉,咸避去。抵寓庐始已。今启超贵矣,君又安得不死哉?湘人有徐佛苏者,亦梁氏党徒,素与君相稔,尝邂逅燕京稠人广众中。徐痛诋革命党皆狗彘,非人类。时党祸方急,诇人四布,徐盖欲激君怒而发其覆也。君色变,默然不应。陈其美既开府沪江,徐私匿租界,侦军事秘密。君遇诸途,字呼之曰:"佛苏,别来乃无恙。"徐掩面疾走去,君告其美亟捕治,正军法,其美弗省。徐复走燕京,夤缘主《国民公报》,斥南京政府为假政府,时论哗然。议者于以服君之先见,而叹当事者之疏也。虽然,为虺弗摧,为蛇奈何,元凶大憝,何莫不然,于徐氏又奚责焉,顾君死晚矣。

据《国学丛刊》第一卷第四期(参《宁调元集》)

伍汉持纪念碑

胡汉民

台山伍汉持先生，初毕业于佛山之英国惠师礼会医院，业医于开平水口，迁香港之油麻地。时史坚如方就义，其兄古愚及妹奉母来香港与订交，共谋革命。会南非洲招工，聘主船上华工医务，乃藉以结纳党人，图举事。壬寓〔寅〕惠州之役，与有力焉。旋于广州市旧仓巷图强医学堂，授生徒，且赠医。而有志经世之学，复肄业于广东法政学堂，治政治经济学。同志刘师复谋炸清吏，僦居其邻，将发遗书致汪精卫及家人，置案上，携炸弹出，误触其机，弹发受重创，先生驰往救之，瞥睹案上书，纳诸怀，而舁刘于医院，既以书授同志朱执信、古勷勤等毁之，他人不知也。清吏以汉持救刘力，疑与谋，逮之，大索其家，获代理《民报》薄籍以去。狱将具矣，朱、古等联合学界力争之，法政学堂监督夏同和，复为白于当局乃免。

辛亥三月二十九之役，党人既失败，多亡匿，先生亦徙家香港，与莫纪彭、林君复等，运动驻香山新军反正。九月，以香军光复香山，趋顺德，将直薄省垣，而省垣已宣告独立，遂率军筹北伐。会南北议和乃止。寻当选为第一届国会众议院议员，或以万金诱使脱党籍，拒弗纳，甫入都，袁世凯擅借外款成，愤然曰："是违法也，不纠绳之，专制将复活矣。"乃倡言于议场，力反对之。而于暗杀宋教仁案，诘责世凯尤严。赣、宁讨袁义师起，主法律解决，胪举世凯祸国罪状，依约法提案劾之，复上书请退位，以是深为世凯所忌。有劝之者，则曰："此议员天职，苟利国家，死生以之，他非所顾也。"更贻书沪上报界，声其罪，世凯侦得之。会友人某，旅天津病，延往诊，抵津经河北，被捕于途，旋移禁于距津二十里外之韩家墅军垒，盖刑人地也。夜向尽，曳出将死之，语其营长曰："我众议员伍汉持也。无罪，以劾袁世凯，为杨以德、王廷桢所捕，禁天津二十日矣，未尝作乞怜语，今死，我非畏死者，惟愿以一枪殪我。我死，毋与盗匪并瘗，识瘗所为示后人访我者。"索纸笔，草遗书毕，从容起曰："趣死我，无憾矣。"遂死之。时民国二年八月十九日也。

越五日，家人始得讯，出都访遗骸，得其遗书曰："我以劾袁世凯而死，死于职权，泰山鸿毛，自有公论。人莫不有死，今以一枪毕命，不犹愈于辗转床蓐求死不得者乎，勿哀。但教育子女自爱、爱国、爱党可矣。"乃易棺殓，归葬于粤。

先生为人醇笃沉毅，怀利物济人之志。为公益事，不惜倾其财与力以赴之。庚戌，奉天大疫蔓延，速且广，各省征医赴之，莫敢应，先生慨然曰："医固所以救人也，死生有命，吾何惧哉。"应征往，存活甚众，奉人德之。尝与马达臣举办赤十字会，义捐资购学堂邻近地，谋筑院赠医，以利平民。华人于国内创办十字会及西医院者，自先生为之始云。夫人李佩珍，擅产科，助治其业，今之图强助产学校、伍汉持纪念医院，皆所手创。抚诸孤成立，能成先生之志。子：伯良、伯顺、伯胜。女智梅。皆毕业国内外各大学，致力于党国社会事，有声于时。中华民国二十四年七月谷旦。

据《胡汉民先生文集》第二册

番禺汤公略传

梁启超

汤公讳睿，字觉顿，广东番禺人。幼与梁启超同学于万木草堂。戊戌政变，急师友之难，间关海外，相从十余年。庚子秋，唐公才常起义汉口，公常来往港、沪间策画，事败仅免，遂留学日本，治生计学，著作为时传诵。民国元年，任中国银行总裁，行方草创，一切规模，悉公手定，后此全国公私金融业多宗之。帝制议兴，公先期辞职，奉母隐天津，衣食不给，不计也。蔡公与袁军相持于蜀中，公奋身入广西，以大义动陆荣廷。陆方有志讨贼，闻公言立决。公又为陆使于广东，风谕龙济光，晓以利害，侃侃一昼夜，龙亦附义宣独立。然龙固首鼠，且为其下所劫持。翌日，开会议于海珠，伏甲焉。议方始，其部将猝起狙击公，公及王、谭两公殉焉。时民国五年三月十三日也。

据《饮冰室文集》

李烈钧传

熊公哲

李烈钧，字协和，江西武宁人。少时豪侠负气，好击剑，至性过人。父仁民，朴讷忤里中富人，富人讼于县，令收仁民，烈钧前首曰："繄烈钧实不肖，必以为罪犯者，烈钧无所逃死，父何与焉。"令贤而释之。会省武奋学堂牒征骁义，曰："是能奋身以纾其父，必奋身纾国矣。"即列上以应。寻选送日本留学，初入振武学堂，以次升于士官，习炮科，谒见国父东京，注籍同盟会，纪元前三年毕业。维时清方创办新军，取则强邻，颇登揽新进少年，革命党人因得稍稍滋植其中，或晦迹学校，藉以为资。烈钧归国，初任南昌标营管带，既之云南，历讲武堂教官总办，兵备处提调，所至要结志士，倡导革命。当事者或内怀疑忌，终惜其才，倍器倚焉。

辛亥，武昌首义，四方响应。烈钧方观秋操太湖，道出九江，留为军政府参谋长。首以计钩致海琛、海容受清指上驶诸军舰，兼称水陆军总司令，下游沿江诸名城，皆倚以为声援。安庆弗戢，身自往定之，皖人奉为都督。武昌告急，回师西援，任为五省联军总司令，兼中央军司令。当是时，汉阳新没，武昌画江自守，城中岌岌，闻李都督至，上下交走相庆。强敌压境，恃以无恐。先是，江西洪江会者，犹川楚之汉流，南昌举义，篡据军伍，势张甚。都督吴介璋、彭程万、马毓宝皆以其故去，悚息莫能自安，父老喁喁，霓企烈钧归。于是清帝退位，和议成，南北兵皆罢。省议会腾电以请，曰："公既无事于彼，幸来活我。"遂绾江西都督印，以三千人归。受事之明日，匪首陈桂林尸于市，由是强者苗薅，弱者妪拊，阎闾乂安。

居江西一岁，值袁世凯统机柄，事有大利害，引绳批根，正言折诤，无所避忌。世凯以其年少，初颇易之，阴遣使结以厚利，烈钧不为动。世凯计穷，谋去烈钧。更置一二大僚，以其党李纯为九江镇守使，自鄂移营，稍以威之。国父之逊位也，固以世凯为能代己也。当是时，国体初更，大本未殖，宇内骤脱于专制梏〔桎〕梏，泰然咸以为富强期在指顾。而革命党人类以覆清为其终鹄，清既不祀，众志冰涣，世凯以故得益怙其权势，翦削民党，以祛其逼。宋案之起，举国指目世凯，国父议欲兴师致诘，而党中疏附，各持异同，谓宜待诸法律裁决。迨烈钧发难湖口，倡先东南，世凯奸谋得展，动被禁劫，烈钧既坐此败，而国民党亦于是益绌矣。初，烈钧居南昌，既以芒角为世凯所忌，大借款事起，民党者持之尤激，世凯畏恶民党，蓄憾既久，乃免烈钧及广东都督胡汉民、安徽都督柏文蔚职。民党由是滋愤，罪状世凯，奋起致讨。烈钧受代已去矣，比是，奉国父命，自沪回湖口，被推为七省讨袁联军总司令，时纪元二年七月十二日也。七省者，宁、沪则黄兴、陈其美，安庆则柏文蔚，广州陈炯明，福州许崇智，长沙谭延闿，重庆熊克武，皆与烈钧援桴相应。江西自光复，聚兵至七八万，冗滥已甚，烈钧为都督，整汰为两师，训练未就，独林虎防守沙河之一旅，号为能战。敌水陆并进，霆震山压，鏖战逾旬，南昌、湖口相踵俱陷，所恃惟湘、粤援军，然皆不获以时遣发。烈钧退萍乡，于是程德全、孙道仁首鼠者皆倍义为利。烈钧既败，七省瓦裂，凡五十日皆破，即世所称二次革命也。

烈钧英迈敢为。大义所在，奋膺而起，不择利害祸福为去取。临敌敏决，骁于智略，忠党爱国，天禀自然。其于国父，乞脑剜身，靡所于靳。国父亦倾忱礼接，每进见，必离席迎之，他人罕与为比。湖口事讫，世凯公肆披猖，明令解散国民党，撤国会，僭端见矣。烈钧方随国父东渡日本，闻之僭焉忧叹，念国内独云南唐继尧同学相善，其下兵将，大都向日鞭弭旧人，乃阴相契结。自巴黎谋归国再举，阻于西贡，转至新加坡。无何，筹安会起，继尧迎烈钧入滇，起兵护国，与蔡锷分任第一、第二两军总司令。率师入粤，降龙觐光，下韶关，龙济光跳琼崖，广东悉平，世凯忧惧死。

六年，护法军兴，国父膺选为大元帅，军事倚办烈钧。援桂之役，以参谋长帅滇赣两军，首攻入桂林，陆荣廷由是不振。龙济光之自琼州再出也，连陷江雷、阳江，愕起不意，以参谋长讨平之。讨陈炯明也，国父督师石龙，以参谋长扈节。炯明突进至瘦狗岭，广东震撼，激励将士反攻，遂大破之，克博罗、增城，炯明走惠州。援赣凡再举，最后前锋攻达吉安、抚州，而"六一六"变起，仓卒回师，功不时就。方国会议请国父权摄大总统职权于广州，煽联省自治说者颇构异议，烈钧抗陈大义，众志乃定。

十五年北伐，以中央执行委员一〔兼〕任江西省政府主席。首建大计，请尊遗教，奠都南京，以端视听。龙潭之战，孙传芳倾师南袭，方任国民政府主任委员，发谋指纵，神机独运，强寇既冠〔刓〕，都城复安，厥功尤伟。三十五年三月，卒于重庆。年六十五。

论曰：当湖口举义，洪宪之号未起，孰不以为安有是事。诚令世凯悔祸自戢，幡然改图，则护国之师，亦将不作，悠悠之论，其何如哉。志士仁人，奋身犯难，出万死不顾一生之计者，亦曰义存焉尔。又孰能沾沾于瞬息是非成败之间，而为之进退哉。烈钧本起韬钤，好近楮墨，尤擅汉隶，人得其片纸，珍同拱璧。晚病风痹，多居沪滨，足不良于行，日以《史》、《汉》自娱。每后进请益，必勖以珍惜父母遗体，竭忠报国。说者或以为烈钧不戒于色，晚而失健，拊髀自艾，故不觉谆谆如此云。

据《国史馆馆刊》第一卷第三号

张君权厝志

向　楚

民国四年四月日，前四川都督民政长张君列五柩，旋自京师，故人客海上者，皆曰君创义重庆，光复四川五十七州县，安主客军，不糜烂百姓，及统一全川，首退让，有命备咨询，立解职离去，德功甚伟，其生平自有传。今以龃龉穷市隐津门，课织以为食，于国事几绝口不复道，顾乃间于一二宵人之怨诬，构狱冤杀之，藁弃与万人同坑死，从子钟玙里人潘拭家，尸之血三日流，朋友袭殓，不能于礼。同死者酉阳邹杰，杰前蜀军时治夔府有声，性坚苦绝人，顾不喜激进，君方为装与杰之晋事牧垦，未行而及于难。君年三十九，荣昌县人，讳培爵，以是年一月七日逮京师，三月四日死于市。妻王氏。一子钟洛，尚幼，留学法兰西。女三，长者已字人。弟培禄，闻君丧，尽君田二十余亩，质金以归君骨。诸故人皆曰："仁贤如列五而不得其死，身后又如是，岂惟道途之阻，乡里小儿好成败是非，且贻为口实，以重益家人之悲，不如留棺以待，古有以衣冠葬者，其荣哀何如也。"乃权厝沪上宝山里，其友人某为之铭，铭曰：

生如是，死如是，虽藁暴，其犹未悔，皇天而有知，必有以慰君，北邙者贞之以石，俾勿忘也。

据《革命先烈先进传》

祭陈其美文

孙　文

民国五年六月日，孙文谨以清酒庶羞，敬奠故都督陈君英士之灵曰：

呜乎！英士。生为人杰，死为鬼雄。唯殇于国，始与天通。亡清季年，呼号奔走。濒死者三，终督沪右。东南半壁，君实锁钥。转输不匮，敌胥以挫。孤怀远识，洞烛奸宄。好爵之縻，避之若浼。贼恶既淫，更张义师。奔虽云殿，自讼责辞。毖后惩前，文厉主张。彼惎文者，缪诋为狂。君独契文，谓国可救。百折不挠，以明所守。疢疚弥年，未偿逸暇。我志郁伊，赖君实写。君总群豪，与贼奋搏。百怪张牙，图君益渴。七十万金，头颅如许。自有史来，莫之或匹。君死之夕，屋欷巷哭，我时抚尸，犹弗瞑目。曾不逾月，贼忽暴殂。君傥无知，天胡此怒？含笑九原，当自兹始。文老幸生，必成君志。呜乎哀哉！尚飨。

据《孙中山全集》第三卷

钟明光传

失名

钟明光，字达权，广东兴宁人也。少孤，家贫，因受遗训，仍竭资求学。喜读英雄传，每遇荆卿、聂政事，辄掩卷叹息。性孝，值粤荒，家益窘，乃弃学就商，谋甘旨以娱亲，跋涉赣、闽、湘数千里，不以为苦。嗣赴南洋，痛内忧外患，互相迫逼，国将不国，乃投身革命党，广结纳以策国是，冀中国不为波兰、高丽之续。

辛亥和议告成，君扼腕曰："革命不彻底，大错铸成矣。"民国二年，讨袁军兴，只身返国，抵香港，而义师已覆。乃潜回家，恣情山水，寄意吟咏，其重九登神光山句云："大局重为和议误，中原多难此登临。"其怀抱可想见矣。时袁世凯通令各省弋党人，势将罗及，乃重渡南洋。袁氏穷索党人有日，意党人之杀逐净尽于国内，帝欲可达也。益以欧战爆发，欧洲各国，自顾不暇，乃与日本订二十一条卖国条款，以为帝制交换品。举国反对，风起云涌，龙济光为粤将军，竟反电袁氏，请提灯庆祝。时明光已返粤，谋倒袁，闻之，益痛不欲生，曰："非先杀龙贼，无以示儆。"以困于资，进行阻碍，乃因李估汉、罗划湖、李雅陶，介绍于丘汉苗，入暗杀团，以扑龙济光为己任。

时龙在粤肆虐，知党人欲得而甘心，因深居简出。伺之累月，未得当，乃乔装小贩，日肩生果，伪贩于各要衙署，暗藏罐形之炸弹，冀伺龙，不得，或得其兄广惠镇守使龙觐光也。又匝月矣，适粤省遭水火大灾，龙意党人或懈于窥伺，因赴龙觐光宅，道经积厚坊，明光从容掷炸弹击之，伤龙左足，卫队死者十七人，伤者无数。明光被捕，时民国四年七月十七日。次日龙吏贺文彪以凌迟处死预告之。笑曰:“果尔,则龙贼或不免,吾无憾矣。”十八日行刑,先以火油灌其体,焚之,气将绝,方行凌迟刑,复剖腹而裂其尸,惨哉!

明光进暗杀团后,作自挽诗五古一,七绝二,七律二。于五月二十八日,缮绝笔书,致南洋坝罗国民党支部、羔杯山广益学堂、暗邦学堂。六月十九日,缮绝笔书,致丘汉苗。二十,缮遗嘱。二十二,缮绝笔书,致振民女同志,及缮绝笔书,遗侄烈发。从容就义,于兹可见。其致身为国之诚,与孝友慈祥之性,跃跃纸上,尤足令人读之而兴起。明光就义时,年三十有五。母七十一岁。妻陈氏,子一,女一,均幼。故遗书尤再三致托也。

论曰:天下惟至性人,能具大勇。观明光遗书,纯孝出于天性,特以不忍亡国之痛,扩其孝念,以除国贼,俾国民免奴隶牛马之辱。抱至仁之心,行大勇之事,百折不回,一以从容出之。吁!可风已。

据《革命先烈先进传》

柏文蔚传

王宇高

柏文蔚，字烈武，安徽寿人也。弱冠，成诸生，见清廷不政，国日弱，忧之，乃倡天足会，喻戒妇女勿缠足。又设书报社，以《扬州十日记》、《嘉定屠城记》及邹容所著《革命军》等书，使人传观，观者辄感愤思起，皖人之知革命，盖始乎此。岁己亥，文蔚求新学于省垣求是学堂，闻清廷与俄罗斯订西藏密约，乃奔走号呼，痛陈清廷丧权辱国之非，清吏怒，文蔚乃退学去。

庚子义和团之役，文蔚与赵声、汤作霖等组强国会于南京，谋反清以抗外侮，事泄，作霖死之，文蔚走还，入武备学堂学军事。癸卯，太和武举人郭其昌，豪侠而有徒众，方以杀人下狱，文蔚遣人说其昌举大事，其昌遂密戒其徒铲子、锤子等率众从文蔚。部署未定，其昌以罪诛，文蔚出走皖北，遍访张孟介、岳相如诸志士，与之约誓。到芜湖，与李光炯、刘光汉等组秘密机关于安徽公学中，又与陈仲甫立岳王会，招收少年有志之士。先是总理创兴中会于香港，文蔚慕响之，遥为呼应，至是江淮间革命之根基益固。

甲辰，文蔚为南京防营第二十三标管带，会总理遣吴旸谷归国，组同盟会长江分会，文蔚遂与赵声、倪映典等隶入焉。会孙毓筠、权道涵、段云三人，又奉令殂〔狙〕击清两江总督端方，文蔚为具爆药画计，事泄，毓筠等下狱，文蔚乃亡命关外。东北边防督办吴禄贞，见文蔚奇之，辟为哈尔滨屯垦营管带，文蔚说禄贞起兵据满洲，清廷侦知之，免禄贞职，文蔚走窜山谷，阴求豪杰。数年，遍东北诸省，得交祁耿寰，耿寰为介刘旦子、天边羊等，是等辈皆红胡中渠率也。辛亥，与奉天冯麟阁、蓝天蔚等约期并起，是七月间事也。

八月，武昌之师起，皖中同志促文蔚南还。文蔚还，过上海，与陈其美、黄兴等决大计。由其美主淞沪军务，兴任武汉，文蔚负收复南京之责。当是时，清将铁良、张勋分屯南京、浦口，扼江南北甚固。文蔚间行到秣陵，说南洋第九镇统制徐绍桢，使率部起，约定，还上海，运枪弹前到镇江，闻绍桢被勋击破，亟进，收余众，渡江攻浦口。先是文蔚在途，令张孟介起兵攻寿州，袁家声攻蚌埠，至是皆下，安徽平。勋、良大惊，夺车北遁，于是南京亦定，时十月二十四日也。总理自海外归，以文蔚为第一军军长兼北伐联军总司令，文蔚率联军五军追击勋于固镇，破之，进拔徐州。

民国元年，南北议和，军事解，文蔚任安徽都督兼民政长，到即厉禁鸦片，民国之禁鸦片，文蔚为最先。二年，袁世凯谋逆，总理召文蔚到上海计议，文蔚条陈划款购械、联络海军、修筑吴淞炮台三事，且愿首出讨贼。总理谓应先引贼军南下，然后出奇要击其后，乃以黄兴总宁军、陈其美总沪军先发，文蔚总皖军以待。文蔚还，与江西李烈钧、湖南谭延闿、广东胡汉民约宣告独立。又与云南唐继尧、四川熊克武连结。世凯闻，即免文蔚、烈钧、延闿、汉民职，世所称讨袁四都督也。顷之，江苏都督程德全叛变，兴出走，而皖将胡万泰亦叛，文蔚退芜湖，宁将钱通、韩恢等逐德全，迎文蔚，文蔚入保南京。然兵无战志，贼军锐甚，南京陷。其美在上海亦败。文蔚乃走日本从总理。

四年，与烈钧、方声涛如南洋募军资。六年，归国，任川鄂联军总指挥，屯于施南、夔州之间。九年，改任鄂西靖国军总司令。十一年，改任长江上游招讨使。十二年，召还粤，任建国军第二军军长。十三年，以中央执行委员北上，整督西北党务，又与冯玉祥、阎锡山计画会师。十五年，以国民革命军第三十三军军长从总司令蒋公北伐。十七年，改任北路宣慰使。十九年，被选为国民政府委员。文蔚久经危难，厌苦兵战，在施、夔时，已耽禅悦，及卸兵柄，翊赞中枢，筑室于玄武湖畔，萧然有湖上骑驴之致焉。二十六年，抗日战起，国都西迁，文蔚入蜀，又被选为中央执行委员，迄日本降。还都，又被选为中央政治委员，其兼国民政府委员如故。三十六年，有疾，就医上海，以四月二十六日卒，年七十二。

文蔚好学，喜吟咏，亦喜作行草书，著有《五十年革命大事记》。三十七年五月十九日，国务会议通过六先烈国葬案。六先烈者，文蔚与陈其美、张继、郝梦麟、李家钰、覃振也。其令褒文蔚曰："光复皖省，功在乡邦。晚节艰贞，不忘靖献。树勋宏伟，国史垂光。允宜特予国葬，以示优崇。"

据《国史馆馆刊》第一卷第三号

胡定伯先生墓志铭

郭希仁

胡君应文，一名静，字定伯，秦之耀县人。生赋侠姿，性慷爽，尚气节。少读书，好习政治家言，未弱冠，即悉世界大势，慕孙中山先生之为人，喜谈革命，深以满清科名为可耻。入学后，不复图进取，弃而就商业焉。顾未尝一日忘素志，潜购革命诸书，以日间居肆，交际繁，不便观览，于夜隙匿灯于衾读之，尝阅卷未终，愤激切齿，周夜傍徨，恨不能急起革命军，建造新国家。然念陕西僻处边陲，风气晚开，同志寥寥，欲大事鼓吹，则限于地境，不得善策。又恨清吏捕党人严，都人士亦多未解革命主旨，漫与道说，必至群相惊愕，以不密败事。而家庭间又诸多为难，恒隐忧于心，神志若失。其父耀庭公觉而诘之，君以实对。耀庭公曰："中国积弱，由满洲失政，不急排除，行将为亡国之奴，自叹老无能为，汝肯为国效力，余心甚愿。但当一往直前，以传名史册，勿以身家性命为虑。"由是内无挂碍，立志愈坚。窃向幼时诸同学演说其事，和者渐众。君倾心待遇，情逾骨肉，始终不渝，遐迩闻其名，故同志之至其家者，踵相接也。同郡宋君元凯，留学日本，主张革命，与君契，得绍介注同盟会籍。自后凡关于陕北运动，皆君是属。以耀州城所设肆，定为北部机关。庚戌夏，井勿慕、邹子良诸君密商，择地于耀州北庙湾，设一牧羊场。次年，又在宜君县之姚村镇，开设铁厂。联络河北一带刀侠，为举事预备。壹皆君是主。

辛亥八月，武汉义师起，省垣首先响应，君闻知，即与井、邹诸君，率健儿数百，建义旗于州东五台山，一呼集数千人，军中供给，皆君任筹备。嗣秦军府任井勿慕为北路安抚招讨使,司令部于三原,编防御五营,任君为指挥,并管筹饷事。部署初定,井军率师援晋,加以毅军、甘军东西夹攻,省垣军队尽临前敌,北路空虚,军府任君为北山民团使。时土匪所在蜂起,乘势劫掠,乡里骚然。君督率乡团与各属知事团绅联络,密擒著尤土匪,斩首示众。更募行团,一如陆军营制,精心教练,驻扎耀、同并金锁关等处,地方赖以安全。计自提倡革命,迄于共和告成,就中如开会结社之需费,同志往来之馈赠,起义后军垣之捐输,办团时公项之赔垫,均费不资。君家固不甚丰,而能如此,人有称之者,君曰:"今且置生死于不顾,何论夫财产?"其豪迈如此。

民国元年七月,权知同官县事。同官当反正时,遭土匪盘踞,人民逃避一空。厥后时有匪党造谣,煽惑抢劫,百姓惊恐,不敢归家安业。君莅任后,以招集流亡为急务。一面查拿土匪,一面开导乡愚,人民闻风回城,不一月间,商肆于市,农耕于野。其余如修城垣,筑河堤,整顿学校,筹设警察,无不次第举办。在任五阅月,地方秩序井然。十一月,交卸同官事。二年八月,署洵阳县知事。十月十四日,凤翔变兵窜南山过境,攻城劫杀,君仓卒闻变,即督率团警,登城守御,相持数小时,卒以力单械钝不敌,于北城中弹溺水死。越三日,始由县东十里许之深潭寻获尸躯。呜呼惨矣。

嗟夫!中国数千年民无教育,充兵者尤多无赖子,反正后,益加骄横,乘机辄谋暴动,统驭者弗亟思教练约束安置之法,致兵变时见,掠闾里,戕县官,使君不死于运动革命之际,东西战争之时,而死于共和告成之后,知君者以重为悲痛也。曾祖虞印,祖增春,父振烈。母杨氏。妻刘氏。子二:正修、正身。距生于清光绪十二年五月十七日,民国二年十月十五日殉难,时年二十八。于三年三月二十六日,返柩归葬于耀县东郊药王山前,墓茔卯山西向。临潼郭希仁为挥泪而志墓石,并缀以铭:

芸芸众生,身家是计。草木同荣,蜉蝣同死。佼佼胡子,识解独卓。舍命奔走,毁家为国。修短有数,夭寿不齐。暴兵为变,仓卒捐躯。英魂凛凛,阿护国民。侠骨此北,敢告后人。

《秦风周报》第一卷第十七期

范光启行状

范天平等

范烈士讳光启，字鸿仙，别署孤鸿，安徽合肥人也。少好学，以文章博雅称于乡里。家贫，躬执勤劳苦，而笃学不倦，遂研精书传，知名学校，大为海内鸿儒所推敬焉。年二十八，游上海，于右任致之《民呼报》，则日为文倡革命，辞气慷慨，读之者无不激扬。时日入侵中国急，烈士叹曰："汉族不幸，清政失纲，东夷乘衅，陵铄诸夏，惧将倾覆，国家沦丧，斯诚志士效命致节之日矣。"乃著文声讨，刊之报端，当道大惧，亟捕于右任下之狱。先生徒跣奔走，呼号营救，讼之会审公堂，对簿侃侃，辞色不挠。谳具，报禁，而于右任得以赎论。先生由是名震远近，与陈其美、宋教仁，并以英才伟节，为民党冠冕。

广州之役，武昌之师，先生参谋策划之功多焉。义兵既起，江东响震。当此时，清第九镇统制徐绍桢，以精兵万人军金陵，别校卒伍多欲举事应武昌，议论未定，而贼将张勋仗防兵谋固守，出军屯雨花台，严陈与第九镇兵相距，诸校汹惧，势将瓦裂。烈士说绍桢曰："满清无道，百姓分崩，今义师奋起，海内响应，此天亡之时，明将军盛德英才，总兹戎重，苟动枹鼓，扶义征伐，孰敢不从？以此诛锄胡虏，匡济华夏，诚千载一时之机会也。"绍桢然其言，勒兵攻雨花台，弹竭不克，连战不利，众多离散，退保镇江。先生与林述庆、柏文蔚、陈其美，协同策谋，勾合义师，浙、沪谋军，飘扬云会，遂力攻金陵，克之。张勋遁走，江表底定。烈士才略纷纭，智能命世，江、淮豪隽，多相亲附。既自负壮志，且欲扬于曜甲，与群雄并驱争先。夙于江、皖之间，结殖根本。至是乃请于总理，募壮士五千人，号铁血军，自将之，搜讨军实，简练甲兵，为北定中原计。会和议成，南中诸军皆放任，烈士流涕太息曰：“伪孽虽去，袁贼未枭，北庭诸将，各仗强兵，跨州连郡，人自为守，而无降心，今权一时之势，以安易危，共和之政，不三稔矣。”遂以军事属龚振鹏，躬还上海，杜门悬车，跌宕文史。皖人数推为州将，袁氏屡诱以好爵，并称疾不起。

及宋教仁被戕，南中义师将再起，民党诸魁杰，群以皖事推烈士，则先使龚振鹏潜师袭颍州，自入芜湖，建军府，发兵徇大通，北定淮上诸郡。金陵溃，义师连战不利，犹协同柏文蔚进屯安庆，与上游袁军相距。会文蔚将胡万泰叛，倪嗣冲倒戈，攻军府，举城大恐，先生直出，将死之，有材官扶之登舟以免。义师既潜〔熸〕，袁氏为列章下州郡名捕烈士，乃变姓名，亡之日本。知革命事业之屡未成功，皆由同志之信道不坚，乃力赞总理创立中华革命党。

居无何，奉总理命，还上海，图再举。先是，贼将郑汝成既踞上海制造局，为围堑数重，筑垒列炮，修理攻守，简练器械，义兵悉众攻之，不能拔。至是乃即其中设镇守使署，日遣缇骑，推考逐捕，民党患之，烈士乃与陈其美谋冒危难以图之。陈元辅者，旧执役制造局，烈士乡人也，素推敬烈士，纠合同志十数人来附，转相钩致得数千百人，烈士益奋厉发舒，期一举而下上海，日飨士卒，卒皆乐为用，附者益众，数请杀其将校，举事应烈士，烈士持重未发。汝成军屡夜惊，会有中诇〔诇〕讦陈元辅谋泄，元辅死之，烈士谋益急，汝成大恐，使刺客夜狙杀烈士，时民国三年九月二十日也。

烈士性慷慨亮贞，勇烈过人，尤笃慕风义，与张静江、沈缦云并著交期。又能轻财结士，在《民立报》馆，日所入，尽以周同党，不以一钱赡家室。素好聚书，所藏多精刊，方图上海时，资用常不给，则所举蓄书数千卷斥卖之，犹不足，至质帏幕，故来附士卒，皆感其惠。没之日，有泣不可仰者。亦所谓大业未就，亮节弥昭者已。子天平、女天德谨状。

据《革命人物志》第四集

夏烈士次岩墓表

谢无量

呜呼！此即夏烈士次岩之墓，有志之士亦为过而流涕者也。古称杀身以成仁，夫人情大抵爱生而恶死，匹夫匹妇自经于沟渎，其亦以死者，末乎云尔。独巨人君子为天下国家之故，糜躯断脰，不挠不悔，事虽不济，其气如迅雷之撼百物，犹足鼓一世而从之。史书亦载治乱兴亡之迹众矣，其间何尝无敌国外患，若元恶大憝，俨然持刀俎相凌，藉使天下皆柔如脂，驯如羊，恣其屠噬，莫敢谁何，而后一二邦族之强兴焉。此民之秉彝亦赖以不坠，国之大命亦赖以不亡。君子去仁，恶乎成名？吾非不恶死，吾恶乎去仁也。此后之人亦由追思恭敬而不能忘焉者也。夏烈士既死十二年，吾党入南京，始大录其勋，旌其墓。久之，其孤女纯来请曰："愿书先君行事，揭诸神道。"

按状：烈士讳尔玙，字次岩，浙江青田人。少有大志。清末，入安徽武备学堂，多交结皖中豪俊。徐锡麟、熊成基二公举事，烈士已与其谋。建国后，参皖中军事会。袁世凯当国，谋杀宋公教仁，长江诸将起而讨之，烈士亦以偏师起皖南，驰檄响应，事败，欲间道袭浙江未果，走日本。时总理孙先生在日京，方以中华革命党号召，尤雅重烈士，委以浙江司令长官。烈士奉命回国，将图大举。袁世凯谋称帝甚急，大索捕党人，或讽烈士少欽避，烈士叱曰："吾安畏彼哉！"四年冬，以肇和兵舰发难于上海。明年至杭州，浙人逐朱瑞独立，阳礼厚烈士，而阴与袁世凯通款，且以重利啗诱，烈士不为屈，遂被害于梅花碑下，时年四十有五。盖民国五年五月一日也。佥人方自庆以为得志，而烈士自此大矣！仁者必有勇，夫岂以死生祸福动其念哉！烈士无子，有女曰纯，习画。

烈士墓在西湖岳坟之旁，同时被难，有新昌丁烈士仲山及湖南许烈士铁崖，亦附葬焉。党议追赠上将军，今西湖之上有陈公英士戎服立马之像，与烈士幽宫相望，可以立懦夫之志，发仁者之心。世与道交相丧久矣，有将拨大乱、成大仁者乎？庶几凭吊于斯。中华民国二十三年十二月立。

据《革命人物志》第三集

徐秀钧墓碑

蔡元培

中华民国二年夏，湖口兵起，江宁、上海继之，以讨袁称名，事败，株连逮捕者甚众，九江徐君与焉，呜呼哀哉！

君讳秀钧，字子然。少孤，事母孝，好学，不主家计。弱冠，补县学生员。有志者竟游学异国，君闻而好焉，请于母与祖母而之日本。期年归，辄以闻见语乡之人，乡之人习闻外国事，慕而往者益众。已而君游学英伦，绌于财，益自刻励，佣于海舶以往。至则驻英公使汪大燮深器之，计窘苦濒绝者屡，间不足，卒辞焉。居五年，通理财学而归。东三省总督徐世昌，辟为参议厅参议。邮传部之遣人赴奥习邮政也，以君习之，彼方事檄率以行部署已，复躬赴德国，就来比锡高等商业学校，劬学不倦，其性习然也。三年归，迁法制局参事。明年中华民国元年，改总统府军事秘书。李烈钧都督江西，辟顾问兼总理民国银行。又明年，被选为众议院议员、宪法起草委员会委员。时政府违法借款事发，君在议院抗论，招谤速祸，自此始矣。初，君虽给事故总统袁公府，而心不善其所为，阴泄其谋，当局憾焉，而无以罪之。会军兴，目为间谍，执付江西降军勘问，遂罹于难。此二年九月一日也。年三十五。清光绪己卯□□十四日酉时生。

元配刘氏，继配罗氏、陈氏。生女二。无子，以弟子宝琛嗣。

君殁三岁，而袁果败，今总统继任，始得昭雪。邑人将以四月十六日，改葬君九江大南门外之小川岭首申山寅兼坤艮为茔。其从子宝璜以状来征文，余谓君死国事，志虽不遂，视变节求利之徒远矣。矧为志同道合之交，中年摧折，学不竟用，兹足悲也已。铭曰：

有韫于中，将乘时而行也。呜呼徐君，坚志不忍而忽焉以亡也。家之屯也，国之殃也，铭贞石以安其藏也。

北京大学校长蔡元培撰。

据《蔡元培全集》第三卷

谢持行述

谢家田

先考讳持，字慧生。先世明洪武中，自湖广由黔入蜀。逊清据夏之初，始奠居富顺县南之全家冲，有田数十亩。至曾祖考荣先公，以生齿繁，婚嫁累，浸以拮据，遂肆意于商，乃货田，命伯祖考芳祖公、祖考芙卿公、镜湖公理以为业。芙卿公无子，曾祖妣邹太夫人病弥留，命镜湖公曰："汝将生子男也，以后汝仲兄。"纪元前乙亥年十二月二十二日丑时，先考生，二日遂以为芙卿公后。镜湖公又有子二人：曰振鸿，字仲光。曰振清，字仲琦。越九年而异爨，又三年乃别居。是时吾家稍自给，先考遂笃志诗书。壬辰，吾母钟氏来归。乙未年，不肖家田生。

初，先考之与胡静安、谢树芬、管鹿田、姜选臣、高笃臣、刘式之诸先生游也，讽籀讲贯于先哲之言行。及入江阳书院，事简达斋先生，始会友以文，切摩以善，观时察世，思济天下矣。戊戌，镜湖公逝世，家贫葬薄，先考恒引以为憾。己亥冬，入邑庠，虽仍治贾人事，而手不释卷，惟其行也免负儋焉。其明年，先考以逐利违心，复修初服，遂考入川南经纬学堂，讲通经致用，尊闻行知之道，因自号曰守愚，赵尧生先生为易曰愚守。入校即为学长，同门同志，渐以日新，观夫天人之际，革命之情，隐然萌矣。壬寅，之成都，旋赴粤，过浔州，至上海及吴淞，病还，由宜昌溯江返蜀。甲辰，讲学于树人学堂。乙巳，开办富顺县第二小学堂。

恒曰："西邻政以日新，皆由政党。吾国异族当权，政窳民困。且古之君子之于天下也，莫不有党，欧阳公言之审矣。"或曰："有党则争。"曰："不争，则理不顺，事不明。虽然，天下有事，则当内息其事〔争〕，御外侮也。”其夙志如此。是年秋，又办先志学堂。未几，应荣县蚕桑学堂聘。丁未，返富顺第二小学堂。二月，入同盟会，任同盟会富顺县分部长。会成都商务总局总办周孝怀先生，前经纬学堂教习也，电召任文案。于是锐意革命，密谋十月二日，收四方豪杰，起兵据成都，及期不济。十月二十八日，以两王母生日，请假归富顺，是夜案发，成都被逮者数人，皆尝与闻其事，有得脱者至吾家，谋所以营救之。时黄肃方、曹叔实诸先生亦来，与共密商于自流井王爷庙后山。及入省，始知前事尽泄，不得已亡走乐山。清大吏捕先考急，乃走沪，匿易姓家，改姓朱氏，号惠生。后屡迁卢姓宅，及泸州城西门外天子殿，二甲岩张氏学校。或有言先考已变名伟虎者，遂有人捕先烈谢伟频于贡井以献。同邑杨子云来，贻五十金，因得至巴，主淡宅旸先生，续得晤同志诸先生，面于朱叔痴先生有深契焉，遂兄事之。寻与宋绍增、黄复生先生东行，比及奉节，人有识为谢氏者，因知改姓不易，至宜昌，复姓谢氏。到沪未久，谋返蜀，由武昌至渝，留张夷白、刘季恢、刘西恢家，遇诸同志，多以道义相励，患难与共，久而弥敬。虽或为不相知者诟厉，然而至今尚无渝者。其后至上海任新中国公学学监，同人有书来邀入秦相牧地，遂由开封、滑县至长安，历同官、凤翔，适邹汗青先生至，得地数百亩于凤翔东北之张家山，共畜牧焉。又相陇州高汉川吴山各地，欲以恢其业。庚戌冬，先王妣没，先考闻耗，与四叔仲光走奔，丧已窆，哀毁致瘠。

辛亥，任巴县女中学教员。是年清廷收川汉铁路归国有，人民抗争，四川省谘议局议长及铁路股东会会长等被捕，遂激民变。党人分道徇城邑，民气愤动不可抑。先考时在渝，谋据渝策应。会端方帅师入蜀，舟中满载军械以随。过涪州，计赴长寿伺取之，不果。其后武昌以起义闻，十月二日，遂于巴县举兵，不血刃而定，举张列五先生为都督，夏亮工先生副之，先考任总务处长。蜀军政府初成立，法政不完，政皆归总务处，先考每夜分不得息，亦已劳矣。忽王考在家疾大渐，先考闻信，即乞假率不肖归省，至则王考已卒。营葬甫毕，蜀军四川两都督府合并，张列五先生来书督促，遂要隆昌道中，同赴成都，共定都督府，仍以尹硕权为都督，张列五副之，董特生为总务处长，先考副之。数月，文武分职，副督改任民政长，先考改任参赞。时有议遣学生留学法国者，不肖以先考之绩，得与斯选。

民元十月，先考去职家居。二年，被选为参议院议员。袁世凯方欲帝制自为，先考与黄复生先生等，挟利器往图之，不意为共事周予觉自首所败，先考竟被逮，而诬称曰血光团，大搜无所获。方鞫讯时，问何名，答以国会参议员。议院闻而诘之，事乃解，礼送先考出。天下将起兵讨袁氏，有来告者，因避之东夷，但为书以袁氏捕议员告天下。三年，孙中山先生为中华革命党，求同志，陈英士先生为总务部长，驻沪，先考为总务部副部长，驻东京，分掌其事。总务部责任綦重，凡党人之出入，皆取决焉。五年，中山先生归国，先考留守党部。及袁世凯死，乃还国为参议院议员。不肖始返国，于上海相见。本党更名中国国民党，先考为党务部部长。六年，黎元洪解散国会，张勋复辟，先考走上海，中山先生率海军护法，遂之粤。国会南迁，举中山先生为大元帅，先考为元帅府参议。七年，中山先生去粤，国会仍举为总裁，代表徐谦请假，先考为司法部次长，代理部务，兼代总裁。本党续有变更，先考仍被命为党务部部长。不肖复之法国。九年，先考辞去各职。秋，国会迁四川重庆，先考代表中山先生与伍廷芳先生入蜀，至怀德镇，怀德去家仅百里，阻兵乱不得归，反走渝，还沪上。时粤军回粤，中山先生与伍廷芳、唐绍仪及陈炯明为总裁，中山先生兼内政部部长，先考赴粤，即以内政部次长相委。十年四月，国会举中山先生为大总统，先考改任总统府参议，旋任秘书长。不肖于是年返国。中山先生欲免陈炯明职，召先考商之，对曰："先生视汉民、精卫如何，若无异议，可也，如异议或去而之他，则不可。且炯明在桂，须视仲元之意也。"先生默然。十一年，总统府灾，邓仲元被刺。六月，陈炯明难作，先考方在总统府中，变生仓卒，几不免，微服潜往黄埔，谒中山先生，共商定乱大计，即受命之香港，筹款济师。其后，中山先生到沪，先考往北京，黎元洪以总统出席国会，先考出而诘之，黎不能答。旋黎旌以嘉禾章，不受。是年冬，本生王妣卒，因谣诼不得奔丧，遥设虚祭而哭。十二年，先考与杨沧白、卢锡卿诸先生计，以滇军平陈炯明乱。中山先生还粤，为大元帅，去上海时，以孙文印见畀曰："凡党中应由总理签名者，悉以委焉。"其见信任如此。十三年，本党改组，采用委员制，先考被举为中央监察委员会委员。曹锟贿选总统，国民革命军起，党人之在北者，请立军事委员会，有未获命者，先考以为可矫命为之，及总理来，乃请罪焉，其勇义达权，有如此者。

二十年五月十八日，先考忽病右手足不遂，时广东已立国民政府，犹被举为国民政府委员。九月十八日，沈阳变作，因走北平，访张溥泉先生，谋御寇。旋南下，为中央监察委员会委员，又被举为国民政府委员、广州西南政务委员会委员。时病固未愈，由上海赴杭州十余日，病复发，几为周痹。先是，在广州时曾患重病，因国事鞅掌，不皇宁息，故至此极也。于是奉养沪滨，庶几少间。惟目击外患之日急，内争之未已，每有故旧存问，咸勖以一其心志，共济时艰。而九域又政异俗殊，未能齐一，威令不信，分崩可虑。二十五年，中央开中国国民党第五届大会。先考以为一民之效，其在斯乎，力疾预谋，遣曹任远促西南党务部同志赴会，身亲到京，出席会议。真诚感人，无远弗届，党政归一，用奠国基，其为国勤劳，亦云至矣。然其宿疾，固以加剧，医者咸以为宜静居摄养，或有事变，家人蔑敢以闻。比及两年，禁以稍弛，宾从偶为道及两年中事，感喟伤嗟，或致涕出，恒冀早瘳，献其身以备世之急，径就疗养诺尔医院，费既不赀，效则甚鲜，历试诸方，靡有中者。往年倭夷入寇，先犯冀、晋，复窥扬、越，海隅不可以久居。矧沉滞之疾，又难与闻政事，乃俯从家人故旧之请，暂返故山。初居重庆，复徙成都，不肖尚谓客久归来，故乡风物，望之畅然，淹沉之患，可豁然已。何意自冬徂春，衰羸日亟，竟于二十八年四月十六日子时，弃不肖而长逝耶，呜呼恸哉！

不肖家田奉侍无状，不知亲老病笃，不能废离，因事远出，致易箦之时，未得亲启手足，伏聆末命，不孝之罪，岂可逭哉。先考不治生产，三十余年，转徙中外，恒乏资斧，虽或取于公府，不给，则咸赖诸友朋之周济，初无筐箧之藏，以没其身。先考为人，孝惠慈和，廉明仁勇，履忠不忒，守义而安。自有志四方，居家日浅，虽颠沛之际，祭享则庄，每念所亲，辄以陨泪。接物未尝有牾，济人必慰其情，不多己之施，不没人之惠。持身则俭而易足，临事则察而不急，攘夷硕画，莫或先之。人亦有言，或曰先曰后，先考持论，则在一心。虽曰人之云亡，而遗策具在。今蒙国民政府不遗故旧，叙其先劳，旌以国葬，褒扬有加。惟不肖不能述业继志，显扬于来日，有负国家，有忝先德。略述所闻，不能详尽。先考自著有《天风澥涛馆六十自述》，是为实录。

先考原讳振心，继改振新，幼名桂林，字铭三。生于民国纪元前乙亥年十二月二十二日丑时，卒于民国二十八年四月十六日子时(废历二月二十七日)，享年六十有五。配(母)氏钟慧龄。不肖男家田，法国经济大学毕业，娶同邑范氏文瑜。不肖女三：长德婉，适自流井曹任远博士；次洁修，适江津罗甫民工程师；次袢涵，字浙江徐志皋工程师硕士。孙男：联枢、联极、联本、联荣。孙女：联荃、联蕙、联荪、联菁。外孙女曹咏先。外孙曹慰慈。谨状上闻。苫块哀荒，语不秩序，伏惟矜察。孤子谢家田泣述。

据讣告

蔡锷传

钱基博

蔡锷，字松坡，邵阳人。年十四，补诸生。十七而负笈时务学堂，梁启超主讲席，遂奉手焉。然得启超之心传者少，而受杨度之薰染者为多。杨度，字晳子，湘潭人也。尝受经王闿运，自谓承其平生帝王之学，而留学日本，倡君宪救国之论。而锷稍长，亦东渡入日本士官学校。乡人之中，独与度契。休假日，必饭于度，放言高论，谓"非军国主义，不足以救积弱之中国。而近百年来，为一切政治之原动，而国制组织之根本者，立宪制是也。为一切军事之原动，而国军组织之根本，则义务兵役制是也。两者相反而以相成，自国家言，则立宪制者，求其个性之发展，故自由者，义取诸分，对内者也。义务兵役者，求其团体之坚固，故强权者，义取诸合，对外者也。自人民言，则有与闻政治之权利，即有保卫国家之义务。大君与人民共国家，即可课人民以兵役"。与度之君宪救国论，此唱彼和。

于时清政既替，变法无成，海外三岛，志士云集，而抱负不同，各有揭帜。持君主立宪论者，以为法治既修，政有常轨，君主不过虚器，何必汉人尸名？国步方艰，外侮频仍，苟以革命启衅，必贻瓦解之祸。大放厥辞以为之主者，保皇党之梁启超，而《新民丛报》其喉舌也。不然其说，而倡民主立宪者，则曰治人治法，不可偏废，非我族类，其心必异。主之者厥为国父，而为之喉舌以与《新民丛报》旗鼓相当者，则有汪精卫、胡汉民等主编之《民报》。而度依违其间，盖其持君主立宪与启超同，而报〔保〕皇则匪我思存。于是异军突起，以创《中国新报》，亦能持之有故，言之成理，而吐属婉约，不激不随，以视《新民丛报》之铺张排比，好为无端崖之词者，意度温文，动人娓娓，一册风行。而国父之自南洋抵东京也，下车之后，首造于度，谈三日夕，欲伸所信，以引为同志，而度不以为可。临别而国父喟然曰："吾舌敝而君执之坚。"度谢曰："愧不克承公教，顾有一友与公英雄所见略同，愿介以见。"国父问何人，曰："黄克强。"而黄兴与国父之相见，则度为之介也。旋归国，应经济特科试，列第一。或谗于太后曰："启超之党也。"罢不用。而袁世凯方柄政，力荐度召对，赏四品京堂，以为宪政编查馆提调。于是度以世凯为举主矣。

既而宣统即位，其父醇王摄政，世凯称足疾罢，而度亦浮沈仕不进。及辛亥革命，黄兴以黎元洪起兵武昌，摄政王莫知所为，起世凯督师。朝旨未颁，而度先驰谒世凯，有所陈说。世凯之出也，遣唐绍仪赴沪媾和，而命度南下协赞。度与黄兴雅故，为袁世凯疏通其意，而和议屡停以有成言者，度与有力焉。

蔡锷与度过从日久，而习闻其言论。及归国，历主湖南、广西、云南练兵事，擢云南三十七协协统，时为辛亥二月。而英人窥我片马，以有违言。于是辑曾、胡治兵语录，以申儆诸将，意别有会而为加按。至曾国藩论"用兵之道审量而后应之者多胜"一语，则加按曰："兵略之取攻势，固也。必国力雄厚，士马精练，军资完善，交通便利，四者具而后以操胜算。普法之役，法人国境之师动员颇速，而以兵力未能集中，军资亦虞缺乏，遂致著著落后，陷于守势以坐困。日俄之役，俄军以西伯里亚铁路之交通仅单轨，遂为优势之日军所制，而以挫败。吾国兵力决难如欧洲列国之雄厚，而精练二字，此稍知军事者能辨之。至于军资、交通两者，更瞠乎人后。如此而曰，吾将取攻势之战略战术，何可得耶？若与他邦以兵戎相见，与其孤注一掷以堕军，不如据险以守，节节为防，以全军而老敌师为主，俟其深入无继，乃一举而歼之。昔俄人之蹴拿皇，用此道也。"吾自来湘，尝告人，中国之对外战争，有两番伟论，皆出湘人，而可以俟诸百世不惑。左宗棠之经略新疆也，俄人责言以陈兵。朝议蓄缩，而宗棠则主先进兵攻俄，引多隆阿之言，以谓"俄越境入中国，所坏者，中国地方。我越境入俄边，所坏者，俄国地方，俄人须防后路，自不敢一意向前”。语详本传。蔡锷主以守为战，而宗棠则欲以攻为守，乃与自来德国兵家所倡“防御须在敌国境内”之说，如出一吻。当年左公之雄图大略，与锷此日之操心虑危，相反相映。然而锷知彼知己，其论为不乖于情实也。

既而闻黎元洪、黄兴起武昌，遂举云南以应，为都督。顾锷高瞻远瞩，不甘割据偏方，为蛮夷大长以自恣娱，而叠电各省都督，力图摧破省界，促成统一，而建设强有力之中央政府。我疆我理，扩张军管区，缩小省行政，其素所蓄积然也。于是和议成，而国父以黄兴与袁世凯有成言，遂逊位，而以世凯继任临时大总统。顾以世凯之阻兵安忍，而兴有第二次革命之役，以民国二年据南京声讨，江西都督李烈钧、安徽都督柏文蔚、湖南都督谭延闿，广东都督胡汉民，无不响应，而锷按兵不动。

及兴之败，国父亦遁荒在外，而锷以其年冬，电告世凯请解兵柄，为天下先。遂入京供职统帅办事处，与杨度过从。度论政而锷谈兵，意气如昨。锷言:“兵者，以战为本。战事，以政为本。而志则又政之本。故治兵云者，以必战之志而策必胜之道者也。所谓立必战之志者，道在不自馁。夫强弱无定衡，五十年前之日本，百年前之德国，战败及革命之法国，彼惟不以弱灰心堕气，而有今日耳。惟志不立，万事皆休。夫怵于外患者，退一步即为苟安。故古人必刺之以耻，曰:‘知耻近乎勇。’耻也，馁之砭也。所谓策必胜之道者，道在不自满。昔普之覆于法，盖为墨守菲烈德之遗制。而拿翁三世之亡，则在轻视普人之军制。盖兵也者，与敌而互为因缘者也。夫习于常胜者，进一步即为虚憍。故古人必戒之以惧曰:‘临事而惧，好谋而成。’惧者，谋之基也。必战者，至刚之志。必胜者，至虚之心。贤者负国之重，必以至刚之志，济之以至虚之心，而其入手治兵，首在择敌。有径以至强为敌者，如今之英、德、法，各有其心目中至强之对，而衡之整军经武是也。有先择一易与者为敌，而间接以达其抗拒至强之目的者，昔普欲战法，而先试之于奥，伊欲战奥，而先试之于俄。盖凡百困难，随一败以俱来，即随一胜以俱去。国家承积弱之势，而欲以自振，往往用此。惟有大不可者二焉，一则甲可战，乙可战，乃既欲战甲，又欲战乙，则大不可，备多者，力分也。一则甲可战，乙可战，乃今日欲战甲，明日复战乙，亦大不可，心不专，力不举也。”具详所著《军事计画》一书。

总统府内史夏午诒，亦以乡人时往还。午诒，字寿田，陕西巡抚夏时之子也。贵公子早擢进士第，以杨度之举，而得进于世凯。先是，南北议和之屡停也，午诒实以世凯之命，二保定军官学校校长廖宇春赴上海，与黄兴使者会甘肃路之文明书局。使者以临时大总统为饵，而宇春、午诒则探世凯之旨，以清室为市。宇春、午诒径请以世凯为大总统，而使者则持之曰："能倾覆清室者，为大总统。"讼辨三日，而有成言。于是宇春电告段祺瑞，而祺瑞遂帅北方将士二十八万人通电，以请清帝退位，而世凯遂继国父受任临时大总统。授宇春陆军中将，勋三位，所以酬也。宇春则著《辛亥南北共和纪实》，印播万册，以鸣得意。世凯大恶之，遂以投闲置散，而任午诒为内史。午诒机敏有智数，尤擅笔札。世凯有所指示，口授滔滔，而午诒则运笔如舌，手不停挥，无溢词，无隐情，世凯倚如左右手。世凯意之所在，他人莫测，而午诒则以日侍左右，独心领神会于语言之表。杨度有推毂之谊，午诒推知己之感，苟有知闻，必以告度。日夕过度，而午诒亦与锷上下议论。世凯以午诒侍论兵，谈言微中，一日语曰："君何书生而晓畅戎机？"午诒谢曰："不敢，此蔡松坡之论也。"世凯因言："小站宿将，暮气渐深，而东邻虎视眈眈，实逼处此。不如就南中大将知兵者，授以大任，简练新军，庶可去腐生新，为国扞城。"盖世凯旧练兵小站，所部宿将推王士珍、段祺瑞、冯国璋三人，谚以"龙虎狗"为况，咸见倚畀。然士珍素性澹泊，畏远权势，虽曰知方，而非有勇，雍容雅望，本不足以投大遗艰。祺瑞廉洁自将，行行如也，果于自用，知小而谋大。士珍知柔而不知刚，祺瑞知进而不知退。国璋则贪财好色，位尊而多金，既以平黄兴而抚有江南，徒以酣豢，事世凯惟谨，见则嗫嚅，风斯下矣。一旦有急，折冲御侮，孰堪大受？其他碌碌，世凯熟知之矣。辞气之间，颇属意锷。

锷之督云南也，谍者报有人劝脱离中央。世凯批"应查"二字，交统帅办事处，亦以为查无实据，束之高阁久矣。及锷来供职，无意见之，心大危疑。而统帅办事处主之者雷震春，亦小站练兵旧人。窥世凯之旨，而有忌于锷。谍报文书之为锷所见，莫或使之，若或使之。帝制议起，而屡遭侦伺，世凯亦敬而远之，以高官为羁縻矣。然锷志气殊常，非如诸公衮衮之徒以酣豢也。勋业为重，禄位为轻，恒欲得人而匡辅之，挟雷霆万钧之势，以振中国转弱为强，其弃云南而入觐也，以为世凯之足与有为也。

顾世凯帝制自为，未遑远略，不竞于外，而以咆哮于中国，剬制一切，自便私图，此锷之所不能忍也。于是谒梁启超，有所谘商，而微服出京，绕道回云南，以谋声讨。世凯以民国四年十二月二十五日，下令改民国五年为洪宪元年，而锷则先三日以云南独立，唐继尧以都督任留守，而锷自将三千人出征，称护国军，任总司令，申儆于诸将曰："吾人以一隅而抗全国，庸有觊幸。然此一役也，所争者非胜利，乃中华民国四万万众之人格也。"遂进兵于四川。纳溪之役，失据败绩。然义声所播，举国风从，世凯掉心失图，遂以愤死，为民国五年六月六日也。万夫所指，不仆自僵。民的可畏，于斯征矣。

于是黎元洪以副总统继任大总统，授锷四川都督，而锷不就，以谓："蜀虽可为，而民情浇薄虚骄，不适于从军。若用外军而屏土著，主客不容，终成水火。加以连年变乱，豪绅良民咸习为盗，恬不知怪。尝谓治蜀非十年不能澄清，谈何容易。必先临以雷震万钧之力，芟夷斩伐，乱根既尽，民志渐苏，乃煦以阳和之气，扶植而长养之，亦盛业也。然我志不在此。北军朴勇耐劳，为全国冠。惜无国家思想，无军人智能，傥得贤将，以董督而训练之，可植国军之基。不如置身彼中，以为后图。"顾锷欲舍蜀以事北，而唐继尧则图窥蜀以自广。方锷以孤军入蜀，而左次不得进也，世凯遣曹锟、张敬尧等帅师御之，其众十倍于锷，几不支，而继尧不济师，不继饷，坐视胜负。至是，乃遣师命将，大举入蜀。锷则以电告："我辈应为国家，不为权利，毋负初心，贯澈一致，不为外界所摇惑，不受私昵所劫持。唯义所在，公私两济。今袁氏亦既殒命，不撤兵而进兵，锷愚莫测所以，兵连祸结，何以善后？锷为滇计，为公计，不忍不告。"继尧不听，而锷亦无以制也。

顾锷清羸，病肺久，而戎马仓皇，日以沈绵。世凯死，而锷亦不支，喑失音，亟解兵以就医日本，而卒无救。遗书谓："少慕东邻强盛，恒持军国主义，而非大有为之君，不足以鞭策而前。今日之政体孰善，尚乏绝端证断。特以袁氏强奸民意，帝制自为，爰申大义于天下，以为国民争人格。湘人杨度曩倡君宪救国论，而附袁以行其志，实具苦衷，较之攀附尊荣者，究不可同日语。望政府为国惜才，畀以宽典。”而于是锷之心事乃大白，欲持军国主义以外御其侮，而不欲拥兵割据以地方抗中央。志在尊主庇民，整军经武，鹰扬虎视，别有伟抱，岂曰师命惟听，而奉梁启超之一言，以称兵者哉。特以所投非主，而不能以义全始终，赍志以殁，识者哀之。后人搜其文章言论为《蔡松坡遗集》十二册。

鸣呼！传不云乎：“君择臣，臣亦择君。”虽共和之成，名义可以无君臣，而大业之建，事实不能无主佐。蔡锷之治兵也，不肯拥兵割据，以徇一时风气。然欲以尊重中央而无成功者，以所欲佐者袁世凯也。章士钊之治学也，亦不曲学阿世，以徇一时风气，然欲以整齐议士、裁饬学风而无成功者，以始所佐者岑春萱，而后所佐者段祺瑞也。二人者，皆好学深思而知四国之为其所持者是也。然所为择而欲以行其所持者，惜乎非其主也。惟蔡锷反兵以申大义，心迹分明，而章士钊拂时以负众诟，志事不白。此其中亦有幸不幸哉。

据作者手稿

蔡幼襄传

蔡元培

君讳济民，姓蔡氏，字幼襄，湖北黄陂人。先世诗礼传家，名闻乡里。少读书，有异禀，垂髫趋庭，贯通经史。鉴于国势孱弱，醉心革命，志切从戎，毕业于湖北武师范，入伍陆军第八镇，考取陆军特别学堂，肄业各科，辄膺上选。期年充十五协标营司务长，不逾月而升排长。

丙午年，入同盟会。与党人秘密结合，如日知会、共进会、文学社等，皆为支部分会，君任参议长。

辛亥，与孙武辈，在武汉遍设机关，力图进行。迨彭、刘、杨三烈士被逮就戮，君愤不可遏，十月九日之夜，遂率众发难，工程炮队，同时并举，瑞澂闻风惧遁，竟成事于反掌之间。惟时大事无人主持，军容涣散，乃推举黎公元洪出任都督，保境安民，人心大定。都督府成立，设总稽查处，为管理军政首要之区，君任处长。所有黜陟迁调、审核度支，皆裁决于一人之手，君犹能镇静持平，雍容进退，不为人所嫉妒，是尤难能可贵者。阳夏之战，兼总司令部副官长，身先士卒，临阵不怯，出入于炮火之间，黄公克强誉为鄂中巨擘。迨各省继续响应，清廷逊位，南北和议开始，黎公徇众人之情，任君为军务部长。视事而后，整饬军纪，筹备饷械，分配防地，施行教育，纲举目张，有条不紊，时鄂军与各路援师，林立麇集，各师旅部曲，悉能听受调度，翕服无间言。

和议告成，办铁血伤军毕血会，君任会长，抚恤慰劳，欢声雷动。又监督烈士遗孤教养所，以教育遗孤。兼任湖北稽勋局长、陆军学会长，夙夜在公，勤劳罔懈。杨时杰、黄桢祥勾结称乱，君遇险得脱。薏苡滋疑，当事者类多退避，君于改军务部为司之际，前者出走，再任司长，嫌怨不辞，复以积劳致疾，乃始辞职。黎公入都，聘为副总统府高等顾问，旋膺勋二位、陆军中将之职，累电固辞不获。

癸丑之役，反袁失败，亡命日本。帝制发生，吾党总理孙先生召之归国，任湖北讨袁军总司令。方图举兵，袁氏殂谢，黎公继任，电促入都，任公府高等顾问。张勋复辟，回武穴潜谋独立，不果，仅以身免。至鄂西组成义军，饷穷器竭，苦守经年，规模甫具，为川军所忌，竟以年月日，被戕于利川，殁年仅三十有三耳。壮心未已，赍志以终，可哀也夫！

殁后追赠陆军上将。生平事迹，宣付国史立传。君首义殊勋，功在民国，褒扬忠荩，尔固其宜。君也则民、仕民，均力学爱国。夫人周，抚教子女，克承先志。女□□，年十□。子大经，年十□。皆后来之秀也。中华民国十七年六月，蔡元培敬撰。

据《蔡元培全集》第五卷

先府君（戴戡）行述

戴汝愚等

呜呼！先府君仓黄遇难，中道弃捐，手泽既憾阙遗，凡嘉言懿行，半磨灭而不可纪。且生平多未竟之志，亦随厄运销沈矣。尚何言哉！惟荦荦大者，幸得征诸见闻，用是泣述一二。

府君讳戡，字循若，原讳登荣，字锡九。江南戴氏，侨寓西蜀，清康熙间，远祖显奇宦黔，遂家贵定之桐荡村。世有隐德，至王父连城，克绳祖武，好义急公，以苗乱迁猴场堡，娶于钟，续娶姚、娶郎。钟生府君，郎生叔勤及慎。府君生而颖异，天性孝友，能得父母欢，宗族乡党称之。少长，慷慨有大志。尝观乡显宦墓地碑记，告父老曰："大丈夫能旋乾转坤，利济斯民，名爵不足贵也。"勤苦好学，始事郎先生云程，一见即以远大期之。三年通经史，授以忠义传记，辄慷慨奋发，为文操笔立就，寻补县庠，食廪饩。甲辰，赴贵筑，游于徐叔彝先生之门。时黔抚林饬各县选送学生，赴日本留学。府君获充选，适徐先生亦将东游，遂偕与赴日。初入宏文学院，有余力，即调查其国政治文化发达之原，未尝一日暇逸。旋入理化专修科，尤耽于采矿冶金之学。顾府君鉴于世界大势之趋向，痛我国朝政日非。知非改革政治，不足以救亡，故于所学之外，兼习法律、政治。嗣徐先生因病言旋，至汉皋，病愈笃。时惟外舅熊先生铁崖，护视月余，将以国事北上，乃函约府君回汉。府君得函，兼程立归，调护半载，目不交睫者两阅月，义感行路。徐先生病渐愈，家属亦至汉奉归，府君始赴大梁，任职法政学校，出所学以嘉惠士林。此府君求学时代之崖略也。

府君之于学，深得良师益友之力。平日最宗仰武乡、文成暨曾文正，志在澄清天下，故所学亦不囿于一隅。顾游历虽遍南北，而功德所留遗，备尝艰难险阻，而卒未得踌躇满志者，则独与滇、黔、蜀相终始。其在滇也，由豫应滇宝华锑矿公司总理之聘。宝华始创资本五万元，际日俄之战，锑价昂，仅掘砂运售，战事给，则价减，交通又滞，运价较售价滋多，亏甚巨。会湖南华昌公司能炼纯锑，滇官绅协议加十万元订约。华昌购其一部份之专利权及炼法，函约府君。至滇，先不就职，躬至产矿各处，实地考察者月余，乃出计画书，谓必先费三十万元，纯锑始能出厂，官绅均允照议。就职后，果如其言。

辛亥八月，武昌革命军起。府君夙抱根本改革主义，亟思遥应武汉，与蔡公松坡及诸同志密商。议既定，以王父病笃电至，乃与蔡公约，担任黔事。匐匍旋归，先王父已易箦数日矣。哀毁几至灭性，居丧忧戚中，黔乱方棘，公口云集今黔督刘及诸同志相约至省，筹弭黔祸，力任乞师滇省，惟以父丧为嫌。父老佥以救全黔生灵，即所以慰先灵为勖，风雪载涂，墨绖至滇。蔡督允出师，遂佐今滇督唐入黔定乱。

越三年，帝制议起，适以奉令入京，授职参政，与都人士谋于无形中消灭帝制，势不可，爰与前滇督蔡密谋。北京侦察严，同诣津门，晤梁任公、蹇季常、王伯群、陈敬民、汤觉顿诸先生，议决救国大计，分赴西南进行。偕蔡、王先后航海赴滇，沿途帝党侦伺，几被害，赖滇督唐防护得免。至滇，与蔡、唐及巡按任，发电警告袁氏，不报，更通电全国，会师讨逆。四年十二月二十五日，遂与蔡、唐、任在滇起义，回黔分任军事。此其志事之可考见于滇者也。

方唐督由滇以北伐军假道贵阳也，府君偕返，与筑垣诸同志图画周密，黔事粗定。会南北统一，中央任唐督黔，府君为都督府参赞，先后肃清各路匪患，维持金融，元气亦渐复。初，辛亥革命杨荩诚为都督，虑彼党挟制，藉北伐，率所部屯黔、湘边境。及滇师平黔，彼党败溃，群附杨，说杨攻黔。杨不可，其部众之黠者，因谋去杨，益募匪攻黔边，全省戒严。唐督恐开兵衅，涂炭生民，电陈中央，饬杨部归黔编制，新募给饷归里，并派员赴洪江会议，婉转商筹。若辈终不悔祸，率众陷松桃江口，进逼铜仁，东路人民呼吁求救，乃遣将迎击，两旬而定。呈请余部归黔编制,中央命周桑儒率之回黔,乱始平。凡此策画,皆唐督主持之,而府君赞襄之力为多。九月,唐督调滇,令黔督刘任护军使,府君任民政长。当唐调任之命至,谣诼横生,谓为黔人主使,欲滇生招来麾去之嫌,比年滇军官长士兵死难者多,黔饷欠发,救灾恤邻,施宁不报。虽唐光明磊落,不以为嫌,而三言投杼,市虎致疑,无形中之隐忧实大,若故使府君能发而不能收者。乃处以镇静,持以真诚,委屈求全,有始有卒,用能滇、黔一家,永敦同好。履任初,承凋弊之后,库空如洗,民不聊生,积借商款数十万,拮据万状。于是整理银行,维持纸币,清提省内外漏规入公,收入稍增,实行减政主义,民政长薪俸,月仅纸币百八十元。又筹办清乡,整顿吏治,拨划插花,推广教育、实业,政迹昭垂,功在桑梓,此其志事之可考见于黔者也。

乙卯冬,滇云起义,黔亦独立。滇黔军合组护国第一军,前滇督蔡为第一军总司令,以主力规叙、泸。府君为第一军右翼总司令,右翼分东北两路。东路规湘,今川滇黔联军总司令王领之,北路规蜀,府君亲率以行。连战皆捷,相继攻克九盘子、分水岭、东溪、柑子垭、油箩坪、龙台寺、马口垭等要隘,直薄綦城。东路复克晃州、沅州、麻阳、洪江,黔阳、靖县、绥宁、会同通道等属。蔡总司令亦定永宁、纳溪、叙府、江安、南溪,逼围泸州。会两广宣布独立,湘、蜀、陕、浙纷纷响应,袁氏众叛亲离,羞忿成疾而殂。

黄陂依法继位,任蔡督川,兼省长。顾大局虽已解决,蜀仍丧乱。未已,蔡病于泸州军次。重庆镇守使周骏,假袁氏所授益武将军名义,率兵入蓉,攻川督陈宧,取而自代。川东土匪,乘机蠢动。蔡扶病赴蓉,平定周乱,不遑顾及川东。时府君方奉命长黔,蔡因电中央,任府君会办四川军务,巡阅川东。敦促至再,不得已,率师抵渝,剿抚兼施,三旬底定。蔡督病势加剧,假准调养,中央以罗君熔轩代理川督,府君署省长。先是,护国军兴,川中号称义军者,多如牛毛,自总师干,不就轨范。袁氏既殁,自诩有功,益骄横,所至蹂躏。府君以民不堪命,分别遣散改编,竟成怨府。及长川命下,若辈愈惧,利用畛域之见,百计挑拨离间滇、川、黔感情。刘存厚、周道刚、钟体道、张澜等,复欲乘机攫取督军、省长、会办等职,相与密谋,或言联黔拒滇,或言联滇拒黔,种种诡计,无非冀以达其私欲。府君虽微闻其谋，顾念滇、川、黔唇齿相依，不宜衅启阋墙，亟思乘其未发，泯祸无形。有谓宜添募劲旅自卫者，则以频年兵燹，杼柚久空，不忍重累蜀民谢之。旋因罗督裁兵，刘存厚叛变，围攻罗督，中央调罗、刘到京，以府君兼代川督，责以排解战祸。府君躬冒矢石，调处再四，约定两军退出城外，听候中央解决。殊滇军退，而刘仍盘踞如故。府君据实电闻，刘奉严令褫职，乃衔府君愈深。

府君知川事不可为，请求委替之电，凡数十发。适督军团变起，中央不遑问川事，未获允。刘昌言与督军团通声气，准备独立响应。一面与周、钟、张等遣人讽府君，以督军予周，会办予刘，省长予张。府君以任免官吏，权在中央，何能私相授受，严词拒之。而刘等谋乱愈急，府君复电中央，切陈川祸酝酿已深，请假赴京面筹解决办法，仍未允。再电申请，而复辟之耗已至。府君闻耗大恸，通电全国，誓死恢复共和，决定即日率师北讨，未及出发，而七月五日之祸作矣。复辟之举，刘曾与雷震春辈迭电与谋，故有川抚伪命。刘以中央无主，力不及川，乘此时窃据川省，负嵎自固，无论复辟结果，成败若何，为计均得，因于五日夜分举兵，就城作乱。府君以兵单，退保子城，拒守凡十三昼夜。逆以地雷轰毁城垣十余丈，府君督率士卒，奋死抵御，敌终不能进。顾孤城久陷贼中，伤亡过半，饷弹俱竭，援军消息断阻，计不如溃围，出与援军联络，再图恢复，乃集合残部，由南门出。刘逆派所部分头节节追截，府君且战且行，所部多被截断。行至九里staff，仅存百余人，遇贼伏，奋力搏击，贼稍却，而死亡枕籍，从部愈少，贼众愈增。府君谓从者曰："我与共和同生死，今不幸逆贼叛国，为贼所算，我不可受贼辱。我死后，若脱能生还，为我语同志，恢复共和，即所以为我复仇也。"言讫，遂自尽。时民国六年七月十八日，府君尚不知张勋已败也。此其志事之可考见于蜀者也。

呜呼，府君之行事，其仅此耶？肝脑涂郊原，膏液润野草，江流遗恨，万古安穷。至圣有言："志士仁人，无求生以害人，有杀身以成仁。"又曰："志士不忘在沟壑。"圣人之情见乎辞。若府君所遭，亦志士之所同悲已。谨掇拾梗概，以俟知言君子之采择焉。孤子戴汝愚、汝次泣血谨述。

据铅印原件

辛亥人物碑传集

卷　六

陆军上将邓仲元墓表

胡汉民

仲元邓氏，名铿，惠阳人。少勤学。年二十二，入将弁学堂。卒业，从先总理中山先生鼓吹革命。辛亥三月，党人谋攻广州，先期入城，无敢舍者，仲元以所设米店署保，曰："即有不虞，毁家不顾也。"事败，出亡。民国元年，任陆军司司长，改参谋长。旋出镇琼崖，以龙济光入粤，去职。及莫荣新督粤，乃助陈炯明治军，任参谋长，率师克闽南二十余县。九年，粤军回粤，逐去莫荣新，奠定广东功最多，任第一师长兼总司令部参谋长。会举先总理为大总统，亲督师北伐，余亦从至桂林，陈炯明阴阻大计，将与吴佩孚通，忌仲元不敢发也。十一年二月二十一日，因事之香港，归抵广九站下车，突被手枪轰击，中二弹，伤重，明日遂卒。罪人不得，论者皆以为陈氏之属为之。仲元死，陈氏叛党之谋乃著，未几而有请孙下野，围攻总统府之举，北伐军功败垂成。蒋介石著《蒙难记》，详记其事。是役也，陈氏避居惠之百花洲，叶举、洪兆麟等在广州为之，设仲元在，陈氏之徒，必不敢逞，即发难，仲元能制止之。范文子不死，书偃不作，《春秋》嘉孔父之义形于色，有深意焉。嗟乎！死生命也，成败天也。

先总理持三民主义以黜清社，易数千年之帝制，建立民国，不幸袁世凯谋篡，事虽不成，遂有军阀之乱，十余年未已。及百粤粗定，陈炯明高勋重寄，使其一德一心，竭诚辅弼，革命成功，计日可待。乃为陈氏谋者，舍顺效逆，唯知翦除异己，以快其私。仲元死，而陈氏亦身败名裂，不亦左哉。仲元素善治军，尤知人，其所用偏裨，不数年悉成名将，内安百粤，外驰驱于长江南北者，多仲元第一师之部云。仲元官至陆军中将，先总理悼其死，追赠其为上将，葬于黄花冈七十二烈士墓侧。父丽川，母廖氏。兄弟六人。家居日少，而天性孝友，人无间言。配李氏。子伟东，女畹兰。葬后五年，同志请于汉民，为表其墓。中华民国十年月日。

据《革命先烈先进传》

同安石庭良君墓志铭

沈定一

君讳庭良，以字行，福建同安人也。其先盖春秋台仲之胄，晋崇之裔。先世自漳州龙溪新岱乡分迁同安，数传无所纪。父文盛，业商课子。兄弟三，君最幼。少失恃，以颖异称于乡塾。稍长学商。弱冠，应其兄之召，航海至苏门答腊日里民礼。兄归，委以积负，经营数年，尽释兄累，且获奇赢，致富亢宗，聿光乃祖，侨苏国人企重之。受激刺，心于民族主义，遂于纪元前六年岁丁未，隶同盟会籍，谋覆胡清。捐资以助天下豪俊，兴校设学，累蹶不挫。创设中华学校于民礼，众举君总其成，得人有训，至今称之。并设阅书报社，为全岛倡。继踵而起者，且方兴焉。

岁辛亥，湖北举义，不百日而民国告成，众议收一致之效，遂有华侨公会之设，举君领之，秩然有序，众情欣喜。二年，归国，愤国维之不张也，方且谋促国家社会之进步。不图天不假年，竟于是年疾终于家。稽君生于纪元前四十二年四月十二日辰时，卒于二年五月初十日午时，享年四十五岁。君娶同邑郑女为室，生男子五、女子二。葬于岭亭蔡厝山。定一与君无一面交，得闻渚侨人之言如是，乃徇众请，为君述之，以垂不朽。其辞曰：

岭亭苍苍兮天池洋洋，我思伊人兮有怀一方，不我觏兮独徬徨，日星河岳兮其道大光。

中华民国四年十一月九日，沈定一撰述。

据《石庭良先生哀思录》

先兄执信行状

朱秩如

先兄幼有至性，孝于父母，友于兄弟姊妹。十五岁时，广州城鼠疫流行，先考、妣同时染疾，皆发大热，昏迷不省人事，先考病八日而殁，先母病数月，仅获痊。先兄看护甚谨，数月之间，或通夜不就寝，或不解衣而卧，不及二三小时而复起，积疲之余，往往坐立之间，不能自制其倒眠。及先母已愈，先兄就床一寝，经三日而复醒。十八岁时，先母病殁，先兄看护如前，入殓之后，亦一寝经三日而后醒。二十一岁时，先兄方留学日本，闻两姊相继殁，哀痛成疾，几至不起。民国四年，末妹病殁，先兄为之经纪其丧事，葬之于先考之茔。先兄又收养从兄遗孤三人，慈爱备至，其一人中疫，发大热数时而殁，先兄手自灌药，不稍畏避传染，死者已气绝，灌药之调匙，犹在先兄之手与死者之口之间，其真挚不苟如此。民国二年，龙济光入粤，欲全灭吾家，先兄当时甚贫，自顾不暇，犹怜其弟，携之东渡，使得留学。闻之者皆感叹谓余曰："令兄诚可谓天下无双之友爱矣。"

先兄友而好学，四书、五经、《通鉴》、廿四史、内经，皆烂熟于胸中。十六岁，始习数学于从舅汪仲器先生，但自弧三角以上，至于微分、积分、及立体几何、解析几何等，则自读书籍而习之。每夜研钻，非至四更不就寝，不独能忆各公式，且深明各公式由来之原理与其应用之范围，不独谙新式之算法，即各正史之《天文志》、《律历志》、《周髀算经》、勾股、开方捷术，《数理精蕴》、《历象考成》、《中四算学大成》、华蘅芳、梅定九算书、《则古昔斋算术》等，自古代以至前清时代诸算书，无不探其蕴奥（余不通高等数学，故不能述之）。渡日本后，又广购东西洋数学名家之著书而读之，尤好演算难题，冥思苦索，废食忘寝。凡与数学有关之科学，如天文学、力学之类，亦皆通晓。尝应留学日本法政科生招考，以第一名合格，同时应北京大学预科招考，亦以高第入选。先兄舍北京而往日本，专心研究经济科，俭食约处，以购书籍。凡居日本一年半，所领学费，不过六百圆，而所购之书籍，凡数百圆。其在日本时所居之客舍，仅三叠（三张席）。每日所食，唯白饭及腌菜而已。其苦行节俭，诚有非他人所能为者。日本文虽较欧文为易习，而日本语则全与吾国殊，以短少之时日，终难熟达，归国后，甚易遗忘。先兄居日本岁余，即能自由听讲，归国十余年，不独无所遗忘，且日有进境。英语之书，亦能诵读。盖非其精力特异于常人，但常人不肯向学，而忍耐之力，不及先兄故耳。

先兄忠于为人。其与人交，知无不言，言无不尽，则无论对于何人，皆直陈己见，无所避忌。余尝问之曰："兄与胡汉民先生共事，如鱼与水，必无争论，可断言矣。"兄曰："不然。每日争论，少亦数次，多则十数次。"可以见其直谅之一斑矣。先兄为人清廉，而好施与，家用常不足，而未尝苟受一钱。同志有急，以己之衣物钱财赠与，毫无吝惜。有受其厚恩而改从恶党者，兄不以为意。曰："吾所以助之者，为公非为私也。彼改从恶党，是彼对于社会而为负心人耳，吾无私怨焉。"民国二年，广东被龙贼所攘，兄事败去粤，贫乏不能自赡，而同志有求救者，不问同省异省，割己赀以救之。或有感激流涕者曰："士穷乃见节义，吾居末世，唯于君见之耳。"今世政界之人，无廉耻，无节操，变节易说，以迎合当世而取禄位者，纷纷皆是。先兄素性贞介，虽屯邅挫折，困苦流离，而自始至终，未尝变节易说。其死也，亦殉其主义而死者也。视彼之游美洲而梦俄罗斯，为袁氏之内阁之一总长，而又背叛袁氏，子女玉帛所在，虽事十姓，亦不辞者，人格果何如哉。

先兄常以殉国殉民为己任，断脰决腹，是其素怀。前清末年，先兄运动革命甚力，与同志聚商，常至五鼓，而后归家。狂风怒号，冷雨侵骨之夜，家人尽睡，老仆妇独静坐而待，闻叩门三声，歇而复续者，则必先兄之归家也。前清宣统二年正月，广东新军之变，倪映典于十二月晦日，宿于兄之客厅，正月元旦，由吾家直赴新军起事。先兄自是日起，数日间行踪不明。初三日，新军事败，倪氏被杀，搜捕之吏役军队，终日过门，锁链琅当之声，铳剑铿锵之响，皆足使吾亡魂失魄。盖吾知先兄之必预谋，而其遭难与否，亦不可得而知故也。

三月二十九之起义，先兄自二十六日离家后，家人不知其何往。二十九晚，先兄偕黄克强等百余人焚攻督署，黄克强乘第一轿，先兄乘第三轿，爆弹所及，堂屋倒溃，道路梗塞，末由前进，而敌人援兵大队已至，不得已退出，右手及胸前，均为爆弹所伤，血透重衣，行之双门底之一横巷，避入林伯虎君之家祠，幸而得免。四月初一，乃出城往香港，同志死者九十六人，可谓险矣。桂贼专肆，粤事益危，先兄冒险入香山，运动起兵，先作书诀弟而后启行，贼运未穷，不能如愿。此次驱逐桂贼，先兄屡由沪往漳州，与陈总司令谋虎门独立，先兄冒险入内，竟为逆贼所害。此特其著者耳。其他冒险之事，不知凡几。自三月二十九之后，至于今日，吾接先兄诀别之书，已及数次。（一在三月二十九后。一在民国三年十一月，将入内地谋起兵逐龙济光时。一在民国□年，将往香山起事驱桂贼时，即开炮攻督署时。）吾常劝其不可太冒险，兄不答，徐举手自拟其颈曰："好头颅，谁当砍去。"又曰："譬犹沙煲，有用其煮饭，经岁月而后损坏者。又有用以盛炸药，掷向盗贼，随用随毁者。吾则盛炸药之煲也。"又曰："岂可不自牺牲，而望之他人乎。"又曰："先人耿介之性，实传之我，若觋颜苟活，其何以对祖宗。"又曰："吾本东西南北之人，不自珍惜，亦不耐投闲，冒险杀贼，尚差足以自快，家中但视吾为已死可也。"盖其决死殉国之心，十余年如一日焉。

先兄少博学能文，下笔万言，语简括而典雅。留学归国后，以为欲输入欧洲文明，非翻译西洋书籍不可。西洋文字，非直译不能尽其真确之意义，而直译则必须借用日本译名，纵令至于文辞艰涩而难解，亦无可避免。故其当时所作之文字，所编译之讲义，类皆多用日本名词。其文字亦质朴艰涩，学生辈苦其难解，啧有烦言。科举出身诸人，亦群相攻击。近数年来，编辑《建设》杂志，多用白话体文字，以图知识之普及，亦其启钥民智之苦心也。盖先兄之意，以为若徒慕文字之华美，因而套古人之调，改原文之真意，变字义之范围，则贻误读者，甚非浅鲜，故宁受不通之讥，不肯没其传导真知识之良心，虽众口交谤，亦弗之恤也。

先兄勤于读书，勉于执务，夙兴夜寐，居处有恒，不赌不嫖，不吸鸦片，不饮酒。前清末年至民国元年间，尝吸雪茄烟及烟仔，既而以为有害，遂绝不再吸。常叹吾国人不好读书，曰："若使吾等一日不读书，当是如何痛苦耶？然吾国之少年，则常不喜读书，而费时于竹战，岂不惜哉。"

先兄自留学日本归国后，奔走国事，积劳过度，神经衰弱。然三月二十九日起义后，避居香港，静养数月，精神复原，肌肉丰美。自此以后，至于今日，除民国三年尝患疮几死外，疾病甚稀，常操十磅哑铃以练磨身体。饮食居处，皆有常度，决不买过街馄饨熟面等物，以防感受传染病。其意以为此身当留为国牺牲，断不肯轻丧于身体口腹之欲也。

呜呼！吾兄今已死矣，今已惨死于恶徒之毒手矣。吾未见有如吾兄之决死为国者，未见有如吾兄之好学奋勉者，未见有如吾兄之孝友慈爱者，未见有如吾兄之任侠勇为者，未见有如吾兄之清廉者，未见有如吾兄之博览强记者，未见有如吾兄之忍耐者，未见有如吾兄之谅直者。以此忠烈无双之国士，方在驱桂贼，救粤民之中，竟死于毒手，岂非可悲之甚者耶。

嗟呼！吾兄之历史，奋斗之历史也。吾兄之生涯，牺牲之生涯也。与民贼斗，与境遇斗，与世人之冷嘲热骂斗。牺牲其财产，牺牲其精力，牺牲其生命，鞠躬尽瘁，至死而后已焉。余每深夜静思，愈觉其志节之可怜也。今则已长逝矣，虽百身其可赎乎。呜呼哀哉！

据《朱执信先生殉国十三周年纪念专刊》

陆军中将刘君尧宸墓碑

何 遂

民国十三年，大元帅孙公创学校于黄埔，训练党军，蒋公中正任校长，遴选教才，适刘君自闽来亢教官，训迪有方，蒋公深器之。十四年春，蒋公誓师东江，克淡水，授第二团第二营营长，援第一团之困，夺敌阵地，擢升团附，六月班师，以平杨希闵、刘震寰叛兵功，擢任第四团团长。十月再发东江，君挺身任攻惠城西北门，简精卒为登城队，挟梯冲锋。正肉搏间，敌以机关枪扫射，如雨雹，君声厉振臂，飞弹中胁下，出膀胱，血不止而气绝矣！呜獻！君以一身博一城，君殉之明日，而城下，众皆谓英灵所凭，力破天堑，北伐奏功，实基于此，党军之威日震，军校之誉日彰，君为不死矣！政府追怀悼惜，赠陆军中将，特恤金五千，又家属年恤金七百，同志同乡迎君柩主，葬黄埔烈士坟场。

君讳尧宸，字俊辉，闽福清县人，世居霞浦。祖长泰海坛副将，遂家福清。父培芬，庠生。君性沉毅有智略，桥南社，同盟中健才。辛亥武昌起义，闽应之，君亦授命，与有功焉！旋入保定军官学校，毕业后回闽服务，从方君声涛、孙君良翰，措应敏捷，皆称其能。会王永泉约粤军逐闽督李厚基，君力扼洪山桥，大破之，厥后王永泉之团长杨化昭附臧致平，合闽南民军抗周荫人，君至同安马巷集旧部，推孙为师长，被任团长，臧、杨败，孙与民军总司令退保大田，适孙之旅长彭阎瑞有异志，孙杀之，彭部变，攻孙及君，及退赤水，君中道困于匪，脱身至厦门。夫人许氏方庆得男，不幸呱呱，忽失慈母，乃付嫂氏抚之，愤痛南来。极人世所难堪者。讵意年仅三十有一，竟能完大名于不朽，其才可惜，其志尤可钦也。遂与君生同里闬，昔岁与方君从事闽南，亦耳熟其为人，兹来黄埔吊君之墓，君挚友林兰生为述当时状，有尽于心，因书诸石，用卒告阐烈之君子。中华民国十七年十月。国民革命军军官学校代理校务何遂撰文并书。

据《中央陆军军官学校史稿》

严安传略

居正等

严安，字道平，安徽庐江人。宪兵学堂出身。幼随兄陵参加革命。安精于理化兵工诸学，当时吾党使用之武器，如炸弹、地雷、水雷等，多由安计划制造，有革命兵工厂长之誉。

辛亥之役，黄克强先生召约前往担任爆破工作。共和告成后，随欧阳豪先生赴赣。浔湖、皖中及其他革命诸役，安均参赞其事。民四年秋，沪上法租界吴兴里四二七等号革命机关部与武器密藏部，为奸人黄士瀛、雷应春告密，袁氏照会法使转令沪法当局派兵搜捕，安被执，系狱八阅月，虽受刑讯，仍历认各种武器均安自制，盖深恐涉及其他，牵动更大也。袁氏对此曾连用十六道照会，要求法使北解就刑，终为法方婉拒。袁氏既覆，黄克强先生电黎总统转请法使开释。民六护法之役，安奉命为赣东护法军指挥官，身先士卒，攻克饶州时，已负重伤，经红十字会护送上海申江医院诊治，稍愈出院。未几创伤复发，不治，时年仅将而立。安于党国，坚毅忠贞，历次革命，无役不与，不幸英年殉难，实为当时革命之一大损失。居正、杨虎、张钫、马占山。

据《革命人物志》第十一集

严烈士陵传略

居正等

严陵，字光亚，安徽庐江人。少有大志，任侠好施，慷慨敬士，与柏烈武齐名，管鹏、张孟介皆伯仲也。纪元前三年，先后毕业于高等警官及陆军学堂。初任六十一标队官。鉴满清政府昏聩腐败，各省疆吏湎淫贪婪，外患既急，国势阽危，乃与范鸿轩、韩衍、吴旸谷相结合，加入本党。并奉派为长江流域皖浔区军事特派员。陵秘密策动六十一、六十二两标，鼓吹革命，不特各标官兵感动，纷纷入党，即长江下游之活动，陵与乃弟安、宽皆有功焉。

迨辛亥起义，皖、浔新军群起响应，声威所播，清廷震撼，乃起用袁世凯，命冯国璋率新军南下。陵以为机不可失，与欧阳豪等同志，统率皖、浔诸军为鄂援军，誓师出发，克武穴、田家镇，大破清兵于长江两岸。于是分进合击，威胁冯军。陵亲攻罗田，直逼武胜关，拔之。其一则袭黄陂，进驻孝感，断绝敌援，武汉军声，为之大振。未几，上海、杭州、苏淞、嘉兴相继克服，清社旋覆，民国成立，共和告成，而援鄂之役攻城野战，身被创夷者，陵功居多。

民国二年，袁氏叛国，赣督李烈钧起兵讨袁，时陵任右路军帮统，会林虎、欧阳豪、夏仲伯各军，与袁兵鏖战于金鸡坡沙河一带，众寡虽殊，犹重创敌。唯当时欧阳武等首鼠多端，徘徊观望，陵等孤军乏援，而敌兵四集，凉秋风起，义军苦寒，不得已退守浙边，以图再举。陵则只身渡海，谒总理孙公于东京，报告战况，颇蒙奖饰。

翌年，总理派陵为江西革命军指挥使，策动张敬尧.周勋臣部，时机将熟，不幸次第破露，潮王洲总机关部被抄，同志舒昶等被捕，遂潜行转沪。旋调皖中革命军总指挥。时各地酝酿讨袁，皖省进行较速，马联甲部王金玉等多入盟，各方催促起义，函电纷驰，日必数起。陵虽明知时机未熟，然众意殊难容缓，不得已乃于民国四年三月二日，先后进攻庐江、舒城、桐城、怀宁、六安、英山、霍山等县，有席卷长江、囊括大别山之势。惜邻省党军，不及援应，败于垂成，不然襟带江湖，指日可定也。此役，陵纠集乡党宗族数百人，分赴各处策应。既败，皖中同志及陵之部属家族戚党，多不及退出，牺牲颇重。陵眷间关避沪，仅以身免。

既而陵复奉命为长江下游革命军司令，策划进攻江阴、吴淞、狮子林等要塞。该处驻军荣道一旅、朱胜广团及驻龙华之吴培庵部，陵均秘密洽妥，正待运送军械，指派党军发难，而袁逆驻沪特务机关长雷应春，勾结黄步洲（即士瀛）叛变，将陵在上海法租界吴兴里四二七等号之机关部报告法捕房，尽去所储大批枪枝弹药自鸣雷等，同志杨言昌、钱子鉴、胞弟安等十余人被捕，系狱八阅月。迨袁氏倾覆，黎总统准黄兴之请，照会法使开释。而此八阅月中，袁氏之爪牙曾十六次照会法使，要求引渡，并加紧通缉陵等，陵因离沪东渡暂避。

先是，陈部长其美谋联络荣道一、朱胜广、吴培庵等乘机再起，复电召陵回国，与耿毅等主持。陵曾屡经艰险，仍未稍馁，乃厉兵秣马，重振旗鼓，于长江流域发动讨袁。讵陈部长为贼所忌，突告被刺，而袁逆旋亦覆灭。当此时也，北洋军阀势成割据，北方能悬党旗独立者，仅鲁东一隅，沪上同志购械所需，亦唯赖鲁军接济。时王逆亚樵希图劫夺青岛汇款，勾串张勋旧部，报告英捕房，逮陵等下狱，逾年始释。所有汇款，悉被吞没。

民国六年春，陵复奉总理命，为赣东护法军总指挥，并率张赞元、胡星樵等，赴粤转赣。同年四月二十六日，陵以劲锐，会黄淦部，分袭饶州、都昌、浮梁各县。其时倪嗣冲方举兵谋叛，拥废帝复辟。嗣段祺瑞又希图利用对德宣战，要求日本济以饷械，助编军队，以达武力统一，及至张勋谋乱，复于马厂誓师声讨。总理亦于七月十七日由沪率海圻、海琛、肇和诸舰，南下护法，电国会议员，至粤开会，并命陵坚守鄱湖两岸，俟粤北军至，再行进占南浔铁路为据点。无如唐继尧、陆荣廷、莫荣新等，阳奉阴违，欲其出兵戡乱，则藉词推诿。故陵军与蔡成勋部鏖战两月，而援兵不至，复因洪水泛滥，河港地形特变，交通梗断，遂败于景德镇之枧水港。陵率特务队，退至边境，为敌军所截，被执。次年春，为蔡密害于南昌督署。总理闻之，悼惜不已。陵赞辅初基，竭诚护法，勇而多谋，有国士之量，故见器当世，岂徒武将而已哉。“出师未捷身先死”，悲夫！居正、杨虎、张钫、马占山。

据《革命人物志》第八集

先君吴公子寿行状

吴　珏

先严讳观葆，字子寿。先大父济之公之独子也。世籍练江华阳。先大父官漳州府尹，卒于任。先祖母程太淑人挈遗孤归潮，寄居汕头。以长女适闽侯朱又彭，次女适宝安郭丽洲，而慈帏教诲，画荻辛勤，家声赖以维系。先严少负文名。豪迈跌宕，恢恢有大度。慨清纲废弛，国势阽危，清光绪三十四年，加入同盟会，在汕创刊《双日画报》、《图画新报》，倡导革命，规画光复大计，开岭东新闻界之先河。

清社既屋，共和肇始，任中国同盟会潮州交通部部长，地方兴革，允致勋劳。无何，项城阴谋不轨，疾先严反帝之力，密令粤督龙济光逮捕，幸故都同志电告，星夜出走，得免于难。于是倾家变产，迁居澳门，集同志于港、澳间，分设机关，密谋攻袭惠阳为根据。事觉，龙氏使其爪牙人以他罪，至港掩捕，同志多被絷，先严适因事赴澳，又不及祸，仍冒险回港营救，使诸被执者以国事犯递解渡日，余人留澳门三载，备尽艰辛。袁氏卒以败亡，民国再造，始重归故里。

时先祖母以奔波跋涉，羁旅异域，已垂垂老矣。先严笃念劬劳，不欲远行，遂潜隐家园，薄志功名，养生送死，致于无憾。然于地方政事，国家大计，犹时多贡献，先后勉就岭东自治会会长、汕头市第一届市参学长，梓创《大岭东日报》，总理亲为题名，持论正直，风行十稔，为岭东舆论界有数之刊物。暮年致力教育，扶植后进，潜心内典，自求解脱，益恬澹无所滞碍。前岁夷氛压境，先严避地香港，关怀国事，尚时以手谕谆谆垂训，讵十一月十日稍感不适，翌日忽焉西归。溯生于胜清同治十二年九月二十八日巳时，逝于中华民国三十年十一月十一日亥时，享寿积闰七十有二岁。追迹平生，三立并兼，依世尚同，俛时则异，先严有焉。珏、凌等兄弟十一人，姊妹二人，以国难散处四方，交通阂阻，均不及亲视含殓，哀痛罔极。谨依礼成服，敬述先严行状于邦人贤哲之前，伏维矜鉴。

据《追悼吴子寿、东升先生暨死难义胞特刊》

陈烈士勒生传

柳弃疾

陈子范字祢生，号勒生，别署大楚击筑，福建侯官人。少习海军，既投身芜湖税关，为佣书，与同邑林森相友善。民贼李鸿章助虏廷，覆天国，号为元勋。鸿章死十年，子弟奴仆势焰，犹炙手可热。芜有李氏园，禁人游览，顾有捷径，与官道连，不知者辄误入，遭鞭扑，甚则缚送狱吏治罪，不稍贷，子舆氏所谓“方三十里而为阱于国中”者，是也。君居芜久，熟知其事，则大怒，一日入其园中，婆娑泉石间，兴尽，乃岸然自中门出，门者骇阻，语不逊，君数其罪而拳殴之，败颊折齿，数十人尽披靡奔窜，君则从容留刺而去。李知为税关中人，又积怨于民久，虑不为众论所直，卒亦无如何也。

已君奉调来沪上，与陈其美、章梓相结，日夜睥睨天下事。黄花冈之难，私设位追悼，为文致祭，其词绝哀。是年秋，东南兵起，林森略地定九江，君则奔走沪事。南都既建，森入为临时参议院议长，君独佣书税关如故。彭寿松者，光复福建有大功，因专军府事。闽之殷顽夏肆，与夫失职不得逞之徒，恨彭氏刺骨，日为蜚语抵诸北廷。北廷方忌东南合纵之局，欲破碎之，而苦无所藉手，得报，乃大喜，起岑春煊为镇抚使，率师入闽，捕治同盟会会员，将构大狱，闽士骚然。君驰电力争，以大义相诘责，岑氏知闽未可图，一日弃职去。君思辑前后事实，为《岑镇抚入闽记》一书，以诏天下，未成，而桃源祸作矣。讨袁军之起，君颇有所谋画，语秘莫详。素善治爆烈弹，义师既败，益腐心切齿，淬厉以须，思收铅刀一割之用，卒以失慎自炸死。

柳弃疾曰：君激昂慷慨，有古烈士风。与人交，握手出肺肝相示属，有异同之议，廷争面折，不少假借，朋辈视为畏友焉。壮志未酬，糜其躯干。朔风萧萧，浦江不波，安得招君之魂而一奠之哉。

据《国学丛刊》第一卷第四期

余祥辉传

胡汉民

君姓余氏，讳祥辉，四川古蔺县人。十五岁，游学日本，入成城中学。时学界革命主义日昌，有同盟、共进二会，君俱入焉。凡同志，莫不披诚订交，有急，必竭力以助。尝曰：“济天下之变，必以天下之才，国步艰危，贤者宜先负其责。”盖少日之志概已如此。成城毕业，入山口高商学校，校禁我国三年级生偕日生旅行满洲，其意盖虑窥彼秘密，君以日人乃敢禁我往吾国地，主张以罢学抗之，遂全体退学，而山口条约亦竟废。君以辛亥改入明治大学。未几，武汉起义，君与二友，率先返国。至粤，偕李竹舫赞画粤事。张鸣岐亡，先统队清潮、汕，后编入北伐军，开至浦口。南北底定，共和告成，乃解甲返东，续求学，并扩张国民党支部。二次革命失败，复入中华革命党。

民国四年二月，从陈君英士归沪。时逆袁以沪上为党人所萃，侦谍棋布。英士既居沪，行踪至慎，其辅翌左右，密迩朝夕者，仅君与周君淡游、丁君景梁数人。英士嘱君保莞机密文件暨款项出纳，君综核微密，事无旷废，而一切密画，君亦悉预之。时英士主任沪上军事进行，并兼筹江、浙二省，及大江沿海各区恢复事宜，诸务填委，而君与数人分任股肱，瘁而益厉。十二月五日，肇和军舰发难，君从英士暨诸同志，直前指挥，与袁军相持良久，已而敌援大集，始不得已相继退。时英士以上海海陆军屡失败，仓猝难图，乃益旁助江、浙同志暨粤、鄂诸君，分道进取，君奔走各方，多所赞助。五年五月，英士遇害于萨坡赛路寓舍，君亦在别室闻警，亟出协追诸贼，翌日遂得许国霖、宿振芳诸人。自是君留沪。

逆袁死，君复肆力于学。又欲经营实业，为改造社会之先导，入湖南探视矿务，颇有所计划，世知君之才，固不尽于破坏一方面也。民国六年五月，督军团集议于天津，谋叛民国。孙中山先生挈国会议员、海军将士之粤，而护法军兴，先使君入湘，策军事进行。

君至湘，而复辟变起，乃与覃君振，计划一切，推第二师师长陈复初总北伐之师。时陈复初犹就民党范围，故君不惜假借之。八月，北庭任傅良佐为湘督，而复初变节，湖南中路既非我有，不得不以西南两路为根据。于时林修梅驻军衡州，廖湘芸、罗迈从之，李达武、罗剑仇同往湘西，召集旧部，一面风示田应诏、张学济独立。部署既定，值中山先生亦已就大元帅职，君乃与覃振、杨熙绩赴粤。抵粤之次日，刘建藩、林修梅宣布湘南独立之电至，乃复返湘，大元帅命覃振为湖南民军检阅使，而君副之。以十月行抵衡州，时桂军以重兵压湖南，林修梅已率师援宝庆，君与覃振欲舍湘南而图湘西，值宝庆失守，道途梗塞，傅良佐以内讧致败，仓惶出走，君与覃振至长沙，则二三人已举谭浩明为湖南督军，程潜为湖南省长矣。君谓覃振曰："不乘胜而取岳州，急图武汉，反拥兵争攫权利，此辈不足与谋，不如率湘西之军，出荆襄，自图发展。"适廖湘芸率军来长沙，次于宁乡，为他师所忌，覃振乃使杨熙绩至廖军，令往常德。十二月，君与覃振、林德轩先后至，决出兵公安之计。然湘西各师，号令尚未能一，林德轩乃率马希强、安万龙、杨丕著别组一军，分布于施南、鹤峰、来凤间。七年三月，滇、蜀军不能出归、巴，鄂军亦不能下宜昌，张学济、周则范之军又以岳州再陷，退守常德，林德轩则孤军不克深入，退至石门之尼市，大势岌岌。君于是往佐林德轩，任参谋长，并前卫总指挥。未几，陈复初、朱泽黄寇常德，田应诏等克之，已而田等共谋攻王正雅，而冯玉祥援沣州，君乃与之战于合口，历七昼夜，大雨如注，君之病自是始矣。君驰驱于湘、鄂之交，昼不得食，夜不得寝，合口之战，冯玉祥号称北洋劲旅，湘军无敢迎敌者，君独力却之，使不敢出沣州一步，殆湘西出师以来所仅见者。六月，冯玉祥窥常德，胡瑛、周则范等连退至辰州，以避其锋，君忧且愤，疾益剧。七月，酉溪匪势炽，军政长田应诏檄君往平之。八月，就医于辰州，两月病渐瘳，因林军驻王村，扼大庸与永保龙桑之冲，谢重光嫉之，袭其军，林军几覆，君又扶疾督战，使之脱险，开赴大庸、桑植防堵。前敌王正雅与陈复初勾结土匪，数相侵犯。十二月，君辄驱兵大破之。

然君咯血不愈，同志察君病日甚，力请君离去兵间，还沪治疗，君始不可，至八年五月，君体气益惫，乃勉行。既至沪，则群医皆告束手，卧病两月，竟卒于沪，才二十九岁，识者悼之。

论曰：君平居至和易，无疾言厉色，而见义则勇，虽挫败不少挠。病殆不起，同志往视之，犹以湘中军事为念。天夺君年，使君所贡献于国家社会者仅此，非徒君之不幸也。民国六年春，君父殁，讣音至，君大哀毁，涕泣于室若孺子，不饮不食者累日，遂拟返籍奔丧，已而以督军团起，不果。盖自十五岁东游，未尝一度宁家，父丧未终，而君亦赍志以殁矣。悲夫！

据《先烈余健光荣哀录》

张中将义安墓志铭

章炳麟

陕西诸将最荦确有名者，井勿幕也。自勿幕为奸人袭杀，陕西气大衰，后闻胡景翼部将张义安者，善以少击众，数用奇，似宋时狄武襄，亦以战殁。二子者，盖皆尝及余门。勿幕死，余为之志，义安死，其可以勿书？

义安者，少以庸赁入新军，退伍，入正谊书院，直武昌兵起，陕西应之，义安从李仲三守韩郃，虏逼潼关，主帅败入南山，义安率三百人，当虏六营，度河入山西凤皇嵴夹河，以大炮盩虏，虏不敢犯，故潼关得完。民国五年，袁世凯称帝，陕西义师起渭北，品类龙奇，义安与同志结义侠，保民社，以训将士，军纪为渭北最，遂从胡景翼攻陕西都督陆建章，禽其子承武。陕西平，复从景翼肄兵，时军实匮，有朽铳三十梃耳。乃曰："吾炼其心，何患无兵杖也。"治军不尚华饰，尤恶官长下比与士狠鸷不用命者，先后应募几六百人，留者才百二十人，信赏必罚，以背嵬军自拟。尝分遣军士，赴霸桥折柳，士或苛民钱，后悔，归诚义安，义安予银三两，以劝悔罪者，士心大安。

六年，陈树藩据陕西反，日招延群盗，义安率一连东西游击，破盗窟十余所。尝在下邽，士以盗所略财献，令尽投急流中，曰："取盗财，是亦盗也。"士或取民一针一缕，必立诛无贳者。景翼决建靖国军，置幕府三原，以义安守，义安日夜纂严，以其间吹箫赋诗，游观校舍，督役夫治道路，其整暇如此，树藩令旅长曾继贤、团长严锡龙来逼三原，义安兵不满二百，阳顺继贤，治装为欲去状，而日运黄土积巷口。七年一月二十四日夜，大雪，义安分部将士前行，皆莫识其所以。夜半，雪大甚，有爆弹自继贤旅部发。少顷，所遣士已据谯门，徼巡者皆就获，继贤、锡龙挺身走。犁旦，将士往朝义安，义安方与军佐指画史书，部护兵扫门外积雪，若无事者。良久，出所画图示将士，凡敌军所处地，与其晏游之所，及我军进攻道，分布白黑，细若织网然，众乃知所以胜。

自景翼入三原，称靖国军，各军争为雄，义安奋曰："不争于疆场，为丈夫羞，难自我发，我当先讨贼，从谢国人。"欲径率所部三百人趣长安，贼以两旅复逼泾阳、三原，诸将请义安固守，义安曰："树藩气浮而谋短，倾城来攻，吾直造长安，城下，可以得志。"即行次兴平，度渭，抵甘家砦，垒未就，贼以三营来攻，迎击大破之。贼复以八营来环义师，三面如堵墙，师大痍，士或椎胸哭。夜晦，义安选壮士二十余人，分三队，周走大呼，贼惊自相击，义安乃舆伤兵潜退，直援兵两营至，复进薄长安城，屯大营盘，及大、小雁塔，贼不敢出。然兵劳，弹亦尽，复退屯仁村。时曾继贤将樊醒民、阎锡民等，列营鱼化、木塔、隐家、甘家四砦，为长安腓蔽，义安乘雪夜连行二十余里，到甘家砦，即乘闉入之。闻树藩疑樊、阎，腾书招焉，樊、阎皆率所部降，复进兵攻长安七日，长安凶惧，南城守兵谋内应，未发，树藩阳乞和景翼，景翼遽令义安还师，遂退屯鄠，树藩复悉精锐来攻。三月十三日，义安出战，殁于阵。八年四月，主帅列上其事于军政府，赠陆军中将。

自义安死，义军与贼更为雌雄，然以渭北数县，当贼全部，裹创缮境，历二岁不携者，其余烈存也。惜乎义安处势甚微，又早夭，不能尽其略，不然，其与古之人何远哉？义安名养成，富平人也。死时，年三十一矣。铭曰：

关中出将古所闻，降逮叔世泯以棼。列宿日薄光初焞，猛将上应南宫鹑，荡没天槐哀周秦，誓师泾渭严不逡。灶上扫除千甄军，一死可以廉顽嚣。

中华民国九年十一月。

据《革命人物志》第五集

祭尚天德文

孙　文

维中华民国十有二年十一月十日，孙文以同志众议院议员尚君天德之丧，致名花清酒于尚君之灵而告之曰：

夫惟哲人，邦国之宝。虑其不寿，以颂以祷。然而国人所欲杀者，每如荆刺之滋蔓，欲生者，每见芝兰之折夭。倘非人力易穷，不应诉诸天道。几年以来，文以国步之艰，负任之重，死伤者之日多，叛离者之可痛，将欲简练国人，奋策义勇，作庶民之朝气，登治理于极峰，而君逝矣。呜呼！文所痛哭者，不始于君，文所期望者，不出于君，而君则昔为文所期望，今为文所痛哭之一人。呜呼哀哉！尚飨。

据《孙中山全集》第八卷

饶潜川事略

吴景潜 等

潜川先生为老同盟会会员。光复时,回国实行革命。民元,秉承总理委任,为缅甸中国同盟会特派员。返仰后,从事努力宣传,足迹遍全缅,凡阅六个月,舟车劳顿,不辞辛苦。受英政府干涉,不之顾,怡然处之。组织书报社二十余所,内设民党分部。复倡办学校,相继成立数十处,一生奔走努力宣传之功。民二,返仰光,被举为觉民书报社总干事。将书报社改组,接收《觉民日报》,为革命党言论机关。民四,国民党被袁氏解散,先生邀集同志加盟,组织中华革命党。忽又有一班同志,将觉民书报社改名为老支部,驱逐革命党。故租鲁班庙二楼,为办事机关。复倡建党所,巩固党基,首先捐缅币三百盾为之倡。担任出发缅属募捐,共数达二万余盾。于民十购置洋楼一座,价银二万八千余盾。民十一,捐银五百盾,倡办模范学校于党所三楼,培养人才,年中经费亦捐数百。民十四,将模范改组为中山学校,复捐助四百盾。

此十余年中,民党失势,维持颇以为艰。先生慨然任之,勇往进行,不避险阻,诚为难得。缅甸民党,得以留存于今日者,佥谓先生为党为国,能忍辱负重,努力宣传之所致也。此十余年中,党务、报务,赖以维持至今者,先生之功,其不没矣夫。

至于先生革命事略,奋斗精神,诚非楮笔所能形容,第不过举其大略情形,洵为缅甸革命中最先进之一人云。同志吴景潜志,曾允明识,大中华民国二十五年八月一日。

据《革命先烈先进传》

夏君重民纪念碑文

胡汉民

闻之人之理性发展者，其赴义也勇，兽性发展者，其祸人也烈，若不幸而相逼，则赴义者之勇愈显，祸人者之恶亦愈彰。

夏君重民，少任侠，嫉恶为仇敌。民国纪元前七年，美帝国主义者，压迫我侨众酷甚，夏君不能忍，慨然倡抵抗之法，满吏下之狱，然人群起应之，声震环宇，卒使帝国主义者慑我民气，为之敛却，吾国民直接与帝国主义者抗战，始于是役，君实主之，其时满虏尸皇帝之位，丧辱国权于外，残民以逞于内。我先总理孙公创中国革命同盟会，树革命中枢，君从而致力，始终不愉〔渝〕。讨袁之役，起偏师于齐鲁，尤极劳瘁。袁氏虽殂，余孽赓相窃据，不独自张牙爪以噬人，且更为帝国主义者之鹰犬，举国鼎沸，生民困苦颠连而莫能自拔。先大元帅孙公不能忍，于民国十一年六月，毅然兴师北伐，以警备司令一职委君，君整队伍严备石围塘一带。维时逆贼陈炯明已蓄叛志，故义师出发江西，竟于后方逞乱，十六日拂晓犯本府，谋杀元首，陈贼以广州卫戍总司令魏邦平狡伪畏葸，惟势是附，不足虑，惟君率警备军近在肘腋，且尝暴其罪于海外，留之必为己患，乃于十五月深夜，嗾所部袭君于石围塘，暗害之，并毁其尸。国人怀其勇，海内外同志伤其死，属汉民撰文立石，以示来者。

汉民以时会俶扰，彼发展其兽性者盈天下，而天下益俶扰不可救，然而公道未泯，人心未尽丧，虽兽性发展如陈贼之甚者，率类作祟〔祟〕，而嫉恶如仇，勇于起义如君者，能不顾死生以为之抗，盖以见其理性发展非常人所及，今者民众深知帝国主义者与军阀等之恶，率应我党军，党军随党义以前进，使兽性发展者，皆为吾党扑灭，而陈贼亦早已肃清，不复能为人祸。君居恒拳拳服膺先总理，而尤注力于民生主义，使其不厄于逆，则有造于党国甚大，此其死所以足念也。中华民国十六年六月六日。

据《胡汉民先生文集》第二册

徐绍桢行述

徐承庶等

先府君讳绍桢，字固卿。先世籍浙江钱塘，自十世祖可圃公游幕于粤，十一世祖琢斋公继之，遂迁广东，为番禺人。曾祖春田公为粤诸生。祖子远公以经师兼名幕，粤省疆吏凡有大政，必咨而后行。其为学博涉多通，自经说小学诗古文词，以至天算声律，皆有撰著传世。

先府君幼禀庭训，通汉宋儒之学，尤究心于经世之务。年十九，以刑名就柳州府怀远县聘。此后粤东、西府县争聘之。旋中式光绪甲午科广东乡试举人。入桂藩游子大、张光宇、李勉林诸方伯幕府，勉林方伯升任赣抚，约至赣，遂入仕途，以道员历官江西、广东，福建、江苏，补江南苏松镇总兵，任陆军第九镇统制，调署江北提督。方其初至江西，值义和拳乱后，江西之焚教堂、戕杀教民者甚多，勉林中丞奏调先府君佐其查办，不三月，结二千余案。又奏设课吏馆以教官僚，设讲武馆以课将校，均以先府君长之。又委先府君总办营务，统领新军，先府君固辞者再，勉林中丞曰："君素治《老子》，以《老子》之学治兵，必无敌。今日得名将易，求儒将难，其勿辞。"自是所至皆掌兵事。综计在赣总理营务处，总理讲武馆，统领江西常备中军。在粤统领广东常备中军，总办广东全省营务处。在闽总办军政局、武备学堂。在江南总办参谋处、教练处兼统常备兵。一时各省新军之编制章程，以迄典范令等，皆先府君手定，为全国所仿效。在江南创办征兵，凡入伍者，多通文学。各省疆吏皆以先府君学术宏深，于中西政要深造有得，并究心中西兵略，交章荐剡，请破格录用。唐春卿侍郎并以高才博学，深明治术，保荐经济特科，先府君因留粤练兵，未赴。及为第九镇统制，其时清政不纲，豪杰之士多怀革命思想，所部将校如赵声、柏文蔚、熊成基、倪映典等，最为显著。江督端方指名逮捕之，先府君力为营救，得免。时先府君睹世变方亟，亦密有所规画，延揽豪俊如不及，一时英毅之士，多隶麾下，乐为先府君用。清廷疑之，迭派提督姜桂题、张勋别编巡防营，驻浦口，密伺举动。

辛亥，武昌起义，清政府复饬张勋增募巡防队四十营，监视第九镇益严。先府君乃假秋操为名，移师秣陵关，以待时机，一面分遣干员，驰赴各地联络。未几，上海、苏州、镇江、浙江均独立，公推先府君为江浙联军总司令。先府君乃计取南京城外幕府山、乌龙山两炮垒，饬苏军支队长刘之洁向雨花台，浙军支队长朱瑞向朝阳门，镇军都督林述庆向太平门，而以总司令部驻于龙潭下蜀街马群附近，连战皆捷。方图围金陵城，阴历十月初八日，得黎黄陂密电，言汉阳已失，求派兵赴援，同时复得情报，谓津浦铁路约一星期可通车。先府君默计，非急下南京，则汉阳清军顺流而东，京、津北兵遵陆而南，我顿兵坚城之下，四面受敌，必无幸。然非夺取紫金山之天堡城，则南京不可下。时天堡城有张勋兵千人据险以守，仰攻尤难之难者。是日反复筹思所以夺取天堡城之策，至呕血数盂，既定算，复亲往督战，苦斗逾昼夜，十一日早六时乃克之，夺得过山炮六门，即以之轰毁富贵山炮垒。张勋及江督张人骏、将军铁良乃弃城遁。论者谓天堡城在紫金山顶，平时徒手登山且不易，况激战其上乎？当时奋斗之苦，可以想见。南京既光复，公推先府君为北伐联军总司令。未几，孙总理由海外归，众推为临时大总统，即就职于先府君所统之北伐联军总司令部。旋以清廷逊位，军事中止，先府君改任南京卫戍总督。是时，各省北伐军队皆集南京，先府君维持秩序，安辑商民，不遗余力，至今犹称颂不衰。

民国元年三月，袁世凯继任大总统，任先府君参谋总长，辞不就，自请解除兵柄，赴上海就医。旋改任仓场总督，亦不就。是年九月，陆军总长段祺瑞，以先府君光复金陵，策勋第一，迨天下大定，又功成不居，勋业在世，谦让可风，非先与叙勋，无以孚众望，呈请袁政府授与勋位上将，均固辞。并诣北京陈于袁氏，谓南京之役，实以上海为策源地，非得沪军都督陈其美之力，不至此。今陈其美及其他应策勋而未获者多，绍桢不敢独居其功。袁氏令先府君胪举应给勋者十余人，先后给与，然亦有请而未得者。先府君尝建议谓：宜速谋军民分治，于十年中，编集国防军一百师团，以前五年理财，于此期间遍设国民银行，筹备兵工厂、陆军大中各学校，第六年开办征兵，其言甚详。

会外蒙古库伦独立，北京各党会联合组织筹边会，推先府君为会长，先府君复献整饬西北边陲之策，惜皆不能用也。自是屏居天津，不问时事。尝语人曰："吾岂独望共和之巩固哉？吾对于亚洲之巩固，实有志焉。方今列强对于中国，皆持均势主义，试问中国之势，为各国所均，尚堪自立乎？中国之土地，苟为列强所瓜分，便如水银泻地，尚有复聚之日乎？吾观欧洲大势，不久将有战争，假使各国皆乱，吾能独安枕乎？今日政府不知急图保国，惟知树一己之权利，吾诚百思不得其解者矣。"此说发自民国元、二年，闻者皆服其先见。其后库伦取消独立，袁氏特任先府君以册封大使，先府君以事关保全边境，谊不容辞，已治装，行将就道矣，袁氏忽组织筹安会，先府君计其程途，抵库伦时，必已发生帝制，遂将印册缴还。

未几，果有改元"洪宪"之举，先府君遂出都，还上海。当先府君在京之日，袁氏深忌之，寓所门前至特设警察岗位，阳为保卫，阴实伺察。先府君效古人闭门种菜之计，日必赴图书馆观书，或流连厂肆购书以自娱。久之，所购书逾数百簏。黄陂继任，先府君再至北京，整理故籍。未几，国会解散，复辟变生，先府君避难日本，隐居神户。

孙总理南来护法，屡电召归，遂返粤，任广州卫戍总司令，兼练兵督办。先府君虽久在兵间，然深识民隐，尝谓，官之卫民，不如民之自卫，力持急办团练之议，分县练团，悉以营制部勒之，无事为民，有事为兵，既无糜饷养兵之害，实收全省皆兵之利，为莫荣新辈所梗，不能实行。军政府改组，先府君解职，离粤。民国九年，奉孙总理密命，任援粤总司令。赴港，偕孙公哲生、吴公铁城等组织机关，主持军务。旋复返沪，参预中华革命党改组事，首先入党，为同志倡。民十年，孙总理重开府广州，先府君复任参军长。迨孙总理被迫离职，先府君奉令奔走朔方，历聘京、津、保、洛、关外，所至备受欢迎。

十二年春，先府君行次北京，孙总理电召回沪，任为广东省长。在职将三阅月，时事万难，不易设施，先府君犹复将本署经费所仰给之九龙、拱北两关入款，拨为教育经费。且谓民政要枢，莫要于清查户口。而团练又为素所主张，檄县提前急办。未及观成，奉命调长内政。去任之日，士商攀挽，如失慈母。十三年春，以政见参商，请假赴沪，孙总理旋召之归。是岁，凡三度赴粤，最后一次以双十节日在沪得商民电，言将大罢市，乞先府君速归维持，先府君立登船抵港，晨诣省门，则官军已与商团开战，无可调停，乃乘原船返港。

未几，北京发生政变，段祺瑞将入京，通电朝野名流，征求意见。先府君答言："宜将财政全归于民，别组财政委员机关，国有所需，会议拨给，长国家者，概不得问财政事，则国家必可太平。"沪上绅商至，将先府君此书，刊印流布，惜此议终不得行也。自是而后，体力渐衰，养疴沪上，萧然一无所与，幸值本党北伐告成，引以自慰，比膺国府委员之命，目睹国难洊臻，而病驱一无献替，恒以为憾。及廿五年九月五日，偶撄痢疾，医治罔效，以十三日卒于上海蒲柏路吉益里寓庐。春秋七十有六。呜呼痛哉！

先府君自少受先大父所教学寿之道，晚乃自号学寿老人。生平惟以达观任运为养生之原则，于服食导引之方，无所屑意。五鼓即起，习以为常。日必有记，终身行之，未尝间断。治事之隙，即手一编，有以节劳劝者，弗顾也。未仕前，在郡县助其守令治刑名案牍，常自晢穷日之力以治公，至夕则自求学，若昼间有暇，仍调该郡县志书及旧牍阅之，俾悉地方情形风俗，决不分白昼晷刻以著书。尝谓所得修脯，当以日计，若一日不事事，即素餐矣。在桂林时，随宦子弟，纷来请业，因立学会，逢九之日，辄聚诸子于一堂，为论说经史文艺，兼及政事，诸子退而记其所闻，或即席互为问答，而先府君定其是非得失。所积卷帙甚繁，先取论算学者授梓人，附入《学寿堂丛书》，又别编有《学寿堂问答初阶》若干卷。先府君自少至老，虽公务鞅掌，而撰述不废，弱冠即著有《四书质疑》、《孝经质疑》、《三国志质疑》诸书，复有《勾股通义学》、《一斋算课草学》、《一斋勾股代数草》、《后汉书朔闰考》、《六书辨》、《说文部首述义》、《大学述义》、《道德经述义》、《学寿堂文集》、《学寿堂诗说》、《学寿堂诗集》,及《丙寅、丁卯、戊辰、已巳、庚午日记》等,其稿成待刊,或未定稿者,尚有若干种。

先府君本无意于仕宦,中年因大府之推挽,而勉出任事,遂以天下为己任。尝取《论语》"滔滔者天下皆是而谁与易之"一节,引伸其义,谓孔子欲得斯人之徒,与之易此无道之天下耳,若相率为避世之计,则有道将待何时?故其在官之日,常抱一悲天悯人之心,而不萦情于爵位。其在前清与入民国,此心同,此志同也。

先府君临财不苟,终身未尝妄取一钱。少时客平南县幕,一日,县司账者携百金来,谓某质肆开张,赠老夫子者。先府君曰:"此与老夫子何干?"力却之。后其县令自持来云:"令亦受之,且十倍于此。"先府君曰:"令为民治事,后此或有挹注以为民用,老夫子为令治事,不当受民之赠。"往返再三,令有愠色,然卒不受。后为江北提督,临交卸时,有向归长官之款二三十万,概留交后任,拨作公用。故虽治军数十年,经管饷需何止千万,而家况萧然,甚于寒儒。壬戌,在粤遭陈军之变,仓卒间,遣家慈周太夫人旋沪,曾有一书寄家慈,内云"夫人经此次之劫,无寸丝尺布之存,转瞬即届秋冬,无衣无褐,何以卒岁?我自辛亥为革命破家,其时后湖寓楼虽烬,然户部街赁屋未毁,尚略有所存,今则一洗而空矣。夫人无改食贫之心,不作怨天尤人之语,夫人之贤固不可及,我自思之,任官数十年,乃使糟糠之妻垂老之年饥寒交迫如此,毋乃我生平未积德行善,而受此恶报乎"等语。今者原书具在,不肖孤等读之,每泫然也。先府君尝谓:"平生历试诸艰,总觉富贵尤悔最多,贫贱则易于自守,故安贫视为固然。"在北京时,余家间或不举火,至购烤白薯为食,旁人见之,辄大惊异,而先府君处之泰然,不肖孤等亦习见,不以为奇也。

先府君以谦退持躬,常引《困学录》之言曰:"学者莫贵于能谦,莫患乎自满。"又引先大父之言,教人学谦,举谦卦六爻皆吉为说。故终先府君之身,未尝傲然自足,更未尝有一事与人斗争。晚年尝于日记中追述往事,曰:"余之继武昌而起,以攻南京也,其志但欲造成共和而已。至于战胜之后,处何地位,从未计及。是以既得南京,推中山先生为临时大总统,余即解兵柄而去。及和局大定,孙且退位,袁氏以参谋总长属余，亦固辞之。余尝与中山先生言，‘大局初定，必使天下人知吾辈初无自利之心，然后当国者以允恭克让为美谈’云。”

先府君性宽宏，从未言人过失，部下有曾受深恩而背叛之者，虽躬被其害，及事过之后，仍相见如初，一若浑忘前事者。举凡识先府君者，类能道之。

先府君以忠信为立身之本，自从孙总理游，即服膺弗失。凡有诿诿，虽冒艰险不辞。孙总理在粤，先府君力任宣传擘画筹饷之责。粤垣之变，寓所被劫一空，仅以身免，而追随孙总理如故。孙总理尝欲有事北方，密命先府君北上，历访关内外军政当局，其时先府君已病足，而未尝以疾辞。故孙总理对于先府君之荩忱，知之最笃。

先府君孝友性成，十八岁以前，逮事先大父，先大父辨色而起，而先府君晨兴必在其前。光绪丙申，先府君自粤应桂藩之召，遵陆先行，命眷属迎先祖妣余太夫人西上，抵桂林数日，即得寒疾弃养，先府君痛不欲生，终身引为大戚。生平每值先大父及先祖妣忌日，必竭诚跪拜，默想遗容。弥留之日，恰值先大父忌辰，犹复告之家人，以不能跪奠为憾，卒与先大父同日逝世，此殆孝思所感召也耶！又笃于友爱，与四世父伯生、六世父仲卿、七世父少白、八世父季同、十叔父彦皋、十二叔父公倩，皆以文字相切磋。晚年曾有诗咏其事，中有句云“盖世功名总渺茫，一门词赋亦堪伤。当时各欲期千古，今日惟余泪数行”之语。十三叔父威儒，为先庶祖妣罗太夫人所出，年最稚，先府君迎养罗太夫人及十三叔父于任所，亲为十三叔父授学以至成人。十三叔父举孝廉，游幕各省，民十五年，卒于沪上，先府君哭之恸，此皆不肖孤等所亲见也。家慈周太夫人，为七伯母周太夫人之第四胞妹，外祖父立斋先生以亲眷故，每与先府君谈，时先府君正治汉学，称为经生，因以女妻之。家慈深通书史，常与先府君论学，其能安贫也，亦根于学养有得。先府君引为同志，持以自慰。男子十八人，现存者仅承庶、承焉、承晃、承娖、承颎、承熥六人，皆庶出。女子九人：长适梁守文，三适翁之縠，四适吴衍慈，幼爱雪待字，余皆幼殇。孙男十一人。孙女八人。棘人徐承颎、承晃，承庶、承焉，承娖、承熥泣血谨述。

据讣告

蒋作宾传

失　名

民国初元，国内言军事人才，多盛称“三蒋”。三蒋为谁？即蒋百里、雁行与雨岩（作宾）也。百里名高，世人知之者多。雁行留日习步兵，历任北京政府参次、陆次，并一佐吴子玉戎幕。雨岩受元戎知遇，数历中外。今春故去，年尚不及六十也（五十九）。

清末张香涛督鄂，遴选高才生，赴日本士官就学，前后多至六十余人。先烈如蓝秀豪（天蔚）、吴绶卿（禄贞），老宿如孔文轩（庚）、李晓坦（书城），皆为是时之学子。雨岩入士官为四期生，卒业后，应清室廷试，得上第，征为兵部军衡司长。完成最早之步兵操典，知名于时。辛亥首义，任陆次，转参次。早岁加入同盟，当欲驱逐据鄂之北洋军阀（王占元、萧耀南），以为本党北伐之根据也，屡谋而卒未遂。

国府成立，起雨岩为驻德大使。不谙德语，诸多扞挌，函友人有“囚坐柏林”之叹。转任驻日大使，旋调内长，并曾暂主皖政。雨岩文辞雄辩不如百里，而仪容俊伟，凝重木讷，允为最适当之使节。元配张氏，为张默君之女娣，前卒。继娶某。共有子、女十二人，幼者尚在襁褓。战前，有幼童十余，自费留学，雨岩以二子往。近岁，年必屡访孔庸之部长，因法币易外汇，例须先得批准也。年前，渝市苦空袭，雨岩以千元，在陪郊天生桥，葺草屋数椽，殆为其生平仅有之财产。官中枢三十余年，而贫至无以为殓，亦足以以风末世矣。

雨岩谢宾客，元戎哭之甚恸。赠以万金，呈清国府追赠陆军上将。于其家属亦设法体恤，俾免冻馁，以为廉吏劝。

据《革命人物志》第十一集

蒋尊簋行状

失　名

君氏蒋，讳尊簋，字伯器，浙江诸暨人。通儒观云先生之家〔冢〕嗣也。溯当逊清光、宣之际，为中夏兴亡绝续之交，国脉一线生机实系乎在野师儒之教育。时负倡导闻望者，则有严几道、吴挚甫、梁卓如之伦。而惟因明学派笃古而切于经世，尤士林所乐称述。不务标榜，暗然日彰，为大江南北以逮东游才俊之宗主，顾及门无虑数千，比德校艺，咸折节低首于君，相推以国士之目，盖英姿天挺，渐绩万方，高材固自异等也。

将冠，肄业求是书院，课余喜以击剑自娱，辄隐寄澄清之慨。未几，遂负笈扶桑，入成城学校。庚子拳乱作，国都陷，激愤欲狂，思有所组织以靖难。会先总理创同盟会于东京，君以弱冠之年，首先参加，任宣传部长，并劝勉同侪，学界宣传革命自此始。旋转士官学校，届卒业，同学均内渡，已独留深造。

又期岁，浙抚力邀还浙，任陆军标统，兼董弁目学堂，浙新军遂以立。戊申，桂抚张鸣岐调办陆军干部学堂。翌年，复随节入粤，任协统。所至潜播党化，不遗余力。以为事前多方联络，临时庶少牺牲，深得仁者无敌之旨。值先总理亦莅临布置，因共同合作而事乃集。

辛亥光复时，君以现职协统，遂乘机整理军务，一面以大义逼走张鸣岐，宣布独立。全省七十二行商、九善堂推君为都督，君迎孙总理、胡公汉民，并招其他忠实同志一行入粤，组织政府，谋先巩固革命根据地。嗣以岭表全部敉平，拟物色粤贤继任，树省自治先声，并可抽身匡大局之不逮，因让职权于胡公汉民，而浩然以去，隐居沪上。

浙人闻君在沪，奔走呼吁，环请返浙主持大政，且有恳君出任海陆军总司令者，皆坚辞不就。先是，浙督汤公寿潜以文学开幕府，兢业反侧者日众，势岌岌，叠电促君返，畀浙军军长，而秩序斯宁。旋晋军府，兼绾民政，一身肩两重责，草创缔营，端绪繁颐，事无巨细，悉视〔亲〕裁治，效隆上为南纪冠。当君莅任之初，省库拮据万状，如湘、如郑多滥发军用票，君不忍出此，恐贻桑梓之祸，乃从军政界薪饷分别折减，躬为之倡，月只领四百元。而地方公益及私行救济，乃慷慨输助，结果亏挪约五万元，终至向其内戚借债，如数归垫。其尤著者，厥为任内不增一兵，而辖境转安谧，力矫武人拥军自卫之习。自后全国佥被多兵之祸，而浙独得免此病，民到于今受其赐也。

甫及期，军长朱瑞自南京班师，君举以自代，而幅巾入燕京。总统袁世凯于当代人望悉猜忌，君亦与其列，因任以高等顾问、约法会议议员、参政院参政、宣威将军诸职，又兼军学编辑局督纂、宣慰两湖、典试军官学校，皆散秩羁縻而已。君维时意旨以为无论元首氓庶，苟其态度行动，不悖于共和，虽蛮夷亦可共处，党治大一统之真诠，因若是逆诈亿不信，非君子所宜出也。民四，任两湖检阅使，兼保定军校主考，北京模范军事督参各要职。

洎袁氏帝制自为，君与蔡公锷同时出京。君赴浙，蔡公入滇。蔡与君为同学，约共赴难。君以图大举，首贵取得纲领，并注重步骤。先总理定有整个计划，请着光鞭，吾属且待后命，少缓须臾，自当担蹬以从也。逾月，果得本党干部密令，乃南旋集合江海同志，响应讨袁军，内外夹辅，声势浩荡，对方挠败，共和重建，君力尤足多焉。民六，浙省为军阀盘踞，承先总理命，于四明谋独立，冀规取浙东，并利用海口，为革命根据地，以兵力过单，形势又僻偏隅，号召大难，无能为役。适护法政府已组成，遂弃浙入粤。第事虽未济，而杨、卢在浙积年，始终未敢跋扈荼毒，实怵于民气，殆是役之后效欤。

粤大本营成立，任为浙闽宣抚使，又代参谋部长、军需总监，兼滇黔赣联军第一路司令，暨大本营高级参谋主任，追随先总理擘划北伐军机。事才举，而粤变作，乃待〔侍〕先总理返沪。民十六秋，国军北伐之际，军阀孙传芳拥军数十万，盘踞闽、浙、苏、皖、赣五省，首当国军要道，北伐未能顺利，乃任君为和平代表，时孙忌党疾甚，君以“不入虎穴，焉得虎子”之语，即只身奔走于孙军旅之中，与之斡旋，有百折不挠之念。和平方成，国军乘孙防备怠疏，一气攻克闽、赣，君即联络海军及就地军警响应，军事得进行无阻。事定，国府任以浙政治分会兼省政府委员、上海政治分会主席。十七年，任总司令部高等顾问、清理招商局委员会委员，及全国道路协会副会长、全国赈务委员等职。当主沪政分会主席时，市政尚未设府，规杌宏大，事务殷繁，君创制立法，措施裕如，举重若轻，泛应曲当，治未三月，而初政烂然。

本年春，粤方与政府有违言，以君久在两粤，情洽望重，爰以政府委员见邀，君闻而怃然感怀，痛箕豆之相煎，伤外侮之日亟，初拟驰电调停，继恐龃龉已深，非笔札所能解，因欲亲诣譬劝，而疾乃大作，不克登程，绵惙数旬，竟致不起。比报章频传时局将有和平谅解之望，君临危昏瞀之际，犹数以为问，濒易箦尚叹息不置，以至于绝。呜呼！若君者，可谓殉国殉党者矣。

综计生平行谊，管蠡所及，粗胪万一，曰博爱。待人接物，蔼然堪亲，外宾侨胞，靡不款洽，遇有大兴革，大讨伐，首以顾恤民众，避免牺牲为主旨。仁心仁术，实所罕觏。曰崇让。每当政权，勉膺艰巨，部署既定，物色替人，成功不居，退避贤路，已事昭然，佥可覆按。曰励节。盟约既缔，始终不渝，时异势殊，不稍变易，恪守党纪，务期息事，至若廉俭自持，操行纯洁，澹泊明志，犹其绪余。凡斯夐范伟迹，皆人所难能，而君咸备之，洵足以风当世而诏来兹矣。君先德观云先生，夫人吴娟氏，为四明望族，吴竹崖先生长女也。子一：蓟，任职八十师。女二：长冬荣，适姚江邵继岳，任职财政部。次冬华，尚在求学。余等忝附相知之雅，特举其荦荦大者，略述梗概，用备国史之采择云尔。

据《革命人物志》第七集

谢八尧邓伯曜郑行果谭胜范运焜五烈士碑记

林直勉

五烈士藁葬于此二年余，吾党海内外同志，乃为建墓立碑，以旌其义。呜呼，可慨哉！民国十一年六月十六日，逆贼陈炯明叛变，逆将叶举率兵犯公府，谋杀元首，大肆焚掠，直勉随大元帅孙公，间道赴长洲，率兵舰图靖乱。十九日，谢烈士八尧造楚豫舰，就谋杀贼计，曰："北伐军反戈赣南，黄司令明堂复起义钦、廉，须与邓伯曜、郑行果、范运焜、谭振雄约，暗杀逆贼，首为之应，则乱不足平。忆民国五年，朱执信先生尝为余言陈炯明阴险凶悍状，今竟叛矣！天下宁复能容此獠？朱先生嫉恶如仇，苟未殉国，当以匕首揕贼胸。吾辈后死，宁不奋勉？"言时，目眦尽裂，不胜悲愤者。直勉感泣，且勉其行。不意翌日与邓伯曜、郑行果、范运焜、谭振雄四烈士，竟被执于逆贼，而遽以身殉也。

嗟夫！吾人日以忠诚牺牲诸义治人，人或得夤缘，且肆其蛊簧以取爵位。当道以其指天誓日，一若可信，或授之兵柄，或委掌民政。及陈逆倡叛，彼遂荡志附势，披靡以尽。求激昂大义，蹈死不惜，如五烈士者少，宁不重可慨哉？谢烈士被执之翌日遇害。逾三日，邓伯曜等烈士随之。咸暴尸白云山麓，颜色如生，见者谓其气足吞逆贼。嗟夫！可以励百世矣。民国十三年十月十六日，林直勉撰。

据《革命人物志》第八集

蔡烈士公时事略

李烈钧等

蔡烈士公时，以字行，别号痴公，江西九江人。清末，权贵窃政，国事益危，种族思潮，勃然发动，与同郡烈士张华飞、徐子鸿，深相结纳。岁壬寅，组织一慎所染斋于浔郡，明为讲学，实则传播种族思潮，江西内地之有革命运动，殆以此为嚆矢。清吏嫉之甚，勒令闭之。君于是时，偕徐、张诸君，东渡扶桑，入宏文学校。时先总理赴东，宣传革命，有同盟会之组织，君即与焉。及卒业归国，于甲辰、乙巳间，偕黄克强、谭石屏两公，赴钦、廉谋革命，事泄，清吏捕之急，乃走安南，辗转返赣。旋被任为法政学校教授，仍秘密作革命宣传，不少懈。

辛亥光复，继武汉而起者为九江。君就南昌，结合同志，密谋响应，时遣人来浔军政府。密告省中情况，促即出兵攻之。及均阳率兵往攻，赣抚冯汝骙乃表示顺人心，遂组织军政府，推吴公介璋为都督，君乃被命为交通司长。

民二，讨袁军兴，君适任九江保商局长，事急，晋省商大计，复间关赴粤请援。及抵粤而赣事已败，亡命于日本，再入东京帝国大学。其元配桐城姚夫人，因捕君事急，家产又被抄没，且念君亡命艰辛，惊忧成疾，竟卒于母家，亦可哀矣。

七年，声涛治军潮、汕，漳、厦间，约烈士臂助。因事与某方龃龉，将决裂，烈士以有关大局，力任排解，乃某方疑甚，拘禁之，欲加害。而烈士宅心以诚，为谋而忠，坦然居之，卒被感动脱险。自是居汕头，读书习字，潮人索书者，竟有洛阳纸贵之势。继配郭夫人景鸾，慕烈士品学，誓结文学姻缘，乃订婚媾。结缡后，唱随相得，人多羡之。十一年冬，烈钧奉先总理命，收抚潮、汕，编陈炯明残部为五师，悉归节制，任烈士为参议，复改任秘书。未几，调防闽南，师长赖世璜输款于陈炯明，叛迹渐露，烈士愤甚，力主捕而治之。烈钧欲以至诚感化，促其觉悟，然赖卒以叛，人多服烈士有特识焉。十三年冬，先总理入北京，应段祺瑞等之请，至则病作。烈钧得电往视，不幸先总理不能起，凡侍病、治丧，烈士皆躬与其役。

北伐军兴，湘、鄂、赣次第底定，孙逆传芳败退江、浙，东征军方自赣垣出动，烈士以孙部某将与有旧，握兵尚厚，言于中正，愿往说利害，备历险阻。江、浙大定，沪埠组织工统委员会，烈士乃委员之一，经营擘划，颇具苦心。十六年五月，赤民任金陵关监督，兼交涉员，因奉命回闽，举烈士以代。会日本南洋丸肇事，烈士与之交涉，颇能举职。七月解职，复居沪。

本年春，中正奉命督师，进行第三期北伐，政府特组织战地政务委员会，烈士被命为委员，兼外交处主任。五月一日，又被命为山东交涉员，三日午前就职，方谓值此军事外交紧迫之时，烈士正可抒其外交敏腕，裨益军事。不料霹雳一声，竟以被杀闻。初，日本出兵山东，托词保侨，我政府以其侵主权，违公法，一再抗议，无效，竟悍然派兵入鲁，意在挠我师徒，破坏北伐，延军阀之残喘，遂侵略之阴谋。讵料我北伐将士，忍辱负重，用兵神速，一鼓而下济南，殊出日人意料之外。日以计不得逞，遂不惜多方寻衅。故烈士就职未逾三小时，交署即被日军包围。并有形似官长者，率兵廿余人，入署出纸，逼其签字，弗许，复极端恐吓，烈士亦毫不畏怯，彼伧遂率兵而返。延至午夜，竟形同盗寇，破壁直入，击烈士与职员十余人尽杀之，拳足鞭鞑，尽其辱，割耳削鼻，极其惨。闻烈士与殉难诸君当授命时，犹侃侃诘责不稍逊。噫嘻，烈哉！呜呼，痛哉！

烈士性刚直，学纯正，尝赋《吊黄花冈七十二烈士诗》，有“功名都在死中求”之句，不意竟成谶语。溯烈士为党国宣劳，于兹二十余载，未尝治生产，身后萧条，仅此遗孤灿璠，才六龄耳，尤可悯也。

烈钧等，或共交游，或同患难，睹其殉国之忠，死事之惨，悲不复胜，含泪为状，以告国人。周震鳞、谭延闿、蒋中正、李烈钧、蒋作宾、黄郛、孙科、方声涛、祁耿寰、杨虎、方觉慧、吴铁城、杨赓笙、张定璠、林赤民、熊公福、郑绍川、俞应麓、袁逸波、郭景生，卢治三、丁伟涛、张干夫、蒋均阳同述。

据《蔡公时烈士遗墨》附录

故勋三位陆军中将昆明缪君墓志铭

张一麐

君讳嘉寿，字延之，姓缪氏。先世籍江南，明初有讳彦德者，徙居昆明。十五传至君祖东森公，清咸、同间，以捍卫乡里功荐州同，不仕，隐于商。生子五，君父楚珍公居长。有丈夫子四人，长、次不禄，惟君与季弟嘉铭有声于时。君年十七，为县学生。慨清政不纲，弃举子业，入云南武备学堂。总办柳旭器之，录送日本学士官，因病不果行。毕业后，任巡防营管带，驻守石屏，拊循闾阎，迭获巨匪。既而谢事远游，期交并世豪杰。腾越李公根源适归自日本，遇于广州，要归滇，襄办讲武堂。时革命之谋，弥于全校，发纵指示，君悉与焉。

光复后，任军府高级参谋，随李公出巡迤西，为总司令部参谋长。时宇内战事方殷，西陲一隅，人心凶惧。君机牙四应，使迤西三十余郡，转危为安，其功有足多者。元年三月，都督蔡公特任为大理陆军第七团长，军民翕和，颂声洋溢，奉大总统令，补陆军步兵上校，给予三等嘉禾章。二年，回省任陆军制革厂厂长、督署军需课长，扫除积弊，劳怨不辞。癸丑以后，中央恃胜而骄，君揣知不免于战，以故搜集军实，不遗余力。护国军兴，饷糈不匮，君固计之熟矣。出师以来，任军需总监，兼步兵第十九团长，旋升任第九旅长、军务院参谋部第二部长，专任后方勤务，苦心擘画，卒成护国之勋。

袁氏既殂，黎公继位，充善后代表入都，事竣回滇，奉令晋陆军少将，简任云南财政厅长，复调任陆军第二卫戍区司令，兼蒙自道尹。在职年余，政声鹊起。南防之民，称道勿衰。晋陆军中将，授勋三位，给予二等嘉禾章、二等文虎章。南北议和，奉军政府令，派充滇省全权代表。君建议多关国家根本大计，总代表唐公绍仪甚重之。九年，丁父忧，回籍。会川粤政变，滇局纠纷，军额骤增，度支耗竭。当局复强以财政相责。是年冬，充代表赴沪。盖滇政变时，有公款百余万存沪，各方争向提取。君毅力坚持，以省款仍归省有，且指定专作地方实业、教育、交通之用，滇人德之。

后以省政棼乱，奉母居海上。尝侍亲礼佛于普陀灵隐，布施药品，不惜巨金。迨丁母丧，哀痛逾恒，归榇回滇中，流言将不利于君。友人尼其行，君曰："此身，亲之身也，即有不测，死何惧。"遂成礼而还。君既以主滇政者不能用其言，遂脱离政治，优游沪上。复以气候不良，徙居香港。偶感风寒，竟不起。君生于清光绪甲申年十一月二十日未时，没于民国十七年戊辰六月十一日戌时，春秋四十有五。配余氏。子三人：安成、勋成、申成。君资禀过人，宅心仁恕，内行敦笃，富于智谋。余与君闻名而不相识，君弟嘉铭驰书李公，属余以薶幽之文，不获辞，谨诠次行状而铭之。铭曰：

滇池首义，群雄奋起。亘十七年，前仆后继。英英缪君，天挺人豪。治军筹饷，劳苦功高。吾谋不用，身隐光韬。赍志以终，留名青史。千秋万春，昆明之水。

据《心太平室集》卷三

嵊县魏君余轩传

居　正

君姓魏，讳泽寰，字润身，又号余轩。浙江嵊县人，世居东乡官地庄。浙东地濒海，革命思潮，输入较高，以身殉义者踵相接，徐烈士锡麟其最著者也。君为徐烈士高足弟子。幼颖悟，初学为文，出语已惊其长老。弱冠，补博士弟子员，肄业绍兴府中学校，极为徐烈士所器重。时清政日非，亲贵用事，满、汉之界綦严。君抱民族思想，热心鼎革，慨然有揽辔澄清之志。徐烈士见君豪侠倜傥，深相结纳，君亦钦徐之为人，益倾心焉。君性沉毅，于时流少所许可。唯与同邑童君杭时、济时昆仲莫逆。三人者，常相密议，均以革命方略，非先养成人才，灌输主义不为功。因介绍竺绍康、王金发、胡士俊等，与徐烈士定交，创办大通学校。同时又与吴君葆祥创办剡东公学。尤注重体育及训练兵式体操，阴以备异日起事之用。厥后徐烈士在皖狙击恩铭，以身殉之。清廷震动，大通学校亦遭波及，君等虽获全，然自是革命之志益坚。时嵊邑盗匪充斥，倡办保卫团，君任团总，环堵以安。

迨民国成立，君以素志获偿，于是遂注全力于地方事业。先后被举为禁烟局总董、保卫团团总，并任烟酒局局长。君受事以来，不徇情，不畏难，任劳任怨，在所不顾。旋被举为省议会议员，任满改选，仍获连任。君以地方公益为重，仍为地方服务，嵊之烟害渐除，萑苻肃清，至今论者犹称君之功不置。护法之役，童君杭时参议军府，密呈总理，谓军府局于西南，非扩充至东南各省，难期成功。总理韪之，密派杭时与其弟济时，回浙谋发展，以君为吾党健者，又充团总，相与密议方略。君乃添加团丁，增置枪械，并联络浙军中同志，以与护法军策应。事为当道侦知，密令捕君，诬以通匪，遂遇害焉。时正民国十一年双十节也。志事未就，一身先殒，呜呼悲已。

至民国十六年，国民革命军戡定纷乱，奠都金陵。中央军事委员会，顾念先勋，呈请国民政府，令行浙江省政府，护送君之灵榇回嵊，葬于剡东烂石岭之麓，以彰前烈而慰英灵，礼也。君妻童氏，即杭时、济时之姊。子二：长之藩，毕业浙江工业专校，供职首都市府。次之屏，天津南开大学理科学士，供职上海市府。女二：长待字。次适医学士童选初，即杭时之长子。孙男六，均幼读。

论曰：当满清叔世，虽纲维日坠，大有土崩瓦解之势，然余威犹在，触之者死。君独奋不顾身，与二三君子，密谋革命，其刚毅之气，已不可及。洎夫功成之后，乃绝口不言功，不争权，专从事于地方事业。以视世之色厉内荏，贪天功以为己力者，人之度量相越，何其远哉。卒之身殉主义，视死如归，倘所谓杀身成仁者非邪。今者国难方殷，外侮荐至，向使君如不死，必将痛愤填膺，效命疆场，纵不得志，亦足令丧师失地者，闻其风而少愧焉。惜乎斯世也，而已无斯人也。悲夫！中华民国二十一年岁次壬申冬月，司法院院长居正撰。

据《居正文集》下册

辛亥人物碑传集

卷　七

德威上将军正定王公墓志铭

贾恩绂

清季中日之役，国威新挫，朝野岌岌图强，特诏前总统项城袁公，创练新建陆军于天津小站，精整票姚，为诸省冠，实为袁开基之始。究其楙著速效者，袁公盖得三人焉：曰正定王公、合肥段公、河间冯公，世号“北洋三杰”者也。三人者，雄才并驾，壁垒斩新。而运筹密勿，进退群才，纲目宏纲，肆应不器，尤王公一人是倚，余子或莫敢望焉。民国肇造，袁公首出，以变国体。未几，冯公继之。又未几，段公以执政再继之。王公独俛仰雍容，宠辱无惊，巨变迭乘，海内每想望丰采，乃浮云万事，一以落寞，与世推移，皭然不滓，纯终领闻古之人与古之人已。

公讳士珍，字聘卿，号冠儒。曾祖朝凤，太学生，精医善画。祖履安，县学生。嗣考如松，本生考如柏。并以公贵，赠光禄大夫。曾祖妣汪，祖妣周、妣刘，本生妣丁，并赠一品夫人。王氏故正定右族。公幼孤贫，嗣考、本生考，皆绩学蚤世。世母刘太夫人以公为嗣，与丁太夫人并励苦节，抚育恩勤。以故公哀慕终身，每念两母艰劬，辄流涕不自已。正定故设镇标，公以少年入伍。洎光绪十一年，直隶总督檄各军遴送优生于武备学堂，公应召往。三年卒业，檄赴山海关，督办随营炮队学堂。二十年，中日战启，公率学生随提督叶志超赴牙山，退平壤，国军皆失利，走保义州。和议成，随提督聂士成移防芦台。

二十三年，袁公创练新建陆军，需将才殷甚，公及段公棋瑞、冯公国璋偕往。公方丁内艰，摄敝衣冠，口呐无华，袁公未之奇也。及与议事，乃大惊异之，是为公受知袁公之始。即檄充督操营务处会办、学堂监督，及工程营管带。军中事无洪纤，不谘公者，袁辄不为画诺。小知大受，檄一出，上下悚然，服其当。相臣奖藉，远人震叠，群目袁公以当代奇才，实则帷幄发纵，由公本谋者为多。时朝端指摘袁公，思中伤者亦众，上遣大学士荣禄先后检阅之。公方殚精制造，巧构匠心，所制水雷、熐雷、踩雷诸器，奇状异采，不可方物。荣公瞳目虢叹，莫敢瑕疵。公又特制布桥，以渡海河，车骑安行，其履坦坦，卷之可怀，展复成舟。会春冰将泮，荣公危之，公曰："冰解在三日后，兹勿虑也。"已而，果然，荣公益为叹服，由是谭燕欢洽。别后，致书袁公曰："公幕中竟有夷吾，何止兵事。"他日，张文襄北上，与公深语，亦目为才识无双。人益知袁公之非阿好矣。

二十五年冬，袁公授山东巡抚，先期檄公赴东视察。公携两骑卒以往，历勘东境沿海要塞，及水陆防营位置，成算井井。月余覆部，遇袁公于德州，讶然曰："来何速也。"及阅所勘图册，则又惊喜过望，即以公参谋全省军务。二十六年，拳匪起，其孽牙本萌自山东。前抚臣毓贤等庇纵之，且荐其渠于朝，济西、济南数十州县，所在骚然。袁公至，主剿，官绅率一意主抚。公建议先劝解，继威以兵，弗悛则诛魁，而宥其胁。袁公从之，匪绝迹矣。而袒拳之端、庄二王，闻之恚甚。六月，突有匪首自京持令箭上谒，云端王特遣设坛以来。袁公大惊，集僚属会议，佥曰："许，则地方靡烂。违，必立获严谴。奈何奈何？"公遽起曰："请先付吾鞫之可耳。"引匪首以出，谓曰："尔盗王家令箭乎，杀勿赦。"顾左右斩，竟斩以殉。时集议犹在座，公遽前曰："盗令箭者处决矣。令箭封还端王使。"袁公闻而错愕，少间，则又抚掌称快。是役也，始则山东免罹匪祸，继与联军约不入境，公力为最。

二十八年，袁公移督北洋，益重武备，以公督理全省操防营务处。二十九年，为左镇翼长，与段公、冯公同编订常备后备续备各军制，久之如期征调，绩效彰著，全国干城益以北洋为首屈。袁公复力倡集权，编各省兵为数十镇，而设总练兵处于京师，以公为练兵处军学正使。旋调军政司兼第六镇统制，授正黄旗蒙古副都统，赏头品顶戴。彰德秋操，公兼总参谋，军容赫奕，中外称叹焉。是年，练兵处及兵部均改归陆军部，诏公为陆军部右侍郎。三十三年，诏授江北提督。提督素辖地方，兼理盐漕，仕宦者羡为腴缺。公至，例俸外陋规一清。明年，太湖秋操，江北兵濒行。公饬舁无铅箭箱及饼饵箱于署内，亲加封识。敦属候令乃启。无铅者，非实弹，战所不需，饼饵则专备犒军。群诮公为乐亲细务也。忽而两宫升遐，安庆军或突变，两江总督飞电会操诸军堵剿。而饷弹未备，相顾失措。公电令启箱，则实弹饷银胥在也。军威立振，大乱以弭。

宣统三年，武昌革命事起，诏公为湖广总督，未赴，旋授陆军大臣。十二月，清廷逊位，袁公首膺总统。公乃拂衣归里，由是不问世事矣。袁公函电促，专使相望于道，卒不起。民国三年夏，袁公遣其子克定要公入都，戒曰："王公不出，尔不得归。"不得已，抵京充海陆军办事处坐办，并模范团筹备处长，授陆军上将。四年，授陆军部总长。帝制议起，公始终不署名，筹安会员工天纵至以危词相劫持，讫不为动。五年四月，转参谋总长。五月，袁公薨于位。黄陂黎公继之，敬礼公者无不至。六年，张勋复辟，猝为所劫，顾虚与委蛇，藉全善类。乱平，冯公代理总统。十一月，任公为国务总理兼陆军总长，非所志也。七年春，引疾归休。至十一年，徐总统及段公当路，特任为德威上将军，管理将军府事，位尊事简，藉餍众望而已。盖公自民国以后，绝意进取，而袁、冯、段三公，挟故谊以相敦迫，不得不援止而止，用泯矫激之嫌。彼黎公尝特任京畿警备司令矣，徐公亦授勋一位及苏皖赣三省巡阅使矣，皆固辞，不肯就。以公治剧长才，赫赫之功，民国无纪。独十五年冯张之战，十七年南北之争，京师惴惴不保，中外绅商佥谓非公硕望，不能维京畿于治安。于是两次公推为维持会长，公亦以公义攸关，不宜告劳，于是弹压万怪，勇息狂飙，虽艰险百尝，弗为避。是为公晚年任事之仅见者。卒也士不辍学，商不罢市，亿万家额手祝颂，而公亦心瘁神疲矣。竟于十九年夏历六月六日，积劳不起，寿享七十岁。配刘夫人，先公卒。无子，以从弟子肇兴为嗣。

公天怀淡定，耻为表襮，久操殊权，未或矜伐功能。以故上不忍疑，而侪莫能忌。推贤与能，荐防人知。膺专阃，拥节钺者半天下，不闻来感知遇者。首绝党私，无爱憎，初无异辞。历显要兼将相者，四十余年，仅薄田九顷而已。京无第宅，故旧醵金，为营菟裘，力却不获，老乃居之。平生所历繁变，不以语人，或以询，则曰："世态尽过眼云烟耳，殆忘之矣。"不事学养，不假强制，燕处超然，类近道者。盖天挺卓绝自尔也。将以某年月，葬于某乡原。其孤来请铭，爰为铭曰：

在光绪世，愤发经武。公一借筹，风从为虎。驱策雷霆，鞭笞水火。取长资人，荐贤无我。有言必中，帅无不可。既展韬钤，犹郁伟抱。名公交誉，储此管乐。河山忽改，长揖归田。雄图已矣，德业逌然。岂曰无衣，念兹同袍。我心则隐，曷市曷朝。洁争玉雪，于古犹罕。矧丁昜九，糟餔众万。常山峨峨，滹流汪汪？瘗彼川原，旌此国光。

据抄件

故代理大总统冯公事状

张一麐

公姓冯氏，讳国璋，字华符。直隶河间人，为明开国勋臣冯胜之后，永乐北徙，冯氏由应天著籍河间。清之初叶，有任将军者。其后，家世耕读。所居为河间城外之诗经村，即汉毛公讲学处。田园之乐，诗书之泽，迨公祖若父时，尤丰亨豫。大父春棠，有子四人，公其季也。昆季性均豪放，不事家人生产，读书余暇，恒走马击剑为乐。又比岁荒歉，则益困，赠公折卖房屋，以供子束脩。至公就傅时，乃无一椽之庇。

公幼而岐嶷，每横览时局，慨然有澄清天下之志，论事不作凡近语。顾生计益蹙，亲族靡能周之者，至为佣力以自给。既乃偕三兄负笈省垣，肄业莲池书院，且读且谋生计，辄以贫废学，于是公年二十七矣。时公族叔祖晓亭公，就大沽直字营幕，乃投笔而起，走大沽统将刘祺营次为走卒。祺固儒将，与语大奇之。清光绪甲申、乙酉间，直隶总督李文忠公鸿章，惩于淮军之暮气，创设武备学堂于天津，征取各营颖异之士，祺即以公应。公潜心力学，每试辄冠其曹。然课余之暇，不以武备废文事。公诸兄皆入县学，仲兄以拔萃贡成均，声誉尤著。时方右文，公常愧不如诸兄，无以承老父欢。值年假，回籍应科试。时功令特设数学附生额，公以明算，故一试而捷。武备生多出卒伍，文试获隽，自公始。文忠喜曰："武校出文生矣。"是年，应戊子顺天乡试，应荐未售，仍返校中受课。己丑正月，丁赠公忧，贫无以葬，厝柩宗祠，中室三楹，才足蔽风雨，公痛甚。既贵，乃迁葬，而葺祠而新之，曰："以志吾终身之恨也。”

庚寅，学成毕业，留校为教员，诸生帖然钦服。当是时，淮军诸将领，多以行陈起家，谓功名自马上得之，于军学多嫚语姗笑。文忠虽知之，固亦无以易诸将也。毕业诸生，多淹滞侘傺，久之始任用，即用亦不称其才。公辗转兵间，依功军统领聂忠节公士成麾下。公以东三省与俄接壤，穷冬蒙犯霜雪，乘粑犁周行边界，诇其屯垒鄂博以及山川厄塞，过目而诵于心，如烛照数计。自冬徂春，乃返芦台报命。忠节悉公能，会甲午军前，凡战术军储，多资以擘画。是役惟功军独全，且屡与敌抗有战绩。论者多忠节之知人，是为公用兵发轫之始。东事既蒇，忠节驻屯芦防，委办军械局。

会裕京卿庚出使日本，欲得南北洋具军事知识者与俱，以沟通中外武学。忠节以公名荐充武随员。日本军学方孟晋，公以夙所诵习，参伍考证，日与其将校游，如故陆军大将福岛安正、中将青木宣纯等，皆时时过从。研览其图籍章制，日积月累，成书数大册，归而上之忠节。忠节未遑深考，乃上诸前大总统项城袁公，则以为鸿宝也，谓军界之学子无逾公者。袁公方创新建陆军于新农镇，留充督操营务处。公为之集兵学专家讨论折中，而兵法操典营制饷章，以及各项图说，次第成书。与合肥段公、正定王公，有“陆军三杰”之目。袁公练兵，公固与有力焉。

迨袁公抚山东，仍以督操营务处，率武卫右军先锋队。其时拳匪方炽，济南、东昌、泰安、曹州各属，蔓延披猖，公从袁公后，解散惩治，不旬日而俱窜。时端王载漪柄国，袒拳匪，谓之义民。八国联军入京，东省一夕数惊。袁公命公驻德州扼其冲。先是，直隶教民受拳匪之害颇剧，或引联军深入，冀复仇。保定、河间、沧州、深、冀一带，遍地烽火，至德州，则敛兵不进，如画鸿沟。北方避难者，狼狈至山东。公言于袁公，为东道主，且收其材武力己用。袁公因以收众望，举足系天下重轻，公实左右之。辛丑，袁公移督直隶，以拳匪余孽之未清，与外人驻兵之未撤也，益锐意练兵，设军政司于保定，分兵备、参谋、教练三处。公则为教练处总办，先设练官营，以张君士钰为帮办，遴派教员，修明操法。于是北洋旧有之军与新成之军，教练渐归一律。袁公建议设陆军学堂，由小学而中学，而大学，计十二年毕业，而先设陆军速成学校，以应缓急之用，一委公经营缔造。公于保定建陆军学堂斋舍、操场，以及仪器、自修各室，皆取各国新制。复延聘外国军学家以广教材，而师范学堂、经理学堂、军械学堂亦附设于其中。又于直隶各属，分设陆军小学堂，以备中学之选。其时淮军宿将，多若积薪，弃之则无以恤前劳，任之则与新者又格不相入。袁公又建议设将弁学堂，仍一委之公。淮军宿将于于而来，年之高者且逾六十，武职则至提镇，文职则至道员，且有侍卫一班，以宫禁之虎臣，厕于诸生之列，资望既峻，约束良难。公独刚柔得中，四方材俊，一听公部勒。举北洋各学堂造就之众，至数千人。今之上而统帅，下而校尉，内而部曹，外而幕职，凡北洋军学出身者，非同学，即其门下士也。自其任教练时，淬厉人才，讲求韬略，设陆军编译局，而以武学官书局分布各省。各省言军事者，于是靡然从风矣。

既清廷设练兵处于京师，分军政、军令、军学三司，以公领军学司正使往来京、保间逾年。段公祺瑞出督各学堂，公遂入京就职。其入手大旨，则已有学堂学营之行省，统一其教条，未有学堂学营之行省，迅立其基础。一年小成，三年而大备，参合程度，制为章程，使各省殊途同归，斠若画一。公本以军学鸣于时，至是益臻恢廓。中间彰德大操，太湖大操，以及直境会操频数，靡役不从，均学术为之发踪指示也。未几，陆军部附设军谘处，以公为正使。又廷议设陆军贵胄学堂，而加公副都统衔，兼任总办。并附设王公讲习所，诸来学者皆世爵懿亲，管理之难，过将弁学堂倍蓰。乃王公贵胄既服公之学，又爱公之诚，久之以师礼相将，无复有贵人状态矣。

宣统纪元，军谘府成立，公为军谘府军谘使，其上有大臣二人，公以军谘使承宣于下，盖已揽军事之大纲，以为得行其志矣。乃先后条陈时事至数万言，大要谓：各国练兵，均有注射之的，如甲之练兵则对于某国，乙之练兵则对于某国，有所对，则地理之讲求，器械之演习，将校之指挥侦探，亦必有所豫期。一旦有事，则知己知彼，习惯自然。我国练兵，则茫无所据，既无成谋之在握，岂有胜算之可操，是宜定练兵之宗旨。又谓：中国幅员广漠，地势不同，省各几师，多寡未当。且师以省配，各有畛域。非国防所宜。是宜改置军区，择其险要，利其交通，合数省力一区，区各数师，无事则会操，有事则分哨，庶乎全国指臂相使，呼吸相通。至于定教育普及之程，筹通国皆兵之法，筑军港以复海军，辟工厂以造利器，凡其荦荦大者，无不慷慨言之。而枢府一未采纳。公乃愤吾谋之不用，浩然思去其官。值西陵与祭，坠马受伤，方有元配吴夫人之丧，而母孙太夫人又已逝世，屡乞假，不得请。公亦钳口结舌，随声画诺，不复言天下事矣。然清廷固知公之可大任也。

辛亥之秋，武昌事起，陆军哗变，总督瑞澂出亡，举朝震骇，以陆军大臣荫昌率第一军南下，以公率第二军继之。未几，而以公代统第一军，属第二军于段公祺瑞。于时，公叠膺保荐，已官副都统矣。既至鄂，大捷于汉口，乘胜进薄汉阳，炮线及于武昌督署。其左右之者，则今之李督军纯、王督军占元、陈督军光远也。清廷以功封二等男，公辞不受，惟一以平乱为己任。汉阳既下，鄂事垂定，而湖南、陕西、云南、山西、贵州、江西、江苏、浙江、广东、广西、安徽、福建、四川、山东各省，皆追逐湖北民军之后，或就其都会，或一郡一邑，或一省，而至十数处宣告独立，纷纷设军政府。人心已去，大势瓦解。江宁为南北绾毂之区，亦为民军所有，事益不可为。汉口碇泊之各国军舰，为保护侨民，组织陆战队，于租界登岸。其领事等往来调停，力劝休战，遂订三日间休战之约，再订十五日间休战之约。

段公祺瑞以两湖总督来代公军，公遂回京，授为察哈尔都统，接统禁军，而和平谈判渐已就绪。段公率诸将要求退位，公以无位则帝号不存，位为虚，政为实，政可让，位不可去，力争累月，故禅让诏书不言退位，而言逊政。然朝旨虽已允行，而满、蒙人心则汹汹不能帖伏，讹言朋兴，其主力实在禁军。禁军皆八旗子弟，其人率忠勇强力，训练三年，颇称劲旅。逊政之诏，迟久而不敢发，将待公之安抚而疏通也。公知其上级将领，深知大局之无可挽回，不欲重糜烂，乃进其下级官长目兵而劝导之，告以朝廷之忧危，国家之破碎，与自古有国者灭亡之祸，徒足以毁宗而殄民。日夜开诚，军心感化，公乃争优待皇室条件，争待遇满、蒙、回、藏条件，虽不能尽所求，而裨益于清室者至巨。至此，乃宣布逊政，而公之心苦矣。

民国成立，公任总统府军事处长，仍统禁军。盖公于禁军，如父兄之于子弟也。元年之秋，出任直隶都督。禁军全体军官合词留公，乃以禁军随行。特授勋一位，官陆军上将，旋兼署民政长。时民权初张，各省登进官吏，多取才于土著。公独延贤俊，畀以职司。凡曹掾僚属，但问其称职与否，初不限于籍属。其知大体，多类此。直隶五河为患，公欲大借外债，兴工修浚，以计百年之利，格于群议，未果行，始终以为憾事。莅任之翌年，湖口发难。公驰书规劝苏、粤、湘、赣四省，告以邦基甫定，休养为急，万不可自相残贼，重伤元气，即有小不慊，何为苦吾民。既已不可休矣，乃奉令任第二军军长，充江淮宣抚使，统所部南下。将行，言于袁公，愿以首功让定武军。身率一军，由津浦铁路按部徐行，以为后援。定武军倍道由淮、扬折而薄江宁，公则以大军驻浦镇，隔江而陈，会师金陵。阅五十日而事平，公不敢自言功也。袁公倚公为长城，给予一等文虎章，复以江苏都督属公。旋任为宣武上将军，督理江苏军务，给予一等嘉禾章。

会欧洲战事起，或谓中国介于列强之间，非变更国体，无以图存。盖醉心于德皇威廉之霸与俄皇尼古拉斯之强，谓是帝国君主之效，而不知其将敝也。于是道路传闻，有项城将帝制自为之说。公以袁公为当世人杰，未肯深信，因具密启，畅论时局，中多讽谕。嗣有事北上，复乘间直陈。袁公指天誓日，力辩其无。事后，始知左右密谋，得以少缓数月者，实惮公耳。未几，有人设立筹安会，昌言中国宜采君主立宪制，诡诧学说，函电纷驰，京外士大夫，趋之若骛。公独谓此举非出项城意，漠然置之。先是，段公祺瑞以不附帝制，罢陆军总长。外省拥疆寄，为军界山斗者，独公耳。二三权要，务欲推公为领袖，以主其事。游说之使，络绎于途，公皆婉言谢绝，或怵以危词，亦拒不纳。方江苏请愿代表之入都也，公谢不见，或强之，则左右顾，不发一言，可以见公之志矣。滇省护国军起，政府议主用兵。公叠电密陈，请勿轻开战祸，实则冀望兵谏者，有以感悟项城，使劫运可以潜消，而令名之永保也。于是东南各省先后独立，苏当海陆之冲，愤激选事者，争与各省响应，地方几受其祸。赖公有备，事起即平。南京为长江流域四达之区，天下有变，无不被兵革。忌公者谓为叵测，去公之谋益急，内召为参谋总长，欲令回京。旁观多为公危，公处之泰然，不少措意。会所属军民合词请留，不果行。卒之桴鼓不惊，晏然为一方保障，至今吴人德之。项城既逝，公为位哭之甚恸。盖以为《春秋》之义，不从乱命，而从治命，苟利国家，死生以之，所以报也。

黄陂黎公依法继任，公首通电各省，要约一致拥护。又主张回复约法，召集国会。自西南护国军起，滇、黔之师，已及湘、粤，而各省区统兵之官，或逐帅自立，若湖南、浙江、四川、广东，旋仆旋起，不可爬梳。公杖义执言，屡有建白，蕲规复统一，以巩固国家，而解人民倒悬之苦。奉令特给一等大绶宝光嘉禾章。旋国会补选公为副总统，仍领江苏督军事。时德国以潜艇击沉中立国商船，犯众怒，政府主与协约国共同抗议，行将与德绝交。中外争持异同，靡有定论。公以丁巳二月入京，助段公祺瑞定大计，乃于三月间由国会通过绝交案。方事之殷也，段公以群议掣肘，立辞出都。公则亲至天津和解，与段公联袂回京，而后自之江苏本任。

德既不悛，绝交之后第二步，即为参战。乃国会意见与政府不协，各省督军集于京师，调停无效。公屡电剀切劝解，瘏口哓音。然政府改组，国会解散。而复辟之谣，竟成事实矣。公驰电各省，声明联衔奏请之不实。会段公祺瑞驰入马厂军中，急电公转告今曹经略使锟、今江西陈督军光远，为段公内应，合力平之。是时，黄陂既退位，段公电公速入京，依法代理。公以长江重地，风鹤频惊，须自镇守，而专任段公以讨伐，已则谕定武军宿将以大义，皆受命惟谨。苏、皖间得以晏然无事，公之曲突徙薪，有以弭之也。

京师事定，公请黄陂复位。黄陂不应，段公及各督军、省长环电请公即速继任，以维大局，不得已于七月六日允即代理大总统职权。复以段公及各省敦促，于八月一日至京，造黎公邸次，再请复位，仍不应，乃就代理之职。其一切大总统应有之典礼，公概辞不受，曰："余固代行职务者也。"先是，公在南京时，段公电请组织阁员。公以内阁担负责任，如所请，未易一人。既至京师，拱手受成，凡阁议所可者，无不可也。惟以素性爱好和平，期与国民求一日之安，不愿复言兵事，与西南诸帅函电交驰，声泪俱下。迨和平破裂，长岳震惊，诸将扼腕裂眥，公投袂而起，欲自将视师，会言或力阻乃已。然终以宇内之不统一，往往私忧窃叹，引为大恨，或绕室饮泣，伤国势之危殆，民生之流离，至于长夜失眠，十旬九病。忧能伤人，信矣。幸今大总统徐公以十月十日就职，公依法卸任，如释重负。先是，新国会开幕之日，公莅两院行礼，归则集文武属僚于怀仁堂，自为演说，愿避贤路，以俟徐公。其言深切，盖民国以来先后两大总统一堂授受，此为纪元。蜚语四腾，有如市虎，流言止于智者，公早有以防于先几也。

卸任后，少滞京邑，尚与熊君希龄、梁君启超、汪君大燮等，议设大学研究科，以资高等学员之深造，公岂尝一日忘世耶？今年春，归河间故里，桑麻场圃，略作自娱。与族中诸父老子弟喁喁话旧，布衣草笠，从耕夫牧竖彳亍陇畔。见者不知其为贵人，人亦往往忘之。说者谓公之平民主义，根于天性。子弟等私幸，谓公毕生艰苦，藉此颐养，可延天年。公则曰："世变亟，苟无治本之道，使失所之民，得安其业，何地可为乐土，吾辈其忍独宁乎。"十月，复从河间莅津，以旧部十五、十六两师官兵积欠月饷，再至京谋所以安之者。居两月，将返津矣，十二月十日，忽感寒疾，医治不愈，二十八日夜逾十时，汗出面赤，神气上越，则呼曰："速为吾正衣冠。"易箦而逝。病中谕诸子曰："家事吾无所念，惟吾长兄子尚幼，汝曹其善视之。"弥留前二日，呼亲朋口授遗命，即今所传上大总统遗书及通电，反复丁宁于和平统一之业者是也。

公性质，厚于故旧，周之无吝色。世言公善自封殖，公尝语曰："项城雄主，吾学萧何田宅自肥之计，多为商业，以塞忌者之口耳。"

自公治军督学，皆披星而起，无间寒暑。日昃未食，往往十日而九。体素强健，经坠马后，筋骨间时作酸痛。汉阳之战，或经旬不眠，神观内损，由是劳倦，不如少壮时。又好深沈之思，独居冥想，不与人谋。然其推贤让能，忍人所不能忍，即与公习者，亦不能尽知也。教诸子以严厉闻。近世高门华胄，鲜不纵欲败度，为当世羞。公长子家遂，躬耕于乡，被举为国会议员，公戒以毋骛声气，次子以下，皆恂恂不与人通馈遗。世以是多之。病中谵语，皆国事或兵事，不及其私，呜呼伤已。距生于咸丰戊午十二月初四日，享年六十有二。

配吴夫人，继配周夫人，皆先卒。簉室氏彭，氏程。子家遂、家迪、家迈(?)，吴夫人出。家迈(?)，彭氏出。家周，程氏出。惟家迪早卒。女子四，长适陆军中将陈之骥，余均未字。孙海岱、海嵘、海岩、海峀、海岛、海岺、海巍，以海岱嗣兄后。公之葬，未有期，公子家遂属一麐状公行。一麐自丁巳从公入京，长册书，其丁巳以前事，皆访诸公故人，参以平日所闻，稍加论次，以待世之观览焉。民国九年一月，吴县张一麐谨状。

据《心太平室集》卷四

祭伍廷芳文

孙　文

维中华民国十一年十二月十七日，国人为故总长伍公秩庸于上海设立致祭，孙文谨以素馨清醴，告公陵曰：

鸣呼！国运逆遭，老成有几？作贼者谁，追公于死！昔在六年，群雄毁法，公坚却署，犹无敢劫。越溯开元，有清违拒，凭公之告，亦免漂杵。嗟彼鸱鸮，独悖于人，既眊于欲，遂噬其亲。国本之摧，梁栋先折，徒法不行，矧今法绝！缔造艰难，英俊弗少，曰有典型，皤皤元老。大勋未集，继以来兹，公为国死，痛乃无期。系国存亡，藐躬未敢。义之所在，责无能道。我不敢死，公不欲生，愿持此志，证之冥冥。鸣呼哀哉！尚飨。

据《孙中山全集》第六卷

前国务总理杭县孙公墓志铭

沈　卫

中华民国之二十年二月三日，前国务总理杭县孙公薨于上海，以其年十一月，葬于其乡杨家牌楼之原。越明年，其故人沈卫乃序而铭之。

序曰：公早承考文悫公教，即慨然有经世之志。时方骛于奇说佹行，以弋高誉，公独暗然，不自表襮，言动一衷于义。以任子为郎，盖五迁而巡抚山东，其间再使外国，迭权太常寺少卿、顺天府府尹。其治术一以融合古今中外为一冶，而务归于仁信，著声海内外，先几之烛，动在数十年后，及夫事变之际，当机电发，天下人动色相诧，举莫由测其耑倪，迨乎事定，察其当事之难，应变之迅，则又未尝不叹其处心之苦，虽古贤悊亦无以易此也。光绪二十八年，使法兰西时，日本与俄罗斯构兵，公力言宜中立，以待天下之变，并请效法日本图自强。既又命兼使西班牙，任益重，而谋国益力，其洞察几微，折人牙角，往往转移大局。三十三年，使德意志，朝廷方议立宪，遣大臣考论列国政治，公首疏言："德虽立宪，而君权偏重，用法綦严，汲汲焉惟武力之是备，立宪所以固民志、奠邦本，今乃君权之积而武力之尚，非可垂久远，宜用为鉴。"德方连美，欲我与盟，公密筹因应商还青岛，事未成，而公去。宣统元年，国事日亟。公又疏请录用党人，罢宦官，停蒙、回王公年班，合并都察、资政两院，为议院初基，修法律归于平等。及巡抚山东，又疏请统筹全局、慎定官制、画一币制，陈三疑二误，指在以虚金为本位，折衷中外，淖极事理。既又疏请赦逋臣，抑亲贵，尤言人所不敢言，而终不省。三年，武昌兵起，公含垢茹痛，苦力撑拄，数月而须发尽白矣。事定，退居天津。

民国二年，起为外交总长。三年，兼摄国务总理。日本请修约，挟大欲，危辞怵我。公屹不为动。已而乞退，复起为审计院长，转财政总长。时议中国、交通两银行停兑币券，公不可，又乞退。既复起税务督办。欧洲战后，列国方会于华盛顿，公纠同志创外交后援会，议废不平等条约，归租界、撤治外法权，反太平洋侵地。又请当路融洽南北，安内以对外，言终不能用，然收复国权之说自此起。十三年，又为国务总理，力欲弭争阋，辑雕敝，务和调诸将帅，而齮龁之者众，终莫能行其志。财政方奇绌，法兰西争我偿款予金，公力持不可，拂袖去。盖至是，而知无有可为者矣。既又起为淞沪商埠督办、苏维埃联邦大使，皆不赴。十六年，以病逐大连湾。明年，还上海。时南北兵连已逾年，病中不忘民疾苦，吁罢兵，病卒以不起，年六十又五。

公讳宝琦，字慕韩。长身玉立，美须冉。待人掬肺肝，相示志之所在，万夫莫夺。生平不为崖岸崭绝之行，而人亦莫敢干以私。尤笃内行，严取与，去官之日，恒无以办装。而赴人之急，惟恐其不尽。居丧五年，不茹荤，不处内。厚于故旧，病革时犹念乡人之困于旧都者，喃喃语勿止。薨之日，凡知与不知，皆叹息公之不能申其志，有诸内而终无以达诸外也。呜呼！

曾祖嘉谨，妣闻。祖人凤，诸生，妣邵。考诒经，咸丰十年进士，官至户部侍郎，以硕位清望傅德宗，谥文悫。妣朱。娉吴夫人，江苏巡抚固始吴公元炳女。娶张夫人，山东巡抚谥勤果钱塘张公曜女。侧室朱、张、刘、李。子用时、用震、用齐、用岱、用宾、用夏、用榴、用均。用夏、用榴殇。女十三。孙世长。女孙五。铭曰：

天已与之，乃复靳之。德高一世，而功无所施。忧先天下，而乐无其时。呜呼，天耶！而已于斯。镌此贞石，吾不徒公之恸，而斯民之悲。

据拓片

慎臣杜公行实

萨镇冰

公讳锡珪，字慎臣，福建闽侯人。世居省垣觉民铺。太府君吉甫先生，母王太夫人，生三子，长鸿国，次逢时，公其季也。性颖悟，喜读书，少有大志。甲申，法舰犯闽，我师熸焉。吉甫先生慨国威不振，悉遣子侄研习海军。公与兄逢时，先后肄业江南水师学堂。每试辄冠曹辈，师友相期以国器。公之毕生勋业，盖基于此矣。卒业后，任海军务舰官佐，擢长辰字雷艇、甘泉炮舰，及管带警卫军等职，治军严整，一洗虚憍委靡之习。位秩虽微，已负一时之望。

辛亥国变，公以江贞舰长，移任海容，师次浔阳，与故海军总长黄公钟瑛等，密图举义。武昌易帜，公实首谋。长江底定，复率队北伐。之罘之役，功冠一时。南京政府成立，欲畀以重任，而公功成不居，仍长海容，肇和两舰者六年。然当时海军之决疑定计，悉以公言为重。迨欧战发生，我国加入协约，俘虏敌舰，巡视海防，公之功居多。民国六年，任第二舰队司令，搜简军实，振作士气。时当司农仰屋，军糈不继，公领偏师，资粮所羡，辄分给各舰，是以士卒归心，为之效命。当此之时，长江各省多故，关内外亦有违言。公或亲率舰队，躬冒矢石，或分遣艨艟，奠定边方。政府重公威绩，擢任海军总司令，授勋四位、瀛威将军。

公知人善任，其所识拔，多为干城之寄。引用今海军部长陈公绍宽为参谋长，前中央委员杨公树庄，今海军次长陈公季良，各领一军，人选一时称威。嗣后诸君子悉能尽忠党国，多所建树，皆公知人之效也。

民国十五年，擢授海军总长。旋任国务总理，兼摄行大总统事。秉政初载，国事蜩螗。迨国军克定赣、鄂，杨总司令树庄密商大计，公以全权付之，乃造成南北统一之局。事势大定，遂拂衣归隐，日以读书围棋自娱，间喜作书，尤致力书谱，得者珍之。国府屡以要职征之，不赴。

至十八年春，委公考察日本、欧、美海军，公乃幡然应命曰："余束发服务海军三十年，此国防大事，敢辞劳乎！"即日束装就道，历游英，美、德，法、意、日等国，经时一载余，计程数万里，谘访列强海军制度，巨细毕具，归著书数十万言上之。当局聘公任海军学校校长。公以为中国建造海军，莫重于造就人才。任事两载，日以明耻教战淬厉生徒为事。本年十一月，闽变猝起，公率员生百数十人，浮海来京。过沪之日，与生徒同居舟中。沪寓咫尺，过门不入，其步武贤哲，临事不苟，多类此。十二月下旬，公婴疾，医治罔应，遽至不起。呜呼，哀哉！公临终，惟以闽乱未靖，及海校课务，询问左右，无一语及私。身后萧条，除图书外，无一长物，盖有古名将之风焉。

公生于清同治甲戌十一月初四日，薨于民国二十二年十二月二十八日，年六十岁。子三，女子五。长男功远，留美毕业生，供职开滦矿务总局长。女丽英，适同邑刘学鑫。次女德英，适蕲水汤震龙。三女淑英，适天津孙家琦。德配林夫人出。次男功辽，三男功遴，均幼读。四女玉英，五女兰英，知书工绘事。侧室翁氏出。镇冰谊属同袍，谨就闻见所及，略述梗概。尚希海内贤达，作为志传，传之久远，以无负公之志业焉。肃威上将军、海军上将、前国务总理萨镇冰撰。

据中国第二历史档案馆藏原件

勋一位西林岑公诔

李根源

中华民国二十二年五月七日，西林岑公薨于上海。呜呼哀哉！根源从公有年，出入生死，相依患难，今闻溘逝，涕泪被面，爰为文以诔曰：

舞阴苗裔，流泽孔长。公继襄勤，两世封疆。昔清末造，朝政不纲。巡抚陕晋，绩著勤王。总督川粤，除暴安良。畏威在吏，怀德在民。力惩泄沓，惕厉忧勤。入为邮尚，举劾贪人。一木大厦，难挽颓倾。民国肇兴，变乱纷遝。大盗移国，权奸毁法。不顾家世，不顾死生。亡命海峤，举义粤城。帝制以摧，共和复成。迹公生平，服官从政。公忠体国，赏罚必信。莱公刚直，江陵严峻。疾恶如仇，爱才如命。晚年卧病，息影沪渎。厌看群雄，龙战鹿逐。放敌入寇，东北沦没。寄身漏舟，陨涕沈陆。曾几何日，天不慭遗。老成遽丧，感叹悲思。骑箕天上，永离乱时。灵爽不昧，公其有知。呜呼哀哉！

据《曲石文录》卷四

大元帅张公神道碑铭

钟广生

东三省西带榆关，南襟渤海，北负白山黑水，以为固势，若高屋之建瓴。天下无事，可端坐而理之，有事，则举足以为轻重。然非有盖代非常之人，不足以临其上，西向而与天下争衡。洪维我大元帅张公，怙冒东土，十有七年。东省之人，蕃然生息，以托命其下，文武将吏，奏奔御侮，戢戢焉共戴一尊，用能德洽于生民，威加乎海内。其中盖有天焉，而非人力所自致者。於呼，伟矣！

溯公之生，当晚清季年，四方多故，豪杰角出，独公以雄武之姿，居有为之地，徒步仗剑，不数载而崛起临溟。鼎革之际，地方糜沸，赵公尔巽以捍卫之任属公。公于是立保安之会，以靖反侧。共和肇造，项城当国，遂领二十七师，屹然为东方重镇。洎枋军政，巡阅三省，乃亟求贤才，足兵食，弼成内政，为统治东北之大计。

会河间总统命公总制边防军，拱卫近畿，南援湘、粤，公于是慨焉抱澄清之志，而将有事于中原。十年之间，五度入关，一平直皖之争，再报奉直之役，复转战居庸，逐西北军于银夏边外。其间定三齐，下江南，戡河朔之地，进略中州。奉军旗帜，飞扬半天下，北方将领戴为盟主，奉上大元帅玺授，摄行国事。然后行庆施惠，布赦庸勋。盖自民国以来，不阶尺土，而创建大业，声施烂如，覃及中外，殆未有如公之比也。间尝旷览史册，自古振奇之人，若项之霸楚，苻之兴秦，沙陀之王晋，风云吐纳，不以成败而没其雄才。况公慨国疆之分裂，哀民生之多艰，欲以公天下之心，拨乱世而返之正，其规模闳远，不私一人一家之旨，皎然明白，以视嬴、汉、晋、唐群雄角逐之所为，迥若不侔。曩者甲子一役，公与合肥执政、中山总理相缔结，掊击贿选政府，号曰“三角之盟”。而公当战胜之余，迎中山北上，三同盟者大会于天津，揖让周旋，肇新中国未有之局，实自公启之。其后毅然布令罢兵息民，全师东归，皆所以敦尚旧盟，完成夙志。公之心迹，已可昭告于国人。而惜乎祚命弗佑，皇姑屯上乘舆不戒，中道崩殂。天欤人欤，万方同慨，此则国家之不幸，而非公区区一身之不幸也已。

公生于逊清光绪乙亥二月十二日，薨于民国戊辰四月某日，享年五十有四。为人熊肩虎步，机警过人。貌言温温，可近而说。及其喑呜叱咤，辟易千人。处料兵机，无不中其窾窍。应对东西邻外交历十余年，未尝有蹉失。成三省铁路千余里，商工阜通，农产山积，远方之氓，辐辏而襁至。及今士大夫之东游者，观其人恬物熙，叹为乐土，至比之五季时吴越钱氏云。

公讳作霖，字雨亭。先世为山东巨族，清道光朝始迁海城。祖讳发，生四子。其三子讳财有者，公之考也。妣邵，继妣王。有子三人，公最少。元配赵夫人，先公卒。继配卢夫人，篷室许夫人、王夫人。生丈夫子八：学良、学铭、学曾、学思、学森、学俊、学英、学铨。女子子六：首芳、怀英、怀瞳、怀青、怀曦、怀敏。孙闾珣、闾玗，闾琳。女孙闾瑛、闾娥。长公子学良，年十八已追随兵间，英武有大志，常领三、四方面军团，靡城撕邑，屡建高勋。迨缵承丕绪，响慕和平，卒成先志，克完国家统一之基。

善夫！子舆氏之言曰：“君子创业，垂统为可继也。若夫成功，则天也。”论者谓公艰难缔造，能以弘业贻子孙，而不能善庇其身，岂非成功之难，而天意之不可必哉。乃天畀公以继述之人，使未竟之业，绵而勿替，诞而益隆。然则推公之心，其亦可以无憾矣。公薨之三年庚午，学良就任全国海陆空军副司令。其明年辛未，山陵筑成，将奉公灵辆，卜葬于抚顺某某之原。爰立丰碑，树之墓道，砻琢而铭之。铭曰：

维清有家，辽之西东。谁其代兴，霸气如龙。在项城世，盛极而圮。豪宗大藩，裂疆纷起。桓桓张公，秉钺有虔。功盖一匡，威加八埏。当其作始，缮固东北。剂窳药羸，藏锋敛锷。蛰极而伸，飚发霆骇。如虎出柙，如鲸入海。乃事中原，耆定尔功。内安其人，外固吾封。吾封有疢，非虵非豕。或豔我脑，或咥我尾。公曰忌之，严我封堑。彼敢吾濒，威焄赂啗。嘻乎危艰，忍此敦槃。踠马帐弓，万古一棺。大星熊熊，陨于沈水。生赫有闻，殁为世诔。奠兹幽宫，作述攸隆。鼎籀钟铭，以诏无穷。

据《逊庵文集》卷三

国民政府林故主席森墓志铭

叶楚伧

《中庸》之言曰："君子之道，淡而不厌，简而文，温而理，知远之近，知风之自，知微之显。"《大学》之言曰："诗云：'乐只君子，民之父母。'民之所好好之，民之所恶恶之，此之谓民之父母。"每读斯语，未尝不悠然以思，慨然以兴，念斯人之不易觏。今于吾林公子超之逝，乃不禁为之赡依仰止，永矢弗谖矣。

林公讳森，字子超，一字长仁。其先世衍自殷贤比干，李唐之季，由河南固始迁于闽。传世以农。显考道举公，妣张氏。嗣考道炳公。道举公生五子：公其长也。次曰长义，曰长智，曰长信，均早卒。长礼子一，曰京，入嗣于公。媳某。孙某。公幼治学勤，尤好晚明亭林、船山、梨洲之说，廓然有民族民权之思。闻国父倡义岭南，则在沪组织学生会以为应，且率全体会员以入同盟会。辛亥义师起，公以江西都督府政务处长，代表江西，出席临时参议会于南京，丰仪端肃，论述严正，议席中翕然归之，遂膺选为议长。民国元年，复膺选为参议院议长。三年，赴美。六年，护法之师起，任国会非常会议副议长。七年，任大元帅府外交部长。八年，任参议院议长，兼宪法会议议长。此数年中，常居国父左右，入赞枢机，出主坛坫，声光炳发，举措咸宜。十一年，任福建省长。十三年，中国国民党改组，当选任为中央监察委员，兼海外部长。十四年，选任国民政府委员。十五年，再膺中央监察委员之选，并被选任立法院副院长。二十一年，选任国民政府主席。自是以来，与总裁蒋公，如骖靳之相依，如桴鼓之相应，盘根错节，险阻备尝，盖在任十有二年于兹矣。

公生平宁静淡泊，勤整廉贞，举措抑扬，不私奸恶，造次颠沛，不离规矩，居常和易，童稚可亲，临大难，持大节，则峥嵘岳岳，懔乎如神。性爱山水，治农村园艺，躬率操作，一草一木，必培植得所，以畅其生。其故里青芝山，饶泉石邱壑之胜，因卜筑以居，自号青芝老人，翛然若有终焉之志，呜呼远矣。公以民国纪元前四十四年二月十一日，降生于闽侯之凤港乡，以民国三十二年八月一日，病逝于重庆邸第。越三月有十七日，国民政府以国葬礼葬公，而附之以铭，铭曰：

养气以清，濯德斯馨。立范垂训，修齐治平。翳今之世，忧戚匪止。干戈饥馑，为国之厉。惟公诞降，克启嘉祥。庶几民物，和乐敦庞。既锡我休，既笃我求。天于我公，何不我留。佳域丰隆，庶民来营。以享明祀，垂之无穷。

吴敬恒篆额，居正书丹，叶楚伧撰文。中华民国三十二年十一月十七日。

据《楚伧文存》

勋二位国务总理周公墓志铭

柯劭忞

公周氏，讳自齐，字子廙。先世本浙江秀水人，明嘉靖中迁单县，遂为单县人。曾祖考鸣銮，广东分巡雷琼兵备道。妣氏孙，氏王。祖考毓桂，广东雷州府知府。妣氏李，生妣氏萧。考镐秀，广东候补巡检，早卒。妣氏李。三世俱以公官，赠光禄大夫，妣俱赠一品夫人。

公少孤贫，从伯父少棠府君于广东。弱冠刻苦自励，于学无所不窥。以为中外交通之世，非通别国语言文字，不能究其政治施为之本末，徒自锢于旧习，无益也。乃受学于广州国文馆，总督张文襄公器之，以缮译生保送京师同文馆。应京兆试，中副榜。同考吴公士鉴，以公试卷援泰西科学，为经义之证，诧为奇才。由是公之名，振于京师。侍郎张公荫桓夙知公，荐公于使美大臣伍公廷芳，自是公留于美国十有余年。历数使，皆倚公如左右手。累充领事、参赞，又代办使事。其荦荦大端，如：美人欲延工禁十年，公力争之。中货至古巴，以无条例，巴人苛敛之，公定税章，至今承用。旧金山地震，公募金赈华侨，全活者众。又代梁公草疏，争赎粤汉铁路，及驳待华侨新例，尤为人所传诵。公自美返，需次外务部，历左、右丞参，洊擢侍郎。是时，张文襄公、鹿文端公并管中枢，凡中外交涉之事，必谘于公而后行。西藏达赖虐藏人，不逞者相挺为乱，公请褫达赖职，以释藏人之憾，文端从之。故事，达赖无褫夺者，闻者惐愕，然藏事卒大定，人始服公之有识。官制改，公换度支部副大臣。

民国之初，山东群盗蜂起，南北议和，尤以山东为绾毂，乃出公为山东都督。公外则交欢南北，内则设防严密，南人潜师来袭，防军御于韩庄，却之。敌谋既伐，和议遂就，公实为首庸焉。洎公入长财政，精心擘画，尤以天下之事为己任。他如财政委员会、币制局、中国银行，公一管其事，必并筹兼顾，算无遗策。尝曰："今国用奇绌，使吾久于其事，必能使虚者实，棼者理。"人亦以公言为笃论。公凡三任财政，其划分国家地方税，易关卡为常关，增设盐务署，岁骤入二千万，维持公债，以保国家信用，兼恤商贾之折阅，皆所谓救时上策也。公旋以积劳，谢病去官。又再至美国，充华府会议顾问官。已而国事日棼，岌岌不能终日。公归，甫至沪上，前总统徐公，趣召公入都，畀以总揆，公亦慨然曰："吾敢辞难而负知己。"后卒与徐公俱退云。公习劳，不肯暇逸，复游海外，研究商业。病而归，比至都，疾革，神识湛然，撰楹联以自挽。呜呼！可谓达于死生之际者矣。公生于同治己巳年十月十四日，卒于中华民国癸亥年九月十二日，享年五十有五。配王夫人，有贤行，能佐公内治，女二：长适广安胡氏，次字南皮张氏。继公胞弟自元子纶岐为嗣。中华民国甲子年三月二十四日，纶岐葬公于京师西门头沟之新阡，来请铭。劭忞与公交三十年，其敢辞。铭曰：

共和缔造，众讧不息，濒国于危。亹亹周公，巽以行权，奋志匡时。遍历瀛环，絜彼之长，裨吾所施。度支屡管，上裕国储，下涤民苛。爰宅百揆，遭值多艰，与之委迤。奉身而退，再涉重溟，不顾其私。天乎弗吊，国之才硕，胡不憖遗。郁郁佳城，芘厥后昆，视此铭诗。

据拓片

直督赵秉钧氏略历

失　名

赵秉钧，号智庵，河南汝州人，起身微贱。夙受袁项城知遇，擢保定巡警学堂总办，有所设施。后为天津巡警局总办。光绪三十年十一月，调补北京内城巡警厅丞。三十一年十二月，升为民政部右侍郎，奉承袁意，策划尤力。宣统元年，当袁失势时，赵氏亦罢官离京，寓居天津，窃与袁互通声气，暗中运动，以待时机。已而武汉起义，清廷有起用袁之议，氏即过河南袁氏庐，筹划一切。及袁晋京，组织内阁，则氏亦入而为民政部大臣。共和成立，充当内务总长。及陆总理辞职，代理国务总理之职。民国元年九月，遂为国务总理。翌年，偶有宋教仁被刺案，颇滋嫌疑，竟即辞职。当第二次革命时，任为北京警备司令官。本年一月，为直隶都督。

据《盛京时报》1914 年 3 月 1 日

前国务总理干臣钱公行状

曹秉章

甲子仲夏四日，干臣钱公薨于京邸。秉章与公，谊属旧姻，少年角逐文场，契好弥笃。嗣公以荫授官，十余年不相见，迨秉章从事练兵处，公时官巡警部左参议，自是踪迹相寻，二十载于兹。中间惟公赴秦，暌隔年余，而忧患之中，犹通声问。泪墨交萦，藏在箧笥。遗孤承祜等以状请，何敢辞。

按：公姓钱氏，讳能训，字干臣，浙之嘉善人。世胄华衮，为邑望族。曾祖讳熠，字涵溥，官德州州判，祖讳埙，字芝亭，郡庠生，考讳宝廉，字湘吟，道光庚戌进士，吏部左侍郎。曾祖妣氏吴，祖妣氏汪、继祖妣氏徐，妣氏陈、生妣氏张，均封一品夫人。公生十二岁而孤。初，湘吟公无子，以弟涤香先生次子文训为嗣，长公八岁，至十八岁，以病殇。又二载，湘吟公卒，公嫡母陈太夫人之卒，则先湘吟公五载。公四岁，从生母张太夫人识方名。五岁，就外傅。张太夫人教綦严，植以礼义，导以仁恕，虽幼弱，不少宽假，嬉戏之具，悉屏绝之。塾无旷日，日无废晷。十一岁，毕十三经。周旋动作，克中规矩，凛奉慈训，无稍逾。迨后莅事之诚，持躬之正，好善之笃，固本性生，亦由启迪。晨昏温凊，事无不白，服食器用，必可而后御，交游酬酢，必可而后行，盖数十年如一日也。湘吟公既卒，公侍张太夫人，依涤香先生于淮北官舍。

丁亥，公旋里，应童子试，补博子弟员，庚寅，以荫生报试于吏部。授主事，分刑部云南司行走。始湘吟公久二刑曹，以明慎著。公每治爰书，惕然惧陨厥声，博征虚受，论断允洽，名噪甚。张太夫人时复敦勉之，公益自励，癸巳，举顺天乡试。戊戌，成进士。是时变政方始，群议纠纷，朝野隔阂愈甚，已伏颠覆之机。公慨然思任当世事，不欲以文词自囿，请就原官，遍求东西洋政典异同得失，抉其奥窔，以汇其通。次年，补山东司主事。庚子夏，拳匪肇乱。海盐徐忠愍公、满洲立忠贞公，以极谏忤亲贵，同日被诛。忠愍尸弃于市，戚属莫敢顾，公与朱内翰彭寿为具衣冠敛，瘗诸野寺。忠贞之子惧搜捕，深夜相投，公匿之。越日，乘间纵之去。七月，各国联军入都，画界分驻。居民震恐，设协巡公所，分司弹压，亦因其界而为界。宣武城以西，公主之。彼军之驻此者为德海军，统领吗代一日来书索银三千元，公白其统帅瓦而德西，立撤之。于是各军将不敢肆。是冬，擢江苏司员外郎，寻移直隶司。

癸卯，副骆修撰典试粤西，未复命，授河南道监察御史。曩同治丁卯，湘吟公曾充是省试官。三纪之间，父子奉使，轺车相望，时传为艺林佳话。故事，御史缺，待引见而后授。公此迁擢，盖异数也。逾年，迁江南道监察御史。镶蓝旗汉军旗民赵文荣，盗卖东陵旗地，与俄国主教，贿通左翼监督宗室某，为之税契。公曰："凡民子孙，盗卖祖茔地亩，律有明条，岂天潢贵胄，而可容此丧心蔑义之行。"具疏劾罢之。其他所论奏，如议改订刑律，谓宜精求中外古今律义，重视民生，以清讼源，而辅政之具，行政之才，必皆备预于改律之先，未可贸然径行，转生窒碍。又请清查浙漕积弊，请裁并卫所，严禁丁役把持，请创立户部银行，请按约查办英商诬控华商案，皆言征诸实，力持大体，非苟徇于一时者比。

乙巳初，设巡警部，尚书徐公，荐公为左参议，继擢左丞。巡警者，即公议改刑律疏内所谓辅政之具也。清户口，严诘察，恤流亡，正风俗，平道涂，浚河渠，各以次敷布。巡警、学堂、官医、习艺、教养各局所，复相继缔构，章制文告，一出公手，宏济之才，昭于朝列。他若议宪政，厘官制，凡属庙堂计画因革损益诸大端，公亦靡不预焉。丙午冬，徐公偕贝子载振，赴奉天、吉林、黑龙江查办事件。公随行，遍历边徼，归代草疏，详陈民俗固陋，吏治刓弊，盗贼强梁，营伍弛败，地利之可惜，强邻之可虑，累数十万言，请建行省，俾资整顿。既报可，诏授徐公为东三省总督，即以公为右参赞。经营草昧，纲目宏张，自夫军旅、名法、财政、交涉、工商、教育专门之才，下逮一技片长之士，揽之四方，分职授事，量设郡县，拨驻队伍，整理荒芜，穷治盗匪，其事之艰巨繁冗，历所未有，兼谋并进，百废俱举。一端之成，他省皆奉以为则。然事多创始，动生疑沮，故每举一议，必集众谋，往复数数。公既与徐公殚竭筹虑，比及属草，犹必详加研考，审辨纂易，恒忘晷漏。而延吉辖界、哈尔滨自治二事，皆邻邦蓄意侵越，一不慎即召兵戎，缓急因应，备极困衡，经岁累月，始克斡旋，所以保我国土、规复我国权者为尤大。

己酉，徐公内召，公亦以裁缺旋都。其冬，权顺天府府尹。次年冬，授陕西布政使。陕固僻陋，财穷民困。时新政如牛毛，异说朋兴，乱机潜伏。公惟以培元气，靖人心为治，日集僚吏，询民疾苦，深戒苛酷。凡可以瀹民智、兴民利者，皆受之以渐，庶事可集而民不扰。辛亥五月，兼护巡抚。适部议拟裁绿防各营，公以陕境北连荒漠，南接川、楚，新军初成一协，旧军巡防马步各队只五千数百人，一旦有事，将无可恃。上疏力争之，不报。

八月，武昌事起，陕亦岌岌，亟调集各营备省防，未至而变作。公以手枪自戕，再击，创而不殊。幕僚许君家瀚实相从，谓公曰："创甚已，太夫人在堂，公独弗念耶。"公痛极晕绝。陕军当事者闻而趋救，拥公去，强为治疗，又欲强公起治陕事。公曰："吾不克尽吾职，乃至于此。今病甚，复何所裨于陕乎。"历数月，知公不可留，听公南归。

癸丑，政府起公为内务次长。历迁政事堂右丞，平政院院长。丁巳，任内务总长。戊午，徐公被选为大总统，任公为国务总理。初政即以和平统一为志，遣代表会议于上海，期修文治以销兵气，乃会议久不决而罢。异说复歧出，不以诚心相感应。公愤然曰："劫运未终，胡尸此位。"遂以己未五月致政。

公天怀旷宕，不设城府，接物温厚，治事则喜深思专一而不纷。生平无狗马声色之好，惟豪于饮，后以咯血故，断杯杓。读书观大意，不为章句饾饤之学。晚年研寻内典，亦能窥其奥旨。爱人利物之志，虽退居未或间。尝见京师贫民日多，恻然动怀，有能悯困苦，济穷乏者，辄引为同志，衣药钱米，广谋施与，复设贫民工厂，惠养茕独。张太夫人为之喜形于色，公曰："吾今乃知娱亲之有方也。"为善益力。每遇亟需，款不足，恒出己资实之。庚、辛之间，畿辅两遭战祸，编立救护团，振恤灾黎，掩埋骸骼，不可穷计。又立南北各省辛酉振灾联合会，集款至三百万元之多。筹募区画，弥勤弥备。浙西各县，自明迄今，困于重赋，而我嘉善赋额尤重，实居全国之最。公与从兄铭伯观察谋之久，乃于己未八月，偕钱唐道属绅民，公呈政府请减，于是嘉善漕粮每年得减米三万零六百石有奇。当同治之初，湘吟公曾以嘉善嵌田摊赔缺额，久为民苦，具牍浙抚，奏请邀免。公今继请减赋。仁人孝子之泽，斯垂惠于无穷也。

癸亥二月，张太夫人卒。公于十二月奉柩，归葬于嘉善四南区北宇圩下家桥之原。今春来都，语秉章曰："吾事毕矣。"斯时公固无恙也。岂知公毕生将母之志，至是而完，而公亦遂逝，则自辛亥以后之岁月，皆为张太夫人而克延也，亦可哀矣！遗命葬张太夫人茔次，毋别求葬地，庶与太夫人千百岁永相守。

公生于同治八年己巳，春秋五十有六，始娶于魏，继娶于许。子：承懋、承恺，魏夫人出，均出嗣。承祜、承忻，许夫人出。女三：长适陈，次适毛，魏夫人出。三未字，许夫人出。孙十人：家驷、家騄、家骢、家骒、家駒、家駘、家驯、家骊、家骕。孙女五人。得备书之，谨状。姻世愚弟曹秉章顿首拜撰。

据木刻原件

先公（袁世凯）纪

袁克文

先公字慰庭，晚号容庵。幼好学，为文多奇肆，结文社于乡，自主之，书恣放，不工卷折体。累试不第，遂投笔从戎，入吴武壮公幕，师事武壮。武壮绝器先公，谓后必成大业。旋率军驻守朝鲜。朝鲜王重先公，事必咨先公，遂预其国政，有不利我国者，辄阻之。

时朝鲜东学党通于日，假日兵攻王宫，欲逐王别立，遂其亲日远华之谋，且思危害先公。先公觉之，率数十人入宫卫王，战于宫门。日兵发弹击先公，先公指挥间，弹至，左立者疾推先公，弹中后立者，死焉。先公仍前立不却，卒以数十人，破日兵千余。敌之死伤，市巷枕藉，搜戮叛党，国乱乃定。清廷遂命先公为朝鲜驻使。日人衔恨深矣，旋有甲午之战。先是，先公已知祸启，电请李鸿章遣兵济助，以备缓急，鸿章不报。及事急，复再三请，鸿章犹疑虑不决，坐视朝鲜离弃，诸军覆败，咸鸿章一人误之，痛哉！甲午称兵之初，先公仅有百余人，自不能敌。鸿章复不遣援。时日兵已据韩京，遍设关隘，命守者不得纵先公行。先公困于危城，束臂待亡而已。忽奉朝旨，敕先公返国。先公适卧疾，延日医古城梅溪诊视。梅溪久寓朝鲜，与先公善，伪言先公病笃，报日帅大鸟圭介。先公奉诏后，以印授唐绍仪，托言洪氏，访谒英国领事，从者二三，乘舆行途中。巡守者询诘，辄以托言对。日〔英〕领事朱尔典，预为备者，舰既行，日帅始觉，乃囚梅溪，遣舰逐击，舰不可及，先公旋登国土矣。先公既归，闻鸿章以朝鲜乱，归罪先公。先公入都诉辨，过天津，鸿章探知，泥〔尼〕先公行，恐以真象入告，将有不利焉。先公不别北上，立谒诸军机大臣，悉陈鸿章误国状。且言我国军备之疏，不足与列国抗，请以新法训练自效。时廷臣多迂执，不韪先公议，独荣禄赞可，遂以上闻，孝钦后垂帘，亦以先公所请为是，迭召入对。先公侃侃而言，后为叹折，斯先公见任于后之始。立授先公直隶按察司使，驻小站督练新军，是为武卫右军，我国军伍训以新法之创也。先公知德国军事独精，乃延其退伍军官为导师，兼设学校，教兵以文字，且参《六韬》、《玉钤》、《握奇》、《阴符》诸说，自辑兵书数十卷，倡告天下。初尚有疵议者，及观军仪严肃，武事精雄，咸推武卫军为国之长城矣。

戊戌政变之初，康有为以说惑景帝，帝冲幼无识，不辨其奸，遂重任之，设懋勤殿，夺军机权。有为渐施离间，欲假先公之兵，谋危孝钦后。先授先公以侍郎，继使谭嗣同至小站劫先公，假帝诏，命先公囚孝钦后，杀荣禄。先公早识宄谋，乃佯诺之，隐走告荣禄。禄仓惶请策，先公属禄密诣颐和园，请命于孝钦后。禄亟入觐奏，孝钦后从容返跸，立禁帝于瀛台，仍垂帘听政，斩有为党谭嗣同等五人，及有为弟广仁于市。有为先已避居沽口夷舶中，以观成败，及闻变，乃遁走日本，故逃于刑戮。有为包藏祸心，阴图乱逆，挟帝变法，自养位望，一时朱诏，悉出有为手。帝初不预知。且延纳私近，广树羽翼。虽云以汉易胡，复我炎夏，若有为之不轨于正，反招分崩覆灭之祸必矣。

先公既定党变，孝钦后益重信遇，召荣禄入军机，先公以候补侍郎，护理直隶总督，旋授山东巡抚。庚子，端王载漪图攘大权，以拳匪邪术入惑孝钦后，假诏诛异己者，一时无敢为言。先公居东，诏至谓拳党为义民，令地方官保护。先公叹曰："此祸水也，乱无日矣。"遂檄各府州县，谓遵旨护义民，斯义民，必守法安分之流。若以邪术愚人，聚众设坛者，皆匪徒妖党，倡乱谋危，遇之杀无赦。苟官不惩灭，则官与同罪。令出，四境震悚。复遣军探剿，诛杀拳匪无算。时省中两司道府诸官，咸目先公为汉奸。闻有拳党，欲起攻抚署，悉杀吾家，且尽灭叛拳者。诸官惶骇，同谒先公，力请罢诛拳党之令，免一城之祸。先公正色叱斥，严词训告。诸官退曰："袁公愚而自用，无可为也。"载漪闻先公厉行剿灭，大怒，欲加罪讨。嗣畏先公率有劲旅，乃止。先公谏疏数上，咸为载漪抑阻。先公知外衅一启，国必无幸，谏疏复不能上达，乃电联两江总督刘坤一、两湖总督张之洞等,合力拒匪,使不得南。之洞初不敢发,及得先公电,言坤一复同倡斯议,遂定联拒合剿之策。东南诸省,悉免兵祸。及外兵深入,两宫西狩,昔之持异议者,转服先公之先见矣。外兵破都城,据宫禁,而不敢言瓜分者,惧东南诸省之大有人在焉。李鸿章以两广总督,调任直隶,议和未竟卒。时先公丁先祖母之丧,夺情继鸿章任。和议成,孝钦后犹不敢遽归,恐外兵有他变。先公力保无患,始返跸。行次,孝钦后见先公,痛哭失声曰:"予母子之命,咸汝一人生之也。"

孝钦后率景帝返跸后,中原乃定。国经厥难,内气雕伤,邦夏虽续,而疆权多失。先公遂意图创革,以振衰疲。直隶省会原在清苑,僻处一隅,多所间隔。天津则四远通达,舟车利便,既属京师枢户,且为欧、美人士侨居之地。邦交庶政,咸有裨益。于是移节驻天津。初天津景帝有阅兵之议,特起行宫。议旋罢,行宫乃废闭。先公疏说,改建牙焉。自辛丑迄丁未,八载之间,兴学校,建新军,创警政,辟道路,广市廛,勤工业,百政俱举,为世范则。复疏罢科举,请立宪法。迂执之徒,群焉诟谤,时先公取率六镇,军仪整肃,士卒严驯,尤召怨者之忌。有铁良者,诡与先公契合,而阴实谗陷。会兵部改陆军部,乃请统一军政,夺先公兵柄,复与荣庆、载泽合谋,假中央集权之说,迫先公自解铁路邮传等八大臣职。先公一笑置之,而略无怨沮之色。时文虽幼,深自愤郁,当兵符未解,亟陈于先公曰:"窃闻太后用铁良言,欲夺大人六镇之军。譬之:军,树也。帅,巢于树者也。施斧斤于下,树木既斩,而巢宁有不覆者哉。今符犹未解,诸将多愤然不能平,且共虑一旦柄移,将有弓藏之危,何如乘士气未衰,亲率诸镇,入清君侧,斩铁长诸奸头。今海内群谋复汉,苟太后违逆,即驱胡虏而北之,以顺民命,进可成王,退将危祸,千秋大业,乞大人毅然断行之也。"先公闻文语,怒目叱责曰:"小子无知,敢妄语,族灭无日矣。"乃禁文于内室者累月,恐言不慎,将构祸也。

先公既罢诸兼职,政事之暇,辄作书自娱。未几,召迁外务部尚书,兼军机大臣。是岁戊申八月二十日,为先公五十寿。孝钦后赐银二千两,及金瓷诸珍器,且颁自画《三星图》巨帧。宠赉之厚,例虽亲王,亦无若是之隆重者。一时朝野多为侧目。御史江春霖,见寿帖中有庆王奕劻一联,款书名焉,又有载振联,自署如弟某某,乃据以入奏。谓天潢之尊，例无书名，且有权臣煊赫，将有不利于朝廷之语。疏留中不发。十月，景帝疾日亟，孝钦后亦患腹疾。及景帝大渐，孝钦后诏先公，及奕劻、世续、鹿传霖、张之洞，诣寝宫密议。孝钦后问："帝将不讳，何人当立？"之洞请以恭王溥伟继位。孝钦后怫然不悦。先公与奕劻，则请以醇王载沣长子溥仪入承大统。孝钦后初尚迟虑，先公与奕劻力争，始定。及退出，先公与奕劻汗被重裘矣。奕劻顾先公曰："公真大胆也。"之洞则面赤，有怒色。景帝既崩，孝钦后闻之悲痛，疾乃转剧。临终执溥仪手，指载沣，顾先公及奕劻、世续等而泣曰："汝辈皆先皇老臣，今皇帝冲龄，虽有载沣摄政，亦惟汝辈匡辅是赖。"复泣顾载沣曰："汝应拜诸老臣，汝年幼，惟诸老臣之谋是用。"载沣挥泣，向先公及奕劻等拜。先公与奕劻等同伏地，泣不可仰。比退，孝钦后亦旋崩矣。

溥仪嗣立，载沣摄政。之洞日奔走于载沣之门，而媚事之。载沣用之洞谗，渐疏先公，及奕劻、世续等。奕劻泣谓先公曰："先后、先帝之骨未寒，而政象已纷扰。我辈俟百日服满后，可挂冠去矣。"先公亦觉之洞相倾陷，累思乞休，乃以顾命治丧之臣，不可遽去。而百日未终，罢官之诏下矣。先公遂携家人，卜居卫辉。旋以居室逼隘，移家安阳北郭。时文官法部员外郎，因乞终养归侍。日从先公种花移木，筑石诛茅。以孝钦后曾赐御书"养寿"二字，遂以"养寿"名园，觞咏其间，辄忘岁月。

辛亥八年，武汉变起。先公奉诏督师，驻节兵站斗室中，备历辛艰。旋召授内阁总理，即被命入觐。冯国璋继统诸军，克复汉阳。先公密令罢战。盖知大势趋于民治，清运已垂终矣。清帝论复汉阳功，封先公一等侯。先公力辞不拜。一日，先公入朝，有宄徒怀弹，伏东安门外道左楼中，俟先公归邸，车过其下，乃掷弹向车。车远不可及，弹坠地，适触水管，弹裂，击杀车前后卫官二人，伤一人，且伤驾车之马，而车独无恙。马被弹，力驰而归，入邸，马亦毙。先公神色自若，堆〔唯〕言耳震微聋耳。清帝闻之震惊，召止先公入朝，遇事辄传达焉。

清帝惧民气之烈，兼以冯国璋等奏乞逊国，乃颁旨退位，授先公以全权，与革命军议和事。南北一统，先公被举为共和第一任大总统。其次年，党人谋乱。先公命冯国璋等，率师讨平之，四海乂安，有承平之象。乃理旧政，布新猷，废者举之，绝者续之，开基之始，政尔有为。不幸悖乱之徒,妄冀大位,群奸肆逐,众小比朋,如朱启钤、梁士诒、杨度、夏寿田,张镇芳辈,诪张扰攘,共济宄谋。先公日理万机,未遑察及患之伏于眉睫也。大难既作,已莫或遏制矣。先公一愤而殂,呜呼!

恭赞曰:先公天生睿智,志略雄伟。握政者三十年,武备肃而文化昌。乃以一忽之失,误于奸宄。大业未竟,抱恨以殁,悲夫痛哉!

据《洹上私乘》

唐绍仪传

赵叔雍

唐绍仪，字少川，广东香山人，旋改中山。其先聚族而居，地以族名曰唐家湾。居户商贾，无不族人，比户列廛，富甲乡国。距湾不远，有丛山，则道光之际，其祖父辈避英舰所栖泊也。幼时应出洋考试，十五岁即赴美留学，辄冠其曹。归沪后，由沪返粤，船只失事，会与同学梁敦彦尚书同室，急难之际，众客喧拏，独置衣物不顾，挈饼饵火器下小艇以行，机智果敢，梁益礼重之。梁留官粤东，绍仪去北洋，入李文忠公幕府，办理译务，李名大震。初尝就海关末秩，总税务司赫德，以英人为我规划关政，中外建制，显多轩轾，积不能平，遂上书披沥其事。赫德召之入见曰："青年胡乃气盛？新进不容置词，慎缄尔口，勤谨奉公。"一怒去职，濒行函赫德曰："当吾主关政时，必有以正之也。"逮任税务督办，拜命之日，即传见赫德，严词告诫，赫德退直，郁郁求去。既登幕府，复去高丽，随袁世凯主持交涉，因与英使朱尔典为莫逆交。中东战后，归任津海关道，津海固腴缺，一任辄积资百十万。绍仪周旋尊俎，力崇国体，精治饮馔，排日馈遗，以窥国情，十得八九，西洋人士，咸乐为之用，乃致岁有亏损，其家犹按时馈款存济之，举世以为异事。后任东三省时，相地鸠材，益闳官署，所挥斥者至巨，建树亦特多。生平博学深思，豪情壮语，公卿每礼重，亦莫不严惮之。

李文忠督粤时，随节北行，舟过虎门，岩石如画，李掀髯睥睨，谓尝闻"粤东王气，惟此是赖，特虎头内向，是以谋功不成。"唐遽应声曰："虎头会有外转之时，公其俟之。"又戊戌变起，奉廷寄，发康、梁祖墓，李计无所出，招僚吏集议，长子经方亦侍座，左右依违无一词，则请置勿行，且披陈历国政事，语侵及李，李为怫然。议未谐，侧席请退，即束装草辞呈，袱被且行，经方素日与共饭，日旰未见传膳，往室内觇之，曰："吾言不直，但自行耳。"经方禀之堂上，李独邀入见，温谕慰勉，唐犹哓哓。李曰："若言诚是，特不宜当众指陈，吾子旁侍，更不宜语侵老夫，汝意吾诚识之，可速归治公牍，毋呶呶向人也。"唐垂老犹忆其事，以李为知人善用，策勋定国，于此觇之。

逮返北洋，世凯倚之如左右手。唐固通治术，识政要，且右民主，与北洋阀阅委蛇，非其志也。辛亥革命事起，阴赞共和，南北议和之际，先公密电谓君来当可奠定国是，余子碌碌，不足与言，袁亦卒任之为总代表。初议在汉口开会，先公复告以汉江用兵之地，舟车艰阻，非在上海，不足以综全国之舆情，一天下之视听，因改道赴沪。先公为介见孙中山、黄克强两先生，克强湘籍，相见尚为寒暄语，中山先生乡人，仅道阔别而已。和议既成，任内阁总理，捍格不获申其素愿，黄祯祥复劫持之，遂谢官闭户。世凯又谋帝制自为，则力格其非，逮窥其异志已决，不为所动，乃脱身南行，一时人望益归之。

西南护法之役，奋身参与，实综其成。既以病养疴日本，东瀛朝野，倒屣奉盏。旋任中山模范县长，以牧令径隶政府，时亦垂垂老矣。则就故园莳花叠石以自娱，园榜"共乐"，就土山环堵，建楼一楹，平舍一椽，登楼观海，沧波浩渺，风樯沙屿，历历在目，以款宾客，来者云集。间事临池，学米襄阳，而自谓不工，不乐为人染翰。民国十九年，两粤自外宁府，别立建制，亦预其役。东北变起，阋墙事定，优游沪、粤，片言只字，胥为当世所引重，语亦不肯轻发。迨陈济棠称兵，敬事攸加，虚与款曲，终劝其释兵柄，顾大体，举家北归，息影庐山者六阅月，益不顾问世事。

二十六年，中日构衅，目怵心伤，病榻中宵，徬徨无策，一时两国朝野，冀挽浩劫，多往请益，虽辄婉却，而豪俊宾客，借箸以筹，遂为忌者所中，属刺客往袭杀之。时其幼女甫将于归，家人琐冗，未遑将护，亦以素性恬淡，不置更卫，故得乘间以入也。平日伉爽耿直，双目炯炯，举措昂然。每值休沐，必张筵以款故旧。中年间事行博，虽盛负，一及正事，拍案即起，绝不介意。又好鉴别名瓷，收藏甚富，晚年多出以易米，而振恤资助，莫不乐为，有叩之者，必输巨款。投老尤好读书，晨夕把卷，客至追述年时掌故，移晷不倦。民国元年，娶继配吴夫人，要以薙须，欣然从之，行礼上海赵氏园，黄克强为之证昏，一时播为佳话。

三十年前，余方弱冠，即随侍先公，获接丰采，既而往还南北，每承清诲，十九年于役粤垣，坚邀赴园居，研讨政事，遂作客观海楼，得揽山海之胜。方督办开滦矿务时，美利坚人胡佛为工程师。事隔二十余载，胡佛膺总统选举，有中伤之者，谓其在开滦时不检细行，右胡佛者，函询究竟，覆白其诬，胡佛始任元首。时言中美敦睦者，欲其赴美一行，益连敦槃之好，而折冲者阴泥之，不果行，知者以为憾事。方临命前三日，余往视之，垂询时事，谓扶危定倾，当以民意为鎡基，言者纷纭，多非长策，信能假我时日，集各省贤俊于一堂，共定大计，虽老弱亦愿相从，窃窥其意，盖欲取法辛亥间上海之各省联合会，由以改制，重奠邦本，进言释兵，而形格势禁，内外轧铄，急功者图成于旦夕，因运者乘时以蹈厉，相持之局，知尚有待。迄于今兹，数历寒暑，旧观少复，乃不及扶杖观之矣，悲夫！

据《古今半月刊》周年纪念特大号

黄膺白先生家传

沈亦云

先生姓黄氏，讳郛，字膺白。浙江杭县人，生于绍兴之百官镇。初名绍麟，号昭甫。在乡里读书，有神童之目，塾师别字之曰天生。先世自安徽休宁迁居松江之华亭，累代读书。高祖思孝，字静斋，以布业为邑中巨富。曾祖镛，字竹西，益治田宅，殖产至浙江嘉兴县治。性豪爽，急人之急。子女多与浙人联姻，有女适余杭章氏，太炎先生炳麟之祖母也。子曰如琛，字锐卿，为先生祖父。喜鸳湖秀丽，筑室于邑之南门报忠埭，好宾客，以楠木为厅，号容百席。太平天国时据为司令部，后分为邑人盛姓及陶文勤公住宅。如琛子文治，字友樵，娶嘉兴陆氏，生四子，先生其季也。黄氏数世赡裕，友樵公性谦谨，读书不治生产，少时遇洪杨之乱，为乱军所掳，间道至百官，依族叔以居，遂家百官。自是家道中落，尽失嘉兴之产。后以州县候补于浙，殁于杭垣。素与杨古韫、张璧泉诸公交好，皆松人之宦于浙者。杨公名葆光，诗画并称于世，与亦云外王父家有旧，以故幼时习闻之。友樵公之殁，先生甫七岁，诸兄皆未成业。陆太夫人携孤扶柩返松江原籍卜葬，不果，乃自百官移家杭州。内外无倚，历忧困，安拮据，而课先生以严厉闻。家贫，无力延师，送至同善堂读书，地方善团所设义塾也。岁惟三节出省母，陆太夫人尝训之曰："某人修行久，将得道，佛来试焉。初为猛虎，须爪拂面不惊，继为元宝，灿然在手不顾，最后为美人，窈窕在侧不动。三夕，佛曰可矣，挈之登天。夫为人皆当如是也。"年十七，补钱塘县学生。民国后，钱塘与仁和合称杭县，故为杭县人。府试时，与同县江君，受知于杭州知府侯官林迪臣公棨。欲召至府署读书，而家无长者可通白，且须课徒助家计，乃由汪君独应召。逾年，得汪君书，言正习所谓笔算数学者，大奇，购一部，废寝馈毕之。复借《代数备旨》、《形学》两书，得其究竟。以是于数理独具心得，盖初步数学出于自通也。

杭州多名贤遗迹，岳武穆墓尤刺激人心，为先生幼时常游处，尝谓于武穆事所感最深者，为岳云之从死。宋室偏安如累卵，不堪有如伍员者，因复仇而损国本，不如父子同沉沦地下，使陷之者无所用其顾虑也。戊戌而后，维新论盛起。一日读梁启超先生《尚武论》，忽有所感，毅然有投笔之志。逾年，浙江武备学堂招考，遂改今名，往应试，以第一人录取。明年，复以第一人派赴日本留学。以性喜数学故，习军事测量。与同学约，凡一省有同学三人者，分习测量系之地形、三角、制图三科为一组，不得，则与邻省合计之。以他日返国，每区有同学一组，可分工合作成地图一，至中国人自测自制一完备之全国大舆图止。留学七年，屡得最优成绩，毕业于地形科。时中山先生在日本东京，合革命各小团体为同盟会。先生加入为同盟会会员，物色四方同志，浙江军人之加入，多所介绍。复以陆军学生须归国领兵入伍，为实际工作，乃合同志中之尤坚贞者，得二十五人，号曰丈夫团，以孟子“富贵不能淫，贫贱不能移，威武不能屈”之义相砥砺。其后辛亥光复，南北各省发难及主持人物，丈夫团几居大半。与今国民政府主席奉化蒋公，发刊《武学杂志》于东京，阐革命之义，论军人职志。又时应国内外报章杂志之约撰稿，凡署名曰明耻、曰哭逵者，皆先生也。日俄之战，日本以新造岛国，一战而胜。旅顺一役，实其关键。日本人樱井忠温著《旅顺实战记》一书，名曰肉弹，各国均有传译，先生译为中文，以为此何地也，而有此战，国人所宜伤心惕励者也。归国，供职北京军谘府，筹办军事官报，在首都作中心运用，乃先生夙所自许于同志间者。辛亥武昌起义，急与曾可楼先生昭文、李晓垣先生书城出北京南下，皆丈夫团同志。上海光复数日，无统一组织，众纷纷不待号令，指挥不一。时南京第九镇举义不成，武汉孤危，全局岌岌。革命党人与地方绅士集议于上海城内海防厅，久之未得要领。先生自众中出，指陈大势，决定组织都督府，推吴兴陈英士先生其美为沪军都督，大计遂定，众有所适从。英士先生者，久在上海策动革命，曾只身入制造局，欲以不战之说动清吏，免地方糜烂，为清吏所拘禁。先生闻之，计用军谘府执照，入局营救。及民军攻制造局，清吏潜遁，英士先生出，首问同志安否，其仁与勇，为先生所心折者也。于是众复推先生为参谋长，自练陆军一师，即后之陆军第二十三师。南京临时政府成立，誓师北伐，大总统孙公以先生兼兵站总监。

上海为革命军第一重镇，武汉恃以呼应，南京用为后援，而各省军事交通外交经济舆论之总枢纽也。抚辑调度之烦，倍于他省。论辛亥革命成败关键，在南京之克复。南京克复，浙军实最称劲旅。所以维护支持而成其功者，沪军都督陈英士先生与先生，皆浙人也。先生日往来于南京、上海间，尝增设沪宁路夜车以资休息。今京沪路之有夜车，因先生始。清帝退位，孙大总统解职，沪军都督府取消，京、沪善后事宜，归江苏都督府办理。先生转任为江苏都督府参谋长，责在清理北伐军队之在津浦线一带者，特先自动解散其所领陆军第二十三师为天下倡，以次整理遣送其他各军。数月而革命后复员之功，迅速毕事，匕鬯无惊。二十三师将领多一时俊杰，其后辅佐元首，参预大计，当军国之任者，颇有人焉。此亦非常之遇合也。卸职后，奉令出国考察军事。未成行，而宋教仁先生被刺案起，二次革命猝发。宋案初起，在密电中稔知主谋者袁氏。暗杀政敌之举，出于在位总统，岂革命同志所逆料。于是有谓宜诉之法律者，有谓必须用武力者。先生正在京办理交代及出洋手续，得电遄归。视察所得，以为革命党既以政权让袁世凯，诸领袖已相继离要职，以共和缔造艰难言，以革命党当时实力言，国家不堪有内战，战亦未必遂胜，主慎重之说。既而决议起事，义与同志共进退。事败，袁政府下令通缉，其第一纸悬赏缉拿黄兴、陈其美、李书城及先生四人，令曰："不论生死，一体给赏。"乃亡命日本。同志既集东京，有拟继续为倒袁活动者，有拟暂时为学术政见之表襮者。先生以零碎工作，无裨大局，徒折志士，于国家团体俱不利。迨英士先生有大连之行，尼之不可，乃留书达己见，匆匆离日本而赴南洋。盖当时有奔走者，传东三省地方有人可用，先生不以为然，且识奔走者之妄也。居南洋一年，将赴欧洲，而第一次世界大战起，道梗，遂折向美国。自是一意研究世界大势，对本国政治，常保持独见与特行，不随众同可否。终其身，除同盟会外，未尝入何党系焉。

洪宪称帝，由美返国，参与浙江加入护国军之举。事定，移家天津，读书著述，先后五年，不问南北政事，不与当道往还。最敬慕者严范孙先生修，屡从其请，为众演讲。常过从者张敬舆先生绍曾，因其介，多识北方思想开明之军人。民国七、八两年，成《欧战之教训与中国之将来》及《战后之世界》两书，欲以世界新趋势新潮流启发国人，资为警惕。尤痛心疾首于内争，以为民国以来，屡失自强之机，其因皆在于内争。"万恶之内争也"一语，在两书中不厌三致意焉。大战告终，赴欧、美考察战后经济。华盛顿军缩会议及太平洋会议初发起，在美草《华会发起之内容及其趋势》一篇，政府电聘为赴美代表团顾问。兹行见战后各国经济凋敝情形，美国不批准凡尔赛和约情形，国际联盟不足以为仲裁机关、安全机构情形，以及中日关系之愈不可解、将成为世界问题情形，欲大声疾呼，促国人之觉悟而无从，乃再度置身实际政治，期以非常机缘，促进统一。入张绍曾先生内阁为外交总长，颜惠庆先生等两内阁为教育总长。并应蔡元培先生之约，为北京大学学生军讲军制学。应范源廉先生之约，在师范大学史地研究系授国际政治。应冯玉祥先生之约，为其参谋将士解释国际及国家大势。

民国十三年国民军之役，破北洋军阀递嬗专政之势，结清室残余未了之局，使革命势力骤伸于北方。发难者冯玉祥先生，而先生实以孤身当枢纽之任。方国民军自古北口班师之日，先生正在教育部总长任，先以密电致冯先生曰："吾侪立志救国，端在此时。"得覆电谓："来电遍示同人，众意佥同，准于某日班师。"盖事机取决于先生，以在京稔知内外形势故，临时始宣示于大众，以必须严守上下秘密故，皆冯先生所预约也。先生当日迎之于高丽营，夜半席地改草国民军通电。嗣以内阁摄政，修正清室优待条件，以故宫为博物院，下整饬风纪、严肃官规之令。西南革命同志，相率北来，气象之盛，彷彿民元。而军人有拥戴段祺瑞出任执政之举，中山先生旋又病殁故都，遂辞本兼各职，移家天津。

民国十五年，国民革命军自两广进抵武汉，总司令蒋公邀商进行大计，以沪上为中国经济重心，属先往密为布置。京、沪底定，国民政府奠都南京，蒋公为实现中山先生《建国方略》中大上海计划，令为上海特别市市长。再辞不获,受命自拟特别市组织条例。起草者初定为市长集权制,先生以上海密迩首都,政治性多于地方性,市长或将视中央政局以为进退,非各局分权,无以固基础而利建设,决改为各局分权制。多级而总揽,夙为先生对政制主张,特别市组织无先例,盖试寓其义于此矣。规模初具,而蒋公以事去职,遂同时引退。迨蒋公再起,受命为国民政府外交部长。十七年五月,国民革命军北伐,由苏入鲁,蒋公电约至徐州会谈,抵埠而蒋公以军事前行。次日,济南下,遂晤蒋公于济南。日军滋事,致酿五三惨案,民情奋激。先生以北伐正在中途,统一功亏一篑,力主迅速制止当地乱事,绕道完成北伐,忍小愤以就大谋,使蓄意酿乱者寻衅不成。事毕引咎辞职,于事实是非毁誉,不以一言自见。挈眷入莫干山,颜所居曰白云山馆,出则竹杖芒鞋,入则左图右史,常经岁不下山。自十七年至二十年,累辞征召,于国事有所献替,则以书交便友转递,尽意而止,不问去取。尝自以孩提失怙,赖社会扶植,始克读书受业,矢以受之社会者,报之社会,斥资在山麓庾村,筹设乡村义务学校,曰莫干小学,为改进附近农村之先着。时统一甫告成功,而内战又起,战事激烈,甚于曩昔。乃于事定之始,作《祈祷和平》一文,同日遍登上海各报为社论,胪举国力耗于内争,建设因以停顿,同类相残,胜亦不武之义,期朝野之觉悟,事在十九年冬。日本少壮军人亟于思逞,密请中央注意东三省大吏,勿使逗留关内,生后顾之忧,事在二十年春。

九一八沈阳变起,继之以淞沪之战、长城之战。彼一波未平,一波又起。我准备未成,屡战不利,诉之国际联盟,则空言制裁,益触野心者之忌。反侧之徒,习于政争,不明大义,群集平、津,伪组织之酝酿,甚嚣尘上。事实必须有暂时之缓和,乃于二十二年五月,设立行政院驻平政务整理委员会,辖河北、山东、山西、察哈尔、绥远五省,北平、青岛两特别市,以先生为委员长。受命之日,日军迫通州,距北平数十里,爱先生者,劝由南京绕道南昌,与蒋公面商机宜,然后北上,则不出一星期,平、津运命已决,而责不在先生。先生以既经受命,华北存亡,在于一身,义无返顾,星夜北行,五月十七日抵平。时先生离平已八年,人事既尽变更,日本人中亦无旧识者。十八、十九两日,日机时在平空示威。二十日晨,正欲设法与日方某武官会晤,适其时一青年斫伤日兵营哨兵,会晤事遂中变。日队长且携武装卫兵，直冲新华门责问。新华门者，旧总统府，时军分会何部长应钦驻其中居仁堂，先生居其中丰泽园。是日晚十一时，平市长报告本晚有便衣队暴动消息，乃辗转传卫戍司令部妥为防止。二十一日，在军分会开军事会议，各路总指挥长官咸集。会商良久，只能以各尽最后之努力为结论。日方复以《辛丑条约》为名，向北平交民巷增兵。傍晚，东北两战线均告急，大势岌岌，众徬徨将弃而去之矣。正焦虑谋万一之挽救，晚十一时接行政院电令，除不承认伪满洲国外，其他条件，皆可磋商。先生再至军分会，遇黄季宽先生绍竑，匆匆告以亟须与日人谈判，未返前请勿离去，即只身出与日方折冲。至二十二日天明，始拟就《塘沽协定》草案，晨六时返寓，以谈判经过告诸同人，乃亲拟电呈政府核示。一日一夜，仅得在书房小榻假寐片刻耳。五月三十一日，政府派员签订《塘沽停战协定》，日军撤至长城线外。逾月，亦云至平。见先生形容枯槁，颜色憔悴。爱国者望治过切，不谅环境，掣肘者乘间中伤，正气难伸。燕雀处堂，不知大厦之将焚，谋我者野心未已，更无论矣。每接应终日，至中夜尚须阅案牍，将日间重要交涉，自草电文呈政府。惧其力不能久支，劝曰："此行冒险而来，为国家故，忍辱负重。今烽火既熄，曷飘然辞去，以后事付之后人，还我山居，塞悠悠者之口。"先生谓停战岂得已事，华北艰险正未艾也。昔时腹地，今为边疆。一不慎，随处燎原。自首都南迁，平、津久为北方霸权出入所，中央政令难及。嗣今治权之内属，地方之整理，人心之振起，生计之培养，皆救国急务。欲免政府北顾之忧，必尽力至告一段落乃止。

初，是年四月，先生应召赴赣，讨论北行。时政府之意，拟并党务、政治、军事于一，以利指挥。先生以身不在党，于军事久隔膜，谢不能。又令自兼一省或一市，以资伸缩，亦不欲。故最初政整会组织，为财务、政务、秘书三处，大抵从前北平各政治组织之旧也。先生就职伊始，以财政必须中央统一，则军事、政治可免割据，即将华北财政划归财政部，亦不愿干涉各省市行政，遂改财务、政务两处，为调查处、参议厅、建设讨论会，由执行机关而为设计指导机关。先生所自画其范围，而务切于实际者也。华北五省两市中，惟北平市及北宁路局两长，出自先生推举。一二年间，平市既整顿市容，厉行禁毒有成，北宁路局所解铁道部之款，一时为全国各路冠。先生方竭力以成部属奉公之忠，不有一毫尾闾安插之方便也。闽省人民政府之变，不惜以外援为后盾，南北俱奔走酝酿。有来说先生者，先生竭爱国爱人之诚，用釜底抽薪之策，旬日之间，劝以利害，制其机先，阴弭分崩之患。当事急时，其自矢之忠贞，对人之坦白，解释国家与个人前途利害之殷勤恳切，退食时往往与家人觌面若无睹，相对不一言，必欲尽至诚，使来者了然于向背之影响，心悦而后已。尝谓对本国人总好说话，虽吃力不觉苦，惟本国人而屡屡不识大体，直令人伤心。终叹息二十余年不有内争，何来外患，涓埃之力，徒事搪塞，无裨国家。其后日本既少信义，交涉层出不穷，官吏狃于故常，痛定不复思痛，社会恃虚矫之气，空言张目。先生周旋其间，转移无力，在职两年余，忍难言之痛，未尝一日稍伸其意。屡病，羸日甚，政府初给假养疴，二十四年九月，始明令撤销行政院驻平政务整理委员会。二十五年春、夏，卧病莫干山。秋八月病亟，返沪，入宏恩医院。医者断为肝癌症，十二月六日晨九时半，殁于寓，年五十七岁。

方先生病时，蒋公在粤，日以电来问疾，亦云日以实报。蒋公返沪，至医院，坐久之，从容告先生以政治近状，且谓所准备已达半程，再一二年者，国家事当有把握。其后先生告亦云曰："我曩者每健谈，今日蒋先生不令我多言，所喜者国家兴复可期，我死亦无憾，何况于病。"呜呼！先生盖不自知其病之不治也。蒋公设辞以为最后之慰藉，是知先生之病，且知先生之心者也。先生临终，值百灵庙小捷，半昏迷中皆指挥军事之语。张岳军先生群在榻旁高声曰："弟等当继兄志，为之不怠。"呜呼！先生既自竭其力矣，有责者又如此其慰先生也，先生宜不复有余憾也。

先生初娶于吴，继娶亦云。无子。女熙文适江阴沈璇，熙治适独山邱锦淇。亦云承命保存文稿，继续其乡村教育事业。民国二十五年十二月二十七日，葬先生于莫干山麓庾村，亲友会葬者数百人，简丧速葬，谨辞国家荣典，不以无益耗有用，不以个人累众生，皆守平日遗意。

先生宅心纯洁，于国家民族鞠躬尽瘁。用之则行，行无所瞻顾，舍之则藏，藏无所悔尤。生平言行一贯，不依流俗浮沉。读史慕管仲、诸葛，以为善因祸以为福，转败以为功，庶几政治家之手腕，淡泊以明志，宁静以致远，庶几政治家之胸怀。在朝在野，无不兢兢业业，以守法为荣。所经职务，未尝快一时之意，贻不了于后人，留国家之隐患。无事之日，视城市如传舍，以山林为故人，不置身任何公私营业，不插手任何公共机关。尝言："为人须独往独来，拿得起，放得下，庶几免于世之所谓土劣也。"一生提携后进，不遗余力，而选士拔才，不求附己，倾心用人，必成其功而分其过。失意者为纵横捭阖之论，务令在大端远处着想，怅惘而来，平心而去。排难解纷于无形，辄为大慰，不求知，不求谅也。严族类之戒，大夫无私交之义，举世以为日本通，而与日本人不接私人杯酒之欢。对中日间经济文化事业，从不生义务权利关系。议论终朝，不出百年大计之外。故虽邻国之人，亦贤者敬，而不肖者惮焉。所办莫干小学，规划悉出躬裁，朋友笑之曰："以君之力，曷不办一大学，故人岂不乐成之。"曰："此我个人之心也，当以个人之力偿之，办小学则我力所及，不烦朋友也。"学校筹备时，拟名未得，有请用先生夫妇名白云者，笑以为不可。规模既定，事权悉专诸执事，所居在望，而不相顾问，有疑难始为解决。生平作事类如此，不以公私大小而异也。居家恂恂，除卷烟外，无嗜好，喜山，喜读书，喜建筑，自平而津而沪而乡，每至一地必置宅，去一地即售其居。二十余年，常自有其所居，然亦不令有余屋烦经营。晚岁，移建筑之趣于山中，为山馆，为学校，为藏书楼，为农村改进会，悉化私以为公，不因玩物而丧志。

方亦云之与先生成婚姻也，先生既缕语其家世，复述所怀抱志向相切劘，亦云亦以庭训所得，举历史上砥柱中流，转捩大局之志士仁人，世所难能而可贵者，相歆慕，相期许。一日，游焦山，俯仰兴亡，不觉率意议论古今人物。先生忽跃然从座起曰："他年我之传记，必托之君。"二十五年，不幸竟成谶语。顾先生一生，既不屑措意身后事，更未尝准备身后名。斯言也，殆自悬其行事之鹄，而责亦云以相成也。亦云维先生早年革命，事多秘密，中经艰险，文字随得随毁，晚岁一意国家之急，不以言语自见。盖可以言传之史料，不得事实之什一。先生丧后百日，朋旧有纪念之文，各述公私相与经过，事虽片段，语皆可征。第一辑六十四编，名《黄膺白先生故旧感忆录》，亦云为之序。中有曰：回念先生在世，性刚而以忍为德，善言而以默为辩，智足而不用多谋。见从迂远，行在切近。不废极新之学，而守极旧之义。与人交落落，不为利害之说，而简率易与，终始如一。爱国情绪热烈，而不耐周旋政治。其进也难，故出处常不得已，其退也易，故努力只限于枢纽，而成败须俟乎后人。综其一生，盖常在矛盾之中。其心迹之苦，行事之难，而不为世人所共谅焉，宜也。呜呼！士君子处非常之世，忧国居天下先，然言则违众，行辄块然，无济于时，赍志以殁者多矣，宁独先生为可哀耶。

先生逝世未周年，而中日战起。遗稿谨藏密处，知交散在他乡，征信难全，长编之作不可期，且寇深势急，文章其何为者？众方宛转于焦土，岂得从容论往者事，先生而生，决不许我。民国二十八年秋，欧战爆发。三十年冬，英、美参加对日战争，于是全局胜败更可睹。亦云之所以拳拳于国家之危急，耿耿于人心之不定者，亦既竭其绵力而尽其苦志矣。乃于三十二年春，始自草半生杂记，其间二十五年一篇，往往涉及先生出处大节。然断简零篇，仅后死者以为追思缅想而已。岁月不居，距先生之殁瞬十载，烽火未息，山中学校及所存一生仅有之遗物，一再被劫。至本年春而弦歌中辍，器物尽空。所谓谨藏者，岂可终保耶。人事不可知，宿诺其将谁诿？爰略具行谊始末，为后之论史事者考焉。民国三十四年夏七月，黄沈亦云谨撰。

据铅印原件

合肥龚公墓志铭并序

徐沅

自来巨人长德，知其身必不虚生，而畀畀然苦志劬躬，以求有济于世，任繁剧弗以为劳焉，居崇高弗以为泰焉，历险阻弗以稍阏焉，经胥溺弗以稍濡焉，世之锲薄机巧者往往迂其所为，而深识者究其生平，以为天生斯人，赖以寄清纯而振衰叔，为不虚耳。如合肥龚公是已。

公少负异才，不屑屑于章句之学、温饱之谋。初卒业于金陵同文馆，两随使节游美、日、秘及英、法、义、比各邦。归国后，官于海疆边要各省。于中外时务，皆融贯于胸。历任广州知府、钦廉道兼边防督办、临安开广道兼蒙自关监督、权广东按察使、擢云南提法使。凡若辑邦交，靖盗患，平关税，整军伍以及察吏安民诸政，一切措置咸宜焉。其尤标异于人者，厥有二事：广州守例入丰，公悉移以兴学，凡数十万，陶勤肃极口嗟称之。庚子年，有朝旨集义和团，公建议于德寿山抚部，力寝其事，使海峤安然，与刘忠诚保障东南，不谋而合。此其端操宏识，有大过人者。盖虽扬历监司，已蔚然负封疆重望矣。所施不究，逢辛亥政变，隐于青岛，而重公者敦促复出，任安徽财政厅厅长，财政部次长，监务稽核总所总办，安徽省长，财政、内务、交通各部总长，代国务总理，类皆不久于其任。盖民国五年以后，内乱纷起，政局已无可言，公所以搘拄其间，亦欲解纷释难，以达其救济之怀，运会参商，用力多而收效鲜，穷年尽气，以与造物者争，曾不获稍遂其立人成俗之愿，而公遂又浩然归隐，不复以经世为心矣。公虽优游林下，然民物固未尝恝置也，退处将二十年，孳孳于兴学振业扶危救困各事，忧苦遑遽，一如其问政之年，廉泉无几,而挥斥于兴事济人者,动掷巨万,经营拮据,卒以自损其生而不悔,是可敬也已。

公讳心湛,字仙舟。合肥龚氏,自端毅公芝麓尚书显闻于清初,其后屡有达人。公曾祖大觐,妣阮、杨,以孙照瑗贵,封一品秩。公祖咏,妣李、束。考照璧,妣韩、叶。两代皆封赠如公官,妣皆封夫人。公生于同治己巳年四月二十二日,薨于民国三十二年癸未十一月十七日,春秋七十有五。配杜夫人,前卒,已葬合肥北乡新圩。继郭夫人,生女四:安蕙,适言。安芸,适王。安箴,适陈,已卒。安棣,适段。无子,以安芸所生子理和为孙。篷室郁,生女一,安芷,未字。郭夫人与公偕老,德与之齐,生于光绪丙子年十一月十九日,后公三年丙戌四月十二日卒,年七十一。嗣孙理和,将于民国三十六年丁亥闰二月二十四日葬公于北平西郊模石口之原,郭夫人祔焉。吴县徐沅为之铭曰:

淮淝浩瀚钟于公,癯然一老气贯虹。汉京早推长者龚,蹟义滂仁衍无穷。匪维才长德斯崇,回翔中外咸所宗。外和内介展禽风,处膏不润仲鱼同。中原多事忧心忡,万族恫瘝常在胸。一诚所孚群景从,一生与善相始终。真灵位业耿天中,骏气不泯归太空。佳城郁郁松盘龙,吁嗟斯人不可逢。繄有贤助德象雍,铿锵黻佩祔幽宫。百福之原堂斧隆,著此铭诗质苍穹。

据拓片

中华民国国务总理三水梁公神道碑

叶恭绰

中华民国二十二年三月，三水梁公以国难北行，至上海而病。越月，以四月九日病剧，遂薨。公以身绾国内经济财政之枢，凡廿余年，体质又素强，及是知与不知，莫不为之惊悼焉。

谨按：公讳士诒，字燕孙，广东三水县人。曾祖考大骝，妣苏夫人。祖考汝楫，妣林夫人。考知鉴，妣潘夫人。公考受学于朱九江先生，粹然儒者，世称保三先生。公少承庭训，为经世之学，以县学生中式。清光绪己丑科举人，甲午科成进士。时值与日本战，公上书言事，即为时人注目。乙未年，留馆，受职翰林院编修。公以时会艰危，益讲求实学，声誉浸隆。癸卯，清廷开经济特科，廷臣交章论荐，及试，膺首选。会太后误以公为梁启超昆弟，忌焉，遂不再试。寻居北洋幕府，于新政多所赞益。小站新军编制及操典，多出其手。既唐公绍仪使印度，邀为参赞。公殚心佐理，以建议多为清廷所格，遂随唐公归。唐公督办各铁路，继长邮传，皆倚公如左右手。光绪三十三年，先后为岑公春煊、陈公璧荐任邮传部丞参，专主铁路事，并参外部机要。盖当局以公主办日俄战时中立要务，饶有机智，故倾心任之也。其成绩之荦荦大者，如收赎京汉铁路，完成美退庚子赔款，订定禁烟条约，皆彰彰人耳目。尤可纪者，各国据《辛丑条约》驻兵北京，卫其使馆，为国耻辱。公承当局意，磋议经年，各国悉允撤兵，由我国警察代之。已定期矣，以枢部易人，阻不行，遂相沿至今，知者惜焉。宣统初，某迎合朝旨，以公久绾财政，意不能无少出入，穷究无所获，事得白。

辛亥革命，公知事不可为，密联唐公绍仪、段公祺瑞、张公锡銮运筹南北，遂成共和之局。方事之殷，手草文牍盈尺，累夕不眠。入对清廷，力陈归政国民之要，及讨究优待条件，恒十数刻始罢。民国初元，政府移北，公长总统府秘书，实兼司外交、财政、交通，百务填委，公忘身殉职，内外井然。然默察时机，审大局之未易宁谧，遂怀退志。逮筹安议起，而公遂出公府矣。既洪宪事败，某方聒当局，以公负其责。公南归侍亲，终不一辩，其素性然也。既当局审其诬，迭引参政事。公以民生为国脉所寄，愿筹策关税、金融、币制、农矿诸计，不欲居官，自是回翔平、津、沪、港者数年。先是，欧战突起，公诇大势所趋，主助协约各国，期战后得藉增国际地位，解除一切束缚。曾数建大计，今灼知者惟劳工参战一事。时我未与德决裂，不便显助，公乃承当局旨，设公司任其役，先后赴法劳工凡二十五万人。方事之殷，阻谤百出，至有诬为贩奴者。公千方委曲，卒成其事。巴黎和会中，我国未实行参战，仅赖此取得各权利，众始恍然。然公未尝一自表襮也。

民国七、八、九年之交，南北兵役屡起。公以民亦劳只，期以和平干旋大局，屡调护其间，乃终鲜成议。逮民国十年，奉、直间龃龉方烈，公复欲解其纷，遂被强之组阁。公支绌因应，战卒不免，且以身为之的。逮公去，而贿选遂成，其所关抑亦匪细矣。公既思虑深长，又名久播海外，因数游欧、美、日本，与其名流硕学相往还，所至倾襟披豁，彼此知无不言。其大旨主国际经济为平等之互助，以弭世界战争，并自固吾圉。且以世界经济变化日剧，我国非复可以常法应之，因日集学者，深求改造之策，昕夕无倦。世人每称公往绩，如创设交通、金城诸银行，兴办各公债，规定币制等事，公则一笑置之，谓此何足道，今后当务其远大。然历次政府所定币制，及公债条例，与关税会议大纲，皆不越公所拟范围，所创各银行及银行公会，迄今犹屹为重镇。事实所在，不得而没也。又公任事时所设施，如完成京张铁路，收管商办电报，改订沪宁铁路管理权限，减免机制土货税则、国茶出洋税则，及整理广东纸币，发行救济丝业债款，救济北方水灾之属，皆于国计民生关涉至巨，然于公殆为末节。

公以保三公年高，遂恒侍居香港。民国十八年，保三公捐馆，公哀毁致疾，体浸衰。二十年九月，辽东变起，公忧甚。旋应国难会议之召，欲有所建白。抵沪而闸北战发，既知事无可为，乃归。二十二年春，热河事急，又投袂起。至沪而承德失，公嗒然遂病，百计疗治、以心房溃，卒不起，享年六十五。

呜呼！以公之强毅密栗，一往无前，使遇得其时，李文饶、张太岳何足多让。乃因缘不偶，所成就仅此，且强半出之伺隙乘便，幸而获伸其志之百一，其怀抱之湮郁不遂，无可告语。或经营惨淡，辄横遭破坏者，固不知凡几。且以迁就图成之故，往往形迹不尽为人所谅，其衷曲因亦无以白于天下。噫！人生事业之成败利钝，有关于时会，而志与学不能操其权，固若是耶，固若是耶，何公之适丁此局也。公既殁，其家以丧归，越月，葬于三水冈头乡象洲沙之原。不择日，不用堪舆，从公志也。公出身翰苑，而不尚文艺，晚乃间为小诗。自奉俭约，而用财不吝。教诸子各执一艺以自给。流俗有传公豪侈无纪者，闻之但莞尔而已。公配高夫人，柔嘉维则，内政克修。子四：定蓟、定蜀、定闽，皆负笈海内外，习农、工、商、学，归而从事专门之业。定吴，幼殇。女五：适关祖章、区绍安、郭锦坤、容显勋，一未字。孙国瑞。孙女四：瀛环、海环、苏环、冀环。

据《三水梁燕孙先生年谱》

谭延闿传

失 名

谭延闿，字组庵，湖南茶陵人。前清两广总督谭文勤公钟麟之第三子。光绪甲辰科进士，授翰林院编修。民元前三年，被举为湖南谘议局局长。民元前一年，长湖南优级师范。时满清收回粤汉铁路之议兴，湘、鄂、川、粤人民，誓死反对，先生在湖南，倡导民权，竭力赞助，实开辛亥革命之先河。

武昌起义，湖南响应，首义之焦、陈两都督，先后遇难，清兵逼武胜关，各界力请先生出任艰巨，先后任长沙军政部长，湖南都督兼省长，群情翕服，大局立定。嗣因袁氏背叛共和，先生奉总理命，率湘军讨袁，失败，去职。袁氏称帝，先生复奉总理命，组护国军。民国五年，复任湘督，卒以踣袁。六年，张勋拥溥仪复辟，先生出师讨之，师次鄂边，而难已靖。段祺瑞反国，解散国会，派傅良佐、张敬尧先后祸湘，先生拨款六十万，令刘建藩、林修梅等，在零陵独立，拥护总理护法主张，屏障革命根据之广东。其时数万大军，屯驻郴南一隅，饷械全缺，困顿万状，艰苦奋斗，历时数年。九年，逐走张敬尧，始再柄湘政。旋以政变去位。十一年，随总理赴粤，任大本营秘书长。陈炯明叛变，总理蒙难，先生变押房产，迎接总理同居沪上，昕夕复共。十二年，至粤，受命为讨仇建国军湘军总司令，亲率宋鹤庚、鲁涤平、谢国光、吴剑学诸将领，为总理北伐之助。是年九月一日，入长沙。维时粤中告急，陈逆炯明叛军进犯广州，奉总理密令，率师回粤，而广东之围以解。十三年，本党改组，被选为第一届中央执行委员，任政治委员会委员。十四年，国民政府成立，任国府委员。十五年，第二次全国代表大会，又被选为中央执行委员。七月北伐，任国民革命军第二军军长。

先生从事革命，十余年来追随总理，矢志靡它，革命军中尤多先生之部属。十六年，底定东南，建都南京，任国民政府主席。十七年，五中全会后任中央常务委员、中央政治会议委员、国民政府委员，兼行政院院长。十八年，第三次全国代表大会，复选为中央执行委员，兼任常务委员。蒋主席北上督师，先生任后方维持责任，宿夜从公，卒以积劳致疾，于九月二十二日上午九时，与党国家人永诀而长逝。呜呼痛哉！

据《谭故院长国葬典礼纪念册》

熊希龄传

赵叔雍

熊希龄，字秉三，湖南凤凰厅人。少有文名，宝山朱令观政是邦，即以其女字之。年十八，中进士。其时新学初兴，改革议起，即与诸名辈陈宝箴、三立父子，康有为，唐才常，梁启超纵谈大计，一时有新党之目。日事会议，兴学论政。其时湘中风气特盛，胡元倓倡明德中学，招集俊彦陈果夫等任教习其间，希龄赞许独多。戊戌事败，远游海外，避地江南。旋以端方好新学，深重其人，力张荐剡，遂随五大臣出洋，考察宪政，又服官度支部，转东三省，清理财政，有声于时。既而卜居上海，与惜阴堂为邻，罢官归来，研讨计政，不废治理。

辛亥九月，改革事起，奋发蹈厉者，实繁有徒。而图籍司农，罕有精思默察者。先公奭然忧之，请其规策一切，纲举目张，用以奠课赋度支会计之初基，以示之当道，孙、黄、唐、陈诸君，群相折服，因北行任财政总长。大乱初定，编遣军队，革新改制，在在需财，而课赋不继曰嗟仰屋，始有大借款之拟议。惟事无前例，各国又相凌铄，动辄阻格，遂以书抵先公，求得深谙律例，爰助中国之外籍专家，折冲其间，以昭公信。先公深以为然，物色德雷斯律师，始终其役，劳绩甚著。总统袁世凯乃利得巨款，为排除异己之需，则非初料所及，而亦实为国家之不幸也。继晋任内阁总理，网罗才俊，位之台阁，海内翕然有“人才内阁”、“第一流内阁”之誉。

袁则既持南北之见，复有窥位之私，卒至解散国会，天下骚动，因以乞退。旋改热河都统，不久亦解绶隐去。自此誓不复仕，仅刻意以救灾恤孤为己任。京畿屡有灾振，辄任督办，实行工振，以济危亟。复创设慈幼院于香山。香山，燕京胜地，金章宗所营构，明、清以来列为御园，禁人游观。庚子，遭联军之劫，始就芜废。逊国以后，由官中经纪，得许编户承租营缮。士大夫多构一椽，资为游憩之所。希龄引泉导脉，叠石栽花，一一潢治，几复旧观。筑平屋于梦感泉旁，榜题"双清别墅"，驰声日下。又就欢喜园旧址，于高处建藏书楼。云海半天，松涛万斛，别舍宾馆，游客如归。山麓坏殿，即就建慈幼院，招伶仃孤童，资其眠食，授以艺事，施以教化。又命弱女远渡美利坚，习保育，归为院师。年耗数十万元，半出之官，半集之商，资助者亦乐于将输。河南督军张镇芳，以独力建层楼，为治事之所，即以其名名之。海内乐观厥成者日众，所耗之心力亦日多。进而设医院、学校，香山之名益彰。抚杖涉足，终岁不倦。且营太夫人葬事于山墟，自为生圹，永庇慈荫。盖夙以山主自居者，且欲永以山传矣。

世凯称帝意动，所谋日左，阴与蔡锷、梁启超有连。蔡其乡人，梁则旧好，谋所以脱之于险。滇南建帜，洪宪瓦解，实有以助成之。黎元洪继任总统，复辟事作，溥仪受奸侩之怂恿，背禅让之大信，复辟宫禁。时适居天津，即与段祺瑞、梁启超漏夜定马厂进兵之策，更密电南北疆吏名流，率起勘乱，列数复辟之罪。初，张勋以复辟事，尝开会徐州军次，疆吏多遣行人参与。至是同起申挞伐，才七日而事定，徒为史家之佚闻。世多颂祺瑞、启超功多，未知潜移默化，帷幄运筹，犹有人在。大政既定，众以物望所属，请再出任，则笑谢之曰："吾为国家慈幼育孤，其职责宁不益巨？百年树人，吾任其难，奚复不可。"于是益致力所事，且辟石驸马大街居宅为民众阅览社、红十字会治事处所。身与群儿共晨夕，授以讲章。每纪念节日、国庆令辰，辄集院生，张盛会，勉以爱国家，服公役。会竟，置酒肉以醉饱之，群儿弥不感涕。其毕业者，更量材介以职责，院生以约束严，秉教导，亦多能尽其用，为世所爱重，遂益顾而乐之。春秋佳日，买棹南来，与知好杯酒相属，纵论大计，所至倒屣。言经济用世之学者，尤奉之为山斗。盖素长政事，复历显仕，一时知名，多为后进，只字见重于台阁，深虑时出之老成，以是一时言事功者，无不愿得片言相引重。欧洲战发，颇持参战之说，国家亦薄有所获，而国民党人或不之直。

迹其平生,戊戌以新党昌言改革,辛亥以名流振导革命。又先公尝约办统一党,与张謇、汤寿潜、庄蕴宽有沆瀣之合。政府北迁,先公不更问政事,改共和党,更嬗衍为进步党,因之迄与国民党持议微左。然党人前辈孙、黄诸先生,咸礼重之。其乡人谭延闿,更夙好,往还无间。研讨政事,率以国家为依归,初不以群党争一日之短长也。幼长文学,尤通政论,雄辨滔滔,振笔治牍,更纸十余番不止,详赅切挚,览者咸为动容。辛亥秋冬间,以毗邻密迩,时为先生草稿捉笔。及北任内阁总理,来函谓揆席繁冗,亟欲摆脱,仍归为惜阴堂书记。气类之合,于此见之。家居或为儿女辈讲解文课,旁薄浩瀚,至跃登书案,口授指画,听者无不神会。

方六十寿日,综核生平所入,俸给货殖,部别类居,列数十万元,率捐为慈善基金,设委员会,延友好经纪其事,曰:"吾取之于公者若许,今仍当还之国家,用为慈幼之资。吾所需甚俭,自奉月得三数百元为已足。友好当就孳息所得,畀吾此数,以终天年,斯大幸事。"友好亦乐受之,按期董理其事。伊古散材之道,未尝或见,风世励俗,足以愧厚自封殖者而有余。平日耽道乐静,肝胃宿疾,时间时发,因习坐功内养之术,色泽加丰,神以日敛,惟旧疾犹未获痊。关外事起,激昂特甚,与朱庆澜等规划救济,阴策部队,居恒栗六,颇为当局所忌。盖嫉变乱之由,丛过于当道,清言诤论,不少宽假,以是朝列亦多不满之,而其从事慈幼抚伤者如故。世变日亟,筹措维艰,勉自支撑,心力为之交瘁。余尝养疴豫王府,病瘳,客欢喜园,流连晨夕者兼旬,辄往觇化育之盛,稚子牵衣,天趣扬溢,青年力作,竟日乐群,家居昆季之欢,初若不知尘外别有宇宙,诚足以化民成俗,树德鎡基者矣。间亦少与声色之盛,阃禁綦笃,惮事甚至,得间微服以行,弥用为乐。顾不嗜博,亦不豪于饮,清言兰吹,用为丝竹东山之助。民国五年,身任河工振务等三督办,而勾阑中双凤院有大凌波、小凌波两艳倡,过从较密,京师人士为作谐联:"一熊三督办,双凤小凌波。"盛传于时。越二十年,余自关外观政归来,道出山麓,招作茗叙,绿阴如幄,鉴水一泓,争谈掌故。方凭梦感泉次,倒影沦漪,须眉栾栾,佥谓老人凌波弄影,婆娑兴致,不减年时,因为追述斯联。沧海变易，人事无常，大道青楼，犹留故影，足征风趣隽永，情绪回环，投老犹勿忘怀，为足念已。希龄疏髯广颡，论议之外，间作雅谑。尤爱奖掖后进，与青年学子语，温淳如家人。亦偶作小诗，恬淡得陶、谢法乳，书法颇师米、蔡，意境极高，随手挥洒饶有逸趣。退隐后，并好填词，略似苏、辛，辄挟湖海、元龙之英气，艰词涩语，一一驱遣。又学画松竹梅花，横幅长题韵语，足以名世。

悼亡以后，郁郁寡欢，时多疾病。或南来小住戚鄙家中，临池读书，以遣永日。因识江山毛彦文女士。彦文留学美利坚，习文学、教育有年，归任教职，轻视天下士，无可意者。以与其女公子同几砚，得承教益，独重老人，遂论昏媾。方六十六岁时，彦文三十三岁。结昏于上海贝当路教堂。先一日，预演礼节，亦循唐绍仪例，薙须成礼，复赋催妆词《贺新郎》一曲，以记其事。喜筵设新亚旅馆，贺客云集，则自起致词，并引先公赞许之语为左证。盖昏仪垂定之时，尝来惜阴堂，详述其事，先公乐而许之，因以为言。昏后同至江山，谒外家，并揽江郎片石之胜。又北返续理慈幼院事。夫人夙敦师道，见重儒林，益勤所事。双清俪影，望之如神仙中人。旋归上海，以舍身许国为责志。海宇不靖，力事劝募，躬赴南洋，辇金至巨。沪警既发，与夫人移居香港，赁庑未就，作客九龙逆旅。方数日，为十二月二十四日午夜，忽感心疾，亟召医至，不获救，遂谢宾客，权厝香港公墓。彦文夫人归沪，僦屋以居，南北暌绝，兵尘路阻，犹关注院务，于今不辍，足以完其遗志矣。

据《古今半月刊》第二十二期

辛亥人物碑传集

卷　八

审计院院长罗山丁公神道碑

王树楠

罗山丁氏，其先世有济阳郡公讳普郎者，元末同徐辉祖起兵，归明太祖，死陈友谅鄱阳湖之难，太祖为立庙康山及鸡鸣埭。命其子秀庸袭指挥使，任山东金乡卫千户。辞官后，卜居罗山县南龙升镇。二十传至讳自强者，以析居让产，有声于乡，是为公之曾祖。自强生道恕，道恕生继初，继初生子三人，公其长也。生而沈毅端朴，耆书能文章。年十五，补诸生。咸丰九年，举河南乡试。逾年，粤匪南逸，父继初堕于贼，胁之不可，跃湖而死，僧格林沁奏祀昭忠祠。公奉祖母及母夫人，挈家属戚党八十余人，流离播迁，岁无宁宇。时捻匪坌起大河南北，邻邑央亡无赖子弟，多应贼者。公慨然只身归里，出家资鸠壮士百人，筑寨自捍，时与贼撄，屹然为一乡长城。于是邻境闻风筑寨者，以数十百计，贼往来驱掠，迄不得一逞，而国家卒藉此以收肃清之效，其始皆公一人倡之也。

同治十年，成进士，改翰林院庶吉士。十三年，散馆，授编修。光绪三年，充会试同考官。四年，充武英殿功臣馆纂修官。七年，充国史馆总纂官。九年，补授浙江道监察御史。在台两载余，疏奏四十余事，上嘉其能，转云南道御史，调任京畿道。十一年，充广东乡试副考官，途次，闻母忧，回籍。十三年，服除入都，补陕西道御史，署刑科给事中。明年，外授甘肃巩昌知府。时陇西以招垦激民怒，公驰赴任不十日而变定。而甘州士民亦以征粮抗官为乱，大吏急檄公移守甘州，不两月而完纳如数，无逋粮。十六年，调补兰州。茶陵谭文勤公钟麟，时总督陕甘，事无巨纤，皆倚公以办。曰："此边疆才也。"秀水陶勤肃公模巡抚新疆，奏调公新疆镇迪道，兼按察使衔。二十三年，擢布政使。明年，升授云南巡抚。二十七年，调抚广西。以与提督某龃龉，自劾请开缺，改调山西，未赴，擢云贵总督。时朝廷锐意树新政，任事者率皆少年狂瞽无识之徒，不察时度己，不顾财才之盈绌，地方之宜与不宜，冒冒然铸一模，以强范天下之人，抢囊纷狖，瓟焉几不克卒日。公以云贵地居边徼，所恃以为缓急者，以数十年库储有戒耳，今乃尽举以醮之于新政之中，骛虚名而贻实祸，夫谁能攟此咎也。三十二年，以才不能任新政，请罢归，乃改调闽浙，仍申前请去官。回籍甫三月，上召入都，命协理资政院事，充禁烟大臣，兼弼德院顾问大臣。

宣统三年，武汉变起，谢病归里闾。民国成立之三年，今大总统即其家起为参政院参政，再以疾辞，不获，命来京，授为审计院院长，兼大总统府高等顾问，给予二等嘉禾章。莅任未周月，卒于京邸，时旧历甲寅八月十六日也，享年七十有三。

公无他嗜好，诚笃廉谨，计虑精密，不好为声章。任清朝京外四十余年，谆谆以节用，爱民，惩贪欺，维风化为本。其在谏垣，疏陈钱法之弊，考试之滥，差徭之厉民，州县更调命盗讳匿之弊。其纠撣内外文武官吏，尤斩斩不为权势所挠。皇室有斌寿者，恣行京市为民蠹，严法绳之。甲申之役。朝廷以裕禄督两江，公奏言裕禄资浅望轻，不足壮军心，寒敌胆，并上规画越南条陈、滇桂筹防畿甸诸疏。一时直声震海内，然卒以此外出，不获安于其位也。其藩新疆，值河湟逆回之乱，库虚如洒，公钒椕浮滥，沦源要流，去官之日，财赢四百余万。其抚云南，滇人毁英、法教堂，法人要吓百出，公以理执争，不为摇捎，卒就我范。议偿恤庚子之役，赔恤之款，亦劣诸行省。其督云贵，平土匪之乱，奏诛总兵一人，罢藩司一人，事定而民不扰。其行新政也，择其可行者，实力行之，其不可行者，姑置之，酌乎盈虚消息之间，不务为粉饰调欺之计。三年之内，财赢二百余万，而论者谩谓其怠揄新政，至使继其后者，一是尽反其所为，以求诡合于时。一效未窥，而国用荡然，遂至瞠视揫手，一蹶而不可复救。由今观之，果孰得而孰失也。

公既葬之明年，其子承濂以墓道之文未有树也，持状介余同年友秦树声，乞为辞以章之。树楠官甘、新十余年，皆踵公之后，稔公久矣，其奚敢辞。

按状：公讳振铎，字巡卿，号声伯，樗庵其别号也。曾祖、祖父，皆以公贵，清赠光禄大夫。曾祖妣李，祖妣易、庶妣萧、母陈，皆赠一品夫人。配任氏，继配颜氏，清封一品夫人。侧室龚氏，清封宜人。子承濂，清荫生，法部推事。孙二人：毓棣、毓□。孙女三人。以甲寅十月二十日，返葬于罗山璜嘉湖东北之原。乃为之铭曰：

嫜婀以媚世，卤莽以趋职，今之所谓能臣，古之所谓民贼也。公独程先民，经大猷，柱顼扶颠，而与俗为仇。我公之归，国益不竞。孰祸之尸，卒覆厥命。往者不可追，来者不可知。生既匪辰，而死又奚悲。万祺茫茫，视此铭辞。

据《陶庐文集》卷四

于故院长墓表

张　群

秦陇绾毂西北，河岳雄伟，独擅形胜，有建瓴全国之势，以成周、秦、汉、唐之盛。其间名世辈出，功业长久。宋之中叶，横渠张先生讲学关中，以民胞物与为怀，主立心立命，为往圣继绝学，为万世开太平，学派流传，历千百年未尝消歇。三原于公右任，承关学之源流，宏三民之主义，事功德行，彪炳百世，巍然为开国之人豪。其时会渊源，盖有由矣。

公讳伯循，字右任，以字行。世居陕西泾阳斗口村，以农为业。曾祖志敏公，始命伯考星象公讳奎、祖考峻堂公讳登商于蜀。考新三公讳宝文，十三岁与兄汉卿公步行入川，留岳池九年，方归省。乱后家毁，迁三原，遂为三原人。妣赵太夫人来归，其明年公生，时民国纪元前三十三年也。公两岁失恃，新三公留蜀未归，乃依伯母房太夫人。七岁入塾，家贫有时不得盐食，太夫人以教以养，其保抱诲训之迹，公终身每言伯母，为之感泣。十七岁，以案首入学，叶尔恺学使观风关中，目为西北奇才。公为文，重经世义理，而不尚章句。际时多难，名儒朱佛光复时以明末遗老之民族大义相激励，慨然有忧天下之志。二十五岁，登乡举。初，公曾刊《半哭半笑楼诗草》，讥议时政，略无忌讳。陕甘总督升允以“逆竖倡言革命，大逆不道”入奏，缉符已至，公方赴会试开封，亡命上海，得免。

马相伯召入震旦学院，并护持之，震旦罢课，公与离校同学创办复旦公学。及留日诸同志以取缔风潮归国，复与筹设中国公学。旋赴日本，谒国父孙先生于东京，服膺革命主义，加盟中国革命同盟会，国父授以长江大都督职。归国后，创办《神州》、《民呼》、《民吁》、《民立》诸报，大声疾呼，为民请命。《民立报》尤为革命党人联络指挥之中枢，其振奋人心，激励士气，于国家缔造之功，既大且永。

民国肇建，任交通部次长，代理部务。七年，返陕，主持靖国军事，治兵三原，孤军转战，艰危困苦，以奠西北革命之基因，导致国民军首都革命之成功。十二年，与叶楚伧等，创办上海大学。十四年，国父北上，任命公等五人，组织北京政治委员会。十五年，国民军败，公假道俄、蒙，誓师五原，重建国民联军，以解西安之围。并于翌年率部出关，与北伐之师会于郑州。

国民政府建都南京，任国民政府委员、常务委员、中国国民党中央执行委员会常务委员、军事委员会常务委员。十八年，任审计院院长。二十年，任监察院院长。二十七年，任国防最高委员会常务委员。行宪后，膺选监察院监察委员，复被推任院长。及政府播迁，忧愤国事，益勉同人戮力监察权之行使，以济时艰。公长院前后三十四年，于监察及审计制度之建置，筹之审而持之贞，其自任以天下之重，气度风概，雍易卓立，为不可及已。卒以积劳，于一九六四年十一月十日，病逝荣民总医院。距生于民国纪元前三十三年农历三月廿日，享年八十有六。

“总统”闻耗震悼，特派张群、严家淦、谷凤翔、李嗣璁、王宗山，敬谨治丧，以示政府崇报元勋、表彰耆德之至意。一九六五年七月十七日，安葬于台湾省大屯山巴拉卡之大官林，遵遗志也。元配高氏。子三：长望德，曾任驻巴拿马大使。次彭，现任驻牙买加代办。次中令，在美国马利兰大学攻读博士。女四：芝秀、想想、绵绵、念慈。

公生而岐嶷，躯干岸伟，美须髯，望之如神仙中人，所至竞仰风采。生平以民胞物与为立心立命之所，文章诗词，俱挟革命之风雷，书法雄奇，寰宇观赏。著《标准草书》以为改良文字之倡，人谓许氏《说文》后之第一书也。自国民革命统一全国，国有大事，几无役不与，或慷慨执言，或潜移默运，而为而不有，若不知焉。洎齿德俱崇，议论风采，领袖群伦，虽殊方异俗，每见国人，无不敬问起居。卒之日，识与不识，莫不咨嗟悲叹，乡农野老，有不远数百里而往吊者。监察委员全体决议尊为“监察之父”。

呜呼！公之文章功业，襟抱节概，实兼有刚健笃实之美，所谓巍巍荡荡，民无能名，岂不伟且盛哉！群与公数十年雅故，感念平生，风义师友。今复受命治丧，为文表阡，义无可辞。爰就其大者，约而述之，后之君子，亦可以观省焉。华阳张群撰文，嵊县谢冠生书丹。一九六五年七月十七日。

据《革命人物志》第一集

王正廷传

李 猷

王正廷，字儒堂，浙江奉化人。父际唐，为圣公会牧师。母施氏。民前二十九年生于奉化。六岁居宁波入小学。十岁，赴上海，入中央学校习英文。越四年，考取北洋大学预科。凡三载，升入北洋大学正科。值庚子拳匪作乱，北洋大学被德军占领，辍学返沪。民前十年，进海关服务，于海关工作，有所不满。遂重返天津，随原在北洋大学任教之坎特教授，研习法律。翌年，赫德博士在天津创设中英书院，任英文科主任，仍随坎特习法律。一九〇四年，湖南高级中学在长沙成立，膺聘为英文科主任。未几，受中华基督教青年协会总干事白乐门之邀，赴日本东京，为五千余留日学生，筹设中华基督教青年协会分会，遂往任事。会既组成，决定赴美，继续深造。一九〇七秋，入密歇根大学二年级。明年，转入耶鲁大学。一九一〇年毕业，以成绩优异，获裴裴卡金钥，续在耶鲁大学研究院研究。

一九一一年，丁父忧，未及修毕硕士学位，奔丧回国。适值辛亥革命前夕，即追随国父从事革命。革命成功，为临时大总统府外交部议和参赞。民国元年，北京政府成立出任唐绍仪内阁之农商部次长。其时总长陈其美留沪，未到任，遂兼代部务。七月，唐内阁总辞，即返沪，继白乐门为中华基督教青年协会干事。二年四月，代表浙江省，当选为参议院议员，并被推为参议院副议长(议长为张继)。七月，张继离京，遂代理议长。因政务丛脞，辞卸青年会总干事，并举荐余日章继任其事。民国三年，第一次大战爆发，经数度努力。终于民国六年国会中通过加入协约国方面参战。七年被派赴华府，与美政府洽商派国军三师参战，未有定议，德国投降。八年，奉派中国代表团团员，赴巴黎，因和约内有关德国在山东之权益，中国代表团拒绝签约，年终返国，在外交部颜总长惠庆领导下，继续办理与华府之交涉。十一年，奉派为鲁案善后督办，与日本公使洽商归还德国在山东之权益。经一年之努力，终获协议，胶济铁路、山东矿权以及青岛邮政，均返还中国。

十二年青岛依约归还中国。正廷被任外交总长，未几，因取消治外法权之建议未被内阁接受而辞职。翌年，再任外交总长，虽顺利达成关税自主，仍以内阁未受纳取消治外法权之议而辞职。十四年，新阁成立，同意取消治外法权之主张，乃三度出任外交总长兼财政总长。但不久内阁又改组，其时值军阀割据，被任命为陇海铁路督办。正廷鉴于全国公路短少，遂于上海创立全国道路协会，提倡兴建新型公路，以补铁路之不足。十六年，国民政府在南京成立，四膺外交部长。在任三年半，终与各国协议取消治外法权，日本为最后同意之一国，但其军人拒绝接受此种新情况，以致一再创造事变，终至导发八年之中日战争。

二十五年，奉派驻美大使。二十七年终，辞职回国。留驻重庆，以迄胜利。其间兼任中国红十字会会长、交通银行董事、菲律宾交通银行董事长、太平洋保险公司董事长。于青年会事务，仍时指导。居恒提倡体育，国人奉为坛坫，迭次代表中华民国，出席世界体育会议。三十八年，先期至香港。以民国五十年撄疾逝世，年七十有九。

据《传记文学》第二十四卷第三期

田文烈家传

王树楠

公姓田氏，讳文烈，字焕庭，又字姚堂，晚号拙安老人。先世为浙江上虞县人，自半翁先生游幕湖北，治鹾政侨居汉阳，遂寄籍焉。曾祖考讳大化。祖考讳名灿。考讳维翰，即半翁先生也。皆以公贵，赠光禄大夫。曾祖妣氏陈，祖妣氏冯、林，妣氏汪、凌，皆封一品夫人。半翁先生博学能文，为一时名宿。

公幼濡庭训，而聪颖耆学，挥翰摛藻，捷若宿成。弱冠补博士弟子员，食廪饩。复肄业江汉、经心两书院，鏖文角艺，兼攻经世之学。屡试于乡，不得志，乃以廪贡就学官。光绪十五年，选授广济县训导，寻以母忧去官。会项城袁公总理朝鲜交涉通商诸事，檄公假佐仁川理事署文牍。事竣回国，聘公教习北洋水师学堂，复从袁公练兵小站，运筹关策，公之力居多。时武卫右军统制姜公桂题，闻公善治军，延综营务，一是章画，皆倚公主办。公故刚直，不以柔雍取容，意所不可，必披心毕忠，反复争是非，或面折其过，不顾前后。然与人无城府，开诚布公，以肝胆相示，无宿怨，无留恶，故人皆乐其坦易，慕与之交，无有后言。公居戎幕二十余年，所在辨治而口未尝言功。其于利若禄，则退避有如懦夫。三十年，总理北洋常备军左翼营务。明年，调充北洋督练公所正参议，命兼兵备处总办。公不欲处脂膏自肥，力辞去。积劳累荐至道员，奏权通永镇总兵，寻实授。公治军有纪律，器成卒选，以备非常。故事，防营截旷，当官者多饱私橐。公一一归公，不隐不欺。尤勤于捕盗，民安其居，夜无吠尨。旋檄署天津巡警道，平士风之不竞者。会病疫大作，公施药饵，蠲不洁之物，捍禁禳除，民不为灾。

宣统三年，升授陆军部副大臣。八月，革党蜂起。改建民国，袁公任总统，聘公为高等顾问。壬子，诇事山东，途中授民政长。既抵任，与都督靳云鹏分理军民，不侵不扰，曹、单多盗，啸党数千百人，白昼陵横，椎剽囷夺，或寝食良家，莫敢孰何。蚩蚩之氓，往往受诬陷，牵连株送。公亲蹋贼巢，禽其渠，分别良莠而诛宥之，盗息而民不冤。有乐利工厂者，岁縻巨费，鲜成绩，公立废之，并诸省垣模范工厂，延师教习，帑不虚单，先是，劝业道息借商民款百余万两，复假借德债，名偿商民，而前欠如故。公饬令清查，押借诸项，一一索还酌偿民负，并请部借外债时，改名省欠为部欠，民困大苏。

寻调河南民政长，兼都督，值巨匪白狼，鸠众数万，衡行健窜，蹂躏豫南诸境，所至皆墟。公严督各军，勒兵合剿，贼浑奔痴突，尸骸狼藉，为之塞涂。前后禽诛万余，余党皆畔敌呼服，阖境清夷，至今无一贼踪。公乃躬巡各部，咨民疾苦，政之宜兴宜革，有司之贤若否，莫不详诹博访，随时弛张。公以厚民生在于兴实业，乃出私钱，助各县工厂，以策进行。购田百亩，设森林局，为属邑模范。以蚕桑局有名无实，教以植桑浴种绩茧治化之法，行之三年，树茂成林，机杼之声达于四境。而又以养之不可无教也，乃创立荥阳、滑县、安阳、遂平、临章、武安、巩、汲诸邑高初小学校，及女校，农校百数十区。其已设者，复各增立十余校。文风蔚兴，为诸省冠。当公莅豫之初也，以贾鲁河横决二十余载，氾滥为灾，朱仙镇、周家口诸埠航业顿衰，农亩淠没不可胜计。公至，急图疏瀹，以复其故。乃立全省水利委员会。躬督官役，彻壅通堙，酾浚旧道。自乙卯始工，讫丙辰八月，完复如初，商舶往来，田亩丰茂。嗣是豫省诸河开新复旧者，五十余县。

政府嘉其治功，且以其才可任烦重，合肥段公敦促入都，属长财政。总统冯公又函招任国务院总理。皆力辞不就。而参、众两院坚以内阁属公，公耻为若辈所挟，辞之益坚。最后任以农商总长，始就职。直皖战起，公调长内务，兼摄农商、交通两部，搜剔奸弊，不避怨嫌，清出某公不敷之款百余万，闻者咋舌。战事甫定，即引身退避，不复问世事。黄陂黎公、天津徐公争起公再出，咸婉谢之。

公性方峻，不立私党，用人惟其材，政无大小，必宜于民，不曲阿权贵。长鲁豫两省，任人无方域，指付必堪其事，吏治之盛，为天下最。自奉甚约，而推财济人，挥斥千金，不稍遴惜。遇故人子弟及所识僚友，卒始有恩义。推举人士不虚口，其所擢拔，辄委心腹，故皆感激，乐为之用，深恶少年傥荡之子，见者皆趋匿不敢面公。公于敢与进退辞让之道，守之最严，不毫末苟且，其长河南军政时，余款十余万，主者援向例进，公挥之去。历官京外，无敢以贿干以私托者。自民国建立以来，时事抢攘，日甚一日，悍将骄兵战祸之烈，暴民之放恣，士习之嚣张，邪说诐行，几遍天下。世道交丧，上下困穷，大难之来，莫知所届。公目击时局，痛心疾首，莫可如何，惟日日以祈死为志。罢官之后，杜门扫迹，时与二三遗老，饮酒赋诗，达官要人造其门者，皆谢绝不见。公尝言，处今之世，行古之道，不徇俗，不变节，守分安命，以终天年，如斯而已。甲子十月十六日，卒于京寓，春秋六十有七。元配郑夫人，无出。继配车夫人，生二子一女：长章燕，毕业税务专科，总统府秘书。次章谷，农商部佥事。女适邓宝仁。孙，华晖。

王树楠曰：甲寅之岁，余至开封。公以《上虞田氏族谱》属序于余，并丐余为《半翁家传》，故余识公家世甚详。丙辰仲夏，公复以其弟君觋之诗，属余为序。公故孝友出于天性，践行笃实，一出言，一举足，不敢忘父母，痛其弟早亡，言之辄流涕。公尝自谓，立身行道，显亲扬名，吾未之逮也。至曾子之所谓“慎行其身，不遗父母恶名”者，则时时以此自勉焉。嗟乎，时至今日，纲常名教扫地尽矣，有子曰：“孝弟为仁之本。”其本既拨，故犯上作乱之祸相因而起，人心世道遂至于不可救。乌乎！若公者，可谓知所本矣。

据《拙安堂诗集》卷首

叶楚伧先生墓碑

于右任

中华民国三十五年二月十四日，国民政府委员、立法院副院长、特派苏浙皖宣慰使叶楚伧先生卒于上海行次，三十七年一月十三日，葬于吴县木渎灵岩山之南麓，其子南等请铭以刻诸碑，序曰：

君讳楚伧，原名宗源。为有明高士叶天寥之后世，居江苏吴县之周庄镇。王考厚甫公始设酱肆里中，以勤力裕其家。考字凤巢，慷慨好结交，不事生产。妣氏王，清浦举人字伯宣之女，生君及妹宗渊，未及龄，妣氏殁。君幼慧，稍长，英秀和悌，戚族怜爱之。初受外傅，更数师，继从里名宿陶小沚维砥游，常课外涉猎群籍，学猛晋。年十七，读于南浔浔溪中学，未数月，以学潮解散，君去桐乡县之濮院镇，集前浔溪同舍生八人共研习。

于时先烈邹慰丹容于著《革命军》甫刊成，密购得之，递相传阅，遇星期休沐，辄偕是八人者，公开讲说，宣扬革命，君一生志业，盖肇端于是。嗣肄业苏州高等学堂，修毕而试，学生有窥见监督某私改考卷，移易名次者，群大哗，殴监督，当局夙惮君英异，不可羁焉，至是遂诬指君为首，将坐以乱党，兴大狱，赖陶小沚及旅京人士力得解。先是，同邑陈去病居粤之汕头，为《中华新报》主笔，是岁以病请辞归，遂举君自代。君至汕头，为《新报》撰文，精悍闳肆，一时风动，间与同志谢逸桥、谢良牧、梁千仞、陈迪予、林一厂辈上下论议。逸桥乃介绍君入同盟会，良牧主盟。

辛亥，广州举义事败，四川保路风潮骤起，君为文，题曰“新七杀碑”，粤当局见之，怒且惊，下令封闭报社。旋易名《新中华报》，复出刊，持论愈益亢激，岭海震动，潮、汕人士，尤推重君。九月，汕头光复，举君为潮州府长，君辞，赴广州，北伐军总司令姚君雨平延入幕，随军进克南京。雨平复奉命渡江击张勋，君亦与焉。元年，和议成，君以雨平所拨资，并得沪都督陈英士先烈之助，创《太平洋报》于上海，综编辑事，亦时为《民立报》撰文。其年十月，资尽而辍。余遂延君主《民立报》笔政。二年秋《民立》辍版，适徐君朗西创《生活日报》，仍延君编辑。三年亦辍。君处艰挫中泊然鬻文自给。

四年，《民国日报》创成，君任总编辑，邵君力子为经理。时袁世凯谋帝制日亟，殚力诛锄、胁诱革命党人，罗网森张，调谍严伺君，社中诸子，顾益发抒正义，抨击毒暴，视之蔑如。尤绌于资，罗掘以供朝夕，恒至炊爨不继，逋欠山积，晨须出刊，先夕尚无一钱购报纸。君与力子罄所有，不足，继以乞贷，乞贷不得，终至典质，举凡钗琐簪珥，乃至外衣时计之属，悉索以付质肆。积十余年，日益困悴，仅以余晷任学校教课，得钱举火，而豪迈如故，粗碗浊酒，时一引满，意欣然自乐也。

十二年，任中国国民党宣传部部长，第一届中央执行委员会委员。嗣继续膺选，至第六届并为常务委员。十三年，任上海执行部青年部部长、妇女部部长。十五年，至广州，任中央政治会议秘书长。时今主席蒋公，方帅国民革命军誓师北伐，君从。十六年，任上海临时政府委员，代理中央工人部部长，兼江苏省政府委员、秘书长、建设厅长。十七年，代理中央宣传部部长。十九年，任江苏省政府委员，兼主席。二十年，任约法起草委员、国民政府委员。二十一年，任中央政治会议秘书长。二十四年，任中央宣传委员会主任委员、立法院副院长。二十五年，兼中央执行委员会秘书长。二十六年，任中央党史史料编纂委员会委员、国民大会筹备委员会委员、国民大会代表选举总事务所总干事、中国文艺社社长。

抗战事起，首都西移重庆，君经历播迁，益忧勤惕厉。三十一年，兼中央出版事业管理委员会主任委员。君之在中央也，历长诸部兼秘书长，掌密勿，参大计，而雍容雅步，退然若无所与者。其在苏省，绸缪桑梓，日理繁剧，经画久长，于农田水利，经界地籍诸大端，朝思夕咨，殚竭心力。接群流，纳众言，纷难支蔓，日呈乎前，而一受以平徐，剖析其利害，为之区画。出与宾僚部属，研穷当否，涵含渊汇，董理条贯以施之，亦恒歉然若日有所不足也。君状魁梧，器宇恢廓，而肫挚如老儒，又虚怀衡物若此，庶几君子之道暗然而日章者欤！

奉命宣慰东南，以十二月十一日飞机抵沪，即遘寒疾，犹强起治事，日接沪市父老昆季以百数，集会宣喻，至者盈千，神疲口瘏，疾遂不治。呜呼！又非所谓“苟利国家，生死以之”者哉。君富于文辞，而多不留稿。抗战中，学益进，文益朴茂。其《楚伧文存》一卷，行于世，晚自删定其诗为《世徽楼诗集》四卷。铭曰：

天荡荡，乃其虚。抟九万，莫天阏。繄维叶君起三吴，龙骞虎步升天衢。其志则猛行也徐，回翔顾视安且舒。青鞋布袜寒哉儒，内涵劲气雄万夫。忧国瘦，味道腴。敬维桑，嘘其枯。殒于斯，孰则虞。挹吴江，拍具区。茗茗者山藏其躯，后有百世昭楷模。

据《革命先烈先进传》

泗州杨公神道碑

马其昶

国家严海禁，闽粤间民，往往潜附番舶至南洋群岛，起徒手，致巨资，疆吏守成法，斥为荒外，置不问。于是英吉利、法兰西、美利坚、和兰诸国，各以兵分略诸岛地，侨民困苛法，系生业，不得归，即归，又苦豪猾鱼肉，如是者殆百余年。光绪甲辰，始诏设商部。又四年，特命侍郎杨公节宣慰南洋华侨，侨民自分与中国绝，一旦睹天使至，则欢呼歌舞迎导，公辄陈说朝廷德意。其虐厉尤不便者，约外人稍蠲除之。南洋立商会，置领事官，由此始。

公讳士琦，字杏城，安徽泗州人也。祖漕运总督讳殿邦。父讳鸿弼，婴末疾不仕。生子八人，其五皆登甲、乙科，而公与兄文敬公最贵。三代皆赠封一品。公生十三岁而孤，十六为诸生，后五年，中式光绪壬午科江南乡试，试礼部不第，出参幕府。初为诸生，李勤勇公辟掌书记。勤勇，儒将也，师友皆当世贤士。公虽甚少，固已与闻植身行己之要。继客漕督卢公所。及李勤恪公督两粤，尤倚任之，洊保至道员。公为人有智略，洞悉世情伪，尤喜读《老子》，御物而善藏其锷。许文肃公督京榆路，檄公为总办。庚子拳祸作，联军攻津沽急，公从危城中立草数千言，上大学士荣禄，请以李公鸿章主和议，因其客张翼以达。荣禄公得书意动，遽入言之上。会总督刘公坤一、张公之洞，巡抚袁公世凯奏至，所请同，上意遂决。李公既授全权大臣，总督直隶，立召公与计事。明年，袁公代为总督，乃以公长幕僚。款成，俄兵据关外铁道，无还意，公抗争之，得还。袁公屡疏荐其才，诏以四品卿用。当是时，朝议颇惩前败，锐欲兴西学，蕲富强，而所尝经营工商业成效著者，惟轮舟电报，因益欲整齐恢张之，特命公驻上海筦轮电事，兼监督南洋公学，董招商局，先后却劳金十余万，不私有。商部既立，授右参议。时邮传未设官，事亦隶部，咸就公取决，天子以为能。一岁历三阶，至侍郎矣。辛亥，权邮传部大臣。未几而有武昌之变，公奉命南下，与和议，定优待皇室条约。

民国建立三年，大总统袁公强起公为政事堂左丞。竟一岁罢去。又三年，卒于上海，年五十有七。遗命以常服殓，赴告毋书官。呜呼！公于袁公之谊深矣。国体更而禅天下，公天下也。民国之称，古未之有也。臣于人者不二主，为古今之通义，乃所谓民国云者，则自上逮下，胥为役于民，而不私一姓焉。古今世运之隆替迁变，虽有大力，莫之能遏，虽辩才，亦未敢持一端之说裁之也。然而君子卒不以举世所竞驰者，夺吾一心之所独喻。士不受知，斯已耳，不幸出撄世患，杀身以报知已且不惜，而敢为名高乎，此公之所以垂卒而自明也，悲夫！悲夫！公娶吴氏，无子，抚弟子毓瓒襁褓中。已而毓瓒兼祧本生，加嗣兄子毓莹。以某月日，葬公某所，既有铭矣，毓瓒更致袁君思亮所为状，来乞文，则谨铭之曰：

畴工畴贾，猗文儒也。施无不遂，世所须也。沈沈以肃，逴清臞也。黄老是耽，异众趋也。事郁心悼，颓莫扶也。铭告万祀，礼厥墟也。

据《抱润轩文集》卷十四

故驻日本公使汪君墓志铭

章炳麟

君讳荣宝，字衮甫。江苏元和人，清末省元和入吴，故为吴人。考讳凤瀛，清长沙府知府，入民国总统府顾问。妣张太夫人。昆弟八人，君其適长也。生时，太夫人梦人授以珊瑚剪刀，故小字梦珊云。九岁，毕群经。十六，从大儒定海黄先生游，研精故训，为文夷犹清典，自以为上嗣陆机，视江、鲍蔑如也。弱冠，选元和县拔贡生。逾年，朝考，除七品小京官，签分兵部。八国联军入京师，君年二十三矣，始有济物志，赴南洋公学为师范生。旋游学日本，入早稻田大学，及庆应义塾，治东西洋历史，旁逮政法。于是清政不纲，主革命及君主立宪者，坌起相竞，而皆不为清廷所畜，多亡命日本。会日本与俄罗斯有违言，主革命者阴部署国民义勇军，有所规画，君与焉。事既不就，谣诼达京辅。复返官兵部，累迁民政部参议，充资政院议员。清末宪法，君属草为多。是时游学日本归者，除调甚骤，朝野多异言，而君束修自敕，实未尝以奔走获也。

宣统初，革命党人谋杀监国载沣，捕得将置极刑，君阴左右之，得毋死。民国元年，复被举临时参议院议员。时南北假合，所在薛暴，大总统袁公欲以力蹂定之，君知有变，乞外任。三年，出充驻比利时公使，兼考察宪法。远西战起，从比利时政府迁法兰西，密疏列国从衡情势以闻。袁公欲就帝制，召君将属以法制，且问物论异同，君遽应曰："愿公为华盛顿，不愿公为拿破仑也。"袁公大沮。时长沙君亦上书驳异帝制。袁公知君父子终不为用，即遣还。七年，徙驻瑞士公使。十一年，徙驻日本公使。自民国兴，邦交独日本最剧，君故学于日本，识其士大夫，奉使十年，悉得其阴谋牙蘖。二十年春，东三省难将作，君上书告变，外交部以为妄。君请遣使赴东京核实，使者归，而吉林万宝山事起。韩人暴变，部令君行视，君亲历抚谕，尽得其实。方具草陈覆，遽罢君归，未一月，日本兵陷沈阳。

君时在北平，主者闻变，仓黄招君议，君力言宜战，斥迁延避寇为非计，不省。君愤甚，自是不复论国家事。君平生遇人坦易，粥粥似无能者。及遇变，钩校敌情，动应机括，而两为当事所拒。闻故四川督军陈宧言，今日之败，坐枢府非其人，诚得中材主之，折冲尊俎，但任衮甫有余矣。宧，智谋士也，其重君如此。

二十二年七月，卒于北平。配黄夫人。子延熙，驻义大利代办公使，出为君从兄后。次懋熙，次孝熙，次绩熙，次重熙。女子子二，长适中山郑氏。君天性孝友，先后遭张太夫人及长沙君忧，皆哀毁骨立，几不胜丧。既善文辞，虽公私繁攘，未尝废笔札，尤好扬子《法言》，以为汉儒冠冕，少即为之疏证，后凡数易稿，及写定，距君卒十八日耳。以君文章之美，而又谛审国交形势，盖陆太中、邓伯苗之侪，惜乎所遭非其时也。孔子云“宗族称孝”、“使不辱命”、“文之以礼乐”，如君庶几近之欤？二十三年二月，葬于吴陆墓山。延熙等奉状，求为铭。余识君在少壮时，后在北都数相见，论文学甚相中。君弟东，又从余学。曩长沙君之殁，余为铭之。今老矣，而又铭君，非以为故旧私，以君父子之行，诚有不可谖者也。铭曰：

噫乎衮甫，外彪中睯。珥笔从事，何其敬碁！大号涣矣，不扳其鳞。专对之选，行远以文。伏寇西阚，窥我广员。制变在速，驱以救焚。何听之藐藐，而言犹谆谆！退反初服，理其旧闻。余感未绝，龙性匪训。噫，其学也子云，其行也子云，何足以云？

据《太炎文录续编》卷五之下

金君仍珠家传

叶景葵

君江苏上元县人。父和，咸、同间文学家，著有《秋蟪吟馆诗钞》，世所称亚匏先生也。亚匏贫困，笔耕养母。咸丰三年，太平天国军陷金陵，奉母命缒城出，赴向荣大营乞师，不得请，转徙泰州、清河、松江，母死于围城中，子祁亦殇。城克后，移家江阴。侧室汪，生子名曰遗，字曰是珠。適室张，生君，名曰还，字曰仍珠。君生于咸丰七年二月十六日。十年，金陵再陷，亚匏尽室由江阴渡江，一寓靖江，再寓如皋，航海至广东，佣书于端州、广州、潮州。同治六年东归。七年，携家旋里。君甫十二岁，聪颖异常，见习为举业，执贽于金坛冯煦，授以词赋之学。弱冠，入泮，授徒养家，藉月试书院膏火，以补不足。亚匏性豪迈，东归后四五年未就事，馆谷所储，概罄于交际征逐，不暇问家事。同治之季，出门求食，以性情孤介，往往因文字构衅。十余年中，往来吴会，九耕三俭，困踬无聊。

光绪十一年乙酉，君中江南乡试举人。亚匏于是年冬病没，于是兄弟二人，均藉父执之介，袱被度辽。是珠就营口英领事署文案，君就东边道奭良司帐。奭良调山西河东道，君随往管理盐务出纳。恩铭继任，留君自助。恩铭升山西按察使，君以会试挑取誊录，议叙知县，随至太原。巡抚胡聘之委充文案，继任者何枢、毓贤、岑春煊、赵尔巽，均加委任。曾署理夏县知县，委办归化关税务。保升知府。二十九年，赵尔巽擢湖南巡抚，奏调随行，委充文案。出署澧州直隶州知州，以治行卓著汇保，传旨嘉奖，调回文案，兼任铜元局总办。

是时广西土匪陆亚发倡乱，攻陷南丹、土州、东兰、怀远，声势汹涌，靖州一带戒严。廷寄湘抚，切实防堵，君献议曰："目前南路吃紧，匪谋甚狡，必由黔、桂边隘，袭取湘西，以群山自蔽。湘军窳朽，不宜任重，宜速练得力新军，以备未然。"乃奏派在籍道员黄忠浩，募勇四旗，认真训练，防堵西南各隘，奉旨允行。匪果勾结叛勇，图扑桂林，湘西又戒严。尔巽奉召来京陛见，以陆元鼎署湖南巡抚，道经武昌，谒张之洞，商防剿桂匪方略。之洞言忠浩叵测，宜撤换，鄂省当出师会剿，其意盖欲起用张彪也。元鼎到任，檄委君留原差，乃进言曰："湘军均有暮气，惟黄忠浩新军可以一战。西路之防，重于南路。以守为防，不如以剿为防，不特临阵不宜易将，且宜饬忠浩率兵出境，会同粤、桂之师，直捣匪剿。"元鼎从之，果奏奇捷。之洞侦知君阻其议，恚且恨，并与元鼎龃龉矣。

三十一年，赵尔巽简盛京将军，奏调赴奉差遣。旋于秦晋赈捐案内奖升道员，委充文案总办，兼办内文案交涉机要，又兼任财政总局会办。日俄和约甫定，日军撤退，接收事件繁杂。南满路附属地各案，尤为棘手，君应付裕如。会有奉省开埠章程，由北洋大臣袁世凯主稿，函奉会奏。尔巽失其函，而以原稿交君审核。君未知为北洋之稿也，择其不合者，或删或改。尔巽命抄胥缮正寄津。世凯得复，初未校其同异，嗣为幕府所讦发。世凯盛怒，派员赴奉，查询何人主稿。君悚然曰："东省交涉，全恃直奉会商，咨行外部，与日使折冲。若有隔阂，必增荆棘。"力请开差南归，不许。

三十三年，盛京将军裁缺，徐世昌授东三省总督。君于财政局员参案内牵连革职。三十四年，两江总督端方委办南洋印刷官厂，奏称有用之才，废弃可惜，保送引见。之洞欲尼之，而名已上闻，奉旨以知府用。宣统元年，锡良继任东三省总督，奏请开复原官原衔，调奉委办奉天官银号，密令策画锦瑷铁路事宜。锦瑷铁路者，发起于美国银团代表司戴德，联合英商保龄公司，借款承修葫芦岛经锦州、洮南、齐齐哈尔至瑷珲铁路。美任借款，英任包工。于是年八月订立草约，密折奏闻，交部议。度支部尚书载泽惑于左右之论，谓此路费巨利少，虑其亏耗。会同外务部、邮传部复奏议驳。锡良怒而请假，君与熊希龄、邓邦述奔走斡旋，再由锡良、程德全会奏，力陈东省危亡在即，非采均势主义，不能挽救。摄政王甫有转圜之意，而事已泄于俄、日。俄使以穿越中东路为背约，乃改议先筑锦洮，日使又以并行南满路为背约，先后诘责。支吾逾年，而大势已变，正约迄未成立也。

三年，赵尔巽调任东三省总督，委文案总办，兼东三省官银号。武昌变起，金融动荡，调度得宜，关外安堵，奏署奉天度支使。未到任，而共和诏下，尔巽乞休，君亦退隐。

民国二年，汤化龙、梁启超组进步党，君加入焉，举为基金监。库伦兵变，外蒙独立，内蒙部落涣散，易受煽惑，君游说各旗王公，在京组织蒙古实业公司，举科尔沁左翼后旗札萨克亲王阿穆尔灵圭为总理，君为协理，联络情感，拯济困乏，内蒙向化，无异志。世凯于是知君之才，然未能用也。八年，梁启超为财政总长，以君为次长。启超轻于然诺，遇有推举财政盐务专才者，辄予委派，处调频繁，每遭各省拒绝。君与启超约：凡关于任免部令，非确有撤调情事，先经会商决定者，不得提出阁议。启超诺之。乃疏通各省长官，令已经任命各员，仍赴新任，以保持中央威信。任事三月，力劝启超引退，在野主持清议。从此启超不复参加政局，益重君矣。

十二年，中国银行股东会举君为总裁，张嘉璈为副总裁，撤换某省分行经理。督军电阻，保留原任经理。君电某督谓："此次改派经理，因前任有应予撤职处分，事关全行风纪，未便姑容。兹徇尊意，拟暂准留职三月后，仍以现派之员接充。傥不蒙鉴谅，惟有命令分行停业，以期两全。特贵省为全国模范，银行被迫停业，似与全国景仰之令誉有关，应候明示。"某督复电如约。会有直奉之战，巡阅使吴佩孚召张嘉璈至四照堂议事，薄暮不得出。君入谒，问其故。佩孚谓本日军需，急待支用四十万元，请副总裁提交，商妥后，即可回行。君云："库款动用丝毫，皆有定章，且有股东监督，非副总裁所能擅取。行中文件，每日皆须副总裁签发，未便久留。若巡阅使即须提款，则请派队开库迳提，俾有交代。或知照财政部，派员提供押品，与行签定契约，亦可立办。否则，请扣留总裁，听候处分。"佩孚改容谢之，事乃解。其勇于负责，当机立断如此。

十五年股东会，因辛劳过度，于办公室患脑溢血，急治得苏，而右半不仁，神思颠倒。逾年，清醒如常。自言如沉睡初觉。瘫卧不起，转侧需人。至十九年夏，虚弱难支，溘然长逝，时在庚午六月十二日，享年七十四岁。

君配束氏，先二年卒。妇翁为丹阳束允泰，与亚匏莫逆，即撰《金文学小传》者也。生子二：绶，游学英国，习矿工。柱，曾任北京财政部佥事。

君倜傥权奇，饶有智略，持躬清正，处事和平。自幼食贫，甘为委吏。于世俗之变幻情伪，洞烛无遗，剖决疑难，亿无不中。历参戎幕，熟览朝章国故，奏咨批答，下笔如流。尝慨然曰："任大事者，贵有君子之襟怀，而不可不知小人之心理，有小人之机智，而不为小人，斯能了事矣。"又尝自谓："获上临民，独当一面，吾愧未能。若为入幕之宾，参与密勿，果能言听计从，虽未必致治，先求其不致乱，吾所优为。"呜呼！用君者，能如骆、胡两文忠，其所成就，岂仅此而已哉。余少于君十七龄，自晋而湘而辽，同室办事，受其匡益。罢官后，同寓沪滨，过从尤密。自君北徙，每年入都相访，必晤聚数十日。闻君病废时，往省问，病榻前絮语如家人，以身后事相付托。故知君之志行甚谂。傥及今而不为之传，恐后世遂无知君者矣。爰书其荦荦大者，以备搜采，欲知鼎革前后之政治关系者或有取焉。

据石印原件

张先生传

曹文麟

张啬庵先生，国之豪杰人也。自二十余岁游南北诸郡县及朝鲜属国，接公卿大夫之贤者、士之优异者，而文字之誉，科举之名，不甚计。时励于学而征之事，察政治之良窳，民生之利病，国交当否之所在，其明识显于民国纪元前三十年，为夏子松学政沥陈时事疏，为吴武壮拟陈中日战局疏，皆当时所谓新政也。而纪元十数年前所著之《变法平议》则巨细之政咸具，通二千年来言政之理，海外列强革新之制，靦缕陈之。其时，南皮张公、新宁刘公久就访政见，以兴湘、鄂、苏、皖，目为东南重望，而庚子之巩固南疆，实恃一言而决。先生若获升于朝，或膺方面，将比二公之治致实尤卓越十百。而不能与当道群小处，则退而行其村落主义，小试于江海之僻邑，为九州楷则，为诸国传誉，宁其本怀，乃止于此？先生尝有言曰："謇不幸而生中国，不幸而生今之时代，尤不幸而抱为中国伸眉、书生吐气之志愿。以皭然自待之身，溷秽浊不伦之俗，岂不然乎。而游吾神以周观宇内，则更浩叹为中国数十年不幸事矣。"

先生革命之初恉，不亟亟于排满，以为政体改则民权张，民权张则君主之位虚，庶流血之祸不见，而政治之革命可几。世局骤变，则促清江宁将军铁良宣布独立，促内阁总理袁世凯主持逊位，而隆裕逊位之文，卒为先生所手定。民国既建，为革命论以警士夫，阐《易》革卦三就有孚之理，君子豹变之道，期相与有成，然终不能救七圣之迷方，止群星之斗食，仅得就小国寡民益新其故里，益志抑而心苦矣。

先生生平，凡百必求其始终条理之故，而施行必循乎本末后先之序。自治南通，首重教育，以为教育必资实业，而通之物产以棉为良且繁，内本盖藏，外绝觊觎，遂先设大生纱厂，经千艰而底于成弘其效。其后乃益以第二、第三等厂，分列并峙。棉之用量多，则豫广其产额，垦通、海交界之海滩，设垦牧公司，辟田九万余亩，岁增棉四五万石。其后乃益沿海而北，及如皋、东台、盐城、阜宁，置公司十余。厂立数年，则尽出得于厂之俸，以为教育发端之所藉。谓兴小学必先有师，先设民立通州师范学校。当是时，朝野不知有师范教育，率然称学堂，不知以校名，民立之校，更绝无之。舍工既竣，定本科及简易讲习两科，集少年、中年之士为生徒。又派生徒，渡海习教育学，归而传授。一年而讲习科生毕业，二年而简易科生毕业，于是先后设初级小学。四年而本科生又毕业，于是高级小学有师，而高级小学之校舍亦预成。以小学师宜女子，复别设女子师范学校。于是教师乃益众，小学乃益多。先设保姆传习所于唐闸育婴堂，而于是有诸幼稚园之成立。高级小学之第一班业将毕，则与通、海五属人士建公立中学，以广其升学之途。以措施诸政本乎地，全邑之地必测量，遂先附设测绘科于师范校，其后乃有测绘局、清丈局。以建筑必兴工学，先设土木工科，而其后乃益广诸建筑，乃有江岸保坍会、县水利会。水利会建设要闸十二，涵洞十，筑江堤八千八百丈，开浚河港百二十余处。保坍会为江岸设水楗，历数年，费金数十万，成楗十二，沿江之土始稍稍安。朝未颁自治制，先设筹备自治会。以方长江苏教育总会，为会设法政讲习所，遂派生徒，赴上海肄业，而于是有法政讲习所、自治研究所，启士庶之智。以自治制兴，将广需书记之才，则于中学附设国文专修科，以预储之。以兴农业必恃气象学，先派生徒肄业徐家汇气象台、菉葭滨验磁台，其后遂建气象台军山之颠。先附农科于师范校，后乃别立甲种农业学校。以纱厂兼兴织业，遂设纺织学校，附于厂。以既立医院，则设医学校，养成医士。是三校，后高其程、广其舍，合之为南通学院者也。将兴蚕业，先于师范校附设蚕科，后又设蚕桑讲习所，以广女子职业，而更为之设女红传习所、发网传习所。以当兴商业，则又于中学设银行专修科，设商业学校。而以事恃官署，终无一成，于自治制外，设巡警教练所，以兴警政，建新监狱，冀以去领事裁判权，则又先设监狱学传习所。

凡此皆足以观其迹而得其弘伟，会其神而寻其本原，先生之心固使人易见者。今邑之沦陷，及五年矣，物物失其故态，或且至于澌灭而不可复。先生为博物苑征物启有曰："兵燹时他国人不得毁坏，著于公法。"为垦牧公司集股启有曰："公司之业，虽邻敌战争，不能夺。"而岂意有今日事乎。乌乎！痛已。先生所建树于民众教育，尚有城南五公园、唐闸公园、公共体育场、更俗剧场。特殊教育有镀镍传习所、伶工学社、盲哑学校。公共事业有博物苑、图书馆。慈善事业有养老院、新育婴堂、贫民工场、残废院、栖流所、济良所。交通有内河及长江轮船，有七百余里之县道，有通如海长途汽车。而实业尚有榨油、制面、铁冶、蚕桑、渔业、盐业、电灯、电话、火柴、酿造诸厂诸公司，及淮海实业银行。

政教一切，皆探源挹流于农工，农工则又以政教之兴而益盛。先生曰："国所与立，以民为天；民之生存，天于衣食；衣食之源，父教育而母实业。敷施翕受，功用相须。"其毕世之所主盖在此。徒以当世人才，不及敷所用，而才或且不能湔其群之习，故绩有弘者，有否者，而亦有方兴濒败劳转挨者。然即不能为之踌躇满志，三四十年，本其学术，殚精竭虑，著教养数百万人之功效，自古穷而在下者，实罕所闻也。江南某，一时名人也。数至通，尝谓先生弟子王崇烈："张公所为，仅狼山未筑一炮台。"盖调侃设施一县之致其全力，此囿庞士元于百里，石仲容于小县，宁能知先生意者。

先生讳謇，字季直，一字处默。清光绪己卯科优贡，乙酉科顺天乡试南元，甲午科一甲一名进士。以修撰归，商部、学部聘为顾问官，礼部、度支部聘为谘议官，亦尝一任中央教育会会长，终不仕。南京政府成立后，任实业部长。自纪元二年秋，任农商部总长、全国水利局总裁年余，是皆不足为先生重。清末，为省教育会会长、苏省铁道协理、谘议局议长，亦规画全省政教，伸张民气。然终不若抱村落主义之有惜尽达。

自少壮时，精研水利及盐法，故所著《政闻录》，盐法列三卷，而水利占卷数七。实施水利之学始于纪元前二十五年为豫抚倪公主计画河工，盐务则于纪元前十五年建盐法议。纪元后，尝任导淮督办及江苏运河新运河督办，主设河海工程学校，又尝任两淮盐政总理，皆不久谢事去。于盐夙主就场征税，法为厂制官税商运，夙就邑之吕四场设公司略行其说，修埗场，理锅鏾，治塘港，以助煎丁之利，除忙工，节场差，平钱价，增草场，加桶值，以恤煎丁之困，设厂造田，为聚之之法，且用板晒，增其产额。既任总理，遂裁通属九场为四，移总场于城以利稽征。至合奉天、直隶、山东、江苏、浙江、福建、广东之盐场，云南、四川之盐井，山西、陕西、甘肃之盐池改革之，力防外人由管税而及于政。虽为当道党人变抗论而乞计，而亦弗克竟用。冀水利之大兴，在全国水利局时，规画珠江、扬子江、淮河、黄河河套、辽河、松花江、嫩江，在淮任时，规画淮及沂及泗及沭，在运河局时，规画扬子江、运河、新运河，又终为凡吏所阁置，下士所嚣乱。而治通水利之绩，则如前所列。于汉冶萍公司总理、吴淞商埠督办，亦弗肯久任。而壬午之策朝鲜善后，甲午之主战，甲辰之倡立宪，主建徐州行省，辛亥之议汉冶萍借款，国家大计尤始终令先生灰心扼腕者也。卒于中华民国十五年阴历七月十七日，年七十有四。

据《张先生逝世二十周年纪念刊》

张仲仁先生轶事状

钱基博

维三十二年十又二月，吴县张仲仁以参政薨于行都，于是先生年七十几矣。宁啻州邑之良，抑为天下之志，民失具瞻，国恫殄瘁，懿德之好，秉彝攸同，兹不有述，后将安仰，而都人君子，以先生于博，有一日之知，属抒睹记之所及，以备史氏之攸采。独念予季孙卿以乡邦父老之命，服劳地方，而与先生周旋过从之日久。交性疏简，不喜接人事，宁一室坐啸，以自为泰。先生独以文墨议论，有意于余。人皆谓先生之辅袁世凯以义，不以生平眷顾之私，而为诡随，有以仰先生立身之高，和而不同。私独以先生之接余兄弟以谦，不以后生年辈之末，而引共济，有以窥先生执德之宏，周而不比，其心休休，其如有容。盛德形容，讵无所逃，罗举细故，以裨高深。君子观人，必于其微，不嫌琐也，抑不敢诬也。

先生名一麐，仲仁其字，吾党尊之曰仲老者也。吴江费君树蔚，字仲深，一时有"二仲"之目，皆以嘉惠我乡邦，而能无负于国家者也。余之获接于先生，则费君实介之，而为民国五年。方是时，费君以密戚而为肃政使，先生以幕僚而为内史，兼政事堂机要局局长，咸以久故，而与帷幄。而费君诤之疾，先生阴与持。费君抗议不省，则拂衣南下，弃官告绝，而先生中于和节，不为声章。袁氏则以先生素所宾敬，而出为教育总长，阳为显擢，意实疏外。顾先生维匡调娱，不改于故，以迄袁氏殒命，而为经纪其丧，曰："吾以无负于府主也。"然后南归而拜其母，庶几有始终者。于是，母夫人年八十矣。费君则介其邑人金君祖泽而造于余曰："闻吾子之名旧矣，吴中士大夫议制屏以介寿于张母，而张先生之高风亮节，母夫人之阃教内美，微吾子之文，不足以张之，属某也为之请，敢以不腆致润笔。"余却之曰："文不敢以辞，然余固不鬻文以为生，而张先生之母，亦岂可鬻文以为寿，张先生国之正人，而诸公不弃，以介寿之文见属，是亦以正人视余也。焉有正人之文，而可以货取者乎？焉有寿正人之母，而可以货为文者乎？"因为文，引《孝经》显亲扬名，孝之大者，而谓以高官朊仕，显亲扬名于一时，不如以砥行立节，显亲扬名于后世。寿莫寿于使后世知我为古人也，千秋万岁，扬休无极。费君读之大喜，而先生读之亦大喜，致书谢曰："曩者张南通尝视吾子论盐政计画书，谓熟谙掌故，而泽以尔雅，有魏默深、龚定庵之风，今诵寿母之文，申古谊以相磨切，敬闻命矣。乃知端人而非文士。"顾以余之却润也，必欲得当以报，乃表吾母孙夫人之墓，而诵说鄙文，中引南通张謇之言，谓"江以北，无抗颜行"。而吴江费树蔚则曰："岂惟江北，即江以南，亦宁有二。"盖不恤以声闻过情之谈而奖藉之，以勉于践也。其然，岂其然乎？

冯国璋之督军江苏也，尤礼重先生，而欲得一吴士为秘书，以备谘询，而谙当地情伪。问先生谁可者，先生则以金君祖泽与余对。金君固高蹈自重，而余则以秘书为人喉舌，职代言，主者或有失政，亦必以文章为润色，职固尔也。有笔有舌，胡不自抒所欲言，而代人之言。吾不能自抒所欲言，吾宁扪吾舌，韬吾笔，以不言也，亦谢却之。先生则贻金君书，谓"公老成养望，犹有可说。钱君年事方壮。何可不出。天下事，在人为，冯公以客将悬寄，亦欲为惠于吾苏，而延主人以相僇力，主人则深闭固拒，若将浼焉。然则政事措施之不当，民间疾苦若有不知，亦必有尸其责者，而岂冯公之咎哉。"其时里中亦以党狱繁兴，而促余一出，以善消弭者。余则自以不能委蛇，以授徒养父。民间疾苦，知之稔矣，而苦于主者之不知，则议论不能激切，交浅言深，或以贾祸，老父在堂，亦非所许，复书谢绝，先生亦不之强也。然先生之有意于余，而驱策之以为乡邦服劳，用心甚苦，而余愧无以承，安能不呼负负也。

及十年，而先生当选江苏第三届省议会议员，予季孙卿亦与焉。而议长之竞选以起，时有为公子名流之说者。公子者，张君孝若也，以南通名父之子，故尊之曰公子。名流，则先生，所谓民之望也。然而党同伐异，嚣然尘上矣。于是予季孙卿通电声明，以议长由议员互选，议同出选举。名流、公子，初未尝自有所异，而非名流、公子，亦何必挟以为重。彼持名流、公子之说者，皆其人无以自重，而欲挟他人以为重者也。议会为集议体，议长不过议员之一，其对外名义，亦以议会而非议长，人亦何所利而必为议长，亦何所不利而不欲为议员。顾其为公子者，则大张旗鼓，成立所谓金陵俱乐部，自号多数，而心有不慊者，相约不出席。是予季发表《论选举议长书》，发表《为议长问题告同人》及《再告同人》两书。大旨谓，政党运用，重在政策。若为议长而启纷争，是不啻示人以组织政党为个人之意味多，为政策之意味少，可以牺牲政策以殉个人，而不能牺牲个人以全政策。力主除去两张，别举一人。其后卒如予季言，而由武进徐君果人当选议长。张君孝若即电会辞省议员，而先生则出席依然，坦迤若无事。于是予季叹曰："名士自有真，如仲老者，其名可及，其德度不可及也。昔郭林宗称黄叔度汪汪若千顷之波，挹之不浊，澄之不清，吾于仲老亦云。"

自是江南有大利害，必奉手先生，而先生亦虚衷采纳，左提右挈。相与持地方之倾，而以待天下之定。不竞不绿，则先生之以也。呜呼！费君独愤直道之不容，嗟人生之实难，而以二十四年侘傺死矣。余挽以联曰："矫首于共和绝续之交，君之宗之，早识高名空冀北；挥涕在交情死生以外，抚我虐我，谁宏大论奠江南。"盖实录也。先生既为《费仲深先生传》，张其风谊，以不负死友。而于文集之编，独若谦让有所未遑，以告其孤曰："吾不如钱君。"余既论次而序之，因过先生。先生为言："仲深最服吾子文，尝手写吾子文数十篇以相视。余于仲深十年以长，仕宦相偕，问学相商，固弟畜之。仲深擅诗笔，吾子能古文。仲深英气逼人，吾子长者恂恂，出处语默绝不似。然知吾子者，莫如仲深。仲深以独立不惧，世途多迕，不如吾子之遁世无闷，萧然物外。"余逊谢曰："人苦不自知，未敢以欺长者。独立不惧，意气可以自负，遁世无闷，隐微孰堪自信。此养圣之功，非末学所能也。"先生亦许为不欺。先生危行言逊，不如费君之强直自遂。然十余年来，江南亦多故矣，大兵大灾，荐更丧乱，政柄可以迭移，而生民无所托命，惟先生拄危定倾，有以绥底之。其中隐微委曲，有不得语于人人而默运于先生之一心者。惟予季知之为深。

二十六年，抗日兴军。予季以无锡县商会主席、江苏航业公会主席，而被委任主任军站供应。予季以匹夫有责，不敢逃命，则征集汽轮，以供运输，凡几百艘，征集米面，以供粮食，凡几万袋。而各轮船公司、各厂家以予季服劳地方，未尝以自私利，予取予求，悉索惟命。六师所过，靡有缺供，顾师徒不戒，江南告陷。至十一月二十一日，县官以下，无不撤退，予季慷慨语门生子弟，谓守土者可以奉令撤退，而吾侪生于斯，长于斯，丘墓所在，宁弃如遗，不能不走，未可遽走，部分指挥，各竭所能。壮丁登记，焚其册籍，曰毋以藉寇兵。余帑簿录，致之上海，曰毋以赍盗粮。溃兵涂遇，派人导引，曰毋以遗敌俘。以二十四日护妻子避乡，而日军以二十五日入城，劫盗横行，杀越人于市，而欲得予季，为用悬名募告。予季则买小舟，泛五湖，昼不敢傍岸，夜则泊芦苇，如是者一月，伺购索之懈，而后绕道南通，以之上海。先生亦以日军购索而先期至，相遇于旅，执手涕零。予季曰："吾力竭矣。"先生曰："力有竭，而意无尽，将以何为?"予季则建议纠集江、浙两省士绅之亡命而至者，成同乡会，月两聚餐于八仙桥之青年会，以资抟结而图善后。先生可之，乃以二十七年之二月十五日为第一会，至者百余人，皆民之望也。先生主席，感慨陈词，申三军可夺帅，匹夫不可夺志之义，声容激越，在座无不气振而志以莫摇。江阴县商会主席吴君听胪，亦感先生之言，而日人三登其门，请之归，以主县政，却弗见。日人则见其子，以胁其父，而吴君严斥，弗许也。

既而先生欲告难行都，予季往送，先生顾语曰："国家弃我，我不弃国家。别矣！我年七十，君亦余五十，于名于利，更何希图，维桑与梓，必恭敬止，毋负地方，亦毋负国家，行者居者，各尽乃心，其济与否，则天也。"于时，余任教国立浙江大学，而随转徙，以之泰和。瞻来日之大难，惧致身以无地，而撰《吾人何以自处》一文，以为寇深国危，非死之难，而生为难，以告于朋友，以寄于予季。既幸予季之不降志辱身，而又欣其脱死，亟欲一面，以七月之上海，而晤予季。乃知先嫂毛夫人所遗一婢名阿榛者，以夫病，不得偕，携儿奉姑而守龚氏之室。日军入城，而闻邻家女见嬲啼呼，其姑睹事急，则牢关大门，而驱榛入于房曰："汝侍夫也。"积薪于其户外，注油焉，而坐守之，伺有卒之夺关也，则纵火焉，姑、妇、母、子三代并命也。有同居者，走而得出，为予季告如此。顾龚氏则以为大恨，谓守室而毁室也。余闻，语予季曰："吾侪读书谈道，觍颜儒服，而偷生视息以在此，不如此妪之有分决也，真有何必读书之叹。"予季则告以先生之言，余赓之曰："三军可夺帅，匹夫不可夺志。国格虽或以兵力屈，而人格则可以心力持。人格能自持，则国格终不堕。胡文忠公有言，兵可挫而气不可挫，气可挫而志不可挫。盖兵之挫无可如何，而气之挫，志之挫，所贵自力也。"予季则介余诣江浙同乡会，以有陈说。余乃承先生之论而益阐之，推本上古，验之当世，参以人事，察盛衰之理，审权势之宜。听者亦为动容，谓自仲老之去，郁陶于心久矣，未有深切著明议论如今日者也。

日人某氏尝主上海同文书院之支那研究部，而读余所著《现代中国文学史》，贻书为校讹字，又以余为文称引慈谿裘君毓麟《思辨广录》，来书乞为介，以取遂译，然而未之晤也。至是投刺相造，以亚洲文化、欧洲文化为论。余告之曰："士见危致命，见利思义，此中国文化，亦亚洲文化也。"某氏曰："不然。桓公杀公子纠，召忽死之，而管仲不死，孔子许其仁。然则致一命，孰与仁天下，岂若匹夫匹妇之为谅也。贤弟昔尝有惠于乡邦，今避地如弗及，于初心得无剌谬。即如张仲老一去苏州，而人心失所维系，不得不日寻干戈，岂仁人君子之用心。纵一身之节义为重，而地方之休戚尤大，此中亦有权衡，孔子所为讥欲洁其身而乱大伦者也。"余赓之曰："唯唯否否，不然。国之不存，何有地方，枉己直人，孟子不许。仲老国士，爱惜羽毛，重其身以重中国，岂可枉其身以重地方。仲老纵不自爱，国人亦所不容，余弟摧颓，不堪世用，苟全性命为幸，其他匪所思存。然不爱其身而爱他人者，谓之悖德，愚兄弟思之熟矣。"予季则综核经营地方余帑都若干万，而代表无锡商会，以双十节献金，交在沪中央银行汇解，有故人子，先于城破之日，携款数千金走汉口，予季则电责就近献缴，亦以电告陈将军诚，毋任隐匿。曰"国家丧败，而廉洁不可堕，地方紊乱，而风气不可坏。虽亡老成人尚有典型。吾斯以无负于地方者，无负于国家矣”。盖先生之教也。

先生煦妪温恭，与人为亡町畦，而大节不可夺，神机有默运，浩浩汪汪，仰止景行，禀命不融，天不憖遗一老，永怀哀悼，靡所置念。敢写身历，以昭义问，其所不知，盖阙如也。晚学无锡钱基博谨状。

据作者手稿

故总统府秘书张君墓志铭

章炳麟

义和团之变，余始识湘乡张君子上海，知其才。是时，君以部郎，监广方言馆，而与容闳、唐才常等召集国会，赴者数千人。才常败，捕党人亟。清两江总督刘坤一素重君，独贳弗治。数年，复监皖江中学，以知耻、立志、好学训士，其归在识种性，辨汉虏。所任教授陶成章等，皆慷慨言改革，盖革命党滋多于是矣。君自中年，往来曾国荃、张之洞、陈宝箴、刘坤一间，讼言庶政，尤善治矿冶，然弗能明本志，至是始发舒。其后，虽更仕宦，造次未尝忘光复。家贫，得金钱辄以施士。笃于故旧，久要不忘也。门下禹之谟者，故湘军步兵，闻君言，发愤欲兴汉业，戮于长沙，故频江志士多宗君。清宣统三年，民军将攻广州，统帅赵声问策于君，为条画方略甚备。时师期亟，策不果行，同志死者七十二人。君方居警署，以计脱十余人归。其秋，武昌倡义，下江皆响应。君阴集湘军在上海者，致之安化李燮和所，为攻拔制造局，江宁凶惧。江苏巡抚程德全，乃召君谋以苏州独立。会吴人张一麐自浙江逃来，德全属以机事。一麐者，袁世凯间谍也，性便佞，忌君深，遂去苏州。南京政府立，征为秘书。当是时，大总统孙公自海外归，所用士皆起田间，秘书十余人，或不知文告程式。君老于吏事，判答如流。睹官治条法未举，乘间辄以方略告孙公，甚赖之。数月，南北统一，吏道益不修。君本倡改革，所交游皆国士。民国既建，起布衣，参国政，及任方面将帅者甚众。而新进或不知君，以清旧吏相侮，勋赏弗及，未尝言功。然亦以是不甚招袁氏忌。民国二年，黄兴败于江宁，南部皆陷，君益失意，归湖南。湖南诸矿，始自君发之。龙王山、水口山、黄金洞，岁入可二百万。至是欲更开斥，不果，以统捐局长禄仕二年而终。君之死，余方囚于宛平，闻讣，哭不能成声。既伤其以轶材扶义，不在勋策，而更失职左降，至乎监门籞舟以死，又幸其潜蛰，不撄锋于暴人之前，为之诔矣。逾二年，君女昭汉，以行状至，复郑重为之铭。君讳通典，字伯纯。湘乡胡家冲夹壁山，其墓也。铭曰：

功在不赏，史无正辞。鸿飞冥漠，矰缴远之。天道匪谌，以告来兹。

据《太炎文录初编·文录补编》

周止庵先生事略

颜惠庆

前财政总长至德周公学熙，以中华民国三十六年九月廿六日，卒于北平寓邸。友朋亲故，惊相告语，以公之勋迹事功，彪炳宇内，固不待文字之传，而自垂不朽，然不可以不有所述。谨先举其荦荦大者，而后志其从政历官之序，以告后之人。清光绪间，袁项城督直，一时北洋新政，如旭日之升，为全国所具瞻。所有工业建设，均出公手。盖当拳匪之变初平，项城由鲁移督直隶。时当兵燹初平，制钱缺乏，公私俱匮，因饬公办银元局，兼鼓铸铜元。公因勘今大悲院烬余基址，移东局子修械机器，建屋装机，凡七十日而成功开铸。项城由保还津，讶其神速，推为当代奇才。因以工业建设相委。当时风气未开，公首创铁工厂，制造机器。办实习工厂，招各县学徒，教习织染，陶冶诸轻工业。河北高阳之土布，比户机杼，蔚为本省重要工业，实由高阳李氏选徒至实习工厂传习而来。既设考工厂、商品陈列所、国货售品所、种植园于津沽，复创办各县工业分厂无数，设直隶工艺局以总其成。并办河北高等工业学堂与教育品制造所，以教育为建设之基干。至资金挹注，则取给于官银号。盖当时一切设施，灿然俱备，虽仅具工业之雏型，而实开风气之先声。不幸时移世变，竟至荡然无存，至今无人道及当日之新政者。

至公之一生缔造，历久弥光，于今弗替者，则为启新洋灰公司及开滦煤矿。盖开平煤矿当李文忠督直时，准奏开采。及庚子难作，前美国总统胡佛氏方任开平矿师，因倡议藉洋旗保护，当时督办受其绐，遂签约归诸英商，事定，竟抗不交还。项城督直，公建议收回。时英商挟外交势力以凌我，公据理力争，既不得直，遂于开平矿区旁马家沟等处，另创滦州煤矿公司，自行采掘，以相钳制。英商斥为侵犯矿权，公使、领事群起责难，迫令封闭。公置不顾，英商遂跌价倾销。时开平据秦皇岛海口，自拥船舶，欲陷滦矿于绝境，煤价狂跌至每吨一元余。滦矿赔累不堪，群疑众谤，几至颠覆，而公精心毅力，沉着应付，交涉累年，遂有以滦收开之议，拟发公债，收回开平矿权，由政府担保。上奏，清廷竟斥为多事启衅，致功败垂成。嗣遂改为联合营业，以免互竞。至两矿矿权，仍各划分，此今日开滦矿务局之创始也。事成，众推公为督办，公力辞，自书联语悬厅事曰："孤忠惟有天知我，万事当思后视今。"公之心事，于兹可见矣。至启新洋灰公司者，原为粤人唐景星于光绪中叶筹办，因采用广东粘土，运输费巨，赔累不堪。及公接办，招德人昆德悉心研究，于唐山附近觅得坩子土原料，又得滦矿用煤之便，遂克成功。嗣后逐年扩充产量，遍销全国，遂执我国水泥界之牛耳。其所投资者，有华中之江南水泥厂、华西之华新水泥厂云。又公主开滦矿时，曾有创办新事业计划，经滦矿股东会规定，每股股息限度逾额时，即以所得提存，作为新事业基金，故今日之耀华玻璃公司，即此款所创办。当时并研究冶铁炼钢计划，将以次兴办其他事业云。

又公当民国初元时，曾任财政总长。当时国体初定，财政破产。各国以赔款洋债积欠未清，延不承认新政府。公遂举办善后大借款，以盐税为担保，拟以之整理财政。乃以军兴，借款流作他用。公以有违初议，遂飘然远引，退居青岛。嗣于民国四年，复出长财政，公遂锐意擘画，整顿币制，确定预算，既兴办烟酒公卖，及清理官产，尤注重古人不加赋而财用足之说，以经济建设，培养税源为主。故创办中国实业银行、大宛农工银行，拨官股提倡天津华新纱厂，并调查湖南、浙江造纸厂。曾密建议于项城，每年节国库之所余，兴办工业，先办民生工业再办军事工业，预定十年计划，以雪日本二十一条之耻。当时项城颇韪其言，乃以库有余蓄，左右进逢迎之策，筹安会起，公遂挂冠而去，所设施尽废。然至今谈民国财政者，仍谓廉明干练，经理有方，推公为第一云。

公既归田，慨于政府建设之不能持久，遂改组华新公司。天津纱厂既开工，则就青岛、唐山、卫辉更设纱厂。当时华北棉纺织业，以华新四厂为巨擘。及徐东海当国，公复出任全国棉业督办，因办棉业传习所，分植棉、纺织两种，并选购美棉种，分发各省，设试验场，成绩斐然。更草拟长芦棉垦计划，相度土宜，测绘各废场荒灶，并计议丰润、滦县沿海分区筑堤开河，兴办棉垦。嗣竟不果行。今日所谓军粮城等垦务，不过公当日计划中一小部分耳。当公兴办北洋实业时，南方有张季直先生办纱厂，棉垦于南通，时人遂谓"南北两四先生"而不名，群推为中国工业界之领袖，以张与公于昆季中皆居四也。盖公少丁甲午之厄，睹日本明治维新之效，愤国势之凌替，故一生建设，以工业为主。至其成功之要，则以学问修养，维日不足，自幼已然，而至老弥笃。少慕范文正"先天下之忧而忧，后天下之乐而乐"二语，终身服膺不释。

公以十六岁入泮，随宦居津，从李慈铭问学，《越缦堂日记》中时称周生，极为所器重。入都为工部都水司郎中，尝与阮仲勉、邵班卿、绍樾千诸人治程朱之学，躬体实践，兼为文会。以光绪十九年癸巳，中顺天乡试第十八名举人，时因闱中有请替者，言官奏参，且忌公家世显赫，欲以中伤，遂得朝旨特派大臣复试于保和殿，公仍列一等，余皆黜革，乃知公实为波及，而文名反见称于耆宿中。常熟翁文恭公日记曾详述其事。旋以道员，候补山东。时项城袁公为山东巡抚，委办山东大学堂，檄各县士子入学。公手自厘定功课，为文、实两科，择四部中要籍，刊刻丛书，以为教材。手辑《中学正宗》、《西学要领》两书，以申中学为体、西学为用之义。聘国内外通儒为教习，故学生多有成就。庚子后，以父悫慎公巡抚山东，乃以回避例，改官直隶候补。于光绪三十一年补授通永道，未到任，调署天津道，有惠政及于民。翌年，补长芦盐运使。公于鹾政，求其症结，殚精竭虑以赴之，既畅税源，兼舒商困。其后掌度支，整理全国盐政，其胸中荩筹硕画，固早具于此时矣。旋署直隶按察使，以丁忧去官。嗣以京师火灾迭起，有旨创京师自来水。廷议匪公莫办，因召入京，授农工商部丞参上行走，董其事，以底于成。

公六十以后，即辞卸各公司事，优游林下，手不释卷。编著国学书册，宏扬先哲微言大义，所刻为《师古堂丛书》，有《圣哲学粹》、《古训粹篇》诸书尤精湛。至公平日行谊卓越，天性纯笃，事悫慎公及母吴太夫人以孝闻。悫慎公既扬历封疆，治迹卓著，薨后建祠于全德、安庆、金陵、济南。公创敬慈善堂，立祠约，敬宗收族，推行先人之志事，有大孝终身慕父母之意。公平日自奉甚约，而为善若不及。初于故乡创宏毅学舍、医学传习所、商业传习所、农林公会及孤老嫠婴救济诸事。嗣故乡构兵祸，基构尽毁，公惄焉忧之。寇退，亟命儿辈兴小学，办医室，以渐复旧观。盖博施济众之怀，至老不忘。当民国九年直、鲁、豫三省大旱，灾民麇集天津，公斥资办粥厂，收养数千人。暮年居北平，复办赒社，以赈匮乏、恤孤寡为事。观公之心，盖一夫不得其所，若已推而纳诸沟中也。

公德配刘夫人，才识过人，能佐公决策，惠及九族，而治家谨严，夫妇相敬如宾，六十年如一日。其事迹见山阴章梫所为传。既先公一岁没，公为营葬于北平西郊昌运宫，并亲撰志墓之文，因亦自撰墓志、挽联。盖公晚年兼通内典，视死生如寤寐。既息影闾阎间，与世相忘，故当倭寇盘据华北，公竟保其忠贞，不为人知。公有子四人：明泰、明焯、明夔、明恩。将为公合葬于刘夫人之穴。公生于同治四年十一月二十六日，享年八十有三。公长余十二年。当民国初元，公既入阁，余方佐陆子欣氏治外交，得识公丰度。嗣余长启新洋灰公司、江南水泥公司，益悉公之学行事迹，允为一代伟人。此又论世者所同深叹仰者也。因为叙其事迹，以为研究我国近代经济发展史者之所取裁焉。中华民国三十六年十月，前国务总理颜惠庆撰。

据《周止庵先生别传》

清授光禄大夫建威将军黑龙江巡抚周公墓志

左绍佐

天门县乾镇驿，明吏部尚书周公嘉谟之故居在焉。与吾友周君之居，数十武而近，同姓而宗谱不同也。尚书公为移宫领袖，终其身不与于珰祸。庚子之乱，联军入都门，车驾播迁，百官荡析流离，而周君奉讳在籍，方主江汉书院讲席，与诸生谈文说艺，雍雍如也。辛亥之乱，君由龙江间行至天津，就访同年卢靖木斋，坐未定，值直隶军队哗变，人情汹汹。卢故寓租界，君提一皮箧相随至其家。遂脱于难。说者以为尚书公与君之入坎出坎，履险如夷，由乾镇驿地气冲和所致，理或然乎，可异也。今君之柩，寄于佛屋，已逾期年，葬有日矣。子延熊率弟延勋、延炯来请为文镌石于幽宫。素交而后死，不得辞。

按状：君姓周氏，讳树模，字少朴，号沈观，又号孝甄，晚年自号泊园老人，湖北天门县人。曾祖讳锡墉，本生曾祖讳锡培。祖讳祥铭。父讳启善，恩贡生，候选教谕。三世皆以君贵，赠一品封典。妣皆封夫人。封翁生子三，君其次也。封翁为诸生有声，省试屡荐不售，授徒自给，时以医术济人，乡人德之。

君一禀庭诰，教若夙成。十五，补弟子员。岁科试，常列高等。十九，檄调经心书院肄业。是年，傅夫人来归。二十六，考取乙酉科选拔贡生，即以是科举本省乡试。丙戌，会试，报罢，留京，馆于孝感屠侍御仁守家。侍御直声震天下，每有商榷，辄中窍要。君由是悟奏疏之秘，不为艰深，而沉潜于贾谊、陆贽之书，颇自谓有得也。乙丑，成进士，以二甲二名选庶吉士。散馆，授编修。木天清望，声光烂然。辛卯，广东副主考。甲午，会试同考官。癸卯，山西副主考。乙未，会试同考官，后又授江苏提学使。玉尺在手，轺车几无停辙。君以乙未丁内艰，己亥丁外艰，家居读礼。时张文襄公督楚，常伟视君，地方事多谘之。丙申，大水，君言修理唐心口堤，以工代赈，兼平粜济灾民。文襄特以君主其事，堤成，至今赖之。又以礼聘，前后主两湖、经心、江汉、蒙泉各书院，奖借后进，循循不倦，士林翕服无间言。

壬寅，服阕，入都，由编修授御史。劾广西提督苏元春、两江总督魏光焘，皆蒙廷旨嘉纳。其他章疏，皆关国家大计，有声台中，天下想望丰采。乙巳，特派五大臣出洋考察政治，君以御史偕行。由日本历欧洲各国，所至旁询博问，慨然远想，思有所建白，以济时艰。归国后，于君主立宪，多所敷陈。泽贝子立宪一疏，君之笔也。时议宪政，拟从官制入手，廷旨令君与朗润园王大臣参与会议，有尼之者，阴嗾苏抚电请赴提学使任，交军机处饬赴新任，君遂外出。丁未，东三省改设行省，以徐公世昌为三省总督，调君为奉天左参赞，擘画一切，极为徐公所倚重。戊申，特授黑龙江巡抚。其地三面接近俄部，幅员辽阔，土旷人稀，东界已垦者呼兰、绥化两府，号为繁盛，于是移民实边之计，规画详密，来者日多，乃添设呼伦、瑷珲、兴东三道，龙江、嫩江、黑河、胪滨、海伦五府，并十余厅、县，规模大定。会俄人图占我满洲里为彼领土，派兵一队，焚掠居民，夺取牲畜，势张甚。君不为所屈，据康熙二十八年旧约，卒定满洲里为中国属地。时中央派君为勘界大臣，俄人派陆军参赞儒里拉夫为勘界委员，重行勘界定约，可谓坚定不摇，能倚以办大事者也。

辛亥事起，龙江处极边之地，外有俄、蒙之煽逼，内有满、汉之猜疑，讹言四至，一日数惊。君从容镇定，秩序如常，商民安堵。至逊位诏下，乃引疾去职，蛰居沪上法界之宝昌路，闭门息影，栽花薙草。尤喜植杜鹃花，罗数十盆于阶下，娇红照席。又用东坡芹芽鸠脍法，烹饪绝美，余与樊山老人，每属餍之。自北来，鸠不可得，不复领此味矣。总统袁公意在礼致，而徐公世昌为国务卿，必欲引重，使命往复，不获辞。甲寅，来京，就平政院长。买宅城西，于宅东隙地筑土山，叠石为洞门，凿池种菱藕，构亭其中，栽松竹，驯养一鹤，署曰泊园，以示寄焉之意尔。丙辰，有洪宪建元之说，君主张正论，不谓然也。而侦员探卒，暗伺于门，乃避地，仍归沪上。嗣以黄陂继任总统，礼请来京，仍为平政院长。本非初志，旋即卸去。计前后在京十年，樊山老人与余三人，月必三四会，会辄茗谈，至夕而散。人或谓之“楚中三老”。及焕廷由中州来，常邀君与樊山老人及余，酒楼歌馆，拨散闷怀，人或比四皓。焕廷卒，君哭之痛。未一年，而君亦长逝矣。哀哉！

君日必早起，庭除洒扫，皆身督之。平生无博弈之好。书橱几砚，位置整严。综理微密，小物克勤。盖精神之管摄有余也。一病不起乃出意外。君于天伦，友爱特至。长兄早逝，每念之，辄涕下，赡养寡嫂，教育孤侄，岁必亲为调度。三弟则留之同居，在苏在黑在京，未尝不偕，怡怡之情，老而弥笃。君于近人之文，崇伯言而薄才甫，于诗喜称“二陈”，谓后山、简斋。要君于诗文，皆能窥古人深处，非浅尝者所知也。君初无大病，微患利，次日犹为乡人题主，家人请勿去，不听，归而加剧，遂卒。君生于咸丰庚申年七月初四日，卒于民国丁丑年八月十一日，享年六十有六。著有奏疏若干卷，沈观诗文集若干卷。

妻傅氏，诰封一品夫人。子六人：长延熊，国务院统计局佥事。次延勋，美国康南耳大学文科学士，湖北印花税处会办。傅夫人出。次延炯，妾朱氏出。次延曦，妾刘氏出。皆充湖北官银钱局调查员。次延焯、次延煜，俱幼，妾刘氏出。女六：长适同邑李藩昌，瑞士卢山大学工学士，武昌造币厂长。次适蕲水陈曾矩，举人。三适沔阳杨廉，教育部佥事。四、五、六女，俱幼。孙三：庆基、庆垲、庆圭，俱幼。孙女三，俱幼。延熊率诸弟，以丙寅年十月十八日，葬君于玉泉山之红门村作亥山巳向，四执来揖，是为安宅。余思畏吾村李公之墓，此乡先辈南人而北葬者也，皆在城西，去红门村凡几里。朝霞夕月，紫翠苍茫之处，其神灵或有相遇者乎。悠悠千载，足以供后人之流连已。应山左绍佐拜撰，时年八十有一。

据拓片

前审计院副院长兼任中国银行总裁徐君容光墓志铭

陈宗蕃

民国十四年六月十日，时为夏历乙丑闰四月二十日，前审计院院长兼任中国银行总裁徐君容光卒。秋九月，将归葬于上海徐家汇谨记桥故居之侧，其孤幼弱，不克乞当世大人君子为铭幽之言，宗蕃与君交有年，去冬，君以书来，嘱撰事略，其言曰："予至好中，知予之品性言行事绩之最深者，莫如君，乞为一言，以传后。"今君既殁，予又曷敢以不文辞。

君讳恩元，浙江湖州人。世业儒。父之贵，经商上海，始家焉。君幼而岐嶷，弱冠举秀才，肄业南洋公学，既卒业，负笈游英伦，复肄业伦敦大学。时吾国学生在英伦者，以百数，而君专攻货币银行之学，既敏且劬，声誉超卓。文艺学术之会，竞相延接。偶有论著，新闻杂志逡载以为荣。英伦文豪哲文司氏，悬金购文，格律最严，君屡膺上选，中外人士，均谓吾国有人。宣统末叶，朝廷锐意革新，命汪公大燮，游历欧洲，考查宪政，延君佐其事。举凡政治、法律、财政、教育、警察诸要政，搜讨靡遗，归告于朝，俞旨报可，遂被命参加伦敦币制会议。

辛亥革命，君适归自欧。任财政部公债司司长，转会计司司长。审计处处长，制用局局长，迁审计院副院长，兼任中国银行总裁，寻改国务院参议。君服官十余年，无声色货利嬉游饮食之好，遇事必反复深思，精密周至，期于必成，历艰阻而不挠。长制用局时，规画度支，纲目毕举。创办审计，凡百章制，多自君出。总裁中国银行，力措现金千余万，以恢全国纸币之信。项城袁公、黄陂黎公、今执政段公，财政外交皆倚君为助。

然君性戆直，重然诺，寡言笑，不能媚流俗，故恒招时人嫉忌，终不获竟其设施。君既官国务院参议，官事清简，意颇不自得，乃与美利坚国富商施栋等，共设中华懋业银行，君总其事，经营缔造者数稔，信用大孚。君虽从事商业，然仍不忘国事，卒之前二日，上书于今执政段公，言国家财政根本大计者数千言，段公深嘉纳之。未施行而君疾作，既大渐，犹殷以未获尽瘁国事为憾。呜呼！伤已。

君配邢夫人，无子，以弟子善庆为后。女爱德均尚幼。其葬谨记桥，则君生时所自择也。因系之以铭曰：

扬华兮何早，懋绩兮何好，名既立兮宁为夭，施不竟兮时所悼，铭兹幽兮其永保。

据《淑园文存》卷二

先兄莔生公行略

章祖纯

先兄章氏，讳祖申，字莔生，号无可，浙江吴兴人。前清光绪庚子、辛丑并科举人。甲辰进士，翰林院编修调充驻俄使馆参赞，先后改调驻荷兰、驻比利时代办公使。民国三年，调补外交部参事。数代次长。九年，简派驻瑞典兼那威全权公使。在任年余，因病辞归。自是屏息家居，受优婆塞戒，易名悟念，长斋诵佛，三年如一日。十四年四月二十四午时逝世，年五十。受沙弥冥戒，行荼毘礼，建塔于北京阜成门外五里许白堆子广济寺塔院，遵遗言也。

先兄幼年颖悟，十二能诗。十七，先父山稼公见背，居恒悲郁，乃辍吟咏，五年积稿，裒然数卷矣。尝随先母周太夫人诵经咒，习静坐，若具夙根也者。时家计日蹙，先母忧甚。先兄恃授徒以供菽水，虽告瓶罄，不使母知。弹指十年，祖纯年已十九，肄业南洋公学，为谋升斗，辍学数年。先兄始得息肩，致力举业。然前此十年中，已奋历艰苦，日惟诵经自修，视人间无纤毫足恋惜者。犹忆其二十四岁时，旦夕习小止观，面削目沈，言笑益寡。及往宁波省长姊，间道朝普渡，归视祖纯于南洋公学，谓之曰："愿弟早自立，俾兄得早入普渡，了生死事。"时祖纯年弱性迷，不知所对，及今思之，先兄脱屣尘世，向往乐土之愿，固历数十年而终不渝也。

先兄居湖数年，每值爱山、安定两书院朔望会文，诗赋制艺，辄脱稿五六。榜发，首列诸卷，皆出先兄手，同辈倾一时。及自普渡归，乃自忏曰："寒士咸赖膏火以求活，吾奈何犯贪戒。"自是但作一卷，数月后，遂辍，不复作。授课余闲，殚心内典，居恒寝馈于宋明性理之学，稍稍有所著述。至是，自病根尘之见，尽弃其稿。作《数笄吟》三十首，以见志。

慕明季方以智之为人，又慨夫处世之无可当意者，因自号无可居士。先兄一生，敏慧洒脱，不事居积。晚年愈大澈悟，若与方氏两世一人者。往岁，先兄偶从友人家，见方氏所为《枯树图》，假归悬壁，悠焉神往，忘寝食者累日，戏命祖纯摹其画，而自摹其题。今此画犹在，而先兄已随方氏以俱杳，可痛也已。

先兄使瑞典时，距丁母艰，未期年。先是，先庶母周、先嫂钱及祖纯长子宗瑛，皆已相继殂化。比履任数月，长女复宝又病瘵殁于京师，自此愈不自振。旋病归国，归则病益甚，而礼佛益虔。病革时，语祖纯曰："吾自三十通籍，作官十六年，清勤奉公，幸免陨越，顾吾分应尔，弟毋搜我政绩以示人。今大梦已醒，还我明镜，生前尘埃，幸知拂拭，何可执着过去，重自缠缚，速持佛号，助我往生。"祖纯谨受教。于是家人绕床合诵。须臾其师广济寺现明方丈至，付嘱数语，先兄口已不能言，颔首而已。自町芒至日午，呼吸仅属，而神色镇定，虔听佛号而逝。从先兄志，丧葬不讣告，不受吊，今且不敢述其政绩。遗孤宗琦，才七岁，滞欧洲未归。鞠育成人，以绍其先，后死者之责也。民国十四年五月二十日，季弟祖纯谨述。

据铅印原件

梁任公先生传

刘盼遂

先生讳启超，字卓如，号任公，新会人。父宝瑛，布衣教授终。先生生四五岁，日就母膝下受四子书、《诗经》，夜则王父携之寝，辄为道古豪杰哲人嘉言懿行，尤津津于南宋晚明国难之事。六岁，就父毕五经。九岁，能缀文，千言立就。光绪甲申，十二岁，补县学生，而父严督之，于言动不少假贷，常斥之曰："汝自视乃如常儿乎？"先生终生诵之。明年，之广州，入学海堂，治惠戴段王之学。己丑，领乡荐，主考李尚书端棻诧为奇才，以其女弟妻焉。庚寅，南海康先生有为以布衣上书放归，先生同陈千秋往谒之，一见大服，遂执弟子礼，从学于万木草堂者三年。甲午，客京师，交夏曾佑、谭嗣同。曾佑主今文学，嗣同喜经济，先生以大同义与之往复，思心益辟理。时中日战起，先生愤惋，稍有所吐露。迨明年和议成，则与南海先后公车上书，陈时政，请变法。七月，南海开强学会于京师，委以书记，已而会废，应黄公度约，赴上海，主撰《时务报》，著《变法通议》刊布。论者谓其持论豁达，雄辩惊人，殆贾太傅《治安策》之比。丁酉，至湖南，膺时务学堂讲席，以民权论教诸生，多所成就，蔡锷、范源濂其著也。

明年四月，侍郎徐致靖荐先生才可大用，召见，命办大学堂译书局事务。时德宗崇信南海，锐意维新，先生与谭嗣同、杨深秀、康广仁、林旭、杨锐、刘光弟等以京卿参佐之，期月之间，纲纪焕然。御史某摘先生劄记中微辞奏西后，遂兴大狱，六君子死，南海托英人免，先生乘大岛兵舰入日本，世人称此事为"戊戌政变"。自是凡居东十四年，迄于清尽，皆以平易条畅之文笔，颂言革命排满共和，揭于《清议》、《新民》、《国风》、《新小说》诸报及

《新大陆游记》,天下人士靡然向风焉。迨壬子,民国建立,以司法次长征,不应。后一年,熊希龄组阁,先生出任司法总长,旋改币制局总裁。然时事草创,皆未获施敷即去。又二年乙卯,袁氏帝制垂成,先生著《异哉所谓国体问题者》一文,痛驳斥之,谓帝制者,为无风鼓浪,兴妖作怪,徒淆民视听,而诒国家以无穷之戚,袁氏闻之怵焉,使人进二十万金为寿,乞隐其文,且曰:"君亡命况味已饱尝,何更自苦为!"先生笑拒之曰:"余诚老于亡命之经验家,顾宁乐此,不愿苟活于此浊恶空气中也。"来人忸怩而退。先生因与蔡锷定覆袁之策,锷逃至云南,出师护国驿,先生则于丙辰春来往两粤,赞其魁率独立,袁氏遂疽发背死,民国再造,此世所谓"护国之役"者也。明年,张勋入都复辟,先生首通电反对,力怂段祺瑞举兵马厂。不数日,张勋逃亡,祺瑞再入阁,祆雾澄清,起先生出长财政。是时中国加入协约国,对德、奥宣战,卒能改进国际地位,终始主之者,实先生一人。

戊午,欧战告终,先生往游,所至则以中国沉冤诉诸世界舆论,著《欧游心影录》记其事。庚申春,归国,专以著述讲论为业,所钻披亦以佛理史料儒家道术诸子哲学为多,不复作政论,举远游矣。乙卯,清华学校研究院聘任导师,院中不乏笃学之士,先生顾向乐之,晨夕相与研摩讨论,虽便血症日剧,而批校笔劄,剖析疑义,不少休,殆有终焉之志。越三年,旧病侵寻,日卧药裹炉烟中,著《辛稼轩年谱》未卒业,终于北京某医院,得年五十有六。遗命葬翠微山东麓。子五,女子子三,皆读书有立,令娴、思成尤知名。

息县弟子刘盼遂曰:丙寅新正,与同门吴其昌诣北苑,为先生贺岁,入见先生独据案高吟,壁内洒如也。予因叹年事德业如先生,于学问似可小愒,而乃闭户精诵,自强不息,吾侪少年,乃日颓放靡漫,若无可消遣者,何哉!每侍坐时,教以著述事功,动期效于数十年外,其意若定享一二百岁寿者,从不见有侘傺怅惘之色,啃嚄匆衮之音,盖先生从事孔、老、孟、荀、阳明、白沙之学终其身,涵养深,挟持大,愿力弘,以苍生为已任,以斯文为己任,孳孳焉惟为日之不足,又何暇忧老至、愁日永哉!先生少年有别号曰少年中国之少年,呜呼!此即先生之自谥欤?吾侪少年,应如何闻风而兴起孟晋者哉!

据作者手稿

赠勋一位海军上将前海军总长程君碑

章炳麟

君讳璧光，字恒启，自署曰玉堂。其先吴人，宋熙宁间有广平侯正谊者，经略广州，其后著籍为香山人。考讳培芳，以商走美洲数年，亡其资。是时君九岁，著敝衣决履持蒲席度海往省。居二年，考丧，以椟归葬。年十六，入马江水师学堂。卒业，充扬武舰见习生，稍迁至广丙舰管带。广甲、广乙、广丙者，皆广东舰队也。以赴北洋会操，任君为领队。会日本战事起，君上书北洋大臣李鸿章，请率舰赴前敌，许之，即进抵大东沟，以护陆军东行者。敌以军舰十一艘来犯，为单鱼贯陈，海军提督丁汝昌令作燕尾陈御之。日本船仗皆锋锐，而中国炮重迟，不能制。未几，陆军尽败。诸舰退保威海卫，犹日鏖战不已。君立广甲舳首应战，自朝至日中，腹被弹，血渐中衣过半，不知也，卒以援绝为敌人围攻，将士皆没。未几，得遣归。君闭居二年，复起为监造军舰专员，海天、海圻皆君所就也。累迁海军部第二司司长。宣统三年，副贝子载振使英吉利贺新君，以海圻行。既致命，复赴美利坚、墨西哥、古巴慰问侨人。中国军舰至远西自此始。

民国元年，清胙已斩，而君方自远西归。临时大总统袁世凯召欲用君，时海军总长刘冠雄不称职，君辞。二年春，始应命为顾问。寻改陆海统率处参议。君知世凯欲更名号，阳为柔谨，日粪鸟灌园以自晦。与人书，自恨不速死。世凯亦知君终不为用。四年秋，命考察全国兵工厂。君已行，逾二月，世凯遂称帝。五年夏，副总统黎公继任为大总统，以君为海军总长。始君尝为广甲帮带，黎公以管轮属君，甚相得也。自威海卫败归，时临时大总统孙公名尚微，方有所规画，以医自隐。君尝求治疾，孙公即要君同任光复事，君诺之。事泄，亡命海外，而弟奎光以系狱死，故君与孙公称布衣交。黎公既践位，锐意完葺海军，知非君无可恃者。又时袁氏余蘖犹在，举事数不如意，亦欲倚君为心膂，用自强，以是委任甚专。君既视事，尽罢前总长昏制，正身率物，日召诸将以奢惰相戒。故是时诸部皆窳败，而海军事独起。国务总理段祺瑞者，故袁氏爱将也，新得政，横甚，欲藉远略以专兵秉。六年二月，始与德意志绝交。四月，又议宣战，为国会所持，祺瑞恚，遍召督军附己者会京师，与国务员杂议，皆书册称从总理命，次及君，君曰："当服从民意。"祺瑞不怿，然无如君何，即留所召督军，令上书请解散国会，又购市闾乞儿，以公民名，入议院击议员，众大凶。君闻，即夕辞职，诸总长亦相继去，未得请也，而国务院遂空，黎公乃免祺瑞，以外交总长伍廷芳代之，众始定。

未几，安徽省长倪嗣冲以安徽反，浙江督军杨善德、省长齐耀珊，河南督军赵倜、省长田文烈、师长张敬尧，直隶督军曹锟、省长朱家宝、师长范国璋，山东督军张怀芝，福建督军李厚基、省长胡瑞霖，湖北督军王占元，奉天督军张作霖，吉林督军孟恩远，黑龙江督军毕桂芳，陕西督军陈树藩，山西督军阎锡山，皆以其地拒命。嗣冲以倪毓芬为北伐司令，率兵薄丰台，曹锟等亦各以兵来犯。君见事亟，即部第一舰队司令林葆怿率舰往大沽口以待之。群叛已会师天津，设总参谋处，以徐世昌为大元帅。六月四日，君入见黎公，曰："叛军陵迫，大总统宜避其锋。西南诸省，暴力所不逮，璧光愿率舰队奉大总统南下，号师翦逆，请速定计。"黎公不能决，君固请，始遣君出集舰队以俟事变。君闻命，逾宿即行，九日至上海，召林葆怿与诸舰长议讨贼为天下倡。时孙公已先导说海军将佐，未成言，君至，与孙公谋，以军饷属之。十二日，解散国会令下，两广始自主。七月一日，张勋以故清帝溥仪复辟，黎公逊于日本使馆。君闻变，即遣三舰奉迎，以电书致日本公使，请护黎公至天津。公使不肯，乃与上海护军使卢永祥宣檄以讨张勋。会总统府幕僚金永炎来，言黎公已辞职，以印致副总统冯国璋于江宁矣。君固请黎公毋退，而致国璋书，言大总统尚在，号令未绝，欲以阻国璋。七日，国璋宣布代理大总统职。君复以电书诘之，国璋竟不从。于是腾书讨贼，先以海琛、应瑞奉孙公赴番禺，而自率葆怿及前外交总长唐绍仪以七舰从之而南。当是时，刘冠雄及海军上将萨镇冰数以无线电阻海军南行，凡五六至，卒不能动。八月，君部七舰抵番禺，自是两院议员来赴者几百人。九月，国会非常会议选孙公为大元帅，两广巡阅使陆荣廷、云南督军唐继尧为元帅，称军政府焉。

张勋之变，冯、段皆知情。至是勋虽败，国人不欲奉冯氏，尤恶段祺瑞首乱。凡隶于军政府者，广东、广西、云南、贵州四省，皆称护法，不仞冯国璋位号。其后湖南、四川皆奉牒如律令。卒以西南一隅，抗僭伪全制之力者，自君始也。军政府既建，君以海军总长赴邕宁见荣廷，广西始发兵援湖南。十月，援长沙。君还，与滇军军长李烈钧、粤军军长陈炯明东略福建，会琼崖矿务督办龙济光受北廷命，称两广巡阅使，以水师向汕头。君闻，即还师迎讨之，以三舰分截北海闸坡崖门。龙氏军不得进，卒以大挫。时军政府之兴四五月矣，然拥虚名，群帅未尝受方略。孙公在番禺，广西诸将尤不怡。各省分峙，无适为枢纲。唐继尧、李烈钧欲起西南各省联合会以凝之，君始附其议，久之知其无远图，心不慊，其议卒寝。七年二月，始议改建军政府，以政务总裁易元帅。孙公尚持重，久亦不能违众议。议未定，广东人欲以君为督，而君由是殇矣。

初，海军治所在海珠，地迫狭，君时时屏导从出游，或戒以自重者。会易督议起，飞书狎至，君皆不省。二十六日莫，以事乘小艇渡江，及岸，贼突至，举铳击之，中肋穿匈，遂卒。年六十。护法诸省闻之，知与不知皆失声恸。军府及广东将吏以令购贼，竟不能得主名。配邓夫人，妾梁。子耀楠。女适江浦张铸。九年一月，葬宝山八字桥之原。二月，建铜像番禺。君临变倜傥有大节，而处官廉，虽至辅政，未尝增服器。卒之日，遗孙公所资海军银币不在经费者二十三万，耀楠悉反之海军部，承君志也。其后徐世昌盗国，南北乞盟，曹锟、张作霖覆段祺瑞，更四五年未定。十一年夏，大总统黎公复位，赠勋一位、海军上将，而章炳麟为之碑。铭曰：

乾德之衰，北辰其颓，国命遹回。彼骄以桀，盗之槎蘖，乱我法契。蹶哉夫子，奋衣卓起，于三千里。旝动而鸣，如雹如霆，群贼震惊。篡夫犹奰，我褫其气，以贞名器。发自江浦，挞彼大武，莫余敢阻。虎门之限，四方是葵，暨于坤维。乃践邕宁，出其胜兵，以临洞庭。乃截儋耳，寇不出涘，踠迹而止。大业未登，旻天载梦，为奸所乘。夫子之亡，盗言浸飏，出师否臧。百舻湫久，苔蛤胶糅，艘沙则痻。虽则否臧，大龛烝湘，群舒于襄。庚以五年，巨灵嗷天，法统再延。觥觥铜臬，扬休且烈，式是百粤。仡此鸿冢，桓表有竦，书其神勇。

据《太炎文录续编》卷五之上

藏园居士六十自述

傅增湘

余自襁褓即出继叔父肇端公为后，以承曾祖母贞孝邹太夫人之祀。幼而气体孱羸，资性椎鲁，六岁入塾，嗣随怀安公出蜀，迁转宁波、奉化、江宁、海州者二年，所至附人家塾。辛巳，抵天津，乃得宁居，延师受业。十二岁，操笔为文，思路窘束，三年不进。适塾师蒋峨峰先生告归，伯兄雨农公督之，令辍课，泛览群书，若是者年余，忽一夕心思朗澈如光明地。翊晨，从兄乞题作"富而无骄"制艺三十六比，出应集贤书院月课，往往得中等。凡此，皆伯兄勤诲所致也。

戊子岁，顺天乡试，先母刘太夫人欲令与仲兄学渊同应试，怀安公以齿稚不许，余亦惴葸不敢前。先母典钗钏得百余金，纳粟胄监，迫使入都，殊不意竟尔获隽。是科房考出张子虞先生门下，主试者为翁文恭公，经艺堂批有"词藻纷披，考据翔实"之语。仲兄初同房拟中，嗣以制艺逾格，改取誊录，十叔希仲公亦以占籍宛平，同榜报捷。一时亲友播为嘉话，并钦先母之定力不可及也。时余年甫十七，怀安公示谕曰："少年科第，非人生幸事，尝见人家子弟英华早露，而老大无成者多矣。缘志得气骄，学不加进，习染又从而污之也。汝其戒之。"余敬聆悚惕，深自刻励。其后六上春官，偃蹇十年，而志气弥奋，不敢有几微怨抑之萌者，盖不敢忘庭训耳。

辛卯，随侍居保定，时吴挚甫先生主讲莲池书院，从游者多一时英隽，余进而问业，因以粗识读书之道，为文之法。先生教人以致用为主，宴坐侍谭，盱衡古今，于国家理乱之机，中外政教之要，与夫穷变通久之宜，三致意焉。会外患方亟，国是纷纭，先生所以勤勤诏诲者，欲使通过世故，乘时自效，匪徒以文士相期也。久之，先生荐余入劳公玉初幕。劳公以纯儒为吏，相依六年，多资启迪。寻以月课校文，为湘潭陈伯平中丞所激赏，遍游扬公卿间，至以国士相许。由今思之，修名不立，志业无成，诸先达奖借之厚，愧负深矣。

壬辰，先室凌夫人来归，明敏和厚，上奉二亲，旁理家政，更时相劝勖，俾余姱笃于学。余以久困公车，生事日迫，连岁考景山官学教习，充会典馆写书官，思藉为入仕之阶，夫人力沮其事。伯兄方任贵州学政，贻书慰勉，谓节孝之后必昌，慎毋以它途进。至戊戌，遂捷南宫，取高甲，入词馆，然后叹贞孝君之贻庆者远矣。其秋，乞假旋里。己亥春，乃得达寻童时游钓之所，招朋旧诗酒之会，更于其间西上锦城，南入黔中，得揽西南山川之胜。

庚子，挈累北上，舟抵汉皋，而京师拳罪之祸起。留滞武昌，北望燕蓟，忧心如焚。八月，先母率全家间关而至，连舻上峡，重返里门，然千金散尽，囊空如洗矣。时伯兄正以贵州学政受代还蜀。溯自己卯出蜀，奔走四方，至是兄弟四人，聚首乡闾，奉母安居，致桑梓之敬恭，叙亲戚之情话，殊不意流离迁播之余，乃享此天伦之乐也。

壬寅春，正理装戒行，而项城袁公聘书至，遂奉板舆北还，赴怀安官廨。五月，谒项城于保定，委以军谘之职。余于项城，初无雅故也。当幕府初开，闻莲池主讲，连得大师，必有英才，奋起其中，友人吴君彭秋，以余昔年角艺，尝冠其曹，首举以对，其实同门俊异，什百于余者正多，闻之徒增惭怍耳。在军幕四月，因得识刘延年、王聘卿，冯华甫、段芝泉诸公。其秋，移节天津，遂邀入幕。

癸卯，考试散馆，以一等第一名授职编修。七月，充顺天乡试同考官。本房得士陈士芑等十五人。出闱，请咨赴北洋学习。凡居幕府五年，其间从项城回籍葬亲，环历豫、鄂，泛江渡海而归，偕刘延年之江北提督任，为赞画创练十三协，集饷一百三十万，留江淮间者八月，而项城以女学事，驰书数四，敦迫北返。先是，旅津遇旌德吕碧城女士，喜其才赡学博，高轶时辈。因约英敛之、卢木斋、姚石泉等，倡设女学。先室凌夫人力赞之，偕碧城上谒杨文敬、唐少川诸公，醵金筑舍，定名女子公学，令碧城主教席，而推余夫妇总其成。余南行数月，异论滋纷，周君缉之又别设高等女学，总持者未得其人，项城急电余归，俾兼管两校。因约张君蔚西北来，以高等女校委之。乙巳春，部署略定，而项城以为欲大兴女学，非广储师资不为功，更以筹立女子师范学校见属。适余大病，匝月强起治事，草定规制，先开简易班以蕲速成，嗣分文、理科，用资深造。学术调和新旧，而训育则力趋严格。由是近而畿辅，远及江海岭峤，闻风负笈，不远千里而至，闺英百辈，萃于一堂。余属吴君霭辰督外堂，汪潘夫人志明察内舍而监理内外，总挈纲领，则凌夫人主之。然余亦从兹舍幕职而专营学事矣。

已而项城入枢府，杨文敬督北洋，以才堪大用，密荐于朝。东海徐公总督东三省，欲奏调出关，亦缘校事縻系，未获承命。值张文襄公管理学部，奉东朝旨，将于京师辟女校，以树模范。事属创举，颇慎其选，以余主津校，粗有声绩，召入咨询，商定主旨，坚辞弗获，遂奏派为女子师范学堂总理。惟时荣文恪任学部尚书，严范孙、宝瑞臣任侍郎，乔茂萱任左丞，遇有策议，朝上而夕报可，凡定课颁章，三月而大备，翊助之力，胡君雨人为多。余复偕凌夫人躬往苏、鄂，甄录生徒，鸠集校金。周丙甫竟，小憩西湖，忽拜直隶提学使之命。旋都觐见，谒枢垣诸公，方知东海本缘东三省缺人请简，文襄特请改任直隶，以女学初兴，京、津可兼领也。进谒时，尚以凌夫人相助为言。十月十六日，请训，召对于西苑勤政殿，东朝殷殷命推广近畿教育，而归重于整饬学风，精选教员，更以女学初萌，首善之地，四方所瞻，管理规则宜严，学科要以中国为重。余先后奏对百十言，咸荷嘉勉。自维通籍十年，猥以微劳，渥承不次之擢，直隶又为祖父服官之地，惟竭尽智力，仰图报塞耳。二十一日，赴津履任，而两宫哀诏迭至，闻自十六日以后，不复御朝，迄于大渐。余小臣得闻天语，遂为景皇临御三十四年之末命矣。追维旧事，感怆何极。

直隶学务，自项城锐意恢张，重以严范孙、卢木斋二公前后擘画，成效斐然，殆冠于诸行省，余惟规随勿失而已。旋引袁君观澜，俾司总务，昕夕图维。余以为欲教化之普行，惟小学实为先务。而小学之推展，则乡僻尤为要图。今之主学事者，大率糜金钱，萃人才于都会，而以乡村教育，听诸州县下吏，以奉行文书为课最，非本计也。于是，岁时分道出巡，东抵榆关，西渡易水，南及大名，北至宣化，逾古北口，环视热河朝阳边荒之域，三年之中，减骑从，冒寒暑，走穷村古寺，目验而口喻之，所至集官绅，评优劣，而申以奖惩，风习得以周知，士气为之奋发。盖提学巡视之举，全国莫先焉。复筹设初级师范四校，分布保定、天津、滦州、邢台各地，为全省小学，广储教师。迨校舍落成，而革命之军作矣。

辛亥十月，唐君少川奉命南行议和，余以参议偕往。旋以和议中梗，奏请开缺。久羁簪绂，一旦放闲，留居海上者数月。壬子三月，北还，息影津沽，筑楼以奉亲。癸丑三月，遘先母刘太夫人之丧，杜门读礼，不问世事。百日后，入都，僦舍广化寺，就校图书馆所藏内阁书。九月，闭馆，乃去。凡百余日，校书三百余卷。甲寅，开约法会议，被乡人推举与会。未几，简任肃政史，在职岁余，内弹部长，外劾疆吏，旁及仕途积弊事，咸报可。丙辰，裁官，返津。

丁巳，避水患，复移家都门，假醇王故邸，聊资栖息。会政地易人，王聘卿拜组阁之命，浼余相助。冯华甫方摄白宫，亦以旧交敦促，遂入阁任教育总长。在职一年有半，总统一易，总理三易，而余连任如故。频年政争，干戈屡动，竭国帑以养兵，行省据地自王，而于教育根本之计，咸漠视无睹。自审材力短绌，无裨于时，私计欲和协新旧，使平衡渐进，以俟时会之至，且保持教育之尊严，自画鸿沟，不为政潮所推激，以免摧伤侵轶之害。耿耿寸心，守之不改。不意五四之役起，调停无术，遂不得不避贤而远引耳。

壬戌，董君绶金长财政，愤度支之淆乱，欲综核名实，纳于轨度。初不见告，而忽被以督办财政清理处之命，往复再三，勉承其事。余于金谷钩稽，夙非所习，而清勤自矢，终始不渝。因引王君叔钧自副，判为内债、外债、库券三科，断自民元，按诸故牍，梳剔枝蔓，寻求脉络，利弊损益，据事而书，不欲矫激以取名，亦不敢瞻徇而失实，历时十有四月，成文件汇编五册，虽缘它故，为役不终，而外债、库券幸已告完，内债厘正略及少半，一展卷而知其耗损之巨，与夫垢秽之丛，庶后之主计者，或借为龟鉴云。其后财政整理，别设专官，引及下走，俾参末议。凡一切审核簿录，尽袭前规，完成巨典，是又余之所引为私幸者也。

余夙性疏简，澹于宦情，独于山水清游，卷帙古芬，乃有殊尚。少时溺于举业，中岁致身仕途，于斯二端，未遑深涉。辛亥谢职，得赋遂初，如羁人获释，游子还乡，窃欲潜身林壑，长卧书巢，得遂优闲之乐，而情事纷牵，不免强颜再出，然暂出辄返，不复久恋荣途。故自辛、壬以还，凡耳目之所娱，身心之所寄，粗述一二，庶以见余志耳。

余山水之情，根于天性，顾随宦所至，绝少登临。昔居保阳，闻满城有尧山可游，与仲兄驱车而往，至则傫然土阜戴一荒祠耳。己亥还蜀，始识峡江之奇。吾邑名区，时复载酒往游，胡佯洞飞泉寺之胜，至今长萦梦境。又缘省兄贵阳，纵览黔灵之秀，偕凌夫人入大栗山者三日，颇极山居之乐。然峨眉、青城，徒劳结想，凌云、乌尤，廑入遥望，良用自惭。宣统初元以巡学之便，得瞻滦阳田盘御苑景物，行轺匆遽，未能幽讨。迨辛亥以后，始得放意纵怀，屐齿筇枝，南北殆遍。若安徽之九华、黄山，江西之匡庐，江苏之金、焦、北固、天平、邓尉、惠山、虞山，浙江之天目、径山、洞霄、天台、雁荡、严濑、富春、兰亭、禹穴，山东之泰岱、孔林、明湖、劳山，山西之云冈，近畿之上方、芯题、大安、天寿、居庸，自壬子迄于丁卯，十六年间，每岁必一再出，每处或再三至，所至必穷极跻攀，縋幽索险而始快。虽犯雨雪，忍饥疲，窜身蛇虎之穴，出入盗贼之巢，冒万险千艰而曾不之恤。独惜有谢公之癖，而无柳州之文，于山灵有惭色耳。黄山胜概，秀甲东南，天都、莲花，迥出云海，蓬岛之松，散花之坞，疑非人世所宜有。探九龙之瀑，既因险而得奇；试硃砂之汤，恍出尘而仙举矣。兹游最苦旧侣难追，惟张君孟嘉实从焉，惜后此亦无缘再至也。此外则雁荡龙湫之神伟，天目杉林之闳奇，实妙绝天下，而余亦幸得重寻，故追摹异境，用志俊游焉。至如武林、白下、蜀冈、秦邮，为舟楫所频经，翠微、潭柘，属郊坰之名迹，等于几案之雅玩，无劳于标举者矣。甲子以后，老亲弃养，继以懿亲凋落，妻子云亡，索居寡欢，匿影不出。己巳之秋，逸兴乍举，挈子东游，航轨兼驰，涉冬返驾。凡两京胜景，如日光、箱根、叶山、热海、奈良、岚山、高野、比睿、镰仓诸地，略事周览，仙山楼阁，如行画图中。彼邦风气清淑，美好天然，不意垂老获此奇观，洵《方舆》、《纪胜》所未详，亦霞客《游记》所不志。频年偃迹闭门，著书遣日，春秋佳胜，时赋郊游，凤窝丙舍，小筑数椽其间，清泉吟社，西峰草堂，复近距咫尺，囊书而往，辄至浃旬不归。古松流泉，啸咏自得，盖藉为卧游之助，匪以专壑自豪也。倘令世宙再清，腰脚犹健，更当登华岳，蹑岷峨，泛武夷之舟，渡落迦之岛，幸假衰年，一偿宿愿，彼苍或不吝余之多取乎。

余家藏书，肇自先祖，兴文涑鉴，名著一时。莫邵亭所赞为“万叶巨编”，吴桐城所表为“三世善守”者是也。余绮岁耽书，尤嗜古本。月课所入，辄散坊贾。保阳陋肆，无书可求，即名家行卷，亦取旧刻丛残，世不经见之本。每挟书归塾，先母辄迎门而笑曰：“辛勤膏火，乃易断烂纸裹乎。”通籍后，不常居京师，方慷慨时事，每收取译书，或时流新箸，已而弃斥摧烧，私自悔恨，乃稍稍求写刻精本，棉纸明椠，而于宋、元古籍，未遑措意也。然间与缪艺风、曹揆一、董绶金往还，薰习日深，颇诸崖略。辛亥避地上海，时方军兴，故家藏庋，一时星散，偶以百金买宋刊《古文集成》，为四库馆进本，出手得卢，私用自憙。更遍交沈乙庵、杨邻苏、莫楚生、徐积余、张菊生诸公，文宴从容，备闻清论，商略校雠，每见异书，持往质证，习之数月，忽有解悟，遂敢放意搜求。迨壬子三月，裒聚千有余册，连箧北归。乙庵为诗赠行，有“傅侯岷山精，嗜书剧食色。顾野马群空，下鞲鹰眼疾。年少诚不廉，雄成遽无匹”。是为余收书之始。京师新定，又遘兵祸，世族中落，减直求沽。盛伯羲、宝孝劼、端忠敏诸家所藏，倾箱入市，余节衣缩食，或选取一二。嗣得端氏百衲本《通鉴》，合之祖遗兴文署本，因以“双鉴”名楼。复缘连岁游览南中，自建业、吴门、淮阳、钱唐、四明、越中，以至偏州下里，踪迹殆遍。值范氏天一阁、卢氏抱经楼、丁氏持静斋、缪氏艺风堂、莫氏郘亭，更相继而散，由是杖履所到，兼致寻求，所觏既多，取类渐广，古刊之外，浸淫而及旧钞名校矣。迩来争战不休，民生凋敝，如临清徐氏、长沙叶氏、满洲凤氏，并为贾人捆载而出，即炫赫一世之杨氏海源阁，亦被戎马蹂践之害，散轶四方。第悬价高奇，莫能多致，断编小帙，聊为尝鼎一脔耳。总计入目之书，凡宋、辽、金本，为卷三千八百有奇，元本为卷二千五百有奇，益以明刊钞校，约三万余卷，而外库通行习览之本，又逾十万。其中经部之《方言》、《广韵》、《礼部韵略》、《龙龛手鉴》，史部之景祐本《史记》、眉山本《南齐书》、《魏书》、《隋书》、《通鉴》、《忠文王纪事实录》、《水经注》、《唐六典》，子部之《文中子》、《淮南子》、《东观余论》、《白氏六帖》、《事类集》、《甲申杂记》、《闻见近录》、《老子道德经古本集注》，集部之《柳州外集》、《一鸣集》、《范文正公集》、《六一居士集》、《东坡前后集》、《东莱先生诗集》、《义丰集》、《剑南诗稿》、《文选》、《文苑英华》、《唐百家诗选》、《乐府诗集》、《古文集成》，多为宋刊孤帙，而唐写本《鹖冠子》，宋内府写本《洪范政鉴》，明写本《三国志单注》、《赵次公注杜诗》，金本《礓溪集》，元本《困学纪闻》，咸为世不经见之书。插架森森，宛然百城之富。私自维念，家世儒素，终身冷官，先世留贻，不盈万卷，何敢与华族豪门，竞争炫富。第以微尚所寄，耽玩夙深，偶遇所欣，不免见猎心喜，故二十年以来，屏除百好，专意于兹。苕水书船，琉璃坊市，狂搜冥索，百出其途。或千里飞笺，则欣然命驾。闻有奇秘，必多方钩致。然于巧取豪夺之习，特引为深戒。傥力不能逮，则举债以偿。小者典衣，大者割庄，甚至斥去旧藏，别图创获，进甲退乙，劳扰不休。迨涂径既通，群流争赴，时以廉值而收秘笈或以无意而遘珍函，日引月长，规模大具。戊午以后，买宅城西，旁拓藏园，更营书库。每届岁除，仿荛翁祭书之典，招邀耆宿，赏奇析异，并品第部居，综其卷帙，录入库储。然私计簿录之签题，与债家之署券，其数恒相为盈朒，常以此蒙家人之嘲嗤而不顾。夫以区区之愚，前无所因，旁无所助，非有大力可以挥斥一世，非有厚积可以转移万签，然卒能积跬步以致千里，不阶尺土而抗衡大邦，虽未敢比美于瞿、杨，然视近世之北盛南丁，挈短量长，殆无多让。似造物者悯其精勤，特多假以胜缘，锱积寸累，俾成盛业。呜呼！是岂始愿所及料哉。

昔钱遵王有言，藏书之道有二，有藏书者之藏书，有读书者之藏书。余既艰于访寻，何忍任其束置，于钱氏后说，窃所心契焉。夫文章公器，非可自私。聚万卷之奇秘，归之一人；经累代之堙沈，显于一旦。此其付畀之意，非徒诩鸿富，饰观美而已。必发扬昌大，使光气精神，藉吾手而被于天下。庶几上无负于古人，而下亦自慰其辛苦。若徒严扃深镐，秘惜不观，与贾竖宝货贝何异？甚至蟫灰蠹屑，稿帙摧残，文字之脉，不幸自我而斩，与古为仇，其咎戾滋大。故余之藏书，手校者十居八九，传播者十居四五，职是故也。

余自辛亥解官，始事校雠。初请益于椒微先生，嗣交邓孝先、章式之、吴松邻、吴佩伯、张庾楼、徐森玉、袁寒云诸人，益资研讨。旋约式之同校百衲本《通鉴》，经年讫事，正讹补夺，为字万余，乃悟此学，实有心知，非徒皮傅也。于是有得即校，日竟一二卷，悬为课程。神惬意酣，渐成癖嗜。箧中不备，或借瓻以谋之，或阅肆以求之。一书必兼采数本，一本或覆勘再三，舟车行役，林壑幽寻，辄载以相伴。数十年来，曾无经旬之辍。旧都门人，海邦学子，时来问业，则恣令移录，或写为校记，旋付雕镌。综计手校群书，为帙盈千，积卷近万。文字繁碎，董理为劳，近顷刊行，未能百一也。

余既溺于版本校雠之中，因于购求之外，兼得博览，会以世风丕变，文轨大通，余更心营手披，纵横四骛。方今海内号为收藏美富者，首推南北官库、蟠龙故里、琼岛西涯，夫人而见之矣。南方如涵芬、恬裕、适园、嘉惠、密韵、群碧、积学、玉海、乙庵、怡园诸家，则有见有不见者矣。若北方之韵斋、椒微、梧生、陶斋、寒云、邻苏，则见者益鲜矣。而余咸得手展而躬按之。海源阁僻在海隅，皕宋楼流于外域，当世以不得一见为恨。然余则东渡扶桑，而睹静嘉文库之储，尚岿然无恙。税驾沽上，而检《楹书隅录》之所载，犹泰半廑存。若夫天禄琳琅，殿宇深严，虽禁臣不敢启视。余典领秘阁一年，凡昭仁遗籍，著于前、后目者，略考见三四。其它宛委别藏、御园书房所庋，更披取无遗，实吾生之荣遇矣。至东邦异籍，皕宋之外，又纵观图书寮内阁之书，其间中土之佚篇，唐代之卷子，亦得探奇研秘，尤海外之娜嬛，可以广异闻，供遐讨矣。嗟夫！生逢叔季，蹉跎暮景，事业学问，百不如人，惟此古缘，独邀天幸。自审闻见所得，视《曝书》、《经眼》诸记，殆逾倍蓰。综历年南北官私之书，合中外古今钞刻影校，遇所希觏，辄撮其大要，记于短编，署为《藏园瞥录》，都二十余册。近代古籍流传之端绪，大率具于是矣。近者儿子忠谟，刺取其中所记咸淳以前刊本，甄选百则，录以娱亲，题曰《百宋编》，杀青甫竟，自余丛脞，尚待标分。余以博涉既多，遂有志于撰述刊辑之事。尝慨吾蜀宋代人文，号为极盛，而遗集所传，乃十无二三，不揣疏陋，发愤搜采，始自戊辰之秋，迄于今兹，遍检史乘、总集、石刻、方志，以及稗记、类书，得三百八十余人，录文二千一百余首，编为《全蜀两宋文钞》一百卷。又以读史余暇，辑成《道君外传》四卷、《林希逸史》一卷、《车盖亭诗案》一卷，皆削稿待刊。其已刊行者，有《双鉴楼善本书目》四卷、《双鉴楼藏书续记》二卷、《藏园群书题记》八卷、《东游别录》四卷。至自著《铁华馆文集》八卷、《诗集》八卷，词意芜浅，要不足存留，资覆瓿而已。尝考版刻之事，源于吾蜀，至宋代与汴京、杭州并称善本，而沿及晚近，兹风销歇。窃欲上溯眉山，规仿旧法，以复蜀本之观，因录扬子云以下，迄于虞道园遗箸十二种，影杬宋、元古式，刻为《蜀贤丛书》。别取家藏秘本《宋太宗实录》、《家世旧闻》诸书，附以故人吴松邻、李伯籽遗稿，刻为《双鉴楼丛书》，一以表乡里之遗徽，一以存前贤之佚著。异时述益都文苑者，庶得所取资乎。他如传印之书，则有《南齐书》、《五代史》、《通鉴》诸帙，都千有余卷。缘取便后学，尽出私藏，虽断种秘书，毫无悕吝，秖以委诸贾客，俾利流通，初无校录之劳，不假于称述矣。惟正统《道藏》，玄秘之渊，志在扬阐，余长部日，频议不谐，卒赖东海徐公之力，幸完始愿。鸿编秘箓，尽发千载之奇，以供儒流之考索，于学术粗有微助，故附志焉。

余自念生平，澹于荣利，居官之日短，然恒以亟退为心，读书之日长，然恒以不足为恨。少时私慕康、乾诸儒，回翔馆阁，以文字著述，垂名于后世。而遭时多故，事与愿违。中岁先后再出，因缘时会，忝致崇高，力小任重，于国事无丝毫之补。闲居以来，屏绝世务，因得尽发藏书。凡人世服食声色之娱，百不挂怀，惟此卷帙丹铅相依，殆同性命。二十年中，七千余日，自非凶丧疾苦，官职羁縻，未尝不展卷相对。半生精力，尽耗于斯。顾务求浩博，曾无深造之诣与独见之明。即偶有发悟，亦咫闻琐义，不足语于著作之林。惟校雠之事，劬瘁毕生，幸逢良会，访古抽奇，多前贤所未及，既用自慰，亦冀传诸其人。倘天假余龄，耳目聪利，向平之愿，粗了世缘，中垒之业，授之儿辈，得以重理陈编，补完余稿，就所睹记，详别条流，综括四部，勒成一书，上规晁、陈，近参卢、陆，藉炳烛之余光，供汲古之短绠，或亦当世大雅闳达所嘉与乎。岁在辛未八月十一日，江安傅增湘书于藏园。

据石印原件

辛亥人物碑传集

卷　九

故国民政府委员蒙藏委员会委员长马公云亭纪念碑

张　维

民国二十一年八月，国民政府委员临夏马公云亭，卒于河北琉璃河，即卜葬于北平。越八年，部属乡党，树石于公之故里，用以昭勋绩，永懿德，而嘱临洮张维为之文。维于公，州里后进也，义不敢辞。

公讳福祥，云亭其字。昆弟四人而居季。自少读书，即负文武才。清光绪中，循河有部族滋事。是时公才弱冠，从仲兄寿山公，挈乡兵，助官军平乱，馘其渠酋，省释其胁从，由是知名。丁酉武闱，中式乡榜第二。明年，副寿山公统带简练军，自陕、甘转晋入冀，驻兵蓟州。庚子事起，奉调移南苑，复出黄村御敌，战柳林跳马坊，逐北至杨村。其后外军攻正阳门，寿山公力战捐躯，从兄弟子侄，战死者十数人，公独奋力再战，夺城楼，重张汉帜。自是接统仲兄所部，扈从清两宫幸陕，往来备宿卫。积前后功，以总兵记名，历任庄浪靖远督标中营各协，移权西宁总兵事。西宁兼绾青海，地广大，汉、回、蒙、番杂处，争议时间，处置稍失当，则大波轩然以起，甚者往往酿为边患。公至，开诚布信，远近无事，用是晋以提督记名，实授巴里坤总兵，统所部昭武军，驻兰州。

武昌起义，关中诸将，同时发难。甘督故旗籍，集官绅议应付。公力言甘民穷苦，不任兵革。今日之事，保境安民而已。而当道不听，遂遣别将东发，留公部护卫会垣。是时民气已大盛，诸志士谋建立民意机关，促进改革，而公皆为之主。又商诸巡警道赵惟熙，宣告全国，拥赞共和，陇局由是大定。先此秦州独立，亦因公劝解取消。于时库伦尚独立，时遣蒙兵南犯，而达拉特旗大喇嘛王德呢玛，阻河套以应库伦，甘、绥边境皆綦严。于是公由青海办事长官阿尔泰护军使，移镇宁夏，亲出河套，用奇计生致王德呢玛于包头，论功迁授宁夏护军使，兼宁夏将军。治宁八年，民乐边实。匪徒卢占魁、白彦弓、金占魁，伪皇帝达尔六吉，先后为乱，皆遣将薅除之。禁止令行，奸宄无所容，治安为西陲最。民国十年，调为绥远都统。绥远故边瘠，公至剔积弊，杜縻费，支绌撑拄，终不肯加赋以累民。居四载，军政肃穆，民用大洽。会政变，改任西北边防会办，又改航空督办。

十五年，北伐军兴，今军事委员会委员长蒋公，方治兵淮徐间，大河以北，尚未尽底定。公以为建国莫如统一，统一莫如革命，南下见蒋公，痛陈时弊，因言团结民族，必先使各民族了然于主义之所在，乃易为功。蒋公嘉之，任为军事委员会委员，历北平、开封政治分会委员，蒙藏委员会副委员长。各地或有政见参差，衔命疏解，虽劳瘁不自以为苦。十九年，出为青岛市长。会值纱厂劳资相持，工潮久弗决，公乃召华洋厂主、职工，殷勤道谕。又与外领商定信约，不兼旬而纱厂尽复业。逾年，调任安徽省政府主席。凡所兴革，胥征于公议。任官惟贤，敷政惟和，皖之人，安而爱之。复入任蒙藏委员会委员长。四中全会，被选候补执行委员，兼任国民政府委员，职任益繁剧。当是时，中原大战再起，三陇虽边远，所在牵动，家山烽火数百里相望，公苦心调护，谋所以安乡靖国者，动至眠食失节，由是力辞蒙藏会务，移地调摄。未几，复奉召至汉。其时公子今宁夏主席少云，方以十五路军总指挥，驻师信阳，便道视之，婴疾北行，遂卒于途。明令褒恤，有加于常例。

公之在蒙藏会也，常召集蒙藏会议，团结其精神，以固边圉。规兴教育，若恐不及。盖即就言于蒋公者，谋所以实行之。其他所至，亦均以兴学为务，捐金助学，厥数甚巨。创设边疆大小学校，凡数十所。其用人，能尽人所长，得一善，揄扬不容口。与人交，底里倾尽，始终敦厚无间。故边士用公荐，起家者甚众，而士亦多愿归公。公常有言："生平无不可言之事，天下无不可交之人。"亦可以觇其风度矣。自秦、汉以来，山西号为出将，陇、凉先正，时时以武勇雄伟，焜耀史册。至于入参机枢，出领封圻，威惠兼于一身，功名显于当时，子若侄承其谋猷，为国梁栋，蔚为西北右姓，隐然为国家方面之重，近百年中，无如公者。若夫决策于共和之初，而北伐之际，又奔走促成统一，所系于天下国家者至重，非仅乡里之荣而已。

犹忆民国七年，见公宁夏。是时各省区数有内争，而宁夏独为乐土，政通而人和，闾阎充实，年谷丰稔，出其途者，几流连不欲遽去。踪迹违异，忽忽二十余年。今少云主席，复主宁政，正经界，广水利，通商惠工，轻赋恤人。当战事之殷，而民若不甚知其俶扰，继志述事，福我西土。盖益征公之遗泽之远也。乃敬叙公治行大略，以为当世之治国闻者告，且以慰我部属乡党无穷之思。至若学养之详，宦仕之绩，墓有志，家有谱，国有史乘，非维之愚，所得而尽述也。

据《国史馆馆刊》第一卷第四号

王永江别传

金毓黻

王永江，字岷源，一字铁龛。先世自山东蓬莱渡海迁金州，民国改县，故永江为奉天金县人。父克谦，母邱氏。永江与弟永潮，俱能文有声，且同以县学生员补廪贡，时称“金州二王”。永潮蚤卒，永江初以授徒赡家，兼习医理，曾悬壶问世，亦不自聊。光绪三十二年，辽阳州创设警务学堂，以邑绅袁金铠之介，来任教员兼监学，所裁成者甚众。迨诸生卒业，转主辽阳警政。永江邀广宁王镜寰为佐，而以警学诸生羽翼之。手订规章，严于考课，在职数载，遂以能办警察蜚声于辽左，维时辽阳交涉局长于冲汉，与金铠为一邑人望所系，与永江厚善，昕夕往来无间。辽阳税捐征收局长高澍、但旭旦，皆江南名士，日就永江庐倾谈，娓娓不倦。高、但等来不迎，去亦不送，颔首揖客，若无事焉。诸君子亦不以简慢咎永江，识者已知其气象加人一等矣。

宣统三年，清廷调赵尔巽再督东三省。永江已去辽阳，尔巽用金铠荐，命为巡防营长，诣辽阳募兵三营。旋命徐珍统其上。永江不乐，弃而它去。洎武昌革命猝发，各省竞起响应。东省惴惴不安，尔巽谂永江有干济略，招之入府，掌机要。时明年民国建元，尔巽改任都督。海城张作霖，方以巡防营统领升任陆军二十七师长，统重兵驻沈阳，保翼尔巽有功，为军政重心所寄，人竞趋其门，求一识面为荣。永江治公事毕，则闭门读《易》，独不与作霖通，作霖以为恨。俄尔巽命永江署奉天民政司使，作霖诘朝上谒，色甚不平，问：“王某何人，堪任民政司使乎？”尔巽徐曰：“此不关君事，无须致诘。”作霖退而扬言曰：“王某傥敢就职，余必有以报之。”永江闻之惧，引疾还里。是冬，尔巽又檄永江出任兴凤道，治于安东。抵任不两月，驻东边某标军士哗变，噪攻道署。永江闻变，未及冠，自便门潜避于日本领事馆。顷之，标军溃败。事定，日领事以车送永江返署，髡顶过市，为众所指笑。镜寰自沈贻书曰：“谤书如山，不可再留。”永江亦内咎，上章求去。已而历榷辽康、牛海、省城等局税务。

民国五年春，作霖以盛武将军，督理奉天军务。幕府初开，延袁金铠为秘书长，杨宇霆为参谋长，王树翰为财政厅长，皆知名士也。而尤属望于永江。初，作霖匪不知永江才可大用，特以不肯为之下，故以盛气折之。洎自柄省政，需有匡时之略者为之佐，故易倨为恭，以期永江之能为己用。永江方榷税于省城，一日金铠密陈于作霖曰：“永江才器，为当今第一，不应置诸末秩。”作霖乃使人输愿见之诚，永江曰：“张公门前，戈戟森列，吾侪小吏至门，拒不得通，将奈何？”或以告作霖，作霖曰：“勿虑此，吾已预戒门者矣。”永江乃具衣冠往，至门已有人迎候。迨入中门，作霖迎于阶下曰：“公来何迟。”握手如平生欢，延之入内幄，密语终日，外人不得闻。至是，前嫌尽释，而永江亦乐为之用矣。未几，以永江兼清丈局副局长。

是冬，调奉天警务处处长，兼省会警察厅厅长。永江以驻省各师旅兵弁，颇作奸犯科，官府熟视，莫敢过问，思有以禁戢之。得请于作霖，而后就任。遇有兵弁违警，悉以严法绳之，无所回避。时陆军二十七师驻省者，为步兵旅二，骑兵、炮兵团各一。五十三旅旅长汤玉麟愤永江之裁抑部下，积不能平。一日纠诸旅、团官长，遍宴省中诸长吏，独永江不与。作霖闻之不悦曰：“我为地方计，始用岷源。今诸君不慊于岷源，即不慊于我也。”面诘诸将以故，玉麟卒然对曰：“此獠不去，某等不敢奉命。”作霖怒曰：“如此，是反我也。”即麾之退。玉麟愤然归营，调所部，欲效兵谏。作霖亦调兵自卫，有一触即发之势。初，诸将孙烈臣、张景惠、张作相等，亦愤永江无礼，故用玉麟议，挤之使去。及玉麟欲不利于作霖，皆不谓然。作霖知军心附己，迫令玉麟率部离沈阳。玉麟孤立无助，弃所部去北京，时六年夏季事也。永江以衅由己作，几酿大变，不自安，托故他去。作霖闻之笑曰：“岷源胆小，一至此乎？有我在，何惧为?”谕令速归。

永江返任未久,遂代王树翰而为财政厅长。树翰与永江,并称“奉天二王”,皆以善治财赋名。树翰之治财赋也,不主掊克聚敛,以为疆师恃财多,将长其侈心,为练兵攻取之计,故法老、庄之自然无为,以藏富于民,为出治之本。永江不然。其理财上法刘晏,先之以剔除中饱,涓滴归公,次定税收比额,严督责之法,有犯必惩,不避权势,一时榷税之吏,皆股栗听命,岁收倍于树翰时。作霖为之大乐,而侈心亦因之日增,后不数年,听杨宇霆之计,日以扩展军备,开疆辟土为事。永江谏之,不肯听。至是,人始信树翰所虑之深远。

十一年,作霖命永江以财政厅长兼代奉天省长。明年,中央发令真除。永江不敢受,仍称兼代,讫去职日犹然。永江之任省长也,博访周谘,不守故常,创法立制,胥有精义。如立东北大学,造沈海铁路,设奉天纺纱厂,行区村制,并辟修公路,皆匠心独运,开东省未有之局。其办大学,自兼校长,于少年新进之士,接纳恐后。委吴家象、汪兆璠、赵厚达、孙国封襄办东北大学,孙祖昌办纺纱厂,以陈树棠任沈海路总工程师,皆极一时之选。而诸君子亦以绩效斐然,为时所称,号永江为知人。又其为政,颇法明相张居正,综核名实,信赏必罚。各道尹、各县知事,惴惴奉令,不敢违其尺寸。虽远在千里外,如在目前。曾不一载,而奉省大治。时王镜寰以政务厅长为之左右,镜寰出身委吏,博闻强记,公牍一寓目,即能暗诵。永江批阅公牍,遇不称旨者,辄手批以恶语,人不能堪。掾吏拟牍稿,亦鲜有当其意者。惟镜寰所拟办,皆曲折如其意中所欲言。故奉省之治迹炳然,镜寰亦与有力焉。

当是时,作霖倚永江如左右手,遇有大谟议,尝得其一言而决,视袁金铠、杨宇霆以下蔑如也。每遇年节生辰,举行贺仪,诸将如孙烈臣、张景惠、张作相、吴俊升长方面,领师干者,皆班立阶下,候作霖出正厅,则群伏阶下而罗拜之。独永江不与其列。作霖治军居南院,永江治民居北院。永江俟诸文武礼毕,始离北院,作霖已预知之,洎抵南院,则仪门已辟,阍人呼省长来,作霖笑迎于阶,肃之入,永江长揖而已。其他请谒于造次间,亦异于他辈。俊升为奉军宿将,齿长于永江,每见永江必先拜,盖视永江与作霖如一人,故以尊作霖者,礼永江焉。

十三年，奉军将领郭松龄，响应国民革命军，破关而出，自率前锋进逼新民，依白旗堡而陈。作霖大惧，欲弃沈阳，火其邸，南窜大连。永江谏曰："松龄不足畏，且彼辈利在速战，顿兵于野，久则自溃。将军曷为少留。"未几，其子学良微服自关内归，又起宿将韩麟春为之副，陈于辽河右岸，一战而胜，松龄就擒，奉局大定。此永江以静持动之效也。

十五年春，作霖率兵入关，永江不谓然，力谏不听，遂返金县故居。临发，以书告作霖曰："永江从将军治奉将十年。将军督奉之初，岁入不过千万，全恃抵借外债，以济军政费之不足。自民国六年，畀永江以财政重任，勉竭愚忱，不避劳怨，度支得以日裕，内外债渐次清偿。十一年秋，又命兼任省长，由是更节用剔弊，岁入增至四千万。乃值时局不靖，战端屡开，知进而不知退，卒因军事之牵动，金融紊乱，民生日蹙。东省地大物博，即使收视返听，专精致志以经营之，犹非数十年不能得志。今观将军之雄心，竟在此而不在彼，得毋借箸为筹者，计有所失乎。时至今日，简练军实，自属要图，然备兵自保与逞兵争雄，则利害相反。昔管仲制国三十年，始一用兵。燕昭礼士十九年，仅乃报齐。汉武连年穷兵，卒有轮台之悔。古之明王贤佐，犹且如此。况中原兵交方盛，民生凋敝，乃不速为之图，是将自投于荆棘之中，而纳人民于水火之内也。永江年来屡值危疑震撼，劳精弊神，以致左目失明，心房漏血，或逾月而一病，或一月而数病，所以勉力支持而不自惜者，顾念桑梓，忧心独切，不敢见利则趋，见害则避也。使永江而犹在职，必无益于桑梓，并无裨于将军。与其违心求合，不如息影蓬门，用请开去本兼各职，另简贤能接替。"作霖得书，以电慰留。永江再上书曰："永江前请辞职，非畏时局之难，亦别无难言之隐。惟今之所谓实业、交通、屯垦、教育、民治诸大端，皆非财莫举，非金融稳定莫办。今凡关军事之费，皆不论预算有无，得以便宜向官银号支取，以故金融紊乱，财政亦无法整理。试问军备之扩充，兵工厂之消耗，粮秣厂之铺张，所需之款从何而来？非恃官银号多出钞票，以资供应乎？夫以钞票贷给商民，随时可以归还，犹有取偿之法，今尽以付诸消费之途，以致失去信用，而其值日跌，政费亦因之愈增，则奉省财政安有充裕之一日耶？事实相因，了如指掌，不知远虑，但快目前，即令军备增至数十倍，兵工厂、粮秣厂增至百倍千倍，而财力耗竭，金融崩溃，人民破产，不待人之来攻，而奉省亦不能自存。此为自杀之道，尚何有于实业、交通、屯垦、教育、民治之可为哉。人谓乱世人才为不祥之物，永江不敢再留，盖不甘居为不祥之物，非喋喋利口之比也。若将军能翻然变计，以兵足自卫为度，而将兵工厂缩小一半，改营生产事业，汰粮秣厂之冗费，去骈枝之机关，节用以养民，停发钞票以救金融，均度支以兴庶政，永江虽竭驽钝，死而后已，其又何辞。否则，永江不忍视将军之投入荆棘，人民之陷于水火。惟有匿迹销声，不问世事而已。掬诚奉告，不暇择言，唯将军图之。”书出，为国人传诵。作霖亦不再慰留。

作霖始以将军督奉天，嗣兼综吉林、黑龙江军务，晋东三省巡阅使，兼蒙疆经略使。凡奉、吉、黑三省，热、察、绥三特别区，悉隶掌握。凡三入关与直、皖两派争雄长。久之，两派魁桀如曹锟、吴佩孚、段祺瑞、孙传芳，先后俱踣，作霖骎骎独霸北方，而诸将领议以元首拥戴之矣。作霖督奉之初，唯永江之言是听。永江如不主战，则奉军可不入关，以与直军争衡。惟永江睦于宇霆，受其怂恿，合辞主战，爰有二十一年奉直之役。奉军既遭挫败，永江始悟主战之非计，由是力主保境息民，而与宇霆意见渐相左。厥后频年扩军备，设兵工、粮秣两厂，悉由宇霆主之。宇霆向永江索款，靳不之与，遂成间隙。然宇霆每借作霖手批，向东三省官银号便宜支款，累数千万，悉取偿于钞票，与岁入不相剂，因而币值日跌，物价日踊，闾阎起愁叹之声。永江忧之而不能挽救，乃患心房漏血，驯至左目失明。迨作霖再入关，受安国军总司令之号，永江求去之志乃决。永江去职，奉省财益匮，币值愈贬。作霖念永江能，思挽之再起。尝以事诣大连，车经金县驿，意永江必来迎候，停车伫望久之，永江终不肯来，作霖叹息而去。

十六年秋，作霖在北京遣官银号总办彭贤赍书来金县劝驾，永江感其意挚，有允意。贤未归京报命，作霖已明发刘尚清为奉天省长。永江闻讯大愤，漏血症复发，遂不起。说者谓此实由宇霆沮之。宇霆侦知永江将再起，一日与作霖语及此。宇霆曰：“永江素骄蹇，屡以辞职挟公。公以卑辞相要，而浸不一应，无礼甚矣。今固不乏堪任省长者，何必永江。”作霖曰：“然则以何人为宜？”对曰：“有尚清在，其才亦不下于永江。"作霖以为然。尚清除命朝下，而永江夕死矣。作霖殁后，子学良枪杀宇霆于内室，以沮用永江为罪状之一，非无故也。

永江修干丰颐，须眉如画，丰裁峻整，威重有神。东省大吏若赵总督尔巽、张都督锡銮、段将军芝贵，皆以奇其形貌，伟其议论，尊为上客。惟性情失之褊狭，有宿怨必报之。十三年，永江与作霖有违言，拂袖还金县。作霖命奉天省议会议长白永贞继代省长。永江意谓无人敢继其后，而永贞不知逊谢，迳往受印，心甚衔之。为时未久，作霖果病永贞疲软不胜任，再起永江。永江复任未久，即摘省议会职员小失，桎梏以挫辱之。又有刘亥年者，为尔巽旧部，继永江长省城税局，曾讥讪永江榷税有剋削部属迹。及永江长财政，竟藉故欲置亥年重法，赖尔巽力为疏解，廑得免死，囚数年始得释。其在财政厅，曾手批孟科员颊。又尝染翰作书，侍者迟于承笔，永江怒掷笔于地，墨溅侍者衣面殆遍。此皆躁气所乘，反失威重。其用人，多取有容仪者。晚年喜作樗蒲戏，治公事毕，则就私邸聚多人为之。黠者亦时时乘隙，指天画地以论政事，永江喜，往往畀以显秩。盖喜谀恶毁，出于天性，人亦以此少之。永江卒于民国十六年十月八日，年五十六。妻曹氏。生子四：贤泌、贤沣、贤潩、贤湝。女二：长适霍，次适倪。所著书曰《易原窥余》、《铁龛诗草》，各如干卷，皆已刊行。永江治《易》从邵康节入，亦兼言汉易，用以卜休咎，尝有奇验。诗学太白，戛戛独造，以长短句为胜。

论曰：曩论近三十年东北政治人才，应以永江为巨擘。以其手眼明敏，长于裁断，具有近代政治家之风度也。武进谢荫昌掌奉省教育最久，依违于作霖、永江之间。其论永江则曰："性本猜忌阴鸷，好谈支离之易理，及穿凿武断之学术。"余谓永江性情执拗，似王安石，综核名实，似张居正。合性情执拗与综核名实为一，则不免觉其为猜忌阴鸷耳。胶州柯绍忞为永江志墓，以"或议公损下以益上"一语，寄其春秋责备贤者之微辞。若永江不以善理财，跻奉省于富实，诚无以助长作霖之侈心。迨侈心已成，力征经营，益勤远略，永江乃以去就争之，冀挽滔滔之势，不亦晚乎？求之往代，如汉季三国割据之世，人才反盛于治世。即在辽东一隅，若汉末之公孙度，金末之蒲鲜万奴，皆割据一方，历有年所，亦以有裁成辅相之才以为之佐故耳。益以知辽东山川效灵，挺生豪俊，不自作霖、永江始也。特永江与作霖以气类之相感，治奉十年，言听计从，一若武侯之于昭烈，君臣相契，如鱼得水。虽云凶终隙末，未能全其始终，亦遇合之足称者矣。论者谓作霖不偏听杨宇霆之言，信任永江始终如一，则必不穷兵黩武，重遭挫折，而终饮倭人之一弹。又谓民国二十年之顷，使永江而在，且执奉政，则九月十八日之变，可以不作。藉令变作，亦必有术以弭之。诗云："人之云亡，邦国殄瘁。"斯固吾华之不幸也。盖永江以一身系全局安危，至于如此。永江卒已十年，蒋公中正在武昌治军，思及永江之政绩。一日问张学良："当日佐永江治奉者，尚有谁在？"学良以王镜寰对。公命招镜寰来，询永江往事甚悉，称叹久之。方拟向用镜寰，镜寰遽遘疾，一夕遂卒。永江以才具卓越见重于当路者，又如此。余于永江事绩，向曾留意，缀载多得之目稽口询。余弟毓纶，从永江学于警校，后又随其从政，亦谂知其遗闻轶事，一夕追话及此。又以他氏记永江事，往往失之简略，且乏廉悍精卓之笔，不足以传其生平。自忘谫陋，泚笔为作别传，以备贡之史馆。时距永江之卒，已二十年矣。史官金毓黻撰。

据中国第二历史档案馆藏原件

益威上将军勋四位陆军上将前山东督军兼省长田公墓志铭

刘朝望

公讳中玉，字韫山，临榆田氏，曾祖震东，祖永清，考润皆以公贵，赠如公官。曾祖妣李氏，祖妣孙氏，妣阎氏，皆封一品夫人。家世业农，门祚孤孑，至公七世单丁。公生而英毅，祖妣孙太夫人及妣阎太夫人皆早寡苦节，抚使就塾。会清光绪间，李文忠公创建山海关武备学堂。公年十八，投考肄业。试辄冠其曹，列第一者七，声誉籍甚。

二十一年春，侍郎胡公燏芬奉命创练定武军于畿辅。闻公名，招与语，大悦，令管带炮副营，公力辞，乃以为督操官。公日夜搜讨，士卒志坚艺纯，胡公嘉之，谓足楷模全军，卒任为管带官。中国之建新军，自此始。是年冬，胡公内调，项城袁公奉命练兵小站，以定武军十营隶之，袁公既以革新兵备为务。其将校多拔自武备卒业生，而合肥段公尤所倚任。袁、段二公初不知公，及简阅其军，乃叹为定武之良，遂令佐段公，为炮队第一营帮统，兼管带右翼快炮队领官，公名由是益显。段公尝访将才于公，公以王公士珍对，于是进之袁公，洊加拔擢，其后遂与段公并为北洋名将。

二十五年，袁公抚鲁，越二载，调督直隶。公一随军，历北洋第一镇炮队第一标统带，调第二镇标统，最后补第四协统领，兼总办教练处及陆军讲武堂，躬赴日本考察军事。当是时，北洋次第成六镇，兴学制器，日异月新，公及段、王诸公翊赞之力为多，用是北洋军精锐冠中国。各行省简练师旅，辄取将北洋，而公尤为时所推重。

陲是扞。专阃荡寇，稜威兖曹。邦家多难，我心则忉。雄镇岩疆，始察终鲁。岿峙颓流，挈民康煦。公功则懋，才未尽施。抱兹精一，星日回移。岱岳轻重，公躬去来。唏公归矣，畴持我隤。卧疾伤时，永葳壮志。丧我导师，高躅谁嗣。颇牧不作，鼙鼓殷天。镌辞幽墟，式诰万年。

据拓片

庄蕴宽传

赵叔雍

庄蕴宽，字思缄，江苏阳湖人。庄氏世为江南大族，经学文史，代有述作，自明以来，俗称常州四大姓，庄、刘、吕、赵者也。蕴宽读书岐嶷，天资聪悟，辄得圣解，不以规矩自绳。每发论议，惊其长老，或比之于狂生。又好抗辩，嫉恶如仇，青白眼曾不少为人谅。其父字之曰思缄，所以示金人之戒。又以昆列居三，乡里咸尊之为缄三老生。少居乡里，屏绝尘俗，所与游者，一时名辈，赋诗饮啸，颇得声誉。其时洪羊之后，大乱初定，有自窟中逃归者，将以结纳自重。蕴宽知其尝应南京天王殿试，以馆阁诗有"努力杀獗狧"一语获隽（维时加犬旁于人名之左，以示惩创），特薄其人，每来造访，无不辞谢。忽一日，其人又至，适自往应门，门开及见，则面语之曰："余不在宅，恕不延迓。"言既遂，立阖其户，其睚眦有如此者。而其人终善事之，每相见于市廛，执礼至恭，终亦与之偶道寒噢，事后谓"柔能克刚，于此可以见之，吾固不能胜也"。

既而服官广东，亦好与人忤，尤爱斥辱败类。官署衙期，例有茗点，贫士趋衙往往一饱为乐，其不堪者藏馒首于襟袖间，归飨妻孥，忽为所见，即趋与共语，以手密引其双肘，馅食尽坠，衣履脂渍，举座哄引为笑。渐转广西练新兵，筹设督练公所，广收学子，授以兵事。又亲赴日本，聘士官毕业生，归主其事。若赵正平、钮永建、王孝缜诸君，均预其选。诸生阴策革命，盖深知之。由日归国，语先公曰："吾又收罗革命人才几许矣。"桂军迄今负盛名，筚路蓝缕，实有以启之。宿将谭浩明，以及今之李宗仁、白崇禧诸名辈，无不敬事，以为汉文翁以文学化蜀，蕴宽乃以武功肇建粤西也。既任边防督办于龙州，继郑孝胥。郑以文人佩印绶，开边比于希文之穷塞主，气宇皓伟，经纬万端，而所为或不尽至，则曰“海藏楼大名士，宜有以谅之。即边氓以物力供养文流，不其佳事耶”。镇南关革命之役，黄先烈克强出入关隘，虽乔饰亦不能逃逻巡耳目，则与法国教堂司铎谋而阴纵之，以免于难。

瓜代以归，新政迭兴，令誉蔚起，一时名公大夫，多乐与之游。端方尤以推行新政，引擢人才，为众望所归，因益加亲炙。而蕴宽率直，一如平时，端方尝一日约客燕集，先公在座谈及政事，端偶谓“汉人亦不易同心协力，信有其时，旗人讵有立足之地”。语声未已，疾声发于座隅曰：“公试觇之，同心协力，为期不远，终有一日。”群客争目之，则蕴宽厉色而作，端亦始终容之。其倾倒改革，见重流辈，一至于此。瘴海归来，留徙上海。宣统三年，任商船学校校长。其时校基初创，即在徐家汇南洋公学之次，丝厂旧址。余方从学南洋，时时望见，辄往返校舍，督课监操。

逮秋间，武昌事起，即奋袂将事，移居惜阴堂，晨出晡归，已去发辫，与孙、黄、张謇、汤寿潜、宋教仁、陈其美、钮永建、顾忠琛、洪承点共定大计。尤重苏政，苏人奉之为山斗。蕴宽知兵，兼以胆识过人，不畏强御，故疑难丛脞，一一集之其身，亦能等闲了之，江南底定，遂出任江苏都督，非其愿也。甫至南京，即以兵法为部勒。凡有强悍不称职者，一一加以严法。临时大总统府有庶务员，日至廛肆，勒索苛细，以至日用品物，无不诡称总统府需用。事以上闻，即派警察就通衢缚来严鞫。知者或来求免，咸不之顾。翌日，即正之典刑。肆人称快，佥壬失色，相惊告语：“总统府职员尚伏重法，吾曹其知所免夫。”于是廛肆安易，人心为定，孙总统亦绳其能。既而移节苏州，乱兵肆掠，立以省军械至，一询而服，即骈戮之，苏城亦以奠安。其治乱国，盖好用重典者。

民国元年，南北政府合并，总统袁世凯重其材，以为都肃政史。不避权要，弹劾严峻，王治馨以贪渎伏法，为世盛传。逮世凯有帝制之议，杨度等组筹安会，议及政体，即起纠弹，时人以“庄都头”目之。或谓帝制在所必成，识时斯为俊杰，万一意外，宁非自取。则语其友好曰：“吾每日驾马车趋公，如有狙击者，可由车后开枪，距吾颇近，易于中的，且不致伤及御人无辜也。”语为袁闻，以其憨直，阴为曲庇。

渐改制设审计院，调为院长。审计固闲曹，亦顾而乐之，日以书画金石自娱，而军人之至京者，多以其前辈，敬礼攸加。即民党中人知其虽非党籍，实托庇阴，亦乐与之周旋。每国家多故，京师扰攘之际，辄与江朝宗、熊希龄等，为中朝大老，为编户生佛，安靖民生。审计院主综核全国度支，而各省军政，咸属专阃，初不重视，亦有亟待核销，资以酌盈者，或有干托，咸加峻拒。既而库藏日绌，京曹饷糈，多不能继，强有力者，或尚得筹款自给，闲曹冷署，往往累月不名一文。所幸僚属咸体院长清况，不加苛索。间有所得，发给俸食，亦自厮养、办事员而科员、科长，按成递配，往往本人一无所获。因是阖署咸钦其盛德，虽无升斗之储，亦永永追随勿去。族兄椿年任副院长，多谓为难能，亦终与共甘苦。京师人士，益加挹重。段祺瑞、杨宇霆等一时重望，咸乐闻绪论，敬受其词。因亦得以所见闻者，阴相地方，比诸诤友之列。江苏为南北绾毂之区，东南饶富之地，阋阋争阋，屡苦兵役。则直言放论，抨弹无忌。渐以偏痪病足，不良于行，展转衽席，以文史报章自娱，初不忘情于国计，卒为鲁督张宗昌所忌，使王琦往逮之，欲置于法。王以缇骑，躬就所居。正争持间，其子密赴邻院，电话关外，告之杨宇霆。杨立电张缓颊，凡五小时，张急足止王，毋许卤莽，其事始寝。苟少迟误，论者以为或与林白水、邵飘萍同命。林、邵以文字贾祸致死，均王主之也。养摄经岁，其病少已。既而国民革命，北伐抵燕京，政局丕变，因去官职。

旋各省设修志局，钮永建为江苏主席，先公以语永建，延之南来，使主局务，开馆焦山，设局松风阁，遂货旧居南返。时时往来于京、焦、常、沪间，少获清暇，养疴怡老，终于里舍。遗命葬常州公墓，不封不树。举殡之日，郡人无不流涕，谓天乃不慭一老也。

蕴宽躯体短悍，双目炯炯，口大髯疏，直戆敏干，廉正公忠。自幼受学，即好为疑古之论，口如悬河，讲解文史每立新义，非圣谤贤，咸不之恤。常日渺视政术，痛排荣利，否臧人事，不少假借。而又玩世疾俗，一言之发，闻者绝倒。山水清娱，偶事游览，亦无多恋，自雁荡归来，或询龙湫之胜，则曰“差似壮夫立而小遗耳”。又乡人盛宣怀，身后有举发控告者，政府因查封田宅，并及苏州留园。留园为盛宣怀父丹勖所营构，非宣怀产，则曰："往者罪及妻孥，兹乃罪及高、曾耶？"一日客杭州，往访旧友，其人浮沈末僚，潦倒已甚，念旧泫然，将予佽助，且约之放舻湖上。逮及孤山，其人匆匆谓有事先去，维舟登岸，曾不数武，仓皇呼舟子曰："吾遗钱币，烦一检之。"同舟立为移坐搜索，因询遗落何数，其人谓约六十番，则探囊如数予之，且曰"所失正复在此，幸而得之"。其人称谢，携之起行。舟复前掉，遂语友好曰："其人奇困，吾且厚资之，不意觇吾绨袍之谊，即动念秧之谋，品劣至此，只有因而给之，吾所省多矣。"其突梯便给，往往类此。

间好行博，辄至大负，使气掷注，每至倾囊。病中亲友俱集，手战不能举叶子，则以小厮立代其役，顾而乐之。暇好治书法。庄氏世工魏碑，能绳家法，进为狂草，日日与人挥洒无倦容。或学作花卉，初不甚工，自有天趣。进作八分，所藏宋拓《夏承碑》，出临川李氏海内孤本，日事把玩。亦偶作诗，兴到为之，或作题咏，生涩中别饶风趣，不索人和，亦不多以示人。居官无俚，日赴琉璃厂骨董肆中，择其精胜价廉者，携归摩挲，用消永昼。书画鉴赏，颇获神悟。以贫宦无蓄积，迄少珍品。晚岁忽有所悟，遂信佛法。初以大智慧遍览各部，咸得津逮，机锋所肆，直指五镫，相宗科弟，如数指掌。又得吾乡天宁寺冶开和尚之开度，益臻胜悟，归诸净土，日事功课。先公入佛初机，所为助力者特多。金山老僧慧眼所瞩，洞达历劫，尝谓前生一世为虎，一世为明建文帝，盖生有自来者。不昧性灵，超凡入圣，庶几不远。

综其生平，颖慧独绝，恶恶特甚。好以重典治乱世，绳非法，而不违于仁者之用心。好谤士流，而仍不失雅人之深致。好不恭玩世，而通理学之真传。好勇斗狠，讥弹抨劾，而不失其为庸言儒行。好非圣无法，而实通儒、释之精谛。例诸佛氏，殆阿罗汉之流，进于声闻缘觉者，亦近世一行之流已。

据《古今半月刊》第二十三期

绍兴汤先生墓志铭

马　浮

先生讳寿潜，字蛰先。浙江山阴人也。民国初元，省并会稽、山阴为绍兴县，今为绍兴人。远稽命氏，实惟成汤之裔。其先有宋知枢密院事鹏举，受任高宗，始自河南来居于浙，乃及明清，世载厥善。曾祖钦文，祖甸源，父沛恩，并有高行，遂启先生，克明克类。髫年颖异，弱冠有闻。秉心塞渊，植仪劲固。渐濡经术，综括典章。用能疏通知远，达于政事。目之者以为匪特荒年之嘉谷，亦丰岁之瑾瑜也。历聘省院，周览得失，思以革易时敝，匡民理国。尝撰次所论，号曰“危言”，损益略举，张弛惟审。后之隐于辩说者，非其伦已。自初通籍，退然不援。出知青阳，民悦岂弟。有怀孔迩，遂投冠绂。见微知彰，处流能止。在清季世，朝野归誉。累除监司，并谢不赴。纳谋陈善，言不见察。哀此卒瘅，焚溺犹已。戢怊乱于未兆，消陵构于迨发。然而苞桑之计，终莫之救。

暨乎改政之初，望为众附。绥定乡国，顺然后动。释衅遏虐，民免涂炭。盥而不荐，履位如寄。盖务义者弗存乎名声，恤人者不舍乎蹇难。若乃备次本末，宜在惇史，是以略而不概也。夫其行己似矜，而动不刿。疾恶似謷，而仁不掩。适变似涣，而中不挠。同物似玩，而志不滑。事亲则遗禄以毕养，爱人则损己以成惠，立事则示俭以厉俗，居屯则因顺以济险，见几则归洁以明介，时止则肥遁以远害。故形劳自苦，非厚生也。斒调救斗，非徇名也。盘桓利贞，非失正也。以时消息，非违性也。本以雅质，托乎彫世，用晦而明，处必有与，久必有以，亦固道术之寄，性德之符，拘抗不能拟其迹，依似不能袭其真者。夫期命有常，修龄弗届，春秋六十二，中华民国六年六月，以疾卒于里。遐迩摧悼，咸有邦国殄瘁之思。遗诫欽用野服，勿称故官，毋赴于在位，丧事惟约，示同齐民。盖隐有所裁，众人莫能识也。

夫人同县叶氏，恭俭淑令，诞毓六子。男二：孝佶，孝德俱秉榘度，志勤绍述。女三有归，叔贞不字。以九年十二月，葬先生于桐庐县质素乡阳山坂之原，粤稽礼意，封窆，敬藏其形也，铭诔，敬传其名也。州里故旧，及门群彦，亲承风德，没而不忘，佥曰景行未远，可弗纪乎。于是相与咨度，求在称实，无择幼贱，责文于马浮。浮少秉学于先生，得闻言行之蕴，为能察其用心。乃约迹揆本，昭宣志义，刊之贞石，词不溢滥。俾知德君子，有所观考。式丘垄之在兹，流仁声于无穷。其铭曰：

惟儒与墨，或步或骤。先生以之，匪彀伊厚。迹以时成，仁由性受。有勤厥任，有介厥守。蛮髳是忧，匍匐用捄。应变持危，孰测去就。苟以济物，安必远诟。似惠而夷，虽厉无咎。援止伊何，脱人于杻。进可胜残，功施不究。民之多辟，乃攘乃寇。畴秉义类，尚曰别宥。矫矣先生，舍爵若垢。禄不可荣，经德则旧。泊焉顺化，譬彼宵昼。蜿蜿天目，其茁如柳。莹莹紫溪，其曲如斗。兆安于斯，有林有薮。君子所休，彼敦者阜。形则敛藏，神不坏朽。镌铭考德，勿骞勿贸。匪期信俗，庶以俟后。

据中国第二历史档案馆藏原件

任可澄事略

失　名

任可澄，字志清，贵州安顺县人。祖焕奎，光绪丁丑翰林。父毓桢，戊子举人。可澄幼承庭训，克绍家学。丁酉拔萃，癸卯举于乡，甲辰考取内阁中书。时清廷废科举，设学堂。可澄以兴学自任，与在籍内阁中书唐尔镛，分部郎中华之鸿，先后创设贵州通省公立中学，暨贵州优级师范、宪群、法政等校。以先器识、后文艺、整国故、探新学为教，士风丕变，人才辈出。又以其时黔中新闻事业尚属萌芽，复偕同志数人，创刊《贵州公报》，正言谠论，颇为一时所重。

辛亥武昌起义，躬率弟子数百人，参与光复贵州之役，促成共和，厥功甚伟。洪宪僭窃，可澄时任云南巡按使，首谋拥护共和，乃与蔡锷、唐继尧、刘显世、戴戡等，誓师护国，文电筹策，多出其手，词严义正，用能唤起民众，推翻帝制。再造共和后，大元帅府建立，曾被推为内政部长。欧战起，合肥段祺瑞秉国，可澄与新会梁启超力主对德宣战，祺瑞韪之，议遂决。民国八年，应贵州省政府之聘，总纂黔志。九年，任贵州省长，嘉谟善政，极为军民所爱戴。十四年，任教育总长，整饬学风，颇孚众论。二十五年，国民政府特任为云贵监察使。可澄持躬清正，丰裁峻整，夙为两省军民所敬畏。至是白简无私，纲纪肃然，吏畏民怀，为时所称。

任满旋里，复任贵州文献征辑馆馆长，潜心纂述，整理志稿，网罗成书数百卷，才识并茂，卓然巨观。可澄早岁即擅长史学，文笔尤渊雅。于乡邦文献，尤所系怀。尝感黔事载籍多疏，故每出外，辄以志稿自随，所至搜求旧闻，增辑黔故，是以稿凡数易，迟未刊定，垂暮炳烛，世咸以拟之王应麟焉。三十四年十二月十日，以疾卒于家，年六十八。著述有《贵州通志》一百卷，正剞劂中。《悦性斋文稿》八卷、《悦性斋诗稿》四卷、《悦性斋骈体文》二卷、《藏山草堂倚声》二卷、《悦性斋笔记》四卷、《悦性斋题跋》一卷、《语妙录》一卷、《黔事零拾》一卷、《藏山草堂集联》一卷、《藏山草堂联稿》一卷，均藏家待刊云。

据中国第二历史档案馆藏原件

云南黎县朱公墓志铭

马其昶

癸亥秋九月五日，宁州朱公年六十四，卒于天津邸舍。其孤纶以世乱不克归，谨卜乙丑年八月二十一日，侨葬公宛平县西山之麓门头村。因致公自著《家庭琐言》，暨建德周尚书所为《生圹记》来征铭。初公抚皖，有惠爱。其昶，皖人也，又辱公知荐，乌得辞，乃序而铭焉。

公讳家宝，字经田，晚号鬌农，世居云南宁州，今黎县也。父讳学诗，妣张氏。祖讳文光，妣林氏。曾祖讳珍，妣柯氏，继妣魏氏。三世皆以公贵，赠封如其官。公少颖异，善文辞。年十九，举光绪己卯科乡试。六试礼部不第，充咸安宫教习。壬辰，成进士，选庶吉士。散馆，以主事改知县，授直隶平乡，壤瘠多盗，至则开沟洫，溉农田，务在富之，而庚子剿拳匪尤有名。调新城，改南和，又调东明，知滦州，所至民皆畏爱。滦俗健讼，日进状以百数。公即状推问，尽得其情伪。未三日，讼者大稀。凡任州县四年，课第一，总督李文忠公数称之。其后，项城袁公继为总督，愈益贤公，奏为保定府知府。遂使日本，考察政治。比还，迁通永道。旋授江苏按察使，署布政使，擢吉林巡抚。吉林初设治，厘整张弛，不惮劳勚。

戊申，调安徽。当是时，新学少年喜倡革命说，阴煽卒伍。皖扼长江中枢，尤形势所必争。冬十月，诏集江南、湖广诸军，会操太湖。公赴太湖，猝闻两宫殂落，即日驰还治所，而马炮营果乘夜大掠，攻东门，城中巡防卒止三百，公戎服登陴固守，更檄江贞兵船击走之。诘朝乱定，民相与立亭画像颂焉。再逾年，皖北大水。又明年，皖南灾，公募银三百余万振之。复修广济圩，风雨躬巡视，居民咸感奋趋工，堤全不圮。辛亥秋，武昌事起，皖谘议局宣布独立，众往请公为帅，公不许，民老弱聚者二万人，环跪而泣，乃许暂留。未几九江兵至，事益不可为，公去之沪上。

民国既建，袁公为大总统，召公督仓场。明年，举充参议院议员。甲寅，任直隶民政长，兼都督，改巡按使，加将军衔，领军务。旋奉讳夺情，于茹哀饮痛中修饬庶政，治绩为行省冠。丁巳复辟，特授民政部尚书，未行而变作，遂投劾不再出矣。

公起牧令，至封疆，坚忍伉直，一以洁清自厉。罢官，赁屋以居，若寒素然。性豪于饮，旁无姬侍。遭值世变，以政声流闻，莫能晦迹远引，意悒悒不自得也。于是建德尚书偕寓天津，一日，杯酒论心，起而言曰："清帝之逊位也，国体更也，不忍以一姓之故苦万民，是今之从政，与在昔国亡事二姓者别。况如公者，国之干，民萌之所恃赖，既屏荣典，辞封爵，积忤当涂，复坐故主内召，疑谤去官，其志事固昭然可白于天下，公其可无憾。"予读而悲之，因缀其语，纳之圹中，以达公志。铭曰：

猗与良宰，夙振闳材。践艰画变，薅暴弭灾。唯啬是务，唯善是怀。宣条布政，亿兆以谐。忽焉颓顷，孰不恸哀。幽忠孤愤，终古翳薶。镵此铭诗，永诏方来。

妻张氏。子纶。女纯，适合肥李经广。孙浚宣、曾宣、名宣。孙女七人。

据拓片

策赠陆军上将黑山孙公墓志铭

钟广生

民国十三载甲子三月，吉林督军兼省长孙公薨于位。军民戴公威惠，震號奔告，若坠长城。其年五月，嗣孤归公之丧，及期而葬，复以状来告窆期，且请铭。广生从公掌秘籍久，知公深，敢以不文辞。

按状：公讳烈臣，字赞尧。先世由义县迁居黑山之老河身屯，广生所为迁黑山始祖碑铭者是也。曾祖成，妣贾、妣刘。祖起旺，妣于。父魁，妣裴。清代皆有封赠，如公官。公生五岁而孤，母裴夫人鞠之成立。英伟特出，娴骑射，以材武自拔。初隶盛京将军戏下，历官巡防马队管带。光、宣之季，蒙匪陶什陶犯边，公从今镇威上将军张公征讨，连战皆捷，率铁骑，冒风雪，渡洮逐北八百余里，穷逾大漠，斩馘而还。镇威嘉异，倾心结纳，公由是知名。

民国初元，编制陆军，擢旅长，洊总师干。戊午，用兵湘、鄂，授为湘东总司令。旋改奉军副司令，还军长沙，入卫畿辅。会陕匪郭坚跳梁汧、岐间，公秉承镇威方略，遣偏师剿平之。己未夏，吉林师长高士傧以易帅抗命。政府特任公为黑龙江督军，与吉林督军鲍公会师申讨。公以母丧，固辞，不许。辛酉春，移督吉林，兼行省长事。公之莅黑也，俄党构患，疆事日棘。公首招携蒙部，归命中央，遂复呼伦贝尔故地，屯重兵满洲里，收白俄谢米诺夫所部军械，遣出国境，以辞拒赤酋，边圉大宁。及调任吉林枢府，以公谙俄情，习边事，特兼拜护路军总司令之命，累晋勋二位，授一等文虎章、二等宝光嘉禾章。公在位三年，一意搜讨军实，修饬内政。镇威深相倚畀，凡有大议，皆待以参决。

壬戌，奉直之役，公收合精锐，设防榆关，乘间出奇，军声复振，事平，公力言行军之道，贵简练坚实，无取冗兵。又言国步方艰，民生重困，宜外持和节，内修政刑，先为不可侮，而后莫敢予侮。当轴韪其议，特设陆军整理处，以公领总监，至纵横肆应诸方策，一任公为谋主。间岁以来，关内外信使交欢，无虚月，阳捭阴阖，卒底于成。甲子，再战，群以取效诙诡相惊，而不知皆公之成算所豫期也。而惜乎及公之身，不克诸其全功。呜呼！其命也夫。

公生于同治癸酉五月。为人伟仪修干，精气内含，言辞朗朗，终日不倦。事母至孝。将修族谱，建宗祠，以笃周亲，甫经始期年，未成而卒。享年五十有二。元配刘，继配柴，簉室张、邵。子沈阳。女桂如，柴出，女宪瑞，邵出。沈阳前殇，无子，以同祖弟九绪之子宪均嗣。乙丑闰四月，将卜葬于韭莱村之北新茔，乃为铭曰：

岳岳东方，鼍闾炳录。禀生哲人，震夏遹声。公挺其间，惟邦之彦。始从戎轩，炜煌櫜鞬。授公节度，曰奋予武。单于不庭，系之以组。治军有滜，谋国有经。焯哉公身，安危奠倾。譬彼隄防，筑其初基。胡弗憖遗，而止于斯。玉泉之南，沙河之北。郁郁崇冈，铭之千亿。

据《逊庵文集》卷三

故前江西都督吴君墓表

李根源

君讳介璋，字复初，江苏无锡人。江南陆师学堂第一期毕业生也。初光绪戊戌，应陕西巡抚魏光焘之征，掌军事文案，出充武威新军统带。尝论募兵多游手，以金钱为主，故无以死卫国之心，非改募为征，不足以立国军之基。时江南督练处亦创征兵议，调君任督练处提调，兼征兵正提调。自以常州人，又以常州府属征兵事自任，设局府城，亲赴各县征求，一时良家子及文学士，投笔感奋，列籍者千数百人。军成，任新军统带官。岁辛丑，江西巡抚李兴锐调君赴赣，开办武备学堂，为总教。既任陆军测绘各学堂总办，于是李烈钧、彭程万辈，多出门下。宣统元年，被简任江西陆军混成协统。三年，太湖秋操，任中央审判官。

未几，光复军起，君为江西都督。当是时，上游武昌垂危，下游皖、宁未下。君起，声势所被，安徽独立，南京亦攻克，君之功，岂徒安定江右已哉。迨南北统一，君即长谢归田。至民国七年，始复起，赴广州任军政府参赞。自是凡护法、北伐诸役，无不参与其间。十二年以后，以肺萎疾，僦居于沪就医。素行俭朴，尝步行市衢。不幸于民国十六年九月二十六日，在南京路惨遭车撞而卒，可哀也已。距生于光绪元年九月二十八日，春秋五十有二。子三：有楠、有炎、有荣。

忆昔与君共事岭表，每上下其议论，服君之才长心细，能策大事也。今春二月，当闸北烽火连天之日，犹与君晤于镇江冷遹所。曾几何时，竟作古人。兹安葬有期，为述君行谊，刊石墓道，俾后之人知洪都故帅之阡，过而式之，勿或忘焉。民国十六年十二月。

据《曲石文录》卷四

前山东省长沈公墓志铭

陈三立

公姓沈氏，讳铭昌，字冕士，自号默庵。沈氏世为吴兴著姓，明初有官山阴训导者，曰耕云，始占籍为山阴人。公之先，自高祖妣杨以上，三世皆以节孝闻。高祖讳涟，荥泽知县，有惠政。曾祖讳桐，以名诸生佐治河，著声江、淮间。祖讳焜，官甘泉主薄，早卒。考讳召，历知沭阳、阳湖县，常州府通判，所在有名迹。皆以公贵，赠荣禄大夫。妣皆一品夫人。含贞蕴懺，累世弗曜，郁积旁薄，至公乃大。

公生而家贫，勤苦厉志。早岁补诸生。光绪癸巳，举于乡。三试礼部不第，以直隶州知州官湖北。张文襄、端忠敏目为干器。内参戎幕，外理谳局，文移章奏，明通简要，亭疑决滞，号为平允。权知沔阳州，清狱止讼，恤农兴学，期年政成。会创办统捐，檄公筹议，多所裁省，费节税溢。以父忧归。忠敏督两江，聘充幕僚，固辞不获，终丧不庭参，不宴会，不受奖叙。服阕，以知府留江苏，晋道员，加二品衔。忠敏移直隶，奏以公自随，且称公可大用，得旨存记。忠敏罢，继之者贵阳陈尚书，尤倚任公，檄权津海关道。

国变后，区宇沸扰。河南土匪白狼尤勇悍，猋忽难制。当事者强起公为豫东观察使。公远征明季候恂策流寇之议，近法曾、李困捻匪之计，规画方略，积憝用歼。主知事试验，所甄录，号得人。擢内务次长，兼政治讨论会会员。所议大抵维礼教，恤民生，尤以延揽贤才为急务，曰“天下有需乎贤才，贤才无求于天下”。时以为名言。定新刑法补充条例，扶偏救弊，匡益甚巨。他所奏记，动切指要，不为难行高论，亦不唯阿徇俗。授山西省长，数月，以母忧去官。复起为财政次长，未两月罢去。居岁余，补参议院议员。明年，授山东省长。山东故多盗，乱后游兵散卒相勾煽，焚杀劫掠，为患闾里。公慎选令长，招集流亡，奖励工艺，使各隆本业。关津讥呵，毋入枪械，邻里纠诘，毋舍奸宄。侦谍贪狡，诬良诈赃，公廉其情，立置之法。悍屈黠伏，迁为善良。河防久弛，公董督严整，险工获全。在事一年，效绩丕著。终以武夫弄权，策士干政，内讧外侮，交病互激。虽有图议，难于施行，慷慨陈辞，投劾而去。避地上海，筑容园居之，以书籍碑版自娱，日临池课书，时复吟咏。与贵阳陈尚书、金坛冯中丞相唱和。丙寅，得肠咢，疾几死。西医施刀圭，竟愈。丁卯冬，疾复作，遂不治，戊辰正月三日卒，春秋六十。

公丰颐美髯，容貌伟岸。内行修备，和而能介。生平学术，端始于六合汪少浦先生，继从吾乡刘慈民先生游，因私淑曾文正公，而薰陶于正定王道农先生。笃信儒先之说，不以讲学为名高，留心当世得失，期于躬行致用，泽利民物，而以贪禄苟位为耻。故不贵匹夫硁硁之节，思欲一发摅其所蕴蓄，而乖时忤势，无以行其意。高擢美授，一旦唾弃，无所顾惜。其志事皦洁磊落，盖可睹矣。

配翁夫人。弟其昌、宝昌、尔昌，皆有声于时。子元鼎，孝谨有家法，游学美洲，以专精所学名其曹。孙运乾。七月十七日，葬杭州西湖丁家山辛首乙趾，状来乞铭，乃叙而铭之。铭曰：

旧门份份，挺兹淑灵。驾时则权，敕己惟经。行备孝友，亦洽艺文。渐摩道术，优游屈信。天地板荡，埃霾塞昏。令德考终，允显幽铭。

据铅印原件

黑龙江都督兼民政长宋公墓志铭

王树楠

前黑龙江都督兼民政长吉林宋公卒于京寓，春秋六十有七。乌虖！公自癸亥回京，杜门谢客，取圣人可止则止之义，颜其所居曰止园，日与二三耆旧同心之士，立社赋诗，自甲子迄今，两年余矣。每课，公必首唱，意象甚豪，同人皆叹服，谓此老兴不浅，券为寿征，而不料其竟止于斯也，悲夫！悲夫！

公少有大志，不屑屑章句。既冠，补诸生，受知于吉林知府李公金镛。金镛创开黑龙江漠河金厂，招公入幕治文书，袁公大化继之，尤倚重公。积劳，累保知州。袁公去职，代者尽反其所为，公亦相率辞去。中俄事起，金厂为俄人所据。继以日俄之役，东省益危。公游北洋，上东三省善后十二策于直隶总督袁公世凯。袁公既纳其言，即檄为漠河金厂提调，会同总办刘焌往收其地。行抵齐齐哈尔，黑龙江将军程德全以公可与共大事，留之幕中，总文案及善后世宜。时强邻压境，鹰瞵虎睨，眈眈视我为机俎上肉，主权之不失，仅一线耳。公掉三寸之舌，审画吐决，不刚不柔，卒能落其角牙，撤兵返地。凡森林矿产电业航程之向为我有者，莫不一一收还，而垦荒开屯整军兴学诸要政，又皆次第举行，复增置道府厅县诸官，以变通旗制，盖隐然一行省之宏规矣。德全多公之功，举以为海伦直隶厅同知，寻以道员交军机处存记。

日俄议和，外务部以公熟邦交，习边事，召入京，备顾问，并充学部谘议官。旋奏派黑龙江铁路交涉局总办。时东省铁路占黑龙江地以亩计二百四十万余，森林以方里计二万余，煤区之广，尤不可以偻数。前事者已订约矣，又局费向皆仰给于铁路公司，名曰交涉，实则隶属于公司之下而已。公至，则自筹局费，又力争前约而议废之，相持两年，卒改订新约，收回路界强半，林区十九，增加地租木植煤税各有差。朝廷嘉之，擢升呼伦贝尔副都统。汉官之任斯职，异数也。公莅事，以种族纷庞，规俗施教，并严禁俄人越境侵渔，尺寸不以让人。中俄国界，自雍正五年缔约至今鄂博卡伦久罢不顾。公条其利害，上之三省总督徐公世昌，于是有会勘中俄国界之命。界长二千余里，山峦水汊，错出纷歧，公亲履勘，出入于冰天雪地之中，絜约援图，证以山川形势，抗议两载，卒将俄路所据之满州里，划归我界。公尝谓强权可以理争，理所不许，约虽成可废，地虽失可复也，人以为名言。先是，呼伦贝尔议改道治，公不协蒙情，恐为变，争之不得，及升黑龙江民政司使，武昌变作，呼伦亦相继独立。时人言沸腾，巡抚周树模乞休去，上以公署理巡抚，安辑军民，境内晏然无事。

鼎革后，改为黑龙江都督兼民政长。累乞免职，明年始报可。袁公任大总统，延为顾问，旋充参政院参政。徐公继任总统，起公为东省铁路督办。公以路务呰窳，鲜储备，栉其垢污，梳其棼结，力维主权，而于公司营业，亦多方护持，中外翕然称善。癸亥，辞职回京，以时局日纷，遂不复出。

公讳小濂，字友梅，又字铁梅。先世居直隶之宝坻，后迁奉天义州，数传至其考，讳永瑞，挟医术游吉林，遂占籍为吉林人。原配李夫人，继配庄夫人，皆先卒。再娶沈夫人。李夫人生子曰铸功，亦先亡。女二：一适郑氏，一待字。公久乏嗣，前岁，侧室张氏生子晚哥，同人闻之，皆走贺，饮酒歌诗，极一日之欢。今晚哥甫三龄，而公遽殁，是可悲耳。公之病不尽一日而卒。成先生来告余，偕与会哭。徐公敬宜经理其丧，且商家事。公服官数十年，殁后家无一钱，敬宜以书告赙于东省诸达官贵人，而以铭幽之文属树楠曰："公之志也。"将归葬，成先生来速铭，乃为铭曰：

公之伟烈，彰于国防。履虎之尾，而不敢伤。不兵而武，返我侵土。闲其黄埃，先迷后主。公施未竟，退老而终。赋诗志痛，刻石幽宫。

据《陶庐文内集》

陈君陶遗家传

陈敬第

陶遗陈君殁垂二年，葬矣。孤定业请为家传，此后死之责也。国事递嬗，君以一身与为终始，不求知于人，往往于震憾危疑之际，奋不顾身，抑排百难，多方委曲，以求有济。其事秘，且为时忌，湮没鲜有知者，知之亦不能言其详。余尝叩君，若不省记者然，但就可知与可言者，摭拾以传诸后，实未足以尽君也。

君讳公瑶，字陶怡，号道一，江苏金山松隐镇人。十岁而孤，长入邑庠，肄业松江融斋师范学校、上海中国公学，创立健行公学。痛清政不纲，慨然以革命为己任，改字剑虹。渡日本，入早稻田大学习法政，办《醒狮》周刊。当清季光绪乙巳，同盟会成立于日本东京，孙文兴中会、黄兴华兴会为主干，联合无政府主义派及其它革命人士，厚集其力，君同邑高天梅介君入会。师事余杭章炳麟，复入光复会。其中坚如陶成章、徐锡麟，皆炳麟同志也。炳麟少许可，独于君无间言，为改字陶遗，取义陶唐氏遗民，后遂以字行。任江苏同盟会支部长，谋刺两江总督端方，同会刘师培告密，捕系狱，通州张謇驰救，移羁警察总局，去桎梏。君不以死生渝其志，江宁府知府杨钟羲莅局推鞫，望而知为儒者，遇以宾礼，守卒薰沐盛德，亲如家人，执简受教，则又如师弟子。弥年获释，谒端方，温语示引用，君矢志如初，赋诗慰亲故，有“死别未成终有死，生还而后始无生”之句。过从南社，文字鼓跃革命，又名水，字止斋。应南洋泗水学校教员之聘，奔走革命益力，不遑寝处，体自此羸弱。

在同盟会，与黄兴、赵声最契。黄花岗一役，黄兴实为主谋，君与赵声期同赴，已抵香港，事泄先发，未及于难。武昌起义，挟募金归自南洋。江苏巡抚程德全独立，革命军拥君为都督，君固让德全。会师攻克南京，属郡设军政府，君居中调护，阖境晏如。以江苏省代表，被举临时参议院副议长。初，议建临时政府于南京，举黄兴为大元师，黎元洪副。孙文归国，黄兴辞，举孙文临时大总统。南北议和，与袁世凯密约，清廷逊位诏下，总统改选世凯。至是，有持异议者，主用兵，君谂斗力则北胜，况革命肇端，不宜因权位内讧，坚持交参议院议决，不则下令解散参议院，卒如密约定议。而翌年二次革命，固已萌于此矣。同盟会改国民党，君当选众议院议员，让高天梅。偕孙文、黄兴北上，窥诇世凯叵测。会国民党国会议员抨击五国借款，赣、皖、粤三督为外援，宋教仁适被刺，于是讨袁军起。君与黄兴虑无备轻发，堕世凯计，不为党人所容纳。湖口首发难，黄兴被迫赴南京，主军事。皖、粤、湘、闽、蜀五省响应，鄂阴持两端。世凯调兵南下突击，果溃散，五省北附，凡四十八日，党军摧毁以尽。

君屏政治，赴黑龙江经纪东井垦植公司，拓地二千余亩，采购新农具，招佃分垦。哈尔滨设新盛恒粮栈，兼戊通航运公司董事，多所赞画。时广东七总裁制，军政府遣莫文光来，趣赴广东。荒寂生涯，适于素性，辞不赴。淹滞七稔，不堪匪扰，粮栈主者操奇，折阅受挫，南归。国民党改组，周耘芍将朱执信命就谘，君逊谢而已。

浙督卢永祥、苏督齐燮元交阋，松、太各属，兵灾尤重，君代表金山，参与兵灾善后会，逐燮元以谢苏人。代燮元者，为奉军杨宇霆，所部兵无纪律，苏人患之。君居东三省久，丁文江曾营北票煤矿，知其贪暴，尤激昂，文江说浙督孙传芳，领兵长驱，进驻南京，宇霆遁走。传芳声言苏人治苏，众强君任省长。治尚宁静，不轻易吏。财赋亏负，县债、省债，纷如乱丝，为之爬梳整理，偿九百余万，废苛税若干种，量入为出，有轨辙可循。文江会办上海商埠，议收回租界法权，与君往复商榷，文江折冲，协定始成。国民党军北伐，密喻君连传芳。传芳出兵九江，兵败乞援张作霖。君曰："吾不忍见吾苏人重罹兵祸也。"拂衣径去。先后客游东三省特区行政长官朱庆澜、中东铁路督办李绍庚幕。日本占东三省，悲愤填胸臆，幞被入关，终君之身，未尝不萦怀于白山黑水间也。返松隐故居，与仲兄鹭共晨夕，友爱弥笃。鹭病殁，乃客上海，鬻书自给。平生远荣利，刻苦自绳。中有所持，不可挠夺。接人泾渭分于中，不立崖岸。通有无，赴人缓急，无德色，人以是乐就之。四方客辐辏，坐常满，群望归焉。

芦沟桥之变，举国震骇，抗日之声，飚起云涌，卒发于上海，旋沦陷，南京相继不守。有谋胁君出者，避香港，潜归键户。国民党副总裁汪兆铭勾敌，组南京伪政府，降访君。君先往，晓譬大义，兆铭不省，仅乃劝阻其从者。兆铭请君为江苏省长、上海市长，均峻拒，亦莫之敢犯也。自重庆来上海者，阴图策应，则助之掩蔽，或迂回救护脱于厄。宿疾发益数，日本降，加餐称庆，笑语家人："毋庸祭告，吾福过陆放翁多矣。"政府还都，故旧争问起居，辄至夜分不绝，惫甚。松隐宅毁，不得归。市临时参议会举君议长，先征君意，辞不可，荐代者乃已。盖转喜为忧，心知国事愈纷，太平不及俟也。中华民国三十五年四月二十七日，卒于上海僦舍，贫无以敛，吊者相向，哭失声。春秋六十有六。乡人私谥贞毅。明年，葬于金山松隐镇白鹭塘。

君曾于苏州为程德全、张謇筹建纪念堂，彰辛亥兵不血刃之功，谋始病辍，武进刘垣纠合父老，竟其事。因德全与君晚年皈依佛教，名曰宁远莲社，奉程德全、张謇、应德闳及君栗主，岁时荐享。君祖梅溪，妣陆，继妣陆。考讳遇泰，妣章。生三子：长景贤，次鹭，君序第三。配王，早卒。生子定，德国兴明大学医学博士，嗣鹭后，女印白，适姚。继配郁。生子业，上海圣约翰大学毕业，赴美国华盛顿大学习水产。孙：禹辛、远宁。

论曰：介子推不言禄，禄亦弗及也，世以是多之，亦若有不平者，誉君亦云。然余则更有进焉。夫以君德量智略，公而忘私，一旦因缘遭际，网罗俊乂，与时徐进，跻国家于昌盛，一洗处士虚声之耻，庶无负于君，君亦无负于国矣。而时厄之，而年厄之，惜哉！

据影印原件

溧水郑君墓志铭

钟广生

民国十七年夏正戊辰十二月十八日，前江苏省长郑君，卒于辽宁军府。一时同官交游，莫不悼惜，谓君劬劳国事，竟以身殉。而总厥生平，以一书生，蕴其伟抱，置身帷幄间，车辙马迹，遍于国中。尝西南至滇池，东南暨于交、广，中周乎江、淮、楚、越之郊，北游幽、燕，览京邑之闳壮，西北渡黄河陇坂以望皋兰，最后乃历聘东三省，受知于鲍公贵卿最深，而大元帅张公父子并加倚畀，若左右手。君亦殚其智能，凡所规画，千万言援笔立就。盖民国十余年来，幕府人材，此为仅见云。

君讳谦，字鸣之。曾祖讳之沂，国学生。祖讳如梁，本生祖讳如榛，廪贡生。考讳鉴，字镜潭，妣陈氏，继妣某氏。君生六龄，陈太夫人弃养，就鞠于外家。舅氏陈伯雨先生作霖，宿儒也。君受教久，焠掌自励。年十六，补诸生。食廪讫于庠。旋遭父丧，哀毁柴立。庚子后，士竞新学，乃东渡日本，习法科。既归，应云贵总督李公经羲之聘，佐治新政，章疏多出其手。民国初元，为粤汉铁路掌笺记，寻充安徽国税厅坐办。三年，经羲之子国筠，出任广东巡按使，辟君为政务厅长。四年，国筠去位，君亟思引退，继任张公鸣岐坚慰留之，盖深知君之才，咸欲倚以为重也。五年春，粤构政变，君遂北行。会黄陂当国，起经羲为国务总理，将以君除院秘书长，未就，而复辟难作，京师驿骚，君亦脱身南归。旋以当轴吸引，再入都，奉国务院檄，赴陇查案。君于是得尽览华岳终南之胜。

翌岁，黑龙江督军兼省长鲍公，闻君名，礼辟入江，掌政务，信任专一。值俄内江，君首倡议筹设戊通公司，松、黑两江航权之立，自君始。

八年，鲍公移督吉林，兼东路督办，惩于铁路权利之坠失，乘机收复军警司法，更设董事会，参用华、俄人员。一是谋虑，盖出君之赞画为多。鲍公既深器君，为游扬于大元帅张公，罗致幕下。及鲍公引疾退休，君遂从大元帅张公父子相为终矣。十三年，奉天与苏俄修订东路协定，以君为委员长。明年，段执政开善后会议于北京，以君为东三省总代表。出入讽议有亮直之气。

洎大元帅经略江表，以君南人，荐命为江苏省长，屡辞不获，趣就任所。时当苏、常构兵之后，客军麇集境内，以十数万计，商民惴慄，无所告诉。君苦心调维，具为区处。客军先后退去，而苏省瘢痏百出，不可爬梳。君复草具条教，徐图苏息。乃未及施行，而时局又大变。君于是知天下事之不易为，为之而卒溃，成者殆有数存乎其间，而非一手一足之烈所能几也。君为人耿直，勇于自任。几案衡石程书，日尽数百纸，未尝有留牍。持身严峻，不徇私以害公。其佐粤时，有显贵为巨商关说，啗以重金，先已辞谢，及事就，疑君与有力，出二千金为寿。君即白长官，移充振款。其廉正不苟，多类此。以故所至军府咸深相推重。及大元帅张公构难皇姑屯，汉卿总司令亟电召君，入参机务，立奠危局。而休兵息民，赞成统一，君实预其谋。乃以事务丛棘，积劳在躬，触发旧疾，竟一瞑不起，亦可哀已。君生于光绪丙子八月，春秋五十有三。

配钮夫人，子四：德麒，留学法国，早卒。德瀛、德文、德鹏。君念外叔祖母张太孺人有养育恩，老而无嗣，出德鹏为孺人后，所以报也。女二：长适刘，次待字。己巳二月，将归葬于江宁西善桥大茅草村。其仲弟颐，请为表墓之文。余与君同在鲍公幕有年，共笔砚交，乃不辞而为之。铭曰：

呜呼郑君，揆其政绩，始于西南，而终于东北。扶颠定倾，瘁躬殚职。羽檄飞书，琳瑀之匹。君乎何修，而施不仇。天欤人欤，奄忽千秋。德辉永閟，元宅之幽。

据《逊庵文集》卷三

韩紫石先生传

蒋维乔

先生讳国钧，字紫石，又字止石，江苏泰县海安镇人。本生祖凤翔公，于逊清道光季年里中患大水，岁比不登，日筹赈恤，而力有未逮，谋售其宅于邻，不得，竟拆之，得资易米麦，以赡灾民，及先生之生，而已无宅可居，家道遂致中落。先生九岁失怙，十二岁失恃，赖二姑母教养，至于成人。幼时功读甚勤，而有大志。每晚自塾归，辄集合邻里诸童，于宅西之大广场，以兵法部勒之，短衣窄袖，自任指挥之责。年十八，应童子试。二十一，以诗赋列第一名，补博士弟子员。二十三，乡试中式举人。屡赴会试不售，乃应大挑，得知县，分发河南。是为先生入仕之始，年三十有三也。

初奉委开封府发审差，兼按察使署督审局谳员差。后署镇平县知县，三月即有颂声，民间呼为韩青天，又称韩一堂。盖以先生于诉讼案，每一堂判决也。镇平事繁，先生一日判决二十六案，仍于午夜乘马周巡三四十里，方返署。翌日视事如故。镇平向无舆图，户口又无统计。先生因草创计里开方图，锐意清查户口。每村颁一册，册首绘本村全图，分户口为甲、乙、丙三等。丙等皆无业游民，奸宄多出其中，闻县府清查，相率他遁。

在镇平任未久，即调署祥符县，尚未受代，一日因事赴乡，停舆河畔待渡。忽一老妪搴帘而前，曰："此韩大老爷耶，来县未及一年，如何离我等而去。"言次，泪随声下。及卸篆起行，人民扶老携幼，恭迎不绝于道。亭午至一小村，父老数辈，设香案，陈酒果，揖先生下车。先生稍慰谢之，即登舆行。父老挥手曰："韩青天今日此去，无以为报，汝辈可舁舆送一程。"即有壮丁十数，蜂拥至，相助舁舆，行数里后，始叩头而去。

莅祥符任不久，即调署武陟县。武陟滨黄、沁两河，沁自太行南下，挟沙与黄等，每一溃决，沙压平地数十里，沃壤悉成石田。先生为筹翻沙之法，呈请藩署拨款。令人民将沙土画成方罫，次第翻沙出土，试种谷麦，岁增熟田四万余亩。

卸武陟任，需次开封。巡抚刘树堂保荐循良，奉朱批送部引见。适永成旱荒，及邻境涡阳匪乱，奉檄署永城事。先生莅任，查放灾振，感受时疫，温热甚剧，匝月始愈。劳于民事，未肯自逸。以县境与江苏之萧、砀接壤，常患盗，以县北薛胡地方为甚。先生为订团练巡缉之法，各村户出一丁，各携自有枪械，日间操练步伐，于午夜全体集合于薛胡。本市绅董为之备食，乃分班四出，周历东西南北各境，而归其本村。遇有盗警，则击之。盗知有备，亦不敢发。

卸永城篆后，请咨由天津入都引见。适逢拳匪之乱，中道折回，奉檄到浚县本任。莅浚甫三日，有报其子为人以砖击毙者。询其状，则云伊与子行乞至某田畔，阻不令前，互相口角，某遂以砖击其子，脑破而死。先生立即诣验。子甫九龄，病已久，戴破风帽，伏卧田畴中。砖弃于旁，脱帽检视，脑浆四流，地主不认行凶，但云小有口角而已。先生执尸主斥之曰："此汝杀子以图诈也。"一鞫而伏。嗣是终浚任，鲜籍命图诈之案。浚与滑邻，素多盗。先生博访周谘，地方奸恶一一得其姓名，登诸册，匪徒多他避者。既而请开浚县本缺，以道员归河南补用。

逊清光绪二十八年，奉委河北矿务局总办、交涉局会办。时河南省与英国福公司订立怀庆左右办矿合同，许筑运矿铁路，当收买民地。时京汉路未通，愚民不知铁路为何事，闻讯惊骇，相约不出售。大府以先生任河北州县久，得民心，故檄往办理此事。先生竭诚劝谕，父老皆曰："韩爷非欺我者。"事遂得解。期年，而道清铁路告成。河北矿务局设河内县清化镇，地皆膏腴，独近清化之李家凹，荒芜不耕者数年。盖因光绪三年大旱，县令催征急，民不堪命，相率将地契缴官，流亡异地，其田遂荒。先生亲自相度其地，因高下辟为田塍，浚沟渠以泄横潦，购湖桑万株植之，三年成荫。遂请于清化，设立蚕桑实业中学堂，令各县选送学生。河北风气，为之大开。在总办任三年，与外人交涉，不亢不卑，争执虽极烈，而中外感情转洽。大府以交涉得体，专折奏保。先生在汴一有十八年，昔以循良著称，今复以交涉得名矣。

先生曾赴日本考查农工商矿。赵尔巽督奉天，乃奏调先生至奉，委充交涉局长。时日俄战罢，日人气焰方炽，交涉至难。先生从容应付，外貌温然，而主张强硬，日人无如之何。赵尔巽调任川督，先生辞职，仍回河南省候补。豫抚张人骏升任两广总督，奏调先生赴广东，奉委督练公所参议，兼兵备总办。先生于是又主办军事矣。粤军中留学生多，最难驾驭。丹徒赵百先(声)烈士为标统，慷慨尚气节，先生深器之。江督端方密电粤督，指为革命派，拟撤去军职。先生为之力言，得以调充督练处，旋以病去。

逊清宣统元年，简任奉天劝业道。及日韩合邦公布后，简任奉天交涉司。值东省鼠疫大作，由满洲里蔓延至哈尔滨。俄人欲派兵围烧哈埠，日人欲派警在奉天城内施行检查，先生奉命办理防疫事宜，以事属创举，力保主权，筹设中日防疫委员会，遴选中外医生，分设重病院、隔离所十数处，昕夕焦劳，不遑宁居。有英医士因办防疫，传染身故。先生亦屡濒于危，而疫事亦遂衰。先生在奉近三载，交涉至繁，其中如盖平之渔业公司案。抚顺矿界案、本溪湖合办煤矿案、鸭绿江驾桥通车案、安东采木公司案、防疫案，无一不棘手。先生龈龈持正论，日人亦不得不就范。西关外新辟之商埠，历与英、美各领事争持，亦无以难也。宣统三年，调任吉林民政司。适值大火之后，十室毁其五，先生至，竭力拊循，又为贷款，筹复兴，稍稍就绪。而武昌革命军起，遂辞职南归。

民国二年，简授江苏民政长。当二次革命兵燹后，抵任时，商肆开市者寥寥。先生设法首贷款于柴米各肆，继贷于布业，再次及各商店，于是市肆渐复。又与教育司筹商先恢初、高小学。江苏都督张勋因戕害日人，政府命迁调巡阅长江，其部下几于哗变。先生百计设法消弭之。三年，调任安徽巡按使。先生拟于皖北改良农业，皖南改良茶务，于长江两岸创造森林，颍亳平原特制精碱。以与倪嗣冲督军意见不合，未久即辞职。十一年，简任江苏省长。在职三年，既厄于军阀，又受一部分议员之牵制，致先生之治苏，未有显著之成绩。其间最棘手者，如公债之发行、议教之冲突、水电厂之标卖，先生自言三年之精神，为此数事牺牲殆尽。省议会分政社、仁社两派，政社议员疑先生左袒仁社，遂集矢于先生。其势汹汹，不可终日。江浙之战，先生于事前直接间接力劝双方不可开衅，卒不获命。迨齐燮元战败，先生曾奉命一兼督篆。奉军南下，政府任命郑谦为江苏省长，先生卸职下野。

先生毕生究心水利。逊清光绪十三年秋，郑州黄河决口。先生阅《禹贡锥指》，研求黄河变迁之迹，绘成沿革图。及分发河南，入学使吴树棻幕，在幕三载，随轺周历豫南北，凡九十六县。所至辄考察其山川道路民情风俗，及地方利病之所在，于治水工程，益感兴趣。民国三年，先生任江苏民政长时，筹设江南水利局，江北运河工程局，曾亲赴常熟勘视白茆河工，周历支塘归家市江口而归。九年，中央特设运河工程局，先生任会办。十年秋，淫雨，淮、沂两水，同时大涨，运河一线，长堤岌岌可危。先生亲驻高邮，督饬防汛。运河东堤之车、南、新三坝，依次开放，水仍不退。高、宝两县人士，要求续开昭关坝，期畅泄西水，而泰、东、兴、盐、阜诸县人士，以利害相反，竭力阻止。先生审察昭关坝底坝身，能否支持，毫无把握，贸然启放，下河必为鱼鳖，坚持上下游利害兼顾之旨，力排众议，解除下河各县莫大危机。乃开辟东台之王家港，以通入海之路，水势乃日退。二十年，淮水大涨，运河东西堤，自高邮至邵伯六十里间，决口二十余处，自宿迁至宝应，决口七十余处，演成苏北空前浩劫。政府暨地方人士，敦请先生出任复堤大工。先生年七十有五矣，乃不避艰险，亲历各灾区，规定施工程序，卒于大汛期前，将被决之重要堤工，次第修复。其时军事未停，经费又异常竭蹶，工程屡致停顿。先生一方筹款，一方亲往工次，剀切劝谕。工人闻先生一言，皆踊跃从命，克期成功。运河东南堤，为苏北唯一保障。自先生此次修复，加倍高厚，十余年来未遭水患。二十三年之夏，先生以七十八老翁，犹亲赴开封，视察黄河南岸工程。其冬，至邵伯观船闸工程，至淮阴观导淮入海工程。二十六年，河决河南之中牟郑县，水势由皖入苏，徐、海泛滥成灾。二十七年，黄淮并涨，曾开东、新二坝，藉资疏泄。二十八年春，堵闭坝口，以保春耕，功成十分之六。淮阴陷于敌寇，经费既绝，工亦停顿。时先生任苏北入海水道委员会主任委员，竭力筹款接济，运局继续施工，卒告合龙。中央以黄河决口未堵，特委先生为黄灾救济委员会主任委员。凡关于救济工程中之修筑圩垛、疏通海港两大部分，皆有精详计划。以八十二岁之高龄，每逢开会，虽盛暑祁寒，必亲往出席。惜以经费无着，又灾区沦于敌寇，未能见其成功，为可惜耳。

二十七年，日寇侵苏北，海安沦陷，先生之家，亦为寇贼占据。先生避地至坂埨，距泰县四十五里水乡也，地僻可居。嗣复转徙流离，居于徐庄。三十年九月十三日黎明，驻防海安之敌寇山下队长，率敌兵百余名，至徐庄，将先生住宅包围，直入卧室，逼先生回海安，即日出山，为南京伪政府服务。先生一再婉辞，则出手枪手梏示威，迫胁随行。先生厉声叱之曰："吾八十余老翁，死何足畏。谄敌图生，誓不为也，请即枪毙。"山下不得已，盘踞宅中，监视先生行动。越五日，驻海安贼酋南部，亲往劝驾。驻东台之贼酋山崎，备肩舆至徐庄迎迓。见先生坚贞不屈，乃电南京伪政府，派伪军接防徐庄。先生内怀忧愤，遂寝疾。家属叠次延医诊治，不愿进药。病两旬，势日增，遍身发痒，液汁时时自皮肤泄出，卒至不起，盖癃闭症也。寿八十有五。乡人哀之，私谥曰勤恪先生。曾刊印乡先哲遗著若干种，名《海陵丛书》。宦迹所至，随时有著述，约近十种，皆未付梓。独以《永忆录》、《止叟年谱》二种，付其弟子庞树森梓行于世。

蒋维乔曰：余于民国十一年夏，始识先生。盖先生方任江苏省长，余则被简教育厅长，亦适于是时就任也。先生仪容秀伟，言貌温和，事无巨细，必躬必亲，庶几老成典型矣。先生历官数十载，不娶妾，不二色。王夫人殁于任所，极备哀荣。先生思念不已，每日为夫人持诵《金刚经》。既欲研求经义，乃于星期邀余至其第，为之讲解。先生对余，于公则长属，于私则师友也，先生之政绩，于豫最著，于辽于粤，皆多所建树。独晚年长江苏，补偏救弊，耗尽精力，未克大展厥猷。盖军阀、议会交困先生，其艰苦，非亲尝者不能知，非先生之咎也。昔唐颜真卿为监察御史，使河陇时，五原有冤狱，久不决，天旱，真卿辩狱而雨，郡人呼为御史雨。李希烈反，真卿至东都，叱希烈，年八十，不屈而死。先生决狱如神，骂敌致死，以视真卿，何多让焉。

据铅印原件

辛亥人物碑传集

卷　十

扶风王伯明先生纪念碑文

温良儒

扶风王伯明先生，以清德为天下望。革命志节之士，于国家方造，冀先生亮直之风，长在天地，以光烈我民祚焉。

先生讳兆离，少从三原贺复斋先生游，继学于咸阳刘古愚先生。三原守理学，咸阳重经世之用，先生体会旨要。既举乡试，舍去，任教职。慨异族专制失政，毅然入同盟会，从事革命。辛亥，陕西光复，以省议员被选为中华民国第一届众议院议员。四年，袁世凯将叛国，使各省以代表议国体，号为行政议员。先生时以安葬本生父宏模公归里，当局物色及之，敦促就道，峻辞不赴。洎国会续开，乃入京出席，以中国儒家政治哲学是启太平，建议尊崇孔子之道，翕然为时仰重。六年，总理建护法政府于广东，先生南下，出席非常会议，被聘为大元帅府顾问。旋从总理于上海。以目疾浸剧，就医北京。曹锟欲贿致总统，辇金罗诸议员，先生甚愤，谓人曰："国家之败，由官邪也。官之失德，宠赂章也。议员如此，代表民意之谓何？"即日登车，而目痛甚，不得已返医舍。持金劝赴选者纷然来。其时九城腥沸，相视无作羞耻语。将选前夕，诸游说劫持者复麇至，先生益怒，咄之曰："某平生自有出处，头可断，贿选不可能也。"

事后失明，返里常居长安，与人对，辨声而已。日使人读书，听之有得，欣然忘倦。或有述作，即口授书之。中央以先生峻概清操，令给金谨赡先生终身，盖异数也。二十三年，国民政府主席林公莅陕造庐，以故人礼谘问，语人曰："王先生，北方气节士，竟失明，可念也。"先生貌清癯，长身修髯。持躬廉介，不为物谋。至性友爱，急人事不少踟蹰。晚岁里居，值抗倭战起，昔昔问兵事得失，日望中兴，于勉励子弟忠贞者，无不言。呜呼！心乎爱矣，非于国家民族明明长视者乎。先生卒于中华民国三十一年二月四日，寿七十有三。丧闻中央执行委员会暨国民政府主席林、军事委员会委员长蒋，暨监察院院长于，咸痛哲人，唁悼切至。陕西省政府赙万元助葬，并致礼祭。先生著有《仁学图说》、《仁学绪言》、《读经读史随笔》各若干卷。其世次子孙，志于墓、谱于宗帙者，别有载。今地方有司与故旧逮从游者既备葬，敬缵德行刊碑，以告万世。

据《郭希仁曹印侯胡笠僧刘允丞杨诚斋王伯明六先生碑志传状集》

参议院议员前广西巡按使王公墓志铭

王树楠

己未之秋，议院既闭会，公将返郑州。时大河以南，疫盛行，日毙人无算。余尼之，不能得。逾数日，得公耗，病疫亡矣。呜呼！悲哉，命矣夫，命矣夫。庚申某月，其子曾述，谋葬公，来征铭。案状：公讳祖同，字叨庵，号肖庭。其先籍山东之诸城，明初迁河南，居鹿邑，遂家焉。清之中叶，有太学生讳宣者，生诸生三纲。三纲生副贡生梦征，梦征以候选教谕，讲学于乡，从游者常数百人，有丈夫子四：长曰祖武，三曰祖惠，四曰祖廉，公其仲也。生而威重颖敏，幼承庭训，教之立身经世大端，文行斐然，驰誉当世。初以选拔贡成均。光绪戊子，与兄祖武同举于乡。明年己丑，又同成进士。兄分工部主事，公改翰林院庶吉士，授编修。万口称慕，佥曰教谕公绩学之报也。公益研实学，究心当世之务。丁酉之岁，典试山西，刊浮剟华，士鲜幸进。庚子，乘舆西幸，公跳驱至行在，特授监察御史，首上停捐纳一疏。逾年，命兼督理五城街道，吏无薮奸，市无厘罚，商民大欢。联军讲成，外人有商京师重地者，持约抗争，卒就我范。时惩首祸，多株连，仓场侍郎长公萃，公乡举师也，为疏辨其冤，得不坐，人称其公。

寻以疏劾工部侍郎张翼盗卖开平煤矿，忤当路，出为广西庆远知府。既抵桂林，主办濛江饷税，手制章条，钩摭纤介，底里咸上，露岁收羡数万金。大吏疏奖，下其法于诸局，粤西之裁厘改税，实始此。先是，匪党踞庆远，府属督民土贼勾结防兵，相为不讳，翼奸诡乱，不可比疏。甲辰冬，柳州失守，庆远势甚亟。公请赴任，兼程而往，至则移防卒，联客军，捶厄支阂，校联不绝，于是兵与匪始分。严牧令之选，创清乡之法，颁自新之会，于是匪与民始分。乃招流冗，恤疮痍，置习艺所，立中小学堂，以养以教，四境宴然。环府辖有五十二峒者，素号难治。公周历浃旬，度险筹边，建议设抚民同知，移防军二营，以规久远，大吏入告，即报可。迄今右江无匪患者，公之力也。

守庆远二载，丁母张太夫人忧。大府议夺情，不可。今大总统徐公总制沈阳，以人才奏调，亦不往。己酉，服阕，简授江西饶州知府。劝农兴学，一如守庆远时。辛亥，武昌变起，全赣震摇。景德镇窑工辍业者数十万，公筹巨金资散之，境赖以安。项城袁公当国，授公河南民政使。乱党蜂起，谋独立，公以一身坚楮力柱，不为动摇，迄于共和政成，河南独敉然，号称完善。寻改财政司司长，值岁荒民馁，设局筹义赈，复调库金贷商人，市粮平粜，隐亲经络，民用温给。汝、光十四州县淮盐阻运，公首建借芦盐官运商销之策，库款骤增至百余万，是时军需国用，络绎浩穰，而始卒不缺于供者，胥以此也。

癸丑，移病归里，复举为约法会议议员，充考验知事主试。试竣，再任参政院参政。旋赴福建，查办事件，中途奉巡按广西之命。桂之吏民，闻公至，欢呼不绝于途。莅任数月，国体再更，遂仓皇北归，卜居郑州，买田数百亩，徜徉农圃，有终焉之志。戊午，国会改选，众举为参议院议员。己未闰七月二十五日，卒于郑州，春秋五十有八。

公孝友，有至性，父母疾，昼夜侍榻侧，亲调药饵，听声观色，察及微漠，弥月未尝一解衣卧。年未弱冠，返父柩千里，观者叹嗟。母殁，未获视含殓，每念及，辄流涕。推先人遗产，让两弟，独抚兄遗孤教养之，至于成人。素笃交游，重久要。宣统初，袁公罢黜，潜逃至津，谋远匿。公追之返，曰："如此则名败，祸且至。"袁公悟，遂驰返，都议顿息。清室复辟之役，项城张公镇芳遭拘禁，出死力营救之。信阳王大令旭病殁于粤，无以为殓，慨然为治丧返榇，且厚恤其孤。其风义，类若此。公讲学，不立门户。律己以诚，教子侄以谨，尝曰："勿易小善，勿忽小恶。临大事，决大议，不谋有意气，然不可无骨气。此理欲之界，公私之分也。"识者谓为名言。

公配赵夫人，淑慎有仪，事姑相夫教子，以孝义声于乡里，治家丰俭有程度，先公九年卒，年四十九。生子三：长曾述，宣统己酉拔贡生，直隶完县知事。次曾达，直隶南开学校卒业，农商部调查员。簉室薛氏，生一子，曾选，甫周岁。孙一，曰家栋。某年月日，葬公于某原。铭曰：

公之返郑，天方降瘥。余曰噫嘻，公无渡河。公竟渡河，天乎奈何。公尝有言，今世何世。一尾三角，觥羊狂猘。生无足乐，死无足悲。公如有知，视此铭词。

据《陶庐文集》卷十

众议院议员王君墓志铭并序

王葆心

王葆心曰：吾铭小宋，吾一不知吾感触之无端也，何哉？吾国自晚清改革以来，中更陵谷之变，贪人以言利进者踵接，大都巧为剥夺，不恤举咸、同后六十年之培养，竭吾膏血，供枭桀枋国者威福之恣。数岁之中，陷溺人心，琢丧百世不复之元气，徒以播厥腥闻恶欲于天下而已。而附冀以起诸文武大憝，铜山金穴，利蕴而毒益滋，此吾民今日展转颇颔，填壑以死，不可既极之归也。而小宋即于是的，死于穷思殚虑，以图挽捄之中，年止四十有四。呜呼！可哀也已。

君游日本，业在商学，归而佐更张之政府，草创葵财之事，以特奏举人，辟于户部，洊至郎中、司长。凡银行、造币诸役，皆归擘画。辛亥之变，曹司星散，君独昕夕支拄冷署，当事尚之，擢度支部右参议。共和初元，总办财政筹备及审计两处，其宏纲巨目，为画分两税与国计岁需二端，皆削牍而审行之。覆验土田旧契者，亦当时巧凿利孔之一。君心知其薮弊蠹民，劫于事势，莫可制止，则以捄一分，受赐一分之意，规画行诸中外。筹备国家银行钞币，以新易旧，款巨期迫，乃百方注措，外避银团之纠诘，内副国人之责望，竟事无哗，识者伟之。其充山东财政厅长也，际齐鲁恢张军备，公私如洗，年亏金额三百万以上。君在职，不通宾客，扶病钩稽，挹注多方，凋瘵大起。盖君平生所职皆财政，而所事之总统以至部长、将军、省长，皆但知取之无艺，挥斥如泥沙而已，可不谓难哉！中间一再考察各行省及美洲财政，皆其锐积经验之行役。充君之志，殆欲成就中外理财之硕士专家，非第以应世用，为财官而已。比被选为众议院议员，则神铄精亡，病体已成，遂尔赍志，以今岁三月十七日卒于京师。年来颇耽悦佛陀，或纵酒以求自适，亦若有大不得已于衷者。苟属志士，丁此阽危之世，舍是畴能释忧哉。

君讳璟芳，小宋其字。世为湖北恩施人。祖诗美，妣段氏。父鹤龄，己丑举人，直隶州判官，母胡氏。两世皆以君贵，赠通议大夫，妣皆淑人。娶直隶候补道尹进士家楣之长女。生子一：慎名，清华学校中学生。篷室李氏，生女四：婉名、姞名、媖名、媛名。君生于清光绪三年七月二十六日，以今年十二月十日，葬于京西门头湾耿王坟馒头山之阳，亥巳首乾巽趾。光、宣间，余官学部，与君数数往还。尔时未深知君之才也。今君弟琨芳来征铭，所述简质无文饰，遂不辞。而为之铭。铭曰：

承平其可冀乎，胡为生此豺虎啖食之世耶？共君处腥膻者，其囊橐率夥颐沉沉乎，胡君所蓄仅可卒岁耶？世固有嚼字而苦饥，君独能处膏而不润。洵达人之知要，姑安命而委顺。西山寸土，君骨所归。国命瘠促，身家胡肥。杀机所伏，自无等之欲。君心所恫，群迷所黩。瘗君兹邱，以绥后福。

中华民国九年十二月吉旦立。

据拓片

石蘅青先生行状

失　名

先生讳瑛，字蘅青，阳新石氏。曾祖东壁，祖凌云，皆绩学不显。父若霖，以家产中落，辍学治农事。一门雍穆，乡里称仰。先生生而厚重英特，举止异常儿。读书过目成诵，东壁公亲教之，目为大器。既出就傅，益奋厉，文誉日起。年二十四，中光绪癸卯湖北乡试，同举之士，大率趋京朝，求仕进。先生念国势日削，非改弦易辙，振业崇武，不足救危亡，慨然有远翥之志。总督张文襄公奇其才，选派留学欧洲。

初至比，旋转法，习海军，殚心力索，冀速穷其术，以强兵雪耻。而校中歧视外籍生，战术器械之新异者不以授，先生与其友向国华刺取秘藏之图说，私相研究。事为主者知，国华被执，先生乘间得脱，营救国华，经政府交涉，未深究，乃适英，学海军制造。先生出国前，与蕲春田梓琴、广济居觉生，结兄弟盟，砥学行，谋革命，已与国父通声气。既游欧，适国父至，则助之号召留欧学生，组织同盟会，为国外革命团体活动之始。先生负经理及筹款之责。国父许为廉能，深倚任。

武昌起义，国父就临时大总统于南京，先生归国参密勿，总办禁烟事宜。国父解职，派先生回鄂，主同盟会鄂支部。未几，当选为众议院议员。见袁氏有异志，而国会中亦品杂多劣行，不足以匡正，遂弃去。深感救国非空言可济，自顾所学，犹未之能信，因决再赴欧。

未行，而湖口事败，先生名在牒捕中，急走英，入伯明罕大学，习采矿冶金，以工资读，缩食敝衣，坚苦匪懈，学以大进。先生年已三十五六，在国内政治地位，足与时贤驰骤，而能折节从新俱致力于学术，立后来事业之基础，时贤咸敛手谢不如。时吴稚晖先生亦留英，年更长，均以中国名流游学海外，气类之感弥笃，往还甚密，磋切甚勤。欧战既起，倭寇乘机胁迫中国益甚，先生内怵国艰，外感世变，益发愤钻研，潜心观察，期有以拯祖国而安天下。复以课暇，深入社会，与达官耆宿田夫村媪儿童走卒，周旋议论，以求彼土改制礼俗国故民情之奥，为参证取镜之资，历九年，学成回国。

始欲在粤建厂造机械，以私人兴实业，为社会倡导，遇阻力而罢。任北京大学教授，时校长蔡孑民先生方罗网全国学者，无间新旧通专，必礼致之，极一时之盛。先生深邃笃实，尤为所宾敬。课暇肆力于治术政论，日与李四光、王世杰两先生相切劘，行坊言表，时望翕然。寻应聘长武昌师范大学，以不克行其志，未一年，仍返北大。受党使命，于授课外，密合徒友，声势日张，风动学府。时执政者欲引先生入阁，长教育，以收物望，先生坚谢，赴粤为工程师，人多异之。

北伐军抵沪，任上海兵工厂长，力除积弊，支出减二分之一，而出品加倍。至十七年，改任湖北建设厅长。时张知本先生任省政府主席，严立三先生长民政，张难先先生长财政，贤豪并集，开湖北政治史上之新纪元。先生辄出所学，度以精思，运以大力，于交通、水利、农林、工商诸部门，一一创造规模，荡涤旧污，为后来者取法。十八年，辞职，任武汉大学工学院长。建校未久，设备未周，先生亟谋充实，勤于讲授，严于实习，树刻苦好学之风。十九年冬，张难先先生任浙江省政府主席，挽先生长建设，适当浙政百废俱兴，财力竭蹶之后，先生苦心擘画，别缓急以定进止。而杭江铁路及电厂工程，最为急务，又莫名一钱，则赴沪与银行界磋商，反覆开陈，始得赞助，建设之僵局以活。外籍水利顾问数人，报酬巨而无所事，先生立解约遣去，张难先先生亦遣去民政厅外籍警察顾问，矫正盲崇外人，无功豢养之陋习，人心为之一奋，行政效率，因此骤增。

二十一年，改任南京市长。国都所在，市民甲第相望，往往略绳墨，先生一齐以法。建筑、税收、地籍各要政，悉准定则而行，久之无敢违犯。以条约故，涉外事夥，外人狃于旧习，气张甚，先生据约与理折之，无毫末假借，终亦守范。于市政建设，不以开拓马路，整肃市容为已足，特措意于国民教育与平民生计。孜孜扩充小学，举办小本借贷，扶植旧有缎业，尤尽力提倡国货，策动国民经济之发展。时汪逆精卫长行政院兼外交部，力主媚倭。凡倭人至，即微贱，必礼以上宾。请谒先生，辄峻拒。一日，倭总领事须磨遇先生于途，央外部人员介见，先生拂袖去。二十四年三月，倭团体访华，汪逆命市政府科长以上，集机场迎候，先生以为辱国，愤而辞职。离任之日，市民遮道攀呼，有垂涕者。同年，任铨叙部长，入督僚佐，出巡地方，于铨政多所推进。

越二年，抗战军兴。中央以湖北地扼冲要，改组省政府，再以先生长建设，先生慨然受任。军事方急，公路之修筑破坏，视作战需要为办，而出以迅速。促进工业，推广合作，筹划迁移，计虑指挥，日不暇给，失眠旧症大作，乃解兼职。迁恩施后，复辞去委员。二十八年，省设临时参议会，先生膺选为议长。敬恭桑梓，义不可让，持论一秉大公，视政府人民为一体，竭诚翼导，无所偏倚。会中同列，悉本此旨为献替，一扫诡随依违与故持异同之习。省政当局亦重先生德望，加礼敬焉。顾精力久耗，宿疾日深。三十年春，力疾主持会议，历十余日，会毕而足部痿痹，自是日就衰损。本年七月，就医陪都，治疗无效，以十二月四日，卒于歌乐山中央医院。年六十有五。

有弟四人，今存者二：荫周、灼华，敬业恪职，各有以自树。配徐夫人，庄俭自持，齐志比德。子效曾，毕业重庆大学。子妇柯蕙荣，肄业四川大学。克循先范，不坠门风。孙男、女各一，俱幼。

先生笃于内行，事亲生死尽礼。遇家人有恩，于旁系孤孀，尤抚翼周至。平生出处大节，取与细行，皆皭然不苟。刚果坦率，胸无宿物。任事不避嫌怨，不敢一息自暇。持躬俭约，终身未御皮裘，旅行不携侍役。接物诚挚有礼，济人之急，如躬与之。惟疾恶甚严，好面斥人过，每以取戾于世。而人以其无他，终亦谅之。治学教人，以致用为主，不尚空论，所至整饬学风，黜华崇实。为政节浮费，裁冗员，惩贪墨，必求弊绝而效著，不为粉饰掠誉之行。从国父革命，最早最久，尽力最多，不以元老自居，历任中央执行委员，每商讨大计，直抒所见，侃侃而谈，不随侪辈为向背。寡嗜好，浪漫文艺不以寓目。自云以服务助人为乐。晚岁养疴施南山谷中，创办棉麻纺织合作社，出品供政府平价之用，或廉售军队为被服，并以捐助医院设备，慰劳前方士兵。赢利提多数为公益金，以奖励优异学生，津助小学教师。规划指示，矻矻不少懈。见邻里贫匮，多方谋振助，或为之区画田功。

当病革，语言已不可辨，犹力呼抗战建国。居觉生在侧，告以主席蒋公由开罗会议返国，国际情势日好，国内战状亦佳，请勿系念，先生微颔而逝。体气故强，声如洪钟，友好咸谓当跻上寿。比年先生以痼疾在身，不克尽瘁国事为恨，亦不自意年命遽尽，志业遂终于是也。谨述行谊梗概，以备史馆采录。其未详尽者，容俟海内外友补辑焉。谨状。

据《中国国民党史稿》第四篇

先考天民吕府君行述

吕焕生等

先考讳志伊，字天民，云南思茅县人。原籍石屏，先祖金山公，始迁思茅。先考幼敏慧而谨厚，勤苦好学，先后受业于先外祖后公，及舅祖陈公西屏之门。十五入泮，肄业普洱宏远书院，省会经正书院，为高材生。究心经世学，兼工诗古文，师长以乡先达杨一清、程含章相期许。弱冠，中式庚子、辛丑并科举人。甲辰，被派赴日本留学，肄业弘文学院速成师范班，及早稻田大学政治经济科。

乙巳秋，孙总理至日京，留学生开欢迎会于富士见轩，先考聆总理演讲革命大义，遂决心革命，矢志不移。云南留学生之入同盟会者，以先考为先导焉。厥后宣传党义，介绍同志，不遗余力。丙午迤戊申，任同盟会云南支部长，由先考介绍及主盟而入党者，先后达百余人。《民报》周年纪念增刊《天讨》，《云南讨满洲檄》署名金马者，即先考所著。又以清廷严禁《民报》输入国内，乃与赵公伸等，发刊《云南》杂志，文字虽较《民报》含蓄，而意义则同，如署名侠少之《国民主义》，及《国民的国家》等篇，以近代之历史事实、政治学说，灌输民族、民权主义，阅者自能领悟。又虑文言未能普及，复发刊《滇话报》，以灌输革命常识，为以白话文宣传革命之前驱。戊申夏，云南河口之役，清廷有借外兵平滇乱议，先考与杨公振鸿、赵公伸等，发起云南独立会，为义军声援，宣言与清廷断绝关系。开会时，先考登坛演说，听者皆大感动，有台湾遗民之五龄幼女，亦感泣解囊，捐助军饷，立集得款数千金。先考与党中主干，密派同志数十人赴越入滇助战，惜未至而义军已败，乃商之大森体育学校，开暑期军事讲习会，集同志中有志实行革命，而格于禁例，不能入军校者，入会受训练。如武汉起义之孙武、湖南起义之焦达峰、四川起义之熊克武，及战守武汉之学生军、攻克南京之沪军先锋队，其干部人员，亦多属之。

是年冬，清两宫死，杨公振鸿急谋入滇西举义，电约先考至仰光商进行策。先考至新加坡，谒孙总理，受机宜。及抵仰光，杨已先行，旅缅同志留先考与居公正共主《光华日报》笔政，并倡设觉民书报社。未几，仍同行赴滇，方至瓦城，接杨公因事败殉国耗，居公力劝先考返仰主报务，而与陈公仲赫入滇筹善后。及《光华日报》改组《进化报》，先考与居公仍共主笔政。后居公被讼累出境，先考仍独力任报务，并谋举义于滇西。庚戌冬，事机将有可为，先考电约黄公兴至仰，共赴较墨，与寸公尊福商助军饷事。忽报英兵侵占片马，黄公与先考虑牵动外交，议决滇事暂停，而以全力图粤。

辛亥三月，广州之役，先考任撰拟法令檄文，并保存印信密件。事败赴沪，任《民立报》撰述，与宋公教仁、陈公其美、谭公人凤，于公右任、史公家麟、杨公谱笙等，组织同盟会中部总机关，筹画联络长江流域之革命。及川汉铁路风潮起，湖北同志居公正、杨公玉如至沪报告，决起义于武汉，共推先考赴港，与黄公兴密商大计。黄公赴武汉主持，先考回滇谋响应。云南光复，先考任都督府参议，与蔡公锷及滇中同志，筹画派兵援川，及弭腾榆之衅，定临蒙之变，均悉中机宜，滇之萧墙无患，反侧胥安者，先考赞助之功为多。后充赴宁会议全权代表，选孙总理为临时大总统。民元，政府成立，任司法部次长。时总长伍公廷芳在沪，任南北和议总代表，部中用人行政，均由先考主持，历时仅三月，建设规模已大备。辞职后，任同盟会上海机关部副部长、民国新闻社总编辑。秋，奉孙总理命，赴南洋各岛及缅甸，筹设国民党各支分部，并受滇都督蔡公锷托，广劝华侨集资回国，开发云南实业。

民二，当选国会参议院议员，对袁政府违法签字之大借款，及丧权误国，承认外蒙独立之中俄协约，均竭力反对。民四，回滇运动反对袁氏，被捕入狱。释放后，仍秘密继续进行，与杜公韩甫等，同谋协力分头进行。滇军中干部如邓公泰中、杨公蓁、田公种毅、李公文汉、李公植生等,黔军中干部如吴公传声、熊公其勋、彭公文治等,均联合一致,决心讨袁。迨筹安会发生,唐公继尧密询邓、杨等意见,知滇军全体均反对帝制,惟虑滇仅两师,难战胜北洋劲旅,特托先考出外,与各省同志联络,冀广树声援,分袁兵力。故蔡公锷、李公烈钧等入不数日,云南即首义,拥护共和,反对帝制,则先考与滇同志诸公智烛机先,运动经年之力,不可没也。

袁死黎继,先考仍供职参议院。民六,督军团叛变,先考随孙总理赴粤护法。民八,加入中华革命党,建议改为中国国民党,孙总理嘉纳,召集在沪党员大会,议决照改。及粤军回粤,先考任司法部次长,并奉总理命,与张公继,筹设中国国民党本部广州办事处。民十,非常国会选孙总理任大总统,先考改任内政部次长。民十一,陈炯明叛变,孙总理赴沪,国会恢复,先考从党议,坚持法统。迨直系逐黎,先考与诸同志先行赴沪,拒绝曹锟贿选。民十二,任中国国民党本部参议,赞成联俄政策。民十三,任大元帅府大理院院长,兼管司法行政事务,并任广州第三区党部执行委员。民十七,中国国民党中央党部派先考充云南省党务指导员,国民政府简任先考为云南省政府委员兼建设厅长,均辞未就职。冬,国民政府立法院成立,先考连任立法委员四次,在议场发言,多本总理遗教,及国利民福为主张,辞义严正,恒得多数之同情,舆论许为议会之柱石,国家之元气。民十八,充中国国民党第三次全国代表大会云南代表,中央党史史料编纂委员会聘任为名誉编纂。

抗战军兴,先考以老病,疏散还滇,仍努力后方工作,担任动员委员会设计委员,遂以积劳致病日增剧,中西名医束手,竟于本年三月四日,弃不孝等而长逝矣。呜呼!痛哉。伏以先考投身革命垂四十年,宣传奔走,并屡任秘密工作,艰险不避,始终不渝,对于党国,贡献甚巨。不孝等年龄幼稚,不能备述先考言行之全,谨据所知,略述梗概。

据《革命人物志》第三集

蕲水汤先生行状

治丧同人

先生讳化龙，字济武，湖北蕲水县人。曾祖讳英信。祖讳德澡，字兰生。父聘莘，字意诚。母氏张，以清同治甲戌年十月十九日生先生。自先生之上世，用商业积累，百年称富裕，遭咸、同兵祸，骤衰。兰生公为邑名诸生，读书攻苦至失明，家计益绌。意诚太翁乃辍儒业，规以废居，复旧产，往来孔垄、九江、安庆间。旧肆之毁于兵者，清其逋负而第其存废。凡屏营拮据亘数年所料算稍有绩绪。先生之生，盖际邑里兵燹之余，而家室喘息初定之后。堕地见光，声色异常儿。四五岁时，即好访变乱轶闻，往往溽暑之夜，席地踞坐，索老人谈故事，及避兵历险状，抵漏分，倾听忘倦，时悸时泣时笑，舞呼菩萨不置。其留意世事，而以振奇自喜，出天性，自童龀时然矣。稍长，从族父庆辉受章句，聪颖善记，弱体而强于心，无童嬉之失。

十四岁，随季父聘尹，馆同邑蔡氏。一日，主人因事燕他客，忘视馆中餐。迨夜客散，知而责仆，则先生已竟日饿，而读书自若，初未以为言，其强忍高旷如此。逾年，太翁建家塾成。先生归就家塾，与两弟俱治帖括业。每有所作，恒申旦不休。张太夫人数以劳苦伤生戒之，且曰："凡人存非分想，即非惜福之道。吾家累世无以科名显者，吾望汝不在此，且人轻重不恃科名。"先生权词谢母毋忧，而治业益勤。

年十九，以县试第一，旋补县学附生。属有非意之讼，家几再毁，举债逾千金。太翁顾不忍质先畴于人，则敝衣缩食，肆力作苦，为偿债计。先生亦期以笔耕澹家累，邑中官师月课，一投辄十余卷，兼启帐授生徒，积奖金并束脩所入为太翁助。不三年，债竟毕偿，而志学之锐，不因此中挫，且益涉猎群籍，识趣愈远。学使王同愈用时务试士，得先生文，大激赏之。

年二十四，补廪膳生。黄州经古书院者，南皮张文襄督鄂时所设，先后聘罗田周锡恩、姚晋圻为院长，号以实学造人材。先生实及门焉。其学分考据、性理、经济、词章，条目繁委，每课试非素穷极搜讨，能凿立心解者，恒有曳白之苦。先生旁午兼治，刳心辩核，仍时与同学上下榷兑，证其乖合，一卷成，动逾万言，精博常为一院冠。当是时，国家外不宁而内窳，科举敝已极，忧危之士，欲颇矫学非所用之病，则唱治所谓实学者。自今视之，其去政学一贯之途盖远。而处政教严觳，风习胶固之会，要非志气特异，不专专然弋猎科名者，未能与于斯。先生道德文章所以发扬光大，穷变化而不摇落者，即于斯植根柢焉。清季州县官残民之政，命案为最。虑无非土豪恶胥役与官因缘，凭死人为奸利。一命案出，旁近十里村落无完户。先生家尝两遭其毒，即所谓非意之讼者。方事之急，家人皆远避。独先生侍太夫人，挟少弟毓龙留匿暗室中，塞门藉草而卧，灯才如豆。毓龙寒而号，太夫人曰："忍之勿声。"先生强言曰："儿将来为御史者，必除此虐政。"盖推所身受而为天下不忍，而以革涤恶政重自肩荷，至于死不稍息，于是为涓涓之始。

戊戌政变后，益治国闻，介然识革新之路。光绪壬寅，乡试中式。甲辰，赴礼部试。出闱，应山西学使宝熙聘，任山西大学堂国文教习。旋成进士，授刑部主事。见世变益亟，朝局至不可问，发愤谓政治不革新，国亡不可救。而欲救国，必更博求新知，止旧学不周于用。先是，仲弟芗铭由湖北文普通中学生中乡试式，因入留学法国之选，而科举犹未废。亲故多谓留学非计，甚有以异域难返相怵者。先生意独不然，芗铭亦自勇断，辍礼部试，竟行。先生寻复令从弟丙南入省立农业高等学校，季弟毓龙入省立工业学校，而身自请咨送留学日本，入法政大学。听讲之外，博涉东籍，尤致力公法家言。尝著书曰《违警律释义》，骈罗诸家之说，贯穿断制之，一洗剽窃转贩之陋。

宣统己酉毕业，自日本归。归之前，与乡人留学者倡设湖北教育会，相约归而实行之。是为先生合群谋国之发轫。己酉者，清廷所定预备立宪，开各省谘议局之岁也。鄂督陈夔龙，以荐者言，奏调先生还鄂，筹备自治事宜。寻被举为湖北谘议局议长。预备立宪之诏，在清廷特姑用以缓塞国人号叫，非真有是意，故号称预备，而龂龂与国人争国会早迟。非独吝国会，即谘议局之权在章程者，亦为疆吏舞文横夺，无所能举，而于预算闭拒特甚。以是各省谘议局愈望速开国会，请愿国会之声遍全国，所在皆谘议局为中坚。

明年庚戌，开谘议局联合会于北京，推先生主席。斯会以求开国会，及结合谘议局争预算为职志，而因聚气类，谋树政党基础。先生盖其中持议最恳挚者。会罢，还鄂，鼓吹国会事益力。舆论既激昂，先生复出入北京。武汉商团时开会，发电与各省相呼答。辛亥五月，谘议局联合会再开。先生自鄂入京，发汉口时，送行者达万人。先生演说至愤激，誓不获所求不止。未几，四川以争路事，谘议局议长蒲殿俊辈九人，为赵尔丰所逮，全蜀骚然，操兵反抗者麻起。联合会决议各省前期开会，图为四川争救。

八月，先生还鄂。十九日，遂有武昌革命之事。兹事发仓卒，初无全算。总督瑞澂既逃，首事者相顾莫适为主，始议戴黄陂黎公。黄陂以民意所萃在谘议局，再三让。乃群奔至谘议局，问汤议长安在。先生是夜适家宿，不在此。众则大哗曰："今机事微危如一发，若议长又不出系众心，将不堪问。"正惶遽中，先生自家至，众惊喜，欲即以都督相推。先生谓是非书生事，战且方始，必宿将有德望，为诸军所诚服者，乃可。众曰："然则仍莫若黄陂矣。"乃坚请黄陂，而属先生为之辅。黄陂单骑至，军民大欢呼，遂定以为都督，建鄂军政府。发独立檄告天下，约先生同署名，而先生又自通电各省谘议局促响应，故时有讹传先生为都督者。

鄂军政府既立，北军水陆狎至。日惟备战筹饷，内政外交一切停顿。所属地方官吏，不见文告，有携印窜去者，有入省城求解印，若以文电请进止者，旁皇纷午，若纽弛兽骇。而新被大水后，流殍盗贼交错，满地蒿然，无谁何过问。先生乃言于黄陂，宣布义军旨趣，使吏民还职业，蠲全年丁赋，以纾困敝。檄移所至，人情帖然。先生又以白度草创，事无巨细，一须咨白军政府，而军政府方用兵，自无暇问民政，非建军民分治之制，必以畸废害事。黄陂韪其议，就属先生为草稿厘军务、政事为二部，部各置长，总成于都督。竟夕成事例若干条及图表以进，黄陂立颁行之。推先生为政事部长，军政府始井井有条理可观矣。武汉地处全国之中，异邦人士所辐凑。自义军有武昌，其领事官访谒军政府者踵相接，数日不得要领。至二十二日，美领事又来，黄陂乃与先生亲接谈。其所问三事：一清政府国际条约及债务，二鄂省荒政，三革命后国体政体。先生一一为具答，谓清政府条约，若债务，在八月十九日前者，军政府当继之，非是则不承。鄂境水荒，当特举富绅筹振济。革命后当废帝国，建民国，用共和政体。美领事欢然，悉笔记其言去。次日，即以上其公使，复为文称美，载英文日刊，遍布之。列国翕然，用国际先例，承认鄂军政府为交战团体，革命军被承认之速，无如吾国辛亥之役者。

先生在政事部，虽不久，凡所赞画，荦荦皆有立国规模。而尤措重者，以谓革命非立国之究竟义。国所以立，必有统一之法，以蕲循轨之政。斯时武汉战方亟，南京未下，各省未尽响应，而先生已日夜究心，以制约法为一大事。四方豪杰才智之士集武昌者，如黄兴克强、宋教仁遁初，见先生皆交相爱重，而先生与遁初语此事尤投合。遂除室馆之，夜分人寂，对灯促膝，所谈无非约法者。如此二十余日议论，微定大要，兼取法、美二国之长，而力避偏枯拘挛之病。其草稿出遁初手，厥后南京参议院定约法，取材于此，其所增损，或有大非先生志者。要之，民国约法谓之权舆先生及宋氏，不诬也。

先生既以国家统一，政治循轨为蕲向，适仲弟芗铭以海军应黄陂，武昌战事解，先生谓此间事粗定，不烦屑屑，适又有不便先生居此者，先生遂解政务部长，去之上海。因黄克强约，同往南京视临时政状。政府用宋遁初为法制院总裁，用先生为副。先生未就。会南北和议成，民国元年四月，参议院及政府皆移北京。先生至北京，寻被举为参议院副议长，务持大体，不为琐细偏戾，而涉国计尤宏巨者，独不苟随和。在院尝一以财政事质问政府，为书五六千言，于国家岁出入，如亲握筹而数，一一批隙抵虚受诘者，几不能为辞。

二年，国会开，被举为众议院议长。立宪政治者，责任内阁者，政党议会者，皆先生夙所梦寐祷祈，谓非是不能救国图强，而今且庶几见之。因益愤发笃挚，誓撷其实。民国之初，党势既茁矣，谘议局联合会之蜕变曰民主党，先生实主干之。及是，以同志人材不宜有区畛，遂约合共和党、统一党为进步党，与国民党并，在会中期攻错，相成一会，而毕制宪大业。属项城袁氏自临时大总统被举即真，旋用九江兵变事连国民党，议员被夺职逾半数，国会一旦顿僵槁，先生痛之极，争之切。谓“议员罪应黜否在法，总统得黜议员否，事须别论，要不能藉口仆国会。无国会，非立宪也。今宪法尚未成，即国会竟寝罢，公将何以处民国?”项城不为动，然尚姑与委蛇，冀终为国家得一当。

三年，为教育总长，抑郁已非其志。顾于教育事犹多所筹计，不孤其职。人有希项城旨，请以复古为教者，骎骎大变学校教法。先生具牍，以去就争，得格不行。

四年七月，筹安会起，帝制议浸盛。先生始绝望，知不可将就，而项城亦诡，先生终不为屈，侦伺甚密，先生先托就医至天津，以书辞职，仍置家北京，示无他适意，而密谋用计出黄陂，奉以讨袁氏。所虑画至奇秘，因有所牵梗未遂。十二月，乃改计附他国船，纡道大连，间行至上海。时滇、粤、蜀、桂已次第独立，用护国军名，设军务院于肇庆，方视湖南转移为大局轻重。湖南将军，先生弟芗铭也。以审度兵形，未即发。及先生既得脱，太夫人亦出居天津，无可虞。于是先生数使人往还期约，而湖南遂以五月二十八日独立。先生顾自谓兹役于西南军事无所尽力，不愿冒举义名，而抵排帝制，则心事无稍回曲。项城视事势渐不利，欲谢皇帝，复为总统，持此风示求罢兵。西南固不许，而先生执言尤切至，既联国会议员通电声击，仍自腾书抵项城及其左右，趣退位。大略言“护国军志，在申讨叛大义，求真共和，项城辞皇帝，留总统，不得谓大义已申，共和已复。兵罢否，某固无能参与，假能参与者，方当力持不罢兵之议，一洒国民苟且薄弱之耻。义师而胜，某无纤毫干涉，若败，则虽身殉之甘也”。且谓“项城脑筋为专制复古思想所弥布，年来凡百措施，务与世界大势相迕，此而能自存，则历史公例，政理原则，举不可信。否则非引咎退休，身且无自全之路”。又规以引退时，勿铤而走险，肆竭泽焚林之毒，留补救余地。

五年六月，项城自病死，兵幸得罢。黄陂以副总统依法继任，合肥段祺瑞起任内阁总理，南北无违议，独恢复旧国会，颇持民同。先生自意与黄陂、合肥有夙谊，愿以居间人于北京政府，为彼此沟通，声言不身参政局。而行至北京，见合肥，反复说旧国会当复，及有利无害状，合肥意为肯可，而左右犹有相尼者。先生以合肥意电告军务院，使再力争，谓必可得。既而，旧国会竟得复。事已，返上海。旋归蕲水，治太夫人丧。先是，三月十六日，太夫人病殁天津医院，仅季弟毓龙视含殓。越二日，扶榇南下，道上海，回籍。先生方在上海，遭政府狙伺，出租界一步，即蹈祸不可测。闻问摧毁，数欲冒死出迎榇，朋友皆力阻，重以后死之责。而先生亦自审，非国事有豸，万万不得亲丧葬，则一意求时局解决，盖饮泪茹恸，衔家恤而从国难，凡两月余。及是，乃得为凭棺之哭，伤已。葬毕，家居。

至八月，国会再开，起先生就议长职，往复敦迫，不得已于八月二十六日莅会。先生固坚信立宪政治，而制宪为国会艰巨之责。方其在上海，曾倡不党说，以谓壬癸之交，海内贤达尝欲毁党造党，比者帝祸作，士夫奔走号呼，声讨无二致，诚毁党机也。抑国家新造，政治利害多全国所共者，舍小异，取大同，固无事分建旗帜。而官僚政治与民本政治，若冰炭，国家既非用民本政治不济，而人材之郁此新思想者，实乃不多，分朋而自弱，适开旧派努力，使蹂践政党，蹙国家新机，无宁不党，而用友谊结合。犹乘舟然，惊涛骇浪中，且图共济，待达彼岸，而后分途，犹未为晚。凡以为制宪计，虑至深远也。及开会，论战蜂起，若对严敌。帝祸时融喁相濡之情，无复存者。内既以制宪龃龉，而外以对德议，与内阁相持尤急。至六年五月，遂有公民团围议院之侮。会合肥免总理职，所谓督军团且阻兵示形胜，号兵谏。于时乃有欲交让求全者。先生谓交让当自我发意，今人方以威取，复何交让之云。与澳沕苟留，不如自退。乃具书辞议长职，而别联名通电，矢言共和国体、立宪政体，必永永保持之意。

未几，安徽督军张勋遂入京解散国会，嗣遂有复辟之变。方国会解散时，西南以督军团所行破约法，宣告独立，与中央绝。所指目以合肥为首。及复辟变兴，合肥奋袂，自马厂誓师讨贼。先生在天津，蹶然曰："彼独立者，为护法耳。复辟则民国且不保，何有于法。"遂发电声张勋罪，偕梁启超任公皆应合肥请，与谋讨贼。合肥初起，固已被黄陂命再为总理，旬日收北京，组织内阁，要先生及任公为阁员。先生念唯西南号护法，争共和，今北方讨平张勋，复民国，宜可以相解，更始谋国家统一，故就内务总长职。内阁之始建也，今总统河间冯公尚在南京，首发议开临时参议院，改组织法，召新国会。合肥意与河间同，其后竟成阁议，布明令，而先生实共副署。盖先生所惧，民国几毁幸全，无国会，则根本犹未固。旧国会既为军阀所致死抨掊，必不与并存者，而复辟之役，军阀又新有功，兵气方盛，势不容投刺喉必吐之剂，激生他变，致国本再动摇，重天下靡烂。今惟当斩截苦痛，使国会自无而有，以存民国附蒂，再图其余。如是旁皇审虑，复博咨苦谈，皆以为舍是无他道，乃决赞成阁议。先生尝语人："冀假道以促新国会早成，为国家计久远。苟可消弭祸源，虽冒忌丛谤不惜。"此事是也。顾西南不为解，而纠固转急。先生所谓以平和运政治者，一未及措施。

阅四月，合肥内阁罢，先生及同志皆下野。于是颇觉所操持盖难合矣。然而志气不稍衰，尝曰："使吾意想中之国会政府，一日见诸实事，而国家犹无治效者，则吾乃真死心削迹矣。吾政制师外国，不知彼固亦旧而新，恶而善者。方其自旧之新，自恶之善，必有层累曲折致力之所，始逮今日。吾但取彼既新既美之制，涂附旧习恶政之上，以冀相入，其药不应病，宁足怪。而觇国者，皆摭此遗彼，此良可恨。吾将亲察而求之，或有万一之获。"遂以今七年三月廿四日往游日本。行之前，为说以别同党，披漓肝鬲，十年来谋国论政之悫指，写注无宿留，乃今成长诀之谶矣。哀哉！

先生至日本，居二月余。日本与我有同出兵防德之议。先生去而游美洲，逾一月，戒行将归，至英属坎拿大之维多利亚，待船且发。

九月一日，汤之族侨其地者，宴先生于中华会馆。晚八时，宴罢，宾主四十余人，相携步华街。忽有贼从群人中以手枪迎击，先生中两弹，立仆地死，两弹一自口入，一自腹入。从先生者，南海霍坚，晕而苏，视先生已绝，而贼方窦人求逸，立起，合警士追之。贼知不可脱，乃自戕。其人曰王昌，粤产，理发匠也。道远，信不得详。据霍坚及我公使领事电报，会所知先生死状，仅如此。

先生卒年四十五。意诚太翁年七十矣，今尚健在。太翁生子三，长即先生，次芗铭，次毓龙。女弟三：适蔡，适杨，适南。配夏夫人，后太夫人百有九日，卒于日本。夫人贤而有识，自先生之致身政界，夫人力任家事，一不以纷先生虑。武昌初起义，太夫人、夫人携子女在城中，事成否，未可知。而武汉被兵甚急，夫人之父自乡中来迎眷累。夫人谓，太夫人及子女不当居此，若我则义惟从夫耳。今请以我儿女，累太夫人徙全地。而太夫人以爱子委我，生死以之。竟独不行。及遭太夫人丧，夫人已病，哀毁羸疲，往来天津、上海，经纪大事，病以是增剧。然犹强起赴日本，护一子一女留学。子佩松，今肄业清华学校。女佩琳，适江陵胡瑞霖长子继襄。先生至日本，尝凭吊夫人故易箦处，哭甚恸，为诗悼之。见知者谓先生寻常无此儿女子泣，即夫人贤可知矣。

先生为人惇厚旷远，处骨肉故旧，不规规末节，而至性流发，迥非伪儒浮俗所望。慕士下贤，无间异同，虽仇敌有特长，犹嗟赏不去口。遇人坦夷，无城府，不因险易改度。初避帝祸，发天津，太夫人谓宜变姓名以避侦者。先生谓："儿此行殊磊落，无所用伪名也。"今兹美洲之行，人颇有引黄远庸事相戒，且劝即至彼，万勿游华街。先生皆不为意，盖内视无馁，而又不虞人情险巇至是。且往尝数遭横逆不死，而竟以是快凶人意，使国家丧其良而莫之赎，哀哉！

先生于汉宋学家言，皆能淹贯，治诗古文词，尤深邃已，皆屏去不常谈，而专以国家政治为性命。其论政，谓必以民本精神，与国家政策相调和发挥，而后可措国巩固之域。故力诋官僚政治，而于偏至之民权论，亦不为苟同，惧国家失统驭力，民权且无所附丽，而众庶政治之过，将成众愚政治，则国尤无幸也。其大归以统一固国基，以秩序求进步，虽更历万变，所挟持鼓吹，无改自信，且益力与人言，未尝不及此。于外国独通日本文字，凡著述涉国政民俗者，无问巨帙短书，旋购旋读，造次不释手，出门访客，车茵上纍然皆是物也。长教育部时，尝发愤欲学英文，日画二小时治之，以中年不任记诵，未卒业，异时常引为恨。又于陆军大学授国法学，恳恳如老儒，虽甚风雨不辍，学者服诵至今。盖在官事填委中，他人所视为劳止小憩之须臾，而不懈其志如此。比游日、美，所至于政俗之原，一观辄能道其深际。虽留彼中甚久者，诧所未闻。盖神明专锐之效矣。

先生平生行义，人所慕爱，非一二而足。以不自意猝死，未暇多著书，而随事论撰笔札在人间，复非旦夕绩缀所能备。今先生之丧，且入国门，辄纂所知尤俊伟大端，以谂爱敬先生，为国家哭先生者。若夫编第其详，掞扬其美，而垂无穷，则有海内鸿笔渊识之贤之盛心公道焉，非简近所骤及已。中华民国七年九月廿日，治丧同人谨述。

据《蕲水汤先生遗念录》

衡山向乐谷墓志铭

谭延闿

君讳燊，字乐谷，湖南衡山人。先世自江西来迁。曾祖讳拔亭，妣氏王，以节孝旌。祖讳奎照，佐劳文毅军广西，保举同知。父讳熙，广东万州知州，妣氏张。君少颖悟，称神童。及长，有大志，不事帖括。年三十，始入县学，补廪膳生。受业湘潭王先生，通《春秋穀梁氏传》、《毛诗》、《尚书》。游日本，卒业宏文学院。归为衡州府中学堂监督、南路实业学堂监督，被举为谘议局议员，以资为道员，候补甘肃。

辛亥，起义秦州，为副都督。民国既建，为陇南观察使，改渭川道尹。五年，为湖南湘江道尹。六年，兼任财政厅长，弃官居海上，十六年五月十四日，中风，向愈矣。明年八月，疾复作，遽卒，春秋六十有五。

君体貌魁硕，声如洪钟，事亲孝，与人忠，才识开敏，长于治事。学堂初兴，士论嚣然，惟君所处独无事。为议员，辩论侃侃，不少屈，尽服其座人。秦州以一隅响应东南，奠安秦陇，皆君谋画。官道尹时，贼号白狼者，傲扰数行省，陕、甘列城望风崩溃，覆军杀将，官吏走匿，独君守不去，城破被执，身受夷伤，骂不绝口，贼相谓此好官也，竟舍之去。袁世凯将称帝，有招君者，愤而归乡。四年，被推为湘江道尹，君曰："戮力故乡，分也。"事定，谢去，居上海，鬻书画自给，所与游临川李瑞清梅庵、衡阳曾熙俟园，以文行相高。及卒，几无以为殓。呜呼！可谓执德不回之君子也已。妻文氏，无所生。胡氏、颜氏，先后入门。胡生大廷、大建。颜生大延。文、颜相继没，十年以胡为继室。大廷，早稻田大学政治学士，交通部科长。大建，卒业通材商业学校。大延，卒业云南讲武堂。女四人。孙受典。

余识君由曾侯园，尝共艰危，猥托相知。今年与君同病而幸得愈，乃益悲思君疾非不可为，而志不得究也，二十年四月，将葬君于攸邑小集湾田鹅形之原，癸山丁向，礼也。大廷以君遗言属铭，其敢辞，铭曰：

才高意广，谁之不如。群飞刺天，而独次且。目营八区，局于一隅。时不我与，志则勿渝。功用不竟，退而穷居。萧然沪滨，有图有书。如何不吊？倏然已徂。故民哀思，执友涟洳。后有达人，来观楷模。

据《湖南文献汇编》第一辑

陕西省临时参议会李故议长子彝行述

李恂等

府君讳元鼎，字子彝，一字芝逸，晚慕元道州为人，以家漫川之西，自号漫西曼士，诗文多署老曼。先曾祖讳云萼，字隶棠，清举人，泾阳县儒学教谕，汉中府学教授。先祖讳丁昌，县学生员。府君幼孤，言行端若成人。先曾祖特器爱之，曰："此孙非常儿也。"携之任所，亲教之读。先曾祖治学主笃行，重条理，于先儒主敬主静之说，皆不苟同，而以谓礼者履也，惟当以践履明道，而后所明者非虚。故治礼独勤，特严义利之辨，慎出处之节。府君步趋启发，兢兢不逮，为学始基，实端于此。府君少好文学，先曾祖讲授泾、汉之间，从游而腾达者甚众，然每叹曰："才士多而理士少，今之文人于鞭辟入里处，殆少致力，遂于文之真处，罕见体会，仅以猎科名取时誉耳，非吾之所望也。"府君侧闻之，因思文之真处而不得，至废寝食。先曾祖笑曰："此岂所谓寻孔、颜乐处而不得者耶。"府君忽若有悟，自此言无不契。先曾祖乃授以真西山《文章正宗》，府君文乃大进。先曾祖不喜左氏之传经，而好其文，谓文之条理，左氏一轨范也。府君熟讲之，而文益大进。亡何，先曾祖殁于汉中官舍，归葬荆姚，教官俸入故微，府君时年十八，千里扶榇，囊橐萧然，一时僚友门人及向慕者争致赙助，府君辞受有法，仓卒旅次亦然，见者皆谓其能当大事。

服阕，补县学生员，旋食廪饩。陕西督学使者沈淇泉先生，拔入三原宏道学堂肄业，充斋长。宏道者，旧为书院，与泾阳之味经、崇实，称"渭北三书院"，皆名讲席也。时初立学校，取味经、崇实，并入宏道，改名学堂。其生徒，则学使者于科岁试时，拔各县学生之尤异者。得入其籍者，号登龙门。府君因得结纳一时儁乂，切磋砥砺，学以有成。

中国当甲午、庚子八年之间，一辱于日本，再辱于联军，国权日微，国耻日甚，富强之说，腾沸上下，学者尤愤慨，皆思出国游学，归图兴复。适陕西有官费选派留日学生之举，于宏道考选十二人，府君与焉。在同选中，如张季鸾、杨西堂、宋相臣、张治平诸先生，皆先府君而逝。府君是时年二十六，胸襟日扩，既至日本，复得与全国贤豪，上下其议论，衷怀益警惕，意气益发舒。同盟会成，加盟焉。初入济美学校，继转明治大学分校经纬学校。毕业后，入早稻田大学文科。与同志组刊《夏声》杂志，为当时西北鼓吹革命有力刊物，秘输陕、甘青年，读之皆思投袂奋起，影响辛亥光复者至巨。今刊本犹有存者，其署名罍空，府君笔也。井公勿幕苦机秘泄漏，无善法，府君为精心设计，立通信横斜格，及纵横联系法，井公用之，陕西党人所谋，无破露者。民国前二年，归国，为西安实业学校教员。陕西谘议局成立，任秘书长。

辛亥九月一日，陕西举义，建大都督府，文告教令多出府君手。嗣东西战急，军书旁午，府君彻夜不寐，恒不知疲。事略定，长教育司。兵燹之余，百度草创，府君悉心擘画，各级规制，灿然明备。亟选派东、西洋留学生凡百余人，皆茂才异等，成就甚众，迄今服务国家社会，卓著成绩，拔十得五，不足为喻。其他社会教育，尤所致力，扶植易俗社，创立宣讲团，主张言文一致，读音统一。惜事功未半，而洪宪乱萌，府君去职，时民国三年也。乃漫游北平，考故都之亡征，揽西山之胜概，留五月，归而发箧补读者二年。

护国军兴，府君复出。然北洋军权尚盛，袁氏亡而党人之志不伸，逻者构陷，同志有死者。府君留西安不得去，外示优游，中怀郁愤，不可告语，一寄之咏吟，诗自此始多。八年，井公勿幕于渭北督师，死难兴平，府君痛之甚，微服赴三原，有所策划。三原，靖国军总部所在地，今监察院长于公右任，方为总司令，亦府君宏道旧同学也，遂任秘书长。内襄密勿，外护诸将，虽遇挫衄，气不少馁，新旧同志，多倚以自固。方靖国军与北洋军夹渭相持也，南北有议和停战之举，北洋军谓陕非民军，张衡玉君奉和会命来陕调查，持论抑扬，我乾县被围急，人情汹汹，府君折以正义，张君故达人，为之心服，乾县围解，过论者有微管之誉，府君不之许也。十二年，从于公于武功，旋移凤翔，府君始终主力战，与于公意合。既密谋取道陇、蜀南下，与革命领袖会，府君先行，经陇东至兰州少休，折赴陇南，欲与于公道遇，然竟相失，遂归故里。是行从者李寿亭、蔡祥符两君，间关崎岖，备受困厄，往往荒亭古驿，无所得食。而府君啸歌自若，神气益旺，山川险塞，胜迹土风，皆有诗，诗格始老。旋教授长安艰食，当局延聘不出。十五年，省垣被围，八月饥饿尤甚，而不以为意。围解，于公右任任国民革命军驻陕总司令，力挽出肩重任。府君自审无补时艰，虽献可替否，知无不言，终未任职。

十七年，应于公召，南游，为中央党部编纂委员会编纂，斟酌体例，梳剔史实，以识鲜〔解〕明达，为众所推。嗣任审计部副部长，转监察院监察委员，继长审计部。在部长任，成立第三厅，以完成审计制度，筹设各省审计处，以扩展审计职权，举行审计人员考试，以充实计政人才，皆其设施之荦荦大者。长部仅二载，计政规模，树始基焉。二十四年旋陕，不预时政，益肆力于诗。

抗战军兴，国民参政会成立，被选为参政员，连任第二届国民参政会参政员。闭会，被举国民参政会华北慰劳视察团团长，遍历洛阳、南阳、江陵，溯巫峡而归。所至宣布德意，抚循创疾，揽今怀古，皆有诗。三十一年，辞职。秋，至西安。今主席蒋公巡陕，召见府君，陈军食与民食并重之说，备蒙嘉纳。旋被选陕西省临时参议会议长。三十二年，连任。十月，感微疾，归里，旋愈。三十三年春，触寒，旧疾复发，转致肺炎。入夏，甚见痊可，卧床数月，已能扶杖而起。适院榴花迟发，出见初花，赋"众榴如我待，始见着花情"之句。振导群伦之意，未尝少衰，不知竟为绝笔也。豫湘战急，府君自恨衰疾，忧深思远，遂转沉绵。及笃，犹曰："我党人也，无益于国，而遽死乎，后死者其有以慰我。"口授自挽联曰："一事无成胡遽死，百年如寄自当归。"八月十六日，弥留之际，犹以注意粮政为言。复为不孝等讲《檀弓》曾子寝疾章，谓曾子为知礼。延至戌时，遂弃不孝等而长逝矣。呜呼！痛哉。府君生于民国前三十二年庚辰十二月五日，以民国三十三年八月十六日戌时，卒于蒲城荆姚本宅正寝，寿六十有五。

计府君生平，早岁孤艰，食贫攻苦。中年献身革命，墨突不黔。年近六十，方喜归农，得与田父野老，乐话桑麻，补读未见之书，重竟析疑之业。而遭际国难，不得自逸，戴星出入，犯暑驰驱，徒以国运悬危，迫而出此，非本怀也。然一旦受命，死生以之，险阻锋镝，曾无所避。盖天性强毅，兼耐繁剧，勇于负责。友朋之间，有所诿诿，诺言必履，虽细故，未尝苟且。行文作字，一主谨严，寻常书牍，皆不肯漫然为之。喜吟咏，初多拟汉、魏乐府，中年稍稍变格，五十后多律，独喜陈后山及简斋两家，谓简斋清劲，后山醇深，谓所作近简斋，愧不到后山也。于近人，服范伯子，谓独造处，古人不及。有《老曼斋诗存》，殆五千余首。甘泉毛俊丞先生传高邮之学，府君特师事之，经诂韵摄，亲承指授。晚最服膺毛先生集唐，赠联有"晚有弟子传芬芳"之句，府君甚喜，愿为侯芭，足见风尚矣。方病亟时，召不孝等，进而言曰："吾言行多尤悔，不足法也。惟诗文是生平所经意。然文吾不自信，不足传。诗自谓当有数首可诵者。五十以前作，曾倩毛先生删定。以后之作，自谓大进，惜毛先生不及见耳。其质诸富平删定之。"今将俟删定后印行。

呜呼！不孝等侍养无状，罹此鞠凶，学行无成，又不能状府君行实于万一，不可以为人，不可以为子。惟念先府君立身行事，自有本末，敢任其湮没不彰，取罪更大。谨就所知，略述大节。倘蒙海内鸿博，锡之铭诔，增光泉壤，感且不朽。不孝李恂等泣血谨述。

据《革命人物志》第三集

沈思齐墓志铭

金兆蕃

华亭沈君思齐，余畏友也。君英特沈敏，遇繁剧，若行所无事。余迟钝，不逮君远甚。君顾不余弃，始终甚相得。君与余年相若，余今乃铭君墓，是可悲已。君讳维贤，一字师徐，晚自号遁居士。世居河南，明季浙江左布政应龙第三子国英，官江南参将，遂定居松江。君祖讳彨，陕西同知。考讳福祉，浙江仁和场大使。皆封通奉大夫。君幼嗜读史。金、元氏族，西北疆域，尤所究心。年十五，入学为诸生。苏州置学古堂，檄选高材生，县以君应，博闻强识，超出侪辈。平湖朱竹石布政尤重君。光绪十七年，以第五人举于乡。十八年，应礼部试，桐庐袁忠节分校得君卷，深赏之，为力荐，不售，遂契君，申之以昏姻。

旋以议叙知县发浙江，版授宁海，未上，遭大使君丧。服阕，除新城。新城山县，民悍，盗窃发，攻县城，君督民团御之西阛，战守五日夜，入山捕斩其渠，乱乃定。旋移石门，摄嘉兴。嘉兴频岁有螟，民甚困。君亲诣各乡察验，图螟啮稻状，谒大吏，请减县赋十之三五，言甚切，巡抚为动容，布政使持不可，撤君还省。桐乡亦有螟，民争减缓分数，聚哄劫村落，扰市廛，甚乃毁官廨教堂，巡抚终韪君，谓其材能济变。去嘉兴不十日，复令君往摄。君曰："盗当捕治，民当解散，此不宜用兵。"单舸之官，入抚城民，令开市，捕一二首哄者，系于狱。徐察桐乡岁征漕，民负米就斛，胥役藉验米良窳，争探囊掬米散遍地，即目为余米，与县吏私分之。又为例，遇蠲缓，民田不及五亩者，不得与。桐乡鲜大户，民田五亩上，或分隶二三图，分图计亩，不得与者众。民积怨久，挟灾乃骤起。

君上书大吏，言其状。请宽减缓分数，一亩以上，皆计分予减。并永禁吏私余米，启征亲莅仓，收米必平概，溢则还诸民。民以大和。教士亦感君诚，稍取偿毁失，议一日而决。君以乱非起自民，系者皆傅轻比，不戮一人。及宰仁和、钱唐，省会附郭，奔走诸大吏，簿书期会，每疏于民事。君肆应有余裕，催科抚字，兼施不废，事大吏亦无所旷阙。巡抚命兼主干机宜文字。省设谘议局，又命君与焉。累叙劳候补知府，道员用，加三品衔。

政变去官。乡之士大夫，推君佐县政，迭选江苏省议会议员、议长，参议院议员。君志在济民，侃侃持正议，议不行，辞还。先后于奉贤南桥、嘉善大云寺结庐奉母，躬力田为养，春耕夏耘，与佣保杂作。晚乃定居嘉善城东。遭母丧，君年已逾六十，哀号擗踊，作孺子慕。闭户读书，所著《两汉匈奴表》、《晋五胡表》、《唐书西域传注》，先已刻行。仍专意研讨诸史，垂老丹黄不辍。辑宗谱，修县志，又用全谢山、赵东潜读《水经注》法，读《宗镜录》，分析条理，辑为纲要。丁丑乱作，转徙上海，自定诗词稿授刻工甫毕，君病已笃，未及校印也。君卒于中华民国二十九年三月二十三日，年七十有五。

配符夫人，宝山人，上海教谕庆增女，先君卒。侧室吴。子厚溥、厚棨，皆前卒，叔明、季超、能五。女三，袁忠节子荣叟、平湖陆维鉴、松江洪尚礼，其婿也。余与君曾以避兵相见，君耳微不聪，犹健谈如昔。居岁余，日益衰聋，多语则气上，告余居上海大不易，二三朋旧助我鬻文字以自食也。数迁居，病革前数日，犹强起相宅，其不遑宁居如是。呜呼！廉吏固不可为耶？君葬符夫人松江城内，自营生圹。高吹万、陈陶遗诸君，议谥君曰勤敏先生，舆人佥同。君诸子将奉君丧归葬，来请铭，铭曰：

循以其德，能以其才。体循用能，振槁苏荄。君莅六政，皆浙之右。愍我疲氓，被泽孔厚。君课民棉，谓利媲桑。朱黄其葩，移自江乡。民不忘君，丰玉荒谷。君不负民，甑尘瓶粟。君眷旧治，临眈其恫。嗟我铭斯，讯于无穷。

据《安乐乡人文》卷六

随县张伯烈墓表

傅岳棻

随介南北之间，风气劲爽，故多卓荦豪迈之士，余友张君其人也。君讳伯烈，字亚农，世居随县。神农氏起烈山，烈为随望，故名烈而字农。君幼而英异，伟躯干，声若洪钟，少孤，家贫力学，补随县生员，有声黉序。事母孝，母病笃，祷于天，祈损算十年，以益母寿，母病果愈，后十二年而殁，人皆以为诚感所致。番禺梁节厂师试士，余弟二，君弟三，覆试联席坐，始相识也。已而余北游，君东渡留学，为侪辈所推服。铁路国有事起，商民股置不问，群情大哗，君亟归汉皋，集众讲说，斫指流血，声与泪俱，誓以死为地方力争，遂与嘉鱼刘幼丹、汉阳密丹阶两先生同为代表赴京。君坐徐尚书宅，绝粒饮不去，必得请而后已。余方官学部，时往慰视，服其勇决，乡人自是愈益重之。

改革后，君被选为国会代议士，遇有大利害，侃侃持正论，不为众议所挠，往往气凌其上。民国十一年，推举参议院副议长，时国会多故，非君意所屑也。北政府罢，君隐居庐山，修道读书，不问世事。南军起，君复归北平，执律师业以自给，然赴人急难，慷慨犹昔也。二十四年十月十三日，以疾终于平寓，年六十有二。君负干才，有气势，不得志于时，堙郁以殁，可哀也已。其孤实以事状来乞为表墓之文，粤三年，始为揭其荦荦大者于碣，而系以铭曰：

孝于亲，天鉴之。爱乡里，志不移。忠于国，靳厥施。气虎虎，郁于时。百世下，视此词。

据作者手稿

故参议院议员张君墓表

章炳麟

君讳瑞玑，字衡玉，山西赵城人也。曾祖行简，清千总。祖登仕，县学生。考星，辽州训导。清宣统末，南方十二省举兵以黜清，山西、陕西皆应。时大总统袁公以清内阁总理，遣使与民国临时政府议和，宣言秦、晋群盗，不与南方革命比，不在议和数。临时政府苦于相持，不能得要领。而北军下山西者，已自娘子关突前，太原凶甚。君时以财政司长致袁公书曰："执事言秦、晋群盗，瑞玑不敢辩。然奉执事令征群盗者，害且百倍于盗，执事视其焚略不禁，是残民也。逆天下之心，是树敌也。避南军之锋，专攻秦、晋，是示怯也。朝议停战，夕谋进攻，是背盟也。残民不仁，树敌不智，示怯不勇，背盟不信。敬厉兵抽矢，以待执事。"袁公得书，立召其师还，秦、晋得完。当是时，北军势盛，临时大总统孙公愿以位让。而蒙古王公又驰书全国，请推袁公为元首。君再与袁公书镌之曰："大总统者，国民所同推，非一方所得私举。孙公人望所归，天下翕然举为大总统可也，不能以其位私授之人。"及清主退，袁公卒当选，人无敢异议者，而君义声以是动天下。袁公自得二书，已深奇君，下令以君长山西，君已解职去。明年，被选为参议院议员。时被选者，多以馈遗声气得之，君独介然为众乐推，未尝自营也。

君本起州县，以清光绪二十九年成进士，分发陕西，知韩城、兴平、长安、临潼、咸宁五县，皆有声。自八国联军陷京师，所在基督教徒张甚，有狱讼不得直者，主教必强辞为理之。县邑事役，教徒率扞不与，君下教禁讼辞自署教民，有事役无得避。主教怒，以告省大吏。大吏皆密谕君息事，君不为动。凡宰五县，所至，主教必戒其徒曰："谨避强项吏矣。"知长安时，直巡抚幸姬生日，群吏皆贺，君独以疾辞。巡抚不怿曰："适于今日病邪？"徙知临潼。适会城商人以苛征罢市，巡抚百方谕之，不能得，属君为说，君柴立市上，发片语，事立解。然巡抚忌益甚，曰："吾擅方面，乃不如一县令尔。"会所属新丰镇有被劫者，即记君十大过，夺奉三月。未几，捕得盗魁刘光升鞫之，得与同劫及为囊橐者王炳耀、吴晋芳等，皆新军士也。即具狱上谒曰："县所被盗，即帅府所部兵，兵能劫民，下吏夺奉记过固当。"巡抚惭，促竟其事，卒无如君何。在陕西八年，民称张耶，为良吏第一。

及中国同盟会之立，君以宰官私誓焉，与党人景定成等过从甚密。党人或读书县廨，西安将军闻，欲劾之。会武昌倡义，君亦返太原。长财政时，课校出入，无豪忽失纪者。山西财政之起，自君始也。方革命党起时，多自田间来，不习吏事，诸法家又务外铄，不与民意中，未有贞干如君者。而君用卒不竟，属长山西又不就，至于今吏道泯泯，斯亦民国之缺已。

初，君生时，母王太夫人梦巨物绕柱下，人以为龙祥。及长，治学徇敏，应事顾乐易，与昆弟四人友好无间。从政秦中，惠泽周渥。性轻财。既入民国，每国政有变，逋客往来秦、晋者，皆主君所居谁园，将迎馈赆，无不满志以去，盖异乎所谓龙性者。独其在官斩斩，震发百里，使强衙之徒回面奉法。及改革之际，处势亦急矣，而能两折袁公，抑其盈志。后十年，浙江督军卢永祥伪称废督自治，又驰书痛诘之，皆谔谔不为孙辞，《易》所谓有"亢之象"者非邪？扬子云："蚖哉蚖哉，恶睹龙之志也欤！"

君素好学，自陕西归，载书百簏，为北军略夺皆尽。晚又得十万卷储之，戒其子曰："所以遗女亦足矣。"善诗书画，自谓书不如画，画不如诗，诗不如其为人，盖笃论云。自袁氏败后，纲纪愈散，君数驰走南北。尝一至陕西，解客军之难。及孙公薨，遂绝意政事。以民国十六年冬殁，春秋五十有六。明年春，葬城东磨头村。乡人士德君，为祀之三立阁。配刘夫人。子尔公，以保定军官生，历陕西军署晋绥总司令部参谋、山西清乡督办公署顾问。女适同县王乃寅。余素识君名，然不数见。二十五年一月，尔公辑其遗文得十二卷，因以事状来告。呜呼！拂士也，今不可得已，为表其隧。

据《太炎文录续编》卷五之中

林白水先生传略

陈与龄

白水名獬，又名万里，字少泉，署曰宣樊，号退室学者，晚号白水。甲午中日战事，侯官林少谷游击领扬威军舰，大东沟之役，扬威毁于敌，游击浮沉海中，他舟曳长绳援之，游击出半身推绳，拱揖谢援者，如是三四，终不就援以死。死义之烈，谈者伟之。白水，游击之从子也。

白水少治古文，惟不工制艺，以其行文奔放，绳墨不足以拘之也。清末，福州书院，以鳌峰、凤池试生童，正谊试举贡。院皆设古学，肄习古文辞赋。白水于古学，所造既邃，试必冠其列，然拙于时文，一衿不能青也，而文名籍甚。敝衣乱发，边幅不修，游名公巨绅间，辄盛气骂座，见者皆重之而莫敢近。

杭州太守林迪臣先生耳其名，延之往，使就蚕业学校讲席。太守幕中，多知名之士，如林琴南、高啸桐、梦旦昆季名尤著，皆雅重白水。知石门县事林伯颖明府，聘之使课其子侄，礼数尤优异焉。杭州东城书院，时以策论取士，白水朔望必至，试必高列，士子群趋赴之，置酒高会，名噪钱塘。琴南倡办《杭州白话报》，挽白水主其事，白水自署曰白话道人。

清末，朝政日非，白水奋然以改革自任。及就养正、求是两书院总教席也，夜集诸生，或十人，或二十人，入其卧室，密谈政治，训以改革。养正、求是为浙省文化之所荟萃，诸生化之，恒以举义自勉，亦以此而兴党狱。乃返福州，创立蒙学堂，以革命学说，灌输学生，嗣改为侯官小学。黄花冈之役，福州死难者十人，皆蒙学堂旧生也。福州设学院，实自蒙学堂始。然生徒众而费绌,白水竭力奔走,内外支吾,校事稍定,托其中表黄君鲁贻主其事。已则走海上,与章君士钊等,办《苏报》,鼓吹革命。又与黄克强、章太炎、刘光汉、邹容、蔡孑民、吴稚晖诸公,设中华教育会于四马路梅福里,兼办爱国女学。

俄罗斯既筑西伯利亚铁路,军运不息,东陲危急。白水创《俄事警闻》,以醒民愤。广西巡抚王之春,方谋以铁路让与法人,入京陈奏,道经上海。白水与万福华、邹容刺之一枝春酒馆,不中,万、邹二公被执,白水脱身疾驰入梅福里,告难作,黄克强辈既逸去,白水仓惶从后户出未数武,而捕者至,遂拘入捕房,以无确证,乃免。

复返福州,上书学务公所提调张君岱杉,极言创办小学之要,草规划书暨章则计数千言,切于事实。张韪之,设小学七,公立三,府立四。知福州府事者程君祖福,与白水素相得,白水代聘知名之士主之,已则往来奔走,以督其成,未尝受值。于时,福州已废书院为校士馆,以策论课士,经月一试,士子膏火之所资,白水衣食之所取给也。然主其事者郑友奇太史,恶白水之以文字鼓吹革命也,卷署林獬,必不录,乃更名万里,而万里之名复著。无已,则假朋辈之名以进,试之日,必典衣被,置美馔佳酿,招学徒数人供缮写,自清晓以迄夜分,手不停挥,口不停啜,缮写者告惫,而白水文兴方酣也。榜发,则前列十数卷,皆白水作也。月得数十金,如是者历年余。

既而东渡日本,习政法。学成,返上海,鼓吹革命益力,海上诸报,无不以刊白水之文为荣。白水为畅所欲言计,未尝居奇,每篇仅受酬金五元,然必待资尽而后为之,瓮有余粟,犹舍文而嬉也。复好客,客至,辄请少待,临案走笔,顷刻成章,遣急足持投报馆,收稿费,设酒食以宴客,其风趣如是。

清社既屋,福建独立,设军政府,白水长法制院。时彭寿松为政务院总裁,虐民甚,意所不善者,辄嗾护卫刺之于市。白水恶之,以中央于闽事素隔膜,欲暴其恶于中央,遂应项城之招,入参枢要,乘间数彭氏罪,彭之去闽,白水与有力焉。时白水兼主《新中国日报》,尝言:“中国今日之政体,民主固善,而封建余威,曾未少杀,欲谋芟除,计须十五年之努力也。”果也,军阀之光焰,至民国十六年乃熸,可谓有先见之明矣。

国会成立，被选为众议院议员。旋改任参政院参政。五年，与同人合办《公言报》，有声于时。民国八年，南北议和，白水在沪办《和平日刊》，南北代表所主张，皆以《和平日刊》论调为依归焉。迨和议不谐，白水返北平，复办《新社会日报》，以事开罪政府，停刊数日，既复刊，乃曰："蒙赦，不改不可也。自今伊始，除去《新社会日报》之新字，如斩首级，示所以自刑也。"其感愤而杂以诙谐如此。

白水既长于文言，复精白话，朗畅曲达，信手拈来，皆成妙谛，其见诸报章者，每发端于苍蝇臭虫之微，而归结及于政局，针针见血，物无遁形。北平之中央公园，夏日晚凉，游人手报纸而诵者，皆《社会日报》也，即平日不喜白话文者，亦独于白水之白话文重视之。虽然，誉者毁之媒也，爱者杀之机也，故白水竟死于文字之祸。死之因盖以文字上之讥刺，有人毁于张宗昌而杀之也。

白水有子曰陆起，留美不返。晚年遗稿散失，然商务印书馆少年丛书，犹有其中年遗著《华盛顿》、《加里波的》、《纳尔逊》、《哥伦布》、《大彼得》、《毕斯麦》六种在也。

与龄曰：世之知白水者，喜其能文章而已，此不足以尽白水也。其刺王之春也，以热烈。其脱黄兴辈并自脱也，以忠实机警。其陶铸黄花冈死难诸烈士也，莫不具有革命之真实力量焉。白水，非文章之士也，惜一生脱略，故不能善其死，然至死不劫于权贵势。噫！亦人杰矣哉！

据《东方杂志》第三十二卷第十三号

胡君夔文小传

石皮

君讳璧城,姓胡氏,字夔文。本泾县士族,同治初,父某,业丝六安,家焉。君少为诸生,稽古有机思。中光绪二十三年丁酉乡试,益朴拨务实学,以贫,授徒安庆涂氏。湘抚某,皖人也,时掌教敬敷书院,见所为文,尝优饶之,谓世方多难,宜别储养应时变。辛丑,乃北行,游学都下。时国学虽或开置,而条教草创,劝课未博,君横经著录,守专门之业,驰骋大义,间以剧谈。师友之间,咸共推挹。乙巳,以优等卒业,授科中书舍人。会郡国置学,争致京校方闻之士,晋、豫有司,礼罗及之,并以母老不赴,归就安庆府中学堂监督。敦尚茂美,为荐绅所称。一年之中,凡六兼职,并能拨烦。

辛亥八月,武昌事起,行省风靡。皖人某,被推为皖督,过大通,将为人所要击,君惧皖难之始此也,寓书要出者,陈利害,事得已。寻被举为安徽临时省议会议长,已又当选为参议院议员。共和二年,国会解散,接充协〔约〕法会议议员,又被辟为政治会议秘书长。时主其事者,实才君,又虞君之下也,则曰:“他不足论,但吾两人交深,于义君当翼予。”以是迫蹙,遂颇参列具草,然非其意。退谓其友石皮:“此扬子云、荀文若之流,所以悲也。”石皮闻而伤之。他日又言:“事败于需,而成于决。兹役之需也,其不免乎。”已而果如君言,会议亦寝弗行。君遂被荐为审计院协审官。无何,迁审计官。五年,国会恢复,再列议席。六年,再被解散。七年,皖师某,辟置幕府,甚被礼遇。居蚌埠五年,虽易帅不令去。十一年,国会再复,复列议席。至是,列议数四,深致感喟,谓此今世代议制度也，效绩乃率如此。十三年，遂南归，就聘为皖省通志局局长。部署未定，以事如京师，自伤摧残，恐修名不立。又以时命峻切，忧瘁家国，非精神所堪，因得疾，积时不起，顷之，卒。

君博物多识，政学纷纶，不辍撰述。诗近江左三家，以故胜流社集，并见引重。善书，雅有钟、王之则，无安吴气习。间一作画，虽未有师承，而点缀映媚，笔势可观。颇知医，为人拟方药，辄效。性朴拙，无风采，及解析名理，甚有精致。尝畜宋、元以来书画名迹，明人手札搜辑尤勤，每有所得，虽篇第褫落，始末沦残，备能考正亡佚，无所遗缪。病未革时，居某医院。石皮诣问，赠以明人赵忠毅公手札，犹相与反复研核，病若失也。著有《知困斋诗稿》如干卷，顺德黄节序之。

石皮曰：余尝与夔文同游京校，有同舍生窃窃语人，谓某某名高，而义无检格，凡所讲说，不惬吾心，乃至声色加以谤骂。夔文独不善之，谓此关学风，大是可忧。欿然防矫，不豫将溃，他日滔滔，恐甚于此时耳。曾不二十年，逮至于今，忆曩时窃窃私语者，盖佳士也。伤逝念乱，使人惊心不已。呜呼！

据《知困斋诗存》甲集卷首

故云南省议会议长嵩明赵君墓碑铭

李根源

君姓赵氏，讳伸，字直斋，云南嵩明杨林驿人。父连金，母王氏。生子三，君最少。倜傥有奇气，读书颖悟迈行辈。弱冠，补博士弟子员。肄业高等学校。

光绪甲辰，选送日本，入成城学校。感于种族大义，与孙文、黄兴、章炳麟、陶成章、陈天华诸公游处。乙巳，同盟会成立，君与焉。创设《云南杂志》，君任总经理，使金碧声光，得侪于革命先导之列，而与江、浙、湘、鄂、秦、蜀诸志相辉映，非君董理之力不及此。戊申，河口兵起，杨振鸿南归。君与吕志伊及根源，倡设云南独立会，告云南独立于天下，与会者万人，君主席，辞最激昂，使署闻知，开除官费，而君蔑如也。更与黄兴设大森体育讲习会，阴教同党以兵学。学者有林时塽、刘揆一、焦达峰、孙武、夏之时、方声洞、林隐民、俞培元、杨大铸、张乃良、李贞伯、张大义、李伟、包绍杰、刘九畴、段雄、杨若、唐允义等七八十人。其后或死黄花冈之役，或预辛亥武汉革命，各建殊绩于当世。

己酉，君在日本，任党中暗杀部副部长，遂从李英奇学制榴弹，暇则私演射击，力求命中。日警侦知之，捕君急，乃变姓名，潜走台湾，入广西，充右江镇总兵龙觐光部下管带。觐光，君旧结义异姓兄弟也。

民国成立，余与蔡锷迭电促君归，筹办云南同盟会及国民党事，凡政府政令兴革，君无不参与。省议会开，当选议长。癸丑，赣宁事败，省会解散，君息影乡居。以杨林湖水之为桑梓患也，商筹父老，详度形势，从事开浚，历时三载，垦良田八千余亩，利国利乡，厥功为最。

迨讨袁军兴，会办兵工厂，制弹药以供军用。叙州纳溪之战，榴弹之威，屡挫强敌，然此不过君之绪余而已。君之干济，则终其身不得施展什一，其气运使之然耶，不能不为君悲矣。

余留东同志之友，乡人中惟君与杨振鸿、吕志伊、罗佩金为最契。振鸿、佩金已遭变死，而存者惟志伊与君二人，今君又卒于昆明，怆怀旧雨，涕泗横溢。计自壬子十月，与君判袂，丙辰正月，君赴日本，在香港得一晤，相与筹所以护国之略。壬戌，君补参议院议员，余居内阁，与君时时相欢饮，聚谈无虚日。未几，有六月十三日之变。君奔走南北，力伸正义，其气概不减于在东时，所谓百折不回者非欤。此后，余栖迟吴下，君返棹滇垣，地北天南，竟成求〔永〕诀，能不恸哉！君生于光绪二年丙子五月初四日，卒于民国十九年庚午闰六月初二日，春秋五十有五。子二：凌云、慕云。孙三：家尧、家斌、家象。卜于是年九月二十二日，葬嵩明小松园祖茔之次。凌云走书吴门，请铭墓。铭曰：

志士之志贞而强，睥睨东海天回光。胸怀磊落神飞扬，激昂慷慨生锋芒。誓与浊世扫秕糠，目中已无豺与狼。平生爱国复爱乡，泽水泛滥忧梓桑。昔日横潦浩渺茫，今日四野稌与秔。六乡父老讴思长，芷庵千载同苾芗。

据《曲石文录》卷三

故江苏省议会议员武进赵君墓志铭

沙彦楷

君讳衡。字颂平，一字仲平。籍江苏之阳湖，清末阳湖并入同城之武进，遂为武进人。世居漕桥镇，其宗祠在距镇里许之楼村。江南诸赵，均为宋太祖长子燕王后裔。南渡后，散居各地，楼村支，其一也。以祠有赐书楼，故以楼名村。祖讳应辰，父讳荫棣。母氏邵。生君兄弟三人，君其仲也。君幼孤，其祖星五先生，公方廉正，为一乡祭酒，教督君昆仲綦严。祖殁，君兄颂眉讳之基，以少年继主乡政，克绳祖武，规画公益事业，为他乡冠。迨君兄之官河南，君以众推，复出任事，即邀余与孙君芝耀，创办振声高等小学于楼村，并与其妹婿孙君宇耀，创办养根小学于本镇。费用所需，悉资于君。至今四十余年，人材辈出，君之力也。漕镇河南，为宜兴辖境，邻镇杨桥，亦界两县间。武境乡政素修，不肖之徒，麇集宜境，数十年来，沦为赌窟，风俗生计，因之日坏。君不忍坐视，遂偕余同谒宜兴县长，力陈禁治之策。县长属君就近筹禁，勿以县界为虑。君即毅然引为己任，力犯众难，终将两地数十年聚赌积弊，摧陷廓清，赌匪赌棍斥逐净尽。至今规制整饬，事业蔚兴，亦君之力也。

君兄卸任登封县事还乡，旋抱西河之恸，强仕之年，竟嗟不禄。君弟叔成讳之屏，复先在甘肃天水差次，因公殉职。君悲痛之余，触目惊心，遂僦居城内八桂堂明唐荆川先生故居。县事有所兴革，阖邑士绅辄就君商榷，座客常满。嗣复经理武进交通银行，先后被选江苏谘议局议员、江苏省议会议员，历时最久。全省要政，多所勖赞。而本乡实业，仍在河南，与表兄黄浩桢，创办碾米厂、堆栈、油厂。在河北，与大有蚕种制造场总经理邵申培，创办第五分场。关于地方繁荣，农民生计，多所裨益。凡此实业收益，均为兄弟共有，君无私财。君夙抱建设思想，采用科学方法，擘画至精，尤富毅力，故所为辄成。尝对宜兴陶业，具有革新计画，拟推广至电料绝缘器材，及各种日用品，规模颇为远大。惜以病废，未克实施。

君生于前清光绪四年七月十八日，卒于民国三十五年十二月廿二日，享年六十有九。配无锡礼社薛氏。生男子子二：诏熊、访熊，均清华学校毕业，留学美国，返国均任清华大学教授。女子子二：婉贞、婉和。孙一：南华。女孙一：元元。均访熊出。君与余投分至深，待余尤挚。余拒选南还，筹筑归耕草堂奉母，得君之助尤多，至今结邻之山，尚无一亩，共植之树，已有十围。旧约久虚，新坟在望。追维畴曩，感慨万端。诏熊等将于民国三十六年十二月，葬君于漕楼东街外新阡，来请埋石之文，其易敢辞。铭曰：

赵氏王孙，定居楼村。赐书之荣，厥名犹存。祖兄矩获，至君而尊。子孙学业，克昌其门。君之致力，由乡而县，由县而省，斐然可见。校楼西畔，蚕场东偏。我铭君幽，以永万年。

世愚弟沙彦楷拜譔。

据铅印原件

故参议院议员姚君之碑

邵　章

君讳华，字重光，号一鄂，又号茫父，贵州贵筑人也。世有隐德，为黔名族，及君而昌宦于北平，因家焉。曾祖玉德，妣氏吴。祖廷辅，妣氏严。考源清，妣氏雷、熊，生妣氏费。以君贵，均赠中宪大夫，妣恭人。君生而岐嶷，读书目数行下，善属文。清光绪丁酉，举于乡。甲辰，成进士，历授工部虞衡司主事、邮传部邮政司建核科科长。民国选举临时参议院议员，任女子师范学校校长，未官也。黔中自歙县程侍郎恩泽秉节视学，以其师凌仲子之学，倡率后进，而遵义郑氏、独山莫氏以朴学称咸同间。君濡染遗风，习许氏《说文》，深通古谊，复裒集金石文字，精研而详考，斐然有述，而于诗赋词曲，尤别有会心，语多独造。通籍后，进士馆遣赴日本习法政学，逾数年归，而国事蜩螗，制度锐变，至于鼎革。君思以所学自效，议会言日庞，当局者数忌而尼之，君乃决然舍去，而仍从事于学。与京师士大夫游，温然儒者，靡不契合。

晚岁工书善画，海内外得其寸缣，视同球璧。年甫五十，即以病废。夙居宣武门南莲华寺，慕洪稚存、段若膺之为人，即其旧址，筑莲华龛，为息影之所。虽左臂已残，犹日危坐，奋笔著作，积稿盈尺。所撰有《小学答问》、《说文三例表》、《金石系》、《黔语》、《古盲词搜存》，其刊者为《弗堂类稿》，都二十九卷。不幸于民国十九年庚午五月初八日病殁于龛舍，春秋五十有五。配罗氏。子四：鋈，日本高等蚕丝学校毕业。鋆，国立北京大学文科毕业，嗣弟芗后。鏊，先卒。鉴，国立北平师范大学肄业。女三：銮，适文宗沛，先卒。鋆、鋆，未适人，卒。君柩葬北平西直门外灶君庙姚山之阳，后之览者，其谂君之学行，矫矫于浊世，隆其堂斧，禁其樵牧，使夫一行之士，有所感而兴起，是则章立言之微义也夫。

据作者手稿

蹇季常先生墓表

林志钧

公遵义蹇氏，讳念益，字季常，世于黔为望族，自公祖五世不分爨，而父若兄率游宦滇蜀。公年十五，即总持家政，家中食指以百计，肃然无间言。光绪乙未，黔岁大饥，公佐黎公庶昌筹赈务，而实负其全责，事巨细毕举，全活至众，时年十九耳。庚子义和团之乱，公怵于内忧外患之不可终日，慨然欲有为以见世，赴日本留学，察其国政民俗，居东数年，学业日进，于时交梁公启超，毕生为契友，余亦于其时始识公。光绪丁未，与公先后归国，公以汴抚林公绍年荐入京，得旨授七品小京官、度支部行走。宣统元年，任河南财政副监理官，贵阳唐公瑞铜任正监理官。唐公于公为世旧，知公最深，其初受命，则请于朝必得蹇某为佐，卒得请，公不获辞，遂同之官，唐公悉以事听公主持区处。

时预备立宪，推行所谓新政者，方急于整理各行省岁出入，始设清理财政局，每省派清理财政正副监理官各一员，布政使充局总办，而监理官不隶督抚，直属于度支部。部臣措意筹款，希旨指者每以多输进为务。公与唐公主编制预算，为根本清理之策。河南岁入大者地丁、糟粮、田屋税契、厘金、盐税杂收入，而地丁、糟粮则折银两，准市价收钱。时每银一两，折钱千二百文，县官所收，则一两折钱二千四百至三千文，人民额外所纳倍正课，或尚过之。县办公费，及上自长官，下至库吏，供应例给诸费，皆取偿于是，余归中饱，数百年积弊，无敢问者。公为定规制，经谘议局议决，地丁、糟粮等银两折钱，以近三年平均市价计算，各县即以实收之数缴司库，革除一切规费，而另定县办公费，依地方繁简，分五等实给县官廉俸。庚子赔款摊派各县者，悉免，由清理所得款支付。河南全省岁入原六百余万两，清理后蠲除各规费，乃得九百余万两，与其时全省岁出适合，而人民不加负担，县官不见赔累，上下便之。我国财政大病，曰出纳之无法，曰不脱包办旧习，公于河南盖一举而廓清之。宣统二年，资政院办预算，河南成绩为全国冠。度支部以河南收入骤增，将提司库剩款二百余万两内用，唐公力争留本省，充巡警教育各费，河南新政基础以立。唐公与公皆知有公事。无毫发私见，不急敛巧取，为阶进计，独为地方人民培元气，其识解操行，岂今日从政者所能几及其万一哉。宣统三年，公辞监理官。

会武昌革命军起，公在汴与同志有所筹计，汴抚某急劾公有异志。于时袁公世凯当国，招公入京。世凯被谴居彰德洹上时识公，知其才，至是任公统计局副局长，未就。民国元年，同志组共和党，公为干事。国会成立，当选众议院议员。二年，国会解散，简公肃政史，不就，避地天津。四年，筹安会事起，世凯欲自帝，蔡公锷等密谋讨贼，与公会天津梁公启超寓，谋既定，蔡公等间关入滇，梁公启超用公议，亦西行说桂帅陆公荣廷举兵，公奔走津沪策应。西南义师既破贼，世凯以忧死，国会再集，公欲团结各党派，屏私见，共定国是，而党人之相疾相排如故，公奔走卒无济，戚然痛之，乃并辞议员职。五年冬，蔡公锷病逝，公益伤痛，日以醇酒自遣，然忧时望治之念，未尝忘也。六年，张勋复辟举事之日，公与余适在北平汤山温泉，闻变急返，公间道赴天津，余携其密电本及函件返京。既而马厂起义，梁公启超自津赴前敌，公主持有力焉。民国再光复，政象之混沌，无殊往昔，识者忧之，梁公欧行归，厌弃政治，讲学清华学校，公时过从，每语时政，辄相与太息。

梁公既殁，公益无可与语，向之有托于酒者，至是因得疾偏废，非扶掖不能出户庭，后且滴酒不入口，日张目视天下大乱，公至是乃不得不死。死于民国十九年九月八日，饮安眠药，先草遗嘱，处分诸事綦详，并大书“从容谈笑而去”六字置案头。呜呼！公果竟去矣，自非大勇，其孰能是。公盖非厌世者，将有为以见世，不得竟其志乃死，公之死，世实杀之，哀哉！死年五十有四。配杨夫人，仰药殉，后公死十余日。子男四：长先器，三先达，皆毕业大学，能自树立。次男、四男先卒。民国十九年十月十二日，合葬于北平西直门外青龙桥东北之东四墓村（俗称董四墓，非）。友人湘潭周大烈为营茔地，移西陵松，植其旁，属余为文刻石，以志不忘。

据作者手稿

籍公行状

常堉璋

公讳忠寅，字亮侪，世居任邱县端村。曾祖廷对，祖承庥，考葆光，字瑞邦，封奉政大夫。曾祖妣氏陈，祖妣氏田、氏刘，妣氏金，封太宜人。瑞邦公生子二人：长忠宣，字陆侪，进士，内阁中书，山东候补同知。公其季也。生而颖异，幼沉默，寡言笑，动中规矩，不类孩童。尝集村童数十人，指挥而进退之，若有所作为者，盖其乐群出于天性，自孩童而已然也。公生当瑞邦公之晚年，故父母钟爱特至，而失怙恃也亦独早。十七岁，丁父忧。二十二岁，丁母忧。兄忠宣已成进士，公从受举子业。十九岁，应童试，以冠军补博士弟子员。从兄游京师，与当世贤士大夫接习，知文章大业，时文不足以尽之也。乃赴保定莲池，从桐城吴挚甫先生游。吴先生为海内文宗，门下著籍者常数千人。公至，辄冠其曹，吴先生特激赏之。公亦乐得名师，力学精思，生平学术，实植基于是时。

庚子国变，既定科举改试策论，应岁科试，皆列榜首。以优行贡太学，为学使陆宝忠所特赏，尝延至其家，教子弟。次年，遂举于乡。当是时，清廷迫于外侮，日事变法，以应合潮流。公亦逆知科举之将废，而空文不足以应世也，适直隶有咨送学生赴日本留学之举，公乃应选，以官费往。留东五年，初毕业于经纬学堂，继入正则英语学校，最后入早稻田大学政治经济科。以勤学攻苦，得咯血疾，旋患旋愈。值学校暑假，归国省兄于济南。居数日，兄以暴疾卒，公病新愈，猝遭兄丧，伤恸至极，呕血复作，乃力疾奉嫂率侄，护丧以归，而身留天津就医。

时当光绪三十四年，国家新政繁兴，需人才亟，凡游学归国之士，皆连茹以进。其誉望夙著者，则尤倒屣争迎。公在津养疴，直隶大吏闻公贤，时遣人致殷勤。逾年，疾平，遂任北洋法政学校教务长。公在日本，虽未卒业，而于彼邦学校所授，固已洞悉本末，故任职不复东行。先是东游之前，尝与兄筹设本村蒙养学堂。复纠合县绅，创设任邱高等小学堂。又联合同志，创立知耻学社，于京师设分社。于直隶各县教育事业，夙所究心。及任职法校，甄拔优秀，广延名师，故成才独多，至今有声于时者，犹多当时学子也。在法校三年，以其间当选为直隶谘议局议员，旋由局互选为资政院议员。自是投身政界，与海内贤豪，以是非相切磋，而政争始矣。资政院者，清廷预备立宪所设之立法机关也。议员钦选民选参半。民选即各省谘议局所选，皆海内知名之士，实左右院议。公乃联合同志，发起宪友会，以为政党基础。其大议，则劾军机大臣庆王奕劻，劾邮传大臣盛宣怀，审查预算，颁定新刑律，颁布十九信条，公皆主议者也。

清廷逊政，国体更始，临时参议院成立，公复被选为议员。当是时，海内想望太平，以为新国家宜革官僚政治，而崇政党政治。于是政客蜂起，团体林立，同盟会亦以革命团体改组为政党，号曰国民党，声势奕赫。公以为先进国成例，宜有急进缓进两党，相抵而后相成。先已与同志发起国民协进会，至是复历走江湖，联络民国公会、统一党、民社，合并为共和党，公任本部干事。参议院既开，惟共和、国民两党对峙，而民主党以少数与共和党相提携。公遇事与国民党员讨论折冲，其言论风采，著在国人耳目，而成绩则国会组织法、参众院议员选举法、省议会暂行法、省会议员选举法，其最著也。国会者，国人心目中宪政之权舆，而尤公意想中政党政治之所发源也。当选举之际，公以党部干事，悉心规画。其时选举初行，犹以人才为标准，非若后来之金钱可以运动也，故结果本党得人为盛。及开会，复并合民主党、统一党为进步党，居然两大党对峙之形势矣。国会议宪法，两党争议最多，公常当其冲。

项城袁氏当国，以其所议草案，不便己私也，操纵而倾轧之，遂有癸丑二次革命之举。因下令逐国民党议员，国会无形解散，乃别设政治会议、约法会议，皆罗致公为议员，公力拒而避远之。初任天津中国银行副经理，旋以云南巡按使任可澄之援，被政府命为云南财政厅长。既至云南，袁氏帝制议兴，进步党人反抗最力。邵阳蔡锷自京潜出，以云、贵二省起义师，分出川、湘，号护国军。新会梁启超复说两广军帅响应，汤化龙则招其弟芗铭以湖南反正，皆进步党人也。公以为此皆边省，非中坚，乃间关赴江宁，说河间冯公，合力反对。冯为北洋诸将领袖，举足轻重，于是袁氏事败身死，洪宪之乱定矣。

黄陂黎公继任为总统，合肥段公为内阁总理，国会复开，公复入为议员。是时，党人避组党之名，进步、国民两党，各散为数团体。公则与本党干部中人，改组宪法研究会。及至开会，党争愈烈，宪法会议尤甚，往往挥拳，或掷器物，以相撞击。公尝于议台上，为反对党击仆伤股，然意气弥厉。有阴谋倒阁者，提议选举副总统，以段内阁当选，公力主冯公，结果竟如公议。会对德宣战问题发生，公持议与段内阁合，反对者必欲倒阁，至引总统黎公为后盾，相持不下，至有公民团围议院。督军团复乘时而起，张勋以兵入京，遂有解散国会之举。公先已去之江宁，于冯公有所陈说。复辟变作，段公马厂誓师，梁启超、汤化龙与之合作，公往来京、宁间，任居间陈说之劳。自洪宪帝制时，西南与北洋合，公主其议而沟通之。是役也，奔走尤力，论者讥为纵横家，公不顾也。

复辟难平，冯公以副总统继任，段内阁复兴国会，反对者藉口解散令非法，别开非常会于广东。政府因而废旧法，定新法，召集新国会。公因本党要人，介在内阁，势不能独异，遂任筹备国会事务委员长，意谓国家但有国会，或可循序以进宪政之轨，故亦被命而不辞。乃选举结果，安福部以特殊势力，占国会议员绝对多数，公虽亦当选，而研究会议员寥寥数十人，如剥极之硕果，莫与颉颃。故公于新国会，往往岁月始一至焉。盖至是而公革新政治之勇气，稍稍杀矣。是后直皖之战、直奉之战、湘鄂之战，愈失政争之常轨，公无所与焉。

直奉战后，国会再兴，公复列议席，意在完成宪法而已。而选举总统问题发生，当事者不善运用。十三年，国民军入京，乃藉口检举议员，以掊国会，并取消历时十年仅乃得成之宪法。然于公无与也。公既尽瘁于政党，十三年春，会夫人王氏遘疾竟卒，家国之忧，并集交痛，遂致痼疾，绵历七年，至今而竟以没世也。悲哉！悲哉！

总计公之生平，三十岁以前，勤学精进，所至辄超轶其群。居东留学时,操日本语,莫辨其非日本人也。英文尤纯热。三十岁以后,置身政界,挥手举足,便有风起潮涌之观。尤善讲演,千百人集合之所,闻公议论,各满意以去。平居与人酬酢,其所言皆若宿构,虽闲语无轻发者,其心思精密可知。及得疾,遂患失眠,然精神尚旺,六七年来,以文字自娱,作诗尤多,见者不知其为病人,而诗文进境,与日俱深,若回复其三十岁前为学之状况者。虽少壮人,不及其锐进,而公自谓"特籍是以寄托精神,消磨日月焉耳"。公之从事政治也,实自教育行政始,及安福部专擅国会,无由并进于政治之途,乃复尽力于文化事业,以发其胸中之所郁。先是,尝与留东同学,创设尚志学会。兹复扩而大之,更与研究会人建新学会,以为讲学团体。又组设《晨报》、《国民公报》、《上海时事新报》,是非时政,以尽在野党之职务。十余年来,惟尚志学会奄奄仅存,余皆仆灭净尽,在当事者感想为何如,无怪公之致疾而缠绵不瘳也。公工于语言,在学校尤善讲解,能理纷纠之绪,达幽窈之情,听者有恍然豁然之况。在日本时,尝以授课余暇,为警官学校译员、法政大学自治班译员,以所得酬金,供给至友二人留东之学费。论者谓若终身为教师,其成绩必有大过人者。公既失意于政治,亦尝自悔不专为教师,徒驰骛于政治之纷纷,而舍长用短也。

公有子四人:长孝存,肄业北京大学。次孝广,次孝宏,次孝诚,俱幼。侄二人:孝箴,北京高等法院推事。孝篪,通易公司襄理。堉璋长公八岁,自公之幼及壮至老,相与扶携而左右之,知公为详,故叙述生平行谊本末,以告当世知言之君子。公生于清光绪三年三月六日,卒于民国十有九年九月二十四日。卒后十二月,甥常堉璋谨状。

据铅印原件

辛亥人物碑传集

卷十一

陆军上将国民政府委员孙君禹行公葬墓志

张　继

帝运至有清而穷，我先总理孙公，倡大义于天下，四方豪俊，闻风并起。燕、赵古称多慷慨悲歌之士，侧睨虏廷，人切同仇之气，于是受命会盟，赞襄挞伐，得文武同志数十辈，久而益恢，遂以历从覆清室，克袁氏，暨一切攘除盗窃诸役，其中文武兼资，勋劳卓著，则莫不推禹行孙君。君于辛亥革命，率师次江北，为前驱。甲子，褫曹氏于故都，纠反正之众，建国民军。乙丑，返军于今河北省，驱寇牧民，用参事员公决制，开新省府，三举而明三义，海内倾动。今岁，国民政府统一，君先卒沪上。河北肃清，君不及见。政府方欲倚君总北方事，君不及为此，吾党内外，所为同声悼叹者也。

君讳岳，明故督师高阳文正公九世孙。文正击胡殉国，忠烈贯乎后裔，待时复仇，其世志也。少而伤世愤时，倜傥不羁。及袁世凯设校，教军学于保定，君以为及时奋身投籍，学成登进，阴事结纳。辛亥之役，君从戎吉林，未及有为，为敌觉，斥去，脱身而南。旋以改革中国，非从北方入手不可，乃辗转依曹氏，养晦十年，始得凭藉。方与其敌狎处，日蹈危疑，君夷然不以为意，敌亦重君廉正，未卒虞君。大勇无畏，惟君有之。君之长省府，统饥军十万，终不违道取财。财至，先以饷友军，终不私己。所用属吏，皆朴直勤恳之士，能信于民。虽为期三月，龂龁备尝，其治绩前未有也。国民军之绌于南口，君遂舍兵，忧患流离，旧疾日笃，党议轸君劳苦，以枢密处君，终焉尽瘁。病革之际，肃容对客，阳阳如平生。君既不事家人生产，身后荡然。同志等乃迎君柩北平，公葬君于温泉山下，请诸省政府，为辟墓园，得地八十余亩。余时以政治分会事，滞留北平，得会葬君。墓石之文，佥以命余。余与君同籍而又同志，表陇题阡，责又奚辞。爰托文字，毕君大事。所幸碧霄黄壤，寿不朽之国士，尤赖青珉白碱，留无尽之功名。

君生于光绪四年，其卒以中华民国十七年五月二十七日，年五十一。其葬以十七年十二月二十五日。君之祖曰良才，妣林氏。父曰迈唐，妣田氏。兄一人，弟二人。妻梁氏，无所出。继妻张氏，生子白琦，生女白琨。又继妻崔氏，亦无所出。序君事状，例得备书。

据拓片

吴佩孚哀启

吴道时

哀启者：先严早岁即戎，以身许国，辗转兵间，几四十年。不孝忝膺子职，多疏侍奉，闵凶惨遘，胡可为人。伏念先严，幼称英异，夐绝匹俦。就乡塾受读，龄方十五，五经均琅琅上口，文亦大进。逾年，王父弃养，益致力于学，精研《易》象，攻《左氏春秋》，兼治太公《阴符经》、《司马法》、孙、吴、尉缭诸兵家言，博极于遁甲奇门。

年二十三，入黉。因鉴甲午熸师，遂以诸生问业于开平武备学堂。会有庚子之乱，期年解散。后毕业于保定测绘学堂。随武卫军戍古北口拉海沟，任北洋陆军参谋处烟台驻在委员。时已累功，记名帮统。而先世父观孚公，适于其间谢世。旋受知于前大总统曹公，隶第三镇。初任帮带，因于天津讲武堂以第一名毕业，超升管带，随赴奉天、吉林，五易寒暑，迹遍长春、吉东、长白、安东等处。

辛亥鼎迁，移师井陉、白石岭，克娘子关。适遭先王母周太夫人之丧。旋擢第三镇炮队第三标统带，改镇称师，复为团长。既兼副官长，递晋本师旅长、师长，拜直鲁豫巡阅副使，两湖及直鲁豫巡阅使，授孚威上将军、陆军上将，勋一位。计由奉、吉回师，先后转战晋、鄂、川、湘，于近畿歼复辟之军，更两次平定畿辅，威烈之余，深知内衅之非，乃主张和平，消弭内讧，并尊重国宪，维持法统。由是勋名事功，震烁寰宇。虽屡经事变，劲节英风，益为中外所推崇。

迨转道入川，寄居五载，由成都绕行松潘，径趋陇上，越内蒙古而达北京，所至军民欢忭，馈饩不绝于途。中经庸蜀羌髳微卢彭濮之区，并为輶轩正朔所未逮者，莫不举种尽落，蛾伏焚香，以望见颜色为幸。综是十余年间，行程数万里，讨伐数十事，历地十数省。不孝往在髫龄，未克追随。继慈张夫人，殆无役不从。其间，抚循将士，躬亲险患，出入生死，并横枪跃马，为之左右。民国十三年，山海关之役，不孝曾侍节出关。未几，由洛阳至汉口，即有京师之变。先严浮海至汉，乃随还洛阳。时继慈尚伏京中，闻讯更改易装服，由海道重返洛署。十五年，又侍先严入京，与雨公张上将军为竟日之谈，然为时均暂。后在川省，以道途阻隔，不及追赴先严。行次天水，本生考又见背京寓，致亦未及奉迎于途。嗣息辙京师，从事修养，积年讲道论德，潜心著述，精神体力，亦日进康强。方冀永享遐龄，晨夕承欢，或可补过万一。芦沟演变，延绵三载，海内外正企以旋乾转坤之任。岂意牙痛微疴，遽至不起。呜呼，天乎人乎！

先严平生，一意国家，年来尤时以收复国土主权为念。经病八日，初误于拔牙之非时，继误于中医处方之失当，终误于施用手术之未诊察明确，此皆不孝之罪也。病至弥留，犹强起以国事谆嘱。呜呼！为人子者，生不能竭尽孝养，病又不慎于医药，厥罪弥天，尚何敢有所负荷。苫凷昏迷，语已失次，粗陈其略，伏乞矜鉴。棘人吴道时泣述。

据中国第二历史档案馆藏原件

陆军上将广西省长临桂张公墓志铭

瞿宣颖

乌乎！上将临桂张公，遘难既阅数月，始克举丧卜葬，其僚婿瞿宣颖垂涕和墨，而为之志曰：

公讳其锽，字子武，自号无竞先生。其先自金陵迁桂林，家焉。五传至公高祖杰，以隐德大年，为乡饮祭酒。曾祖希吕，乾隆戊申举人，湖北松滋知县。祖允勋，尝平广东寇，署封川知县，殁赠知府。父琮，同治壬戌举人，广东试用知县，历诸剧邑，三权南海，升知府，加道衔。高祖妣于，曾祖妣秦，祖妣吕，妣黄，生妣冯，均赠夫人。南海公有子十二人，公次居十。爰自髫龀，志概不群。年十六，入广雅书院。广雅为南州才彦所萃，因以博观群籍，高挹元流。南海公虽久官州郡，未改素履，既殁于官，遗橐萧然。诸嫡子并返里居，公独奉冯太夫人赁屋读书，数试书院高等，月获奖金以养。太夫人育公十三年而病风痺，兼得心疾。惟公先意视听，以稍解其忧郁。督办钦廉边防观察潘君培楷，妻以女，并为入赀，以县丞候补，非所好也，用劳绩累迁知县，加同知衔。

光绪癸卯，值科场岁，偶还乡里，以监生得巡抚起送入闱。榜发，中式第四名。次年，会试，中式第八十六名，殿试二甲，赐进士出身，朝考以知县发湖南即用。公始以游戏掇科第，及对大廷，侃侃正言，颇触时忌。本以用世自期，既扼，不得入翰林，感于天下多故，意气益飙举矣。初权零陵，继治芷江。芷江剧县多盗，公临以武健，常躬笠屩，与胥吏共逐贼山野，还，更摄衣冠理讼，威立令行，奸宄敛迹。于时吏治陵迟，习为夸毗，公之声施，乃皭然擢著远近。奉生母讳，去官。大府重公才，逾年毕葬，仍俾以候选郎中，统领南路巡防队，驻永州。先是，云贵总督李君经羲过公治所，闻公治声，一见叹异，疏举公堪备封疆选。廷旨交内阁存记。

俄而革命事起，公整兵衡州，都督谭君延闿既就任，请携所部入省会，改号南武军，因以为军统。湖南省政府立，复被任军事厅长。公故好言兵，既身绾军符，知兵多为患，遂手定裁兵之策。首罢所部以为倡。凡遣散诸军五万余人，而闾市无惊，然卒以此丛众怨。自是弃官，屡游北京，故总统袁世凯、总理段祺瑞皆尝欲付以疆寄。公于袁之议复封爵，抗论斥焉，其后卒有称帝之举，意所不可，屹然不移，故名愈高，而卒废不用。

南北军兴，公徇谭君请，视师湘南。蓬莱吴君佩孚衔命专征，势锐甚，南军将散走，公请以旧部三百人，独守永州，捍后退者。北军至，不意逢坚敌，竟亦不复前。公复手书，为陈利害，吴君感服，遂定昆弟交。因进而画策，欲遂息争，谋统一，然言不能悉听，未几，亦倦而引去。吴君威望鹊起，乃举公任广西省长。闻命，再三辞，不获请，遂独偕宾客赴任。时乡里雕敝，军伍纵横，省长号令，几不出戟门外。公莅以精勤，济以容忍，支拄其间者盖逾年。方其在南宁，书致吴君，数以罢去武力，柄用贤才，以转移人心风气为言。及去官还北，则吴君方大举兵出塞，果用挫衄，仓皇回旆，浮海入江，栖迟黄州、岳阳之间。公无役不从，凡有进止，必为之后先疏附。由是乙丑之秋，浙帅兴兵，鄂中诸将继起，与盟者十四省区，共奉吴君为统帅，而公为秘书处长。是时，吴君之名，再起而益隆，众论将倚以定国是，乃以部曲分携，威重顿损，公外结盟约，内谋和辑，苦心弥缝，即遇疑谤，终不自明。时论方谓当正揆席，不知其忧思深矣。南中兵起，吴君亲督师武昌，不利，退入郑州。政府叙列前功，晋授公陆军上将，而吴君已移巩、洛，再避南阳，事变乖牾，复将入蜀，公并从行，方欲入峡，少宁，即还上海。乙卯六月二日，行至河南邓县构林关南之灰店，单骑先发，仓卒遇寇，中弹下马，复伤腰腹，遂卒，春秋五十有一。乌乎哀哉！

公亮节慷慨，率性而行，不以夷险改其度。流徙之际，亲知苦劝引去，辄慨然曰："今日岂吾违难自便时哉！"义有所安，授命不惑，天降丧乱，歼我豪哲。公之烈也，国之痛也。生平勤于为学，聚书数十万卷。百家艺术，靡不综究。伟怀闳识，名理无遗。文章通雅，俯视近代。所著书已定稿者，《墨经通解》及《小取篇斠注》尤精审。公殁后，宣颖掇拾遗文，为《独志堂丛稿》一卷，余多散佚。前夫人潘氏，早卒，无子。今夫人聂氏，衡山中丞公之长女，湘乡太傅文正公之外孙也。公不事生产，家无宿粮。夫人温恭率礼，辅以勤俭，公以是不忧其家。子男三：心治、心洽、心沧。女二：心漪、心澹，并幼。粤以其年十一月二十日，葬于吴县南乡七子山之原，□山□向。精爽依然，灵扃永閟。追念曩昔，执简汎澜。遂刻贞石，永垂来纪。铭曰：

公之立身，直道正辞。公之谋军，定倾扶危。名满海内，不竟其施。智烛万汇，乃履骇机。平生独志，暗然长往。弥天遂戢，英姿犹朗。郁此金璞，彻彼泉壤。苏台之旁，秀杰澄鲜。游观所习，神明是安。卜云其吉，宜万千年。

据作者手稿

故鉴威上将军江西督军陈公墓志铭

郭则沄

九河所涵，三辅斯建。古为紫蒙之戍，世以黑骑代雄。是以涿卢儒门，钦志难于貔列；朔张清族，缵绾显以龙弢。材武递承，英贤偁盛。迨有明成祖，躬帅甲旅，手定幽都，则有上元陈氏者，⿱⿰目目力弟从戎，并预羽林之选；子姓占籍，累袭策府之华。实缵家型，著称世胄，传至鉴威上将军陈公而大显。

公讳光远，字秀峰，今为武清陈氏。鼎门中沦，东眷未改。珪行嗣熾，北州是翘。春畴冬塾，被儒疋于土风；虎武龙文，竞勋华于云路。曾祖考峨，廪贡生，祁州学正。化洽庠序，望隆师儒。祖考文泰，武庠生。四钧克娴，一矜甫耀。生负定远之志，里有彦方之称。哲子曰钤，是给父风。郁龙镠于丰城，不逢欧冶；脱柳车于狭路，疋慕朱家。遐迩诵其义声，乡鄙传其侠行，是为公考。乔岳钟英，以擢昂霄之植；汪波蓄泽，用成涵物之川。衍绪延机，繇来远矣。

公琦姿早挺，瑜德恒温。标蜡凤于觽辰，抎琱龙于绮岁。时则天步遘迍，国钛屡挫。痛回溪之垂翅，越甲争鸣；顾旸谷之徂晖，鲁戈请试。乃登武校，将效戎旃。淬心披阪，讵三发而一知；指掌洞机，每十事而九对。跻茂才之异等，挟英气以无俦。大学士荣文忠公，以帷幄重臣，领畿疆连帅。方募虎牙之士，待恢龙武之军。戠公干犹，俾职教练。高文有击，始取法于雄州；大角聆歌，蚤腾声于霸府。

寻项城少保，建节山左。选士无如韦武，借材首及寇恂。俾领偏师，用阶专阃。将名飞雪，咸摩垒而知寒；阵若背嵬，诚撼山之比重。其间黄巾构乱，白棓兴戎，痛毒闾閰，冯陵城社。公初统临淄之甲，禁肃旌门；继荡冀野之烽，尘清卤穴。流亡复土，为一路之福星；讴诵载涂，若三冬之恶日。以功累擢至总兵，充第四镇协统，寻权统制。紫台息警，屹若长城。丹扆书名，行跻方岳。

亡何荆氛夕起，楚望波扬。秋狝移师，方激昂于一鼓；道谋乏策，乃徼御于二茅。公言于统帅曰："师贵先几，力无久顿。愿提偏旅，首捣顽锋。"忠愤激于精诚，慷慨溢于辞色。主帅壮之，不能从也。迨朝命易帅，始决进兵。公振策独前，擐坚以待。长桥夜济，劲垒朝临。发若迅霆，利如沃雪。气吞鲸鳄，犯飞镝而靡挠；令勖虎罴，拔佩刀以为徇。士皆并命，身作前驱。摄衣涉流，决戎机于俄顷；挥军易阵，争地利于先时。胜算既操，肤功立集。先后克汉口、汉阳，直取龟山，进规省会。伏萑气慑，将为蝼蚁之逃；破竹势成，已卜鲸鲵之筑。捷闻，迭诏进公头品顶戴，以提督记名简放，赐黄马褂、壮勇巴图鲁名号。

方谓浇萤一决，饮至有期。图麟千秋，唾手可集。戡山川于聚米，玉斧亲挥；临江水而迴鞭，金牌遽召。六军为之变色，一篑阻于全功。公投帻看天，顿戈画地。申言部曲，戒元礼之哗；手改阵图，为世充之守。有主结合将领，抗言禅让者，公谓仰人眉睫，夙昔所耻，输人社稷，大义谓何？正言拒之。

迨于尧台既建，禹域粗宁。请还兵柄，径飘东路之巾；愿遂初衣，归荷南村之锸。解櫜鞬于一旦，隐林薮者经年。旋以简书促逼，出处踟蹰。一旅可兴，指赤峰而投趾；三单暂寄，戋青牍以销萌。叙绩酬庸，授赤峰镇守使，会办热河军务。公谓勍寇已剪，枝官可裁，累牍陈情，乃许罢镇。

会中枢简拔戎行，申明组练，将为典军之范，俾尽教战之能。遂摄模范团团长事。赤心为队，悉驯哮阚之群；紫茸置军，特冠佽飞之列。寻充军统，兼司警备。宫府资其拱卫，都邑巩若承平。

既而列镇势张，敀门事起。公驰驱王室，固与夙盟。仓卒义旗，知其偾事。掬诚入对，沥胆有陈。孤军方拥于阙庭，异帜已扬于畿甸。强公为中路司令，不应。迨锋车云集，熛阙孤危，招公赴议，公始诣之，慨然曰："神京至重，万方具瞻。梯航萃于藁街，屣屧交于槐市。苟艢昆冈之劫，将召寰海之兵。矧兹冲人，夙居共主。钟虡犹在，忍施彗日之锋；苑籞虽严，固乏撤星之卫。谓宜惩锐，进策万全，指挥果定，鞭弭以从，未为晚也。"众咸韪之。厥后先棋决策，限晷收军。内无匕鬯之惊，外全敦槃之好。绸缪匡济，公力为多。

以功出为绥远都统，旋迁江西督军。盖用非所志，功有不居，虽登枢幄之劳，终撄渐台之忌。其得以秉疆节，领行台者始此。

维时西南七省，别立版图，章贡一隅，首当屏翰。公既莅镇，志在安民。甲马精妍，效婆留之保境；带裘整暇，若叔子之悉人。行部乐于春台，信使驰于边堠。执法隶军司马，而刑辟常宽；班政责郡大夫，而利病必究。与鄂督王占元、苏督李纯，勰志详和，同心干济，世偁"长江三督"。故当中枢命将，南纪用兵，屡叩马而进规，旋拂衣而投劾。

会天津徐公当国，闵生灵之重困，布中外以公诚。遣使数临，公乃再起。益脩军实，务饬疆防。静桴鼓于邮亭，飞鸢不入；解弓矟于客旅，害马必除。氓庆来苏，邦资远驭。于是进阶上将，叙勋一等。卧镇既久，邻谊并敦。唯恺悌以为师，匪委蛇以自保。

粤之政府，尝越境兴师，移书假道，公曰："睦邻，私交也。守土，公义也。"力持不可。迨衔枚而冒进，终树橹以当冲。鼓有壮声，车无退表。过唐公之垒，卤骑戢其陆梁；立焦度之楼，郢军居然不犯。古之名将，何以加兹。或谓杯酒释兵，昔云盛事，节旄尸位，分当目瞰。众犹儃佪，公独首倡。谓方镇积重，自唐已然，废置及时，从隗其始。遂辞圭组，自晦蓬衡。理成都八百之桑，栊临安三千之弩。息阴棠憩，过西江者有怀；絜敉兰馨，奉北堂兮忘老。当轴追眷前劳，进公鉴威上将军。公不忍辞，捴谢而已。遇非猿臂，优游射虎之年；退慕鸱夷，跌宕种鱼之计。几移桑海，终恋松云。以共和己卯七月初二日，卒于天津邸第。距生于同治癸酉八月十七日，春秋六十有七。

配赵夫人，簉室蒋孺人、韩孺人。琴合德而能和，锦连章而并炜。丈夫子七：国荫、余荫、庆荫、禄荫，蒋出。豫荫、金荫、铁荫，韩出。女子子一，适某。孙二：公寿、公振。谢庭之贤，共敦德矩。荀里之盛，益鬯仁风。国荫等将为公卜葬京师西山，来乞为志墓之文。

余唯敦幪致戹，为贵寿之符；笃棐宣诚，系彝伦之表。以公敦于孝友，推及睦姻，葛帔致其恩怜，麦舟连于疏属。譬祥晖之曲炤，沟壑皆春；若绵宇之有容，喙跂咸庇。是以啬用广施，为主允諰，流光积戹之征，固宜钟石垂声，闬闳延庆，哲模熉于当世，惠向覃乎后昆。虽然，平陂者运也，伸诎者时也，若平而陂，若伸而诎，又数也。余之交君，已更国变。缅其匋世能解，天弢独至，命醽微酣，抵几长喟，追谈貙楚，因及闵周。坠瓦惊心，恍战昆阳之雨；攀条迴眄，忽感汉南之秋。以为淮西垂定，坐长豺貙，津水长寒，空腾羖䍽。归田赋就，怀甲帐而余噫；破阵图成，代云台而自慰。斯有深怡，可为累歔。夫士行上流，宁非极贵；中立绿野，亦云善全。若乃功参鹊浦，名震龙编。或为擎天之佐，郭、李媲其勋；或为启宇之贤，普、彬俪其绩。是有天焉，非人力也。然则公之推贤让能，屣银艾之贵，难进易退，从赤松而游，假哉其风，讵多觏哉！乃为铭曰：

宛邱峨峨，阏父肇迹。降为勋门，旌旃代袭。铜川累叶，公耿其光。西藩始難，声震司商。执义为符，宅仁为矩。江衢卷壒，沛然膏雨。公曰嗟哉，匪屯斯屯。参伍方召，夫岂异人。威畅于荆，阻于朝命。解甲衡门，出处其正。崎岖强起，志以保厘。心孤日浴，化洽春熙。罢镇销兵，请为前导。砥平何年，公亦衰眊。颓川莫制，一柱俄倾。潜英靡铄，睠此邱陵。宄石无谀，来轸庶式。启后绳绳，千霜安宅。

据《龙顾山房骈体文续钞》卷下

勋一位耀武上将军两广巡阅使陆君墓表

章炳麟

君讳荣廷，字干卿。其先广东高要人，徙广西为武鸣人。考业秀，县学武生。妣欧。君生逾年而孤。五岁丧母，育于外氏。七岁就傅，读书至古任侠事，辄乡慕之。筋力绝人，能兼人负担。年十六，赴龙州充缉捕兵。会法兰西寇越南，清廷属两广、云南出师御之。时桂林唐景嵩以吏部郎奉命勘越事，亦自立景军五营，君应募入选锋营。顷之，统帅冯子材以大军出镇南关，收失地。既克谅山，会贵州布政使王德榜前以偏师入越，方被围山谷间，闻捷，自围中突出，奋击断敌兵不相录，大破之，南服响震。而清廷殊未知，遽下令与敌和，将士怏怏然，无敢抗命者。君率众跽景嵩前泣，请毋听命。景嵩知君材，以兵授之而去。君率义勇乐从者五百人，入越南隩地，与法兰西军抗。遇大敌即敛兵避，其小敌也，即乘间掩击，必尽歼乃止。越南民争输饷给军，高平、七豁、广渊、谅山诸道多附从者。凡数年，法兰西人甚苦之，私请边帅苏元春徙其军入关，而约不得任以方面大将，元春许之。

君归，自健字前营管带，累迁至荣字军统领。岑春煊督两广，以君剿山寇功，奏授广西右江镇总兵。事闻，法兰西公使以前私约赴清廷抗议，清廷下其事春煊。春煊覆曰："中国任将领，非他国所得可否。且为患越南者陆阿宋，今所请授总兵者陆荣廷，陆荣廷非陆阿宋，不得妄摭相冒。"法兰西使语塞。阿宋者，君小字，在越南时称之，故法兰西与苏元春结言，但称陆阿宋也。旋徙左江镇总兵，擢广西提督。

未几，武昌倡义，广西应之，以巡抚沈秉坤为都督，按察使王芝祥副。后二月，二帅亲统师逾岭，援武昌，以君代。时副总统黎公感广西之援，尤爱君。民国二年，黎公被胁入京师，君知大总统袁公必改号，阳顺命而阴自为备，外人不知也。四年秋，帝制议起，以明年为洪宪元年。其冬，蔡锷、唐继尧以云南军讨袁氏。广东帅龙济光遣其兄觐光，率师道百色窥云南，君伏兵袭破之，尽夺其仗，始宣言讨帝制，与云南应。北伐次长沙，袁世凯卒，依法以黎公继。被任湖南督军，复徙广东。明年春，入觐，授两广巡阅使。

当是时，府院不辑，朝野恇遽，黎公问君计。君素恺直，又生长山海间，不悉人情狙诈。入觐时，道铜山，与长江巡阅使张勋遇。勋阳示忠欵，握手誓约百端，君信之。及对，即言张勋可属大事。归未三月，黎公竟以召勋败。君愤甚，与前临时大总统孙公谋会师北伐，议方起，勋已为故国务总理段祺瑞所破，遂命其师曰护法云。君老于戎事，军行遇百姓有恩。初治广西，群盗屏迹。其后仍岁出师，未尝加赋，橐中无余金银，遇士大夫尤谦下。而时两广魁桀久相猜，广东人尤好弄，日夜接构。九年，陈炯明自东江来，番禺陷。明年，广西尽陷，君出走。未几，广西军民复请归，主善后事。岁余，亦去之。处吴下数年，绝口不谈国事。十七年十一月，终于上海，春秋七十有三。配谭夫人。子裕勋，充袁氏侍从武官，早卒。庶长裕光，广西陆军第一师师长。次裕藩，广西宁武军副司令。次裕彰。孙四人。明年春，返葬武鸣狮啸山之阳。

余自讨帝制时识君。及君隐吴下，往过之，言语姁姁，未尝有不平色。貌瑰异，喙锐决前出寸所，与明祖绝相似。为人表里洞通，举事无不可语人者。独谩于张勋，率尔任举，幸其材劣，不返踵而仆，而君之过，可谓如日月之蚀矣。然自民国兴，至今二十余岁，南北流污，南弥污于北，而憝北者咸慕趣南。其两无所染者，独君与云南倡义数公而已。好恶亟易，今人之视君如灰尘。㱙六年，未有表墓之石。二十三年春，旧部以为请。余以为阐幽辅微，野人之责也，故次其事，树于墓道。

据《太炎文录续编》卷五之中

故勋三位陆军上将护理四川督军罗公墓表

诸祖耿

公讳佩金，字熔轩，姓罗氏，世居四川华阳。明初有讳锦溪者，令云南呈贡，去官不返，占籍为云南澂江河阳人。十四传讳淮。十五传讳瑞图。十六传讳森，公之考也。奕世载华，蜚声文囿，仁风峻节，矜式乡邦。公生而英奇，长更倜傥，瑰姿拔俗，不守故常。既游庠序，愤嫉虏胡，蹈海而东，与香山孙公、善化黄公、余杭章公，同盟立誓，密勿仇清。归国后，依广西提督龙济光，为随营学堂总办，谈兵虎帐，军志潜移。时腾冲李公监督云南讲武堂，请当道归公云南，任陆军十九镇随营学堂监督，兼讲武堂教官。言楷行则，士有范刑，夕铸晨陶，复茅于蕙。李经羲总督云贵，公与李公请并随营学生入讲武堂，经羲韪焉，调任督练处参议，兼陆军小学堂总办，推毂邵阳蔡公为陆军三十七协统领，而自任步队七十四标统带。鞠跽韬韝，身为之下，汲贤引智，同寅协恭。用是势厚力雄，克成伟迹。

宣统三年八月，黄陂黎公倡义武昌，公与蔡公、李公密谋响应，重九夜半，率部从蔡公乘城，逐总督，定昆明，移师戡乱，所至有功。入主军政，转粮治货，士民欢忭。民国成，大总统命公长云南民政，静能制动，简以驭繁，政理民和，颂声大作。旋去职，丁忧家居。丧除，激流植援，艺果培蔬，息意纷华，冲虚自逸。四年，袁世凯叛著，公愤甚，与刘云峰等图义举，邀邵阳蔡公、武宁李公等，集议将军唐继尧府，众推蔡公统大军北讨，公自任总参谋，质产得金十二万版，助军三道攻川。五年一月，率顾品珍、赵又新两梯团逼纳溪，鏖二十七昼夜。死伤枕藉，釃血为渠，厉兵淬士，既退复前，遂于三月十六日克棉花坡，窜敌将曹锟、张敬尧、李长泰，俘馘三千，夺械无算。君消民长，阴闼阳开，陕西、湖南、浙江、两广风至草靡，和纷应沓。六月六日，世凯以忧死，副总统黎公依法即真为大总统。录功，授蔡公四川军民两政。衔公陆军上将，勋三位，二等大绶嘉禾章，补广西省长。荣命既颁，虚怀益著，俨威寅恪，孚于遐迩。时成都为世凯爪牙所踞，公受蔡公命，以三梯团规之，乃撇内江，踔资中，扫简阳，逆蔡公于泸。蔡公劳瘁病肺，就医日本，荐公督四川军，而予民事戴戡。戡有所牵，阴欲中公，劝公减士，嗾诸将沮尼，军大哗，公以落职，仍授超威将军。所部士云南人，促公下成都，公不应，滋不悦于云南督唐继尧，遂夺公柄，归云南。

民国十一年四月七日，为继尧所害，春秋四十有五。钟沉剑没，薄海兴嗟，而巷哭衔奠，厄无所施，烈烈之威，宁不畏耶。夫人镇南徐氏，有贤行。子二：曰曎，曰曙。公没六年而继尧死，县人始葬公河阳西十五里之朱家山。又九年，磨勒贞珉，表公墓道，礼也。腾冲李公命为辞，辞曰：

胡无人，汉道昌。倡者谁，孙黄章。公决起，滇南方。蹠劲弩，射天狼。垢秽除，日月光。政既成，退而藏。嘉木立，果盈筐。赫然怒，森剑铓。声挞伐，竭私囊。旗正正，阵堂堂。矢猬集，志鹰扬。摧暴乱，整纲常。国以苏，民以康。彼何人，剚公肠。厄者快，直者伤。身虽没，名益张。公之坟，四尺强。公之功，不可量。镌吾辞，碑之阳。神呵护，夜生芒。弥亿载，永不亡。

据《制言》第四十期

延威将军督办河南军务善后事宜胡公事略

失　名

公讳景翼，字励生，姓胡氏。世居陕西富平西北陵怀村，后迁庄里镇。祖讳得鼎，率乡团御叛回，殁于阵，保全甚众。祖母吴，苦节抚孤成立。父彦麟，德高闾里，平生以三原大儒贺复斋为法。母侯氏，祷于耀州药王山笠师佛前，生公，故又号笠僧。

幼而魁梧奇伟，受业于三原赵汝笃先生之门。闻鸦片、中东诸役，则大愤，誓雪国耻，画鹰、日形，以射之。居恒大言自负，人或目为狂士，非笑之，弗顾也。年十五，入西安健本学校，每试辄冠其曹。暇则读《孙子》、中外名人列传，及鼓吹革命之杂志，或率同学作战阵，部勒以兵法为戏，读史慕中山王徐达驱元之功，每以自况。朋辈因呼之为中山王，亦笑应之，曾因是改号中山。嗣因与孙公中山同，废不用。宣统元年冬，风传列强有瓜分中国之议，公即印传单，警告西安各校学生，主张青年救国。自是广交游，结死士，苦无赀财，欲组织茁庄牧羊场于北山，效马伏波故事，未果。

宣统二年春，公因井勿幕、于右任、宋元恺、杨铭源等之介，与同学尚武等入同盟会。是时陕西民党多文士，未能大有为，公乃倡议近结新军中哥老会党，远交渭北各县刀客，以期集事。刀客者，陕人称绿林豪杰之士也。适其友孙茂林等在新军中，公即托其介见会党崔俊杰、雷贵、刘复汉、余彦彪等，同时与学界同志李仲三、冯毓东等，密盟于长安城南小雁塔寺，图大举。会暑假，公旋里，与同志杨云龙、计超等，计划联络刀客事，复与李仲三、尚武等游同州、蒲城、二华、潼朝一带，窥测关河要害，并运动盐枭王狮子所部严飞龙及刀客王守身等，使准备异日在省外响应革命军。暑假后，公归省校，又与会党领袖张云山、万炳南等结交，且介井勿幕、李仲三、邹炎等入会，公以身周旋其间。暇则习拳术，技击日精，同志莫不倾服。公恒对众演说，俾会党知革命真谛。秦中革命基础，由是日益巩固矣。

辛亥春，公虑同志团体渐涣，贻误大计，遂约井勿幕、宋元恺、邹炎、李仲三及诸同志与张云山、万炳南、王振海等。复盟于雁塔寺，以坚其心。又于渭北约胡应文、杨云龙等，以耀州为中心，阴连马正德、胡彦海、石象义等，谋相机举事。是年五月，以第一名毕业于健本学堂，出校时，与同志约，不升学，以奔走革命为职志。旋期于六月六日起义，因大吏已有所闻，防范甚严，且不发新军子弹，未敢轻动。遂改计，赴渭北，至耀州，与宋元恺、胡应文、冯毓东会议，以郑庠、崔俊杰等为第一路，向陕北购枪买马，约期举事。以邹炎在耀州西北柳林子所创办之牧羊场为根据，集合渭北健儿，先省城举事，为第二路。又因准备未周，不果。复入省城，密有所图。会井勿幕得党本部消息，谓各省大举在八、九月间，陕吏亦侦知事急，密探捕公。公乃潜返渭北，欲在北山发难，俟省城新军子弹发后，即行响应。

谋定，而八月十九日武昌首义，陕军亦于九月初一日起事，仓卒无主，推张凤翙为复汉军大统领。公遂率王守身、马正德、胡彦海等，与所结各方豪侠，树义帜于耀州之药王山。会井勿幕入西安，见张凤翙。张任勿幕为陕北安抚招讨使，驻三原，勿幕委公为第一标统带。公素重勿幕，应召率部至三原。而同官、耀县为会党张南辉所据，部曲虽众，无纪律，人民相率呼吁使署求救。公奉令率四十骑往剿，从者皆四方英俊，直入耀县与南辉会，使率部离城。张部数倍于公，皆震慑遵命。公归馆酣卧，闻张部离逿过半，乃突起，率众登城截剿之，无不以一当百，乘胜追逐，斩获甚众。百姓欢声雷动，威名大震，妇孺皆知公姓名矣。时山西民军失败，求援于陕，勿幕率众渡河援晋，而升允以甘军攻陕，进至三水、淳化一带。公率部应战，遇敌张户原。所部枪械无多，子弹尤少，敌势甚盛，公血战终日，不遑饮食，卒大败之。凯旋入营，疾呼取饮，立尽半缶，其激烈之概，可想见。未几，共和告成，升允遣使求罢兵，旋引去。匆幕自请解甲，陕北各部队悉愿属公。公自谓学问不足，难肩大事，亟请于省政府，立解兵柄。

民国元年秋，与张义安等，赴日本求学，道上海，于右任等开会欢迎，公对众演说，以大无畏相勉。听者谓名下无虚士。抵日本，欲入陆军学校，格于例，不果，乃入成城学校。是时外蒙独立，留日党人欲恢复主权，大会全国留学生，推公为征蒙军司令。归至上海，知政府别有用意，拟入北京。资斧垂罄，或馈之五百元，公曰："嘻！若财不义，吾不愿以此自污。"峻却之，馈者惭而去。其后张勋入南京，大掠数日，陕西留学生在南京遇难者，乞助于公，立募二百元济之。平生慷慨赴义，类如此。癸丑之役，黄克强有书约张凤翙、张钫以陕军响应。张不听，公闻而叹曰："陕军若出关，驻洛、郑，则举足关天下重轻，然后通电主和，民国事尚可为也。今不此之图，而苟安一时，必助长袁氏帝制自为之心。天下从此多事矣！"

民国三年一月，复游日本。时民党人群集于东京，设浩然庐，授党人以兵法。当是时，袁氏禁留日学生学陆军。公遂入浩然学社，同学皆一时失败英雄，公因得遍交之。数月毕业，将归国，因谒见孙公中山，属以陕事，且曰"俟经济裕时，多给数万元供用"。公答曰："数万元无济于事，我有精神，无不济也。"孙公大笑，奇之。公乃偕冯毓东归国，经津京，与刘守中入山西，前后计画，多在此行。欲与续桐溪、弓富魁、史宗法等缔交，策划讨袁事。时白狼入陕，谋乘机举事，会乱平，未果，遂闭户读书，习字，技击，以为乐。陆建章入陕，裁遣陕军略尽。惟陈树藩所部第四混成旅，以破白狼功仅存。或邀公诣陈，不合而归。继为田维勤强邀，入陈旅教导营军官连，与岳维峻、田玉洁等友善，毕业第一。先是，树藩闻公愿为学员，诧曰："若曾充统带，此岂所能堪耶。速自审，勿乱营规，使予难绳他人。"公对曰："请察所安，以观其后。"遂折节力学，规行矩步，不少紊，其坚忍卓绝，有非常人所能及者。陈深器公，后令代康振邦为备补连长，旋擢为游击营长，驻兵富平。

洪宪改元，陆建章助逆尤力。是时，各省民党多失根据，群集关中，谋由西北发难，出兵河南，直捣幽燕。陆氏知渭北为民党策源地，遂盛陈兵仗，亲出巡，以镇慑之。又令其子承武，率其精锐号模范团者，至富平，声势奕赫，观者震悚。公念陆氏不去，不足以寒袁胆，乃迎陆承武入县署，密布伏兵，夜半齐发，激战两日，尽歼其众，生擒承武。陆氏沮丧，卑辞求和。众欲推公为司令，趋省城，公不可，曰“有旅长在”。力让陈树藩，举为都督。陈令公为左翼，疾趋临潼，断陆氏归路，薄西安东关，兵行神速，如风扫箨。陆氏褫魄，迎降。不半月，而事定。陈嘉公绩而忌公名，仅迁为第一旅第二团团长，以抑之。公乃移防商州，练兵于龙驹寨，精整严肃，陕人所艳称为十大连者也。

民国六年，国会非法被散，南迁岭表，遂有护法之役。耿直等潜谋去陈。十月，击陈不中，败退岐山、凤翔。陈令公率兵往讨，公念陈非救国者，欲会其将领而取之，未果。张义安知公意，又恶陈部营长严锡龙暴横不法，遂于是年十二月举兵夜袭，巷战三日，歼之，遂定三原。公驰至，树陕西靖国军帜，以为西南援应，群推公为总司令。陈军来围，大破之，令张义安提师围西安。陈督败退，婴城困守，求援于镇嵩军。及镇嵩军入关，省城围解，张义安阵亡。公痛失良将，调兵渡渭，谋保境。而陈督自将渡渭，攻关山，鏖战数月。公命岳维峻等御之，敌卒不能越雷池一步。时直麦秋，公念戎马倥偬，民皆艰食，下令前方停战，俾民收获。陈军亦感动，不敢相逼。是时两军久相持，战线南北亘百余里，萑苻乘机窃发，民生涂炭。公以为戚，单骑入固市，见姜宏谟，商和议。为所绐，逮入西安，幽公于危楼中。公侃侃而谈，以死自誓，意气曾不少屈。陈重公为人，不敢加害，但使人监之而已。公以其间潜心问学，奉宿儒毛俊臣先生为师，遍览经史百家，旁及金石，规摹汉魏，篆隶行草，无体不工。积二年，所学大进。陈尝欲纵公归，以所部降，公弗许，乃令井勿幕行。

民国九年秋，直皖战起，始听公行，约以率部东行，抵三原，而战事已平，乃一意整军理财，振兴教育，与民休息。军饷虽竭蹶万分，而学校林立，又捐款创建立诚中学校于其里，其知所先务如此。民国十年夏，直军入关，陈败退兴元。公闻冯旅长玉祥为前锋，佩其纪律严明，深愿相结，乃助抚陈部余众，陕境以宁。由是信使往还，兵气渐消。公念五年苦战，以渭北八县民力，养数万之众，御九省之师，满目疮痍，深为悯恻，乃毅然从民意，取消靖国军，虽为党人所疑，亦不为意。恒曰：“凡事当求我心之所安，不忍重苦吾民，以要誉也。”

中央旋任公为暂编陕西陆军第一师师长。编制甫竟，而直奉战起，冯督率师东行。公念民党改革计画，以首都起义为最要，亦最难，欲达此目的，非佯附直系，不能入虎穴，以得虎子。且与冯督交素深，义当往助。遂下令轻装出潼关，将领或骇疑，未敢遽前。公晓以大势，首先出发，水陆兼程东下，犹虞迟滞，焦灼至项疡声嘶。未旬日，前锋已抵郑州。值豫军师长赵杰宝德全等督兵攻郑州，守兵第八混成旅，力不能支，城将陷，飞弹雨集车站，冯督迭电告急，公令邓宝珊、李纪才、弓富魁诸将，连战破之，城围遂解。十一年五月九日，公至郑州，令岳维峻、李云龙等进攻近郊，敌军士殊死战，肉薄奋击，连克多庄、八郎寨、金台子等处，俘获甚众。敌势大挫。十日再战，由鄂河进攻上冈、杨村、姚庄等处坚垒，敌犹死抗，公出奇兵，绕其后，敌大溃，追奔逐北，连下开封、归德，豫难大定，而畿辅战事亦解。吴佩孚素服公之用兵，欲资以为助，又惮其英武，出身民党，不敢委以腹心，遂置诸保、洛间，令防京汉中段，分兵驻正定、顺德、彰德一带，将士饥苦异常，直军将领亦为之不平。公委蛇曹、吴间，略无怨意，由是见重。

十一年冬，豫南匪患大炽，靳云鹗剿之，不能克。公令岳维峻助战，而自驻郑州策画。无何，事平，仍归顺德。日必亲视操练，风雨罔间，兵士衣履垢敝，而精神振奋，无懈容。

十二年秋，贿选既成，公知乱之将至，与周耀武、李仲三诸君，密论其事曰：“国家自此多事，吾辈当豫为之备，不宜饱食终日，无所用心也。”逾年秋，齐燮元兴兵攻浙，吴佩孚亦集诸道之师，以攻奉天。征车索赋，全国骚然。公念大势已急，不容踌躇再计，乃密嘱李仲三、刘守中、张璧诸人，往来南苑、大名、古北口等处，阴结冯使玉祥、孙将军岳，谋抗曹、吴，欲乘机除之，以谢天下。中秋夕，洛阳动员令下，公立率全部出发，至通州，按兵弗动。吴佩孚素惮公，疑其有他，一日数电，促公行。公以饷弹俱缺，尚待补充为辞迟迟弗进。吴不敢离北京，以重兵东行，故榆关守兵力弱，连战皆北，而奉天士气大振。吴不得已，遣使敦促，公乃留李云龙一旅于通州，沿途分布，直度喜峰口，至热区之平泉，前锋捷报至京，曹、吴方复电嘉奖，而冯、孙两军已收北京，一夕事定。

联名通电主和，成立国民一、二、三军。方议组成政府，而吴佩孚疾归天津，令旅长潘鸿钧等率南来新胜之师，扼杨村，窥京师，人心大震。公命岳维峻率部，趋唐山，攻敌侧背，令旅长李纪才、李云龙等，为左右翼，助第一军攻敌于杨村。战方殷，李纪才乘夜袭敌后，生擒潘鸿钧等，俘获甚众，敌军尽覆。吴佩孚不支，始弃天津，浮海南遁。直军之在榆关、滦州者，先后为奉军及岳师俘虏一空。

近畿烽息，乃与张、冯、孙诸公，戴合肥段公入京，为临时执政，而吴佩孚已迂道回洛阳，欲合余烬，乘隙北犯。中央重念豫事非公莫属，乃任公督办河南军务善后事宜。公复率部至彰德，与敌遇，连战皆捷，直达郑州。时刘镇华方遣憨玉琨图河南，扼黄河铁桥，情势叵测。公驰电诘责，憨始引退。其年十二月十二日，入开封就职，网罗各方人才，邀集全国名流，日谋所以刷新国事者。京汉道中，冠盖相望，为前此所未有。对豫事，首重剿匪，以岳维峻为剿匪总司令，董治戎兵。此外澄清吏治，恢复自治，教育基金独立，修汽车路，各要政方次第设施，而豫西乱作。刘镇华倾全陕之师，以憨玉琨为前驱，进逼郑埠，首启衅端。公初百计求全，冀免战祸，劳心焦虑，至忘眠食。而刘、憨终罔悛，乘机逼处，人心咸愤。虽刘、憨所部将士，亦多不直其所为，前徒倒戈，相率溃降。浃辰，而豫西事定。

公方汲汲规画赈济，肃清余孽，午夜忧劳，不遑启处。俄而右臂生疔，初延西医疗治，连割两次，病势日笃。公自分不起，豫留遗嘱，谆谆以军国为念，语不及私。又电请中央，荐岳维峻自代，对亲友视疾者叹曰："劳人思息，吾殆将逝矣。"未几，遂薨，年仅三十有四。宾客将吏来吊。莫不相顾失声，于以见公之遗爱在人也。

公父母俱存，胞弟五：景瑗，现任营长。景铨，团长。景宏，连长。景通，景铎，幼读。妻林氏，妾卢氏、王氏。子一：希仲，方十龄。女三：一字同邑师新民，余均幼。

公曾授延威将军，上将衔，陆军中将，给七狮军刀、九狮军刀。平生敝屣富贵，自视歁然，而局量恢宏，海涵地负。知人善任，推心置腹，将士皆乐为效命。大计所关，当机立断，一时以为天授。自奉俭约，殁无余财。古今人殆难兼美，而志业未半，中道殂谢，尤为天下所痛惜云。

据《胡笠僧将军遗事》

昭武上将军勋一位姜公墓志铭

徐世昌

公讳桂题，字翰卿，安徽亳县人。世承敦朴，力田好善。公生禀异姿，英略冠群。咸、同之际，疆埸不靖，群盗如毛。僧忠亲王治兵豫鲁，公未及冠，诣节门请杀贼自效。王奇其貌，授以百夫长。匪踞黄双寨以抗，官军屡攻不下。公率众踏平之，此为公立功之始。捻酋张洛行聚众十余万，横行长淮大河数千里间，久未能殄。公因其戚李世英，诱洛行饮，絷以献于王，斩之。宋忠勤闻公名，檄助剿匪。公由此入毅军，由偏裨而登统帅。盖五十余年以迄于今焉。公既随忠勤转战皖、豫、直、鲁、秦、晋诸省，戡定匪乱。复随征回匪，攻肃州，右腋中枪，裹创力战，卒克名城。光绪初，旋师于豫。公驻南阳，擒匪首王虎豹子，置之法，民赖以安。继又随忠勤驻防旅顺。项城袁公创新建陆军于天津之小站，公统第一军兼全军翼长。项城抚鲁，公率所部以从。拳匪乱作，公首入京师，安辑商民，与各国公使兵官相见以诚，中外敬惮。嗣典宿卫，威望益隆。

共和纪元，豫匪白狼为民害，公分兵剿之。二年，出镇热河，一意抚绥，人受其福。三年，授昭武上将军。八年，授勋一位。九年，兼管理将军府事务。十年，以老病乞休，擢陆军检阅使。十一年一月，寝疾薨于京师，春秋七十有九。历官广东琼州、云南临元、四川重庆各镇总兵，甘肃、直隶提督，热河都统。子：瑞鑫，陆军少将。瑞垚、瑞焱，均荐任职任用。瑞森。孙殿钧、殿如、殿衡。将奉公柩归葬于亳县茅庄之原。宿将云亡，薄海悼叹。余既哭其丧，爰举其功绩之大者，为文缀铭，铭曰：

湘淮相继称雄师，豫军鼎立如熊罴。微公后劲其谁归，中原乱定征西陲，纪功远在天山碑。神游九边今何之，绵历章蔀休于斯。

据《姜桂题将军荣哀录》

故陆军上将腾威将军广东督军桂平莫公墓志铭

李根源

公讳荣新，字日初，广西桂平人也。曾祖讳书斌，祖讳殿升，考讳让贤。母曾氏。生子二，公其长也。公质性敦厚，状貌魁硕，倜傥有奇气。同治庚午，年十八，始入戎伍，隶百色副将莫荷生部。出师贵州，剿办苗匪，中法战起，回军援越南，以功升毅新营右哨副哨。苏元春为广西边防督办，擢亲兵营右哨哨官。庚子春，调百色清剿游匪，迭擒首要，升镇南右营帮带。辛丑，剿办归顺州土匪，晋管带，驻防布局，兼布局对汎官。布局为中越交界要地，交涉纷繁，官多媚外。公遇事，独伸正义，力保主权，法人亦敬惮之。癸卯，改任贵字右营管带，随总兵张得贵，剿南宁上思州十万大山土匪，得奖尽先补用都司，花翎，游击衔。于时清政不纲，四方多盗。自乙巳以迄庚戌，五六年间，郁林、陆川、东兰、桂平、岑溪、昭平、平乐各县，土寇相继滋扰，此剿彼窜、出没无常。公先后进剿，以次荡平，升贵字前中两营督带。旋改文职，以知州分省，尽先补用，仍充广西巡防第九、第十二等队帮统，驻军庆远。

民国改元，兼任庆远府知府，旋调任梧州府知府，兼梧州关监督，升广西陆军第一师第二旅旅长，兼苍梧道道尹。梧州为广西通商巨埠，政务殷繁。公察吏安民，政平讼理，舆论翕然。四年，任广西桂平镇守使。袁氏僭帝号，广西出义师声讨，公统兵东下，师次端州。西林岑公回粤，设两广都司令部，立军务院于肇庆，任公为护国军第三师师长，拱卫军府。时粤督龙济光拥兵自固，阴怀异心。岑公明令讨伐，公与滇、桂、粤军联合,战于三水、佛山、新街、石井、白云山、五眼桥、石围塘等处,大破之。龙氏去琼,粤局乃定。袁氏既殂,黎公继位,以功授勋三位,补陆军中将,简任广惠镇守使。未几,督军团叛,迫黎公去位。公赞助两广,宣布自主,海军南来,组织军政府。北廷嗾使莫擎宇弄兵潮、梅,龙济光潜寇高、雷,陈光远进犯南雄,广州震动,岌岌不可终日。陆公荣廷以坐镇东粤,惟公最宜,任公为广东督军。受职于危难之交,从容措置,卒平龙寇。治粤四年,经营支撑,不安寝食。爰兼任军政府陆军部长,代行总裁职务,授陆军上将。锐意建设,用杨永泰、魏邦平兼广州市督办,拆城筑路,革新市政。初拓驰道,居民疑阻,公先撤督署衙前数丈,以为之率,民意遂安。在任之日,虽值军糈窘蹙,未尝苛敛于民。

是时粤人治粤之说蜂起,风声所被,不可抑按。公将所部撤回桂省,解除兵柄,退居沪渎,闭门谢客,日以临池挥翰自娱。戊辰之秋,买棹回里,蓬庐息影,翛然韦布。竟以微疾,浸至不起,时民国十九年三月三十日也。距生于咸丰三年癸丑九月十八日,春秋七十有八。子五人:正聪、正希、正高、正富、正贵。孙七人:可生、可才、可有、可大、可道、可刚、可强。曾孙一人:惠英。今以十月二十一日,卜葬于桂平宣一里黄山岭之阳。哲嗣正聪、正高等,以根源与公共事久,知公生平最稔,请为䕫幽之文,其曷敢辞。铭曰:

粤西之山,奇而雄矣。不世之英,挺其中兮。发迹苍梧,马首东兮。南海泱泱,表雄风兮。黄山之岭,郁葱葱兮。龙跳虎卧,奠幽宫兮。千秋万世,荫无穷兮。

民国十九年十月。

据《曲石文录》卷四

倪嗣冲哀启

倪道炯等

哀启者:先严威重有智略,少为先王父所钟爱。时先王父以名孝廉,游幕京师、河南间,先严随侍读书。年十二,通五经、四子,有神童之誉。稍长,潜心经世之学,不屑屑治儒生帖括。洎先王父出宰四川开县,先严日侍左右,益明习吏事。会先王父春秋高,撄痰疾,势几殆。先严间关数千里,侍先王父就医沪上,衣不解带者亘五十余日,卒得名医以异药进,疾良已。乡里皆以为先严孝感所致。先王父既悬车归里,乃命先严遵例入资,奖分部郎中,改选山东陵县知县。陵故岩邑,多窃盗,而蠹役杨武实左右之。先严烛其奸,立置重典,阖境称治。逾年,丁先继王母忧,闻讣,请奔丧,车已戒矣,适义和团甫萌芽,有以设坛授术闻者,亟捕至,予杖付狱,并通禀大吏,力陈奸民假左道惑众状,请严禁,俟牍发,然后成行。

未几,前大总统项城袁公巡抚山东,既廉知其事,檄调先严充德州等九县拳匪善后委员。先严亲历各县,悉知村民良莠,暨教民被害情状,捕诛素行不法者若干人,而谕良民习拳者,量力出资,葺教堂,抚教民。既竣事,而教士复至,无可争议,遂辑睦如初。计用钱十八万缗有奇,悉出富民之自任,罚锾不费公家一帑。而邻近直隶各邑,有一县糜帑项至数十万,牵戮良民至数百人者。于是遐迩称颂,先严之受知袁公,盖自此始矣。保知府,晋道员,奏充留京执法营务处,旋充北洋总理巡防行营执法各营务处,擢任黑龙江民政使司民政使。当是时,朝廷方锐意边事,辽东新改建行省。前大总统东海徐公任东三省总督,倚重先严,举垦务、军务、盐务各差,悉以畀之。先严亦勇于任事,以称国家筹边图强之意。而忌者刺骨，日伺隙以待一发。会黑省大水，飘没垦地庐舍农具无算。东海徐公又内调，继者不察，遽惑谮言入告，而褫职查办之命下矣。先严处之泰然曰："吾府仰无愧怍，利害非所计也。"再三澈查，卒不得毫发私，事遂寝。

越年，武汉兵起。项城袁公出任钦差大臣，奏起先严充左翼翼长。时皖北骚动，河南岌岌，简命先严任河南布政使司布政使，帮办河南军务，兼署安徽布政使司布政使，统武卫军三营，进复颍州。颍州者，安徽之北鄙，而河南之屏蔽也。既克颍州，旋督办苏豫皖鲁毗连地方剿匪事宜。未及逾年，萑苻敛迹，远近震詟。癸丑五月，赣宁事起，奉令出师，下凤台、寿州，徇正阳、合肥、六安，遂拜安徽都督，兼民政长之命。

下车伊始，公私赤立，延揽才俊，调剂金融，草创经营，百废俱举。先严念皖省贫瘠，由于水旱频仍，在官者以位为寄，而莫之省忧。于是督饬有司，修筑沿江圩堤，开渠塘以万计。继请办皖北工赈，移驻蚌埠，创设皖北水利局，周巡淮河上下游，测量地势高下，及容量流量迟速之度，将大举而疏导之。复于其时筑淮堤七百余里，浚濉河三百余里。先严据鞍巡视，虽风雨寒暑不辍。迨全工告竣，宿、灵、泗三县滨濉之区，涸出民田数十万亩，滨淮各县，保全田庐墟墓不可殚计。流亡复业，陡增户籍数万，丁漕收入，年增巨万十数。先严乃进谋实业教育经久之计，而难于筹集基金。若心焦思，拟于食盐每斤加铜元二枚，岁计得五百万，创办因利银行，专以辅实业资力所不及，而年取羡余，以为兴学之用。预计行之十年，得基金五千万，路矿各政，可次第观成。手订条规，以监督之权畀诸议会，严禁军民长官之提取侵渔。洋洋数千言，反覆引喻，已得议会之赞许矣，而论者不谅，或以为别有图维。于是先严叹可与乐成，难于图始之言，为不诬也。

丙辰、丁巳以还，国家多故，每一事发动，恒于国家人民有间不容发之利害。先严权衡轻重，从容应付，一以国家人民为归，而置一己之毁誉祸福于不计。参战一役，尤为中国存亡所关，至欲牺牲一切以求有当。每定大计，决大疑，往往绕室彷徨，终宵不寐，操心之若，虑患之深，有非局外人所及知者。西南不靖，党见益纷。先严以为强邻逼处，非先谋统一，不足以图富强，御外侮，故援湘援粤，迭派重兵。既而供亿频繁，公私匮竭，而环顾时势，似非专尚武力所能辑人心而纳诸大同，则又主裁兵节饷，以纾急难。先汰皖兵十分之二，以为之倡。无如缓急异势，众论难谐，私念国势陵夷，殆无补救之望，欲乞骸骨，而中央倚畀甚殷，又不获请。往往独居深念，太息流涕，发于不自知觉。

己未冬初，遂患怔忡多梦之症，迭请开缺调理，中央专使慰问，络绎于途，犹再三温谕，勿遽引退。迨庚申四月，病势益剧，乃呈明赴津就医，而以皖南北两镇守使，分摄长江巡阅使、安徽督军之任。是年八月，呈准去职，方冀重负已释，得以安心静养，幸获速痊，无如始延西医无效，继改中医无效，终改东医，虽眠食如常，险症悉退，而神智仍未清爽。医者谓脑气太亏，非药石之灵所能骤及，又不敢轻易医药，转隳前功，而即阽危。讵本年入夏，正气益亏，饮食锐减。夏历六月初九日，陡现痰涌气促之象，群医束手，祈祷无灵，延至十一日巳时，竟弃不孝等而长逝矣。呜呼痛哉！

先严俭于自奉，笃于待人，与先伯父召荫公、先叔父香圃公，式好无尤。先叔父从事军中，益爱护备至。先伯父、先叔父先后谢世，则又推及犹子，饮食教诲，俾使成立。其治军也，威令虽严，而一以恩义结之。每战，陷阵先登，至策勋行赏，必归功于将士之力，故人人乐为之用。凡晋一官，恒辞谢再三，至不获已，乃受。中央迭欲量移四川、江苏，力辞不就，勉拜长江巡阅之命。调和将领，拊循士卒，常惴惴若不克胜。宏奖人才，无门户党援之见。独严于治盗，不稍宽假，尝谓为治当先去其害政者，然后庶政方能推行无阻。否则杀人越货，远近骚然，商贾不行，田畴荒废，虽有善政，又将焉施。且盗贼之起，一捕役之力，制之有余。一旦溃决，虽战伐经年，膏涂原野，而无可如何。若徒博宽大之名，酿成无穷之患，是何不忍于一二奸宄，而忍于千万良善。若此告戒僚吏，尤数数言之。以故督皖八年，盗匪潜踪，闾阎安堵。解组归来，军队无一文未清之饷，财厅无一文亏欠之债，吏民翕服，异口同声。独以时势艰难，忧劳致疾，而不孝等奉侍无状，既不能调护于未病之先，又不能挽救于既病之后。缠绵床褥，阅时五年。不吊昊天，鞠凶自召，椎心泣血，不可为人。徒以窀穸未安，慈亲在堂，不得不苟延残喘，勉襄大事。苫块昏迷，语无伦次，伏乞矜鉴。棘人倪道烱、杰、黍、熹泣血谨述。

据讣告

陆军上将远威将军徐君神道碑

段祺瑞

将军，葵南公第三子也。幼而颖悟。父以拔贡生授教谕，改州判，皆不就。尽出所学以教之。年十有三，补县庠生。十七，食廪饩。当甲申之后，国势震撼，慨然有大志。江南试罢，不事举业。环顾海内，创练陆军，转抚山东，大有可为，莫项城袁公若也。时年二十有二，跋涉山川，踵辕上书。袁公适居丧，命道员朱钟琪延见。朱素有名士称，所如不合。遂作余记室。越年，项城督北洋，移师保定。余督办陆军各学校，统制三六镇，掌记室如故。时与兵士同操作，习跑步，坚苦卓绝，志趣异人。后请留学日本士官学校。卒业归来，余提督江北，派为军事参议，领袖群僚。

辛亥之役，余署湖广总督，统率一、二两军，会办军务。派为总参谋，赞襄帷幄。性刚正，志忠纯，重职责，慎交游。其才气远出侪辈，相形不免见拙。共和诏下，虽各以守土之故，多专阃于外，而忌惮将军之怀，犹如往昔。迨余为陆军总长，以将军为军学处处长，调任军马司司长，兼管总务厅事。寻擢为次长。余预审将有改变，乙卯五月，藉病退养。季秋，筹安会设，议复帝制，与创造共和之义相背驰，切言以为不可，致有财、陆、交三部参案。详查陆军，无隙可抵。时余兼管将军府，遂调为事务厅长。

丙辰四月，蔡将军锷起义滇池，直达川疆，混战不已。项城知前言之不谬，遂如所请，取消洪宪。属为维持，畀领揆席。端阳次日，项城不禄，黄陂继任。调将军为院秘书长，襄办国事，案无遗牍，公毕散职，法度谨严，不肯稍徇人意。

丁巳欧战剧烈，德国不循公法，滥用潜艇。抗议无效，有伤国体。立意参战，议会阻挠。余突被免，出寓津门，会有复辟之变。七月三日，誓师讨平。总统去职，河间继任。余再任总理，兼长陆军，仍调将军为次长。八月十四日，与德、澳宣战，将军竟不谓然，而坦直之情可原，令行无不服从也。先是民国二年，余兼代国务总理，库伦久为俄人嗾使，要求自治，彼得从而干涉之。几经折冲，始得为我完全领土。曾莅国会十三次，请求通过，格于党见，留难久之。预告迟恐有变，充耳不闻。而俄人藉口，顿翻前约。国势不振，无以角力。耿耿在心，未尝去怀。

己未岁，选徐世昌为总统。当就职之日，呈辞总理，兼开差缺，仍留领边防督办一职。是时陈大员毅，与外蒙商订六十三条件，即向日俄人所主持之领土一部份。中枢已有允意，余以外蒙横亘俄疆五六千里，傥入俄人彀中，国事将不堪言。因属将军条陈边务，冀谋挽救。旋奉西北筹边使兼总司令之命。八月入蒙，余作序送之，勖以忠恕接物，坚忍图功。视事后，结纳王公，开诚布公，谕以从俄之害，内附之利，和蔼近人，多数诚服。佛汗自请撤治。越年元旦，举行册封礼。冰天雪地，往返每不及旬日，劳苦异乎寻常。当道终不释然，余时从旁慰勉之。未几，吴佩孚衡阳撤防，擅自北归。曹锟等呈劾将军专横，政府遂其言，加以处分。若然，以功为罪，是非颠倒，纲纪荡然，国何以存？余表率有责，不忍坐视，力争之，政府不为动。不得已，告以疆吏跋扈，政府无术制止，当为讨伐，胜则国家之福，败则有国法在。庚申之役，所由起也。势有可胜，事多中变。知劫数之已成，非人力所能挽回。不愿兵事久持，重苦吾民，自请议处，还我寄庐。旋知松树胡同，已在半年前，设有机关，内外协谋，集议十人，以余为的。其所以然者，不便私图故也。吁！余之愚甚矣。

溯自庚申迄今，干戈扰攘，愈演愈烈，无一块干净土，宁非所谋者之厚赐乎？将军因避居海上，杜门谢客，熟读百家言。与林纾、马其昶、姚永概、柯劭忞诸宿学，谈经衡文相考证，以豁达其胸襟。夫学富者识广，道高者义重，痛国势之不振，有天下为己任之怀。某督有姻娅桑梓之谊，晓以大义而不省。壬戌年九月，遂间道至延平，入主王将军永泉军。

履险不惊，屡濒于危。统兵直捣省垣，设“建国军政制置府”。嗣以闽疆一隅，不足有为，仍委政王将军而还。

甲子冬，浙、奉义师并起，近畿响应。中枢无主，海内环请执政。已知势有难为，然为国家计，不容迟回。时将军适行抵香港，因特派考查东西各国政治。冀弃短取长，兴我邦家。凡历十二国，随员十有五人，多调自各使馆，人才是视，荐擢有加，余悉如所请。使车所至，上自君相，下逮士庶，莫不殊礼相待。孔子曰：“使乎使乎！”信矣哉。自美启航抵日本，历沪到津，皆电止缓行，且派员阻其来京。特惜拘守礼法，未能通权。信宿盘桓，议论宏通，皆经国大计，默审继起者将无其匹。冬月十四日晚，携随员谒辞南行，微服过余，欲言者再，广坐促晷，未出诸口，至廊坊而竟遇害，呜呼痛哉！余之过也。所谓仇者，伪也。将军义形于色，致力盖犹有待，一言之不谨，遂及于难。虽未竟其志，然杀身正所以成仁。

夫人寿不过数十寒暑，耄耋期颐，无功言之立，宁非草木同朽？古语有云：“名是无穷寿。”要在保天命之性，率性之道，存正气于两间，虽夭亦寿也。颜子短命，不得道统之传，而名仍出乎曾子之上。忠武纵未偿匡辅宋室之愿，而功在简册，元、明、清以还，人世景仰尤隆。中外文人哲士，多为将军憾，想将军当可以无憾与！

据《徐树铮先生文集年谱合刊》

辛亥人物碑传集

卷十二

万果敏公墓志铭

温　肃

公讳绳栻，字公雨，晚号傒园，其初名绳武，江西南昌人也。世为江右望族，曾祖启，陕西蒲城县知县。祖立鉴，福建宁化县知县，殉发逆之难，恤赠云骑尉。考鹏，福建金门县丞。皆以公贵，赠资政大夫。

公自幼英伟，象勺之年，文采斐然，以随宦故，未回籍应试。弱冠，捐纳知县，需次江苏。藩司陆文烈课吏，得公文，深赏之，命司文牍。既而臬司朱家宝以公总理文案。迨朱巡抚吉林，奏调公至吉，补农安县知县，擢五常府知府，洊保至道员。宣统庚戌，结吏议去官。丁巳五月，特授内阁阁丞。先是，辛亥后公奉母寓京师，誓不出仕。奉新张忠武公退保兖州，遣使者招公，公辞之。使者密言忠武有志恢复，惜少辅助。公乃慷慨而起，许为尽力，遂参忠武军。时叛军守徐州，公微服间行，图其险要，以报忠武。一战歼徐，直下江南，公之力也。袁世凯以诈术取天下，知人心不与，尤忌忠武，每饵之，冀为己用。忠武欲拒之，公谓宜阳与周旋，以集势力，势力既厚，观衅而动，匡复之功，乃可就也。忠武从公言，于是兼督安徽，而徐州之威望立矣。

丁巳春，公随忠武至天津，时奉、直、苏、皖诸将集津门，议拥段祺瑞，虑忠武不从，知忠武心存王室，因以复辟之说，推忠武为盟主。盟定后，公劝忠武遄回徐州，厚集兵力，扼守要隘，布置妥协，而后举义师。忠武然之，遂告诸将，亦暂归原防，俟时而动。乃躁者侥幸图功，出以计劫，箭已离弦，不可复止。忠武慨然自任，而公亦不恤冒危难以助之。事败后，世人责公轻举，公绝口不置辨。敌人缉公甚严，公未尝以敌曾列名盟书之隐事，作抵制之计也。公既脱险，即东游日本，交其贤豪，缟纻所及，尤多军人，盖薪胆之志，无一日忘。迨驾幸天津，公捍卫牧圉，不辞劳瘁。辛未，移跸辽东，公随至行在。次年，入侍禁近，时献嘉谟，夙愿少酬，而遽以暴疾卒。时壬申十二月十八日也。生于光绪己卯四月五日，春秋五十有四。疾棘时，上屡遣医调药，问疾之使，络绎于途。卒后予谥果敏，赏银千圆治丧，恩礼优渥。朝野人士闻之，莫不惋惜。

余交公徐州，相从弥年，佩公精力过人。乙丑春，奉命同出关，与其帅有所争议，往往漏尽方寝，口体交瘁，余不支而公奕奕自若也。公天资卓绝，于隶书绘事诗文词曲，无不工妙。配刘夫人，贤明有识，善相厥夫，与公同岁生，先公七年卒。侧室杨氏，先公四月卒。子：嘉熙，由日本士官学校毕业，备宿卫之烈。嘉櫆，公卒后殇。女五人，亡者二。今嘉熙将于乙亥九月，奉公与刘夫人之柩，合葬京师阜成门外八里庄，以状来请铭，铭曰：

三十守郡才洵丰，忽逢阳九战群龙。挥戈回日助元功，鸾翮虽铩心弥雄。飘然往挂扶桑弓，丹悃更扈翠华东。百一未用捐而躬，易名锡赙君恩隆。有子驰誉羽林中，伐石表隧铭幽宫。会见书文行伦同，唯公始事名无穷。

据《温文节公文集》

王观堂先生挽词并序

陈寅恪

或问观堂先生所以死之故。应之曰："近人有东西文化之说，其区域分划之当否，固不必论，即所谓异同优劣，亦姑不具言，然而可以得一假定之义焉。其义曰：凡一种文化值衰落之时，为此文化所化之人，必感苦痛，其表现此文化之程量愈宏，则其所受之苦痛亦愈甚；迨既达极深之度，殆非出于自杀，无以求一己之心安而义尽也。吾中国文化之定义，具于《白虎通》三纲六纪之说，其意义为抽象理想最高之境，犹希腊柏拉图所谓 EIdos 者。若以君臣之纲言之，君为李煜亦期之以刘秀；以朋友之纪言之，友为郦寄亦待之以鲍叔。其所殉之道，所成之仁，均为抽象理想之通性，而非具体之一人一事。夫纲纪本理想抽象之物，然不能不有所依托，以为具体表现之用；其所依托以表现者，实为有形之社会制度，而经济制度尤其最要者。故所依托者不变易，则依托者亦得因以保存。吾国古来亦尝有悖三纲违六纪无父无君之说，如释迦牟尼外来之教者矣。然佛教流传播衍盛昌于中土，而中土历世遗留纲纪之说，曾不因之以动摇者，其说所依托之社会经济制度未尝根本变迁，故犹能藉之以为寄命之地也。近数十年来，自道光之季，迄乎今日，社会经济之制度，以外族之侵迫，致剧疾之变迁。纲纪之说，无所凭依，不待外来学说之掊击，而已销沉沦丧于不知觉之间。虽有人焉，强聒而力持，亦终归于不可救疗之局。盖今日之赤县神州，值数千年未有之巨劫奇变，劫竟变穷，则此文化精神所凝聚之人，安得不与之共命而同尽，此观堂先生所以不得不死，遂为天下后世所极哀而深惜者也！至于流俗恩怨荣辱委琐龌龊之说，皆不足置辩，故亦不之及云。”

汉家之厄今十世，不见中兴伤老至。一死从容殉大伦，千秋怅望悲遗志。曾赋连昌旧苑诗，兴亡哀感动人思。岂知长庆才人语，竟作灵均息壤词。依稀廿载忆光宣，犹是开元全盛年。海宇承平娱旦暮，京华冠盖萃英贤。当日英贤谁北斗，南皮太保方迂叟。忠顺勤劳矢素衷，中西体用资循诱。总持学部揽名流，朴学高文一例收。图籍艺风充馆长，名词瘉埜领编修。校雠鞮译凭谁助，海宁大隐潜郎署。入洛才华正妙年，渡江流辈推清誉。闭门人海恣冥搜，董白关王供讨求。剖别流派施品藻，宋元戏曲有阳秋。沈酣朝野仍如故，巢燕何曾危幕惧。君宪徒闻俟九年，庙谟已是争孤注。羽书一夕警江城，仓卒元戎自出征。初意潢池嬉小盗，遽惊烽燧照神京。养兵成贼嗟翻覆，孝定临朝空痛哭。再起妖腰乱领臣，遂倾寡妇孤儿族。大都城阙满悲笳，词客哀时未返家。自分琴书终寂寞，岂期舟楫伴生涯。回望觚棱涕泗涟，波涛重泛海东船。生逢尧舜成何世，去作夷齐各自天。江东博古矜先觉，避地相从勤讲学。岛国风光换岁时，乡关愁思增绵邈。大云书库富收藏，古器奇文日品量。考释殷书开盛业，钩探商史发幽光。当世通人数旧游，外穷瀛渤内神州。伯沙博士同扬搉，海日尚书互倡酬。东国儒英谁地主，藤田狩野内藤虎。岂便辽东老幼安，还如舜水依江户。高名终得彻宸聪，征奉南斋礼数崇。屡检秘文升紫殿，曾聆法曲侍瑶宫。文学承恩值近枢，乡贤敬业事同符。君期云汉中兴主，臣本烟波一钓徒。是岁中元周甲子，神皋丧乱终无已。尧城虽局小朝廷，汉室犹存旧文轨。忽闻擐甲请房陵，奔问皇舆泣未能。优待珠槃原有誓，宿陈刍狗遽无凭。神武门前御河水，思把深恩酬国士。南斋侍从欲自沈，北门学士邀同死。鲁连黄鹞绩溪胡，独为神州惜大儒。学院遂闻传绝业，园林差喜适幽居。清华学院多英杰，其间新会称耆哲。旧是龙髯六品臣，后跻马厂元勋列。鲰生瓠落百无成，敢并时贤较重轻。元祐党家惭陆子，西京群盗怆王生。许我忘年为气类，北海今知有刘备。曾访梅真拜地仙，更期韩偓符天意。回思寒夜话明昌，相对南冠泣数行。犹有宣南温梦寐，不堪灞上共兴亡。齐州祸乱何时歇，今日吾侪皆苟活。但就贤愚判死生，未应修短论优劣。风谊平生师友间，招魂哀愤满人寰。他年清史求忠迹，一吊前朝万寿山。

据《国学论丛·王静安先生纪念号》

王少枚先生殉国纪略

王履亨

王少枚先生名乘观，少枚其字也，龙溪县二十九都田里人。光绪庚寅恩贡。性沈毅，寡言语，貌温神穆，生平廉洁自持。素企曾文正公学，精诚所感，尝梦文正示以"崇虚灵久至德"六字。于小学、《孝经》、四书，暨濂、洛、关、闽授受之旨，靡不精研有得。手录周子《太极通书》、张子《西铭》诸书，详加圈点，其楷法亦复秀劲有神，即此可觇先生根柢矣。先生自少清苦力学，年二十三游庠，惟读书训蒙，而外事罔干。每朔望，在塾礼圣毕，则归谒祖先。任观摩学堂教席亦然。为廪保时，严守学政定章，场弊分毫不染。其训子孙，则以小学、四书谓宜敬佩习复，不独务学守身，安家应世，端在于此。又训宁可我容人，勿使人容我。凡有财利交涉，须加倍审慎，勿见利忘义。任人训蒙席，须悉心指引，勿误人子弟。

辛亥十月二十一日，革命难起。国朝已倾，士民俱变。时先生在学堂，乃假归住宅，亲书遗嘱千余言，盖先生殉国之心已决。十一月初六日，知国事更不可问，谓子恩亮曰："予欲完名全节，无负君恩。"是晚，一切后事，面示恩亮。至四鼓，衣冠谢恩，从容自缢于住宅。遗下小本，皆垂训子孙读书做人之方，及其素所取与辞受，不苟分毫。就义后丧费，谆谆以称家有无，安分守礼，勿作浮屠为谕。有诗曰："毫发千钧重，山河一注孤。勤王心未死，结草赴京都。"又有四语曰："天朝臣子，死忠死孝。匪以邀名，父师之教。"余如"身可殒，发必不可截。以此践所学，全所受，兼报所天，盖已筹之熟而思之审矣。甚不愿为新民，于是幸免，未免辜负一切”。此皆先生散记于小本之末者。先生卒时，年六十有三。

呜呼！廉顽立懦，古人卓树高风，殉国孤忠，异代芬扬青史。本朝养士二百六十余年之恩，得先生仰报万一。我列祖列宗，庶几鉴之矣。或犹窃窃然议之，君子所为，众人固不识也。爰详纪之，以备责司阐扬者，得有所采择云。

据《复一文存》

何秀才传

吴庆坻

君讳承鑫，字性存，湖南湘潭人。幼颖异，长乃沈潜宋五子之书，尤服膺濂、闽，践履笃实。补县学附生，益务博综。于经，研穷《周易》、《戴记》、许氏《说文》。于史，熟司马氏《通鉴》。出游诸郡县，无所遇。访同县秦炳直于潮州，炳直延授二子读，以道义相劘切。或论难古今，不苟为异同。炳直擢提督，以惠军总稽查属之。惠军，提督所部驻守惠州者也。武昌变起，粤党人闻风应。惠俗习械斗，私贮枪炮，官弗能禁。又与新安邻，党魁发纵，密纠各县团族集众号数万。九月己卯，惠军迎战于蛮头岭，大捷。承鑫请重犒军士，筹战守，微闻营官有通敌者，密告炳直，而营务处刘殿元大言曰："城果不守，必联全军护主帅，吾纵横荡决，有难则同死耳。"君感刘意，遂俯伏以头触地有声，曰："壮哉！吾真服子矣。"亡何，城中饷匮，薪米尽，援师不至，博罗、归善两县失，君语炳直曰："吾与子，义当死，毋使民间万人同尽也。"已而攻益亟。癸未昧爽自经于署西偏卧室。敛时，检衣带中，自署绝命时日，从容手书也。

据《辛亥殉难记》卷二

清授建威将军湖北提督陆军副都统陆军第八镇统制官奇穆钦巴图鲁榆次张公墓志铭

周贞亮

中华民国十六年丁卯秋八月，前湖北提督张公以疾薨于天津宏济里之寓庐。越岁，辛未，公子学龄等将迁公柩。返葬并门，以公官鄂久，治军之余，施功德于民甚大，征鄂士之能文者，阐公遗烈，著诸铭幽之文，而以其事属贞亮。

谨按状：公讳彪，字虎臣，山西榆次人。曾祖兴台，祖俶，父文斗，三代皆以公贵，赠如其官，妣皆赠一品夫人。公生而英毅，幼时与群儿嬉，即垒石为陈，驱率群儿，为战斗之戏，与古兵法暗合。九龄失恃，依外家受读，辄慨然有投笔之志。年二十，投充太原抚标额兵，应学使试，补县学武生，仍留原营效用。光绪九年，南皮张文襄公抚晋，一见深器赏之，以为智深勇沈，大将才也，遂擢补外委，置之左右。嗣是移节两粤、两江、两湖，无不挈之以从。公亦感激知遇，图以报张公者报国家，而能军之名遂大起。甲午中东之役，军事不竞，公知非创练新军，不足图强卫国，凡三出洋考察军政，归上其议，张公遂举督练新军之事，一以委公。鄂省之有新军，自公始。公延教师，改编制，易章服，择器械，悉心钘概，洞中窾要。丙午秋操，南北会师彰德，公为司令，外人观者啧啧称鄂军全国第一，皆公手创也。复于江阴、江宁等处建立国防要塞，督办鄂省军校，派遣将校分赴东西洋留学。又念新军军械取给外洋，漏卮甚巨，请于文襄，创办汉阳兵工厂，至今鄂厂巍然，亦为海内第一。

公尝谓将师不治民事，志意不得发舒，故职在治军，而心存济物。既官鄂久，深知民间疾苦，尝创设工厂十余区，以食贫民。汉口后湖旧为巨浸，筑城为防，岁被浸灌，文襄深以为虑。公亲往履勘，谓后湖西潴可筑大堤，外以潴水，内以固防，为百年之利。文襄韪之，即以委公办治。公刻期兴修，多方薰励，雨淋日炙，不懈益勤，费省工坚，报成称最，汉口全镇赖以无虞，即所谓张公堤也。文襄嘉其能，复委修青山、金口二堤。公昕夕督筑，耐劳核实，一如汉堤前事。堤成，环境十数县居民，至今永食其利。治军严整，谨斥堠，申纪律，乘时赴功，奉命即发。光绪二十六年，城乡会匪起，奉令严拿首要各犯，公亲率弁兵，立时禽获，讯置之法。宣统二年，湘省米荒，民变，围烧抚署，急电求援。鄂督严饬所部，限一日夜出发，公立即部勒请行，仅二小时覆命。佗治事神速，类如此。历官由外委洊升总兵，赏给奇穆钦勇号，补授湖北提督，充陆军副都统、陆军第八镇统制官。

辛亥之役，变起仓卒，制军出走，全城鼎沸，公不得已，出城迫见制军舰上，固请留驻，不听，乃率余军保固汉口。会南北和议成，奉谕息兵，公知事不可为，乃卸兵东渡。久之归国，卜居天津，抑郁无聊，惟辟宅前隙地为园，莳花种树，借以自遣，黄冠草履，萧然有终焉之志。

公之办鄂学也，校中生徒归国，为将校，领封圻者，不可一二数，改革以还，咸欲促公一出，公皆不应。前大总统黄陂黎公，旧与公为同官，就任后，屡以军事高等顾问相属，亦谢绝不出。惟甲子之冬，逊帝违难赴津，公则推园宅居之，所以崇奉之者甚厚。盖公之志，上则惟求利国，下则惟求福民，既不获申其所怀，则于时局纷扰，一切不欲过问，惟于可借以报旧君者，则不惜竭棉力为之。生值衰辰，大业不就，故国之戚，终身不忘，可谓人杰也已。

公生于咸丰十一年十二月初五日辰时，薨于民国十六年丁卯八月十八日辰时，享寿六十有八。元配一品夫人杜氏，副室金氏、唐氏、刘氏。子八人：长学龄，日本士官学校毕业，陆军少将，历任师旅长。次学骞，日本士官学校毕业，陆军少将，历任旅团长。三学纲，日本工业学校毕业。四学良，陆军中校，历充军职。五学骥，陆军中校，历充军政各差。六学诗，七学毅，八学绅。女子九人：长适杨，次适王，三适李，四适侯，五适杨，六字赵，余待字。孙男十人：以孝、以礼、以智、以信、以明、以温、以让、以恭、以俭、以勤。孙女八人。曾孙一人：致远。以民国二十年辛未二月十九日，迁柩卜葬于榆次左付村祖茔。

公体貌魁梧，神采四暎，望而知为伟人。性宽厚，治军数十年，未尝妄戮一人。尤笃恩谊，受文襄深知，终身服事，感戴不忘。毕生志业，既不获尽伸于时，则移之以教其子。诸子游学回国，服务四方，勉其为国效忠，所以期望成就之者，甚远且大。居家敦孝友，明礼让，拳拳于涉身处世之道，皆可以为后法。综其生平树立，有造于国家甚大，褒功录贤，宜在惇史，而于吾鄂功德之巨，尤不可没。贞亮，公部民也，少时闻公政绩，已钦想其为人。改革以后，备官京曹，公已退休，无缘一见。幸获交公诸子，方期走谒津门，一睹异人丰采，已闻公疾，而讣至矣。仰瞻遗像，神宇伟然，属在鄂民，哀思曷已，谨再拜而为之铭曰：

寰宇之山，太行西峙。灵脉所归，榆星之次。高原大泽，笃生伟人。虓虓张帅，为国虎臣。始练新军，继开武学。誉满八荒，功先一鄂。拯民之溺，大堤巨防。百年十邑，巩若金汤。治鄂之功，文襄不朽。公实佐之，如左右手。开冶炼铁，采山铸兵。公建厥议，张乃仰成。革命之兴，鄂名首义。御战何功，诡和何议。远游日本，近旅天津。魏阙千里，江湖一民。故国何年，人间此世。海上无人，惟公逊帝。生也何冀，死乃曰归。公不能语，帝临其危。报国竭诚，公可以止。以昌嗣人，伟哉有子。晋水之侧，太原之东。如堂有冢，是为公宫。史书其勋，诔载其德。后有万年，视此铭勒。

据拓片

张竹轩先生墓铭

袁嘉谷

先生石屏张氏，名舜琴，竹轩其号也。身长八尺，颖异过人，工文与书。举丙子孝廉。四上春官，屡荐不售。宦昆明县训导，课庠生文，严明而恺恻，尤敦品节，连任十八年，昆明人士无不称张师而尊之敬之者。转太和县训导、顺宁府教授，所至昌文教，访文献，当道聘修云南志，直笔，弗为当道喜，辞之。管教节堂，规必肃，行必公，礼必敬，群嫠颂服。历充育材、经正各书院监院，学务公所议绅，女子师范校长。滇中风气闭塞，甲午以还，始稍稍习新图书，而乡人或目为怪异。先生监书院，独扶掖而奖进之，调停搢绅，辑和同学，无偏无党，毅然一出于正。寡言笑，严取予，保古风，爱士子，恤寒畯，增学舍，遣游学，购仪器，士论翕然。无智愚无违者，无新旧无毁者，无大小无慢者，无上下无疑者，甚至外国教习，亦奉先生为正人君子而师之，虽谓三十年滇中教育之任，先生荷之，可也。

先生性至孝，事继母尤谨，迎养昆明学署。榜其堂曰"不冷"，自跋谓："少陵诗曰：'广文先生官独冷。'余以奉亲故，寮友日集，何冷之有。"其胸次如此。癸巳春，太翁病于家，先生闻之，并日驰归，而病旋愈。友爱诸弟，循循雍雍，棣华科第，一时称盛。

配舒夫人，有贤德。生子二，皆早卒。三女：长适余，次适朱君元生，次适李君文尧。妾李孺人，无出。以弟之子仓曜嗣。先生幼劬学，壮而老，皆寒素风。大吏荐之朝，以知县用，部吏索贿，先生不之许，引见后，仍用教职，遂绝意仕进。然保荐先生，升知县，升内阁中书者，一再不已矣。武昌事起，滇中应之，先生从容仰药卒，时辛亥九月十六日也。春秋六十有六。

明之亡也，滇人薛大观以秀才殉明。《明史》列之忠义传，读史者咸惊异，以为大臣不死，亲臣不死，而仅仅一秀才死。先生广文耳，世多轻其官，鼎革之际，盖无一责先生以死者，而先生竟死。视大观之忠义，殆无愧色。自唐设广文以来，迄清中叶，官卑而职简，往往争贽仪，渎职守，广文遂为世讥笑。清既亡，官亦俱亡。幸有先生，结千年广文之局。惟先生重广文，故广文亦以先生重。是又不仅为一时一乡增重者矣。卒之日，自挽语曰："惭对君亲师，尚留此白发数茎，为广文先生写照；伤心前今后，谁禁我青山一卧，任造化小儿安排。"旋归葬石屏白苍山，离舒夫人墓数十武。著有《不冷堂遗集》二卷、《制艺》一卷、《联》一卷。铭曰：

死其心，死其官。一千年，一广文。揭二十五史忠义之传，表于其阡。上亘三光，下昭九原。

据《滇南碑传集》卷二十一

记陆文端公事

唐文治

宣统初即位改元，吾苏陆公凤石以大学士总师傅职，启沃君德，翊赞嘉谟，老成典型，一时宗仰之。辛亥政变，两宫逊位，当是时，铜驼荆棘之感，怵目恫心，公常含泪出入禁庭，虽风雨靡间。越岁余，当事者有改迁太庙之议，谘皇室召大臣会议画诺。公嘿然不发一言，遽叩首上前曰："老臣将随先皇帝逝矣。"上曰："噫！师傅何为出此言也，竟忍舍我去耶?"公复嘿然饮泣出，即具疏乞病假，日饮猛攻刻削之药，家人不知也。徐菊人相国往访之，询病状。徐亦达医理，索方阅之，骇曰："公老病可服此等药耶?"公转诘之曰："若服此药，吾疾果可不瘳乎?"徐憬然悟，叹曰："公能如此，吾辈之罪深矣！"公曰："不然。古人有言，死易，立孤难，吾为其易者，此后皇室经费，惟子是赖矣。"徐怅然别去。逾月，公遂不起，上震悼，予谥文端。呜呼！当我朝开国之初，圣祖仁皇帝崇尚理学，陶冶群伦，一时名儒硕彦，若云龙风虎之从，济济多士，生此王国，史家纪载，拟于周文王之造士，殆无间然。乃政变以后，殉国难者，寥寥无几，有识者深疑之。迨俄国内乱，俄皇尼可来为国人所弑，宗社荡然，然后知当时在朝诸元老，在野疏逖之臣，所以维持皇室于一线，远不至如有明，近不至如俄国，其措置之万难，盖为前代所未有，而其用心至隐而至苦，至是乃全白于天下矣。然如公之亮节孤忠，抑何可痛之甚耶！南皮张文襄公之卒也，其遗诗曰："南人不相宋家传，自许陈桥识杜鹃。辛苦李虞文陆辈，终随落日坠虞渊。"其即为公言耶？其果有先知之明耶？呜呼！抑何可痛之甚耶?

公生平和易坦直，不践迹，亦不自高崖岸，与吾乡陆文慎公友善。文治之识公也，以文慎公之绍介，一见折节，如忘年交。丙午秋，奉诏厘定官制，改工部隶于农工商部，以文治署理尚书，公其时筦工部事，在被裁之列，即以书来曰："吾虽不及古人，然闻楚令尹子文之风，窃有慕焉，幸子顾我，有政以告。"文治即往谒，公喜甚，谈工部事甚悉，出一卷书相授，嘱曰："子钞录毕，即归我，毋为他人见也。"文治阅之，则工部案牍始末及属员之贤否，皆详载焉。益叹公之精勤，为不可及也。先妣胡太夫人病亟，公日来书问讯，告以用药之方。太夫人弃养，公来吊于苫次，慰唁周至。至今犹忆其言，不觉涕之流落也。壬子春，文治因南洋学校将停办，入京力争，往谒公，盱衡国事，相对唏嘘。公语之曰："唐春卿尚书殁后，当事者予以恤典，可谓死不瞑目者矣。"临别时，为书"唐氏宗祠"及"家居行素堂"额，文治谨携之归。不二年，而公之凶问至矣。呜呼！抑何可痛之甚耶？然其死也，固可与日月争光矣。当世人士，材智颇卑下，深惧公之志意，不能大白于天下，故特为之记，以俟夫作史者考而述焉。

据《茹经堂文集》卷六

诰授光禄大夫晋赠太师特谥文忠太傅先府君行述

陈懋复等

先君讳宝琛，字伯潜，号弢庵，姓陈氏，福建闽县人。先高祖刑部尚书谥文诚，讳若霖。先曾祖云南布政使讳景亮。先祖候选郎中、刑部主事讳承裘，诰封光禄大夫。祖妣林，封一品夫人。光禄公六子，先君其长也。道光戊申，生于螺洲里第。少随光禄公侍布政公宦所，自陕而齐。年十岁，偕仲父曲靖公，从光禄公自山东运署归，读书家塾。光禄公喜其英敏，每出塾，辄命旁侍辟咡，诏以古今忠孝故事。年十三，出应童子试，受知于徐寿蘅学使，补县学生。中同治乙丑补行甲子科举人。年二十一，以戊辰科成进士，改翰林院庶吉士。散馆，授编修。乙亥，大考二等，记名遇缺提奏。己卯，擢侍讲，充日讲起居注官。历充武英殿协修、纂修、总纂、提调，国史馆协修、纂修，功臣馆纂修，本衙门撰文，转侍读，历左右春坊庶子、侍讲、侍读学士，洊升内阁学士。

先君之居讲职也，承中兴日久，朝纲渐隳，外患亦渐亟。景庙初年，两宫励精图治，恭忠亲王、高阳李文正公辅政，先君与宗室侍郎宝廷、丰润张学士佩纶、南皮张文襄公，奋发言事，慨然有澄清之志，天下想望风采，号为“清流”。先君所论列，大者，如伊犁废约、琉球外属、筹关东设官用人、台湾巡守及开山防海、陈洋务六事、固越二策。又如星变陈言，请严贵近察典，劾中外不职大臣，及原盛京副都统富升之罚，斥前陕甘总督琦善专祠之请。其他论故督江宁三牌楼之疑狱，举旧相阎文介之清操，皆国家大计与正义所在。而尤以端政本、肃君心著称当时者二事。有太监奉懿旨出宫门，与守门护军口角，事下刑部。内务府依法讯办，两宫盛怒，重科护军殴打违抗罪，大臣不敢争。先君以事关治乱消长，疏请申门禁旧章，防流弊，又请特降懿旨，免护军重罪。宫廷怵清议，护军得从轻典。时文襄亦已疏陈，见先君疏，乃大欣服。孝贞显皇后山陵奉安，有诏“皇太后圣躬甫臻康豫，臣工先后陈奏，慈舆未可远涉郊垌，朕亦未可暂离左右，吁请谨遵康熙二年成宪，停止恭送，奉懿旨允所请”。先君以事关家法人纪，疏请暂缓永远奉安，先奉移隆福寺，如定陵、惠陵故事，俟皇太后圣躬复原，再行诹吉，皇上亲往举行普祥峪定东陵永远奉安典礼。闻者耸然。是皆言人所不敢言。于是人知先君为能持大体者也。

同、光间，朝列多正士，自文襄诸公外，先君所尝与气节文章，日夕切劘者，皋兰吴柳堂侍御，仁和吴子俊编修，皆忘年交契。同乡则谢枚如中书，尤以道义相期许。其后先君五十，谢先生集张亨甫诗句“期君正有千秋事，视我真为一代人”为赠。先君晚岁感怀谢先生，亦有“出处何成吾耄矣，平生砻琢愧班斤”之句。盖生平志事所久要者如此。

癸酉、乙亥，两充顺天乡试同考官。己卯，充甘肃乡试正考官。壬午，充江西乡试正考官，就授提督学政。试士严明，以士习风化为任。重教官，核优行，复白鹿洞书院，请加郑进士维驹京衔，请以顾亭林、黄梨洲二先生从祀文庙。又以“作君子自辨义利始，举秀才须明经传人”二语，榜之楹，士以是咸知所向。按试广信，惩办闹考武生，革除历年积弊，赣人称之。

先是，言事者日进用庸猥，大臣多罢斥，朝端侧目，东朝亦稍倦于勤，异趣者思假隙翻朝局。会法越事起，一疏尽易枢府王大臣。先君时虽在外，与张学士皆叠疏论越事。略言“越南未失，则和战皆易。越南若失，则和战两难。规复越南，为国计安危所在，宜用全力，勿两端”。于防海，筹饷、用人，皆有规画。又言“法人利在速战，尤利暂和。勿荧谬论，坠其术中”。语甚切直，乃以先君会办南洋，张公会办福建海疆事宜。先君卸赣学，赴江宁，闻法约五款垂成，复上疏极论，请及详细条款未定，集谋策逐一研求，勿因和局之成，遽罢滇、桂军备，以伐诡谋，遏婪索。朝旨赴津商和约，又止赴津，命在沪会同江督曾忠襄，与法巴使议。

前后两月，不就范，以其间往来巡察江防，而防务事权不属，仓猝无从措手，请自募勇训练，请饬中外豫筹持久。各事多不报，而和局且成。先君丁林夫人忧归，张公坐军败重谴，先君亦以荐唐炯、徐延旭事，部议降五级调用。

是时，光禄公春秋浸高，尝语先君曰："汝书生，骤膺重任，吾夙夜惟陨越是惧。"意盖不欲先君再出。先君先意承志，不忍违。戊子迄甲午间，诸父科第踵相继，家门隆盛。叔父刑部公，亦以翰林改官假归。先君入侍晨昏，出偕诸父游所筑石鼓山中之听水斋，刊石赋诗，色养怡怡，有终焉之志。累年家居，大府以时延访，先君锐身赞助，谋裨益。家藏有陈左海先生与先文诚公论乡里兴作事手札十数通，深致向往。乙未，光禄公弃养，服阕，主鳌峰书院，以经史时务分课，士之髦秀者，皆录焉。甲午，李文正复入中枢，将起先君，以适居忧，不果。戊戌，景庙变法，湘抚陈右铭中丞疏荐，以政变罢行。先君感世变急，非兴学育才，无以相济也。以日本同文地近，有绩效，因创立东文学堂，以为留学豫备。以教育根本在小学，造端在师资，遂办师范学堂，设简易科，资遣速成师范生于日本。旋复主高等学堂，为整齐归并，赢其费以办中学。派师范、法政、商科、工科留日学生，先后毕业归，遂拓法政学堂，立商业学堂，遍设全省中、小学堂。又请于官，规定欧、美留学生官费名额。凡所兴创，皆纲目张举，而需款之擘画，举事之层累曲折，心力瘁焉。既省设学务公所，当路延先君主其议，乡人士亦立省教育总会，皆倚毗先君。经画旁午，务以培人才，广教育为职志。三十年来，闽省内外南北仕学有名绩者，大率先君所种植长养者也。

丙午秋，外人觊闽路亟，京僚倡议自办，呈请邮传部奏派先君为总理，规定全省路线，先就漳厦施工。亲历南洋各属募股，侵冒瘴湿，患胫肿偃卧经月，卒集闽侨股款，成嵩屿至江东桥铁路七十余里，为闽路嚆矢。间以闽、浙、皖、赣四省商办铁路协会事，时作沪行。

己酉宣统初元，摄政王监国，张文襄已前入枢府，疆吏交荐，奉旨召见。在途，蒙派总理礼部奏办之礼学馆。及入对，开复降调处分。先君鉴于时事日非，务勤修书，期书成归。暇则与文襄一尊相对，追话往事，或访旧游山水，一寺观，一花木，皆若有无穷之感喟者。是年八月，文襄薨，先君益恫国事之艰危。其冬，复以路事，假归，赴厦门。还朝，补阁学原官。谢表有“贾生之对宣室，非复少年；苏轼之直禁林，永怀先帝”语，读者悲之。寻充经筵讲官，叠预举贡会考，优拔贡朝考，满御史考试，北洋大学毕业生殿试，东西洋留学生廷试阅卷，钦选资政院硕学通儒议员。首发昭雪戊戌被祸诸人议，朝野感动。又同桐乡劳公乃宣持礼论争新刑律数事，虽违时，不恤也。辛亥五月，简山西巡抚。故事，阁学得与列简。然自文襄以阁学授晋抚后，三十年无继之者，众惊异数，先君第循例谒枢邸。俄而开缺，以侍郎候补，奉懿旨毓庆宫授读矣。先君既侍典学，则思以圣功养正为致治之基，启沃不遑。

八月，武昌难作，大局日危，袁世凯方起任内阁，议派有声望者十数人，南下议和，以先君预，辞焉。十二月，逊政诏下。有劝宜舍去者，先君致里中叔父书，谓“半年来，日在左右，恩礼优渥，论义论情，均难恝舍”。叔父亦寄书谓当有以自处。久之，洪宪事亟，亲友复以洁身之说进。先君不答，惟于挽太保陆文端公云：“恭然后死责安辞。”盖已生死以之矣。先君于宣统三年秋，以候补侍郎改补正红旗汉军副都统，兼任弼德院顾问大臣充德宗景皇帝实录馆副总裁、总裁。本纪成，授太保。实录成，加太傅衔。全书成，晋太傅。自以保傅之义，在保其躬而傅其德，谓宜操遵养之心，畜君人之量，以宏居正之基，以徐俟其归往。丁巳五月之役，事猝勿成。甲子十月之变，先君衣冠立神武门外，不得入，车架至醇亲王府，急奔赴，卒计解北府围。复赞密画，出北府，以狩天津。天语褒为“老而益壮”。先君故未尝自道此中之本末曲折也。

天津既为行在所，先君自旧京移居，负羁绁者垂十年。辛未十月，东北事起，关外人民方有所谋议，而津地事端迭乘，旦夕数变。上骤航海至旅顺，先君急继赴，入陈所见，旋返津。明年三月，上至长春，先君以是秋九月一至，又明年九月再至，上悯先君劳，先君亦惓恋不忍去，皆于岁暮始告归，仍居津。于宾客之来谒者，无贤愚同异，莫不乐接也。于异闻新论之见告者，无虚实切迂，莫不欲详也。晤语所得则穷日夕手书偻偻达同志，凡以冀万一之裨补，而实则所接所详之人与言，与中心之所期乃若合若离不相应，旁观或悯其意，先君亦未尝不自知，而终为之无倦，劳倍至而心亦弥苦矣。复将于去秋往觐，病咳喘，入旧京就医。

冬复病寒，不出户者两月。命不孝懋复往，谨代祝嘏。上元日有亲友某自行朝还，和其诗，犹以未获预陈金鉴为疚。不孝懋复正月十九日反命，先君已复病，入德国医院，卒不效，护归，濒危，呼不孝语云："此局将何以继。"遂革，实乙亥二月初一日卯时，春秋八十有八。丧闻，上震悼，赐奠醊，赐祭一坛，特谥文忠，晋赠太师，赏给陀罗经被，赏银九千元治丧葬。先君前直内廷，赏在紫禁城骑马，乘坐暖轿，赏穿带膝貂褂，赏戴花翎，赏给文职头品顶戴，赏食头品俸。七十、八十生辰，两蒙赐寿，赐御书匾额、楹联，赐御制七律诗幅。重逢游泮、乡举恩荣周甲之岁，叠赏御书匾额，赏戴双眼花翎，赏用紫缰。恩眷稠叠，荣哀备至。

先君之造次颠沛，小心笃棐，深得主知。呜呼！难已。先君持己矜慎，早岁登朝，于大臣深相知者，仅一再谒。中岁退休，亦踪迹阔然。再出，益兢兢。晚节伦纪之地，敦笃自将。林夫人积劳，仅中寿，哀慕终身，侍奉光禄公，以一身任一家之瘁。叔父，先君所共论学谈艺，商出处行事者也，没于国变后一年，先君至痛悼，久不忘。诸父皆前逝，惟与仲父耄年兄弟，南北相望，岁除元日，邮函往复。前岁仲父亦卒，先君岿然独存，弥殚精继述，日不暇给。盖光禄公志量宏远，尝慕范文正之所为。先君里居，名堂曰"果善"。教乡人纺织，仿社仓意，为平粜，修社学，设义塾，将举光禄公所欲为者，渐遂为之世事牵率，比年汲汲效族葬古制，营公墓，以惠族之无力者。续修族谱成，距文诚公修时，将百年，光禄公尝以责先君者。又以文诚公缺易名典，布政公尝引为憾，于《德宗实录》成，辞太傅衔，乞恩予谥，得请，仍加秩。壬戌归，焚黄告庙，幸达先志。通籍后，以己官请外曾大父母五品封典。近更以大母节缩衣饰所储积，畀助外家丧葬费。凡曲体宁念之微，存没无改。先君胸怀散朗，识者谓似魏、晋间人。而重纲常尚风义，则发于至性。于永福小雄山，得元遗臣灵武王用文先生隐居旧址，筑听水第二斋，又为题像，树墓道。于鼓山宋赵忠定临沧亭所泐朱文公怀忠定诗，题咏刻石，致慨慕。于福州西湖，葺宋李忠定祠，修遗墓。构偕寒亭、岁寒楼、海天阁于鳌峰书院、师范学堂，以寄意。座主文文忠公祠祭，先君自再入国门，岁必一举，历二十余年无间。癸卯正月，自里浮海涉江抵宁，吊张学士丧，为文以祭。对故旧家人子弟，情谊悃款。论人先性情读书。于古人大节懿行，微言彝训，服膺不怠。盖好善尚贤，先君尝自言一生得力所自也。有奏议六卷，诗集十卷。

以乙亥年十月念八日未时，葬于闽侯君竹山之茔。先妣王夫人，同邑文勤公女孙，辛亥后，留里中，庀家事，辛酉十二月病卒，蒙恩赏给“闽峤女宗”匾额，赏银一千元治丧。先君明年春乞假归视丧，癸亥八月，先葬君竹山。庶妣梁淑人、杨淑人、刘安人、林孺人，均先没祔葬。子六人：懋颐，幼殇。懋复，癸亥四月蒙恩赏乾清门头等侍卫。懋侗，前度支部主事。懋艮，懋需，懋随。女七人，皆适士族。孙八人：缅、继、絜、红、紧、绂、繁、绵。孙女六人。不孝兄弟生晚，愚懵无识，于先君立朝居乡诸事迹，限于闻见。晚岁所值，事关君国，知有所不能详，言有所不得尽。惟窃窥生平，志节微尚，与夫贞苦孤衷，略述一二，伏乞有道君子，锡以碑铭传志，显微阐幽，感且不朽。不孝陈懋复偕弟懋侗、懋艮、懋需、懋随泣述。姻年世愚弟馆侍生林开谟谨填讳。

据铅印原件

湖南嘉禾县知县钟麟传

姚永朴

姚永朴曰：曩怪宋、明末造士之殉国者指不胜偻，我朝辛亥之变，乃阒焉无闻，岂人心薄于古与？宋、明之亡，其君或转徙江海之交，或守宗祧以死，故薄海哀恸，思与同命。若清孝定景皇后知势不可全，率帝逊位，其时居朝列者，或不忘旧恩，惟引去耳，然遐方守土之吏，当变生仓猝，与城存亡者，往往有之，而湖南嘉禾县知县钟麟事尤烈。永朴闻之同邑张皖光，皖光盖闻之怀宁张必澍云。

钟麟者，字梦星，巴雅拉氏，蒙古正白旗人，世居辽阳。光绪癸卯成进士，以知县发湖南即用，署桑植、永顺，补浏阳，调署嘉禾。宣统三年，武昌事起，湖南民军应之，众汹汹逼嘉禾，典史何永清自经死。钟麟闻之，曰："彼汉族也，官卑于我尚乃尔，吾独不能尔邪？"顾夫人曰："汝将若何？"夫人曰："死耳！"夜仰药，未即死，有婢持灯增煤油，闻之手颤灯落，油溅火，火作，延及内室，夫人趋火中死。钟麟冠服佩印，坐堂皇，召二子，命各杀妻，二子从之，手皆颤。钟麟厉声曰："易而毙之。"于是长子毙弟妇，长妇亦就叔求死，枪发仆地。又杀婢。钟麟瞠目视曰："嗟乎！若女子则皆死矣，岂有男子不能引决邪？"手枪击二子皆死。复呼三孙，则众仆已拥之走。乃自吞金，久不绝，更觅刀刺胸，仆，血淋漓满地。初，钟麟在官廉惠，嘉禾人德之，以民军争杀隶旗籍者，方思导之远遁，至是奔救，已不可生，视长妇犹未中要害，辗转地上，群护之出，而敛各尸瘗之。以事告桂阳州知州查庆绥。庆绥委张必澍摄篆，盖方为州吏目也。必澍延医疗钟麟长妇愈，复得其三孙，送至桂阳，庆绥敛资遣归，必澍旋亦弃官返。皖光尝询何永清，第知为四川新津人。又闻钟麟死时，年五十有八。夫人宋氏。二子：崇贤、景贤。

据《蜕私轩集》卷三

记署四川总督赵尔丰死事

温　肃

王人文初不欲就川滇边务大臣之任，煽川人反抗铁路国有，欲朝廷留之，计不行。赵到任后，初主调停，后为端方劾，奉严旨申饬，遂一意主严厉，遂至官民互攻。初犹可支持，后陆军全叛，赵遂佯与蒲殿俊立约，以四川交还川人自办川滇边务条约凡十二款，其最要者，其部下防营，仍旧归其管束，又驻省城办事。其意仍欲恢复，故一面定约，一面暗通信于川边统兵官某，派兵来会。信为叛党所得，正欲害之，惧其手下兵，不敢动，恰有哥老会匪数万人借入城贺新都督为名，大肆抢掠，赵部下亦相率而掠，城为之空无主，遂拥尹昌衡为都督，乘势入赵署，甘心于赵，乱兵才十二人，戕赵后，横尸于道，由其部下敛之。家眷先避出城，得以保全。

据《温文节公文集》

赵秀才传

吴庆坻

君讳彝鼎，字焕文，江苏江阴人，世居沙洲福善乡。八岁丧父。长读书，好程宋之学，补县学生，束脩自好，家贫不妄取。宣统三年八月闻武昌之变，忧形于色，尝曰："国家兴亡，匹夫有责。"又曰："孔子言成仁，孟子言取义，不知今有其人否耶？"苏沪相继变，发愤不食。十月初九日薄暮入三贤庙西楼自经死。死之前夕，家人以其出而不返也，遍迹之，不可得。明日至三贤庙，登楼，楼门阖，毁门入，则赫然衣冠北面悬梁间，气绝矣。既敛，家人检遗箧，得手札二及自撰挽句。书中处分家事，缅缅千余言，有曰："人固有一死，但求合于义耳。虽曰可以死，可以无死，死伤勇，但我比召忽之死，似尚合君臣之义。"又曰："我以为国，故不死于家，而死于此，以会文讲学恒在此，正欲以明人伦也。"其妻弟孙邦桢，录遗札，裒同里士夫哀挽之作，为《殉节记》一卷。

据《辛亥殉难记》卷二

施秀才传

吴庆坻

君讳伟，字卓斋，江苏高淳县附生。年四十许，性朴讷，傲岸嫉俗，不苟言笑，乡里咸重之。兄仁，岁贡生，喜与闻新政，君心非之。金陵陷，忧愤不食者累日。逊位诏下，君闻而大恸。翌日，检田产簿籍授兄子济宏，具衣冠，拜家祠，出门投塘水死。塘去祠近，水仅及膝，家人驰救，则已绝，衣裾犹未尽濡也。有自挽句大书祠壁云："有志竟成，此去便归安乐国；他生未卜，再来须待圣明时。"其从容赴义如此。

据《辛亥殉难记》卷二

皇清诰授光禄大夫建威将军太子少保陆军部侍郎都察院副都御史安徽巡抚兼提督军门节制各镇督理芜湖钞关忠愍于库里公暨元配诰封一品夫人牛夫人合葬志铭

陆润庠

光绪三十有三年五月，安徽巡抚恩公被害于安庆。事闻，朝廷震悼，优恤有加。中外百僚皆咨嗟叹息，谓公之以死勤事，虽身膺奇变而忠诚笃棐，有贯千古而不渝者。明年十月，公子咸麟葬公于太原城东洛阴山下，具行状来乞隧道之文。润庠垂老，久疏文字，何足为公增重，顾念与公同登乡举，三十余年，于公学行之大，政术之美，粗知崖略，其敢以不敏辞。

按状：公讳恩铭，字新甫，系于库里氏，镶白旗满洲人。曾祖存住，祖福凌阿，父景祥，均以公贵，赠如其官。曾祖妣禹氏，祖妣戴氏，妣瓜尔佳氏，均赠一品夫人。世居锦州，幼而劬学，刻苦淬厉，冬日尝无缊袍，为乡里所引重，受业于文式岩中丞，许为大器，由附生中式同治十二年举人。公性纯孝，光绪二年，太夫人卒，自以家世儒素，思得升斗以逮养，今偏亲仅在，惟一意愉顺，以承赠公之欢。九年，赠公继卒，公哀毁擗踊，居丧一衷诸礼。陈隽丞中丞雅称知人，因文中丞闻公名，招往济南，襄治河务。公躬亲请业，钩稽利病。

十二年，由知县积劳，奖叙同知，分发山东。时中丞为张勤果公。凡州县重案，必令查办。公密勘严鞫，遇官吏之贪黩，人民之冤抑，悉据实上陈，洞达症结。而尤绝馈遗，简车从，一时声誉歘然。山东产盐，分销江、皖各省者，谓之南运。公管宿州督销事，毗连淮岸，城内私盐充斥，官盐大滞。公不禁私盐，但分设子店，选治纯洁，无卤耗夹杂之弊。未匝月，而行销数万斤，私盆以绝。公治狱明决，在谳局时，有章邱僧民京控案，相持十二年，一讯而定，遂不翻异。河务丛弊日久，勤果公知公廉正不阿，檄办河防赈抚局。公核实搴较，款不虚糜，昼接掾属，夕判文牍，劳勚备至。工员惮其严明，楗石搴茭，必坚必固。十六年，以堵筑张村漫口功，奏保知府。十八年，摄兖州府事。清理积牍至七八十起。峄县令某，以邑民争开煤井事，偏听徇情，几酿重案。公严讯而两造具服，当时有神君之目。其冬，以白茅坟漫口合龙功，洊保道员，加二品衔。十九年，福少农中丞以治行荐剡，奉旨交军机处存记。

二十一年，改分山西补用。公在齐鲁之间，行将一纪，大府倚为左右手，而公则以积劳患湿，思得高亢之区，以疗宿痾也。既至晋，累权河东道及冀宁道。二十六年，署按察使。时拳匪乱起，晋省风气蔽塞，在上者从而导之，仇教毁堂之事，蔓延全省，衅端至巨。公私忧窃计，力斥其非，乃讽大吏，以护送教士，防守教堂，解散教民，使拳匪无与肆扰，复莅堂亲抚慰之。于是疑谤四起，讹言将移祸于公。公坚持定见，屹不为动。七月，乘舆西幸，中丞治师固关，方伯迎銮，公独居省垣筹备供张，经画饷馑，库帑匮乏，劳心怵神，而后就理。时拳教犹交哄未已，公力为抚绥，俾居民无风鹤之警。两宫驾抵太原，召见行殿，谕以拳祸之始末，公亦感激知遇，敷陈剀切。君臣垂涕，温语移时。盖圣心眷注，已骎骎将大用矣。晋省之祸，肇于某中丞，而归绥道某戮教士四十余人，教民二千余人，口外七厅，所在糜烂，不可收拾。会庆亲王暨李文忠公与各国议约于京师，外人以晋事为责言，联军且将西向，和局成败，间不容晌。朝廷乃命公为归绥道。公下车，见孑遗饥羸，嗷嗷待食，爰发仓谷，请赈款，以赡七厅之众，许教民以五月之粮，为之营葺庐舍，购备籽种牛具，招觅子女之流亡者，民乃大安。武卫败军逾越边境，扰及蒙藩。公率直军某骁将抵任，擒败军之犯奸者，毙于杖下，群情震慑，帖耳缴械，遣之出境。联军中有英将周恩思者,以其兄周展思为前归绥道某所杀,怂恿联军出张家口,谋袭归化,以劫某道。某道先遁,联军既屯境外,屡欲窥伺,公推心置腹,以待教士,诸教士感公之德,飞骑冒雨,日夜驰数百里,阻联军,毋得进。时董军逃弁,将招兵置械,胁蒙盟以举事。联军以此藉口,公遣人往擒之,搜其伪印,檄以相示,而洋将乃无辞,悉师而退。周恩思亦收其兄之骨以去。至是,归绥一隅,始克大定。

二十七年五月,有主教闵玉清者,自三道河教堂来愬于公,谓达拉特、阿拉善诸旗将有仇教之举,情势岌岌。诘以果如是,意欲何为。答以请联军来。公曰:"设此时有人保护,讵不逾于远道乞师耶?"玉清为之动容,求公援手。公与之约,谓蒙古非辖境,若能保护,不为功,否亦不任受过。玉清唯唯听命。公飞檄马队,兼程疾驰,至则蒙众果狡焉思逞,见大军麇至,各投械若鸟兽散。军中得白教士函,急持归以示玉清。玉清大感动,致书法公使,公使以保护功达外部,为公请奖。外部咨中丞岑公,岑公檄饬至,公叹曰:"保护教堂,不分畛域,此一时权宜计耳,奈何以奖叙为哉。"卒力辞之,岑公以为能持大体。是役也,微公当机应变,弭患未萌,蒙疆之祸,势且燎原,而京师之约,将因此为转移。盖其关系于全局者,有如此。

二十八年,调直隶口北道。时丧乱初定,民生凋敝,教焰日炽,时图报复。公诇知其隐,首以调和民教为急,尤严携带洋枪,勒民入教之禁。手定文告,遍行所属,查明被逼者百二十余户,仍为平民。与教士反复辩诘,声色俱厉,始就范围。张家口厅有大马群生息银,二十余年积压不报,无凭奏销。公拘书吏严惩之,积弊为之廓然。十二月,擢浙江盐运使。二十九年五月,甫之任,调补两淮。

淮鹾自曾文正公定章后,四十余年,成法渐隳,迩岁公私搜剔,商力毕殚,日益不支。公莅任半年,恤商裕课,成效大著。十一月,擢江苏按察使。三十年二月,仍命公署两淮盐运使,且有切实整顿之谕。公谓治鹾之策,缉私为要。而两淮盐场二十有三,四通八达,在在走私,水陆缉捕各营,疲劳不振。公严令讲求操练,斥去营哨官之不职者,规画区域,分布水陆,定三路缉私之策,未尝规一饷,加一兵,而向之持枪露刃,护送私贩者,慑于声威,敛迹屏息。顾透私济枭,其源出于煎丁,徒以商人按桶量收，仅给例价，成本既重，余利浸薄，乃铤而走险。公遍檄各场，加增桶价，视盐色之高下以为差，不以助商，而以恤丁，产数既旺，终公之任，未及期限，销盐三纲增款至二三百万。淮盐旧以两桶四百斤为一引，洎每引改为六百斤，加余盐六十斤，则以三四桶余始足一引，而著之册籍，仍两桶也。纠歧舛错，莫可究诘。公白之大府，正其谬误。曩者产盐之数，商人虚报者逾百万，公廉得其实，悉令除之。然后灼知产盐之盈绌，莫敢虚饰。盖公之禁私疏销，清厘弊窦，皆数十年来所仅见也。他如定何垛场领盐之法，陈盐业公司之害，驳北盐试销衡永宝之策，则沿途洒销之术不得行，杜淤淮开垦之议，则增置墩灶之煎以益课。凡此亦其荦荦大者。

三十一年八月，擢江宁布政使。到官后，严出纳，慎举劾，革上库之弊，定放款之章。尤注意于陶植人才，请设官局，以激扬寮属，一时风纪肃然。三十二年二月，擢安徽巡抚。于官吏之贤否，民生之利病，次第有所兴革。筑广济圩以卫民田，夏秋霪雨，始不为灾，复筹常年经费，以为岁修之用。清丈沿江沙洲，杜豪黠之把持，缴价归公，争端悉泯。江西鄱阳红莲会匪首黄叔性，揭竿起事，窜入建德县境，祁门、婺源亦遍张伪示。公闻信，密遣劲旅，指授机宜，翌日而至建德。贼众惊其神速，望风奔溃。遂越境与赣军会剿，搜洗殆尽。盖非赴机迅捷，地方之蹂躏，殆不可问。公之有功于两省，岂浅鲜哉。至于富强之计，教养之方，如法政、师范各学堂次第毕举，编练混成一协，及骑炮工辎各营，虽在弥留之际，犹惓惓以未竟厥绪上告君父也。

三十三年五月二十六日，公莅巡警学堂，考验学生。道员徐锡麟者，革命党魁也。率其党二人，持双枪向公轰击，受伤重，忍痛回署，犹区划缉捕防守诸事，神明湛然。遂于是日未时，薨于位。距公生道光二十六年九月二十一日亥时，春秋六十有二。公配牛氏，诰封一品夫人，亦于是年秋卒，与公合葬。子咸麟，山西候补道，特旨以原官即补。娶何氏，前山东候补知府冠县知县式箴之女。继娶乌苏氏，现官甘肃西宁府知府廉兴之长女。女一，适兆佳氏，前甘肃巩秦阶兵备道英璞之次子、现官山西候补直隶州知州宝箴，前卒。遗疏既上，赠太子少保衔，予谥忠愍，照总督阵亡例从优赐恤，赏骑都尉兼一云骑尉世职，敕建专祠于安庆。呜呼！褒忠盛典，可谓至矣。而润庠尤有感焉者。当此学术诐僻，人心嚣竞之时，公独能谋国匡时，殚智竭虑。彼悭邪巨憝，包藏祸心，致歼我国家之宝臣。世变方殷，老成遽谢，其喟叹讵有涯涘耶。乃为铭曰：

瞻龙山之岩岩兮，带晋水之汤汤。昔龛乱而定变兮，有大造于是邦。乃卜窀而允吉兮，永遗爱于黎氓。纪旌忠之焜耀兮，仰圣泽之洸洋。巩佳城而葱郁兮，韡千祺而有光。

据拓片

南海康君墓表

王树楠

吾观于光绪戊戌之变，不禁喟然而叹也。夫用人行政，国之大经也。人非其人，政非其政，其必变法而更张之者，又国之先务也。然变之不以其序，与变之不得其宜，适皆足以误国。夫以贾长沙之才，遭遇汉文聪明仁圣之主，其痛哭流涕，前席而陈者，皆政与人之宜变者也。文帝明知之而不用之者，则以少年新进之徒，一朝得志，欲尽取先朝所行之政，所用之人，一切废置于立谈之顷。文帝知其说之难遽行也，故托为老其才而不之用。不然，晁错之祸，必先见于贾生之身矣。孟子曰："国君进贤，如不得已，将使卑逾尊，疏逾戚，可不慎与？"吾于此，不能不为变法诸君惜也。

南海康君，戊戌变法之魁也。君自幼勤劬于学，其学说屡变，每变必穷理创义，将之以勇猛之力，辅之以深湛之思。其卒也，谓治学莫大于救国，救国莫大于改制，而以改制托之孔子，爰作《孔子改制考》，榜其讲学之所曰"万木草堂"，与群弟子讨论倡和之。光绪十四年戊子，应顺天乡试，以法人白马江之役具疏，请变法，有尼之者，不果上。

癸巳，举于乡。甲午，应礼部试。上书言，日本改纪，将剪朝鲜而犯中国，不报。乙未，日本据我辽东，京师大震，廷议允割台湾，与之讲和。君约公车千余人上书力争，呈都察院代奏，以已用宝却之，不为通。是年，成进士，授工部主事。复条举变法，次第呈本部长官代奏，侍郎李文田不画诺。廷臣佥以君好事，数论时政失得，与百官有司短长也，谋劾之。君乃南归，过江宁，说江督张之洞，设强学会于上海，以御史杨崇伊之劾，数月辍会。

丁酉秋，再入京，时常熟翁同龢以师傅当国，夙倾慕君，为延誉于朝。君亦颇从文学侍从臣及诸台谏游，说之以变法利害。给事中高燮曾疏举君，召见，加卿衔。明年戊戌正月，总理各国事务署王大臣约君会商变法事宜，君至，与大学士李鸿章、翁同龢、荣禄，尚书廖寿恒辩论，倾一座人。同龢疏其问答语奏闻。于时德据我胶澳，俄、法效之，亦以租借旅顺大连湾、广州湾为请。上愤怒，及得同龢疏，四月复召见君，谕进所著《日本变政考》、《彼得变俄记》、《波兰分灭记》。上读之，动容累欷，求治之心益急，谓君可足以当大事。非时召见，许有疏密闻。自是，君臣之契深矣。

是月，诏定国是，谕中外大小诸臣，自王公至于士庶，宜发愤为雄，以圣贤义理之学植其根本，兼博采西学之切时势者，实力讲求，以成通达济变之才，京师大学堂应先举行，为行省倡，军机王大臣等妥议以闻。从君请也。寻授总署章京，督办官报局。君每造膝陈请，多至数十事。御史宋伯鲁、陈其璋、王鹏运、杨深秀，学士徐致靖交章助之，疏皆出自君手。其得请者，为科举罢四书文，改试策论。立京师大学堂，改各省省设书院为高等学，郡为中等学，州县为小等学，各兼习西学。选派宗室王公出洋游历。颁士民著书制器奖励法。设译书局、官报局，置各省商务局。命士民得上书言事。裁詹事府、通政司、大理、光禄诸寺，裁与总督同城三巡抚，裁河道总督，裁各省粮、盐道，而置三、四、五品卿，三、四、五、六品学士。若开银行，发纸币，购战舰，筑沿海船坞，设参谋本部，巡幸上海，建新都，令百官留守北京，皆上所俞允，而未及见诸明谕者也。七月，上加内阁侍读杨锐、中书林旭、刑部主事刘光第、江苏知府谭嗣同四品卿衔，参预新政。林、谭，皆君之门弟子也。于时，百官众庶言事之书日数十起，批阅票拟，胥四人主之，军机大臣，伴食而已。

君之初入京也，自谓行其说足以救国，惟吏部主事玉山、洪嘉与诵言攻之，谓行其说必致误国。自明定国是之诏下，而翁同龢被逐，大臣中无欲为君左右者，君又复请上御门誓群臣，定毁谤新政者罪。已而御史文悌以劾君，斥回原衙行走。君又劾礼部尚书怀塔布、许应骙等，以不代递主事王照书褫职。内外官被裁者数十缺，军机大臣复不得闻枢密事。于是，亲贵重臣，百官有司，咸侧目切齿于君矣。

先是，上有九月十五日奉太后阅兵天津之谕，谋废立事。君大悚惧，私念诸将中惟袁世凯有雄才，晓中外大势，使人阴说之，报于上。上召见世凯，命以侍郎候补，专练兵事，以抵制直隶总督荣禄。御史杨崇伊尝劾禁强学会，与君忤，至是，具疏请太后训政，以其草示荣禄，令转商之庆王，奕劻乃以闻。荣禄忌世凯有变，单骑入其军，开诚与语。世凯本持两端，悉以君之谋密告。于是，荣禄、奕劻先后谒太后，请为社稷计。太后即命驾自颐和园还宫，下逮捕令，时戊戌八月五日也。先一日，上密诏促君速行。君初以保国自任，后更其党曰保皇。既事迫，微服走天津，以英使力，三易舟，达香港。杨锐、林旭、刘光第、谭嗣同，暨君之仲弟广仁，同及于难。

太后既再训政，幽上于瀛台，十有一年而薨。其薨也，先太后一日。君受德宗特达之知，谏行言听，诚千载一时之会也。然一志孤行，专己违众，使当国重臣，人人无自容之地，复不善处两宫母子间，使忌者有以抵其隙，操刃相向。孟子曰：不信乎友，不获乎上，君子是以知其事之不能终也。夫君之当日所陈新法者，今日十、九行之，而国愈乱，何也？徒善不足以为政，徒法不能以自行，人存政举，人亡政息，古今无二理也。君仅行政九十日，而蒙难出亡，前后居外国十有六年，历三十一国。辛亥国变，袁世凯践大总统位。遣使奉书币招君，时有母丧，归自日本，报以书曰："亡人负罪，久播异邦。有母八十，莫奉尸饔。竟尔见背，斩焉衰绖，不入公门。母死谓何，敢有他志。伏望明公，幸为矜怜。若夫大教沦胥，人心陷溺，中国殄亡，种族随之，实为邃古所无之变。他日誓墓余生，扶持大教，足迹所至，托于徇铎，尊圣卫道，想公同心。"

丁巳，今上复辟，授君以弼德院副院长，赏头品顶戴。君先预拟诏书，用虚君共和之意，定中华帝国之名。立开国民大会，满、汉合新旧，凡数十事，备施行。会段祺瑞举兵攻复辟军，君复避居美使馆之美森院数月。美使专车以兵护之出都，再免于难。

嗣是专以著书鬻字或购售书画，消遣岁月。间游名山大川，所至各军民长礼敬之，如奉上宾。君之游历各国也，考其政治、风俗、道德、文章，始知其不如中国远甚。所撰《十一国游记》旁参对镜，考证详博。吾仅见其二三策而已。生平著述，经部十八种，史部六十二种，子部十八种，集部二十六种，都一百二十六种。付其弟子东莞张伯桢，编为《万木草堂丛书》。其《春秋笔削大义微言考》、《孔子改制考》、《董氏学》、《论语注》数种，伯桢已刊成，行于世。

丁卯二月，君以苏、浙有兵事，避居青岛。是月，为君七十生辰，今上赐寿，而君适病作，弥留之际草谢恩折，草成痛哭者再。二十八日，遂卒。

君讳有为，字广厦，一字长素，遭难后又号更生。初名祖诒，既成进士，易今名。先世南雄人，后徙南海，遂著籍为南海康氏。曾祖讳建昌，祖讳赞修，皆为士。考讳达初，知县，母氏劳太夫人。生子三，君其长也。配张夫人，副室梁氏、何氏。子男二，同篯、同凝。女子六，同薇、同璧、同复、同环、同倓、同令。丁卯三月，厝于青岛李村象耳山之原。

伯桢既撰君事略成，持示树楠，要为文，以表其墓。树楠以君之名，灼人耳目，虽妇孺无不知之者。至其忠于故主，每饭不忘，放逐流离，虽死不悔，此其尤可悲者。爰撮其事略大凡，俾镌之石，以昭诸阡。

据《陶庐文集》卷十九

清翰林院检讨学部左丞宁海章先生行状

章乃羹

先生姓章氏，讳梫，初曰桂馨，后更今名，字一山。浙之宁海海游人，海游今改设三门县治，先生又为三门人。五代闽太傅讳仔钧，有仁政。配曰练夫人，有全建州城阴德。十五子，六十八孙，散居国中，曰仁嵩，练夫人出，先生其裔也。大父讳鸿音，太翁讳思培。太母林淑人，性敏慧，有干略，教子女以礼法，里党称之以为贤。太翁幼时，为局戏，负千金，父怒不悦，又不忍呵责，则以银易钱，陈诸庭，使累贯而偿。太翁悟而泣，自此束身励行，从师受经史，治举子业，遭乱，课徒自给。督先生曰："尔祖督予，学不成，今以望汝，汝不力学，则重予罪。"先生悚然听命。补诸生，游学武林，肄业诂经书院。山长俞曲园太史，拔为高材生。

光绪二十三年丁酉拔贡，为大府所礼致。尝西至巴蜀，越邛笮以南，北登太行，临雁门，南游长沙，历武陵、零陵诸郡县，复出山海关，纵游辽阳长白山，足迹遍国中，交游既广，骎骎有用世之志矣。

三十年甲辰，成进士，由庶吉士授职检讨，历国史馆纂修、实录馆纂修、功臣馆总纂，兼充京师译学馆提调、监督，大学堂经文科提调，邮传部丞参上行走。初，郭嵩焘、陈宝琛等先后奏请，将王夫之、黄宗羲、顾炎武从祀孔庙，迭经大学士李鸿章等议驳。三十二年，御史赵启霖复请从祀，礼部循例交议，先生以庶吉士与议，反覆推陈三大儒扶翼世教之功不可泯，以之从祀，餍然有当人心，从祀之议乃定。预备立宪诏下，先生以谈宪政者意气侈张，恐未足观其通而驭其变，建议续修《四库全书》，冀振起晦塞，通于学而达于治，议格不行。宣统元年，以监国摄政王违弃祖制，纂《康熙政要》二十卷上之，不省。

辛亥八月，武昌革命军起，条陈二十余事于内阁，协理行其小，而置其大者。比逊位诏下，先生以景庙实录脩而未竣，纠二三孤臣续成之，始离都门。栖迟沪渎，转徙青岛，复采掇古史，自夏少康迄宋高宗，成《旅纶金鉴》六卷，吁请恢复。于是而有戊午夏长江巡阅使张勋复辟之役。先生与康有为、刘廷琛辈，共参密谋，其时文电之发行于上海卡德路高照里二十一号者，实先生寓也。张勋举事之始，所谓督军团，多歃血列名，自号清室遗臣，麇集京师，以俟新命，尚、侍、督、抚纷然杂出。及段祺瑞马厂兴师，同谋中乖，向之拜命君门者，多毁服行遁，甚且诿新命为仇人诬陷，以远牵连。独先生署新命于所著文字，刊而布之，甘当毁顽之目，其不畏强御之心，足破首鼠两端者之胆。自是先生知事不可为，杜门不出。七十后，息影津沽，依故君以待死，其独抱冬心，犹蔡子英之居和林。

抗战军兴，日本挟逊帝建所谓满州国者。先生知日本人用心有在，誓不离津沽。戊子秋，扶杖南来，寻徙杭州，寄居其宗人静轩翁所。己丑正月二十日卒，享年八十有九。

先生论学，尝谓："学术之衰，其原在分帝王儒生为二。三代之学，皆朝章国故天地民物，以是习，以是行，无歧径也。自人人知尊孔子之学，以为孔子儒者，但学为儒，而忘其祖述宪章之义。儒风中正，而儒术之衰，即兆于此。梫不敢好高立异，而以孔子之学帝王为断，帝王之学奈何，实用而已矣。故人之论学皆主博，梫独主约，约之又约，乃可有成。约之可为法者，莫若汉之诸葛武侯，宋之司马文正，我朝之顾亭林、曾文正数人，所学约，所法正，则心思归于一，精研自足于用。"

先生为文，舂容渊雅，近宋潜溪，而务于考信，不为回枉。庚子拳匪之乱，许景澄、徐用仪、袁昶三人，无罪而死，世称"三忠"。得祸之因，则云谏攻使馆。当时海内传诵袁氏三折，曲园俞氏撰许氏墓志，亦采之，谓许与袁氏合词入告得祸。国史馆初稿胥载之。先生在史馆，遍稽档案，自庚子五月至七月初三日付市，袁氏无奏疏，许氏两月间有三折，皆别事而非谏攻使馆者，因删三折不录。袁氏子姓深非之，先生曰："三忠及难，必有其因，三折或拟而不上。至于史，当根事直书，否则不足以成信史（按：三忠面奏，拳匪不当奖励，使馆应保护，触刚毅之怒，故及于难）。”诸暨蒋孝廉麟振，博学工文，先生亟称之。及乃羹撰孝廉传，推其学浩博无垠，为吾浙谢山后一人。先生见之，谓逾量，促更易，闻命悚然，叹先生论文之严，下笔之信，有如此者。典刑之不坠，维此老成，夐乎不可尚已。

我国五口通商后，门户洞开，外人至中土，因语言文字不通，纷扰时起。咸丰间，虽有同文馆之设，外交人才尚不足于用。自京师大学堂设译学馆，妙选各省英俊，以储通译之才。自先生任监督，延致名师，锐意启迪，树争胜坛坫之基。后之为公使、领事者，遍布海外，率先生薪火之传，而为国家百年大计也。宁海自方逊志被祸以还，乡人以读书为戒。先生出，一切以逊志为法，故议论斩绝。以节义之兴，原于有耻，与顾亭林“士大夫无耻为国耻”之旨合，其与王玫伯书，有曰：“吾辈遗民，有宜审计者二事：一，身后志铭，不可出异代达官之手。二，平日文字，当及身自定，不然后世无征。”其姜桂之性，久而弥坚。

然律己虽严，于人则休休有容。盖天性含弘光大，以万世为期，故所见多不与人同。嘉兴沈寐叟晚年书法大进，海内称之。先生曰：“惜乎！寐叟，迟死五年，必更有进。”先生擅草书，年八十五六，益臻化境。说者以精凝而不驰，为享高年之征。壬戌，台州水灾，先生客海上，募巨金拯之，全活甚众。海游旧宅颇轩敞，先生曰：“吾一子，商于外，他日未必归焉。”捐于乡校。藏书以窘于生，尽售诸书贾，无所惜。太翁尝言，处贫最难，吾耻言贫，不愿人怜我。王玫伯赠诗，有“釜中无米不言贫”句，人谓先生实录，不知此先生守太翁家法也。

遗稿已梓行者，有《一山文存》十二卷，板捐于浙江图书馆，《王章合刻》若干卷、《一息吟》若干卷、《康熙政要》二十卷。未梓行者，有《旅纶金鉴》六卷、《明遗民传》若干卷。晚年诗文，编次未竣。配龚淑人。子二人：长以续，早世。次以吴。女以葆。龚淑人出。侧室童氏，生女四人。孙男三人。葬于上海万国公墓。中华人民建国之三十八年二月，后学富阳章乃羹状。

据作者手稿

梁君巨川传

姚永朴

梁君讳济，字巨川，广西临桂人。祖讳宝书，道光二十年进士，官直隶遵化州知州。考讳承光，道光二十九年举人，官山西永宁州知州。两世皆有廉名。远宁君卒官，君方九岁，贫不能归，依其戚京师。妣刘恭人授以经史大义。稍长，喜观戚继光论兵诸书暨近世名臣奏议。光绪十一年，举顺天乡试。时父执吴县潘文勤公、济宁孙文恪公皆贵盛，君不求通，迨孙公罢政，始一谒之。以大挑二等，得教谕，改官内阁中书，迁侍读，署民政部主事，升员外郎。宣统三年，帝逊位，遂辞职家居。

明年，内务部总长邀之出，力辞。顾此时方议增官俸，而不筹及民事，上书，言方今士大夫所当忧，有甚于一身之冻馁者，必各屏其私，治平乃可望也。当事者不能用，而征之愈急，卒不出。岁戊午，年六十，诸子谋为寿，止之不可，乃避居城北彭氏宅，先期三日昧爽，自投净业湖以死，时十月七日也。遗书数千言，告子及诸友，谓己之死，殉清而死也，然非徒殉清，实殉所志。吾之志在匡世，使国果安，吾犹可不死，今数年矣，内讧不息，外患且来，吾宁以死激人心，全国性，知我罪我，所不计也。其惓惓者五事：曰民，曰官，曰兵，曰财，曰清室，区画甚备。执友袁励准闻于上，予谥贞端。初，君常与游，有吴宝训者，字梓箴，蒙古人，从汉姓，尝为理藩院员外郎。闻其事恸哭，越日亦投净业湖同殉。

论曰：君，耿介人也。钱塘吴君家棣，尝与同官内阁，为予言，自国变后，仅一遇之书肆中，见方购词曲，颇怪之，既乃知此数年中，君虑人心日泯，爰取忠孝节廉事，撰新曲，授伶人，观者往往泣下。呜呼！如君者，岂犹计及身后之名哉。其欲救国与民，被发缨冠，不足喻也。不得已乃出一死，世有仁人，其果无动于中邪！

据《蜕私轩集》卷三

梁文忠公小传

温　肃

梁鼎芬，号节庵，番禺人。光绪庚辰进士，官至湖北按察使，赠太子少保，谥文忠。

公以劾袁世凯谢病去官，其辨奸之识，海外称之，而原折不见官书，余修景庙实录，始得见之。光绪丁未七月，袁初授外务尚书、军机大臣，公奏参其朋比奕劻，行贿植党，胪列其党羽多人，谓将贻忧大局，某末云："臣尝读史，见汉、晋已事，往往流涕。如汉末曹操，一世之雄，当其为汉臣时，有大功于天下，不知篡汉者操也。晋末刘裕，才与操埒，当其北伐时，亦有大功于天下，不知篡晋者裕也。前者微臣来京，赐对之时，亲闻皇太后、皇上屡称《资治通鉴》其书最好，时时阅看。今此两朝事，治乱兴亡之故，粲然具陈，开卷可得也。袁世凯之雄，不及操、裕，而就今日疆臣而论其办事之才，恐无有出其上者，如此之人，乃令其狼抗朝列，虎步京师，臣实忧之。"奏入不报。迨九月，因赏二品顶戴谢恩，附片，复参徐世昌，谓徐本袁世凯私人，又夤缘奕劻、载振父子，得官东三省总督。当东三省拟改官制时，日本颇动心，将开彼之御前会议，以问奉天领事荻原守一。迨除命下，守一报其国政府云："此辈以贿进，不足畏，荻原一人当之足矣。"真可痛可耻之事也。奕劻、袁世凯贪私负国已极，臣但有一日之官，即尽一日之心。言尽有泪，泪尽有血，福祸不动其初心，权强或屈于清议。奉批："谢恩折夹片奏事，已属不合，且当此时局日棘，乃不察时势之危迫，不谅任事之艰苦，辄有意沽名，摭拾空言，肆意弹劾，尤属非是，着传旨申饬。"嗣是奏请开缺回籍矣。及宣统辛亥九月，被命宣慰广东，复加以三品京堂，规复广东事，方拟谢恩，而监国归藩，袁就内阁总理，公知事不可为，恸哭出都。濒行，仍以书抵袁，劝其笃守臣节，袁复书措词亦耿耿自矢，不知公早烛其隐矣。

据《温文节公文集》

温文节公哀启

温必复等

哀启者：今年九月二十一日，不孝必复方供职内廷，而先严弃养于顺德县本籍龙山乡里第。接电，痛不欲生，即日奔丧，道天津，阻于船期，十月初三日，始克抵里。时已奉廷寄赏银五百圆治丧，加恩予谥文节。在先严荣邀易名，死可不朽。独是不孝，于其病时，不能侍汤药，死不获视含殓，何以为人子。回思先严致病之由，自少而壮而老，无时不在忧痛之中，亦无事不践忠孝之实，力瘁身陨，此不能不哀哀相告者。先严子晚，四十岁后，始生不孝及诸弟。其少壮之行，不能目见，仅从伯考通议君及诸姑询悉事略。

其谓先严，性孝而敏，幼读书，数行俱下。年十二，初学作制义文，为先王父户部府君所称赏。是岁，王父弃养，先严哀毁如成人。服阕后，游学于省垣。十九，入泮。二十五，由国学生举顺天乡试第三名举人。联捷成进士。廷试，授翰林院庶吉士。散馆，授职编修。然以禄养弗逮，陟岵空嗟，终身引为恫焉。故于族内建先贤祠，于家内建光禄大夫封君之家庙，将以报罔极恩于万一，春霜秋露，常抚桮棬而泣下也。宣统庚戌之冬，补授掌湖北道监察御史。至辛亥岁，到任。方期年，而建言至五十余折片，其尤关当时国家兴亡，天下治乱枢机者，则为《新政流弊宜筹补救之法折》、《请速定大计以挽危局折》、《乱机四伏宜急筹消弭之法折》、《鄂事危急敬陈管见折》。又抗疏皇上典学冲龄，摄政王受先朝付托之重，不宜引退。其他如劾亲贵，参疆臣，正士习，禁莠言。每自朝至于夜深，属奏稿，丑初即往禁门待漏，曾以此积劳致病，得药而痊。先严亦以官居言责、不得其言则去，呈请解御史职矣。自辛亥，先严迎先所生祖母余太夫人就养京师，先祖妣黎太夫人足跛，不能远行，至旷晨昏，常怀远慕。

是年之秋，国变。先严托同年周恪叔太史先奉余太夫人南返，而以一身留京，欲图补救。梁文忠恰来，寓于先严官宅，常宵深规画，即先严诗所谓“曾停郭泰轮”也。壬子五月，遂驰赴沈阳，谒赵尔巽，欲从豳岐旧治，复会东都，而建周宣之中兴，卒言不见纳。其后《谒崇陵文》有“隶也不力，恨搏击之无能；穷则呼天，幸叫号之有路”句，盖感愤深也。癸丑，四谒恭邸于青岛，两访张忠武于兖州，勤王事泄，玉节愍公春、朱贞愍公江为贼害，殉难。先严几遭虎口，得免，乃心伤袍泽，为之请谥。哀友即以自哀，形体日癯，而气不稍馁，志益弥厉，鞞刀手剑，常以身随。宾张忠武于徐州幕者四年，其间联张、冯交欢于秣陵，走谒陆荣廷于邕垣，言及君臣大义，皆为动容。丁巳五月，日月重光，先严行至上海，拜都察院副都御史之命，卒以群帅背盟，事垂成而又中蹶。先严益知国无信而不立，世变之未有艾也。

计自壬子以至甲子，一纪之中，先严奔走国事，而所生王母余太夫人、王妣黎太夫人先后弃养，内则丁艰，外则国难，金革毋避，驰驱万里，而手足遂时患痺疾。壬戌，入都贺大婚，赐紫禁城骑马。旋被命南书房行走。后随赴天津行在，进《贞观政要讲义》，又陈《端主德以恢大业》一折，优诏褒答，荷貂裘袿之赐。五十、六十寿，皆赐御书扁额。《德宗实录》告成，赐头品顶戴，叠蒙赐上方玉食、文绮、古印、古瓷，视前代所谓解衣推食，君臣骨肉者，尤过之。先严疾亟时，仍以君恩未报，为耿耿寸衷也。

满洲建国，先严力疾趋朝，叩贺拜跪，得同僚扶掖而后能起。在长春，屡患手足疾，中西医诊治，亦不获大效，病根之伏，视前益深。甲子，在京，患伤寒，一病几殆。戊辰，在津，患瘟症，又几殆，至写遗嘱。皆由积劳过度，而不孝年幼，未能分君父之忧者也。呜呼！痛哉。在津、在长春，两次大病，皆蒙恩给假回籍调养。不孝年十二，丁先妣黎太夫人艰。服阕后，承先严命，继志效力王事，前供职奉天陵庙办事处，后供职内廷，召对天语，垂询先臣病状，命痊愈来京。又勖以如先臣之忠。今次奔丧，蒙恩给旅费数百圆，上之厚于臣家者至矣。先严训不孝，以为学须求师友，在沈阳获就正蕲水陈强志先生，锐然有志于圣学。先严闻之，以书勖勉曰：“儿不为贤者所弃，为幸多矣。”去岁春北行，先严谓之曰：“吾夜梦梁文忠、陈文忠，与话生平，无限怅触，迩来气弱神短，吾其将死矣乎？”又今年七月十四，以书致不孝受业张谷闻夫子，云“迩来神气萧索，体魄亦日觉颓败，去死期不远”。语是时，先严仍可登鳌峰藏山阁游宴也。又昨年九月，先严约谷闻夫子到舍，酒后，夫子告先严云：“吾前夕梦公死，赐谥文节。”先严欣然喜曰：“果殉国难，得美谥乎，是吾生平之志也。”

生平著述，除奏疏外，注重于乡邦文献。近因多疾，多未脱稿。乡中自去年以来，祸乱迭至，先严早经忧患，晚复逢此百罹，骨折心惊，衰疾日甚。今年八月，手足又复作痛，已而牵动肠胃，饮食渐减，呕吐不已，逾旬不能如厕。不孝等延医进药，先严大都却勿纳，谓“自古皆有死，迩来沧桑百变，早死为幸”。九月十三日，又遭感冒，由是元神日损，气喘无寐，中西医药迭进，迄未有瘳。抑易箦前日，犹与家人畅话，扬扬如平时。不料二十一日，疾势陡变，气喘益急，医者皆言真阴耗尽，疾不可为。即急驰省城延医，然为时已无及。延至二十一日申时，遂弃不孝等而长逝矣。呜呼，痛哉。不孝等侍奉无状，百身莫赎，祇以窀穸未安，不得不苟延残喘，以襄大事。兹谨泣述先严得疾之由，其来已远，伏乞当代贤哲，锡以诔輓、行状、碑铭，俾光泉壤，存没均感。苫次昏迷，语无伦次，伏维矜鉴。棘人温必复等泣述。

据铅印原件

先师（溥良）记

董玉书

吾师溥公卒于辛酉元旦，距今已十二有八年矣。丙戌夏，书来北平，每念师门，访问后裔。今春吾师曾孙启功以通家子来见，称述祖德，问其生平事迹，已否上诸史馆，对曰："未也。"呜呼！吾师一生清正，朝野同钦，身丁末季，幽忧以殉，同时清室亲贵中，如吾师能有几人哉。

吾师溥公讳良，字玉岑，清和亲王后也。和亲王有吴泰伯高风，世称让德，累代绵延，以至于公。幼喜读书，受业于秦文伯先生焕之门，不恃天潢之贵，而攻苦自励，一如寒素，卒以文学致通显。光绪乙亥举人，庚辰成进士，授编修，历官至兵部侍郎、都察院左都御史、礼部尚书。辛卯，任江苏学政，训士以实学有用为宗旨，按部考试，场规肃然，尝以碧纱橱随，坐堂皇，无倦容，每场试毕，方撤退，禁吏役催促，俾诸生在风檐中从容得尽所长，拔取多寒酸而学有根底者。淮安秦文伯先生早归道山，惟秦夫人尚健存，公按临淮郡，亲诣其间，谒起居，执弟子礼甚恭，笃于风谊，为士楷范。江浙向有三阁，为藏书之所，兵燹后，惟浙之文渊阁独存，苏省之金山文宗、扬州文汇，皆付之一炬。公将拟规复文宗阁，请颁四库书以惠士林，旋值任满还京未果，至今惜之。厥后屡掌文衡，注重人才，海内绩学方闻之士，多出公门，苟有一艺专长，无不乐为荐引，以备国用。立朝清慎，持大体，叠遭戊戌、庚子政局之变，屹然不动，有古大臣风。以资望当早登揆席，乃为新进所忌，又以公望攸归，又不敢显示排挤，假北门管钥非准不可为名，左迁察哈尔都统，公坦然赴任，不以出关介意。都统节制宣、大两镇，统辖口北三厅、察哈尔八旗，驻节张家口，内拱京畿，外抚盟旗，向称重镇，又通库伦达恰克图，为俄商往来孔道，公宽以绥蒙，信以恤商，边氓悦服。蒙盐为天然产，部章收归国有，奏请派都统督办，人视为利薮，公廉介自守，处脂膏而不润，委员试办一年，又归并直省，不与争。窃以公坐镇蒙疆，苟宽以岁月，垦牧兼顾，得裕生计，将大有造于朔方。未几猝遇辛亥之变，京畿震惊，边陲亦群情汹汹，公初处之以镇定，人心稍安，后见大局日坏，将不可收拾，首先遵旨亲贵不得居要职，奏准开缺回京。（先是，属幕友某具草，某拒不可。一日，某忽携武器入，立请易旗帜，同幕王君见之曰：此何物也，夺之去。）

改国后，杜门不出，尝居易州草庐，颜所居曰四止斋，取渊明止酒诗意。见《德宗实录》稿缮未成书，乃不假录事手，亲自恭写，至某年将竣事，以为耿耿此心，可从先帝于地下矣。偶回京邸，顾黍离麦秀，辄痛不欲生，家人时隐为防护。迨庚申除夕，阖家聚宴于一堂，公痛饮屠苏酒，大醉，达旦猝逝，实则公自饮酖也。家人皆讳言之，盖遵遗命云。一时京内外遗老耆献、门生故吏莫不闻耗震悼，哀痛挽歌。郭春榆宫保诗"竹沪殊生痛"，注："明宗室术桂，鼎革后，转徙至台湾，郑氏归命，雉经死，明亡已三十余年矣，今其墓在凤山之竹沪里。"引古证今，足以征实。或谓公不殉国于十年前，何殉国于十年后，不知公视死如归，不欲人知，遑计其他。书亦有诗"公死宁留殉国名"，盖不居殉国之名，而成殉国之志，其心为更苦矣。书受知深，又侍侧久，感仰师德，未尝一日忘。记某年过苏州拙政园，至远香堂（即奉直八旗会馆）悬有楹联云："此间有郁林一卷，谈往事数千年，携酒重过鲁望宅；我来值山茶再放，愿同志二三子，对花齐和梅村诗。"父老告余曰："是公督学时作也。"遗翰如新，望之起敬，弥深仰止之思。今年已衰耄，事多遗忘，谨就追忆所得，濡笔记之，以告后人。戊子仲春，门人董玉书谨记。

据作者手稿

辛亥人物碑传集

卷十三

山西巡抚丁恪敏公墓志铭

郑孝胥

宣统十一年正月二十五日，钦奉谕旨："前山西巡抚丁宝铨，持躬谨慎，练达老成，由部曹洊升监司，历任巡抚，宣力有年，克勤厥职，兹闻溘逝，轸惜殊深，著加恩予谥恪敏，应得恤典，该衙门察例具奏，以示笃念荩臣至意，钦此。"公自辛亥以后，避地上海，敝衣徒步，混迹市肆，见者莫知其为督抚大员也，而疾首世乱，于习俗之反常，人心之秽恶，上自官僚下至闾闬，靡不深恶痛绝，纵言极论，未尝有所敛避。旧交素识满天下，大抵逐利从乱，饰辞自解，及遇公于广坐，若逸盗之见捕，夺气伏罪，匍匐沮丧，无以自容，独与郑孝胥善，旦夕往还甚欢。于时孝胥亦务为危言危行，自谓欲拔人类于禽兽，公又从而和之。呜呼！己未正月八日晨出遇贼狙击，弹入腰腹，抵暮而卒。

公讳宝铨，字衡甫，号默存。先世自辽东迁淮安，遂为淮安府山阳县人。高祖讳安邦，郡武庠监生。曾祖讳峻，邑附监生，旌表孝子。祖讳奏南，邑庠生。并赠光禄大夫。父赐第，附贡生，浙江试用府司狱，署宁波府经历，海运议叙赏加六品衔，赏封光禄大夫，正一品封典。母陈氏，诰封一品夫人。公以光绪戊子举于乡，己丑成进士，由吏部主事考取军机章京，为文选司掌印转补考功司员外，升补稽勋司郎中，京察一等，引见记名以道府用。庚子，奔赴行在。辛丑，扈跸还京师，授广东惠潮嘉兵备道。丁母忧去官，服除，授山西冀宁道。未几，为山西按察使。次年，为布政使。宣统元年，遂擢山西巡抚。二年，称疾去位，数月而武昌乱作。

公居京曹，久任要职，谙练掌故，洞悉世务，及为外任，风利豪健，上下慑伏。在潮州仅八月，劾海阳县知县刘兴东，捕巨盗某，浚河道，保侨民，颂声骤起。初，山西商务局与意大利商福公司约办盂县、平定州、潞安、泽州、平阳府各属煤铁矿，以六十年为限，既而英吉利商哲美森改约合办，禁华人不得开采，晋人争之，十年不决。公以臬司奉命来京，与英公使朱尔典会议，卒废约，以银二百七十五万两收回自办，上嘉奖之，谓公可属大事。在晋七年，振刷吏治，焕然改观，以勤俭率下。去官之日，萧然如寒素。

公与袁世凯不协，世凯窃国，屡使人讽公助己，不能动。及世凯死，公以为余子无足成事者，私语孝胥，自任甚重。殁时才五十四岁，惜哉！夫人杨氏，侧室管氏、吴氏。子晋生、晋来、晋成，皆吴氏出。女一人，管氏出，适仪征吴懋贤。将以是岁十二月十三日，卜葬于山阳县运河东岸马涵洞永新庄之原，铭曰：

光宣之间，官邪孔彰。大吏巍巍，骄若天王。知我至深，孰与文襄。谈宴正酣，匿短炫长。忽逢逆耳，如被巨创。至矣恪敏，意气飞扬。我攻其瑕，争锋干将。悬河汹汹，其势莫当。微言折心，失其嚣张。毫发无忤，潜谐宫商。好善则诚，养气则刚。苟非去私，鲜不相妨。交公三年，隙驹之光。乱世强死，匪变而常。死也何哀，生也何伤。堂堂明幽，与公翱翔。

据拓片

清授光禄大夫前陕甘总督大学士多罗特文忠公神道碑

溥　儒

盖闻殷忧启圣，乃降嵩岳之神；受命应图，爰有熊罴之梦。莫不辅时兴化，匡乱定功。补过尽忠，式昭臣道。公讳升允，字吉甫，姓多罗特氏，其先插汉人也。乌桓古塞，厥有人民。元室名邦，肇称都邑。河名濡水，传卢龙之旧镇；地近中都，比酆镐之故国。南瞻代郡，北枕凉城。望气观星，世生儁彦。世祖拨乱，定鼎燕京。攀龙有佐汉之功，执役为前驱之士。后从征噶尔丹，宣威朔漠，荡寇边陲。懋赏议勋，守官为族。于是镇筑三城，旗分八色。沙苑牧马，独石屯兵。曾祖富明阿，通州副将。祖色普真，前锋参领。父讷仁，工部侍郎。公以燕颔知兵，山庭表异。光绪己亥，任山西粮道。羡金归朝，玺书褒美，曰：公尔忘私，忠尔忘家。庚子之变，公以山西按察使统陕军，勤王京师，冒暑兼行，卷甲星驰。闻天津陷，两宫西幸，纡道入秦，翊卫行在。收合余军，师出以律。清严亮直。明主敬焉。辛丑授陕西巡抚。公诚以接物，庄以莅民。负弩冠缨之士，感激一言；穿杨贯札之才，皆能用命。乙巳，授陕甘总督。治尚清和，政无废事。转江鄂如云之粟，岁不成灾；驾黄河明明之梁，民无病涉。兴毛褐之利，改茶布税法。明同蓍鉴，吏不能欺。聚米披图，算无遗策。河内之留寇公，郑人之歌子产，惠政遗爱，斯堪比德。甲辰，孝钦显皇后七旬圣寿，庆亲王先期命诸省献金以祝，公抗疏止之。

朝庭自越、韩两役，兵威再挫，讹言繁兴。公当戊戌，方以道员榷厘白河，闻之忧甚。以为国之弊在人，而不在法，变法且危国本。怀疏入都，会朝政清明而止。庚、辛以后，邪说益滋，天下骚然。筹备立宪，法度日更。权奸乘之，隐操国柄。公灼知其危，上疏力谏。贾谊痛哭，无救七国之乱；袁安流涕，卒有桓灵之祸。宣统元年，再疏陈新政之害，以去就争，疏上不报，公乃称疾解组，躬耕渭滨。妾不衣帛，更无南阳之桑；环堵萧然，岂有渭川之竹。俄而太白经天，维藏映野。鱼飞武库，其兆为兵。兔舞镐京，是知将乱。贼臣袁世凯，得罪先帝，朝廷宽仁，待以不死，罢归彰德。滋蔓潜图，谋危社稷。教猱升木，职为乱阶。涂炭黎元，虔刘华夏。

辛亥秋，武昌肇乱。九月朔，西安应之。公乃间道入平凉告变。十月有诏署理陕西巡抚，督办军务。乃亟征旧部，援旗环甲，慷慨誓师，三军掩泣。崤函设险，汧渭分流。略白水以扬兵，越黄河而作阵。蒲津马渡，榆谷烽然。雾卷云腾，风趋电扫。大小十余战，先后克复长武、永寿、邠州、醴泉、咸阳九城。莫不登陴拔帜，悬布争先。沙崩灞浐，无待分舟。瓦振云阳，何须背水。孤虚风变，翼卫箕张。昔汾阳之屯兵洛北，曾驱回纥之师；西平之拏在长安，先斩朱泚之使。彤管所纪，于公见之。是时，诸将阻兵，陇西观望，公以韩信能谋，公休善驭，故兵动九天之上，决胜千里之中。靖彼寇氛，将无旋踵。扫清三辅，南取武昌。函谷则泥丸可封，汉水则投鞭可渡。共望持节收河北之郡，陈兵向含光之殿。

方攻乾州，而逊位诏达。行间诸将请解甲，公愤甚，欲仰药以殉，诸将幕僚环请待后图。明年，公在西宁，袁世凯命赵惟熙礼币致聘，公严拒之。知不可留，乃西入番寺，贷行帐驼粮，凌冬出塞。天路寻云，危涂坼雪。层冰嵯峨，山穷水断。岁暮至阿拉善，驼马不前，庐帐尽敝，乃止卒岁，别假行帐驼粮往库伦。不识道，迹驼马粪以行。黄沙浩浩，目尽千里。白日藏风，边声盈野。试望高陵，邈其无路。以癸丑三月抵库伦。值宾图王海山，公与谋大计，传檄讨袁世凯。檄既四布，袁世凯见之，腾章名捕，且屯兵塞上邀之，书币不行，刺客累□已而库伦内变，乃谋渡日本，取道恰克图乌金斯克，展转至西比利亚南满大连，乃东渡，馆于东京。久无所遇，还寓青岛。其年冬，复西度陇。戊午冬，北至长春，将召诸将，再兴义旅。殷灭羿浞，汉诛莽卓，事卒不成，归而疾作。丁巳复辟，拜大学士。未几变作，道阻不得赴。冬，度陇至河州。甲子秋，力疾再入陇，取道绥远，遇故将某，力阻之，遂临河而返。武侯尽瘁，天道可知。申胥空还，臣力尽矣。

公忠昭屯瘁，诚贯风霜。会圣主蒙尘，三光晻曜，孤忠悲愤，疾不可为。以辛未七月二十三日，薨于天津德邻里，春秋七十有四。谥曰文忠，礼也。即以其年八月，归葬于京师朝阳门外十二里头发营。鱼藏泉里，玉气成虹。剑没城中，龙光动宿。忠臣葬地，祇瘗铜盘。烈士薶魂，惟镌片石。呜呼哀哉！时移陵谷，犹传大傅之碑；代变沧桑，尚识将军之墓。铭曰：

疆阴古邑，帝子名邦。奄有边郡，遂荒沃阳。山封马鬣，地接龙冈。济济多士，实佐文王。维昔朔漠，厥有不庭。既成我服，六月从征。书称懋赏，诗赞千城。旗分部定，归马戢兵。祖考谟明，懿德光贲。河朔钟英，边云异气。会武经文，当官寅畏。勇且知方，孝则不匮。中台雁宿，佩玉连镳。日殚佐汉，七业金貂。戎服拜命，繁缨以朝。维岳降神，乃生吉甫。含章秉德，衮职思补。陇西仗节，秦关开府。中牟集雉，西江度虎。鱼飞武库，乌起翟泉。简书云集，羽檄风传。公曰尔师，天子旰食。执尔干戈，以卫社稷。师直为壮，吾师其克。乃收长武，乃克邠州。泾阳断路，渭川不流。秦山低合，陇水斜分。弓开月影，剑起星文。峰名玉女，楼号齐云。龙旂列阵，虎竹从军。晋阳无灌，昆冈不焚。幕中受诏，塞上登坛。齐城将下，乐毅空还。雁回陇坻，马别皋兰。冰凝伐鼓，沙动移山。良臣栋折，上将星寒。肃肃霓旌，萧萧霜槚。展禽之垅，栾公之社。树有挂剑，门无石马。城空日晚，野旷风悲。草木摇落，山河变衰。昊天不吊，君子先萎。盘埋泉室，铭勒贞碑。

据抄件

清故护理陕甘总督
甘肃布政使毛公行状

叶玉麟

公讳庆蕃，号实君，江西丰城县人。先世官蜀，故生于蜀。曾祖辉凤，嘉庆戊寅举人，四川巴县知县。祖讳震寿，陕西布政使。父讳隆辅，四川丹棱县知县。三世祀名宦，而巴县公兼祀乡贤，皆赠光禄大夫，列国史循吏传。曾祖妣徐，祖妣杨，妣氏杨，皆赠一品夫人。公笃信程朱刚恪，务为絜清，思缵名绩。自巴县公讲求性道，会乡先进饶拱宸、罗亨奎两先生方仕蜀，因从之游。其后与乔树楠、马其昶、刘孚京交，而陈公三立兄事之。由员外郎中同治癸酉举人，官户部。至光绪乙丑，始成进士，官仍部曹。沈滞久，天寒俸薄，屋壁萧疏，妇稚食蔬粝。光绪三十年，钦差大臣裕某，奉派四川查案随员。明年，钦差大臣刘忠诚公奉调办湘军粮台，蠲除平余折色诸积弊，刘公叹服，陛见面保，奉命存记。庚子，拳匪乱，颠顿南下，寄孥泰州。刘忠诚方重公，因以道员留总办江南制造局。崇实考工，为前总办弥公亏七十万。

是时，两江总督、山东巡抚、闽浙总督交疏荐，娄存记。召见，又以道员留直隶，署永定河道，调通永道，授湖北荆宜施道，未上，调补永定河道。明年，调补天津道，再署直隶按察使，一权布政使。直督袁世凯最任用公，枢府疆臣又争扬誉，于是清标照海内，雅负盛名，而公刻意孤行，廉洁峻厉，衡材畀任，远避私亲，或面斥人过差，盛怒抵几，以故名日高而毁亦至。初，巴县公善言德行，著《讼过斋日记》。布政、丹棱皆有述作。毛氏世以学行政事相教勉，礼经被自孩稚，每以三世名宦自矜。

三十三年，授江苏提学，素欲端士习，乃严束诸生，有过失，坐堂皇戒斥之。时泰州黄隰朋先生，方讲学于苏，其始共师李先生晴峰，所谓太谷学派者，兼贯佛、老，世或疑之。公至是以老友折节师事，而黄先生遇之，酷于后生。

宣统元年，命授甘肃藩司。甘肃故久旱，公抵治，祷于太白泉，牲牢既荐，雨湿前驱。既兼护总督篆，率僚佐祷于仙女祠，神应甘澍，遂解凶馑，事具公请加封神祠与赈案诸折中。度支部令直省设清理财政局，公奏言外省财政，与地方吏治相关，此次清理，贵在核实，不致启扰累之端。又以举劾属僚，奏言吏治修废，实关水旱之灾，将欲感召天和，必先澄清吏治，庶民可蒙庥。荐翰林张林焱，知州潘龄皋、周务学，总兵马福祥，参将马骐，以为可大用。劾道员端裕、武进士凌云、都司杨杰等。既与财政监理官刘某不惬，乃有蜚语达亲贵，以阻扰新政落职。人闻公去，感泣载途。既罢官，服御俭薄，尝冬月典衣也。

自服膺太谷，稍变所学矣。顾虚衷抑损，克己过严，时或戚戚寡欢，俯仰局蹐，黄先生思有以宽其意，终不开解，或遭呵斥，天下传以为怪。七十后，主敬斋庄危坐终旦夕，论议清典名贵。著《江苏学务公牍》六卷、《古文学余》十卷、《奏议》六卷。十六年七月，终于苏，年七十有九。娶刘夫人，早卒。继室桐城叶氏，玉麟之姑也，清德亦如公，年七十余，尚自炊爨作苦人，为廉吏伤之。妾蒲氏、董氏。子：毓汉、毓洛、毓涵，毓涵早逝。孙二人。女一，适刘氏。十七年四月，葬于苏州光福之龙山。毓洛乞铭于陈公三立，而玉麟为具公行状。

据作者手稿

金坛冯蒿庵先生家传

蒋国榜

公讳煦，原名熙，后更名煦，江苏金坛冯氏。曾祖讳新，始迁宝应。妣氏程、氏曹。祖讳浩，嘉庆癸酉选拔贡生，安徽巢县教谕。妣氏龙。考讳元栋，道先癸卯举人。妣氏朱。三世经明行修，以公贵，考赠光禄大夫，妣一品夫人。公初生时，母朱太夫人梦僧拈花入室，遂字以梦华，晚号蒿庵。生十四岁而孤，中侍母居河南固始县外王父朱公士廉任所。越三岁，返宝应。天资颖悟，笃实砺学，先从成心巢先生孺治经及天算。成为江淮通儒，事迹具国史儒林，又公从母夫也。是为公一生学行渊源所自出。兼从乔先生守敬治词赋，先生赠诗奇赏之。时方弱冠，文名已藉甚矣。

曾文正移设书局于江陵冶城，东南硕彦毕集。同治己巳，公入书局，师友之间，犹及侍汪君士铎、张君文虎、戴君望等。若丹徒韩比部弼元、溧阳强君汝询昆仲，皆预公广师之列，讲贯之友。若毛次米、成肇麟、孔广牧、潘咏、顾云、邓嘉缉、陈作霖、蒋师辙等，相与商确今古，学乃益富。全椒薛慰农先生时雨主尊经、惜阴两书院，宏奖士类，于公嘘植尤挚，公奉手且久，亦依为归宿。院课每一艺出，士林皆敛手传诵，有“江南才子”之目。复历为钟山院长李小湖、林颖叔诸先生所优礼，中间与成君漱泉校书冶山之颠最久。旁究声律，一以南唐、北宋为则。成为心巢先生子，与公为从母昆弟，时誉并称“冯成”，后知直隶灵寿县，辛丑联军西躏，义不辱，以身殉，谥恭恪者也。

光绪乙亥，中式副榜，蒯太守德模延主夔州文峰书院。张文襄时督蜀学，试夔州毕，下教示诸生，谓夔僻郡失学，当诣冯山长受业，士争归之。光绪八年，以副贡生举于乡。十二年丙戌，成一甲三名进士，授编修，廷对策用双行，文仿宣公奏议，书不作院体，阅卷大臣张尚书之万、徐侍郎郙怪而抑之，潘文勤祖荫、翁文恭同龢力主进呈，复崩角殿廷，为国家庆得人。胪唱跪螭坳下，慈禧皇太后顾左右曰："此老名士。"盖公时年四十有五矣。

戊子，典试湖南，称得人。返京，历充会典馆、国史馆纂修，于恒星图及史局诸传，独精勤撰述不苟。官翰林十年，屡言天下之利弊，无所让。掌院徐桐深厌之，亦莫能遏也。而请图自强一折，尤结德宗深知。乙未，以京察一等，外简安徽凤阳府知府。六年之间，两摄凤颍六泗道，政无不举。江督刘忠诚公奏保人才，首及公。庚子春，谒忠诚公于江宁。忠诚时以元老入觐，语及国本，援公为重，泪涔涔下，公亦泣。

二十七年，擢山西河东道，道兼陕豫晋三省盐库。任此者，岁可中饱无算。公裁汰陋规，加解羡余，复创为河东道库岁出岁入表，使后来者有所率由，即墨者亦慑于成宪，不至公然侵渔。后官安徽布政使，亦以此为法。皆老于阅世者不肯为，无论巧宦，足觇公之公忠体国矣。越一年，迁四川按察使。时广安州牧详，有聚众谋毁学堂，获四人，请照土匪例正法。总督锡良是其请，公主檄本管府，先查办，而后科罪。锡执不可，公抗颜力争，至免冠抵几，拂袖归，上书请论劾。锡阳谢之，阴亦弹劾，未逞。二十九年，署布政使。三十一年，迁安徽布政使。明年，兼提学使。

三十三年，巡抚恩铭为道员徐锡麟所戕，时朝野汹汹，诏立补公安徽巡抚。公治其狱，力持宽大，不事株连，政局始定。当是时，朝廷惩前毖后，有全行化除满、汉畛域之谕，着内外衙门，各抒所见。公奏言："挽救之方，以核名实，明赏罚为第一义，而其要则在民为邦本。有尊主庇民之臣，用之不疑，不分满、汉。有误国殃民之臣，刑之无赦，亦不分满、汉。若止于形迹略事□通，而民之利病，不加体察，民之好恶，或相背驰，即朝发一号，夕发一令，曰化除满、汉，而革党急激如故也。今者党祸已亟，民生不聊，中外大臣，不思引咎自责，合力图强，乃欲于存亡危急之秋，仍事其粉饰因循之计，苟安旦夕，贻误将来，大局阽危，日甚一日，伏乞皇太后、皇上，以天下一家，中国一人为心，匪特无歧视满、汉之见，亦并不存化除满、汉之见，惟以核名实，明赏罚，责之政府。政府能使天下自治，则天下莫能乱。政府能使天下举安，则天下莫能危。根本大计，实系于此。”疏入，中枢权幸咸嫉之。大学士世续、两广总督岑春暄〔煊〕虽深知公，具疏密保，皆不省。

公当官而行，不避权贵，严纠墨吏。安徽道员石镇总办牙厘局，怙权纳贿，声势煊赫。徽宁池太广道文焕贪纵不职。皆劾罢之。任甫一岁，江督端方以徐锡麟狱未穷治，不嗛，阴奏公有革命之嫌。诏罢公职，以朱家宝继，未到任前，著继昌署理，有不容公一日在位者。识者益痛心国事不可为矣。

宣统二年，江皖大水，朝廷始再起公为查振大臣。公之规划灾振也，始于光绪庚寅，京东涝，管京尹潘文勤及京尹陈文恪公彝，奏派公办文安、大城诸县急振。及出守凤阳，几于无岁不灾，无岁不振。戊戌春，公胪述凤、泗等属灾状，寿州孙文正据以入告，得旨颁内帑十万，续开皖振捐一年。明年，凤、泗等属大举办振，全活尤众，公之力也。庚子，乘舆西狩，关中方大饥，有诏饬安徽、湖广各省地方官会同义绅劝募，公尽举历任所入俸两万金，命门人宝应刘钟琳集同志往振，计查邠、长武、兴平三州县振款十余万，于兴平开两千余井，尤为根本治灾之计。时公所职一郡守，毅然应君父之急，不为秦越之视，可谓难矣。公既被查振命，再起，五次出入灾区，筹画规定。至三年六月，江、皖、豫东各属始竣事。凡振三十九州县，振款多至三百余万。

其秋，逊位诏下。公痛举明庄烈帝语，哭失声曰：“心所谓危，岂竟至于此极耶。”避地沪渎，以被命筹办振务未竟，仍为国抚孑遗，因自矢与荒政相终始，与门人刘钟琳、魏家骅等创立义振协会。自是往来白田、黄浦间，力振无宁岁，几忘为八十余老人。于水旱振外，兼及兵灾，远至直、鲁、豫、皖、湘、浙诸省募集。虽呼吁竭笔舌，海内敬公德望，助者不匮。综公毕生所振款殆至千余万。居恒诵富郑公之言曰：“吾岂惜此身，以易数十万人之命哉。”又曰：“值此世运，培一分生机，即减一分劫运。”生平不畏难，事义所在，必力赴之。然公孤怀隐痛之所在，有非当世所尽能窥者。东台之竹港，为运河入海所经五港之一，年久淤塞，岁为旱涝。公先筹竹港，属淮阴陈君惠臣往疏之，设闸以为启闭。时美工程师计非廿万不为功，乃縻款仅四万余金，积三四月工毕。海泄既畅，成熟田至百余万顷，民资其利，为公建祠尸祝之。浙之缙云县，海水倒灌，浸成斥卤，叠为灾患。公又属溧阳乔君葆元往。障以石堤，绵延六七十里，用款亦与竹港埒。沙田尽为腴壤，岁始有获，邦人士为公建塔，刻石纪其事。

公少时即具胞与之怀，处寒素，馆谷所入，有余举济贫乏。同治丙寅，高邮清水潭决，为灾巨，当事者讳灾，略上其事。公时为诸生，年二十余耳，闻之愤慨，呻吟不可终日。逮通籍，任疆圻，迄告存没齿，抱愿益宏，家无余资，鬻书文助振。于旗民生计尤殷殷。暇复创宝应贫儿院，江宁利生等工厂，及佛教慈幼院等。里鄙待公举火者，犹数十百家。丁卯七月六日，示微疾，薨于沪寓。前数月，已预书还山事，条列井井，拳拳于教忠教孝亲亲睦族之谊。以道光癸卯二十三年十二月初一日生，得年八十有五。海内识与不识，皆奔赴相吊，曰："善人死矣，吾属将复何恃而活耶！"

公八十生日，逊帝赐"修道养寿"额。既薨，悼念遗臣，复颁"清光粹范"额。性至孝友，每家祭，辄流涕，遗命附葬宝应胡卢桥母朱太夫人墓次。有妹适汤，久逝，虽笃老，岁必至湖上奠其墓。配吴夫人，前卒。子娄生，幼负神童誉，官河南知府，早世。孤孙某，亦殇。嗣孙祖植，先公五月猝逝。曾孙景曾，方七岁。公治事缜密，终身黎明即起，巨细躬亲，日有定程，神明至老不衰。八十外，能作蝇头小楷。宅心仁恕，接物一以至诚。奖掖后进，惟恐不至。居乡创尚耻学社，以顾亭林"行己有耻"为学的，江淮南北学者争归之。律己有恒，积日记六十二年，迄易箦前一日，皆精楷不苟，都四十五册。学无不窥，不喜立门户，要以实事求是，体用俱备为归。古文熔铸史、汉，陶染典籍，衷于物则，成一家言。骈俪之作，渊懿典雅。诗则无体不工，晚年托旨，弥近柴桑。词则久为仁和谭先生献所推许，瓣香石帚，出入草窗、玉田间。有《宋六十一家词选》十二卷，谈词者奉为圭臬。楷法钟元常、虞永兴，草书意规过庭，片楮得者，珍逾拱璧。盖公之晚达得寿，荷天语之褒，与尤艮斋、姜西溟、沈文悫近似，岿然为东南耆宿，至不获如镇洋、青浦、嘉定、仪征诸公遭际承平，优游名位，而丛忧积痛，悬喘海隅，以遗老搘拄世运之倾，屹然为清末贞臣，盖晚近一人而已。

所著已刻有《蒿庵类稿》卅二卷、《续稿》三卷、《奏议》四卷、《剩稿》十六卷，刻未及半。《杂俎》五卷，刻成一卷。未刻电奏稿□卷，随笔九卷，尺牍八卷，丛稿若干卷。《睢宁县志》及《宿迁县志》邦人持未刻，遗命附丛稿内。修《金坛县志》成，待缮清本。《宝应县志》、《镇江府志》稿已葺，待排比成书。所系尤巨之《江苏通志》，中间以局撤，几辍事，公毅然力疾促同志修之，卒底于成。又以侨寓讲贯之地，于金陵为最久，羁海上，犹翼国榜鸠刻《金陵丛书》，都五十余家，四百七十余卷。

蒋国榜曰：昔朱竹君、程鱼门两先生卒，士有无走处、无谈处之语。今于公之薨，始识其言绝痌。况公与寒门，交缔三世，忍更言耶。惟感公之在位也，洞微烛机，陈安危大计，不见省，反速其去，国步亦更。乞为叔孙昭子不得，忍辱毕其身，以荒政著，世亦侪之以遗老自娱者，嗟未能得公矣。微窥公眷怀故国，不忍以冲人厝积薪上，意天命果延，励精图学，蓄望待时，则天下朝觐讴歌者争赴之，又奚待有田一成、众一旅，始复旧绩也。丁巳复辟，事果寝，其所抱孤衷苦诣，又有异于并世之空存匡复，贸然作孤注者矣。公遗命家人，勿乞先辈作志传等文字，其隐绝恫。国榜两世受知，亦惩知而不言之戒，僭为铨次，私视吾党，或不致一言不核，虚空下击也。呜呼！悕矣。

据铅印原件

皇清诰授荣禄大夫建威将军山西巡抚兼提督张公墓志铭

陈宝琛

公讳曾敭，字抑仲，号小帆，南皮张氏。曾祖讳端城，官顺天府丞。祖讳志咏，湖南衡永郴桂道，署按察使。父讳春育，广东惠潮嘉道。仍世清贫。公早孤，依外家商城周氏，得肆力于学。既成进士，官翰林，益以风节自厉。常从族祖文襄公游，与张学士佩纶友善，李文正公深器之。时两宫虚己求治，四海有无穷之望，而公方居闲曹。朝局既变，以资深上考，当补司业矣，出为永顺知府。僻居苗疆，五年不调，而政肃民雍，盗贼屏迹，父老谓百余年无此官，公亦自言为学鞭辟，在此时也。既以文襄督两湖，回避，调肇庆。三年课最，移广州，治行尤异，特诏褒勉，擢福建盐法道。闽盐课厘并征不及额，积亏甚巨，历任请免厘，格于部议，公为策补救，卒得请。就迁按察使，入觐，以病乞免。居通州三年，特起召对，授四川按察使，未行，擢福建布政使。总督某贪而愎，常与公钮铻，会水灾，公请赈不可，力争得请，而益嫉公，语闻于朝，调公广西。时以拳乱偿币，征输各省，粤西度支故不给，公至未再朞，库储逾六十万。提督苏元春任边防，纵兵庇匪，公密白大府以闻。元春既受代，匪势为蹙。寻夤缘复任，因徙公四川，匪乃复张，蔓及云、贵，朝廷思公言，甫到官，迁山西巡抚。居二年，调浙江。

公性刚介，自出守至专圻，自远于权要，务澄肃吏治，先后劾罢墨吏数十百人，裁革规费以巨万计，而调寮属有恩礼，故所至严惮，才贤乐为用。在晋剿平口外马贼，歼河东拳匪余孽。其入浙，嘉湖统将吴家正结盐枭谋乱，有旨假公便宜，公屏卫从，召之舟次，晓以祸福，卒解其兵柄，而巨祸以弭，人又服其能定变也。嵊县煽乱事发，会皖抚被戕，狱辞连秋瑾。秋瑾，王氏妇，弃其夫，游日本归，浙党拥为魁率者也。公檄捕鞫实置诸法，彼党先恐猖，不效则慑，不复敢谋浙，而当事中人言，调公江苏，旋复移山西。公乃连疏乞退，三上始得请。京居四年，辛亥变作，避地涞水。涞水迩崇陵，公于奉安时临哭。后遂徙居天津，益杜门不与人事。以辛酉正月初二日微疾卒，年七十有九。卒前一日，犹与执友论事，哽咽不已，盖九年中心忧君国，无一日释也。遗疏入，上震悼，手书“清风亮节”四字，并赐白金五百治丧。

公少伉侠，习知闾里苦做情伪，自奉疏薄，家人习之，虽贵不改。喜浏览名书画，然不必尽有诸己，亦无敢资以赇请者。每除一官，必周谘审度始就。其授闽臬，矍然曰：“吾何德而禄位逾先人邪?”迨再起，非公意也。理家至严，诸子皆恂恂有风矩，既壮，犹不辍学，公亦可以无憾矣。公既追赠三代如其官，妣皆一品夫人。配杨夫人，前卒。篷李氏、彭氏。子四：愿，正二品荫生，度支部主事。悫，后公兄。次忞，次慜。女二。孙五：孙枝、孙芑、孙治、孙绳、孙振。愿等将葬公于南皮城北徐家庄先原，以予交公深且久，请为铭。予出都二十六七年，知交阔绝，独公再至闽，予亦数为浙游，及重聚京师，同志零落殆尽，文襄旋薨于位，恒与公相对感叹话畴昔。近岁休暇，犹常就公，而今已矣。铭曰：

三世清白泽所钟，更历方任廉以忠。髋髀不顿藏其锋，卧看平陆飞涛泷，忍死视天长梦梦。赤石不夺以寿终，归骨先垄公奚恫，后昆勿替承门风，吾铭诸幽无怍容。

据拓片

前邮传部尚书陈公玉苍事略

陈宗蕃

公名璧，字玉苍。生于福建闽县之苏坂乡，居京师日自颜其寓斋曰“苏斋”，故世亦称苏斋尚书。晚又自号为苏园老人云。公幼而明聪，五岁出就外傅，诵读逾成人。弱冠，补博士弟子员。光绪元年，举于乡。三年，成进士，以中书用。十五年，简湖北正考官。中书典试，例恒为二，而公独膺正简，异数也。十九年，简贵州副考官。稍迁宗人府主事、礼部员外郎，转御史。公性纯孝，通籍后，母太夫人年高多病，不克就养京师，则赍致土物，调供药饵，间关数千里，无虚日。二十二年，以忧归，星夕奔丧，哀感行路。乡大吏知公学行，礼聘主讲凤池书院。公观世变，知括帖制艺之无益于时，则专以经史实学课士。嗣复请于大吏，创苍霞精舍，招致生徒，课以英文、算学及诸科学。当时，朝廷尚未颁定学校之制，公实为之先河也。服阕，入都，补河南道监察御史，指陈利弊，举劾贤否，斐然有直声。其请办印花税，严禁开矿规费，整顿船政诸疏，皆时人所未能言，即今日行之，犹未尽得其道者。公于时固已规画靡遗矣。

二十六年二月，奉命巡视中城。京师地面分五城，而中城为繁剧，公亲莅民政自兹始。至则革蠹役，清积案，设善堂粥厂，以周贫乏，行保甲团练，以防奸宄，地方为之一肃。又以其余力，修治道路，栽植树木，开通沟洫，禁止污秽，隐然有欧、美市政之风。未几，义和团倡乱，公首疏陈拳民之不可用，与邪教之宜惩。其后拳匪之焰大张，公又疏陈教民宜许其自新，不宜多事诛杀，词婉而讽，凡所保全，无虑数千百家。六月，孝钦太后暨德宗仓卒西狩，朝官或从或亡。各国联军入京，分地而治。公挺身出，与其统帅抗议，由中国官宪出示抚民，示出而民情大定。奸人匪类，乘机肆掠，或恃外人为护符，公严法惩治，不少假借。绅商士庶，无不倚公为安危。时合肥李文忠受命为全权议和大臣，驻节保定。公则驰密使，纫书履底，请速莅京，以靖国难。文忠公得书，知夷情无他，乃入都开议。庚子之役，京师得以自保，和局得以速成，公之力也。由是受上知，特简顺天府丞。

二十七年，都察院都御史长沙张文达公，密疏举公，略曰："现署顺天府府丞、掌河南道监察御史陈璧，前管理京城街道，时论翕然称之。乱后五城一带地方，盗贼充斥，商民患苦。该御史时巡视中城，禀命全权大臣，创为五城合办之举，独任劳怨，不分畛域，闾阎赖之以安。遇有交涉事件，与洋员会商，亦悉臻妥善。前以城差年满，经奏准留城接办，实心实力，久而不渝。臣查该御史才识优长，明达治体，在近今科道中，实属不可多得之员。"奉旨："陈璧办事认真，不辞劳怨，朝廷业经不次擢用，仍著传旨嘉奖。"

未几，升尹京兆，仍会办五城事。公志益发舒，首裁吏胥，遴选僚属，设派办处，分科办事，革除数百年之积蠹。其后中外衙署，裁革书吏，实由兹始。奸商滥发纸币，岁时倒闭，以为民害。公限制钱商牙帖，并创为五家联保之法，其弊遂革。设工艺局、农工学堂，以倡实业。设纺织局，以养女工。改金台书院为校士馆，以罗俊秀。辟旧琉璃窑之地，设五城学堂。请古兵将局之地，设顺天中学，以兴文化。刊印《顺天府志》，以昭文物。旌奖殉难士妇，以崇忠节。百废俱举，至今尹京兆者，犹推公之政绩，为近数十年来京兆先后诸尹冠。

二十九年，升商部侍郎。孝钦太后召见，谕曰："尚书初任，百端赖尔辅助，知无不言，方算称职。"公益感奋图报，创建衙署，规定官制，画清权限，申明赏罚。设律学馆、商报馆，以鼓舞商情，开通风气。筹建各省路矿、农务、工艺各项公司，并力行保商之政。其余如整理土货，保护侨民，修订商律，劝办商会，亦皆次第举行。今日一切商政粗具之规模，多公当日一人所手创也。

三十一年，转户部侍郎。户部银库，例由侍郎管钥。时国家虽贫乏，而库储尚余千数百万金。公则订定规程，严核胥役，一廓侵蚀之弊。此数年间，孝钦太后暨德宗，知公甚深。凡朝廷有大政大役无不倚公以办。政务处、财政处、议政处诸差，办理平粜，会议币制，平抑钱价诸事，公固无役不从。而其最大者，则监修工程暨考察铜币二事。公之监修工程，自估修西陵始。庚子之役，西陵之六陵七园寝残于兵，朝议修复。时请简衔单，无公名，孝钦太后独以命公，且谕之曰："国帑支绌，工程浩大，尔能办事，必须力除积习，涓滴到工。"公受命，则亲往估勘，一工一料，无不认真考核，严防浮冒，力杜侵蚀。往例，大修陵寝，报销恒在百万两以外，公独以十四万金竣事。嗣后，东、西陵岁修，惠陵改建正殿、配殿，裕陵建筑"神功圣德"碑亭，泰东陵改修明楼，正阳门修复大楼、箭楼、东西闸楼，公皆特蒙朝旨，任其役，节省国帑，不可数计。人第知正阳门楼之修复，仅销款四十余万，诧为从来所未有，而不知其他之大工、大役，无不如是也。光绪之季，各省以鼓铸铜元为利薮，竞相仿效，奏办者九省。每省又或设厂数处，滥铸无艺，工料既减，价值愈落。三十三年，朝命公充考察铜币大臣，驰驿亲往查察。公则考其利弊，视其良窳，办〔辨〕其得失。滥冗之厂，停止归并。不肖之员，参革押追。并疏陈办法十六条，大旨在统一铸模，画定成色重量，限定铸额，以应市场之需要，酌定价值，以防金融之混乱，化各地之畛域，以资流通，定薄记之格式，以资考核。并力陈本位币与辅币宜相辅而行，中国金本位既未易骤行，应赶铸新式银币，以铜币为之辅助，而铜币则限制铸造，俾法价可以维持。凡所条议，均与币制原理相合，得旨报可。

公在途，即膺邮传部尚书之命。时邮部新设，长沙张文达公总其事。未几，薨于位。公既视事，创建衙署，规定官制，举路、电、航、邮四政之大纲，整齐而画一之。数月而规模大具。于是仿户部银行之制，创设交通银行，招集商股，而酌加官股为之倡。凡各铁路之收入，夙昔存于债权国银行者，议而归其半。其余部款，概储是行，脉络贯通，至今犹为国家金融机关之一。建筑京张铁路，简国人詹天佑董其役。宽筹经费，专一事权，蜿蜒数百里，涉山凿洞，至艰至险之工程，数年而告竣。今日自京师以达绥远，往来至便，国人矜詹君之功，而不知公实主之也。电报局者，向归商办，以牟利为主，线少而发电之费至昂。公以为电报于军事、商情，关系至重，非商人营利之事业，宜归国有，力主定价收赎。中经有力者多方抗阻，卒不为动。收赎之日，即减发电费二分之一，期于每字收费六分而止，以与世界文明诸国电费相平衡。嗣则于蒙古、西藏、新疆、黑龙江、吉林、奉天、云、贵、甘、陕偏僻之处，向日商人所视为无利而不设线者，逐渐敷设，以期全国消息之灵通。今日电政之规模，实具于是。京汉铁路原系比商承办，法人阴主其后。三十三年，届约定赎回之期，公力主借款收赎，以为不独挽回主权利权，且可以破时人路亡国亡之谬说，使将来一切路矿事业，皆可以与外人合资兴办，而不致共视为畏途。富民裕国之枢机，将在于此。议既定，而款尚绌，势须借款以赎路，乃择外国银行借款条件之最公平，折扣之最低减，仅有虚保而不侵及实权者，磋商成议。比、法二国，虽多方阻挠，公始终持之以毅力，卒以五千五百万两，如期赎回。其旧日从事路务之洋员，向以客卿自居者，俱俯受劄委听命。京汉铁路完全归于政府权力之下，自兹始也。

余若邮政，若理船厅，向均归海关税务司兼办，公亦力主收回，往复磋商，事垂就绪，而孝钦太后暨德宗同日升遐，嗣皇冲龄登极，醇亲王摄政，尚沿旧例，命公驰勘西陵德宗寝陵，公估费仅及百万，朝贵固已慊之，嗣复奉命估修集灵囿赐第，亦从撙节，意益不平。向之不得志于公者，遂从而媒孽其短。御史江西谢远涵首疏劾公在邮传部任内，滥用私人，糜费公款，及借款折扣等事。朝命大学士那桐、孙家鼐查办，复奏以事出有因，查无实据，疏末复言"该尚书才优于德，办事操切，不恤人言"等语。交吏议，奉旨革职。时宣统元年二月也。

公既罢官，居苏州者三年。辛亥鼎革明年，来居京师。癸丑，侄绳为佣人所害，匿尸所居豌井中。二三小人，因藉以陷公，久而始白。公益愤郁不自聊，不复问世事。于居宅之旁，辟地数弓，即所谓苏园者也，杂植蔬果花木，日督园丁灌溉以自娱。癸亥，中风疾，跛躄者数年。戊辰闰二月，卒于家。

公敦厚孝友，抚循诸弟，数十年如一日。祖遗田宅，仿范文正义庄之例，悉举而畀之族人。持躬俭而勤，未明而兴，午夜始息。事无巨细，必躬必亲。居官亦然，入署必有定时，终日坐堂皇，不少倦。上而讨论国家之大计，下而考察至于一事一物之微，罔不口示笔削，立决可否。案牍到署，至发文办竣，不得过三日。勤者有劝，怠者必罚。用人能尽其所长。梁公士诒、叶公恭绰、龙公建章、关公赓麟、曾公毓隽，今人所赫赫称道者，皆公所手自擢拔，一岁数迁者也。嫉恶尤严，参革惩处，不为情势所屈，故人亦多以此怨公。公福建闽县人。曾祖登，祖春芳，父鸿英，均以公贵，封赠如例。子六人：纶，江苏候补知府。绒，工部主事。绎，刑部主事。组，交通部办事。纪，德国留学。绵，法国留学。孙十有二人。奏议二十八卷，藏于家。

据《淑园文存》卷二

清授光禄大夫太子少师故直隶总督北洋大臣陈公墓志铭

高振霄

宣统辛亥后三十有七年，岁在戊子秋七月十三日，光禄大夫、太子少师、故直隶总督、北洋大臣陈公薨于沪寓，春秋九十有二。其年某月日，葬于杭州右台山麓，公生时所豫营之寿藏，礼也。越明年，孤子昌豫造请，督余为铭。余曰："是后死者职也，其敢以不文辞。"

公讳夔龙，字筱石，晚号庸庵。原籍江西崇仁。自赠公以县令筮仕贵州，解组后值苗乱，权寓黔中，病殁于黔，公与兄伯、兄仲俱以宦籍发名，遂占籍贵阳开州。曾祖讳学显，祖讳之榛，考讳炘煜，皆赠如公阶。曾祖妣周氏、袁氏，祖妣方氏、万氏，妣杨氏、生妣姜氏，均封一品太夫人。公兄弟三人，行居季。八岁而孤，与诸兄俱在稚龄，以养以教，悉惟姜太夫人是赖。

光绪乙亥恩科，举于乡。丙戌，成进士，授兵部职方司主事。累迁武选司员外郎、职方司郎中，调总理各国事务衙门章京。先后为荣文忠禄、李文忠鸿章所引重，旋擢内阁侍读学士，升顺天府府丞，权尹事。当是时，值庚子拳祸猝发，三辅骚然。顺天故京兆重职，为三辅最。出任艰巨，当机立断，无所回惑，匪不得逞，几为忌者所中，以公守正，卒得无事。甬商四恒，因炉房遭毁骤停，京市动摇，即时召见，谕以维持。公据情入告，请以国帑贷，从之，遂得复业，人心亦定。旋调任太仆寺卿。是秋，两宫西狩，各国联军入城，复任府尹，并特派留京办事大臣，随同庆亲王、李文忠两全权大臣，襄办和议。敌势张甚，议多凿枘，公诇得隐情，密商两全权，亟电行在。诸公趣以上闻，果回天听，绥靖列邦，和款速洽，实基于此。公两任府尹，时阅年余，内则抚辑疮痍，外则折冲槃敦，中则调和两全权，苦心孤诣，无日不在忧勤惕厉中也。其间虽简放河南藩司，适因议款重要，暂留京邸，两次疏请回銮，复拜承修跸路大臣之命。庀工督役，辇毂清晏，上下赖之。升任漕运总督，凡所兴修因革诸要政，皆厘然有当，筹谋久远，人情悦服。刘忠诚坤一时督两江，闻而嘉叹，修书结好，谓江北之事，一以倚公。公亦推诚相与，共匡时艰。

旋任河南巡抚，以中州治河，重于治淮，下车伊始，悉心规度，洞中窾要。设清源局，分等升科，以清匿报积弊。又设商务、农务、工矿、巡警等局，吏治刷新，气象一振，汴民称便。此年，顺天乡试、会试，俱借汴闱，事属创举，供亿周防，指顾而定。甲辰科会试，派充知贡举，持节定榜，得人称盛。逾年，调任江苏巡抚。吴风清嘉，习于华靡，首政以俭朴为训，期于矫弊，以身先之。江北水灾，为筹急振，奏请国帑，安抚流散。复以时讲武，练舟师，缉捕枭匪，盗风敛戢。莅事期年，苏人大欢。旋擢四川总督，感激恩知，入觐请训，复乞假还贵阳省墓。未及抵任，调任两湖总督。地当长江上游，水陆冲要，阛阓四达。前任某督至汉，维舟未发，上岸与驻汉各国领事周旋礼数。地方官吏为整饬市容计，禁设摊贩，激成哗变，宵小乘之，顿肆焚掠。公莅任伊始，即遣统制张彪等赴汉，相机抚谕，定乱俄顷，民以宁息。前督张文襄之洞施行新政，若征兵、兴学、制造兵工诸大端，丝麻纱布各厂，造端宏大。公继其后，于规随中默与补偏核实。时张公入替枢垣，闻之称善，以为张弛得宜。频年偏灾，捐廉为僚吏率，又以工代振，修理堤防，水不为患。次年冬，两遭国恤，公虽在外，乃心无不在王室。值皖省会操，皖省营兵变，鄂军舰时以赴操前往，泊近皖江，闻变发炮，毁其营垒，乱首惊溃，兵斯就抚。江师后至，奏报者未加分别，鄂军觖望。旋奉特旨，由鄂专奏蒙奖，名实彰著，军心以平。

宣统改元，己酉冬擢任直隶总督、北洋大臣。下车，日与外人交际，于驻津各国领事往还，始正先来后往之例，国体以尊。时政局纷歧，公纛焉忧之，疏陈利弊，多蒙嘉纳。查办开滦矿务，收回产权，数十年轇轕悬案，得以结束。其他重务，棘手瘁躬者，率多类是。积劳感患，累疏乞休，慰留谅切，未得所请。迨至辛亥八月，武昌变起，京、津间一日数惊。津门时有假党徒名，肆恫吓，公镇之以静，计穷情屈而退，人心因以大定。凡支撑两月有余。东南各省，皆从风而靡，大局岌岌，惟晋抚以死难闻，其余皆改弦易辙，不知守土为何事者。狂流所届，谁为砥柱，公知时事不可为，拜疏乞身，奉俞旨甫五日，而逊位之诏下矣。终公之任，津门晏如，皆公苞桑磐石，维系人心之力也。先后迭膺荣遇，赏赐稠叠，尝两晋宫阶太子少保、太子少师，皆异数也。

退隐后，居沪三十余年，以诗酒自娱，时与亲故话旧。每岁春、秋佳日，出游江、浙名胜，纪之以诗，岁裒一帙。尤笃友爱，与伯兄少石方伯，白头联吟，至老不倦。及伯兄归道山，颜所作诗集曰《鸣原》，以志不忘，宛然有坡颖、昆弟之风。历经劫火，强健逾恒，可以知其所养矣。公天性肫厚，接物待人，一出于诚。在京时，有某侍郎赴戍新疆，同乡某尚书发遣，为措资办装，并为申理。在鄂日，名流高夔曾、张仲炘因察典去官被锢，为破例昭雪，并加奏保，得蒙甄录。其念旧爱才，皆为人所难。功业彪炳，绩著旗常，而退老之后，萧然物外，如老师宿儒，见之者不知其为手绾疆符，动系天下安危之大老也。

元配周夫人，继室丁夫人、许夫人，皆出名门，侧室徐氏。公三娶，皆无子，抚伯兄之子昌豫为后。女二：昌纹、昌颖，皆许出，早殇。孙男六人：南英、南春、南华、南涛、南翔、南曜。女孙若而人。曾孙五人：行义、行烈、行杰、行迈、行□。所著有《奏议》十六卷、《梦蕉亭杂记》二卷、《松寿堂诗钞》十卷、《花近楼诗集》若干卷、《鸣原集》十卷、《挹芬庐存稿》四卷、《庸庵词钞》一卷。铭曰：

圣伏神殂，天崩地裂。海水横飞，神州喋血。岳岳贵阳，洞烛先几。拜章还笏，完我帝畿。皤皤黄发，郁陶予心。韬辉尘市，抗志山林。越四十年，保贞全节。山河黾黾，肝肠冰雪。亦夷亦惠，与化同流。匪峻而通，匪广能周。浩然归去，万丈光芒。佑启后昆，弈世克昌。

据作者手稿

马佳君传

吴闿生

君姓马佳氏，讳绍英，字越千，满洲人。先世连姻帝室，世为戚里贵胄。祖某，官礼部尚书，谥勤直。父宝琳，定州知州。兄绍祺，理藩部尚书；绍诚，副都统、驻藏大臣；绍彝，外务部参议；君其季也。时贵戚世胄，席丰履盛，生长华朊，坐致高爵厚禄，不假事业自见。故家子弟，皆嬉遨饮博，飙轮走马，以门地自豪，无肯读书问学者。君独折节向学，服膺宋五子之教，暗修存养，研穷性理不懈。初师事王少谷，与桐城方剑华、阮仲勉、马月樵诸名流，结社讲肄，月再三会，声闻蔼如也。

庚子乱后，先公赴李文忠公约入都，寓侄婿南湖廉泉所，时往贤良寺，与文忠谈宴而已，不婴职事。肃亲王善耆闻先公来，遣君先容，遂修谒候。君一见先公，服膺甚至，遂执贽修弟子礼焉。文忠既逝，朝廷锐意图治，立大学堂于京师，以吏部尚书张百熙为筦理学务大臣。张公强起先公为大学堂总教习，先公辞不获，则请东游日本，一考学制。张公大喜，遂以君与荣勋二人为副以行。二人者，皆大学堂提调也。时满汉畛域益甚，党人学子倡革命者日众，朝廷深以为忧。新政虽颁行，而禁防殊密。大学为新政之首，政府以先公宿望，深致礼聘，而两提调皆以满人为之，左右偕行虽曰扈从，亦寓防维之意。先公性豁达，曾不为意，行止语默，一衷于义而已。是时，驻日本公使蔡钧，素无行，以阿附权要得位，夙为日人所轻。属有私函枢府，论留学生事，于日本多所诋毁，为日人所得，播诸报纸，一时舆论大哗，掊击不遗余力。而先公适以此时东渡，东邦朝野欢迎礼待者，辄数千人，謦欬风采，重译喧腾，备致敬仰。

蔡钧既惭怒，而日报又诋钧渎职不义如此，当谢遣归国，吴先生以大儒来临，宜即挽留充使。钧益大恚，恨疑先公将夺其位，乃驰书庆王，诬先公率留学生倡革命。庆王故昏耄，而军机大臣荣禄方贵用事，张公尝讽先公往谒，先公谢不应，荣禄以是不慊于志，扬其波而助之。提调荣勋者，本荣禄私人，以先公遇之无加礼，亦衔先公，而与蔡钧相结，从而为之证焉。是时，先公祸且不测，庆王、荣禄皆宣言，吴某乃尔，还当置重辟。日人觇国者，具知其事，于报纸中备言之。闿生从先公在东，每披报辄生战栗，先公顾之而笑，不为动也。适留学生吴敬恒、孙揆均以入学事，与蔡使忤，蔡使嗾日警于使署中逮二人去。先公以其辱国，面责之，蔡使益忿。

时北洋大臣袁世凯、湖广总督张之洞同奉诏入都，参预政务。二公于学事，各欲有所荐引，皆不以张公举先公为然。张公不得已，连电趣先公还。先公以事未毕，不得去，勉留数月，及秋尽，乃辞归。道过上海，大学堂副总教习张鹤龄，方在上海购书，谓先公曰："不可入矣。"先公曰："鄙性倔强。己不欲往，人强之，不从也。己所欲往，人或尼之，亦不从也。"荣勋自抵东，即移居使馆，不与先公相见，独马佳君日侍左右，每书达庆王及诸要人，为先公剖释甚力。先公在东得安然还国，无意外之虞者，马佳君之力也。

先公逝后，门弟子相与私叹曰："甚哉！革新之难也。先生所任，一总教习耳，尚徘徊未肯遽就，而事端相逼，谤侮纷乘，其困厄已如此，况欲颉颃当世之务乎！"其后，君由商部丞擢度支部侍郎，诏遣载泽等五人西行考察宪政，君以商部丞与在使中，约闿生与偕，登车而炸弹暴发，死伤者数人，君与徐尚书世昌皆被创，而君尤甚。于是二人皆罢使，以端方、戴鸿慈代往。已而吴越〔樾〕事觉，议者疑与闿生为兄弟，法当株连，赖君力救得免。西行既阻，闿生乃从杨文敬公辟于山东。及君擢度支，复疏荐闿生为财政处总办，擢参议上行走，未几而鼎革矣。方祸变初，君与闿生晤语，辄忧形于色，谓大局至此，吾辈匡扶无力，死有余辜，然嬗代之际，黾勉维持皇室不失尊严，君亦与有劳也。及民国定，君为清室内务府大臣。数年，病卒。盖君生平行谊，得于理学者为多，而从先公东游，亦所以扩其学识云。

论曰：清末之祸，由于种族之不平，虽二百年来递积之势突然，亦当事者操之无术，有以激成之也。君以礼自将，而遇物平恕，使满人在势者皆若是，鼎革之变，其可以少纾乎！余重辱君知遇，故追而为之传。

据抄件

蒙古鄂卓尔文恪公家传

王季烈

公讳荣庆，字华卿，一字耐园，正黄旗蒙古人。曾祖讳海明，字靖波，仕至健锐营前锋参领。妣氏富。祖讳皂升，字鲲鹏，任至四川提督授建威将军。妣氏那拉，封一品夫人。兼祧大宗。父讳穆金泰，字志斋，早卒。妣氏库勒雅。父讳齐普森泰，字静亭，任至四川候补直隶州知州。妣氏佟佳，所生妣氏傅，旌表节孝。三代皆以公贵，赠一品封。咸丰己未，建威公官重庆镇总兵，督师犍为，静亭公侍军中。十二月初八日，公生于重庆镇署，因名之曰庆，小名曰犍。建威公旋升提督，以重听乞休，移家成都。同治丙寅，静亭公卒。丁卯，佟佳夫人卒。戊辰，建威公薨。公时方十岁，连遭大故，资斧告罄，不克归，僦居陋巷，艰窘万状。公一生刻苦，盖基于此。

癸酉，从麻城霍渐逵明经志鸿受业，始好读书。光绪乙亥，傅夫人卒。越岁，库勒雅夫人遣仆寄金至，公始于丁丑正月抵京师，从盐山李慕皋侍御念兹游，服膺义理之学。又与志文贞公锐、升文忠公允、端忠敏公方等，互相砥厉，学业大进。戊寅，以国学生考取笔帖式，分太仆寺行走。己卯，举乡试。癸未，中式会试。次年，呈请注销笔帖式。丙戌，成进士，以庶吉士用。己丑，授编修，旋入清秘堂办院事，兼管镶蓝旗官学。壬辰，升司经局洗马，兼充会典馆纂修。乙未，升内阁侍读学士。丁酉，同考顺天乡试。戊戌，《会典》成书过半，以三、四品京堂尽先开列，并赏戴花翎，旋授鸿胪寺卿，升通政使司副使。己亥二月，简山东学政，试武定、泰安、济南、青州、登州、莱州、沂州七属。十二月，丁兼祧妣忧，去官。庚子四月，释服供职。是年秋，奉命留京办事。辛丑，授大理寺卿，并署仓场侍郎，充政务处提调。壬寅四月，补仓场侍郎。十二月，升授刑部尚书。癸卯正月，派充管学大臣。四月，充会试副总裁。八月，调礼部尚书。九月，调户部尚书，命在军机大臣上学习行走。十二月，充经筵讲官，并补授军机大臣。乙巳十一月，兼充翰林院掌院学士。十二月，调学部尚书，兼协办大学士。宣统己酉二月，得风疾，屡次乞休不允。七月，乃强起视事。庚戌二月，再调礼部尚书。辛亥四月，兼充弼德院副院长。壬子正月，避地天津，遂请开去一切差使。丙辰三月，风疾愈剧，以二十一日薨于津寓，年五十有八。事闻，上震悼，赐奠如例，特谥文恪。

公持躬清洁，严于义利之辨。督鲁学时，减供应三分之二，州县供张，凡鼎彝古玩文绣敷陈，皆令撤去。地方祷雨，属进蔬食，勿弛宰禁。其居政府也，于外吏之馈赠，虽属亲故，一概拒绝。吴懋鼎者，英商汇丰银行之买办也。光绪乙巳三月，商部保荐以四品京堂候补，公阻之不获。七月，又简周荣曜为出使比国大臣，荣曜出身粤关书吏，劣迹昭著，因之人言啧啧。八月，公藉车站炸弹案事，面奏朝廷用人失当，致民心浮动，后患未已，乃撤销前旨，改简李星使盛铎驻比。军机处素无养廉，大臣受外吏贿赂，习为常事。公自励清操，而不能感格同僚，深以为病。得间进言之，乃于丙午正月奉谕旨："军机处为用人行政枢纽，允宜优加体恤，以清治源。所有该处行走之王大臣，均著赏给养廉，用资津贴。此后一切馈赠，自当永远禁绝。倘有揣摩尝试情事，著该王大臣据实严参。如瞻徇容隐，一经发觉，与受同科，以端政体，而挽颓风。"此旨既降，同列不免忌公。是年九月，公遂以专办部务，开去军机大臣差使，在公如释重负，而朝政日替矣。

公素性谨慎，处事必求实际，耻为揣摩。初入翰林，以在清秘堂及管理官学事，必勤必慎，见赏于徐荫轩协揆桐。及庚子拳乱起，公见协揆，极言拳民不足恃，外衅不可开，大拂协揆之意。公又撰条陈三端，呈之荣文忠公禄，曰保护使馆，曰解散拳民，曰毋与各国一齐开衅。文忠曰："了之言，皆我之心，其如举国若狂乎！如再辩论，视为叛逆矣。"洒泪而别。公徬徨无计，中夜焚香告天，愿损己之禄位寿算，以绵国祚，而救人民。未几，乘舆西行，京师无主，公闻庆邸在怀来，上书请其速归。既乃与留京诸臣联衔奏请回銮。李文忠公到京，遂招公襄助和议。

是冬，奉旨"凡朝章国政，当因当革，著大学士、军机大臣、六部、九卿、各督抚、出使大臣，各抒所见，条议以闻"。公应诏陈言，略云"自古政事以人才为本，人才以学校为本，敬陈六事：一曰明正学。中国病根由于举世相逐以利，臣下各顾其私，是宜饬下大小臣工，严义利之辨，峻理欲之防，尤在昌明孔孟之教，上行下效，以立自强之基。二曰崇实学。自士大夫不讲实学，而世变所迫，别求洋务人才，于是有中学西学之分。讲中学者，病在因循。讲西学者，偏于功利。夫学者之心志不一，则举国之议论各殊，既开门户之见，遂成朋党之风，庶政隳废，职是之由，大局所关，尤非浅鲜。三曰复古学。宜将大学堂与国子监合而为一，各省书院学宫亦合为一事。既化此疆彼界之嫌，可复论秀书升之制。四曰重仕学。今日培植后进，原收异日人才，惟任时局之艰危，则以当今百寮庶司得人为亟。五曰兴武学。外洋兵丁，人人识字，将领尤深于学问，中国反是，深维衄败之由，宜求更张之术。六曰广游学。中国讲求洋务，四十年矣，而无实效，则以举其事而不先之以学也。以后创办新政，宜遣派成材之士，出洋游学，而后用之。以上六事，皆所以救中国今日之弊。臣尤伏愿皇上秉承慈训，任用老成，倡正学于朝廷，严杜门户空疏之弊，责实效于群吏，不用浮薄夸诞之人"等语。疏入，留中不报。

任仓场时，公力图整顿，而倚积弊以为生计者，将从中阻挠，公乃上书行在枢府，云"庆廿载京曹，兼以历任仓督，半系知交，其中积弊，闻之已熟。此时而欲整顿，有难办之处，亦有易办之处。自来任大事，挽积习，初办时，罔不谤议沸腾，阻挠百出。陶文毅之整理淮鹾，丁文诚之革除川弊，崇文勤之督沈，阎文介之抚东，均不免此。其行之易而收效速者，以胡文忠之治湖北为最。盖地方新复，事同创始。今之时局，大略类此，仓务即其一端。庆一点血诚，不敢不勉，伏愿枢要诸公，主持于上，而督责策励之"等语。于是与政务处、户部等会奏，南漕抵津，改由火车运京，裁并京师仓廒，增给监督养廉，严禁仓蠹把持，杜绝领米弊端，裁撤查仓御史。均得旨允行，积弊为之一清。

任刑部尚书时，值日召对于仁寿殿，交庆宽告密所拿之沈荩一案，谕严办，公以必须情真罪当对。次日，公与沈子敦侍郎家本，派妥员承审，冀其无枉，乃奉特旨，立予杖毙，毋庸再审。公引以为疚，遂以读律未熟，面恳调简。旋移礼部。次年，万寿庆典，公请降旨推恩，凡戊戌获咎之革员，均复原衔，拘禁及通辑者，一律释放，蒙俞允焉。及创立学部，公奏请开复废员张比部元济，调部任用。又徐编修仁镜，以父子静学士、兄研甫编修皆于戊戌获重咎，久隐不仕，公亦奏调之，且再三敦促其入都供职焉。公之求贤若渴，不迎合朝旨如此。公长学部之初，与严范孙侍郎修最相得，皆以循序渐进、黜华崇实为主旨，故每年部务及直辖学堂经费，岁不过五十万两。及南皮张文襄公管理学部之后，务为恢为，各分科大学，同时并举，部中又增设机关甚多，而经费乃增至数倍。公莫能阻，乞休不获请，严侍郎又去官，公乃再请调简，遂复移礼部。公中年受主知，一岁数迁，每自嫌早达。甲辰十月，协揆缺人，翰林出身之旗员，公资最深，两宫命以公补是缺。公固辞，让之世相国续，继又让之那相国桐，皆外班也。其后公得协揆，而终身未及大拜，固公难进易退所致也。

公用人，最恶躁进，凡所举拔，务求人品物望政绩，不引亲故，不纳干牍，每有生平未经识面而为公所荐进，人亦不知者。袁世凯自洹上奉朝旨再起，公以旧交往见，勉以忠义，袁应之。既而公察其伪，乃与之绝。袁造访，不纳，归谓人曰："荣相，纯臣也。"公闻之曰："我书迂耳，罪臣耳，若为纯臣，则有以报朝廷矣。"袁乃不敢与公往还，而公于壬子后，遂绝迹不入国门，盖为此也。公自光绪戊寅四月以至宣统丙辰三月，皆有日记。除己亥丁忧，庚子国变，略有停顿外，无一日间断。诗文不自信，所作皆不存稿，仅略见于日记中。日记亦不以示人，故人惟知公之清廉谨慎，而献可替否，正色立朝之大节，勿传焉。公薨未及一载，子熙栋、熙梁先后卒。二孙皆幼。赖公配西林觉罗夫人坚苦持家，以教以养，至于成立。公薨之后，未及具志传，是时史臣星散，亦无人记公行事。《清史稿》于公传尤略。烈自光绪乙巳，蒙公奏调学部，日日接公言论。辛亥后，同居津沽，放言林下，更窥见公之患忧。今距公之薨，已廿六年矣，得读公之日记，乃撮其要端，参以平日所闻，成此家传，冀补史乘之缺。文字工拙，所不计焉。

据作者手稿

皇清诰授光禄大夫护理两广总督广东布政使胡公墓志铭

陈三立

公姓胡氏，讳湘林，字揆甫，江西新建人。曾祖雄才，祖元吉，皆以公考贵，赠光禄大夫。妣皆一品夫人。考家玉，道光辛丑第三人及第，累官至左都御史。妣陈，继妣夏，皆一品夫人。

公资禀颖异，早岁补诸生，举光绪乙亥乡试，联捷成进士。当廷对，以疾告。越明岁乃对，改庶吉士，授编修，充国史馆、功臣馆、武英殿协修、纂修官。察典课最，简知陕西同州府。用治盗折狱有名，调权汉中。未之官，会西安守缺员，大吏以为诸守中无如公能者，复檄权西安，旋为真。庚子拳乱作，天子奉皇太后狩西安，公除道，缮治行在宫室，供张一切，趋办适旨，有诏褒美，擢延榆绥道，留置布政使，兼凤邠盐法道。昕夕入值，一日七召对，赏赉稠叠，殊恩异数，比内廷大臣矣。辛丑，调补山西冀宁道，晋二品顶戴。时讲成，晋岁增费大万，乃以公兼董筹饷事。慎选掾吏，廉己为率，综核厘扬，闭绝奸利，赋入羡饶，民不任罢。巡抚奏闻，特旨加头品顶戴，累署按察使、布政使，擢湖南按察使。

未上，再擢广西布政使，调广东。广东为海南重镇，百货浩穰，大吏多喜事，挥斥无度。公至，库储仅十二万，举外债且百万，公一以治晋者治之，数年积逋尽偿，帑藏大赢，公私给足矣。兼按察使者一，提学使者再。丁未，护总督。丁衡军之变，一持以镇静，市廛不惊而乱定。己酉，再护督篆，将受代，遽乞病归，归三载，而有辛亥之变。郁郁侨上海，赁庑陋巷中，出入一小车，从二三耆旧游，绝口不道世事。以乙丑八月十二日卒，享年六十有九。

公家世贵盛，劬学笃行，不资门任，自致通显。生平与人落落寡谐合，官翰林日，懿戚孙、徐并在枢要，绝迹不往干。以故回翔清要二十余稔，而衡文之任，终不一属。比为外吏，以干能自见，至大官矣，而深瞑太息于国事之不可以有为，一旦决然引去，避位贤者，古所谓有猷有守，难进易退之君子，非其人欤。配许夫人，先公卒。子：承诒、承诰，前死。承荣、承恩。孙八：先佐、先雩、先云、先杰、先任、先雯、先佺、先俊。将以丙寅九月八日，葬于上海法华乡之原，以状来督铭，乃为铭曰：

跐美厥考，载升玉堂。肇典大郡，迄藩雄邦。楙乃嘉绩，令闻丕显。方假节旄，遽蜕轩冕。岂不幸位，臣力则殚。罔克乂艰，旷贵用惭。趑趄江海，悬命崩坼。沈忧积疢，煎魂铄魄。缒棺九幽，崇封一邱。来者曷讯，兹铭之求。

据拓片

清故光禄大夫建威将军兵部左侍郎镶黄旗满洲副都统秦公墓志铭

唐文治

公姓秦氏，讳绶章，字佩鹤，江苏嘉定县人。曾祖考讳凤辉，附贡生，妣卢氏、金氏、卢氏。祖考讳溯萱，太学生，兵部武选司员外郎，妣金氏、周氏。考讳兆甲，贡生，分部行走郎中，妣潘氏。自曾祖以下，俱以公贵，赠光禄大夫、建威将军，妣俱赠一品夫人。庶母金氏、何氏，亦以覃恩，得貤封如典。兆甲公生子九人，公其仲也。

幼聪颖，性至孝，尝刲臂以疗亲疾。年十五六为文，苕发颖竖，已为李文忠公鸿章、冯林一先生桂芬所器赏。同治丙寅，补行壬戌、癸亥岁科试，以案元列博士弟子员。光绪丙子，举优行贡生。朝考一等，以知县用。己卯，中式顺天乡试举人。癸未，成进士，改翰林院庶吉士。旋丁兆甲公忧。服阕，散馆，授编修，充国史馆协修。癸巳，充湖南乡试副考官。甲午，大考翰詹，列一等二名，擢侍讲学士，充日讲起居注官。旋充起居注总办，咸安宫总裁，顺天武乡试主考官。丁酉，充顺天乡试同考官。转侍读学士，充国史馆纂修，历授詹事府詹事、内阁学士兼礼部侍郎衔。辛丑，简放福建学政。擢工部右侍郎，调兵部左侍郎，仍留学政任。丁未，改授镶黄旗蒙古副都统。调镶黄旗满洲副都统。己酉，兼署护军统领。历充优贡朝考阅卷大臣，进士馆及外洋游学毕业生考试举贡、覆试拔贡、朝考孝廉方正，廷试阅卷大臣。孝钦显皇后、德宗景皇帝升遐，上谥、暂安、百日、周年，屡派几筵宝城前行礼大臣。

辛亥八月，武昌告警。公鉴于人心不靖，国事蜩螗，爰上疏立请解职，得蒙俞允，是年十月初九日也。厥后迁居沪渎，杜门著书，宾客罕觏其面，而江湖魏阙之思，往往形诸歌咏间。至临没时，无一语及家事，惟惓惓以君国为念。呜呼！可谓忠而贞者矣。

公外貌宽和，而德性坚定，局量闳通。平生于训诂辞章之学，靡不究，而尤研精时务。自经大考超擢，感激知遇，言论丰采，常以古大臣为准则。甲午后，国势岌岌可危，公于是有备款购械之疏，又有论列和款之疏。时军兴需饷，部议息借商款，江苏官吏，藉端抑勒，苛扰尤甚。公抗疏力请严禁，诏韪之，民困以苏，桑梓之蒙乐利者，实非浅鲜。嗣以俗学剽窃，宜注重经史、舆地、掌故、算译、理化诸学，于是有整顿书院之疏。又以圜法日坏，漏卮外溢，于是有广铸银铜币之疏。庚子后，朝廷稍稍振作，公于是有亟求人材，并条陈立商部、节国用、定讼律、改捐例、删例案、铸银币、制军械、缓工程八事之疏。盖公以文学侍从，兼复通达治体，倚畀特隆，故自造膝密陈荦荦诸大政外，举凡坛庙大祀，朝会筵宴，耕耤阅射，庆祝盛典，銮舆所莅，罔不珥笔以从。馆阁奏进文字，同列群推公撰拟。于是有《彤珥集》之编，盖足为历代名臣奏议之续矣。

公迭掌文衡，甄拔多知名士，而尤以在闽政绩为最著。凡任学政四载，整肃考规，湔除积弊，约束差丁，恒以勤慎清廉自矢。其教士也，服膺顾亭林先生之训，体用兼赅，必以行己有耻为本，并以胡安定先生经义、治事，分斋设课为法，而参以时务、科学。一时人文，郁乎彬乎，化成大效矣。呜呼！自唐代以科举取士，宋、明以来，相沿不改，论者以为末流之弊，足以祸世，必扫除之而后快。不知科举不过考试之法，在知其意而善用之，如公之以道德文章为体，以经济时务为用，亦何尝不能陶铸人才。一旦废弃之余，诸生迷于所向，且谓圣贤之道不足复存。值国家大事，徇私灭理，更不能虚心审虑，以归于至当，而生民之受困亟矣。故吾尝谓制举文当废，而孝弟忠信礼义廉耻之在人心者，则虽废而终不废。彼诋科举足以祸世者，盖未尝读书阅世之论也。

嘉定为吾娄属邑，俊彦风从，为同乡所莫及。乾、嘉之际，钱竹汀先生大昕崛起，以经学名闻当世，兄弟子姓，相继而兴，号为“九钱”。厥后科第之盛，复甲全省，二徐二廖，先后骞腾。迨其季也，乃独钟于秦氏。公既掇巍科，跻卿二，而先登乙榜、司铎澄江者，则公之兄讳毓麒也。与公同入词林，典试浙江，出守广平者，则公之弟讳夔扬也。膺拔萃者，公之子曾诰也。登贤书者，公之子曾荣、侄曾源也。举进士，蜚声翰苑者，公之侄曾潞也。玉昆金友，五步十连，乡里举啧啧称羡，而不知其先世之积德累行，其家风则追踪乎万石，其学诣则联武乎“九钱”，故有以致此，岂偶然哉！

文治自幼，即闻公名，盖先大夫与公同应科试，曾相值于号舍，题曰《援琴作水仙操赋》，公清思窈渺，摛词飘飘欲仙，先大夫叹服，遂订交焉。光绪癸巳，先大夫就养，入都相见，欢然道故。嗣后行乡饮酒，岁必数会。文治侍坐，偶论学，公辄嘉奖之，命次子曾诰来受业。壬戌，苏、松、太三属，举行重游頖宫之典，公与其列，赋诗以纪其事。甲子冬季，先大夫弃养。不逾二月，而公哀赴亦至，痛哉痛哉！遗疏上，奉谕赏给“志洁行芳”匾额。又逾三年，文治因其嗣曾蔚等之请，谨铭公墓。禾黍之悲，蓼莪之恤，身世交游之感，人心世道之忧，萦结于中。呜呼！其能无恫乎，其能无恫乎。

公以道光二十九年三月十五日生，乙丑年二月十三日卒，春秋七十有七。所著有《灵香庵文集》、《蓴庵吟稿》、《补讽籀室丛钞》各若干卷，《湘轺纪程》一卷，《湘弦词》一卷。配王氏，诰封一品夫人，浙江秀水赠光禄公讳清瑞之女，相夫有礼，淑德彰闻，癸巳三月初八日，卒于京邸。侧室汪氏、贾氏。子五：曾蔚，邑庠生，正二品荫生，刑部主事，奏调大理院，补授刑科第一庭推事，娶浙江秀水王氏。曾诰，邑庠生，己酉拔贡，朝考一等，正二品荫生，邮传部主事，娶苏州冯氏。曾荣，邑庠生，壬寅举人，农工商部主事，娶浙江秀水王氏。曾恺，四品荫生，先卒，娶苏州顾氏。曾修，殇。女四。孙八：元炳，殇。元衡、元怡。元轺，殇。元崇，殇。元康、元寓、元诜。孙女四。曾孙三：诒颁、诒祺、诒泰。曾孙女二。将于庚午年十一月，葬于吴县五都九图荒字圩孙家场之原。铭曰：

胡天不吊，不憖遗先生。缅怀明德，含章以时贞。滔滔浊世，不温蠖其身。萧然著述，与三古为邻。陆文端后，实维第一人。史家载笔，允矣采兹文。

据拓片

赐进士出身诰授光禄大夫太子太保头品顶戴署典礼院掌院学士郭文安公神道碑

王树楠

公侯官郭氏，讳曾炘，原名曾炬，字春榆，号匏庵，晚自称福庐山人。系出汾阳，唐咸通中有讳嵩者，入福建之福清，是为始迁之祖。其支祖讳志龙，再迁省垣。六传至曾祖讳阶三，字介平，嘉庆丙子举人，官连城、同安教谕，生五子，皆登科，其族益大。仲子讳柏荫，字远堂，道光壬辰进士，以翰林院编修历官江苏、广西、湖北巡抚，一署湖广总督，公之祖也。考讳式昌，字谷斋，以咸丰己未举人，官浙江金衢严道，署按察使。三代皆赠光禄大夫。曾祖妣林，祖妣沈、杨，妣陈，皆赠一品夫人。

公幼聪敏，书过目辄成诵，有神童之目。年十六，补诸生。光绪乙亥，举于乡。庚辰，成进士，改庶吉士。散馆，以主事分礼部，隶仪制司，与修会典。己丑，大婚礼成，赏四品翎顶。辛卯，补官，充军机章京，擢员外郎，迁郎中，晋三品冠服。三次京察皆一等。寻擢内阁侍读。逾年，转太常少卿，超升光禄卿。庚子，拳匪乱作，联军陷京师，太后挟天子西狩长安，扈从不及，乃南下省亲。是冬，驰赴行在，授通政使，仍直枢府。时创设政务处，以公为提调。回銮叙劳，予侍郎衔。旋署工部左侍郎，调礼右，兼署户部左、右侍郎，枢直如故。乙巳，丁父忧。服阕，上意以侍郎题缺畀公，为忌者所阻，授邮传部左丞，旋署右侍郎，调礼左。明年，补礼部右侍郎。辛亥，改设典礼院，授副掌院学士。逊政诏下，交替后，僦居一椽，泊如也。先是宣统初元，充实录馆副总裁。癸丑，复奉命勘修《德宗本纪》，馆费皆自备。书成，颁御书扁额。先后叙劳，赏头品顶戴、紫禁城骑马，加太子少保衔。大婚礼成，晋太子太保衔。七旬赐寿，颁御书扁额，恩至渥也。公清勤廉慎，熟谙国家掌故，其所建白，皆洞窍要。其在枢府，密计玄策，当轴者多关决于公，然未尝一诣私室。公之擢光禄卿也，为枢相某荐引，欲藉此致门下，公执不可。拳民之变，公草谏书，未及上，密言于文忠公荣禄，画东南疆吏互保之策。时有议骈诛大吏，及清搜内外城官宅者，公力言于枢府，寝其疏。其侍行在，条奏新政，多议行。及扈跸回京途中，支短几，挑灯草诏书，往往达旦不能寝。某邸由译署兼直枢廷，译署例，僚属见者，皆屈膝，公独长揖，某邸忌之，然以公持正，无如何，乃瞰公生日，馈以多仪为寿，公亦俟其生日，封还之，忌者乃益深，不顾也。

公尝见国是日非，人心不靖，乃疏陈五事，曰：信诏令，定国计，挽积习，融成见，正学术，皆洞中时弊，而挽积习一事，则直斥政府大臣贿赂公行，言尤切直。公风裁峻整，棐忱忠舌，多言人所不敢言。先是，江西学政陈公宝琛请以明儒黄宗羲、顾炎武从祀孔庙，朝士复有以王夫之并请者，格于部议。公抗疏解故，反复辨言，卒邀俞允。侍郎许景澄，太常袁昶，尚书徐用仪、立山，阁学联元，以谏拳匪被诛，公疏请褒恤，上皆赐谥，以表其忠。旧制，汉员亲丧三年，满员则仅百日。时有言画一服制者，尚书溥良主改汉从满，持之甚坚。公再莅部，援证经史，发六不可议，溥良不能屈，即署入奏。自是满汉居忧，皆去官持服三年，定为制。张文襄语人曰："百年以来，礼臣能识大体者，一人而已。"

国变后，公蛰居都下，每岁时趋朝，值恩赉，戚戚不欢，言及辄流涕。尝上书当道，请仿历代衍圣公及泰西教皇例，定逊帝尊号，永袭甲子。乘舆出宫，复致书请尊重优待条件。戊辰，值裕陵、定东陵之变，祭奠归，感愤致心痛疾。十一月二十四日，卒于京师，春秋七十有四。遗疏上，诏赠太子太保，派贝子溥伒奠醊，照一品官议恤，赐祭葬如例，予谥文安。

公事亲孝，虽远隔一方，孺慕之心，如侍左右。兄弟七人，前卒者所遗子女，皆抚之成立。胸无城府，与人交，始卒不渝。其处乡里戚党，扶倾周急，毕其力之所能为。居恒缄默寡言，然遇事之当言者，侃侃力争，不避权贵。爱士如性成，一艺一技，称之不绝口。光绪癸卯，典试山东。宣统庚戌，主举贡会考，称得人。其覆试经济特科，考试进士馆留学毕业，以及优拔贡朝考，考试试差御史中书，公皆与焉。其所阅卷，以实学为主，不专重楷法。

其于书，靡所不读，俸余辄以购书，至老未尝释卷。尝言古人所谓三不朽者，惟道德文章，历万劫常存，若功业，乃一时之事，过则已耳。甲午后，睹朝事纷更，慕光禄庞鸿文之归隐，因颜其斋曰愧庞。庚子，赴浙省亲，以时事艰危，义不可去，复署其轩曰再愧。盖避世之心，蓄之夙矣。公学通中西，与京卿严复，论中外学术，质疑辨难，称为挚友。诗文多散佚，其《亥既集》、《徂年集》、《云萍簏稿》，皆晚年所著手自删定者也。外又有《匏庐剩草》、《读杜札记》、《论诗绝句》。津居日，铨镜历朝学说，著《楼居杂记》诸书。其《邴庐日记》，则始自丙寅，讫于易箦者也。

公原配冯氏，卒于光绪丙戌。继配王氏。皆封一品夫人。子男四：曰则沄，光绪癸卯进士，翰林院编修，头品顶戴，记名提法使，署浙江提学使，冯夫人出。养刚，北洋大学毕业，赐进士，翰林院庶吉士。则济，二品荫生，民政部主事。则汉，殇。王夫人出。女子子五：长适贵州补用知县同邑刘子达，次适翰林院庶吉士松江朱焜，三适同邑黄孝平，四殇，五待字。孙男曰：可诜、可诔、可诚、可诠、可谭、可谅、可谭、可诩，凡八人。可诜已毕业北京大学，为理科学士。女孙六人。则沄等将以某年月日归葬于福州西门外天财山之麓，而属树楠为文镌诸神道之碑，乃为铭曰：

郭之居闽，仍世大家。我公杰出，蔚我国华。繁公之学，中西一贯。龙跃天衢，流声翰院。公熟国故，执礼不移。蹑其轨迹，吏不敢欺。逮赞枢密，筹昏策乱。诞章硕条，唯公主断。公性简默，不可则争。挈其纲纪，略其细轻。取与辞受，严于一介。视挟贵者，长揖不拜。庚子以还，国是纷更。卒陨厥命，地坼天倾。公持一心，与国同戚。甘曳于泥，以濡其迹。感时触愤，晚以诗鸣。消日遣时，著述满楹。忠爱之忱，溢纸盈字。惓焉故国，有泪倾眦。昊天不吊，一老不遗。镌碑诏来，视此铭辞。

据《陶庐文集》卷二十

皇清诰授光禄大夫建威将军
前江宁将军予谥庄靖
满洲穆尔察公墓志铭

冯　恕

大清宣统三年辛亥，上始六岁，其年冬，奉隆裕太后诏旨，将统治权公诸全国，定为立宪共和政体，己与皇帝退处宽闲。时江宁将军穆尔察公铁良方谒告，即奉符印抵继任总督张勋而去。当是时，武昌革命军起，数省响应，大夫士多避处沪、津间。公既去官，间关北上，路梗塞，留寓津沽。越十有四年甲子，乘舆被迫播越，驻跸天津。前此诇伺严重，朝请久绝。至是，公始得时时献纳焉。越八年辛未，上幸旅顺，偏安鸡林。公以微尰不从行，悲忧感愤，若焦若熬，疾益甚。戊寅五月，薨于津寓。事闻，上悼怆，命宗支奠爵，锡明器银币，予谥庄靖，特谕称公练兵、理财诸要政，规画精详，器局宏深，不阿权要，斯可谓一代君臣，礼忠不替者已。

始，公读书大父吉安太守官舍。吉安卒，随父礼部员外扶丧回京师，受业于母太夫人。居四载，礼部卒，家窭艰，遂弃举子业，究心经世之学，尤致力治赋、治军二者，纵横贯穿，巨细靡遗。意谓救国贫弱，舍是末由也。乃以笔帖式，官工部，考充神机营写官，兼海军委员，补本部主事，升员外，调户部银库员外，擢通政参议、大理少卿、内阁学士、户部侍郎。自入仕，历二十年，九迁而官尚书。当其绾银库三载，凡赋税、漕仓、盐茶、榷酤、平准，昔稽诸典志者，今得见实际，而知其体要。充神机营翼长,凡陆海军章制、学术、风规、器械、搜狩,曩歆羡泰西盛强者,今皆深研之而洞窥其奥窔。每于升擢入谢,奏对辄移晷刻。

两宫知公文武有立,可当大事。因念国家承平久,旗兵暗弱,命选满蒙丁壮,交直隶总督袁公世凯训练,诏公以户部侍郎为会办,驻保定营次,时为光绪癸卯年。公采放列国兵法,补短移化,勒习三载,士卒皆有勇知方,所谓近畿第一镇也。秋,诏赴日本阅操。明年,诏往南省检阅陆军,考核造械合宜地址,兼察财政。公由津遵海,至苏、沪、江宁,而皖,而赣,而湘,北折至鄂、豫。乙巳春,归朝复命。所陈军政、财政、冶铸、盐榷各疏,厚盈数寸。奏入,一切报可。是年,升户部尚书,兼摄兵部尚书,授军机大臣。军机大臣,即前代宰相,绝尊重。公旦夕随寮采,谋议于上前。有所献替,皆关治乱存亡者,朝退即裁决部务,发挥智能,展采错事。综其所设施,若建陆军学堂,创办练兵处,齐一军制,京旗与各省常备军同待遇,各省施督练公所,募练新军,成立后,奏派大员检阅,逐年选调大操,选学生出洋肄习,全国枪口一律,而以渐裁汰绿营,整顿庚子岁币,收回常洋关税权,设学堂,培养关税人才,诸事次第举行。两宫倚任日专,公亦忧国如家,忘身奉上,引天下大事为己任。然噎媢者以公门廧严峻,妨害其营私,憎恶者以公体性忠纯,不与之朋比。于是机牙四出,钓谤飞谋,卒使机陧不安,退出枢府。所有理财、经武计画,不获竟其设施。有识者所为深瞑而太息也。

时方改官制,任公以陆军部尚书。公谓大司马虽总理全国戎政,然各省陆军仍应由疆臣训练调遣,近畿六镇亦应派大员管辖,部臣但监督之。又疏陈各省财政,应为督抚留指挥余地。总之,不可骤使大权集归中央也。戊申冬,两宫相继殂落。上方幼弱,新政施行,主计者派员四出监理财政,而督抚失权,陆军部减削职权,而部同虚设。公知事不可为,遂引疾乞退,屏居西山者经年。嗣乃起为江宁将军,即日趣之就职。当是时,枢臣举措失宜,而党人哄之,权臣觊觎非分,而奸佞成之。终至四方靡聘,国亦卒斩矣,时宣统辛亥冬也。公惊骇跳号,泪尽血出。夫何济哉!夫何济哉!

公姓穆尔察氏,字宝臣,满洲镶白旗人。先世居萨哈哩乌拉胡尔哈模林河。始祖讳福拉他,随太祖征战有功,从大军入关,始居京师。五世祖讳哈靖阿，乾隆乙丑进士，官广西按察使。高祖讳成书，乾隆甲辰进士，官户部侍郎。曾祖讳那斯洪阿，嘉庆丁丑进士，官内阁学士。大父讳特克绅布，官江西吉安府。考讳英会，官惠陵礼部员外郎。自阁学下，皆以公贵，赠如公官。曾祖妣氏章佳，祖妣氏汪佳，妣氏博尔济吉特，皆赠一品夫人。配乌苏氏，封一品夫人，贤有法度，先公九年卒。子五：长魁瀛，二品荫生，法部主事，陆军学堂毕业，改三等侍卫。次魁澍，一品荫生，邮传部员外郎。三魁濂，青年会毕业。皆乌苏夫人出。四魁浩、五魁津，侧室苏佳氏出。孙七，女孙四，曾孙三。

公生于同治癸亥年二月十八日，薨于共和戊寅年五月十一日，年七十有六。将以某年某月日，葬宛平县六道口祖墓之次，乌苏夫人祔焉。魁瀛等衰绖请铭于冯恕。恕曰：庄靖公德业，宜著之青史，惟改玉改步，史官星散，谨最公平生政绩关于天下存亡者，志之藏幽之石。至若经历官职，承受荣舰，无与于兴衰治乱，故不备书。乃为铭曰：

蔼蔼相公，辅拂高明。高明掩曜，彗弗纵横。摈之挤之，敚其斧柯。神徂圣伏，忧伤奈何。銮舆遁荒，黑水白山。清宫何日，骑箕问天。公毋问天，积累绵延。殷中汉世，乾象三连。太卜得筹，敬告九泉。

据拓片

瞿鸿禨传

刘宗向

瞿鸿禨，字子玖。先世自明季居长沙县东乡影珠山下西冲，嗣以善化籍入试，遂为善化人。祖岱，处士，工画，得阙岚之传，有三子：元钧、元霖、元璨。母武进汤氏，教子严，皆成举人（元钧咸丰七年举，元霖咸丰元年举，元璨道光廿九年举）。元霖入资为刑部主事，沈毅方直，交友笃风义，以目疾归。鸿禨，其季子也。承父教，幼能文。年十七，补诸生。肄业城南书院，何绍基、郭嵩焘激赏之。举同治九年乡试，联捷进士，入翰林，授编修。光绪建元，大考翰詹，李鸿藻、翁同龢阅卷，拟一等第二进呈，即日超擢侍讲学士，年甫二十六。时孝贞、孝钦二后垂帘，召对，询家世，勖为国用，语及穆宗，泫然泣下。旋简河南正考官，明年督河南学，十一年督浙学，十五年典福建乡试，未竟，督川学，二十一年还朝。转侍读学士，迁詹事，署刑部左侍郎，出为江苏学政，再迁内阁学士，补礼部右侍郎。

鸿禨中岁连丁母忧父忧，家居治许书、班史，王先谦《汉书补注》多采其说，而嵩焘自海外归倡西学，鸿禨大好之，锐志经世，按试不避险远，校士严峻，训以务实学，无空谈。及居朝，康有为、梁启超、谭嗣同等方倡变法，鸿禨辄为延誉。戊戌，应诏举经济特科孙诒让、邹代钧、屠寄、陈三立、汤寿潜等十五人。俄政变，几被株连，以章疏中未显言保新党，得不问。庚子乱作，行在公卿寥落，鸿禨适任满，内召左都御史，甫十日，补工部尚书，既达行在，应诏陈时政四端，曰：整顿吏治，培植人才，变通军制，开浚财源。辛丑夏四月甲辰，命在军机大臣上行走，寻命为政务处大臣。先是，李鸿藻宏奖自任，密举鸿禨及张百熙于两宫，又力誉鸿禨于荣禄。禄，孝钦所亲信也。六月癸卯，改总理各国事务衙门为外务部，派奕劻为总理，王文韶及鸿禨皆授会办大臣，而鸿禨为尚书。鸿禨慎密勤敏，拟旨曲折尽事理，处事持重不激切，大被知遇。性不肉食，每赐宴，孝钦必敕别具素馔。偶跌伤要旅，谒告旬日，中旨慰谕相望，汉大臣中慈顾无比。既久在政地，言官或劾枢臣失职，鸿禨请致政。孝钦怒曰："我所拔用，岂尽不善！人乃狂言若是！"又谕鸿禨："任事之人，不可存引嫌之见。"鸿禨乃不言去。

当是时，袁世凯柄兵督直，觊操朝政，以首辅庆亲王奕劻嗜利，结为内援，荐引躁进之徒，苞苴杂遝，鸿禨忧之，建议收新军于中央。（至三十一年冬，世凯请开去兼差，以第三、第五、第六镇军归陆军部直辖，允之。）既定立宪策。议改官制，世凯复阴主废军机处，设内阁，裁台谏，意在侵权自便，鸿禨密陈于孝钦，奏上，却之。三十一年秋，新官制行，惟鸿禨与奕劻仍为军机大臣，余与世凯朋附者反罢去。鸿禨念疆臣中惟滇督岑春煊忠直有威望，欲援以敌世凯。三十二年春，春煊入觐，极言世凯权势日重，愿得留阙下，为狂犬，守夜当门，孝钦动容，命长邮传部。春煊到部，立劾罢侍郎朱宝奎，奕劻私人也。直隶候补道段芝贵者，世凯荐之于奕劻，是年三月，超署黑龙江巡抚，物论大哗，御史赵启霖劾芝贵买津女伶杨翠喜，赠奕劻子载振得之。启霖，湘潭人，奕劻疑鸿禨所授意，又侦启霖尝客保定知府罗正钧署，适与春煊值，因疑其有言，乃急挤春煊出督粤，以撼鸿禨。

初，鸿禨门人内阁中书钱塘汪康年，本康梁党也，假鸿禨力，设《京报》抨弹时政，奕劻、世凯侧目久矣，鸿禨尝于孝钦前解譬戊戌时事，谓宜因庆典，大赦党人，以收人心，孝钦虽不以为忤，然三请不得命，有为诗所云"三犯龙鳞敢举仇，爱才爱国有深忧"者也。奕劻佯欲乞休，鸿禨因密奏载沣可继，而家人泄其语于康年，康年又辗转泄于《泰晤士报》访员，某公使妻入见孝钦询之，孝钦惊，遂怒鸿禨，未发也，而奕劻伺得状，因媒孽其与新党前后往还形迹，以康年报馆证之，于是世凯嗾讲官恽毓鼎疏劾鸿禨暗通报馆，授意言官，阴结外援，分布党羽。五月丁酉，诏责鸿禨开缺回籍。孝钦之再训政也，以康、梁居海外，肆诋毁，欲甘心焉而不可得，迁怒强邻，酿成拳乱，回銮之后，私憾稍平，一意忧国，知世凯狡黠，奕劻贪庸，则内倚鸿禨，外倚张之洞，故于鸿禨之欲以载沣代奕劻，以春煊当世凯，悉允之，独于所持新党修怨一人，足以影响大局之旨，不能骤悟，而鸿禨机事不密，反为世凯、奕劻所陷，有与新党沆瀣一气之嫌，孝钦为弥年不怿云。

既被放，即日出都，过夏口，欲渡江访之洞，之洞曰："是实朋党之说也，必不可。"泊舟江心，置酒话旧而别。鸿禨尝以扈从劳，锡太子少保衔，固让。三十二年春，以久次加协办大学士，逾年放归，始筑室于会城朝宗街，与王闿运、王先谦唱和。辛亥冬，避地上海，与耆旧结吟社，推为祭酒。世凯及黎元洪主国，征聘，皆力拒。民国七年戊午月日卒，年六十有九，葬杭州灵隐石笋峰永福禅院之趾。清逊帝以旧辅恩，赐禨谕祭，予谥文慎。所为诗文曰《瞿文慎集》。

鸿禨端恪耐劳，赞治七载，新政繁兴，枢曹无所据依，典章号令，皆其手定，自以不由门户党援进，尤矜清操，遵故事，不宴客，不报谒，严拒干请，所汲引斡旋，皆不使人知。湘人同时显达者张百熙，百熙尚通，鸿禨尚介，士论两贤之。子宣朴、宣治、宣颖。治，荫吏部员外郎，娴欧文，民国初，随使瑞士，卒，年三十六。颖，有文学名。

据《湖南文献汇编》第二辑

辛亥人物碑传集

卷十四

故新疆布政使王公行状

尚秉和

公讳树楠，字晋卿。其先明永乐时自小兴州迁保定雄县，至万历时再迁新城。传十五世讳懋者，为公曾祖，家贫好善，年五十五，病中梦神语曰："尔有阴德，为增寿一纪，且将大汝门。"后果以六十七岁殁。祖振纲，道光戊戌科第一名贡士，成进士，授知县，以母老告终养，家居授徒，门弟子数千人，学者称为隐斋先生。先生生五子：曰鉴，同治甲子科举人，宁远州学正。曰铨，咸丰乙卯科举人，东安县教谕。曰锡，补用都司。曰钰，廪贡生。曰锷，乙酉科举人。兄弟联芳競秀，名声宏大。

公为东安之次子，龆龄颖异，出语惊人。年十六，入邑庠。十七，补廪膳生。二十一，举优贡。朝考以教职候选。时直隶总督曾文正公聘隐斋先生都讲省城莲池书院，公随读院中。曾公闻其名，特召见，指示读书门径，诗古文义法，训勉奖励，逾两小时，其见重如此。后李文忠督直，见其文，谓为苏长公后第一人，即聘充通志局修纂。光绪丙子，举于乡。公禀承家学，复从贵筑黄编修彭年游，为文华赡藻丽，诗出入于韩昌黎、李昌吉二家，而博识强记，凡经书滞义，古籍错讹，训诂考订，精赅允当，突过前人。一时名宿睹所著，皆愿订交，而冀州知州吴公汝纶谓公经学为海内所罕有也，延请主讲信都书院。时通志局长黄彭年方恃公成书，执不允。吴公乃上禀总督，以去就争之。乃命公在志局、冀州各半月，以为调解。风声所播，士习丕变，由是冀州文学之盛，甲于畿南。

光绪丙戌，成进士，用工部主事。叹曰："京曹碌碌，徒耗岁月，一官一邑，尚可为民造福耳。”遂改知县，选四川青神县知县，自是持其所学，以试之民。青神滨江，有鸿化堰，溉田数万亩，为豪强占夺，堰废四十余年，莫能兴。知州毛恩隆以为言，而甚难其事，公曰：“某视事两月，堰必成。”果如期。而复清丈地亩，严订章约，抑制豪强，永不得逞，而宣泄得宜，山水暴洪，永免冲决，江流顺轨，连岁丰熟，三年政成，以卓异荐，循声遍川东西，移资阳。资阳人好讼，日必数十起，公闻即坐堂皇，纵民观听，摘发明敏，事无三日不结者。久之，民以其难欺也，讼端几绝。会邛蒲、新彭、双流、大邑盗贼蜂起，大或千人，小亦数百，而新津尤甚。总督刘公秉璋曰：“非王某不办。”或以公书生为疑，总督曰：“人患非真书生耳，惟真书生，乃能办贼。”即檄公署新津。公以便宜要总督，而自克平贼期，总督许之。公即练团勇数百人，每日暮即率以出，众莫知所往，视公马首而行，至贼地，始下令捕贼，贼以其神速无备也，惊散瓦解。八月之内，共捕获三百余贼，诛八十余人，而贼平。实自公视事五日后，贼闻公名，无犯境者。其所剿，皆在邻县，故邻县盗案，多就公质。公胆识过人，当其未至，幕友门丁闻赴新津，多托故辞去。及其既至，邛州盗魁牟化连者，遣其族人牟千总来谒，曰：“每月资贼钱米若干，即不犯境。”且曰：“各县顾考成，多如此。”公闻，拍案大怒曰：“汝敢以此尝试我耶。”即械系之。后每获一贼，即曰：“牟某所指。”或令牟与贼当堂质证，牟亦畏罪，为公耳目，故贼互相猜忌，如期肃清。总督曰：“王令劳矣，其少休。”即调富顺。

会御史台合词奏劾总督，辞连公，特遣尚书裕德、侍郎廖寿恒来川按验，部议冥昧，竟落公职。事为两江总督张之洞所闻，即延公入幕。公即去川，资阳、青神绅民，深知公冤，谓原奏在资阳杖毙王姓一人，委员调查，并无其事，而钦使原派查办员知县聂时㝩意在索贿，竟以大盗黄光恩案实之。上书讼于总督，覆勘属实，置时㝩于法，其得民心如此。

光绪二十一年，甘肃回乱，陕甘总督征军火于两江，即以公运行。会总督陶模征人材于张公之洞，张公即荐公，由是官甘肃，入幕府，主折奏。陶公勇于图治，谓黄河自古富宁夏，中卫大小二十余渠，废弛近百年，莫能复，坐失富源，常用忧叹。公曰：“天下事，无不可为，但患不为耳。”陶公喜曰：“即以烦君。”署中卫县。既视事，即召集士绅，逐渠履勘，渠共长一百七八十里，相形度势，修进水闸三，退水闸三。或筑飞桥，使渠水从桥上流，山水从桥下泄。或筑暗洞，使山水从洞上泄，渠水从洞中入。渠身深浅宽狭，随地而异形。导流决壅，培旧筑新，而红柳沟为全渠咽喉，工尤巨，即筑室三楹，于沟旁听讼。于是文移于是，著书于是，暇则持柄笠，徒步循视上下游，露憩风餐，与民同作息。如是者二年，全渠告成，二百里荒田，尽成沃壤，而只费万余金，由仓谷变价借用，渠成由领户按亩偿还，不费国家一钱而国课骤增，县以大富。

初，公以修渠功，补中卫知县，大计复荐卓异，以直隶州知州在任候补。会朝廷开经济特科，陕甘总督崧寿、四川总督岑春煊、总督锡良、工部左侍郎唐景崇交章论荐，而岑春煊、锡良先后奏保以道员来川候补。二十九年入京陛见。始公在青神，筑鸿化堰，公之去，百姓思其功，为建生祠，春秋祭赛。及去中卫，中卫民念公遗德，仍建生祠，定期和会，求签问卜，至今不衰。川、陇皆传为佳话。义和拳之起，宁夏道府皆旗员，均招入署中，令民学习，不数日蔓延中卫。公出示严禁，并飞函总督，请通饬全省，遇有拳匪，尽法惩治，以保完善之区。由是宁夏道府始敛迹，全省获安。公既陛见，朝旨允以道员仍回甘肃。行未至，授平庆泾固化道，署巩秦阶道。

三十一年，总督升允谓甘省贫瘠，固由极边，然每年税收只四十万金，深疑其弊，即奏调公兰州道。甘肃全省税厘，归首道统辖。局卡林立，中饱愈多，商民益困。公召集商人，详询货物等色出入途径及其受病之由，并令诸商自定入口路程，百货等级。议既定，乃于陕西三原设统捐大局，凤翔府设统捐分局，在此纳税，通行全省，不复重征，余局卡数十全撤。商民宿困，一旦蠲除，皆大欢悦。行之八月，税收达百二十余万两，较旧入全年已逾三倍。阿拉善有盐池，产大青盐，行销数行省，而每年国课收不过万金。公创设蒙盐官局，官商股各半，互相钤制，宿弊尽除。祗讫公去，只两月，国课已入二万五千金。

三十二年四月，超擢新疆布政使。新疆富庶恃南疆，而南疆幅员数千里，去省窅远，官吏承湘军残暴之余，恣为淫虐。其浮征粮草，动逾额征五六倍或七八倍。且自制权衡，每柴草百斤，不足二十斤，每粮价银十两，不足三四两。而税厘局卡，残虐尤甚。公既廉得其情，大惧曰：

"是逼回民再为乱也。"乃厘订征收新章，许县官按额征浮收二成，以资事畜，外不得多征。并自制库秤，发给各县及局卡遵用。又恐缠民不能家谕也，凡布告，皆附回文，并饬官吏学习缠语，以免通事朦蔽为奸。而税厘局卡之裁撤，一如治甘肃时。行之期年，南疆缠民岁省约三四百万金，而公家赋额增收数倍，税厘亦如之。当是时，新省几不受协而足用。库蓄既大裕，公乃提银百万两，创设官钱局，推行于各道府，特出纸币，许商民纳税完粮。于是县官税局剥夺商民现银之弊，一扫而空，而纸币百两，反值实银百二十余两。民爱戴公，呼为"老大人"。公去后，见所出纸币，即曰："此老大人币也。"迄今数十年，"老大人币"值仍在他币上。

初，俄人拊我北边，设台站，以与其铁路相接，运输迅速，由是我商人邮物，悉付俄人，年收卢布十数万。公至，即禁俄人售邮票，立聘比人毕德生创设邮政，挽回利权。新疆之有邮局，自此始。公居恒谓新疆受协，年二百万，近以新政繁兴，十不一至。而新省牧畜羊马皮毛煤油五金矿，富甲天下，随举其一，便足自存。乃节浮费，剔中饱，务裕库储，期以生利。而巡抚联魁专庇墨吏，尚请托，以公之所为，不便其私也，遇事尼之。会会匪王高升纠众为乱，纵火延烧省城，迪化菁华，悉成灰烬。次日，军民数千持商票兑银，声势汹汹，将再乱。公立出示，所有商票，藩库兑还，人见之，乱立已。即召集商人，清查损失，由库贷银，限期偿还。未半年，阛阓复兴，库款皆入。初贼之起，公请巡抚调兵镇压，而联魁执不听，后因此事褫职，则益恨公，乃嗾满御史劾公，朝命陕甘总督长庚覆勘，无丝毫实。当是时，新简新疆巡抚袁大化行至甘，闻公作事专愎，难为之上，请长庚以嗜好难明，开缺赴京，调验奏覆。及大化至新疆，睹公所为，披沥语公曰："实告公，公之开缺，乃大化所为，一时误听，失此臂助，悔如之何。"坚欲奏请留公，适公母年八十余，急于定省，即只身由西伯利亚驰归，时宣统三年也。凡公所至，以剔弊为先，便民为亟，而公家收入，无不骤增，故所至民喜，所去民思，而官止布政使，未能大用，以尽其所负，世尤惜之。

公材力精强，自入仕，终日案牍，仍终日著书。既巡历穷边，凡山川风俗草木鸟兽之奇形诡状，悉为歌咏，发为文章，门户张开，铿訇藻采，望而知为奇伟人也。而小学特精，常以《尔雅》、《广雅》、《夏小正》诸书，订证经文，俾还旧字，博通淹贯，如数家珍，皆昔儒所未有。盖自宋、元以来，能文章者，笺注训诂或有所不逮，孜考据者，文或拘促黤陋，不副其所学。惟公能兼而有之。

自公东归，值国变，隐居僻巷，终日著书。三年，充清史馆总纂。十五年，赴日本文化会。十八年，主讲奉天萃升书院。二十五年二月卒，实废历丙子年正月十五日也。年八十又六。配刘氏、杨氏、杨氏。子男六：政敷，河南新郑县知县，刘夫人出。禹敷、勇敷，简任职，皆杨夫人出。敬敷、海敷、心敷，侧出。女子几人。孙某某。

公宦游归来，清贫如故，而服御简陋，不改其恒。幼从黄子寿学为骈体，后与吴冀州游，顿改古文，洞明义法，其神悟盖由于天授也。所著除《畿辅通志》、《清史稿》外，有《校正孔氏大戴礼记》十三卷，《中庸郑朱异同说》一卷，《尔雅郭注异同考》一卷，《建炎前议》一卷，《墨子三家注补正》二卷，《夏小正订经》一卷，《夏小正订传》四卷，《尚书商谊》三卷，《赵闲闲诗集目录年谱》十四卷，《广雅补疏》四卷，《尔雅郭注佚存补订》二十卷，《费氏古易订文》十二卷，《离骚注》一卷，《天元草》五卷，《十月之交日食天元草》二卷，《彼得兴俄记》一卷，《欧洲族类源流略》五卷，《蛰叟》七篇，《欧洲战事本末》二十二卷，《希腊学案》四卷，《希腊春秋》八卷，《新疆国界志》八卷，《山脉志》六卷，《兵事志》二卷，《访古录》二卷，《新疆小正》二卷，《礼俗志》一卷，《道路志》四卷，《土壤表》一卷，《建置志》、《实业志》各一卷，《武汉战记》一卷，《大清畿辅先哲传》四十卷，《烈女传》六卷，《大清畿辅书征》四十一卷，《学记笺证》四卷，《将吏法言》八卷，《说文建首字义》五卷，《周易释贞》一卷，《冀县志》二十卷，《法源寺志》八卷，《左氏春秋经传义疏》一百五十卷，《新城县志》二十卷，《左氏春秋伪传辨》八卷，《焦易说诗》四卷，《尔雅订经》二十卷，《尔雅说诗》二十二卷，《庄子大同注》二十二卷，《文莫室诗集》八卷，《陶庐诗续集》十二卷，《陶庐文内集》三卷，《陶庐文集》二十卷，《陶庐笺牍》四卷，《骈文》一卷，《陶庐外篇》一卷，《陶庐随笔》若干卷，《诗话》若干卷。公之学浩博无涯涘，秉和交公数十年，略窥一二。公子禹敷拜求撰述，乃检公遗书及见闻所及，缀录如右，以备史官采择。行唐尚秉和谨状。

据铅印原件

清故弼德院秘书长
田先生神道碑铭

赵　衡

衡尝怪有清养士二三百年，辛、壬之间，杖义死节，阒其无闻。及至甲寅，隆裕奉安，乃有一梁鼎芬节庵，抚膺大痛，号咷叫天。衡又怪明之丧师，征其节义，下至仆隶舆台，更无论读书识道理之人，若民仪矣。今吾犹是先民之遗，何一非夏土中和之气所生，何一非五三六经所教诲式似之者也。穰穰熙熙，蕃庶至秭以四巡数，岂独一梁节庵，遂足表吾中华之美哉。异日有讣中宪大夫崛兴赵府君文曰："国变十二年，得不丧耻以趋时者，衣食于兄然也。"其弟则赵尧生熙，故京官也。吾又以叹天下之未尝无人也。贤士大夫，有功行可称，每具事状，丐衡为铭。近于齐鲁圣人之乡，又得一人焉，曰介臣先生。

先生讳智枚，潍县田氏，介臣其字也。王父讳某，字某，王妣氏某。父讳某，字仲民，妣氏某。两世封赠，皆如先生官。兄弟四人，季早卒，先生仲子也。生有异征，王父母最钟爱之。先生亦孝友，与伯叔就学时，衣食偶异寻常，辄推让于兄弟不御。七岁，侍王母氏疾，彻夜不寐。十二岁，从王父于青城学署，挈持琐碎，有若成人。及光绪壬辰，成进士，选庶吉士。散馆，授编修。王父母与父，皆已前卒。始先生以乙酉拔贡朝考用京官吏部供职。王父卒于泺源书院，不及含敛。及父卒，又以己丑应顺天乡试，含敛不及，终身引为大恨。每一言及，未尝不流涕也。方送王父之死，室人忽没。方送父死，报捷人至，先生未尝一动于心，先分其忧，后为之喜也。庚子，赴贵州副主考任，中途闻变，奔赴行在。督云南学政，所得皆知名士。试未毕，丁母艰。服阕，授翰林院秘书郎，擢撰文兼国史馆纂修、总纂，旋特简至弼德院。时朝政日非，谏书累上，不从。先生竟引归，不再出，时甲子某月日也。辛酉五月二十二日，遂卒。十数年间，中更变革，已与世两不闻问，若无复斯人者然。呜呼！人如斯，可谓完矣。

人之论定，须俟盖棺。赵尧生，吾故人也。衡居都门，前后几廿年，见夫人之去而复转者比比，甚且与生为时来者兢后先，斯真汉原涉家人寡妇之戏言矣。友朋之交渠有不知，遽以完人许尧生，人且谓我私也。盗贼如麻，不幸一为所污，淫泆不能自还，复谁记其始自约饬意乃慕宋伯姬、陈孝妇时者。今既自谓得不丧耻，发如此其种种，后当不至肥己又食之也。三人成众，得先生与节庵、尧生，于清有光矣。

甲寅大水，先生家居，倡设粥厂，活人无数。伯叔连殂，养孀教孤，德惠曲喻。初娶高夫人，继娶陈夫人。子一，大理院推事文宽。以先生卒之年某月日，启高夫人圹，合葬于邑治西陈家庄东阡祖茔之次，春秋六十二。女一适补用通判同邑陈锡瑜，一适二品荫生掖县吕学泌。门人印铸局参事饶阳郭承绪，与同人谋所以不朽先生者，来请为刻墓之文。先生他行能可称者甚多，不著，著其荦荦大节。仕光显矣，犹称先生，徇门人志也。铭曰：

柏心竹筠，如节于人。式多式坚，撑拄地天。水泽兼山，背不获身。几希之悬，一发千钧。遵彼潍濒，毛角凤麟。此其代陈，有硕其坟。松楸芃芃，禁是采薪。

据抄件

清故刑部主事吴君墓表

章炳麟

君讳保初，字彦复，一曰君遂，安徽庐江人也。祖廷香，尝举孝廉方正。考长庆，光绪初官广东水师提督，卒谥武壮。家世知兵，而武壮性好士。君自少时，已与贤士大夫游，慷慨矜名，不好苛礼。年十六，武壮如金州，疾甚，渡海省视，刲膺肉以疗，卒不起。直隶总督李鸿章上其事，授主事。除丧，引见，分兵部学习。数岁，补刑部山东司主事，改贵州司。明法审听，勤于吏职，而暇辄召宾客赋诗论时事。新会梁启超以举人留京师，君一见奇之，为扬声公卿间，启超后卒以才名。

光绪二十三年秋，清廷以外患求直言，君上书论朝政，多指斥。尚书刚毅不肯通，遂引疾归。家多田宅，而君雅素不治生产，然好客施与不衰。时山东巡抚袁世凯出武壮门下，义和团乱，清孝钦后挟景帝窜西安，君抵书世凯，劝以桓文之事。明年复上书，请太后归政，辞指切直。当事忌之，又弗为通，而草稿流传人间，天下以为难。当是时，清政益衰，士人始扼腕言革命。君自以清世臣，不欲言征诛事，然内是之。诸故旧有官禄者渐疏忌君，贫益甚。袁世凯已授直隶总督，招君游天津，月致常廪，而约不得议政事。常郁郁，性不饮酒，时僵卧近妇人，遂病风痹。宣统初，世凯罢，君亦遭母丧，归赴江宁。

三年秋，武昌兵起，其冬，义师拔江宁。君时依女婿章士钊居，闻南都建民国政府，而世凯亦将移清室，即杜门谢交游，有谒者，辄瞠目作病狂状。世凯既就选为民国大总统，君亦竟不与通。民国二年二月，卒于上海，年四十五。

呜呼！当清之丧，显官贵人争附和禅让以持禄位者众矣，而君以下吏退官，独拳拳不能忘故主。平生与倡议光复者游，不为不多，至是乃更喑聋，无交欢者。而又明达种族大义，不自处于顽民，斯可谓中清与权矣。岂与夫身历二廷，颜色无怍者，同日而语哉？遗著有《北山楼集》，皆清时作也。某年某月，葬于上海静安寺路。铭曰：

世贵阘茸，长谀谄兮。直道事人，终颇颔兮。彼气既竭，祀已斩兮。稿项无二，为吏范兮。扈渎之脣，神澹澹兮。

据《太炎文录续编》卷五之上

皇清诰授资政大夫二品衔记名提学使贵州镇远府知府前翰林院撰文吴公神道碑

曹元弼

维我朝以经术治天下，菁莪域朴之化，沦浃垓埏。每三年大比，群百郡廉孝，升诸礼官，扬于王庭，天子临轩策命，量才任官。而一甲三人，点用时即授翰林职，尤为海内士大夫所仰望。二百数十年间，吴中先达，膺此选者，于各省为盛。迨科举停，世变亟，而太傅陆文端公、翰林院侍讲芸巢邹公与撰文吴公，犹岿然鼎足而峙，皆纯德高行，贞志皭然，上以无负天恩，而下以维持人纪。如何昊宰，曾不憖遗。陆、邹相继去十余稔，而公亦辞世三年，墓有宿草矣。

公讳荫培，字树百，号颖芝，一号云庵，吴县人。曾祖嘉瀛，候选州吏目。本生曾祖嘉泰，增贡生。祖仁荣，六品衔附贡生，钦旌孝子，祀乡贤祠。父恩熙，五品衔光禄寺署正，廪贡生，亦以孝行蒙钦旌，文辞雅正，为乡里老师。累世质行，顺气钟祥，为生哲人，用昭前光。公幼夙慧勤学，趋庭承师，善属文。年十八，补博士弟子员。二十，举于乡，声名藉甚。里中英儒赡闻之士，洪笔丽藻之客，砥砺学问，并相推敬，弟子受业者甚众。自同治庚午登贤书后，至光绪已丑，迭上公车，而回翔未集，淹久二十年，学以益邃，声誉日隆。

庚寅，成进士，以一甲三名及第，钦授翰林院编修。姻族朋好，交口称荣，而公怆然，深以父署正公不及见为憾。壬辰，留馆。寻以讲官入值，数蒙召对，每上封奏，详陈利弊，而江淮添设巡抚，及沪宁路款两事，上疏抗争，尤为朝野所称。迭掌文衡，襄校京兆试、礼部试各二。壬寅，奉命典福建乡试，得士称盛。甲辰，迁翰林院撰文。丙午，简放广东潮州遗缺府。公以时事多艰，非周知四国之为，不能胜任愉快，粤省滨海，交涉尤繁，呈请自具资用，东游观政。归国后，扼要陈五事，由两江总督转奏，蒙嘉纳施行。

洎抵省，补廉州府。时钦、廉匪乱，并勾结桂匪，借闹谷起衅，焚毁教堂、学堂，城守兵警单弱，势危甚。公联合防军，亟办团练，日夜力御，电省派兵来援，卒转危为安。守廉两月，调潮州府。廉人德公，绅耆士民，祖饯络绎，至今讴思不衰。丁未七月，大府檄赴钦州，查办军事，出入匪巢历旬日。时防城股匪骤扑钦城，复由间道窜灵山，孤城无援，旦夕岌岌。会李军门准履北海镇任，公就之，痛言灵城危状，请电促武利新军驰救，围赖以解。八月，将赴潮州，丁继母程太夫人忧，奔丧归。宣统庚戌，奉命守贵州镇远府。在任一年，黔抚庞蘧庵、沈爱苍两中丞，先后倚重，列名剡章，请补贵西道。同时学部唐春卿尚书，亦以提学使密保。

会白豕构祸，赤县分崩，归隐家巷，杜门不出，惟与二三同志朱古微、邹芸巢诸前辈，及愚兄弟等相过从。芸巢义形于色，正气凛凛，每语友朋，金炼愈精，玉洁不污，岁寒然后知松柏之后凋。公与同志，恒诵陶渊明《停云》诸篇，及唐人诗“妾心古井水”句，自号平江遗民。公内行纯笃，官京师时，尝以两世孝行，征集在位通人、处逸大儒题咏，汇成巨帙，导扬清芬。至是编定印行，累世积善，克承厥志。素性仁慈，重悯离乱，顾瞻周道，哀此孑遗。虽栗里桃源，销声绝迹，然事关穷民生死，而于出处大节无与者，未尝不黾勉匍匐，濡迹手援。既与乡人士集资，设男女两工厂。又勉允众请，董男普济堂事十余年。勤恤穷民，力除浮费，增置田产，积存现金至四万余。并自捐资，修普济桥。去事时，穷民皆涕泣相送。自王法不行，盗贼猖獗，乡间发墓重案，比比而起，长此不已，将致壑无完柩。公创立保墓会，凡无主孤坟，悉为植碣，绘图造册立案。莠民稍知顾忌，恶风渐戢。近年倡修古墓，如宋魏鹤山、元葛应雷、明董香光、国朝何义门诸先生墓，以及虎阜倪烈妇之鸳鸯圹，并加封树建碑。

严寒盛暑，偕会中友，徒步下乡勘视，备极劳瘁。又约束丁役，劝导乡民，事事躬亲，感以情，晓以理，是以有保卫之功，而无骚扰之弊。奸宄敛迹，乡愚有颂声而无怨声。其门衰祚薄，墓虽有主，而力不能自保者，亦得请于会以保之。维此惠心，泽及枯骨矣。修《吴县志》，征文考献，实事不诬。生平廉俭好施，故人子弟贫不自存，皆扶持之。远近求书及丧礼请题主，润笔酬币，悉以赒恤穷乏。最后申浦有以千金酬者，随以助赈。

公初与汪甘卿观察有违言，不相通问者数年。及东陵之变，愚兄弟晤观察，相对涕泣，急商补救。观察就公商，立与同晤李公印泉，急电当事，请严拿凶贼，尽法治罪，敬谨赶修陵工。自是公与汪公，交谊如初，论事浃洽无间，二公之以大义忘小怨也如此。以视前代君子而不仁者，宁亡国家之河山，苍生之身家性命，而不肯消胸中之芥蒂，以致反为小人利用之资，成一网打尽之祸者，其公私贤否，相去为何如哉！君子于此，盖并贤之，而李公之深明大义，勇于率彼天常，尤至可敬佩也夫。呜呼！百善之原，皆本于孝。公世笃仁孝，汪公孝行，亦余所夙知。辛亥、壬子间，方为出使日本大臣参赞，闻父丧，立辞归。上官固留之，泣对曰："中国虽已无君，钟霖不能无父。"遂奔丧冒难归。李公事亲至孝，遭母丧，哀毁郁结，致生大丁几殆。服阕久矣，每年仍庐墓时多。自云南迁苏，首修惠定宇先生之墓，因保墓事，与公至相得。盖孝子不匮，气类相感也。因论公事，而并及之。

公好图书碑版，善鉴别。尤好登临名山大川，著有岳云庵文稿、诗存、丛稿、游记若干卷。公在朝，历官翰林院编修，日讲起居注官，翰林院撰文，加侍讲衔，历充国史馆协修、纂修，会典馆详校、总校，武英殿纂修，功臣馆总纂，编书处详校，撰文处行走，教习庶吉士，光绪辛卯、癸巳顺天乡试同考官，乙未、甲辰会试同考官，壬寅福建乡试副考官，京察一等，记名道府。外任后，历广东廉州、潮州，贵州镇远知府，奏保贵西道，记名提学使，加二品衔，授资政大夫，晋荣禄大夫。曾祖、祖、父，并赠如公官。曾祖妣□、祖妣□、妣□、继妣□，皆封夫人。配：初聘黄，娶李，皆封夫人。子三：铭丹，附监生，会典馆誊录，议叙盐大使，先卒。铭常，壬寅补行庚子、辛丑举人，就职直州同，邮传部路政司行走，弼德院三等秘书官。铭盘,殇。女铭琬,适同邑壬寅举人、邮传部主事邹应苍。孙五:寅恭、寅治、寅洛,俱业儒。寅清、寅濂,殇。孙女六:寅亮适周,寅和适王,寅畏适庄。禄、桂、潮,均殇。曾孙四:曾棠、曾栋、曾榆、曾楠。曾孙女三。

公以咸丰辛亥正月二十六日生,服官中外数十年,宣统辛亥旋里,庚午十二月二十九日卒,年八十。葬于旧长境一都十五图虚字圩花山之麓。铭常以墓道碑文请于余,余于公为中表亲,而公年远长于余,少从两昆,接闻高论。中岁列职词曹,忝为后辈。晚来同感风泉,相契益深。公外和内介,每见余辞气激昂,棱角峭厉,辄以危行言孙之义相讽切,余深感之。旧雨遗声,临风陨涕,爰为铭曰:

五常百行,大本在孝。移孝作忠,是曰名教。时际其隆,稷契是宗。运罹其厄,吾谁适从。在汉龚鲍,守死善道。古伤心人,独有怀抱。为社稷臣,为清白士。惟陆与邹,公与鼎峙。夷廉惠敦,归洁其身。余言不谀,大书贞珉。

据作者手稿

常熟孙吏部传

俞寿沧

君讳雄，原名同康，字师郑，晚号铸翁。江苏昭文人。昭文于有清雍正时，析常熟东南境为治，共和纪元后，仍并常熟。孙氏本妫姓，系出春秋陈敬仲。五传至书，为齐大夫，赐姓孙，食采乐安，今青州地。三传至武，为阖闾将，居吴。十二传至箕，为东汉天水太守，还居青。十九传至万登，仕唐，拜左执金吾上将军，封新安伯。奉命南征，次休宁，适唐祚中斩，孤军久戍，遂家焉，名其里曰唐里，示不忘故主，是为江南孙氏始祖。更六传至天祐，仕宋，谥忠烈。忠烈有子名大公者，自唐里徙坑口之云溪村，是为云溪孙氏迁祖。二十七传至世柱，挈其子岐福，货殖吴中，是为常熟孙氏迁祖。又三传至原湘，字子潇，乃君高祖，嘉庆乙丑进士，入词林，著有《天真阁诗文集》行世。曾祖文杓，字仲直。祖念屺，字朗甫。胥玄德弗闻。考宝书，字步青，因殉母，以孝旌。三代封赠如君秩。宝书生子二，君其冢也。繇博士弟子员，魁光绪癸巳京兆试，联捷成进士，简翰林院庶吉士。戊戌，散馆，授吏部文选司主事。奏任京师大学堂文科大学监督。自经陵谷，戢影旧都，粥文餬口，凡廿有四年。乙亥五月二十九日，以微疾卒，齿七十。

君性豁达，持躬接物，不立崖岸，尤不屑治家人生产，惟嗜书成癖，目有所接，必倾橐致之，庋藏不下十万卷。穷年矻矻，寝馈其间，箪瓢屡空，晏如也。幼承家学，举念不离忠孝。长从俞曲园、黄元同两先生游，深探经窟，益服膺汉儒郑氏康成，其发为文章者，如《师郑堂集》、《郑斋汉学文编》、《荀子校释》、《论语郑注集释》、《眉韵楼诗话》、《诗史阁壬癸诗存》、《师郑堂骈文》、《禹斋文存》、《郑学斋文存》、《名贤生日诗》、《道咸同光四朝诗史》、《甲乙集》、《郑斋类稿》、《郑斋感逝诗》、《落叶集》、《蝇尘酬唱集》、《诗史阁丛刊》、《读经救国论》等书，多有关于人心世道。或兴之所至，一觞一咏，亦罔非《国风》、《小雅》之遗音。日本闻人胜屋骖寿其周甲诗曰："稷契空期六十春，老遭阳九负芳辰。"又云："先生确守忠孝大节，于王迹既熄，名教将坠之际，卓尔不群，弦歌靡辍，我当为中国文教遥寿先生。"外人之宗仰也，有如此。胡为我邦人士昵之者仅目为词客，嫉之者且訾为狂夫也哉。

充君文藻，原不难研炼都京，自成一子，然而非君志也。平生博极群书，能识其大。辛亥以前，颇思出所蕴济世。时廷议设校，貌袭欧风者，竞倡废弃三纲，禁锢六经之说。君悄焉忧之，曾于中央教育会痛口力争，谓为亡国朕兆。奈当涂不察，未浃岁而清社竟墟。洎国步已移，震其名者，百计礼罗，君终以众咻一傅，非昌明吾道之时，仍杜户著书，坚持前论，谓政体纵有变更，而经正民兴之理，实万劫不劘，非明伦无以立国，非读书无以明伦。编《读经救国论》六卷，曰政治，曰伦理，曰理财，曰教育，曰兵事，曰外交。均于经文之下，节录汉、宋诸子暨近代耆儒学说，复附己意以申之，蕲世之一悟，俗之一易，用心亦良苦矣。昔曾文正有言，学问之道，义理、考据、词章三者，不可偏废。君词章、考据，迥不犹人，究不敢必其并世无二，独此"救国"一论，正而不腐，约而能赅，洵如日月经天，江河纬地，一元剥复，其道必行。此固非狂夫词客所能为，即下走牢守经田，引为同调，终觉望尘莫及者也。

元配杨恭人，同邑聿声次女。生子桂林、树荣，蚤卒。簉室章、陈、张，皆先君殁。陈生子炳黄，女炳镛。炳黄于所生母病棘，饮泣吁天，潜刲臂调羹以进，旋恸失怙，毁几灭性。君易箦前数日，预属门下士唐宗郭、蔡璐、刘哲等董其丧，并寓书与故人诀。余多君之卫道，诸君子之尊师也，用徇厥请，而为之传，以厉颓风。

赞曰：天爵斯贵，畴能贱之。多文斯富，畴能贫之。心移于富贵贫贱，非夫也。当宋之季，不可无鲁斋。明之季，不可无亭林。有清养士三百年，岂竟无许与顾其人者。大哉孙子，道将毋同。清授通议大夫，文渊阁检阅，内阁侍读，玉牒馆、方略馆、国史馆详校官，本衙门撰文，覃恩加三级年愚弟俞寿沧拜撰。

据铅印原件

清诰授光禄大夫
奉天交涉使许君墓志铭

陈三立

君讳鼎霖，字久香，姓许氏，赣榆人也。父曰恩普，刚耿，立名闾井间。会灾，县令特秀请公帑埤堤，阴结土豪，伪覆土，侵渔所发帑，验工吏至，莫能辨。父愤绁误编户，诣吏，尽列其赃罪。吏还，上闻，罢令去，并谴豪。令故旗籍，有兄官京曹，曲庇还故任，益与豪比，构陷坐父，系省狱。君方年少，遍诉公府，不得直，乃徒步走京师，揭辞都察院，仍无效。时久讼，家破，母忧悲卧病，诸弟咸小弱。君出营救父，归省病母，抚众稚，极生人之艰困，踣道路者数矣。及左文襄督两江，察其冤，始释父出。凡羁狱历七载。于是君流涕呜咽，跽迎父。四方莫不嗟异其孝，而慕其坚苦自达，为非常人也。

君以诸生举光绪壬午科乡试。丁母忧，服阕，纳资，官阁中书。寻从美日秘公使留海外，充秘鲁领事。为除苛税，改定工商约章，侨民悦服。还国，叙劳，保知府，随牒安徽。历署庐州、凤阳知府，治行称最。婺源有毁教堂之狱，君持法理，与议结，无豪发累扰。监税大通，枭匪联水军为变，君立禽渠魁，置诸法，乱遂定。大吏保以道员用。二十九年，浙江巡抚稔君能，奏调入浙，治宁海教案。所毁教堂，所毙教民，得减等偿费，出意外，士民颂之，未几，东三省总督调任奉天交涉使。后命为资政院议长，不就。凡在皖，在浙，主办局所阅数十。其引还江南也，若教育会、农会、商会、谘议局、自治局之属，皆倚君为重。君亦奋发尽其力。岁乙卯，治灾疲劳得疾，就医上海，九月七日卒，享年五十八。

君开敏果决，魁梧雄论辩，而条理缜密，片言解纠纷，人人意满。尤以习外事，折冲御变，显于世。晚岁，自愧录录从政役，所补微，思自效工贾，为国塞漏卮，兴大利，遂兼营玻璃、面粉、饼油、垦牧诸公司。先是，通州张謇兄弟振实业乡里，有大效，声绩播海内。独君智略气力，差与颉颃，困于资地，又未跻老寿，中蹶，不及并驱。即张氏及大江南北人士知君者，辄引以为憾。

君之先，自嘉定迁赣榆。曾祖国枢。祖文煌。父字子博，八十余卒。母乔氏。父以上，皆赠光禄大夫。妣以上，皆赠一品夫人。娶朱夫人，同藹瘁致孝，前卒。子廷琛，县学生，度支部郎中。妾王氏，生子廷琦。高氏，生一女。孙二人。丙辰四月四日，葬君县南第二沟庄祖茔旁，朱夫人祔。初君就官安徽，即往誓包孝肃祠曰："父子蒙墨吏毒害至矣，身万一稍类特秀辈者，神其殛之。"故终其身，愈以不妄取为兢兢云。铭曰：

茹痛以成孝，历艰以翘材。英资妙略，荡荡恢恢，为天所开。令望笼宇宙，其中有县而无薄，或郁而莫施，独留终古抔土，四拥海山之崔巍。

据拓片

清四川提学使赵公墓表

陈继训

清前四川提学使湘潭赵公卒，长沙陈继训曰：光绪甲辰，礼部试，借汴闱。是科，乡先生任鉴衡者三人，总裁张文达，同考官则萧编修荣爵暨公也。湘士获贡举十二人，继训与焉。卅余年间，文达先薨，编修与公复相继捐馆舍。而十二人中，亦惟余及张吏部称达廑存，然且发纤纤白矣。回忆追随诸君子访古梁园，走马燕市，俊游邈不可再。而世乱如此，耆旧长德，率颇颔屈佛老死。人之云亡，邦国殄瘁，呜呼！可胜慨耶。

公讳启霖，字芷荪，晚号瀞园。曾祖咸宁，妣氏左、氏陈。祖照德，妣氏朱。考长春，妣氏蔡。皆以公贵，赠通议大夫，妣淑人。公生而敏特，八龄诵《尚书》，其父置诸怀，戏问之曰："汝它日何如人？"会曰："伊尹。"年十二，塾师以"圣门四科，先德行，后文学"命属对，即应声曰："大学八条，始格致，终治平。"十六，隶学籍，旋食廪饩。光绪壬午，以优贡用教职，历署麻阳、武陵、澧州训导。乙酉，举于乡。壬辰，成进士，入翰林。散馆，授编修。丙午，补河南道监察御史，掌江苏道监察御史。丁未，用言事落职，是年仍起复。宣统己酉，诏以道员署理四川提学使。明年，以母老乞归。归二十六年，以疾卒。距生于咸丰己未，春秋七十有七。葬城子屋场之原，祔大父墓。配周淑人，继配周淑人，皆同邑处士月池先生之女。副室张氏、汤氏。先是，公年三十八，尚乏嗣，立弟之子家宏。既而汤氏生子家寰、家寮。女三：琼英、湘莹、寿筠。孙五：声琅、声珩、声琪、声瑗、声璩。孙女三：韵芬、澍宜、安贞。曾孙修诜。

公自少慕傅伯、汲黯、于清端、陆清献之为人，质直恬静，气善色霭，与人言如不能出口，无贤愚，皆乐与昵近，顾于义所否，则坚果执持，勿苟同。搁然独行己意，罔惮强御，必达其所揭橥而后已。其为御史也，论官制，论禁烟事宜，论练兵不可徒袭形式，论京师宜办高等实业学堂，论吉林将军达桂徇私溺职，宜严切查办，皆树议謇謇。其尤有裨于名教者，则请将王夫之、顾炎武、黄宗羲三大儒从祀文庙，请令各学堂注重读经，所植持胥天下万世大计。

会段芝贵献妓荐贿，夤缘奕劻、载振。公具发其事，忤权贵，被黜，朝野大哗。陆文慎、江春霖、赵炳麟交章诤救，深宫亦知公可大用，寻即以原官内召，复拜提学四川之命。顾公废然知时事不可为，既抵任，旋自劾免。盖是时，亲懿柄臣专擅如故，佥壬充塞饕冒亦如故，识者扼腕蹙额，谓宗社之陊，昕暮间耳，不尽二稘，国变遂作。夫君子小人之进退，国家安危系焉。公尝赠其同年友余参议肇康序云："启霖与君，先后获谴。一二人之出处，若渺小不足道，而推原消长存亡之肇端，宁得谓无关系乎。"参议曾任监司，有名绩，可指数，徒以与瞿文慎姻连，诬枉牵罣吏议。公言盖伤之也。

在四川，立先儒范景仁、范纯夫、张南轩、魏鹤山四先生祠，以树师法。设存古学堂，以翊经术，有廖某者，久拥皋比，附会经传，以狂蛊一世，士习嚣然，公立予罢黜。学子逾轨，多所惩窜。未期月，风教丕振。蜀人滋以为文翁复兴，而遽自引退，措施遂止。于是的论惜之。平居廉介自将，躬躬祇畏。放归之日，朝士知其困乏，相率馈赆，公坚却，或不得已而强受者，迨入蜀，仍各如其量酬偿之，且加厚焉。提学时，甄别优拔，适科举将罢，两贡广额近四百名，旧例修谒执贽羡盈，公尽蠲，至著为令。禄赐所入，俵给亲族戚旧。深山古榻，守道乐贫。独禾黍之思，时萦笔札间，读者可以知其志已。

公既以气节高海内，又擅诗歌古文辞。归田后，四方具书币以求者踵属。公有应有不应，惟意所可。所著《滃园集》六卷，行世，待梓者如干卷，其孤写定，藏于家。昔李文贞称方望溪学行踵程、朱之后，文章在韩、欧之间，公其庶乎？自公出都，继训不得见者余二十年，然粗有纂述，辄就公审勘，笺问不绝。公尝寓书，猥许泽古甚深，至刺取韩诗"喧啾百鸟鸣，忽见孤凤凰”之句，以奖进之。嗟乎！黯谫如继训，奚足以云。若公者，真所谓威凤亭亭，峣然物表，不得其时，孤鸣寡和，卒跧伏丛莽荒江寥寂之墟，而忧愤偃蹇以终，夫亦归诸命数而已矣。继训既与公同为朝官，又托文字之契，所见闻志行，宜纪述綦夥，兹特著其大者。清赐进士出身、出使俄国参赞、度支部主事、军饷司司长长沙陈继训拜误。

据《狷庵文草》卷六

景宪先生传

许汝棻

景宪先生者，姚君文栋，字志梁，一字东木，江苏上海人也。祖锡嘏，夙宗程朱之学，著《自怡轩集》，《上海县志》有传。父元滋，咸丰九年举人，浙江富阳县知县，刁于儒训，终身不敢失尺寸。《杭州府志》、《富阳县志》、《松江府续志》、《上海县续志》均有传。君幼秉家学，年十五，既入邑庠，即习朱子小学及《近思录》，而以余力事举业。又从刘宫允熙载、钟孝廉文蒸、俞太史樾游，诸先生皆当时大师，明经辨道，君渐渍既久，所造益宏。旋僦楼于练祁江上，攻读其中。昼则闭门谢客，夜则灯火荧荧，宵分不辍。自谓二十以前，只辨清“义”“利”二字。二十以后，只辨清“王”“伯”二字。此二层界限分清，四书、六经之要领尽矣。君始基既已坚卓，而其为学又力求乎通，不拘拘于后儒一家之言，无门户之见，以约守周知为务，于诸家之说，无不涉览。谓苟撷其精，去其疵，无不可以瀹吾智。于近世诸国之政教工艺，亦均循迹搜源，谓皆吾六经之绪余，彼得其粗而扩充之，我守其精而不能祖述，致其末流所届，遂相距绝远。既环处于诸国之中，能不明其势以谋应付之方乎？端在取其长，以补我所短，则我益张矣。然其纲要一是以尊经宗孔为本，谓欲救衰起颓，当先自正人心始。君之大要如此。故其为说，博而不杂，通而不流，明体而达用，切要而不骛虚。

既四举不第，纳赀为倅，谒选吏曹，公卿交誉。光绪七年，随黎庶昌出使日本。其明年，日人将有事于朝鲜，赖君诇得其迹，我军先驰往，事乃寝。十三年，随洪钧出使俄、德、奥、荷等国。十七年，随薛福成出使英、法、义、比等国。福成时与英划滇缅界，特檄君密往边界勘查，君经印度，遵陆至边，深入野人山，躬历沿边数千里，几为忌者所狙，君不稍馁，力主移保商管，出驻新街，以固吾圉。疆吏昧不之宜，且速英兵渡江，蹙地甚广，君遂于十九年引疾归里。时以随使资，洊升二品衔，直隶补用道。君每至一国，辄交其贤豪，通其政学，研切利弊，心知其所然，冀归而为自强之具。又尝志其山川民情，及兵政诸大端，所著数十种，而以《泰西政要》为最。其勘边也，所著亦二十余种，而以《勘界记》、《筹边记》、《道里考》等为最。

二十年，中日事起，君上奇计当道，不果行，君亦以疾不能出，乃在乡里创立经学会，此为君立学会之始。盖志不得行于上，而事又益棘，将以求诸下也。与娄县张锡恭，镇洋王祖畬，南汇于鬯，嘉定宋道南、黄宗起、周保璋、黄世荣，华亭闵萃祥、钱同寿，上海李邦黻、叶景沄诸人，反复探讨，大要在正人心，移风俗，必先明体，而后可言达用。如废弃人伦，专效他人之工艺，即使果成富强，亦复成何世界。君之律身以此，其牖世也亦以此。二十一年，赴台湾，会奉檄内渡，未竟其役。二十二年，当轴搜君诸著述进御，会推为驻美公使，有索贿者，君拒之，遂不果。寻交军机处存记，发往直隶差遣。

二十四年，南洋大臣刘坤一、两广总督张之洞、广东学政张百熙、顺天府尹胡燏棻，相继举君经济特科，均不应。时德宗将开懋勤殿议政，君备十友之选。及孝钦显皇后复政，不以党人罪君，知君非以党进也。二十六年，拳匪祸作，君累启荣禄，力陈五不可。荣禄心知其然，而不敢谏阻。六月，李鸿章调直隶总督，荣禄檄君南下，与鸿章密商。君间关遄行，既闻鸿章方依倚袁世凯，君又称病不出。当光绪八年，君发日人之谋也，世凯实随提督吴长庆驻兵朝鲜，浸淫酝酿，卒成甲午之祸，君以其大辱国，深恶之。鸿章既倚世凯，君遂并不谒鸿章。及世凯继任直隶，君终其政不参。

二十七年，奏调山西，总办全省学务，及山西大学堂。乃一出其胸所蕴蓄，手订全省各级学制，尤注重蒙学，将以巩固其基础。又以不慊十耶教，不能久于其位，改充抚署文案，监督课吏馆，督办农工局、农林学堂。三十二年，返里，充江苏学务公所议绅、上海总工程局议员。三十四年，创立江苏第一图书馆。

宣统元年，充江苏师范学堂监督。议者主废经，君力争不得，乃谢归，而与余杭褚溥成、元和邹福保等，创立学古社。辛亥之次年，创立世界宗教会。同年秋，创立尊孔会。其明年，著《童子问》，发扬尊经明伦之旨。又明年，谒青浦孔子墓，立孔教江浙联合会。君意若曰，尊孔将以复经，复经所以明伦，人伦明而圣功毕。圣人，人伦之至也。此君尊孔之意也欤？又十一年，重游泮水，君叠赋诗纪其事，张皇光大，盖亦以著孔教之荣宠，耸动世人之视听焉耳。君始欲以正经兴民，著之政，继乃欲以成于俗，君之心亦勤矣哉。

方辛亥之秋，国祸始作，君知事不可为，即奉母避世于南翔之别墅，闭户寂处，不改正朔，不弃发，不废衣冠。袁世凯欲罗致君，君衣朝服，诣明伦堂摄影与之，以明不可屈，又虑其将復我也，乃寄身僧寺，至世凯死而后归。尝谓国之亡，不亡于辛亥，而亡于世凯始柄之年。及有母之丧，葬祭书署，一遵国制，赴称宣统辛酉，人怵以祸，君不为动。自是屏绝子孙，不受其供奉。室毁于兵，介守不去，独居荒宅，歌哭无恒。时独出数日，或旬日而返，不能知其何往，有诇之者，则遇诸富阳君之墓。每入肆坊，与村叟野老语，颜甚和。及子孙闻其所在，往从之，则变色立走，戒子孙毋得入其所居。尝与四方遗臣相问答，人不能窥见，不知其中云何。时抱巨箧，爇火自焚之，亦不知其何物。今仅存者，娄县张锡恭复君书，所言皆兴复本朝事。凡匿居南翔之别墅十有八年。岁次己巳，年七十八以卒，子孙无得侍其侧者。呜呼！君之心苦矣。

其子明烨，禀君志，殓以章服，殡诸嘉定方泰乡配周氏之兆。其诸门人，相与论其行，谥之曰景宪先生。所著《七庆堂全书》，凡七集：曰《东吴学舍丛辑》十六种，曰《春明丛著》十二种，曰《东槎丛著》三十种，曰《欧槎丛著》十种，曰《南槎丛著》二十二种，曰《槎溪丛著》二十七种，曰《补编》五种，都一百二十二种，或已行世，或尚藏于家。子一，即明烨。孙肇均、肇培、肇坤。曾孙庆钮、庆铸、庆钊、庆立。

既耄赘民曰：吾读君遗书，至“国可亡，天下不可亡”之语，未尝不伤其言之痛而心之戚也。徉狂孤子以死，盖有由矣。不然，七庆之堂，纪恩之什，非诸所自述者乎？君固悱恻人也，而顾屏弃子孙之养若此者，独何哉！

据作者手稿

施太守雨农家传

孙 雄

君讳启宇，字雨农，号稚桐，江苏崇明人。先世自宋淳熙时，由句容移居崇明。忠孝贤良，绵延奕世。曾祖城，祖珍，父云凤，皆以君贵，赠资政大夫。母氏蔡，贻封太夫人。君在妊十四月而生，生九年而失怙，家道中衰。蔡太夫人亲授诗、书、易、礼，且时时勖之曰："汝父天性孝友，口不绝六艺诵，徒以赴省试，冒寒感疾，中道殂谢，遗憾无穷。汝其善承先志。"乃择贤师，昕宵督课，学以大成，年二十，入邑庠。

光绪乙酉，举顺天乡试。壬辰，成进士，以即用知县，分发湖南。旋由河工列保补缺后以直隶州候补。癸巳，至湘，吴中丞大澂檄君清理长沙育婴堂事。堂为积弊所窟，前任谢令与大府同里闬，且订昆季交，侵蚀公款，至万余千。君得左证，欲发其奸。道员庄某，阴受谢贿，力为之援，密语君，乞寝其事，君不为威利所屈，力持不可。大府遂欲引章诬劾，赖湘绅剖白，始免于祸。甲午、丁酉、壬寅，三充湖南乡试同考官，均得士。

乙未冬，陈中丞宝箴抚湘，于众中见君，即奖许曰："君育婴有劳，宜任剧邑。"先檄署泸溪篆。泸邑瘠朴，文风素陋，君于听讼余闲，亲集诸生，评骘文艺，如塾师之诲子弟，不数月，斐然成章。又复穷捕盗贼，广播谷木。在任将届两载，政平讼理，俗化风行，陈中丞嘉之，再檄移署安化篆。安邑处万山中，民风狡悍难治。邑有奇案，侄弑婶而谋承其祧，埋尸土中，上植丰草。两造聚众数千，械斗频岁，令往勘视，辄被殴辱。陈中丞语君，宜率兵卒五百人往捕之。君曰："民敢殴令，威信不行久矣。兵之,其谋益急,急必叛,叛必剿,剿必多杀人。且往勿兵,审机而行。”中丞韪之。君莅任后,日坐堂皇,清悬案数十起,洞奸烛隐,民无遁情,四方闻风,畏威怀德。乃乘肩舆,携畚挶,赴乡迹勘。闻丰草中猫鸣乌乌,哀号彻肺腑,因命掘猫栖处,深五尺许,得妇尸,面如生,刀痕六七。爰发健役,悬重赏,三日获凶杀之侄,一鞫而服。自是政声鹊起,凡号称难治之邑,大府辄檄君治之。

己亥,署道州。庚子,补江华。辛丑,再权道州。所至平反冤狱,宣导民情,一如前法。江华密毗道州,君既补江华,民闻道州之治,望君如望岁。及莅任,江民捧觞欢迎,数十里不绝。乃未及期月,道州父老,又吁大府,乞还我使君。江华士民,为立去思碑。王君启原撰文,以达民意,王君笃行君子也,其言也信,篇中有云:“施侯所至,奸宄遁藏,必钩距以察之。虽越境,无弗得者。及振学校,矜善类,靡不恳挚。受治之民,所以举首以希其久任,而亦弗可卒得也。故侯未至,闻其治而望之。已至,被其泽而戴之。既去,怀其德而思之,至历久而弗能忘。庶乎尹翁归赵广汉之功效,及去已久矣。旧治之民,且星奔而讼理于新治之庭。乃至粤西富川邻境之民,闻侯且去,愿得一瞻颜色,争致歌颂者,累数百人。此非治履所至,政教且及之,亦岂侯意计之所及哉。”王君之言如此。召公勿伐,子产谁嗣。古人之言,非欺我矣。

辛丑冬,俞中丞廉三奏保循良,送部引见,有旨以直隶州知州遇缺即补。复以宁远平匪功,晋阶知府。壬寅,授郴州直隶州。甲辰,署武冈州。丙午。署邵阳。岑中丞春蓂误听人言,讹传邵阳匪起,守令三日不报,严劾夺职。湘人冤之,或曰:“道员庄某,是时已陈臬事,挟前怨以耸大府之听也。”君怡然处之,怨懑不形于色。丁未,徐督部世昌檄调赴东省,办安东税捐。周中丞树模又檄充黑龙江官盐总局提调。己酉,锡督部良奏陈创办江省盐务功,有旨开复原官。

辛亥七月,乞假省墓。后遭国变,遂不复出。卒于共和七年夏正戊午五月十九日,年六十有三。子四:经杰,能传家学,今官交通部科员。世杰、士杰,文杰,均早卒。女二:学诗,适蔡氏,著有《湘痕吟草》及《清闺秀诗人征略》。学礼,适孙氏。君与余,同出翁文恭师之门,文恭晚年尝语余曰:“吾门多循吏,若陆吾山观察襄钺、施雨农太守启宇,均传人也。”乙丑七月，经杰来都门，以行状乞为传，将以上清史馆。雄虽弇陋，义不敢辞，因诠次事实如右。

前史官孙雄曰：梅伯言作刘公清家传，谓刘公历官布政使，终总兵，然人皆呼为“刘青天”，从其官四川县令时所称也。嘉庆八年，刘公因剿抚王三槐羽党，功成入觐。仁宗睿皇帝赐诗褒宠，取民所呼“刘青天”者，以为句，朝士夸为美谈。先朝之重视循良如此。百里之宰，民命所寄。苟非其人，民受剥肤之痛，国本亦随之而动摇，徒法不能自行，错节以别利器，亲民之官，可忽乎哉。君在道州时，有某廪生请屏左右告密，既而袖巨金以献。君怒斥曰：“青天白日之下，汝敢污我耶。”某生惭而退。安化、道州士民，至今犹称君为“施青天”。君殆可与刘公媲美矣。伯言谓刘公复定陶时，专将有功，然不能无中于上官之忌。君亦以被诬去官，所遭尤视刘公为酷。三代直道之难行，盖非自今始矣。近世纲纪日替，令长多为武人所役使，民不堪命，呼吁无门，世变之亟，盖有不忍言者。悲夫，悲夫！

据《旧京文存》卷四

诰授资政大夫赠头品顶戴原任日讲起居注官二品衔翰林院侍读学士恽府君墓志铭

曹允源

岁戊午七月二十七日，前日讲起居注官、翰林院侍读学士恽府君，以疾终于京师邸舍。遗言命长子宝惠丐余为铭幽之文。宝惠，余女夫也，谊不得辞。

府君讳毓鼎，字薇孙，一字澄斋。顺天大兴县人。先世籍江苏阳湖。曾祖讳煜，直隶河工主簿，祖讳光宸，道光戊戌进士，历官至江西巡抚，考讳彦瑄，同治丁卯举人，内阁候补侍读。有子四人，府君其长也。生而颖异，读书目数行下，举光绪壬午顺天乡试。己丑，会试成进士，改庶吉士。散馆，授编修。甲午，大考翰詹，列高等，以赞善升用。其历官为詹事府右赞善、左赞善、右中允、左中允、司经局洗马，翰林院侍讲、侍读、侍讲学士、侍读学士。其历职为国史馆协修、纂修、总纂、提调，文渊阁校理，咸安宫总裁，起居注总办，编书处总校、总纂、总办，功臣馆总纂，讲习馆总办，宪政研究所总办，乙未、癸卯会试同考官。官洗马时，充日讲起居注官。故事，翰林非侍讲幄，不得具折言事。府君夙讲求经世之学，致力司马《通鉴》，历代理乱兴衰得失之故，能洞悉本末而详言其所以然。

自以世受国恩，不可无所建白，既任讲官，则益感激奋发，冀得一当，以报国家。拜命之日，即疏陈大江南北，盗贼蜂起，勾结盐枭游勇，所在剽掠，莫敢谁何，请饬地方官严密查缉。未几，江南米贵乏食，会垣莠民匄数百人劫米于市。疏请速筹运粜补救，弛邻省米禁，以通有无。皆寄谕饬行。戊戌，诏开经济特科，疏言朝廷登进人才，必言行相符，而后可蕲实效。请饬内外臣工，不得以有才无行者，滥登荐牍，并援从前观政例，分曹学习，以试其能。明谕嘉纳。当是时，德宗锐意图强，一切变更成法，破向来委靡拘挛之习。于是疏言近日译学盛行，宜广译泰西政治家言，以备考镜。八旗驻防内外蒙古旗丁，宜简练洋操，以资捍御。各部则例，宜删改画一，以杜胥吏鬻权骫法。捐纳宜永远停止，以厉学校真才。所言次第采用。其明年，意大利国欲租借三门湾，益独居忧愤，以为比年以来，德据胶、澳，俄据旅、大，今意又思逞，外侮日逼，密请缮修戎备，以折敌谋。疏入，召见，温语奖励。是日，并举人才缪彝等，先后得优旨。凡京朝官非尚书、侍郎，外吏非督、抚，保荐人员，多不报。兹疏乃邀特允，举朝皆指目焉。初，侍讲学士员缺，吏部具题请旨，府君次居三，越次擢用。文学侍从之臣，以建言承优眷，近世未尝有也。

庚子，拳匪之役，八国联军长驱，闯京师，车驾仓皇西狩，人心汹惧。府君独偕吏部尚书敬信公，单车入使馆，与各国使臣商保卫地方之策，力争主权。创协巡公所，令司坊官莅所，判决民事，民遂安堵。会事平，特疏吁请回銮。诏行新政，条陈用人理财之道甚备。厥后，新政耗财，疏言宜节用，以规画军事外交。吏治日窳，疏言州县宜久任，不宜数数更调。请明定公费，以杜趋避。停止刑讯，疏言重案久悬，波累无辜，宜申明承审定限。其于农政：有谏止清丈疏，谏罢江苏加赋疏。于财政：有印花税不应由官经售疏，农工商部议设富签彩票必不可行疏。于荒政：有请免振灾运粮车费及厘税疏，整顿直省仓谷疏。于边防：陈广西军务，有疏，经营新疆，有疏。于交涉：南昌教案办法，有疏，晋矿利权，关系过巨，请始终坚持，有疏。前后封章数十上，其非甚切要，此不著，著其尤关国计者。

呜呼，以府君之才，坐言可以起行。所论奏，两宫未尝不称善，骎骎大用矣，乃回翔二十年，而仅止于是，岂所谓命邪？非邪？抑有阴沮之者邪？生平博综群籍，为学不分汉、宋门户。治诗古文辞，皆有心得。善书，神似东坡。邃医理，为人治病，辄效。所著有《励学语》一卷、《澄斋奏议》四卷、《杂钞》十卷、《金匮疟病篇正义》一卷、《诗文集》若干卷。生于同治癸亥八月初十日，春秋五十有六。配管夫人，前卒。生子一，即宝惠，镶黄旗汉军副都统，公府顾问。女一，适常熟翁之铨，京兆昌平县知事。继配董夫人，生子四：宝懿，内务部任用荐任职，宝晟、宝润、宝愉。女五：一适天津李宝训，一适吴县邹应菘，一适满州完颜世贤，余未字。侧室王，生子三：宝襄、宝纶、宝宽。女三。一适嘉兴沈瀛，余未字。孙十人。孙女二人。宝惠等将以己未年十月二十四日，卜葬于京师西直门外大柳树村新阡主穴，亦府君遗命也。铭曰。

函夏鼎沸，莫莫纷纷。阘茸庸显，魁硕湮沦。猗与府君，纯终令闻。纳忠效信，辅主惠人。谓道不行，上嘉鲠直。谓学克显，靡补究职。为政于家，孝友雍熙。介弟三人，怀才孕奇。中道殂丧，挥泪如丝。教养诸孤，严而兼慈。学《易》知几，投绂归林。遂遘国变，昊天难谌。理乱不闻，莳花种竹。莽莽中原，何人逐鹿。积善余庆，贤嗣济济。我铭不欺，昭告万祀。

据拓片

皇清诰授光禄大夫南书房行走翰林院侍讲袁君墓志铭

杨钟羲

君讳励准，字珏生，号中舟，姓袁氏。系出宋右文殿修撰、知江陵府机仲先生枢，事迹具《宋史》本传。元顺帝时，六世孙德麟，官常州路判官，家于常之北门三吉里，是为迁常始祖。祖绩懋，寄籍顺天宛平，道光丁未科一甲二名进士及第，授编修，累官福建延建邵道，咸丰戊午殉难，予世职，追谥文节。父学昌，光绪己卯科举人，以知县分发安徽，累官湖南辰沅永靖道、提法使。母曾太夫人，华阳望族。著有《古欢室诗词》。生子十人。君次居第二。

天资过人，读书家塾，过目成诵。随宦皖中，应敬敷书院课试，为瑞安黄漱兰先生所激赏。光绪甲午，举于乡。戊戌，成进士，改翰林院庶吉士。散馆，授编修。召试经济特科，一等记名，遇缺题奏。充甲辰会试同考官。长沙张文达公奉命管箓，聘充京师大学堂提调。乙巳，入直南斋。历充国史馆协修、德宗景皇帝实录纂修。宣统三年，授翰林院侍讲。定制：南书房、上书房行走人员，凡宴会赏赐，与王公及一品大臣同。有大事召对，班次在军机大臣、大学士之下，尚书之上。乾清宫朝贺，与大学士、尚书在门以内。太和殿、慈宁宫、宁寿宫朝贺，则在侍郎之下，督抚之上。二百年来，礼数之优异如此。君三十为近臣，历年蒙赏头品顶戴，花翎，赏食二品俸，带膝貂褂，紫禁城内骑马，西苑门乘坐船只拖床，与廷臣宴，内廷听戏，内廷吃肉。帝后遗念，冠服玉佩，御书对联、扁额、“福”“寿”字春条，散氏盘拓片，检阅昭仁殿、景阳宫书籍字画，傫直二十有余年。自吴县潘文勤公、嘉定徐颂阁协揆后，罕与伦比。庚子，两宫西幸，赴行在。随扈还京。

辛亥，宣布共和，周庐星散，君独长依禁籞，进奉文字，不懈益勤。迨至巡狩天津，派君驻京办事。岁时典礼，展觐行朝。乙丑二月，夜宿直庐，猝患瞑眩，卧治医院，久之始瘳。盖其惓惓忠爱者深矣。甲寅、丁卯，两遭大故，忧能伤人，几以身殉。文节公殉延平之难，未邀易名，提法公引为终身之憾，尝诏君曰："吾不能偿此愿，期汝为顺孙，承吾志。"值《德宗实录》告成，君奏称不敢仰邀奖叙，特为先臣王父请谥，奉特旨俞允。其善体亲心如此。生平诗文，善叙事言情，其写景似郦亭、柳州。留意书画，书学米元章，得其神髓，小篆类孙季逑、洪稚存、张皋文诸先生，画宗马、夏，好游览山水，足迹半天下。有别墅在香山，一日之间，绕行全山一周，以为常。甲戌春，薄游劳山者三阅月，窈窕崎岖，尽揽其胜。著有《中秘日录》、《墨品》、《游记》、《恐高寒斋诗集》、《历朝绝句正宗》、《劳山志》，各若干卷。钟羲以癸亥征入劝讲，获与同朝，意气相得，知君之为人最深。遭遇艰屯，同游别业，相与密记金銮，摩挲凤腊。銮舆北狩，事益难言。风雪关山，趋谒者再。马齿稍长，视息人间，而君则孤愤填膺，遂致不起，以乙亥正月十五日卒于京邸，年甫六十。

娶汪夫人，毗陵士族，内助称贤。在义国医院时，病极危，悉心调摄，卒获康复。君殁后，教子治家，井然不紊。侧室路氏。子四人：行宽、行健、行廙、行濂，各有成立，能以文学世其家。孙二人：保润、保成。女三人：惠、昉、薇。丁丑年三月，安窀穸于西直门外大柳树之原，北首南趾。行宽以状来乞铭，不敢以不文辞，乃为铭曰：

致尧有君子之道四，而世但传其诗篇。子瞻郁琼楼玉宇之思，乃归路终隔乎高寒。繁我与君，同病相怜，托深心于素毫兮，愿寄鹤语于千年。

据拓片

广东提学使固始秦君墓志铭

王树楠

光绪十二年丙戌，礼闱榜出，宝应冯君煦、胶州柯君劭忞、义宁陈君三立、武强贺君涛、南丰刘君孚京、固始秦君树声，皆赐进士，论者谓人才之盛，于斯为最，而秦君尤年少博古多文，为人所脍炙云。秦君讳树声，字宥横，号乖庵。先世自鄂迁居河南之固始。祖讳有伦，以廪贷饥民，乡称善人。考讳保彦，名诸生，设帐授徒，所居成市。君生而聪慧，过目如宿读。年六龄，毕五经。下笔能数百言，有神童之目。十五，补博士弟子。二十二，举于乡。二十六，成进士，授工部主事。君益下帷讲诵，洽浃群书，昕夜攻苦，衣食常不继。尚书潘文勤公爱其文，推为国器。己丑，以大婚典礼，升员外郎。充会典馆绘图处总纂。己亥，丁内艰。服阕，以会典馆旧劳，晋郎中，实授营缮司记名御史。癸卯，荐经济特科，试后截取知府。君故謇谔强直，不避权要，值日俄战事起，东省危急，君痛枢臣选耎不任事，会召见，因面陈朝政废弛，诸大臣欺蔽状，孝钦太后怫然曰："然则朝无一人才耶?"则对曰："臣愚戆，实不知人才何在。"益诋权贵及疆臣，侃侃直言，声与泪俱，两宫为动容。

甲辰，将传补御史，枢府嫉惮君，外授云南曲靖知府，君一不以为意。抵任，巡乡问俗，尽知民疾苦好恶，首蠲陋规。割俸兴学，拔其尤者入署，亲为讲诲，如家人子弟。日坐堂皇受讼，状案无宿留。尤重实业，为设工厂，导民树艺，莳松植蜡，蔚然遍山野。郡属宣威州土司，争田啸众，势汹汹，将为变，州牧乞威以兵，君单骑往谕，民罗拜听命，乱遂定。丙午，调权云南府。滇大水民饥，君监赈，讫事无漏滥，官吏不得为奸欺。英人攫滇缅路权，君持不可，忤大吏意，檄回曲靖，面辞，犹毕诚力争，卒寝其事。丁未，调护迤东道。英人勘界，图片马，君言于总督锡良，谓疆臣以国土为性命，尺寸不可轻畀人，并为草奏，列举必不可许者六，必可争者九，英人函告总督，去秦某，案始可议结，遂调护迤西。沿途，察属吏贤否，荐禄丰令以保山县丞，易令之不职者，属吏咸洗手，奉约束。迤西道治移腾越，壤接缅甸，与英多交涉，君摘其螯尾，使不得摇动为毒。时初行警制，防营恃强毁警署，君索犯不得，则电总督，卒置其魁于法。君以由腾入缅数百里道险恶，出万金平治之。又举岁入万四千金，拯夷民之灾于火者。英人诱夷民习英语，君立出金五千，设汉文校于弄璋蛮允雪列诸寨，民皆内乡。英人觊觎昔马矿产，君首倡商民自采，比去任，悉以所赢利，暨关余私钱十余万归之公，或储为教育农桑诸费，曰"俸禄外，皆贪也"。

君常以滇缅界未定，边祸岌岌，谓宜设滇西边务练兵大臣于腾越，以制英。设滇桂边务练兵大臣于蒙自，以御法。筹赎滇越铁路，以保主权。议置阿瓦领事，以安侨民。裁腾永边地土司，改设流官，以除乱本。书逾万言，详请代奏，未果行。戊申，补云南府。皖抚冯公煦，应诏荐君入觐。及陛见，沥陈边事，上嘉纳之，特旨以道员补用。未几，擢迤南道。其治一如东西两迤，而尤以兴学为先务。选送土司子弟入省校，并送日本留学。寻迁云南按察使。庚戌，改提法使。立各级法院，慎选法官。云南司法独立，自此始。是岁，英兵出片马，大吏畏葸，不敢言，君抗争，忤其意，密疏君长于学问，非司法才。

辛亥，改授广东提学使。君痛士习庞杂，邪诐肆行，时时躬莅各校，陈说人伦道德，古今大义。逮秋，革命军起，君叹时事不可为，避居沪上，自是不复谈世事。项城袁公当国，征为河南提学使，不应。既入都，清史馆聘为总纂。十年成《地理志》若干卷。东海徐公为总统，开晚晴簃诗社，纂集清诗，日与诸同人联吟唱和，若将终身。丙寅秋八月十九日，偶感微疾，殁于京邸，春秋六十有六。

君平生以清刻自励，虽贵显，不易儒素。历巡三迤，所至奖廉黜贪，为民兴利若嗜欲。事关国体，断断抗争，丝毫不以让，外人夺气。去官之日，士民攀留塞途，立石志思者，几遍滇境。君博学，喜为诗古文辞，尤工骈俪，呕心擢肾，语必惊人，光怪纷纶，见者咋舌，然往往研摩一字，至废寝餐。余尝举孟东野“诗心与身仇”为戒，而君自谓乐此不顾也。君善为褚书，晚年变化，自成一体。罢官后，家无剩财，至卖文鬻字为活。呜呼！其贤可知矣。君既卒，其同乡戚友，援古人易名之典，私谥曰贞文先生。君昆弟四人：骏声、夔声、鸿声，皆登贤书，有声于时。原配赵淑人，继配张淑人，皆先卒。子男九人：长德棻，诸生，赵出。瑾，早殇。次瑜，次瓒，留学美国，均授硕士，皆张出。侧室崔，生子琛，出嗣夔声。珣、瑄，肄业中学。珷、玺，均幼。女子子二：曰琬，曰璧。某年月日，将返葬于某县某原，瑜来乞铭，铭曰：

呜呼！以君之才，千里可致，胡遭之不时，而伏于枥。君之政声，有万其口。君之文学，并世无偶。君今亡矣，而有不亡者存。作诗蕴幽，以诏后人。

据《陶庐文集》卷十五

清故直隶提法使翁公墓志铭

言敦源

公翁氏，讳斌孙，字弢夫，籍常熟。曾祖文端公讳心存，祖文勤公讳同书，考讳曾文，本生考翰林院修撰讳曾源。公早慧，八岁能文。由荫监生知县，于光绪丙子举于乡。丁丑，成进士，选庶吉士，年未冠也。散馆，授检讨。充乙酉顺天乡试，暨甲午会试同考官，迁翰林院侍讲、侍读，充日讲起居注官。外授山西大同知府，摄总兵，领防营。宣统初元，擢冀宁道，权提学使。次年，授劝业道。辛亥，署提法使。是年六月，授直隶提法使，加二品衔。公守大同者四载，兴学清讼，捕盗整军，禁鸦片，重农工，戢民教之争，外洋教士尤敬服之。以课最，故遂践更省会诸官。时方厉行新政，以公综厥成，部分如流，莅事敏决，于恤囚平反，尤致意焉。

官畿辅，未几，武昌变起，陆军第六镇于直、晋之交应之，将反扑保定。时总督在天津，公偕同官谋城守，以有备，故无恙。逊国诏下，称病不出。壬戌十一月二十三日，卒于天津，春秋六十有三。

常熟翁氏，累以清德重朝列。文端公及公叔祖文恭公，两世宰衡，与国休戚。公早陟清班，郁然负韦平之望，引嫌不进，未被殊知。洎文恭去位，公亦外简。公且以一官自效，冀有补裨。国变既作，卒憔悴忧伤，以濒于死。此固累世教忠之泽，而后世之言宰相世系者，所藉以增重者也。公风采高秀，外和内介。性至孝，尝刲臂疗亲，居丧得咯血疾，老而不愈。谈锋过人，长于掌故，于国家兴替本末，详实可信。词章考订皆专家，于鉴别尤有心得。工书嗜酒，通内典，著有《一笏斋集》三十卷。

配蔡夫人，丈夫子三：之润，刑部主事。之廉，直隶候补道。均前卒。之熹，通中西文，尤精绘事，公教之也。女五，未字而卒者一，俞鸿顺、黄奇祥、渠晋铣、汪学礼，其婿也。孙五：开庆、传庆、兴庆、崇庆、永庆，均之熹出。将于甲子三月，归葬于故乡，来督铭，铭曰：

五世相韩，追配子房。改玉改步，绖冠朝堂。士无二节，四维以张。行吟下泽，终返帝乡。虞山郁郁，琴水汤汤。世臣榜样，用告茫茫。

据拓片

前广东盐运使蒋公墓志铭

王树楠

辛亥之秋，余自新疆返京师，痛遭国变，曩时朋好多星散，独居惘惘，若无所归。久之，醴泉宋芝洞伯鲁自陇，富顺宋芸子育仁自蜀，清苑许子纯涵度自秦，南海梁节庵鼎芬自鄂，而蒋公亦自粤东，同来京师，握手相见，如隔世之人。朝夕过从，几无虚日。未几，芝洞、芸子皆归故里，节庵、子纯先后物化，倏为古人。去秋，余偕同人，约公饮宣南酒楼，酒酣，余歌《兔爰》之章，慨念时局，人人皆欲一瞑，以不睹为幸，公独絮絮谈金丹之术，自诩能长生，且曰："得我术者，百年可致也。"今秋重阳，余游西山，忽传公凶问至。乌呼！公之言未及一年，而不应若是，然则长生之术，果可恃耶，抑死生有命，而不可以强致者耶。逾年二月，将葬公于某所之新阡，其子纬宇持状来乞铭，余曰："是吾志也。"

初，蒋氏世为蠡县巨族。后遘家难，避居博野之淤堤村。阅数年，仍返故里。公之祖考讳呈祥，以举人官新蔡知县。生男子四人，长讳兆昆，字辉田。次讳兆瀛，字蓬侣。蓬侣公，公之本生父也。辉田公娶李太夫人，无子，抚公为之后。公生时，本生妣杨太夫人闻异香满室中，因名之曰式芬，字挹浮。髫龄入塾，过目辄成诵。尝读《豳风·七月》诗，爱之不忍释手。自是耆吟咏，出语常惊座人。年十六，补诸生。十八，食廪饩。二十三岁，选同治癸酉拔贡生，即以是科领乡荐。寻丁本生父忧。服阕，登光绪丁丑进士，改翰林院庶吉士。而逾年又连遭考、妣之丧。丧终，散馆，授检讨。旋改湖广道监察御史。甫受事，即疏参大珰李莲英怙宠骄横，闻者咋舌。又以顺天府尹孙楫，凭藉奥援，专树饕诐，辇毂之下，敢往无所顾；广西巡抚史念祖，边事媮谩，选耎无能，均劾之去。时刑部尚书薛允升负时望，荷上眷甚隆，而缩朒不任事，专听其子侄挢虔骫法，用乱国典。公愤甚，独上疏列款言之，章入，立与遣黜。公遇事敢言，不避权要，多类此。于是直声震内外矣。甲午，典试湖南。旋擢吏科给事中。己亥，转户科掌印。明年，随两宫西狩。特授湖北提督学政，试未竣，辄请急归。癸卯，再起为吏科掌印给事中。

是年，外授广东广肇罗道。岭外人慓悍多盗，公为创建艺徒学堂，设三属中学校，以养以教，民多改行。以卓荐署按察使。瀹疏滞狱，反除株连千余人。会罗定土匪麻起，椎剽卤掠，四境糜沸。大府急檄公回道任。至则躬率所部，分途掩击，三战三捷，推锋夺便，靡坚弗摧。初高要匪首梁泰山掳县令谢质，势甚张，公生擒泰山，夺令而回。又出不意，败信宜围贼。其部将李曜汉，复以计擒贼渠陈天就，贼遂大溃，不复支。公乃疏捕余党，三旬而事大定。大府嘉其劳，奏署提学使。值考选拔贡生，谢绝请托，抽沦掇沈，寒畯蔚起，一时称得人。军机大臣戴公鸿慈，粤人也。会上问粤中贤吏，首以公对，且言粤学自于式枚后，唯蒋某一人。公与戴，殊未识也。宣统己酉，升授两广盐运使。禁鹾商贿争，筹昏策烦，灸刺稽滞。

甫一年，而辛亥变作，仓皇归里，杜门却扫，不复问人间事。偶一至京师，偕二三耆旧，饮酒歌诗，醉辄相持泣，或戟手怒詈，见者咸以为狂。公貌俊伟，美须髯，电目河口。胸怀坦直，善处逆境。其服事两家父母之间，弥缝腼合，人无间言。喜为歌诗，著有《河干草》、《问心室归鸣集》诸编。书法出入晋、唐，一点一画，辄自赞以为神助。病前三日，求书者连日夜不休，卒以此致疾不起，可悲也已。公生于咸丰元年十一月二十四日某时，卒于壬戌九月三日亥时，享寿七十有二。配冯夫人，先六年卒。生男子四人：声宇，早亡。媳石氏，年十四入门守志，戊申旌于朝。钧宇，湖北知府，卒官，甄宇，亦早逝。纬宇，前法部郎中。侧室萧夫人，生子二人：同宇，殇。鼎宇，今仅八岁。女子五人：长适清苑王氏，次适任邱宗氏，三适嘉兴沈氏，皆冯夫人出。四殇，五今五岁，萧夫人出。孙男七：志琬、志震、志涑、志猛、志清、志瑜、志文。孙女一。曾孙九人。曾孙女三人。铭曰：

癸卯之岁，握手京师。余方谓公，不翼而飞。胡明而夷，其翼载垂。鹗鹅之惨，冰饕雪欺。怀乘南来，涕泗涟洏。娱吾老者，惟书与诗。君位不究，其名则蜚。天胡不吊，而弗慭遗。公今往矣，吾谁与归。

据《陶庐文集》卷十二

辛亥人物碑传集

卷十五

清振威将军贵州威宁镇总兵方府君墓志铭

王树楠

桐城方氏，自望溪先生以文章擅声于时，为世宗法，绵祼历奕，其道大昌。咸、同之间，洪杨乱作，桐城陷贼中，文物凋丧，其裔孙心斋府君，慨然投笔，集乡间跻偈子弟，治民团捍贼，始以武功起家。贵州聂公桂荣稔府君名，招之入伍，拍张叫呼，常为士先。继隶淮军，驰驱大江南北，水陆大小数百战，禽生躏亡，若赴汤火。庐州之役，驱军七千，御悍寇十余万。食单援绝，突围不惊。枫泾西塘之战，身受数创，喋血一呼，卒夷贼垒。移师嘉兴，愤程公学启之亡，缘堞先登，矛贯左臂，猝嗟冒突，立克其城。一时桐城谈战功者，以程公为首，次则必及府君。合肥李文忠公鸿章尤倚重之，规江苏，援浙、闽，皆以府君从。积功至游击，赐孔雀花翎。

再从李公北上，平捻匪有劳，晋职参将，加副将衔。留防登州，督强宅良，奸宄底伏。南皮张文襄之洞出抚山西，奏檄来晋，教调新军，补太原营参将，擢署大同总兵。中日构兵，鲁抚李公秉衡再调山东，统制标军，权曹州镇。旋以文襄公特荐，奉简授贵州威宁镇总兵之命。李公以府君威德在鲁，留镇兖州。进事长功，奸蠹无宿。堂邑屯田之变，驰骑解纷，民用大欢，佥额庆曰："方公活我。"拳民之乱，逋迹境外，不敢试尝。今大总统时抚山东，嘉其有识略，奏加提督衔。府君前后居东十余年，善约士卒，能与民共忧乐，有神明父母之称。平生好侠轻利，勇于任事。在临清捕获巨盗任清麟，籍其赃数万，一登诸册，无分寸私。岁所入俸，举以养士卒，赡友朋族党，无少吝疵。自奉澹约，等于寒素。国变以后，不肯低首下意，与少年争短长。弃官家居，搏手困乏，至不得温给。山东都督周公自齐怜其老且贫也，檄佐兵政，馈之廪薪。然不久军制更变，府君亦嗒然告归，不复问人世间事矣。

府君讳致祥，心斋其字也。曾祖鲤，清乾隆中举人。祖庚，清布政司理问。父林昌，诸生。三世皆以府君贵，封振威将军。配刘夫人，未娶，从军。聂公养为己子，为聘石夫人。生子镜，以劳荐升知府。刘夫人归，生子午，山东知县。女一，适清陕西知府丁念典。孙二人：某某。初，府君幼遭乱离，与母赵夫人睽绝十载。后功成返宗，始为母子如初，昕夕就养，人称孝子。卒之先一日，赋诗自挽，逾日遂终，时乙卯岁八月二十日也。寿七十有五。其子镜、午将以某年月日，葬于某县某乡之原，介其乡人姚永概来请铭，乃为之铭曰：

桐城方氏，世以文鸣。逮于府君，奋迹于兵。大江千里，盗茨如草。芟之夷之，群秽以扫。壮岁杀贼，老不遭时。天地崩裂，命亦随之。人孰无死，死得其会。以视生者，孰成孰败。府君之居，水深山苍。世无可语，以告茫茫。

据《陶庐文集》卷四

清故武显将军江苏抚标中军参将仉公碑铭

蒋国榜

仉姓著自孟母，其后蕃衍邹鲁间，世系绵邈，散无友纪。外舅仉公，其裔也。公讳志鹏，字翼南。七世祖某，自山东迁天津。道光十二年，天津火，宗牒烬焉。曾祖广聚，祖鸿升，考兆庆。妣常。三世清白，隐德不曜。公生而伟异，粤寇北犯，卫河多覆舟，公习泅，拯溺者，得钱以养。同治中，新疆军事急，部有督军械者某，道津，征车于公父，力不给，某持之急，公方冠，侃侃执理争，不少詟，复曲应其求，某气沮去。既学射于穆文成，贫不能具弓矢，文成使与其子共之。以武生举同治癸酉武乡试，贫仍罢兵部试，天津镇总兵郑奎士伟之，为治装。甲戌，廷试辇下，喧传公已拟元，穆宗疑其姓僻，恭邸释之，改二甲三名武进士。入直乾清门者十年。以守毅皇帝梓宫劳，光绪十年，简江阴游击。历署海州参将、太湖协副将，再任江苏抚标参将。履苏垂二十年。峭直自守，迄于卒，官未迁一阶也。

壬辰春，总督刘坤一阅水师于江阴黄天港。统领张景春、知县葛某、教谕秦某来谒，坠于江，公衣冠投逆流，拯之，皆得生。丙申春，淮军统领李光义迁广州镇总兵，高某继统其军，饷亏，军哗，公疾驰至常山军壁门，理谕之，始靖，高某亦投公以免。江阴东门民移死者尸于耶教堂侧，讹言兴，奸民乘之，焚耶教堂。公拊循三昼夜，事遂解。再任江苏抚标参将。宣统庚戌元旦，某标兵群饮于阊门市中，醉而哄，毁市无算。公戢奸嵬暴，民赖以安。

越一岁，武昌事起，巡抚程德全持两端，寻自署都督。暴民蠢蠢，蜂起积苏，环织造署及八旗会馆。公帅所部逐之，出库藏十数万金，归主者，翼织造崇启至上海，崇启泣感，出金珠为寿，坚却之。一日讹传宁军将袭苏，次无锡，有檄令阖门，城中汹惧。公力争，门乃辟，宁军卒亦不至。其年冬，选锋营卒剪江防营卒辫发，两军角介而出门焉，互攻击，公偕三标统带陈有珍戡定之。内河水师五营，号桀傲难驭，军政司长卢世仪重公，悉以其军畀公。癸丑，江宁再乱，程德全遁上海。苏军互相猜挟，长官变旧制，士夫恐，托命于公，公毅然以身任。诸军亦惮公威重，詟服不敢动。方是时，宁已鱼烂，而苏独安如磐石，繄公之力。丙辰，袁氏称帝，枭魁何嘉禄说吴江水巡队长殷佩六，假号独立，且声浙军来应。苏长官皆轻舸夜出，潜至宁，公后偕十九师团长吴士芬一夕克之。苏搢绅先生若王祖庆、吴荫培辈，德公甚，以公绩上闻，久不报，公亦落落无所怼也。

呜呼！辛亥以还，有志之士，濡迹济时，其黠者拥一成一旅之众，罗致华士，日腾口说以鼓吹之，躐高位，网厚实者，相望也。公方以国事沦胥，棘心蒿目，宁忍与竖子争得失，然典军于吴久，吴之安危利钝，皆己责也。临难再起，俄顷而定，而暗然自靖，不事表襮。进无一命之褒，退无一垄之植，此可以愧世之逐逐狂驰者矣。

公体质魁梧冠侪辈，度醇而性简，言辞伉爽，动中理窟，临事尤镇定不挠。晚益自放，或绝迹不出，日与旧时椽属部曲相周旋，不事干谒，临其上者，反曲就之。遇亲故部属有恩，每会食，皆人腴而己瘠，臧获益依以为归。吴中乡先生，下逮儿童走卒，无不识公者。公一出，举欣欣然吴语以相告，此可知公之入吴人者深矣。乙未夏，感疾且殆，而神智湛然，语不及私。既没，颜如生，贫至无以供敛，具吊者皆失声。时六月二十八日也。距其生咸丰甲寅正月二十九日，年六十有六。

娶穆夫人。子三人：作梁、作枢、作栋，前卒。女四人：一适马某。国榜与从兄钧，亦其婿也。其一字杨，殇。孙三人。国榜蒙公矜异，亦自谓能得公，敢垂涕以铨叙之。铭曰：

国维灭裂兮天柱摧，滔滔皆是兮胡知非。晨驭风马兮夕云旗，溘埃上征兮将安归。吴中宾萌兮绵去思，永保百世兮垂丰碑。

据铅印原件

龙研仙先生墓表

章炳麟

清末言改革者，或主法治，或以光复汉胙自任，往往相出入，久之徽识益分。光复家多军人，及诸少年意气之士，至以言吏治为讳，又器迫，欲尽芟柞异己，功虽就，卒不能治。而法家久更任权数，逢迎暴豪，养其恶而踣之，亦不可独任。如攸之龙君者，盖有之矣，我未之见也。

君讳璋，字研仙，家世以文学仕，故治小学声均甚精。以古义无经国用，始博涉政书，期于今可行者。清侍郎郭嵩焘以出使归，好言远西事，乡人哗以为汉奸。君往见，语相得甚欢。嵩焘叹曰："举世无知己，独此一少年耳。"年二十三，举光绪丙子科湖南乡试。久不得成进士，以中书改官知县，分发江苏，历署沭阳、如皋、上元、江宁诸县事，补泰兴县知县。虽官小邑，名声出诸监司上远甚，大吏多从决事。光绪中，日本侵奉天，海运不通，两江总督张之洞惧敌舰入江，断江淮转输道，未有计，君奏记言守御甚悉。之洞壮之，令别治一军扼江淮间，敌竟不入。

后数年，清那拉太后既黜康有为，欲因废景帝，密敕两江刘坤一、湖广张之洞议之。坤一召问君，君言废立之事，在宫廷一言耳，所以访疆吏者，惧其有后言。公中兴宿将，张公亦旧臣，会奏持之，太后当慑而止。坤一从之，景帝位遂定。又二年，义和团起京师，南方诸猾多假其名，所在劫杀宾旅，烧礼拜寺，甚乃贼长吏，势不可止。君入见坤一，请亟奏诛首祸，而与东南诸督抚会牒所在领事立保护侨民约，及上书之洞请清君侧。之洞性持牢，不敢发。然两人卒从君议，与外人约，保护东南。由此南方得无事。当是时，清政愀乱，几亡者数矣，赖张、刘补袭其间，得引岁月，而大议实自君发之，犹不能尽用。君已知清命将斩，胡、汉无两立理，亦不欲为清纯臣，诸任光复倡义师者，君辄阴赞之。

初，清日本既平，识者知旧法不足自保，极言教育。君在如皋实始置小学，自是江苏有旅宁，湖南有明德、经正诸校，皆君所规建也。及知泰兴，泰兴当长江孔道，过客多，君辄留与谈国事。有游学海外者，即与资装，人人皆如其所欲，士以此归君。光绪末，黄兴始倡义长沙，君先后资以银币十余万版。兴尝以事讼系上海，君救之，亦累数千版。及君归，老河口、镇南关、黄花冈诸役，皆阴有所助，其事秘，故清吏莫能蹑也。

宣统三年夏，铁道国有议起，频江民匈匈欲为变。君日夜说新军防营，为规度起兵事。八月，焦达峰自夏口来，言武昌且反正，期不过一二旬，君亦已部署诸军。及事起，财十日，长沙即定。因布告属县将吏，皆受牒，独镇筸拒命。于是推达峰为湖南都督，陈作新副之，君为民政长。清攻夏口急，方调兵食遣师赴援，会难作，达峰、作新皆死。其部曲愤欲报仇，君痛哭言江汉方亟，不宜自相鯱。乃推参议院院长谭延闿为督，以礼葬达峰、作新，出师援夏口如故。时镇筸尚未定，君请西征，到辰州，游击杨让梨抗命，即搏杀之，反侧者皆詟服，遂入镇筸抚苗人而还。民国二年夏，黄兴以江宁拒袁世凯，江南诸省皆应，未几败，君以嫌走上海。四年冬，世凯将称帝，蔡锷自云南起师讨之，数月，广西、贵州兵侵寻向湖南。世凯所遣将军汤香铭知势不敌，亦以湖南应。君知香铭反复，亟率义故返长沙。人或为君危，君曰："不入虎穴，焉得虎子？且彼名义已与世凯绝，往必无害。"到长沙，香铭走，士民复推君为民政长。

君以政争方起，旋引退，为义故谋久计，至忘寝食，以是病悸，七年三月卒，年六十五。配陶夫人，继配张夫人，妾唐。子祖同。女子子五：长适浏阳谭传赞，次适永明周元漾，次适湘乡刘清黎，次适湘乡李正绂，次适安化陶佑曾。九年六月，葬于白泉铺牛栏坡之冈。所著《小学搜佚》、《尔雅邢疏删繁》、《甓勤斋集》如干卷。

君在清世，位不过州县，其风烈足以厉具臣，矫曲朝。晚乃佐革命，不大声色，而功与开国诸将齐。制变有渐，不自乖异，于智仁勇可谓参之矣。余知君名几二十年，顾未尝一识面。十一年夏，祖同以状来，述大事甚备。其余兴工艺，规铁道及治事可称者众，于君则绪末也。故摭其方略卓绝者，以为表。

据《太炎文录续编》卷五之中

清大理院正卿刘公及配刘夫人合葬墓志铭

王树楠

光绪乙酉，乡闱榜发，余读元文而善之，或告余曰："此盐山刘孝子也。"宣统三年，余自新疆返京师，始一识公。每与会饮，公皆置荤酒不御。或又告余曰："公初试于乡，母夫人仓猝病殁，公深痛不获亲汤药，视含殓，遂庐墓侧，誓终身茹素，为母祈冥福，且以志己罪也。"故至今无识与不识，佥以孝子呼之。公生有至性，其兄伯鲁先生，世父出也，封翁抚为己子，公视之若严亲，饮食起居，必求所以适兄意者。年逾六十，兄偶不悦，辄长跪待罪，命之起，然后起。及殁，丧葬加厚，期年不赋诗，言之未尝不流涕也。呜呼！时至今日，纲常名教，扫地尽矣。公独笃庸行，饬伦纪，以维世教若此，是可风已。

公讳若曾，字仲鲁。曾祖考讳雅材，岁贡生。祖考讳翰徽，邑诸生。考讳重巽。皆以公贵，封光禄大夫。曾祖妣某氏，祖妣某氏，妣赵氏，皆封一品夫人。重巽字申圃，磊落有大志。兄弟析居，尽推先人遗产，让诸兄。父母殁，又独任殡葬。家自是堕落，不顾也。同治戊辰，率乡人御捻匪，被执，不屈死。公方九龄，随其兄，收殓父尸，哀感行路。家益不支，伯鲁先生为塾师，馆修不足赡其家，母夫人躬劬服瘁，亲纺织，督公学。公益自淬励，一应童子试，即补诸生。

既丁母忧，入京师，与二三同志，穷研四部书，靡所不通。嗜宋儒义理之学。乙酉，以第一人举于乡。兼从武昌张廉卿先生受古文义法。己丑，成进士，选翰林院庶吉士。明年，授编修。壬辰，分校礼闱。甲午，典试河南。乙未，入清秘堂办事。历充国史馆、武英殿纂修，庶常馆提调，文渊阁校理，正黄旗官学考校官，宗室觉罗八旗官学副总办。壬寅，以两次京察一等，简授湖南辰州府知府，兼充木盐关督。迭经湖南巡抚保荐贤员。乙巳，调补长沙首府。所至皆有政绩，民至今思之不忘。未几，调随五大臣赴泰西考察政治，甫登轮，遇变，改随端忠敏、戴文诚两公偕往，历英、法、美、奥、匈、俄六国，又奉命游历丹麦、瑞典、那威、和兰诸国，获二、三等勋章之赠者，凡八国云。公在美时，奉擢授江苏常镇通海道之命。寻以三品京堂候补，充考察政治馆提调。丙午六月，旋京，授太常寺卿。九月，改授大理院少卿，商同正卿，创兴院制，延登俊良，审画挈令，以垂式天下。司法独立，自此始。

中国自经甲午、庚子之变，朝廷鉴于列强政治，非立宪不足以图存。于是设宪政编查馆，以公兼充提调。诞章琐目，多关决于公。寻复命为法律大臣，兼权法制院院长。宣统辛亥，升大理院正卿。公屡典要政，勤敏精详，圣眷优隆，浸浸将大用矣。而国变顿作，公痛王室沦亡，闭门谢客。而当道者以桑梓涂炭，强公出而拯救之，遂任直隶布政，兼内务、财政两司长。改直隶民政长，非其志也。寻充政治会议委员、参政院参政、公府高等顾问，公始脱然无累，优游林下者十余年。

配刘夫人，同里焕经之季女。其长女，则伯鲁先生之妻也。夫人来归时，家中落，事姑如母，日以十指营甘旨。幼从其父习绘事，兼善雕镂，有求缋绘者，得酬资，辄供公读书费。平生以勤俭持躬，其处约无愠心，处乐无喜色。公夙夜在公，悉以家政诿夫人，一不自赀省。光绪中，夫人病数年，为公置篷室徐氏，抚其子女，一如所生，子女亦忘其非所生也。夫人祀先，必尽礼，馈献必亲，未尝遣子妇代。怜母家乏嗣，乃出己资，以从弟为父置后，其孝可知矣。夫人生子男一，曰驹贤，在美国康奈耳大学毕业，充内务部佥事。女子子曰孝兰，适南皮张宗瑛，文学士也。徐氏生子男一，曰孝桐，予三女婿也，充交通部科员。女子子二：曰孝蓉，归乐亭史亦僩。孝芷，早殇。公生于某年某月日，卒于戊辰十一月二十五日，享寿六十有九。夫人生于某年月日，卒于戊辰十一月五日，享寿七十有二。公及夫人，浮厝于京师南城长椿寺。将以某年月日，卜葬于某县某所某原，驹贤等来征铭，铭曰：

孝以事亲，忠以事君。孝为忠本，人生大伦。公之硕施，未竟厥志。天倾地崩，大命以坠。盱今追昔，有郁于中。一瞑不视，闷此幽宫。

据《陶庐文集》卷二十

刘师培传

汪　东

刘师培，字申叔。先世自溧水迁扬州，遂为仪征人。师培性敏悟，自其曾祖以下，皆经业，至师培益恢彍博通，尤邃于《礼》、《春秋》。髫龀为文，有若宿构。初补县学生员，乡试中式，年二十，赴京师会试，归道上海，识余杭章炳麟、长沙章士钊等。时诸人方颂言攘除客帝，师培心契其说，遂改名光汉，著《攘书》，创《警钟日报》，兼为《国粹学报》撰述文字，既风切时政，益以辨章夷夏之志，寓诸论学，由是知名。

清光绪二十八年冬，万福华于上海狙击王之春不遂，师培亦预谋。明年，《警钟日报》被錮，师培走芜湖，任皖江中学教员，旋遭名捕，亡命至日本，复遘炳麟，同编辑《民报》。炳麟经术笃守古文，师培虽旁通，亦以古文为主，故论议益相得，其为人，恂恂儒雅，然颇近名。闻社会主义、无政府主义新说，皆驰骛焉。劬学，每至夜分不辍，精气疲茶，又不暇察迩言，妻何震以他事恨炳麟，与汪公权者交相谗构，始与炳麟绝。公权假师培名，告密两江总督端方，方因招致之。师培为方考订金石，称匋斋师，名遂替。炳麟闻其事，犹遗书规之云："中以小衅，剪为仇雠。岂君本怀，虑亦为人诖误。天诱其衷，公权陨命，君以权首，众所属目。进无搏击强御之用，退乏山林独善之地。彼帅外示宽宏，内怀猜贼。闲之游傲之门，致诸干掫之域。臧谷扈养，由之任使。赁舂执爨，莫非其人。猜防积中，菹醢在后。斯诚明哲君子所为嗟悼者也。盖闻元朗、冲远，皆尝为凶人牵引矣。先迷后复，无减令名。况以时当遁尾，经籍道息。俭德避难，则龙蛇所以存身，人能宏道，而球图由之不队。祸福之萌渐，废兴之枢机，可不察乎？”师培得书，竟不报。

宣统三年，从方入四川，行至资州，武昌义师起，诸军响应，方被杀，师培幸得脱身。至成都，为国学院教员。是时，川边不靖，军政府议出师。师培乃移书都督尹昌衡、民政长张修爵，止其事。其与修爵书尤切直，略云：“迩闻议定遣师，出援川边。愚窃以为，过康定以西，古号蕃落。大小欣贡，有恭顺之素。今兹至计，要在安集，开示信诺，通接商贾。俾知顺附和同之利，用就有征无战之业。今之议者，弗务文德，欲以草昧经纶之始，上规季末开边之迹。无资怀远，适益病蜀。蜀地沃野，材干所生，忘战日久，复修征伐，三军县远，饥疲太半。卒临锋刃，必见败衄。又所赋发，日竭千金，力役失时，舍委穑事。军有连征之费，民有凋残之损，襁负流散，庶品不安。听闻歌谣，辄为辛楚，下竭则溃，弗可不察也。”

寻复至山西，用都督阎锡山荐，授参政院参政。民国四年，袁世凯方以兵力暂一海内，渐谋改制。杨度、孙毓筠等创筹安会，议假民意劝进。以师培善属文，引之入会，作《君政复古论》，辞采渊懿，时人比诸剧秦美新。事败，乃娭意讲学，为北京大学教授。夙有肺疾，至是，日益深，虑终不久，一日谓其友黄侃曰：“仆自谓经学逴绝，惜无传者。”侃曰：“听讲者数百人，胡为无传也？”师培笑曰：“必得如足下者，乃可。”侃曰：“审若是，请北面为弟子矣。”遽下坐，拜师，培泰然受之。八年冬卒，年三十六。无子。蔡元培为经纪其丧。后十余年，宁武南桂馨辑其遗著，凡得七十四种，书已行，自有目录。曾祖文淇，祖毓崧，父贵曾，学行具《清史·儒林传》。

论曰：师培服袭先业，又秉绝人之资，泛览百家，兼综条贯。清儒治经，自休宁戴震为皖学，吴惠定宇为吴学，绍述流衍，各臻其极。至师培而奄有之，可谓难矣。弱龄箸书，年不中寿，故其说前后牴牾者，亦时有，要未足为病也。出处不慎，几陨厥躬。然其所成就，足以渐被百世。子云、子骏，岂以一眚掩乎？游士之属，朝从暮衡，彼固不得以师培为藉口也。

据《吴县汪旭初先生遗集》三

李燮和先生传

陈浴新

先生讳燮和，字柱中，姓李氏。先世自江西吉安迁湖南湘乡，曾祖太来徙安化蓝田，遂为安化人。祖讳平梁。妣曾氏，旌表节孝。考讳世荣，官同知，不乐仕进。妣谭氏，生子三，先生其次也。

先生少负异禀，性渊默，躯仅中人，目炯炯有光。弱冠读《船山遗书》，慨然兴亡国之痛。洎入县学为诸生。时清政不纲，康、梁辈倡言变法，而排满革命之说亦因之而起。先生主讲于安化驻省师范学堂及宝庆府中学堂，藉识黄兴、禹之谟、谭人凤、刘揆一等，结华兴会，矢志革命。甲辰，谋袭宝庆，以机泄未就。丙午春，图长沙，巡抚庞鸿书谍知，檄按察使张鹤龄捕之。鹤龄时为游学预备科监督，而新化罗仪陆为副。鹤龄召仪陆，指染茶，就案书数十字告之。仪陆疾走告先生等得免。间道赴上海，遇陶成章。成章方与蔡元培、章炳麟等创光复会，先生加入。未几，孙文亦立同盟会于日本东京，与光复会合，先生东渡，又加入焉。

先是，先生与谭人凤等暗结江湖会党。其年秋，马福益、姜日旦、龚春台等，突起萍醴浏平间，东南震动。先生返国，夜趋江宁，谋起事相犄角。两江总督端方得报，悬金购缉，仍遁上海。逻卒尾追急，又闻浏醴事败，转赴香港，就黄兴商大计。而黄已先期往东京，留候两月，不得晤，时与冯自由过从密。因冯导引，丁未正月南渡新加坡，先后遍历南洋群岛，应华侨学堂聘，以国语教侨胞子弟，藉演革命旨趣。风声渐广，豪俊入会者日众，南洋党务始盛，实先生所倡导，组设分部至三十余区，延揽国内同志前往襄报政、任教习者百数十人。盖自革命说行，党人内向举事，若潮惠、河口、镇南关诸役，购械筹饷，半取给海外侨胞，而南洋一隅，动以巨万计，先生与有力焉，己酉八月，陶成章抵南洋，言及党务，多愤慨。上书总部，不报。先生与成章等议复兴光复会，推章炳麟为会长，先生为南部执行员。此光复、同盟两会合四年后而复分也。其年冬，黄兴至南洋，议攻广州，虑军资无出，先生于南洋荷属募集三万余金。

辛亥三月，黄兴约会香港，先生偕陈方度往，并密告成章，急图浙为声援。会湘人张通典、夏寿华仕粤，许作内应。黄兴命先生率陈方度、柳聘农、胡国梁及其子一欧等，先入广州。寿华客诸人于巡警教练所，已定期起事矣。讵风声露，方拟延期，而黄兴不许。遽于月二十九夕，帅党员百数十士，攻督署，不克，身殉者七十二人，丛葬黄花冈。然清廷自是胆丧。先生欲继进，通典谓外援不济，徒死何益，固止之。阅二日，脱险赴沪，始识陈其美，与组分部于锐进学社。又至杭州，会党人于西湖白云庵。先生以淞沪各地防营将士多湘籍，常与联谊，期乘机崛起。六月，闻太夫人病笃，潜归蓝田。顾太夫人已前卒。七月，清吏刊章名捕，乃逃汉口。盖先生去国六年方归，归已失母，昉一月，又复出亡，衔恤茹哀，望门投止，心志凄苦，从可知矣。

先生蛰伏武汉久，诇知大事可举。以武汉地形虽便，而淞沪为东南门户，得之遥相呼应，则大江左右可传檄定也。八月，东下抵沪，与王文庆、陆翰文等密谋，响应武汉首义，遂分途进取。先生负淞沪之责。时吴淞警局巡官黄汉湘、队长陈汉钦、巡防管带陈豹文、统领朱廷燎，久阴受节度。陈其美住英租界《民声报》社，策动亦至力。九月十二日，先生与其美会议计事。先生曰："龙华高昌庙制造局，储械弹甚富，且吴淞口外泊海舰五艘，将大输军械上济汉口。今日必得制造局，而后沪事定，且可预防武昌之危，此革命成败之机也。"其美亦云然。先生蹶然起曰："时不可缓矣。"乃决期翌日午后举事，令军警皆易帜，商团纷纷起应。其美率所募敢死队，会商团攻制造局，突破其栅。局兵迎击，仆数人，俘其美，局门闭，商团皆怯走。先生急集陈汉钦等于锐进学社议，悉起赴援，且约夜半会高昌庙。众咸惩其美之败，相视瞘眙失色。先生曰："事急矣，成败在诸君勇若怯耳。无已，燮和请先登。"乃握弹疾趋出，众皆感愤。漏四下,诸军集龙华,商团亦麇至。先生令同志直薄制造局。十四日黎明,围攻益急,于局后垣举火,局兵大溃,遂收制造局。众推先生为临时总司令。其美婴铁绊,锁柱上,仓遽未得解。先生巡视出之,其美始庆更生。

旋议举都督。自沪事起,军警但知有先生,群属望焉。先生慰众,言其美习沪事,已当奔走各地,以沪军政府都督让其美。先生所节度黄汉湘等,分兵略地,连下福山、狼山、崇明、嘉定、太仓、江阴、昭文、常熟、海门、南通十余城镇。留日海军学生李刚初归国,往说吴淞口外所泊建安、楚有、登瀛州、辰字、宿字、湖鹏、钧和诸舰,皆慑伏。刚又先生从子也。于时陆海军袍泽皆愤激曰:"初谋发难淞沪者,李公也。吾属安能居人下?"议设淞军政府,遣迎先生于上海。十九日,方登车,突飞弹自外入,中护弁。有目击刺客呼擒之者,先生不问。及抵吴淞,谓汉湘等曰:"淞沪相去数十里,两督并立,是争也。吾志在北伐,以此累,非智也。大功未竟,而起争权之渐,非义也。不可。"由是共推先生为光复军总司令,汉湘副之。章炳麟自日本归,主总部,一日从容谓先生曰:"用兵当及其锋。今虏势已衰,宜遂乘之,株守吴淞何为耶?"

时清提督张勋负嵎江宁,苏浙联军总司令徐绍桢攻之,不能下。先生命所属黎天才部驰赴援。既会师,连克乌龙、幕府各炮垒,收水师十三营,继下天保城要隘。十月十日,炮中北极阁,清总督张人骏、将军铁良,适观战阁上,惊骇失魂,依日本领事庇以逃。张勋不支,亦渡江北窜。天才整军,自凤仪门入。十三日,先生莅江宁。会汉阳失守,南北停战,武昌势危殆。黄兴至沪,促联军西援,皆属意黎天才。于是推先生为援鄂总司令,以天才为统制,尅日西上。方江宁未下时,各省军政不相联属,议设中央政府于武昌。复虑鄂渚剧战,易震撼大局,则日夕企望江宁之捷。迨捷书闻,人心始大定。

浃旬,先总理孙公自海外归。由临时参政会拟草约法,举孙公为临时大总统,于阴历十一月十三日就职南京,即中华民国元年一月一日始改用阳历也。时南北两军停战日久,而陕晋民军屡告急,皆曰:"和议者,适以缓我师耳。"乃定议分三道北伐,又授先生为光复军北伐总司令。搜乘补伍,移檄远近。军将发,而南北混一,因止其行。所先遣李炯旅，则已至烟台，后遂改隶山东军。

元年二月，孙公让大总统位于袁世凯，首都北迁。先生上书孙公，请解军职，书云："今海内敉平，国基大定。燮和十年来所怀志愿，亦已稍酬。自知无建设之力，乏经世之才，不足共裕新猷，赞扬伟业，日夕思维，惟有自请解职，得以历劫余生，栖息田亩。敢云挂冠，聊以藏拙。家住洞庭之滨，衡山之阳，有薄田二十亩，古籍千余卷，鸡黍桑麻，差堪取给，莳花看竹，足以自娱，非避东海之滨，欲卧北窗之下。伏乞大总统俯念微忱，不与责备。则枕流漱石，无非出自鸿施；坠露轻尘，永祝共和万祀。"大总统报曰："该司令规画东南，往来淞沪，朱家结士，翟义兴军，用张光复之旗，誓扫犬羊之秽，遂乃蛟腾沪渎，鹰攫金陵，定倒悬之大局，推发纵之功人。国家方倚寄于长城，将军遽退藏于大树。从赤松而辟谷，固秦仇已报之心；徙朱地而计家，岂范蠡未行之故。一行已决，早知驹谷难留；百战余生，应遂荷衣初服。用兹嘉许，放李靖为神仙；树之风声，使樊侯无容地。"书翰茂美，优予褒崇，当时传为荣幸。

先生既得所请，彷徉海滨。无何，袁世凯授先生为长江水师总司令，驻采石矶，桴鼓无警，江上肃清。复举黄汉湘自代，飘然归里，于故居光明山构亭榭，植花木，灌园垂钓，有遗世之乐。袁世凯又授以上将衔陆军中将，勋四位，征为总统府高等顾问。二年春三月，民党魁杰宋教仁暗杀于沪上车站，群指目袁世凯。而首义有功将领张振武、方维，同被戮于北京。东南汹汹，訾袁世凯不道，谋起兵讨之。先生于是时，自湘赴宁沪，旋北上。论者讥之，先生语人曰："排满革命，所以为民也。今大功已就，如再酿战争，民将不堪，失吾革命之本旨矣。我之北来，冀弭世难耳。"而战祸已成，终莫能弭。蛰居北京，不问政事。光复会旧人，自陶成章见狙后，惟章炳麟与先生在。先生既解兵柄，炳麟复与世龃龉，回思往事，感慨万端。痛同仁之凋谢，伤国步之艰难，长言三叹，不知所裁。

民国四年，外交日棘。孙毓筠、杨度盛倡君宪救国之论。先生亦以种族之见既泯，考察国情，仍以君宪为宜，爰与孙、杨及刘师培、胡瑛、严复六人，组筹安会，讨论国是，期袁世凯以建国之责，世所谓"六君子"者是也。因是为时议所短。先生但欲行其政见，富贵之心，澹忘久矣。袁世凯既殂，先生复漫游南洋。数岁，归蓝田，不复措意世事。沉冥啸傲，人莫窥其涯际。以中华民国十六年七月十九日卒，春秋五十有四。配谭氏、林氏。子男四：兴藩、兴潇、兴藻、兴萍。女二：长志英，适镇江刘尚毅；次梦英，适新会潘南顺。孙男八：忠忱、忠愉、忠悌、忠忻、忠恪、忠恺、忠懋、忠国。曾孙男三：孝基、孝宽、孝宏。

陈浴新曰：蓝田介邵阳、新化、湘乡之交，居民大都持节概，重意气，诚已诺，明恩仇。先生飘泊风尘，摩戛剑盾，阅世已深，而践履无改乡风。与人交，不以死生盛衰易其意。革命大业甫就，即请解兵柄，为天下倡。黄鹄举矣，青天廓然，得非命世独立之君子乎？及其懔国步之艰危，惮来日之大难，不惜忍耐以求全，人或议之，志虽未遂，心存忱悃，政论得失，后世必有能析之者。章氏太炎云："自徐锡麟死后，光复会未有达者。李燮和孤掌鸣于南洋，延揽豪俊。辛亥首义，定上海，下金陵，以安大局，厥功伟矣。"当时称实录。先生殁十年，而抗日军兴，即先生所惮来日大难也。其家群从子弟，戮力戎行，秉义向敌者，并时十余人，皆能以才自奋。又以识公之教于家而忠于国者，流风固未艾也。浴新与先生同里閈，童时习闻声欬。先君子喜持程朱之学，督课子弟，纠绳颇严。先生谓失之拘，劝易所以为教。浴新因得负笈四方，开拓心目。在陆军小学，又出先生介弟卓然先生之门。启迪教诲，情谊逾恒。今忽忽四十余年，顾疏阔而无所建白，有愧昔日之期许矣。

据《湖南文献汇编》第二辑

有清吏部右侍郎沈公墓志

吴廷燮

昔平舆胙土，冠顿许之盟；望蔡列封，抗王谢之胄。司州效节，绵鼎组于五朝；仆射登庸，炫清华于十叶。仙源星谱，显竹光珉。公讳云霈，字雨人，江苏东海人也。曾祖德昭，祖士杰，蕴德邱园，策名黉序。襄阳冲淡，弃冕于开元；会稽高洁，遁踪于建武。斯钟积庆，宜有达人。父讳观国，明经有举，观盛鸿都。精舍曾开，式登鳣席。听纶氏之讲，游从者数百人；谈侍中之经，盱衡于五十席。公江夏延誉，人曰无双。关西角雄，时推第一。冠军好武，能习兵书。广饶秉孝，偏知剑术。有清同治之初，淮海沸腾，角巢恣肆。公方在妙龄，已从武卫。望尘嗅地，来众已知。听缶结柴，危城无恙。乡老推异，圣童标名。举癸酉乡试，李卫公之大略，薄视科名；韩吏部之雄文，轻尘词赋。谈元合王韩之言，演畴穷郑孔之蕴。凿度灵图，皆通奥邃。中候大传，直抉精微。敏学服于丁生，先几参于邵子。道存绝绪，言成一家。庚辰，以大挑知县，分发浙江。十征却命，盖以养亲。六剂求方，曰惟尽孝。其后勉应省符，仍辞县檄。荷花十里，高吟白傅之诗；杭浦六桥，时访苏公之迹。方外司马，醉宣武之筵；中兵参军，卧彦升之榻。文弦武帐，石馆金台。毋折彭泽之腰，岂执卫队之版。公之为令，过人远矣。

甲午，举进士，授翰林院庶吉士。屈子华于累举，玉署终登；迟裴相于廿年，琐闱莫限。时青邱不宾，渌江告警。四百舟来，莫振刘相之旅；十二军覆，空熸荣公之师。建炎之严海戍，倭舶必防；隆安之乱扬畿，水仙其发。公素筝浊酒，搜赵郡乡曲之兵；石镜锦衣，饬湖上子弟之部。

百城安堵，千里晏然。南皮张文襄公，朝野仪型，人伦冠冕。大中有对，谓颇牧在禁中；康定御戎，知范韩为儒将。广武成始安之名，新城绍巨平之坐。清襟所照，前席无俦。馆试授编修，伛文之难，将构永贞。洛蜀之讧，已基元祐。同游洛下，忽忆吴莼。受署唐京，不忘伊稻。请急而去，识者高之。龙门货殖，千树漆橘之封；渤海循良，十亩桑榆之治。家令上牍，重农粟而贱金珠；樊川述怀，美囷仓而讥贯镪。本富之重，实为国基。公垦辟广营，溢侍御起屯之数；蔬鱼毕殖，效溧尉对酒之吟。遂使元枢赞赏，知置典农之司；太尉率先，胥耕就荒之亩。神皋天府，开饶沃于三京；鹿塞狼山，疏河渠于六镇。珊粢璃墙之富，仰我稻秔；珠宫贝阙之雄，资夫粮糗。福华之绩，惠民无疆。寻擢农工商部右参议，转左参议，授右丞，署右侍郎。朱邸绿车，时参陪从。凤池鸾掖，每切畴咨。调署邮传部右侍郎，旋署其部尚书，兼署左侍郎，充津浦会办大臣。收三关之直道，利六路之商车。关河百二，无假璧田；风水五千，斯通昕夕。羽书校尉，意见电驰。药市壶公，真看地缩。期九垓之不限，使十道之咸通。鲍侯之赋密途，奚慨于七奔；干纪所称同轨，可歌于八极。遽迁吏部，公之措施，盖未尽也。

洎乎图书授受，蓂荚更新，齐堂可虚，隆盖公之礼；汉车特束，重枚叔之迎。维彼荆、扬，实限衡、霍。江左列藩，重南豫北司之戍；浙右宅宇，严淮西肥上之屯。曰天下之劲兵，为域中之捷道。公内诹匡擅，外咨译寄。贷明月夜光之贾，通鲖陂鹊岸之途，因有津浦铁路督办之拜。戊午，就医天津。积疢已深，群医莫挽。柳闻喜之星陨，终极奄然；夏太朴之城成，英贤已矣。以己未某月，葬于东海县之□□。夫人吴氏，箴训无愆，仪蓉有德。窦平陵之风，匡襄有道；冯仁寿之礼，训迪克家。昔移松滋之茵，今同长平之穴。

据《景杜堂存草》

将军府参军张武壮公墓志铭

王树楠

公讳行志，字云亭，世为蒲城张氏巨族。幼失怙，善事母，母督之学，聪敏绝世，然独喜彍弩拔距，为人长雄。适秦陇回乱起，两兄结乡团御贼，皆战死。公跃入阵，冒锋镝，夺兄尸归。于是孝友之声，噪于乡里，时年甫十五耳。公念时大乱，思复兄仇，建奇勋报国，请之母，母摘簪珥，质钱二百，资其行，乃以武童投督师左文襄公大营。公故魁伦蹶张有膂力，左公一见奇之，即檄充亲兵什长，每战皆以公先。金积堡者，宁夏回酋马化隆老巢也，高墉深堑，据黄河之险，环堡大寨五百余，相为首尾，道径厄陿，不得瞰临。公改装作樵子，潜入贼中，侦内外形势，绘图上攻取策于董公福祥。董公即于是夜命公携梯冲先登，诸军继进。贼骇而反斗，多自相蹸籍死，而董公已卓旗城上矣。继随大军攻拔西宁大小峡卓子山，摧坚捶厄，所向有功。光绪初元，董公携之出关，驰驱南北两疆万余里，略古牧地，坑玛纳斯，陷达坂城，火托克逊，拔吐鲁番，覆阿克苏，公无不与其役者。天山之战，值大风昼晦，议者选耎不敢前。公独蒙矢石先，尝生禽枭贼，夺便而驱，尤为功最。光绪二十一年，河湟变作，董公檄公入关，充甘军亲军统领，督开花炮营，铲夷康家崖、边家湾诸贼垒。乘势踔河州，解太子寺城围，进克西宁，复大通县。犁巢扫穴，威稜四张，闻者皆畔敌胁息呼服。

公自入伍符，转战三省，自经数百战，历三十余载，累功由把总洊至记名总兵，加提督衔，赐花翎，给励勇巴图鲁名号。盖无一日不在行阵也。二十六年，补授江西九江镇总兵。又明年，调镇西宁。适古哇番众以争教宿乱，公单骑往谕，责以大义，番众皆按甲投戈，罗拜蛾伏，不敢仰视。乃诛其首恶数人，而散其从者。复为之訾，省衣单粮，划除百年积弊，番人欢服受命，无敢哗者。三十三年，擢授固原提督，兼统防军。公在官，御士卒严整，而待民以慈。陇东承大乱后，事事以休养生息，除盗安良为主。河州马格八、庆阳全老虎、隆德马应太、海城田老九，暨固原马二不都等，皆贼窝也。公潜兵捕置诸法，境内肃然，无复盗踪。乃筹教养之法，立同仁社，以恤孤寒。创六营小学校，以宏教育。平治六盘山，通圣沟王公桥道路纵横千余里，以便交通。固原扼秦陇咽喉，创修火药军械诸局，以为预备不虞之计。

宣统三年，革党变起，海宇麻沸，而陇东独宴然按堵，廛市不惊，公之力也。初公屯固原，兼充陆军第一协协统，加陆军协统都统衔。至是改编所部为壮凯军，移驻甘凉，以资镇摄。民国二年一月，加陆军上将衔。二月，授甘肃陇东护军使。三年，豫匪白狼蹂陕，而西谋结甘回，图不轨。公伏兵长武，贼至击之，毙十余人。白匪知有备，改道南驱，于是陇东十七县汉回百万余户皆敉然无事。总统袁公嘉其勋，给予二等嘉禾章。而公念时局日艰，不欲久持兵柄，即于是冬入京觐见，不复再出问世矣。四年，檄充公府高等军事顾问，寻策命为将军府参军。浮沈都下，非其志也。

树楠曩官甘肃，始识公于兰州官署。国变而后，余客京师，与公朝夕往还。时时谈西北往事，间及时局，辄欷歔累息，往往相视泣下，不欢而去。今年六月，公迁居城北僻地，月余始一至余宅。凡再见而公竟逝矣，时旧历戊午七月十三日也，享年六十有七。遗疏上闻，天子笃念旧臣，赐祭一坛，予谥武壮。大总统徐公闻之痛悼，命卫侍武官长徐邦杰致祭，追赠上将，并宣付史馆立传，典至渥也。公清操孑立一生，不问家事，俸余所入，悉分给士卒。去官之日，囊无一钱。殁后，大总统给治丧银二千两，始获归葬云。夫人某氏，先公八年卒。继娶张氏。子厚堃，兰州道尹，某夫人所出也。孙一人，曰寿铭。厚堃将以某年月日，葬公于先人兆次，来请铭。铭曰：

乌呼！以公之鸿绩伟烈，威震穷边，而独无解于乳臭之少年。

垂老解兵，投诸散闲。彼虹小子，乃柄国权。天运如此，夫复何言。古人有云："士用则为虎，不用则为鼠。"吾于公又何间然。一伏不起，遂尔千古。人亡国瘁，痛此抔土。

据《陶庐文集》卷九

新疆都督袁公神道碑铭

顾翊辰（代）

民国元年五月六日，新疆都督泗县袁公殉难喀城，耗至之日，朝野震悼。其翌年八月，公子崇范奉公丧归葬，以碑铭请。予与公素相知，其生平事业又可示来兹而垂不朽，乌可以无言。

公讳鸿祐，字侨生，世为皖泗人。曾祖讳某，祖讳某，考讳某。皆以公贵，清赠资政大夫。妣皆赠夫人。公少有才名，为文章不拘绳墨，识者知为国士。粤贼起金田，越二年，遂破江宁，淮泗震动。公佐袁端敏公军于亳州，参机务，袁公深器之。刘襄勤公奉命讨回逆，檄召公，委以天山南路事，则率军出。有言回人聚众白龙堆，宜缓行者，公立斩以徇。行无人之境数百里，会天寒大风，旌旗裂，积雪没踝，士卒咸冻馁无人色。至罗布淖尔，猝遇伏，前军败没，公闻，驰至，挥长矛大呼入贼阵，贼出不意，皆惊靡，遂连下南路诸城。初，公以平粤贼功，累保至知府，至是遂晋道员，留喀什噶尔，董善后事。一年成效大著，民困以苏。寻移公湖北督饷糈，运输相继，军用裕如，时议比之萧相国云。同、光之际，人才盛矣。受知大府者，不数年可擢疆圻，膺专阃。如公之才略，使早得志，其所建树，有裨于国家，讵可量哉。乃既老，始有喀什噶尔道之命，亦未常迁秩，不可谓竟其用也。

喀城旧为瘠壤，公至，治水利，垦官荒，骤得地数百万亩，农业之兴，自公始。喀固与俄通商，道险隘，不便商旅。公息借俄币，益以私廉，修治之，凿山辟路，于是商人争以土货畜俄，岁入俄币数十百万。俄民色以提入于阗，辱县官，令具以闻。公怒诘俄领事，令驱逐，答语支吾，公厉声曰："汝国一惰民，扰我治安，尚欲庇耶？吾任通商，兼兵备，汝不可，吾且自捕之。"领事改容谢，卒如公旨。公卒后，俄领事索科福以跪拜礼吊灵次，英领事马继业，谓公相待如家人父子。威信之入人如此。公之在喀也，伊犁守将与迪化帅不相能。焉耆、库车、温宿民多戕官为乱。公既都督新疆，幕僚请为备。笑曰："壮岁从戎，身经百战，宁畏是哉。"竟及于难，年七十三岁。

公为人沈默醇谨，似不能言者。及定大计，决大疑，冒死赴难，以救公家之急，有非常人所能。当其孤行戈壁之中，强敌在前，后援不至，公一意径行，已视性命如鸿毛，成功而享名，公所不预期也。祸机卒发，从容就义，声名伟然，所谓古之勇者，非耶？公娶金夫人、何夫人，皆前卒。继娶唐夫人，与公同时殉难，其节烈可钦也。子崇范，何夫人出，官某。女几人。孙二，曰传绂、传纯。某月，崇范将葬公于某原，以唐夫人合祔。铭曰：

莽莽淮流，笃生豪杰。公起儒生，手提寸铁。天山蜿蜒，惟公之烈。西陲树绩，金瓯无缺。慷慨捐躯，一门双节。公灵在天，公功不灭。赫奕丰碑，用示来哲。

据《蠖庵文钞》

清故诰授光禄大夫头品顶戴赏戴花翎署浙江提学使司提学使侯官郭公墓表

许钟璐

公讳则沄，字啸麓，号蛰云，福建侯官人。其先世唐汾阳忠武王，咸通中支祖讳嵩者，避黄巢之乱，始入闽。曾祖柏荫公，在咸同间，以翰林历抚吴楚，总制两湖。祖式昌公，以孝廉仕至浙江按察使，有惠政，人称为郭佛。考曾炘公，以翰林久直枢廷，历官典礼院掌院学士、太子太保，谥文安。有丈夫子三，公其长也。公成癸卯科进士，翰林院庶吉士，散馆授编修，出佐东三省总督幕，特保人才，简任浙江温处兵备道，赏二品衔花翎，署浙江提学使。

武昌变起，公在温处道任内，时杭州乱，各郡惊扰，公素为部民悦服，被缨定变，辖境以安。旋朝廷逊位诏下，乃挂冠北上，温民遮道攀留，公不可，遂如京师，省文安公，且商归田之计。文安公曰："国体虽变，天下事未可知，汝年尚可为，当忍辱负重，以匡王室，此狄梁公所以策唐也。"公受命退谒东海徐公，授以显列，不拜，为长秘书，得于簿书中尽知天下情变，每就商大计，辄移日晷。至丁巳复辟，召公直议政处，寻赐头品顶戴，阶光禄大夫。然公深感仓卒举事，速之适以厄之，不旬日，事竟败。既见时事日纷，知艰于有为，居常郁郁。迨法驾狩天津，公亦引身以退，然近朝行在，远谒诸陵，犹以君恩亲命终无以报，引为遗恨。未几，丁文安公忧，遂杜门不闻时事。逮山陵之变，与遁荒于远隅皆会南朔耆旧驰书当轴，力事营护，其始终厥志如此。

公博学能文，虽颠沛忧危之际，未尝朝夕废文字。在天津，结冰社、须社、俦社。在旧都，结钵社、律社。与一时硕彦耆儒商量旧学，皆推公为祭酒。尤以立诚持毅守约居仁行恕主敬知耻之学，身体而力行之，兼以课士。平生著述凡数十种，其梓行者《十朝诗乘》、《清词玉屑》、《竹轩摭录》、《庚子诗鉴》、《遁圃詹言》、《龙顾山房诗集、骈体文钞、词钞》、《洞灵小志》。呜呼！公抱忠孝之忱，怀匡复之志，欲违天逆运竭其所能，以成非常之业，虽递遭世变，所志蹉跎，犹复坚守初衷，百折而不变，荣辱不足撄其心，菀枯不能移其操，积忧饮愤，卒丧其生。徒以著书立说，衍斯文一脉之传，则其所行者为至难，而所遭者为至厄已。

公生于光绪壬午年八月二十八日，卒于丙戌年十二月十七日，年六十有五。门人上私谥曰文敏，葬于宛平香山普安店之亦云巢。子三：长可诜，次可诚，先公卒。少可诠。女二：长适陈，次适沈。孙三。久祺、久禔、久禳。封树既竣，谨举公之遗行荦荦大者，表之于石，俾后之过斯阡者，有以识公之生平云。

据作者手稿

章君曼仙墓志铭

郑沅

君讳华，字曼仙，长沙人也。父讳寿麟，江苏泰州知州，其行谊，见湘潭王湘绮先生所为墓志。泰州君殁，君方总角，哀毁尽礼如成人。母裘夫人，又相继亡。虽在孤茕，自劬于学。下笔斐然，早博时誉。始冠，其兄同携之北上。中癸巳顺天举人。乙未，成进士，改翰林院庶吉士。戊戌，散馆，分工部主事。辛丑，考取军机章京。练习国故，为枢府所倚重。长沙张文达公长邮传部，调君掌理章奏。天津徐公继任，补君郎中，派参议厅厅长。条理精密，能持大体，望实方隆，而辛亥变作，抑郁不自胜，遂发狂疾。及愈，徐公秉政，补君政事堂佥事。又改补国务院佥事。依违数年，无所可否，顺应而已。

当庚子拳乱炽时，君奉庶母，率弟妹，间关至其兄山西永宁州署。巡抚毓贤，纵匪屠西人，君代兄起草呈抚部，力主保教惩拳，不省。及事定，晋省官吏获谴数十人，而其兄不与，君之力也。其后，兄官江苏，负官逋，无力偿补，又为怨家所持，君奔走呼吁三年事始解。盖君友爱，见于行事者已如此。

沅与君先后通朝籍，同居京师三十年，肫挚相于，昆弟不是过。君以多病，游心物外，达庄、列之旨。沅尝究心宗乘，君亦喜其说。每春秋暇日，相与至酒肆，或访荒亭古寺，论五家机缘同异，刊削光影，穷机要眇，各设疑难，遇有滞塞，不厌疏解，举一公案，下语不当，逾月不能休。或悠然神会，相视而笑。每见必然。傥值参语，则不复涉及，若谓兹事，世惟两人。沅自戊辰岁莫南下，君来话别，至夜分，见登车，始去。越一年，而闻君病，俄而凶问至矣。吾质遽丧，天乎谓何。

君以壬申年七月二十二日生，以庚午闰六月二十二日卒，年五十有九。葬于北平西山四王府之原。所著诗词若干卷。配冯氏，继配施氏、贾氏。铭曰：

春盎其气，玉立其姿。植以孝友，饰以文词。敏以从政，拙于趋时。凡兹诸端，尽人能知。独其微尚，世莫得窥。三藏之富，波谲云奇。会权归实，求合遇离。承花五叶，纳海一蠡。仙山兜率，君今安之。我识其真，斯铭永垂。

据《倚山阁诗》卷首

故建威将军雷公震春墓碑

傅岳棻

公讳震春，字朝彦。安徽宿州睢溪镇人。其先自粤徙也，州今改县。奕世隐居，潜德弗曜。考西园公，军功保知州。同治间，随左军西征，积劳病殁。公年甫成童，只身出嘉峪关，跋涉经年，负柩而返。诚孝之名，闾里震动。家事穷窘，葛太夫人操井臼，勤女红为活，且益厉公读。公慷慨有大志，谓男儿当立功报国，安事咕哔为。坚请得可，乃投庆字军为卒伍，旋以材武蹶张，选送北洋武备学堂。既卒业，娴技巧，谙形势，习权谋，故历任诸军教师，无不所至有功。

光绪己丑，葛太夫人薨于里第。时值军务倥偬，不克奔丧，墨哀躃踊，痛不欲生，是公所引为终天之憾者也。方其调赴朝鲜，教习庆军，时项城袁公世凯为总领事，一见器赏，于是始受知焉。归国，练兵小站，檄为炮队领官，洊升协统，有勇知方，骎骎大用矣。先是，援例捐同知。累功保至道员，分发直隶，委办北洋将弁学堂。规制一仿日本，明耻教战，成效卓然。调参谋处总办，兼领德州机器制造局，剔弊考工，措施悉当。赵制军尔巽督奉，调充巡防营务处，统制新、旧各军，兼领督院发审处，倚畀之隆，无与伦比。昼治军务，夜理案牍，公亦感激图报，劳悴不辞。丁未，回直，权通永镇总兵，兼统淮军马步各营，管理京奉铁路巡警事宜。宣统庚戌，署理江北提督，加兵部侍郎衔，诰授建威将军。于是请假归里，营葬葛太夫人于青山之阳，佳城茏葱，谋之久矣。尝曰："吾母苦节贤徽，生未及事，殁未能赴。吾死，当依吾母墓侧，长侍黄泉，以稍赎吾罪。"其孝思不匮如此。嗣以事被议落职，盖受恩深重，益厉规棱，不顾嫌怨，遂为忌者所谤伤也。

辛亥之变，宇内驿骚。公慨然有澄清之志，起为督师大臣，袁公则任以前敌翼长，霸府既建，志萌引退，而袍泽交推，势不可辞，始充中路续备军统领。旋授河南护军使，会办军务，晋陆军上将、震威将军，勋三位。转京畿执法处长、江南查办使、长江巡阅副使，亲率第七师，由海道直捣吴淞。复沿江上溯，出奇制胜，大功以成。事平之后，口不言功，遽引疾乞退。盖以为如是庶可酬知己。

公少更忧患，洞悉民情，谓共和行政，创自西邦，施之中土，恐非所宜，徒骛虚名，适以长乱。独居深念，蠹然隐忧。丁巳六月，张定武勋，翊故主复辟，引为同志，授议政大臣、陆军部尚书。无几，事败，退居津沽，杜门谢客，野服萧然。逾四年，庚申五月二十九日，遽以疾终。辛巳某月日，归葬于宿之青山，从公志也。

公秉性刚直，言笑不苟，然遇事则意气勃发，议论风生，勇于为善，仁施义举，无吝于财。邑中岁饥，尝出万金以振，宿人至今德之。素行伉爽，喜面折人过，不少宽假。往往以是召忌，为小人所中伤，而亦无所于悔。雄略伟抱，未竟厥施。中年息处，遂绝口不言时事。寂寞销沈，抑郁以终，是可惜也。

配陈夫人，继配申夫人。生子一，殇。女二：长适太平崔思骥，次适固始许霖祥。冯夫人生子三：存政、存敏、存叙。女一，殇。刘夫人生女一，未嫁而殂。篷室裴，生女一，待字。孙四：懋乾、运乾、启乾、照乾。女孙八，均幼。癸酉八月，孤存政等以事状来请铭，铭曰：

少而诚孝，庶移作忠。遭时屯难，奋勉图功。飞鸟未尽，遽藏良弓。夺门投袂，志事不遂。戢影弢锋，殁而犹视。郁郁幽堂，慈魂永侍。其气犹生，其心不灭。英灵往来，淮流呜咽。万古青山，支此片石。

据作者手稿

后记

“正史”之外，私家撰述的碑、传，是我国史籍中的一个重要部分。以传言：有专载一类人物的传记，如西汉刘向撰《列女传》，西晋皇甫谧撰《高士传》、《逸士传》，南朝梁慧皎撰《高僧传》等。有专载一地人物的传记，如东晋习凿齿撰《襄阳耆旧传》等。有专载一家人物的传记，如元吴莱撰《孟子弟子列传》等。有专载一派人物的传记，如南朝宋裴松之撰《裴氏家传》等。有专载一时一事人物的传记，如明末清初钱谦益撰《国初群雄事略》等。还有综合性的人物传记，如《隋书·经籍志》著录的《海内先贤传》、《四海耆旧传》等。以碑言：宋欧阳修、赵明诚等已利用石刻资料证史，或补史之缺，或正史之讹。合碑、传为一书，则有宋杜大珪编《名臣碑传琬琰集》，比单纯的碑集、传集，更值得我们重视。清至近代钱仪吉编《碑传集》、缪荃孙编《续碑传集》、闵尔昌编《碑传集补》、汪兆镛编《碑传集三编》，现已合印为一书。

新中国成立前后，我对辛亥革命史有兴趣，从收集辛亥人物碑、传入手。在收集过程中感到，由于时代的变迁，私家采用“树碑立传”传统方式者，日渐减少，辛亥时期的这批碑传，可以说是我国史料学上碑、传这一重要分支的绝响了。从而更增加了我收集的决心和毅力。我注意到全面性（包括政治、经济、军事、文化各方面的人物）、原始性（着重第一手的记载）和多样性（一个人物，有多少篇，就收多少篇）。聚沙成塔，集腋成裘。

当时，我接触到许多知名人士，有革命先进（如柳亚子、章士钊先生），有民国首脑（如李根源先生），有清朝遗老（如陈夔龙先生），有复辟分子（如章梫先生），有满族皇室（如爱新觉罗·启功先生），有名人后裔

（如瞿宣颖、黄孝纾、胡先骕、章元善、梁思成先生），等等。承他们不弃，将所藏的碑传赠送或借阅。许多著名的文人书家（如夏敬观、李宣龚、叶恭绰、傅岳棻、林志钧、卢弼、蒋维乔、钱基博、刘盼遂、王遽常、钱萼孙、姜丹书、顾廷龙先生）将其所撰、所书的碑传赠送或借阅。我也从图书馆中查找到、从古旧书店中访购到不少辛亥人物的碑传。

我在银行工作，收集碑传是业余进行的。由于当时没有静电复印，我从前辈处借来稿本、拓片，需要抄写下来，一个人来不及，内人段子宜帮助我抄写。每逢星期天、休假日，我们两人到图书馆阅读线装书，早晨开馆时进去，晚间闭馆时出来，口袋里放个馒头，中午充饥。又常光顾古旧书店、书摊，在旧书堆中寻找碑、传，冬天手指冻僵，不以为苦，反以为乐。这样日积月累，收集到两箱。这是四十年前的事了。

许多前辈说我是网罗天下放失，我不敢当。陈垣先生为我题写《广碑传集》书签，金毓黻先生将我推荐到中国科学院近代史研究所工作。进所后不久，谬承范文澜先生青睐，命为助手。在范老指导下，为《中国通史简编》提供资料和撰写初稿，这两箱碑传，搁置在家。“文化大革命”中，我千方百计地将它保存下来。

1991年10月10日是辛亥革命八十周年，我国将要举行各项隆重的纪念活动，我所收集的这批碑传，如能及时出版，可供海内外学者参考利用。1989年。我向辛亥革命史专家、华中师范大学校长章开沅教授谈起我的心情，他赞成我的计划，并郑重推荐唐文权副教授与我合作。1990年，我将两箱碑传交给文权先生，二人相见恨晚，详细讨论了编选的原则，取得一致的意见，非常愉快。如：

（1）以前的碑传集，只收编者所认可的人物。我们编《辛亥人物碑传集》，兼收革命方面、清朝方面以及中间营垒的人物，供读者对照研究。

（2）以前的碑传集，体例不无可议。宋代的《名臣碑传琬琰集》以资料形式分卷（上编主要为神道碑，中编主要为墓志铭、行状，下编主要为别传），清至近代的四部碑传集，以人物身份分卷（有官者分宰辅、部院大臣等，无官或官卑者分文学、孝友等）。我们编《辛亥人物碑传集》，采取新体例，主要以人物表现、兼顾及人物身份分卷。详见文权所撰

"编辑说明"。

(3) 为向广大读者提供珍贵资料,我们编《辛亥人物碑传集》,凡是已见于《碑传集补》、《碑传集三编》等书的文章,一概不收;专门著作(如《温生才行刺始末记》、《程家柽革命大事略》等)也都不收。我们选录的标准,一是作者与碑传主关系密切的文章(如碑传主的妻、兄、弟、子、女、婿、师、徒等所撰),二是作者与碑传主政治立场接近的文章(如章炳麟所撰革命烈士碑传)。某些重要人物,一人常有数篇碑传,孙中山的传记之多,可以编成几本书,我们只选蔡元培所撰的一篇,因为在中山先生的同志中,蔡的思想比较进步。

(4) 我们编《辛亥人物碑传集》,向读者提供了许多罕见的稿本、拓片,这些资料,得来不易,事过境迁,很难再找到。但我们也不拘泥,择善而从。例如:赵声碑、传,约有九种,柳诒徵先生取精去芜,撰成《赵伯先传》,我们独取柳文。柳文有两本,一为镇江伯先公园落成时所撰,一为应"国史馆"征文所撰,后者对前者有不少修改补充,是晚年定稿,故取后者。又如:陈去病所撰张恭传,《国学丛刊》、《中国国民党党史稿》均曾刊载,文字互有详略,今据前者,并将后者所独有之文字,用(　)标明,以供参考。

(5) 收入《辛亥人物碑传集》的文章,为保存原貌,标题如:袁克文为袁世凯撰"纪",我们不改为"传";署名如:骚心不改为于右任,柳弃疾不改为柳亚子,陈敬第不改为陈叔通。

(6) 我们编《辛亥人物碑传集》,将人所罕知的某些资料,公诸于世。例如:骚心所撰陶骏保事略,揭露陈其美杀害陶;侠生所撰白雅雨事略,揭露吴鼎昌向清廷告密,捕杀白。"恐历久事湮,无缘存真是非于天壤"(骚心),时间又过去八十年,公布这些资料,更有意义了。

承团结出版社支持,愿出版《辛亥人物碑传集》,约定六十万字。我与文权先生在约定的字数之内,从两箱碑传中选择重要的政治、军事人物(经济、文化等人物,以后处理)。由于我是四十年前收集的,文权先生据他近年所见到的碑传,作了必要的补充。中国第二历史档案馆孙必有副研究员,也据他所见到的碑传,作了一些补充(凡注明二档馆收藏者,系孙先生提供)。

为了便于青年读者阅览，我们采用简体字，横排，将六十万字的碑传，重抄了一遍。文权先生的夫人洪宝珠女士为此付出辛勤的劳动。已经中风的子宜，自告奋勇，仍如四十年前的干劲，参加了部分抄写工作。我和文权先生，分别对碑传进行了分段、标点，原资料有分段、标点者，也作了适当的调整，旨在便于青年读者领会文章，不致误解而已。

欧阳修、赵明诚等在利用石刻资料证史时，已经敏锐地看到，私家撰写的神道碑、墓表、墓志铭之类，取其事实，而不必取其评价。至于各篇碑、传或有记载不一之处，正可供读者比较，有比较才能鉴别。

唐韩愈说过："诛奸谀于既死，发潜德之幽光。"许多革命烈士、革命先进、共和卫士的碑、传，今天读起来，仍然可歌可泣；至于那些逆历史潮流而动的人物，纵然碑、传中有隐讳、粉饰之处，也是欲盖弥彰。

承屈武先生题签，章开沅教授撰序，团结出版社全体同仁齐心协力工作，我和文权万分感谢。

一九九一年春节，卞孝萱于南京大学

《辛亥人物碑传集》《民国人物碑传集》所收人物人名索引

【说　明】

（1）本索引包括《辛亥人物碑传集》、《民国人物碑传集》两书所收人物。因两书所收人物同处一个时期，有较多联系，故将两书合并为一个索引。

（2）在本索引中，《辛亥人物碑传集》简称"辛"，《民国人物碑传集》简称"民"。例："胡汉民　辛 010"，表示胡汉民的碑传收录在《辛亥人物碑传集》第 10 页。

（3）本索引在所收人物的姓名之后括注其字号、别称等，以方便读者查阅。例："孙文（中山、逸仙）"，表示中山、逸仙为孙文的字号。

（4）本索引按汉语拼音音序编排。相同姓氏的人名，以在同一书中的先后排序。

R

S

X

《辛亥人物碑传集》《民国人物碑传集》
作者人名索引

【说　明】

(1) 本索引包括《辛亥人物碑传集》、《民国人物碑传集》两书所收碑传的作者。因两书所收人物同处一个时期,有较多联系,故将两书合并为一个索引。

(2) 在本索引中,《辛亥人物碑传集》简称"辛",《民国人物碑传集》简称"民"。例:"蔡元培　辛 003",表示蔡元培撰写的碑传收录在《辛亥人物碑传集》第 3 页。

(3) 本索引在作者姓名之后括注其字号、别称等,以方便读者查阅。例:"蔡元培(鹤卿、孑民、仲申、民友、阿培、周子余)",表示鹤卿、孑民、仲申、民友、阿培、周子余为蔡元培的字号或别称。

(4) 本索引按汉语拼音音序编排。相同姓氏的人名,以在同一书中的先后排序。

姓名(字号、别称)　书名/页码